द जॉइज़ ऑफ़ कम्पाउंडिंग

इस किताब में व्यक्त विचार लेखक के निजी विचार हैं। यह लेखक के नियोक्ता के विचारों को परिलक्षित नहीं करती है। श्री बैद द्वारा व्यक्तिगत हैसियत से यह किताब तैयार की गई है, ना कि सुमित ग्लोबल इन्वेस्टमेंट्स के अधिकारी की हैसियत से। किसी भी ख़ास निवेशों या किसी भी प्रकार के निवेश अवसरों की कोई भी सिफारिश, उदाहरण या अन्य उल्लेख पूरी तरह से जानकारी और शिक्षा के उद्देश्य से किया गया है तथा यह किसी तरह का प्रस्ताव या प्रलोभन नहीं है। ना ही यहाँ किसी तरह की सामग्री को निवेश की सलाह समझा जाना चाहिए। पाठकों को जहाँ भी उपयुक्त लगे तो किसी पेशेवर की सलाह लेनी चाहिए। इस किताब में व्यक्त विचार इसमें दी गई तारीख़ पर लेखक के वर्तमान अभिमत को परिलक्षित करते हैं और लेखक यहाँ व्यक्त विचारों में किसी तरह के परिवर्तन के संबंध में पाठकों को सलाह देने का उत्तरदायी नहीं है। इसके अतिरिक्त लेखक भविष्य के संबंध में वक्तव्यों को अद्यतन करने का ना तो कोई दायित्व, ना ही ज़िम्मेदारी लेता है। किताब में दी गई सूचना की शुद्धता और संपूर्णता या निष्पक्षता के संबंध में व्यक्त या ध्वनित कोई भी निरूपण या वारंटी लेखक, लेखक के नियोक्ता या किसी अन्य व्यक्ति द्वारा या उनकी ओर से नहीं दी गई है और इस प्रकार की किसी भी सूचना के लिए कोई ज़िम्मेदारी स्वीकार नहीं की जाती है। इस किताब को ख़रीदने वाला अपनी समझ की स्वीकृति देता है।

पुस्तक की प्रशंसा में

इतने वर्षों में मैंने बुद्धि से, ना कि ठोकर खाकर, पीड़ा भोगकर सीख हासिल करने के महत्व को समझा है, तो किसी व्यक्ति को देने के लिए मेरा पसंदीदा तोहफ़ा एक अच्छी किताब है। इसके लिए यह किताब मेरी सूची में सबसे ऊपर रहने वाली है।

– एर्नोल्ड वान, डेन बर्ग, संस्थापक, सेंचुरी मैनेजमेंट

गौतम बैद उसी तरह के उदाहरण और गहरी जानकारी वाले उदाहरण देते हैं जैसे इस क्षेत्र में काम कर रहे जाने-माने निवेशक देते हैं जो मेरा मानना है कि निवेशकों की बेहद सामान्य क़िस्म के लेकिन प्रत्याशित जाल में फँसने से बचने में मदद कर सकते हैं। द *जॉय्ज़ ऑफ़ कम्पाउंडिंग* निवेश के संबंध में जीवनपर्यंत सीखते जाने के लिए एक महत्वपूर्ण संदर्भ के रूप में काम आ सकती है।

– थॉमस ए रूसो, प्रबंधन सदस्य, गार्डनर रूसो ऐंड गार्डनर एलएलसी

गौतम बैद की किताब निवेश पर एक आधारभूत ढाँचा प्रदान करती है जो सभी निवेशकों को पढ़ने की जरूरत है। अनुभवी निवेशक बनने की यात्रा की शुरुआत करने वालों के लिए यह यह किताब सर्वश्रेष्ठ निवेश हो सकता है। सफल निवेश के लिए सीखने के प्रति जीवन भर एक लगाव की ज़रूरत होती है और यह किताब आपके अपने या अपने ग्राहकों के निवेश के संबंध में आपको मार्गदर्शन देने के लिए विस्तृत अवधारणाएँ और तौर-तरीक़े प्रदान करती है। अब तक मैंने निवेश पर जितनी किताबें पढ़ी हैं, उनमें यह सबसे ज़्यादा विस्तृत जानकारी देने वाली है। बेहतर निवेशक बनने की चाहत रखने वालों को मैं पुरज़ोर तरीक़े से द *जॉय्ज़ ऑफ़ कम्पाउंडिंग* पढ़ने की सलाह दूँगा।

– पॉल लाऊंटजिस, प्रेसीडेंट, लाऊंटजिस एसेट मैनेजमेंट

वित्तीय आज़ादी का मंत्र द जॉय्ज़ ऑफ़ कम्पाउंडिंग को समझने के साथ शुरू होता है जैसे बरगद का विशाल पेड़ भी नन्हें बीज से ही उत्पन्न होता है। गौतम बैद की किताब बहुत अच्छी गाइड है कि किस तरह से एक ही जीवनकाल में बचत की छोटी राशि परिवार की क़िस्मत को चमका देती है।

– रमेश ए दमानी, चेयरमैन, एवेन्यू सुपरमार्ट्स लिमिटेड

गौतम की किताब बहुत ही ख़ूबसूरत ढंग से गहरी जानकारी को समेटे हुए है। इसे पढ़ना वास्तव में आनंद देता है और सही निवेश के कुछ अनिवार्य सिद्धांतों की याद दिलाता है।

– संजॉय भट्टाचार्य, मैनेजिंग पार्टनर, फ़ॉर्चूना कैपिटल

वैल्यू निवेश के नए विद्यार्थी गौतम की किताब में लम्बी अवधि के लिए सीख और विकास का ख़ज़ाना पाएँगे। निवेश का दशकों का अनुभव रखने वाले पेशेवरों को भी किताब में बहुत सावधानी से चुने गए विषयों तथा उद्धरणों और घटनाओं को पढ़ने में मज़ा आएगा। उन्होंने बहुत ही महत्व के साथ इनको फिर से याद दिलाया है और सिलसिलेवार ढंग से पेश किया है कि उनको बार-बार पढ़ा जा सकता है।

– दुर्गेश शाह, कैटेलिस्ट, द इन्वेस्टमेंट लैब,
फ़्लेम यूनिवर्सिटी

यह दुर्लभ किताब है जो निवेश की गहन जानकारी और जीवन की सीखों को एक जगह पर लाती हैं जो विचारोत्तेजक, चुनौतीपूर्ण और प्रासंगिक हैं। यदि आप किताब को ह्रदय से आत्मसात करते हैं तो आप बेहतर निवेशक और बेहतर इंसान होंगे।

– उत्पल शेठ, सीईओ, रेयर एंटरप्राइजेज़

द जॉय्ज़ ऑफ़ कम्पाउंडिंग ज्ञान के मोतियों से भरी हुई है जो आपको बेहतर निवेशक बना सकते हैं और उसकी ईमानदारी आपको चकित और प्रेरित कर देगी। मेरी अभी तक पढ़ी किताबों में यह सर्वश्रेष्ठ किताब है जिसमें निवेश के मूल्यवान सबक़ और नौसिखिया से कुशल निवेशक तक की यात्रा का शानदार वर्णन साझा किया गया है।

– संकरन नरेन, मुख्य निवेश अधिकारी,
आईसीआईसीआई प्रूडेंश्यल एएमसी

गौतम बैद सांसारिक ज्ञान के ख़ुशमिजाज़ और लगनशील छात्र हैं और एक अद्भुत आदर्श हैं। किताब में कई महान निवेशकों और विचारकों के मूल्यवान विचार और प्रेरक उद्धरण दिए गए हैं। इन विचारकों ने उनकी निवेश यात्रा में उनको मार्ग दिखाया है। किताब बहुत प्रभावी तरीक़े से याद दिलाती है कि ताउम्र निरंतर सीखते जाने की लगन के प्रति हमारा समर्पण कितना समृद्धि प्रदान करने वाला होता है।

– विलियम ग्रीन, ग्रेट माइंड्स ऑफ़ इन्वेस्टिंग और रिचर,
वाइज़र ऐंड हैप्पियर के लेखक

बहुत कम समय में कालजयी रचना है। यह किताब निवेशकों और जो भी अपनी पूर्ण क्षमता को हासिल करने की कोशिश कर रहा है, उनके लिए जीवनपर्यंत सीखने की गाइड है। इसे सभी को पढ़ना चाहिए।

– जॉन मिहाल्ज़ेविक, चेयरमैन, एमओआई ग्लोबल

द जॉइज़ ऑफ़ कम्पाउंडिंग

ताउम्र सीखने का जुनून

गौतम बैद

अनुवाद : अखिलेश अवस्थी

MANJUL

मंजुल पब्लिशिंग हाउस

First published in India by

MANJUL

Manjul Publishing House

Corporate and Editorial Office

• 2nd Floor, Usha Preet Complex, 42 Malviya Nagar, Bhopal 462 003 - India

Sales and Marketing Office

• C-16, Sector 3, Noida, Uttar Pradesh 201301, India

Website: www.manjulindia.com

Distribution Centres

Ahmedabad, Bengaluru, Chennai, Kochi, Kolkata,

Hyderabad, Mumbai, New Delhi, Pune

The Joys of Compounding: The Passionate Pursuit of Lifelong Learning
by Gautam Baid – Hindi Edition

English edition first published in 2020 by Columbia University Press, New York.

This edition published in paperback in India in 2020 by Harper Business,
An imprint of HarperCollins Publishers India

First published by Manjul Publishing House Pvt. Ltd, 2025
By arrangement with HarperCollins Publishers India Private Limited

This Hindi edition first published in 2025

ISBN 978-93-5543-581-1

Translated by Akhilesh Awasthi

Printed and bound in India by Replika Press Private Limited

नाना दीपचंद नाहटा की स्मृति को समर्पित
(1926–2007)

एक इंसान सबसे अच्छा काम यह कर सकता है, वह दूसरे इंसान के ज्ञान में वृद्धि में मदद कर सकता है।

– चार्ली मंगर

एक सच्चा निवेशक जिसके प्रति मेरे भीतर गहरा सम्मान है, वह है जिसने पढ़ने के जुनून के लिए अपना पूरा जीवन समर्पित कर दिया है। यदि किसी को पढ़ने में आनंद नहीं मिलता है तो वह जीवन के 50 साल पढ़ने में व्यतीत नहीं कर सकता जो हम करते हैं।

– फ्रांसिस्को गर्शिया पेरेमीज

सच्चे मूल्य निवेशक के सिद्धांतों और नज़रियों से जीवन की कितनी का कितना अधिक ज्ञान प्राप्त किया जा सकता है, यह हैरान करने वाला है।

– रोल्फ़ डोबेली

बुद्धिमानों की बुद्धिमत्ता और युगों के अनुभव को उद्धरणों के माध्यम से संरक्षित किया जा सकता है।

– आइजैक डिजरैली

विषय-सूची

प्रस्तावना *xiii*

1. परिचय : सबसे अच्छा निवेश अपने आप पर 1

भाग 1 : सांसारिक ज्ञान प्राप्त करना

2. सीखने की मशीन बनें 11
3. सांसारिक बुद्धि के लिए मानसिक रचना 30
4. अभ्यास से जुनून और फ़ोकस की ताक़त पाएँ 40

भाग 2 : सुदृढ़ चरित्र का निर्माण

5. सही मॉडल, शिक्षक और सहयोगी चुनने का महत्त्व 55
6. ज्ञान पाने के लिए विनम्र बनें 61
7. परोपकार और सद्कर्मों को जीवन का अंग बनाएँ 75
8. सरलता सबसे शानदार फ़ैशन 81
9. आर्थिक आज़ादी का लक्ष्य रखें 93
10. अपने मन के अनुसार जीवन जीना 103
11. सब्र का फल मीठा, यही सफलता की कुंजी 113

भाग 3 : शेयरों में सामान्य निवेश

12. कारोबार के मालिक की मानसिकता से आय बढ़ाना 137
13. जो छुपा हुआ है, उसे समझ कर निवेश करना 144
14. चेकलिस्ट बनाएँ, निर्णय लेने में महत्त्वपूर्ण 150

15. आत्मचिंतन के लिए डायरी बनाना 162
16. प्रोत्साहन की शक्ति को कभी कम नहीं आँकें 168
17. गणित के बारे में ज़रूर सोचें, लेकिन भौतिकी से द्वेष न रखें 179
18. आंतरिक मूल्य को समझना ही बुद्धिमान निवेश 187
19. निवेश में तीन सबसे अहम तत्व 200
20. पूँजी चक्र से जुड़ा है कमोडिटी और चक्रीय स्टॉक में निवेश 211
21. विशेष परिस्थितियों में, स्पिनऑफ़ का सावधानीपूर्वक अध्ययन करें 232

भाग 4 : पोर्टफ़ोलियो प्रबंधन

22. लम्बे समय तक मूल्य निवेश के फ़ायदे 243
23. बाज़ार सबसे चतुर है, लेकिन पूरा नहीं, और हमेशा नहीं 267
24. निवेश पोर्टफ़ोलियो के प्रबंधन का हुनर 284
25. पहले पूरा करने के लिए आपको इसे पूर्ण करना होगा 296

भाग 5 : फ़ैसले करना

26. भविष्यवाणी कम, इतिहास ज़्यादा पढ़ें 315
27. अपनी मान्यताओं को नवीनतम करें 332
28. अवसरों की लागत से मिलकर बना है जीवन 352
29. पैटर्न की पहचान 359
30. क़िस्मत, मौक़ा, आकस्मिकता और अनियमितता की भूमिका 375
31. वैल्यू इन्वेस्टर की शिक्षा 389

निष्कर्ष : चक्रवृद्धि के मूल सार की समझ 409
परिशिष्ट अ 437
परिशिष्ट ब 439
आभार 441

प्रस्तावना

वॉरेन बफ़ेट, चार्ली मंगर, बेन ग्राहम और बुद्धिमानी से निवेश की कला को जाने हुए मुझे 20 साल से कुछ ज़्यादा समय हो गया है। बर्कशायर हैथवे की बैठक में पहली बार शामिल होने से पहले ही मैं इसका शिष्य बन चुका था। वह इस तरह से कि जब पहली बार मैं बर्कशायर पहुँचा था, तभी मुझे लगा था जैसे मैं अपने लोगों के बीच में हूँ। मुझे ''अपना कबीला'' मिल गया था। उस समय ओमाहा में हम कोई एक या दो हज़ार लोग थे। लेकिन हमारी संख्या बढ़ रही थी।

आज हज़ारों-हज़ार लोग बर्कशायर की बैठक में हिस्सा लेते हैं और बहुत से ऑनलाइन जुड़ते हैं। और जिस तरह से इस समुदाय में वृद्धि हो रही थी, इसकी दुनिया को देखने की दृष्टि या खुद के बारे में समझ में भी बदलाव आ रहा था। उन आरंभिक दिनों में वैल्यू इन्वेस्टिंग का मेरे लिए यही मतलब था कि उचित निवेश करना, धनवान होना और मज़े से अपना जीवन बिताना। लेकिन समय के साथ मैंने यह जाना कि इसके अलावा इसमें और भी बहुत कुछ है। मैंने इसे एक सर्वश्रेष्ठ जीवन बिताने की व्यवस्था के रूप में देखना शुरू किया। एक वैल्यू इन्वेस्टर के जीवन के प्रति दृष्टिकोण में मिस्टर मार्केट और मार्जिन ऑफ़ सेफ़्टी जैसी अवधारणाओं से आगे भी बहुत कुछ होता है। इसके तहत ''सांसारिक बुद्धि कहा है और इसे कैसे हासिल किया जाता है?,'' ''लैटिसवर्क ऑफ़ मेंटल मॉडल्स का निर्माण कैसे किया जाता है,'' ''आत्मसंयम जीवन में और निवेश में क्या भूमिका निभा सकता है और क्या निभाना चाहिए,'' और ''महाभारत, गीता और पूर्वी विश्व के अन्य महान दर्शन हमें निवेश और जीवन के बारे में क्या सीख दे सकते हैं।'' हम जिस दुनिया में रहते हैं, उसके संबंध में वैल्यू इन्वेस्टिंग समुदाय के सामने आ रहे नित नए ज्ञान में गौतम बैद की किताब एक और कड़ी है। इसमें आपको महान लोगों से उन्होंने जो सबक़ हासिल किए हैं, उनको सीखने का मौक़ा मिलेगा। बफ़ेट, मंगर और ग्राहम के अलावा बैद ने मोहनीश पबराई, टॉम रूसो, माइक मौबाउसिन, पीटर बेवेलिन, सौरभ मदान, मार्सेलो लीमा, पॉल लौंजिस और अन्य से जो सीखा है, उसे जानने का अवसर मिलेगा। आपको बैद के विविध क्षेत्रों में अध्ययन का लाभ भी मिलेगा। हर्बर्ट साइमन, शेन पैरिश, नसीम तालेब, रोल्फ़ डोबेली, रिचर्ड जैकहौसेर और कई अन्य विविध क्षेत्रों के लेखकों की कृतियों से हासिल

निचोड़ को वे पेश करते हैं। और जिस तरह से सभी वैल्यू इन्वेस्टर्स सहयात्री हैं। अभी कुछ दिन पहले ही यह किताब मेरे हाथों से गुज़री है लेकिन इसका काफ़ी नाम हो गया है। कोलंबिया बिज़नेस स्कूल पब्लिशिंग से जारी किताब विषयों पर केन्द्रित है। गौतम की समझ और उनकी लेखनी बहुत स्पष्ट है। यह उन प्रमुख पाठों को बार-बार सीखने का नया अवसर प्रदान करती है जो हमें बेहतर निवेशक और बेहतर इंसान बनाएँगे।

– गाय स्पियर,
जूरिख़ स्विट्ज़रलैंड

अध्याय 1

परिचय : सबसे अच्छा निवेश अपने आप पर

मैं जीवन में लगातार ऐसे लोगों को आगे बढ़ते हुए देख रहा हूँ जो बहुत चतुर नहीं हैं। कई बार बहुत मेहनती भी नहीं होते। लेकिन वे सीखने को तैयार रहते हैं। वे हर दिन नया कुछ सीखते हैं और पिछले दिन से ज़्यादा होशियार होते हैं। और जब आपके सामने एक लम्बा जीवन हो तो इससे बहुत मदद मिलती है।

– चार्ली मंगर

यूनिवर्सिटी ऑफ़ सदर्न कैलिफ़ोर्निया स्कूल ऑफ़ लॉ की शुरुआत के दौरान 2007 में चार्ली मंगर ने कहा कि लम्बे समय तक तक सफल बने रहने के लिए जीवनपर्यंत सीखना बहुत महत्त्वपूर्ण है। इसके बिना हम सफल नहीं होंगे, क्योंकि हम जो कुछ जानते हैं, उसके आधार पर हम दूर तक नहीं जा सकेंगे।

> निश्चित ही दुनिया की बहुत सम्मानित कम्पनी और मानव सभ्यता में लम्बी अवधि के निवेश का संभवतया सबसे अच्छा रिकार्ड रखने वाली कम्पनी बर्कशायर हैथवे को ही आप देखें। जिस कौशल के साथ वह एक दशक तक सफल बनी रही, वही कौशल उन उपलब्धियों के लिए पर्याप्त नहीं होता जो उसने अगले दशक में हासिल कीं। यह रिकॉर्ड लगभग असंभव था, यदि वॉरेन बफ़ेट सीखने वाली मशीन, निरंतर सीखने वाली मशीन, की तरह काम नहीं करते।

अधिकांश लोग पूरे जीवन के दौरान वास्तव में अधिक चतुर नहीं बन पाते हैं। लेकिन यदि आप वास्तव में ज्ञान प्राप्त करना चाहते हैं तो आप इसे हासिल कर सकते हैं। वास्तव में यदि एक सरल सूत्र अपनाया जाए तो यह समय के साथ आपको अधिक चतुर बना ही देगा। यह सरल है लेकिन आसान नहीं है।

इसमें बहुत मेहनत, धैर्य, अनुशासन की ज़रूरत होती है और ध्यान केन्द्रित करना होता है।

यह सूत्र है – पढ़ना। बहुत ज़्यादा पढ़ना।

कारोबारी जगत के सबसे सफल लोगों में से एक वॉरेन बफ़ेट का कहना है कि उनका एक सामान्य दिन इसी तरह से होता है : ''मैं बस अपने दफ़्तर में बैठता हूँ और सारा दिन पढ़ता रहता हूँ।''

बैठना, पढ़ना और सोचते रहना।

बफ़ेट अपने कई सफल फ़ैसलों का श्रेय लगातार पढ़ते रहने की अपनी अद्भुत आदत को देते हैं। उनका अनुमान है कि वह अपना लगभग 80 प्रतिशत दिन पढ़ने और सोचने में ही बिताते हैं।

2014 में बर्कशायर के शेयरधारकों को लिखे एक पत्र में, मंगर ने अध्यक्ष के रूप में अपनी अपेक्षाओं पर ज़ोर देते हुए बताया : ''शान्ति के साथ पढ़ने और सोचने के लिए ज़्यादा से ज़्यादा समय सुरक्षित रखना उनकी पहली प्राथमिकता होगी। विशेष रूप से जो उनकी दृढ़ता से सीख हासिल करने को और तेज़ कर सके। चाहे वे कितने भी उम्रदराज़ क्यों ना हो जाएँ।''

एक बार बफ़ेट से उनकी सफलता की कुंजी के बारे में पूछा गया, तो उन्होंने काग़ज का मोटा सा बंडल उठाया और कहा, ''हर दिन इस तरह 500 पेज पढ़ें। ज्ञान इसी प्रकार काम करता है। यह चक्रवृद्धि ब्याज की तरह बढ़ता है। आप सभी इसे कर सकते हैं, लेकिन मैं गारंटी देता हूँ कि आप में से बहुत से लोग ऐसा नहीं करेंगे।''

हम सभी अपने ज्ञान को बेहतर बनाने के लिए काम कर सकते हैं, लेकिन हममें से अधिकांश इसके लिए प्रयास ही नहीं करेंगे।

जीतने की इच्छाशक्ति से अधिक महत्त्वपूर्ण है तैयारी करने की इच्छाशक्ति।

– चार्ली मंगर

आत्म-सुधार स्वयं में निवेश का सबसे आदर्श रूप है। बाद में और कभी-कभी बहुत आगे भविष्य में अच्छे रिटर्न के लिए अभी समय, धन, ध्यान और कठिन प्रयास करने की ज़रूरत होती है। बहुत से लोग यह समझौता करने को तैयार नहीं हैं, क्योंकि वे तुरंत संतुष्टि चाहते हैं और तुरंत परिणाम चाहते हैं।

जब समय की धुरी के साथ उम्र के बड़े हिस्से तक अल्पकालिक लाभों को छोड़ने के रूप में सही तरीक़े से लागत अदा की जाती है तो वह कई गुना लाभ दिलाती है (चित्र1.1)।

अल्बर्ट आइंस्टीन का कथन काफ़ी मशहूर है, ''चक्रवृद्धि ब्याज, ब्रह्मांड में सबसे शक्तिशाली ताक़त है।''

तो क्या होता है, जब आप ज्ञान में वृद्धि के लिए ऐसी अविश्वसनीय शक्ति को इस्तेमाल में लाते हैं?

आप सीखने की मशीन बन जाते हैं।

एक व्यक्ति टॉड कॉम्ब्स जिन्होंने वॉरेन बफ़ेट की सलाह ली, वह अब दिग्गज निवेशक के लिए काम कर रहे हैं। बफ़ेट की बातचीत सुनने के बाद कॉम्ब्स नज़र रखने लगे कि उन्होंने क्या पढ़ा और कितने पेज पढ़ रहे हैं।

> आख़िरकार उत्पादक सामग्री को खोजना और पढ़ना दूसरा स्वभाव यानी एक आदत बन गया। जैसे ही उन्होंने अपना निवेश करियर शुरू किया, वह और भी अधिक पढ़ते थे। प्रतिदिन 600, 750, यहाँ तक कि 1,000 पेज तक भी पढ़ डालते थे। कॉम्ब्स ने पाया कि बफ़ेट का फ़ॉर्मूला काम करता है, जिससे उन्हें अधिक ज्ञान मिला जिससे उन्हें संभावित निवेश के बारे में सच्चाई की तलाश करने में मदद मिली।

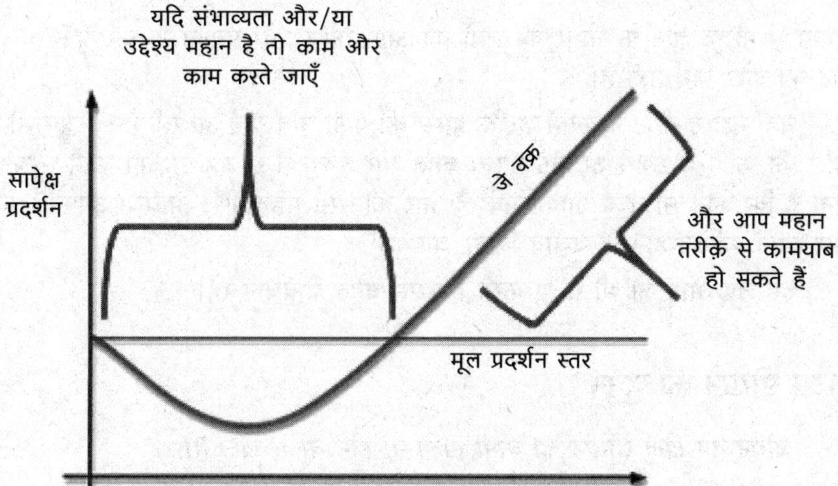

चित्र 1.1 चक्रवृद्धि यहाँ पर काम कर रही है। यह दर्शाता है कि बार-बार असफलताओं के बीच कई वर्षों के दृढ़ प्रयासों के बाद, 2018 में मैंने क्या अनुभव किया। लचीलापन एक महाशक्ति है।

Source: "5 Things I Learned from Elon Musk on Life, Business, and Investing," Safal Niveshak (blog), September 16, 2015, https://www.safalniveshak.com/elon-musk-on-life-business-investing/.

प्रतिदिन पाँच सौ पृष्ठ पढ़ना आपके लिए हो सकता है कि व्यावहारिक ना हो। हालाँकि, यदि आप किसी तरह दिन में, रात में या सप्ताहांत में पढ़ने (या ऑडियोबुक सुनने) के तरीक़े खोज सकते हैं, तो पूरी संभावना है कि आप इसके कई लाभ देख सकेंगे।

जर्नल ऑफ़ अमेरिकन एकेडमी ऑफ़ न्यूरोलॉजी में प्रकाशित शोध से पता चला है कि जो लोग पढ़ने जैसी दिमाग़ को उद्वेलित करने वाली मानसिक गतिविधियों से जुड़े रहते हैं, उनकी याददाश्त में गिरावट ना पढ़ने वाले लोगों की तुलना में धीमी होती है। पढ़ना ज़्यादा भावनात्मक बुद्धिमत्ता, कम तनाव, व्यापक शब्दावली और बेहतर समझ से भी जुड़ा हुआ है। यदि आप सोचते हैं कि आपका दिमाग़ एक पुस्तकालय है तो आपको तीन बातों के बारे में सोचना चाहिए :

1. आपके दिमाग़ में जमा जानकारी कितनी सटीक और प्रासंगिक है।
2. ज़रूरत पड़ने पर उस जानकारी को खोजने या दोबारा हासिल करने की आपकी क्षमता।
3. ज़रूरत पड़ने पर उस जानकारी को उपयोग में लाने यानी उसे लागू करने की आपकी क्षमता।

दिमाग़ में मौजूद ज्ञान के भंडार के तत्वों को आप खोज और प्रयुक्त ना कर सकें तो ऐसे ज्ञान का कोई अर्थ नहीं है।

यहाँ मुझे द *रीगेट पज़ल* में शर्लक होम्स की कही बात याद आ रही है : ''जासूसी या खोज की कला में सबसे अधिक महत्त्व बहुत सारे तथ्यों में से यह पहचान करने में सक्षम होना है कि कौन सा तथ्य आकस्मिक है और कौन सा महत्त्वपूर्ण। अन्यथा आपकी ऊर्जा और ध्यान केन्द्रित होने के बजाय बिखर जाएगा।''

इसलिए आप जो भी ग्रहण करते हैं उसमें बहुत सावधान रहें।

ताउम्र सीखने का जुनून

जीवन का खेल सीखने का कभी ख़त्म ना होने वाला खेल है।

– चार्ली मंगर

औपचारिक शिक्षा आपकी आजीविका चलाएगी, आत्म-शिक्षा आपकी क़िस्मत चमकाएगी।

– जिम रॉन

अमीर लोगों के पास छोटा टीवी और बड़ा पुस्तकालय होता है। ग़रीब लोगों के पास छोटा पुस्तकालय और बड़ा टीवी होता है।

– ज़िग जिग्लर

कामयाबी हासिल करने के बाद भी बफ़ेट हर दिन पाँच से छह घंटे पढ़ते रहते हैं। जीवन में अपनी तमाम सफलता का श्रेय वे अक्सर इस अच्छी आदत को देते हैं। पढ़ने से उनको दूसरों के सबक़ सीखने का मौक़ा मिलता है।

लोग जिसे तीन सौ पन्नों की किताब के रूप में देखते हैं, वह अक्सर हज़ारों घंटों और दशकों के काम का ख़ज़ाना होता है। कुछ घंटों में ही किसी के पूरे जीवन का निचोड़ आपको और कहाँ से मिल सकता है?

किसी भी क्षेत्र में सबसे प्रतिभाशाली लोग स्व-शिक्षित होते हैं। कुछ लोग ऐसा मानते हैं कि इसका मतलब शिक्षकों के बिना शिक्षा हासिल करना नहीं है। ऐसा नहीं है। बल्कि, यह असंख्य स्रोतों की मदद से आपके भीतर की कच्ची सामग्री से इमारत बनाना है। पुस्तकें। अनुभव। लोग। जब आपके पास सही मानसिकता हो तो जीवन में हर चीज़ आपके लिए शिक्षक हो सकती है। सीखने के कुछ अतिरिक्त अवसरों को पहचानने के लाभ समय के साथ बढ़ते हैं और भविष्य में बेहतर संभावनाओं को खोलते हैं।

कुछ भी सीखने का सबसे अच्छा तरीक़ा उसको करके सीखने का प्रयास करना है। इसके बाद सीखने का एक और सबसे अच्छा तरीक़ा किसी ऐसे व्यक्ति से सीखना है जिसने इसे पहले ही कर लिया है। यह पढ़ने और परोक्ष रूप से सीखने का महत्त्व है।

सफल लोगों से समझ हासिल करने और सीखने से जीवन को सही दृष्टिकोण के साथ जीने, अच्छी कार्य नीति विकसित करने और निरंतर आधार पर अपने निर्णयों को और बेहतर करने के बारे में अंतर्दृष्टि मिलती है। माइकल आइजनर और आरोन कोहेन की पुस्तक ''वर्किंग टुगेदर : *व्हाई ग्रेट पार्टनरशिप्स सक्सीड* में, बफ़ेट ने खुद के और मंगर के ताउम्र सीखने के दृढ़ समर्पण के बारे में बात की है।

> मुझे नहीं लगता कि कारोबार में कोई भी दूसरी जोड़ी लगातार सीखने में हमसे बेहतर थी। और अगर हम लगातार सीखने वाले नहीं होते, तो रिकॉर्ड इतना अच्छा नहीं होता। और हम इसके बारे में इतने कट्टर थे कि हम दोनों अपने दिन का अधिकांश हिस्सा पढ़ने में बिताते थे, ताकि हम और अधिक सीख सकें। कारोबार में यह सामान्य नहीं है। हम दूसरे लोगों की राय नहीं पढ़ते हैं, हम तथ्य जानना चाहते हैं, और फिर उन पर सोचना चाहते हैं।

फ़ॉर्च्यून में अक्टूबर 2013 के साक्षात्कार में बफ़ेट और मंगर कुछ इस तरह से चर्चा करते हैं कि वे अपने साथियों और प्रतिस्पर्धियों से आगे निकलने में किस तरह से सक्षम थे :

> *मंगर :* हमने यह सीखा है कि उन लोगों को कैसे मात दी जाए जो स्पष्ट रूप से हमसे ज़्यादा चालाक हैं।
>
> *बफ़ेट :* स्वभाव, बुद्धिमता से ज़्यादा महत्त्वपूर्ण है।
>
> *मंगर :* दूसरा बड़ा रहस्य यह है कि हम आजीवन सीखने में बहुत आगे हैं। वॉरेन कई मायनों में सत्तर और अस्सी के दशक में अपने बचपन की तुलना में बेहतर हैं। यदि आप हर समय सीखते रहते हैं, तो आपको एक अद्भुत लाभ होता है।

क्या अपने आप में सुधार करने से बेहतर कोई निवेश है? बफ़ेट को इस मामले में क्या कहना है :

> ''सबसे अच्छा निवेश जो आप कर सकते हैं वह अपने आप में निवेश है।''
>
> ''जितना अधिक आप सीखेंगे, उतना अधिक आप कमाएँगे।''
>
> ''अपनी और दूसरों की ग़लतियों से सीखें।''

हर दिन अपना कुछ समय बिताने का सबसे अच्छा तरीक़ा है स्वयं में सुधार करना। और पढ़ने के लिए समय निकालना जितना आप सोचते हैं उससे कहीं अधिक आसान है। ऐसा करने का एक तरीक़ा यह है कि आप प्रत्येक दिन एक घंटा केवल अपने लिए निकालें। यदि आपको प्रेरणा की आवश्यकता है, तो विचार करें कि मंगर स्वयं को प्रत्येक दिन का सर्वोत्तम घंटा कैसे बेचेंगे। अपनी अधिकृत जीवनी, द *स्नोबॉल* के लिए एक साक्षात्कार में, बफ़ेट ने मंगर के बारे में यह कहानी साझा की :

> बहुत ही युवा वकील के रूप में चार्ली को शायद प्रति घंटे 20 डॉलर मिल रहे थे। उन्होंने मन ही मन सोचा, ''मेरा सबसे मूल्यवान ग्राहक कौन है?'' और उसने निर्णय लिया कि यह वह स्वयं हैं। इसलिए उन्होंने हर दिन अपने लिए एक घंटा बेचने का फ़ैसला किया। उन्होंने सुबह-सुबह निर्माण परियोजनाओं और रियल एस्टेट सौदों पर काम किया। हर किसी को ऐसा करना चाहिए, ग्राहक बनें, और फिर अन्य लोगों के लिए भी काम करें, और दिन में एक घंटा खुद को बेचें।

इस एक घंटे में जो अवसर मिल रहा है, उसकी लागत को समझना आवश्यक है। एक ओर आप बहुत सारे काम करते हुए ईमेल और सोशल मीडिया पोस्ट से बहुत अच्छे भाव और ख़ुशी महसूस कर सकते हैं। दूसरी ओर, आप गहन कार्य और आत्म-सुधार के लिए समय समर्पित कर सकते हैं। किसी महत्त्वपूर्ण सिद्धांत के बारे में गहन ज्ञान प्राप्त करने में बिताया गया एक घंटे का समय लम्बे समय में लाभदायक होता है। वर्तमान का यह छोटा सा निवेश आगे जीवन काल के दौरान मिलने वाले महत्त्वपूर्ण मूल्य की तुलना में बहुत कम है। यह एक सेंट से भी कम क़ीमत पर एक डॉलर ख़रीदने के समान है। यही कारण है कि अच्छी किताबें सबसे कम क़ीमत पर आंका गया परिसंपत्ति वर्ग हैं : समय के साथ सही विचारों की क़ीमत अरबों ना सही, तो लाखों डॉलर हो सकती है।

समय एक ऐसा संसाधन है जो हर गुज़रते सेकंड के साथ हर किसी के लिए दुर्लभ होता जा रहा है। अपने समय को अत्यधिक महत्त्व देना सीखें। बफ़ेट इसी कारण से बहुत लम्बी दूरी तय कर काम पर जाने से बचते हैं। आपके पास चाहे कितना भी पैसा हो, आप अधिक समय नहीं ख़रीद सकते। हममें से प्रत्येक के पास प्रतिदिन केवल चौबीस घंटे ही उपलब्ध हैं। समय जीवन की वह मुद्रा है, जो जितना अधिक ख़र्च किया जाता है उसका मूल्य उतना ही अधिक बढ़ता है। काम के लिए जाने और आने में लगने वाले समय को कम करें और आत्म-विकास के लिए मूल्यवान समय की बचत करने को सभी गैर ज़रूरी छोटे-मोटे कार्यों को दूसरों से कराएँ। इन छोटी-छोटी विलासिताओं पर अतिरिक्त पैसा ख़र्च करना शुरू में आपको अखरेगा, लेकिन समय के साथ, आपको अहसास होगा कि यह बिलकुल ठीक था। लम्बी अवधि में, कुछ नया सीखने और खुद को बेहतर बनाने में दैनिक

निवेश बहुत काम आता है। इसलिए समय का सबसे अच्छा निवेश व्यक्तिगत विकास में निवेश करना है। मुझे आशा है कि आज आप इस पुस्तक को पढ़ने में जो समय लगा रहे हैं, वह शेष जीवन में आपको अच्छे परिणाम देगा। आजीवन सीखने के अपने जुनून के माध्यम से सफलतापूर्वक वित्तीय स्वतंत्रता हासिल करने के बाद मैं ख़ुशी से कह सकता हूँ कि मैं एक बेहतर निवेशक हूँ, क्योंकि मैं आजीवन सीखने वाला हूँ। और मैं बेहतर आजीवन सीखने वाला हूँ क्योंकि मैं एक निवेशक हूँ।

अब तक के दो सबसे महान शिक्षार्थियों और विचारकों के ज्ञान के सुनहरे शब्दों के साथ इस अध्याय को समाप्त करना उचित प्रतीत होता है।

ज्ञान में निवेश सर्वोत्तम ब्याज देता है।

– बेंजामिन फ्रेंकलिन

बहुत ज़्यादा पढ़ाई कर आजीवन स्व-शिक्षार्थी के रूप में विकसित हों; जिज्ञासा पैदा करें और हर दिन थोड़ा समझदार बनने का प्रयास करें।

– चार्ली मंगर

भाग - 1

सांसारिक ज्ञान प्राप्त करना

अध्याय 2

सीखने की मशीन बनें

जो सीखते जाते हैं, वे जीवन में आगे बढ़ते जाते हैं।

– चार्ली मंगर

मन उस तरह से सीमित नहीं है जिस तरह से शरीर है। दरअसल, चालीस साल की उम्र तक पहुँचते-पहुँचते ज़्यादातर लोगों का शरीर जर्जर होने लगता है। लेकिन मस्तिष्क कितनी वृद्धि और विकास को बनाकर रख सकता है, इसकी कोई सीमा नहीं है।

पढ़ते रहना हमारे दिमाग़ को जीवन्त और विकासशील बनाए रखता है। इसलिए हमें स्वस्थ पढ़ने की आदत डालनी चाहिए। पढ़ना ध्यान की तरह है और शान्ति दायक भी है।

किताबें वास्तव में जीवन बदलने वाली हैं, ख़ासकर जब आप अपने हर विचार को ध्यान में रखते हुए हर दिन पढ़ने की आदत विकसित कर लेते हैं। इस प्रयास के माध्यम से बढ़ते जाने वाले मस्तिष्क के संपर्क आपको कुछ वर्षों के बाद पूरी तरह से एक नया व्यक्ति बना देंगे।

वॉरेन बफ़ेट और चार्ली मंगर का अनुमान है कि वे अपने दिन का 80 प्रतिशत हिस्सा पढ़ने या जो कुछ उन्होंने पढ़ा है, उसके बारे में सोचने में बिताते हैं।

इसी में होशियार बनने का रहस्य छिपा है।

जीवन में सफलता प्राप्त करने का तरीक़ा लगातार सीखते रहना है। और सीखने का सबसे अच्छा तरीक़ा पढ़ना है, और प्रभावी ढंग से पढ़ना है।

किसी ने जिम रोजर्स से पूछा कि उन्हें अब तक मिली सलाहों में से सबसे अच्छी सलाह क्या रही है। उनका जवाब था कि यह सलाह उन्हें हवाई जहाज में एक वृद्ध व्यक्ति से मिली थी – सब पढ़ें।

सभी सफल निवेशकों की एक सामान्य आदत होती है। वे हर समय पढ़ना पसंद करते हैं।

मंगर कहते हैं, ''अपने पूरे जीवन में, मैंने ऐसा कोई बुद्धिमान शख़्स नहीं देखा है (व्यापक विषय क्षेत्र में) जो हर समय पढ़ता नहीं हो - कोई भी नहीं, शून्य। आप यह जानकर हैरान होंगे कि वॉरेन कितना पढ़ते हैं और मैं कितना पढ़ता हूँ। मेरे बच्चे मुझ पर हँसते हैं। उन्हें लगता है कि मैं एक ऐसी किताब हूँ जिसके दो पैर बाहर निकले हुए हैं।''

अनुभवों से सीख लेते हुए अध्ययन करना

सभी अच्छी किताबें पढ़ना पिछली शताब्दियों के बेहतरीन दिमाग़ों के साथ बातचीत करने जैसा है।

– रेने डेस्कर्टेस

भविष्य का निर्धारण करने में इतिहास से बेहतर कोई शिक्षक नहीं है... 30 डॉलर की इतिहास की किताब में अरबों डॉलर मूल्य के उत्तर हैं।

– बिल ग्रॉस

मानवता के पूरे दौर में हम ज्ञान को किताबों में दर्ज करते रहे हैं। इसका मतलब है कि बहुत ज़्यादा नया नहीं है; यह सिर्फ़ ऐतिहासिक ज्ञान को दोहराना है। बहुत ज़्यादा संभावना यह है कि आप चाहे जिस पर भी काम कर रहे हों, कहीं न कहीं, आपसे अधिक बुद्धिमान किसी व्यक्ति ने आपकी समस्या के बारे में सोचा होगा और उसे किताब में दर्ज किया होगा। मंगर कहते हैं :

> मैं खुद जीवनी में बहुत दिलचस्पी लेता हूँ। मुझे लगता है कि जब आप कारगर महान अवधारणाओं को सिखाने की कोशिश कर रहे होते हैं, तो इन्हें उन लोगों के जीवन और व्यक्तित्व के साथ जोड़ना जिन्होंने उन्हें विकसित किया है, मददगार होता है। मेरा मानना है कि यदि आप एडम स्मिथ को अपना मित्र बनाते हैं तो आप अर्थशास्त्र बेहतर ढंग से सीख सकते हैं। जो लोग संसार में नहीं हैं, उनके साथ मित्रता बनाना हास्यास्पद लगता है लेकिन यदि आप जीवन भर उन मशहूर मृतकों के साथ मित्रता करते हैं जिनके पास सही विचार थे, तो मुझे लगता है कि यह जीवन में बेहतर काम करेगा और शिक्षा में बेहतर काम करेगा। यह केवल बुनियादी अवधारणाओं की सीख दिए जाने से कहीं बेहतर है।

प्रख्यात मृतकों और अतीत के महान विचारकों से मित्रता करना बहुत फ़ायदेमंद कार्य है। मॉर्गन हाउसेल लिखते हैं :

> सब कुछ पहले किया जा चुका है। दृश्य बदलते हैं लेकिन व्यवहार और परिणाम नहीं। इतिहासकार नियाल फ़र्ग्यूसन अपने पेशे को लेकर दलील देते हैं, ''मृतकों की संख्या जीवित लोगों से एक पर 14 के अनुपात में ज़्यादा है, और हम अपने जोख़िम पर मानव जाति के इतने बड़े बहुमत के संचित अनुभव को नजरअंदाज़

> करते हैं। 100 अरब लोग जो अब जीवित नहीं हैं, उनका सबसे बड़ा सबक़ यह है कि उन्होंने वह सब कुछ करने की कोशिश की जो हम कर रहे हैं। विवरण अलग थे, लेकिन उन्होंने मजबूत प्रतिस्पर्धा को मात देने की कोशिश की। वे सबसे बुरे समय में आशावाद से निराशावाद की ओर आ गए। उन्होंने औसत की ओर पलटने के ख़िलाफ़ असफल संघर्ष किया। उन्होंने सीखा कि लोकप्रिय चीज़ें सुरक्षित लगती हैं, क्योंकि इसमें बहुत सारे लोग शामिल होते हैं, लेकिन वे सबसे ख़तरनाक भी होती हैं, क्योंकि उनमें सबसे अधिक प्रतिस्पर्धा होती हैं। वही चीज़ जो आज मार्गदर्शन करती है, और कल भी मार्गदर्शन करेगी। जब विशिष्ट घटनाओं को भविष्य के लिए मार्गदर्शक के रूप में उपयोग किया जाता है तो इतिहास का दुरुपयोग किया जाता है। यह एक मानदंड के रूप में अधिक उपयोगी है कि लोग जोख़िम और प्रोत्साहनों पर कैसे प्रतिक्रिया करते हैं। जो समय के साथ काफ़ी स्थिर हो चला है।

जितना अधिक आप पढ़ेंगे, उतना ज़्यादा आप अपने दिमाग़ में एक कोष तैयार करेंगे। जैसे-जैसे आप अपने इस भंडार में ज्ञान जोड़ते जाते हैं वह आने वाले नए ज्ञान के साथ मिलकर समय के साथ बढ़ता चला जाएगा। यहाँ पर कई गुना वृद्धि अपना काम कर रही है। और यह ज्ञान के साथ उसी तरह काम करता है जैसे यह ब्याज के साथ करती है। अंततः, जब नई, चुनौतीपूर्ण या अस्पष्ट स्थितियों का सामना करना पड़ता है, तो आप इस गतिशील आंतरिक भंडार का इस्तेमाल करने में सक्षम होंगे। इसे मंगर ''मानसिक मॉडलों की जाली'' कहते हैं। (मानसिक मॉडल इस बात की व्याख्या हैं कि चीज़ें कैसे काम करती हैं, किसी दी गई स्थिति में कौन से बदलने वाले हालात या कारक मायने रखते हैं, और वे एक-दूसरे के साथ कैसे संवाद करते हैं। मानसिक मॉडल दुनिया को लेकर हमारी समझ हैं।) तब आप ऐसे व्यक्ति के रूप में प्रतिक्रिया देंगे जिसकी प्रवृत्ति और निर्णय को केवल आपके अपने अनुभव के बजाय दूसरों के अनुभवों से निखारा गया है। आप यह देखना शुरू कर देंगे कि वास्तव में कुछ भी नया नहीं है, अविश्वसनीय चुनौतियों को दूर किया जा सकता है और दूर किया गया है, और यह कि दुनिया के काम करने के तौर-तरीक़ों के बारे में मूलभूत सत्य हैं।

तो, दूसरों से सीखें। पता लगाएँ कि आप कहाँ जा रहे हैं और खोजें कि वहाँ कौन पहले गया है। ज्ञान अनुभव से आता है, लेकिन यह आपका अनुभव होना ज़रूरी नहीं है।

पढ़ने, सीखने और सोचने के लिए समय निकालना

> *वॉरेन और मैं कारोबार जगत के ज़्यादातर लोगों की तुलना में पढ़ते और सोचते ज़्यादा हैं और करते कम हैं। हम ऐसा इसलिए करते हैं क्योंकि हमें इसी तरह का जीवन अच्छा लगता है। लेकिन हमने उस विचित्रता को हमारे लिए सकारात्मक परिणाम में बदल दिया है। हम दोनों बस बैठे रहने और सोचने के लिए लगभग*

हर दिन बहुत ज़्यादा समय उपलब्ध होने पर ज़ोर देते हैं। अमेरिकी व्यवसाय में यह बहुत असामान्य है। हम पढ़ते हैं और सोचते हैं।

– चार्ली मंगर

अमीर समय में निवेश करते हैं, ग़रीब पैसे में निवेश करते हैं।

– वॉरेन बफ़ेट

अमीरों के पास पैसा है। अमीरों का अपने समय पर नियंत्रण होता है। और ख़र्च हुआ समय दोबारा नहीं लौट सकता, जिसके कारण समय सबसे दुर्लभ संसाधन है। समय पूरे संसार में घटता हुआ संसाधन है। अमीर के लिए भी उसी दर से कम होता हुआ जिस तरह से ग़रीबों के लिए घटता है। यह हमें एक सफल निवेशक को एक ऐसे व्यक्ति के रूप में परिभाषित करने का एक तरीक़ा देता है जिसके लिए समय धन की तुलना में ज़्यादा बड़ी सीमा हो। प्रतिष्ठा का सर्वोच्च प्रतीक समय हो। समय नया धन है।

मेरे दोस्त और सहकर्मी अक्सर मुझसे पूछते हैं कि एक पूरे समय की नौकरी और घर के काम का प्रबंधन करते हुए मैं पढ़ने के लिए इतना समय कैसे निकाल लेता हूँ।

शुरुआत करने वालों को बता दूँ, मैं शायद ही कभी टेलीविज़न देखता हूँ। मेरे पास केबल टेलीविज़न कनेक्शन भी नहीं है। मुझे नेटफ़्लिक्स, यूट्यूब, और अमेज़ॉन प्राइम पर अपनी रुचि की सभी ज़रूरी कार्यक्रम देखते को मिल जाते हैं। मैं केवल वे चुनिंदा फ़िल्में, वृत्तचित्र, और शो देखता हूँ जो वास्तव में मेरी रुचि को बढ़ाते हैं। मैं यह सुनिश्चित करता हूँ काम की जगह पर जाने-आने में बहुत ज्यादा समय खराब न हो। मैं ऐसे इलाक़े में रहता हूँ, जहाँ किराना आदि की दुकान आसपास ही हो और मैं पैदल जा सकूँ। अपनी ख़रीदारी पूरी कर बीस मिनट से भी कम समय में वापस घर लौट आऊँ। मैंने फ़ोन, बिजली, इंटरनेट, भोजन आदि के बिलों को इंटरनेट पर इस तरह से व्यवस्थित कर रखा है कि उनका स्वत: भुगतान हो जाता है।

यह सभी कुछ सोच-विचार कर समय की बचत करने के इरादे से ही किया गया है।

यदि आप मान लें कि औसत व्यक्ति प्रतिदिन दो घंटे टेलीविज़न देखने में, एक घंटा आवागमन के लिए और अन्य दो घंटे सप्ताह की ख़रीदारी में ख़र्च करता है तो यह समय कुल मिलाकर तेईस घंटे हो जाता है।

तेईस घंटे। यानी 1,380 मिनट। यह बहुत ज़्यादा समय है। अगर आप दो मिनट में एक पेज पृष्ठ पढ़ते हैं तो इसका मतलब हुआ सप्ताह में लगभग सात सौ पेज। प्रति सप्ताह सात सौ पेज पढ़ना क्या आपको बहुत ज़्यादा लगता है? खैर, एक दिन में सिर्फ़ पच्चीस पेज के बारे में आप क्या सोचते हैं? शेन पैरिश लिखते हैं :

> हममें से अधिकांश के पास एक बार में पूरी किताब पढ़ने का समय नहीं है। लेकिन हमारे पास प्रतिदिन 25 पेज *पढ़ने का समय होता है। सही किताबें, भले ही दिन में कुछ ही पन्ने क्यों ना पढ़ें। यह सुनिश्चित करने के सर्वोत्तम तरीक़ों में*

से एक है कि सोते समय आप जितने होशियार थे, जागते समय आप उससे कहीं ज़्यादा थे।

एक दिन में पच्चीस पन्ने ज़्यादा नहीं लगते, लेकिन यह प्रतिबद्धता समय के साथ बढ़ती जाती है। मान लीजिए कि हर महीने हो सकता है कि दो दिन आपको पढ़ने का समय नहीं मिल पाएगा। त्योहार के कारण आपको एक दिन और कम हो गया। तब भी आपको साल में 340 दिन पढ़ने का ख़ासा मौक़ा मिलता है। यदि आप 340 दिनों तक प्रतिदिन 25 पेज पढ़ते हैं, तो यह 8,500 पेज हो जाता है। मैंने यह भी पाया है कि जब मैं कम से कम 25 पेज के लिए प्रतिबद्ध होता हूँ तो मैं लगभग हमेशा अधिक पढ़ता हूँ। इसलिए आइए 8,500 पृष्ठों को 10,000 कहें। (इस लक्ष्य तक पहुँचने के लिए रोज़ाना 25 पेज में केवल पाँच पेज बढ़ाकर 30 पेज करने की ज़रूरत है।)

25 पेज प्रतिदिन की सामान्य गति से प्रति वर्ष 10,000 पेज के साथ, हम क्या नहीं कर सकते हैं?

ख़ैर, द *पावर ब्रोकर* 1,100 पेज का है। चार एलबीजे रॉबर्ट कारो द्वारा लिखी गई पुस्तकें कुल मिलाकर 3,552 पेज हैं। टॉल्स्टॉय की दो उत्कृष्ट कृतियाँ–*वार ऐंड पीस*, और *अन्ना कैरेनिना*– संयुक्त रूप से 2,160 पेज की हैं। गिब्बन का छह खंडों में द *डिक्लाइन ऐंड फ़ाल ऑफ़ द रोमन एम्पायर* लगभग 3,660 पेज का है। कुल मिलाकर 10,472 पेज होते हैं।

इसका मतलब है, लगभग एक वर्ष में, 25 पेज प्रतिदिन की मामूली गति से आपने 13 उत्कृष्ट रचनाएँ पढ़ लीं और विश्व के इतिहास के बारे में बहुत कुछ जान लिया। मात्र एक साल में!

अब अगले साल के लिए शायरर का *राइज़ ऐंड फ़ाल ऑफ़ द थर्ड रिएक* (1,280), कार्ल सैंडबर्ग के लिंकन पर छह खंड (2,000), एडम स्मिथ की *वेल्थ ऑफ़ नेशंस* पर अनब्रिज्ड (1,200), और बोसवेल की जॉनसन (1,300) के साथ कुछ और भी पढ़ने के लिए काफ़ी गुंजाइश है। इस प्रकार महान रचनाएँ पढ़ी जाती हैं : दिन–ब–दिन, एक समय में 25 पेज पढ़ना ही पढ़ना है, कोई बहाना नहीं।

अपने आप को प्रतिदिन निश्चित संख्या में पेज पढ़ना तय करना एक बहुत मजबूत आदत विकसित करना है। एक दिन में 25 पेज एक आदत बना देता है!..

...अब आपको जो अद्भुत और दिलचस्प लगता है, उसे पढ़ें और अपनी जिज्ञासाओं को स्वाभाविक रूप से बढ़ने दें। सत्य, वास्तविकता और ज्ञान में आजीवन रुचि आपको कई क्षेत्रों में अग्रणी बना देगी। आपको कभी भी अपने आप को कुछ भी पढ़ने के लिए मजबूर करने की ज़रूरत नहीं होनी चाहिए, जब तक कि कोई बहुत, बहुत विशिष्ट कारण ना हो। (जैसे किसी नौकरी के लिए कोई विशिष्ट कौशल सीखने की मजबूरी हो सकती है।)

यह दृष्टिकोण ना केवल अधिक मज़ेदार है, बल्कि वास्तव में बहुत अच्छी तरह से काम भी करता है। यह आपकी पढ़ने की आदत को बनाए रखता है। यह आपकी रुचि बनाए रखता है। और नसीम तालेब के शब्दों में, ''जिज्ञासा नाजुक नहीं है, यह लत की तरह है, संतुष्ट करने के प्रयासों ने इसे और बढ़ा दिया।''

इस प्रकार से विरोधाभासी पैदा होता है, जैसे-जैसे आप अधिक किताबें पढ़ते हैं, आपकी बिना पढ़ी हुई किताबों की सूची बढ़ती जाती है। यह कम नहीं होती। ऐसा इसलिए है, क्योंकि हर महान रचना को पढ़ने के साथ आपकी जिज्ञासा बढ़ेगी।

यह आजीवन सीखने वाले का मार्ग है।

यहाँ पर ज्ञान में कई गुना वृद्धि का सिलसिला चल रहा है। ऐसे ही आप होशियार बनते हैं। आपको अपने समय को बहुत महत्त्व देना चाहिए।

आपको अपने समय पर नियंत्रण रखना होगा, और जब तक आप किसी बात के लिए मना नहीं करते तब तक आप ऐसा नहीं कर सकते। आप लोगों को जीवन में अपना एजेंडा निर्धारित नहीं करने दे सकते।

– वॉरेन बफ़ेट

पढ़ने और सीखने का जुनून

पढ़ने का उद्देश्य केवल कोरा ज्ञान नहीं है। यह इंसान के अनुभव का हिस्सा ही है। यह आपको अर्थ ढूँढ़ने, अपने आप को समझने और अपने जीवन को बेहतर बनाने में मदद करता है।

– रयान हॉलिडे

मैं ज्ञान बढ़ाने के लिए पढ़ता हूँ। मैं अर्थ खोजने के लिए पढ़ता हूँ। मैं दूसरों और स्वयं की बेहतर समझ के लिए पढ़ता हूँ। मैं खोज करने के लिए पढ़ता हूँ। मैं अपने जीवन को बेहतर बनाने के लिए पढ़ता हूँ। मैं कम ग़लतियाँ करने के लिए पढ़ता हूँ।

डेविड ओगिल्वी के शब्दों में कहें तो पढ़ना और सीखना ''हमारे दिमाग़ को समृद्ध बनाने और हमारे जीवन की गुणवत्ता को समृद्ध करने का अमूल्य अवसर है।''

मैं जहाँ भी जाता हूं, कोई न कोई किताब मेरे साथ रहती है। किताब की कॉपी ना हो तो मेरे मोबाइल फ़ोन पर सॉफ़्ट कॉपी में हो सकती है। (हालाँकि मुझे छपी हुई किताब पसंद है। मुझे पेपरबैक या हार्डकवर में किताब पढ़ने में बहुत शान्ति और सुकून महसूस होता है।)

अमेरिका में अपने शुरुआती वर्षों के दौरान मुझे दफ़्तर पहुँचने के लिए लम्बी दूरी तय करनी पड़ती थी। तब मैं बस मैं पढ़ता रहता था जिससे अपने सीखने और खुद को आगे बढ़ाने के मेरे इस दौर का एक भी मिनट बरबाद ना हो।

पढ़ने के लिए समय निकालना उससे कहीं ज़्यादा आसान है जितना आप सोच सकते हैं। बस का इंतज़ार कर रहे हैं? सड़क पर घूमना बंद करें और पढ़ें। टैक्सी का इंतज़ार कर रहे हैं? पढ़ें। ट्रेन में बैठे हैं? पढ़ें। विमान में हैं? पढ़ें। हवाई अड्डे पर अपनी उड़ान का इंतज़ार कर रहे हैं। पढ़ें।

हालाँकि, केवल पढ़ना आपके ज्ञान को बढ़ाने के लिए पर्याप्त नहीं है। कुछ गहराई से सीखने के लिए काम की आवश्यकता होती है। आपको अपने वर्तमान स्तर के संबंध में कुछ पढ़ना होगा। आपको ऐसे लेखक ढूँढ़ने होंगे जो किसी विषय विशेष पर आपसे अधिक जानकार हों। इस तरह आप अधिक बुद्धिमान बनते हैं। अपने से बेहतर लोगों के संपर्क में रहें और उनके साथ सहयोग करें। इसके बाद कुछ भी आपमें सुधार को रोक नहीं सकता।

बहुत से लोग किसी चीज़ का नाम जानकर ही इस भ्रम का शिकार हो जाते हैं कि वह उसे समझते हैं।

यह खुद ही शोध कर अनुभव के लिए अच्छा है: कोई भी चीज़ आसानी से दिमाग़ में आती जा रही है तो इसका मतलब है आप सूचना के लिए पढ़ रहे हैं। उदाहरण के लिए समाचार मीडिया का उद्देश्य हमें दिन-प्रतिदिन की घटनाओं के बारे में सूचित करना, हमारा मनोरंजन करना है, उस समय की सार्वजनिक मनोदशाओं और भावनाओं को अभिव्यक्त करना और ऐसी कहानियाँ छापना है जिनमें आज हमारी रुचि होगी और जिन्हें हम पढ़ना चाहेंगे।

लेकिन यही अक्सर उन पाठकों के लिए समस्याएँ पैदा कर देता है जो ''ख़बर'' के बारे में पहले से यह मानकर चलते हैं कि यह नई है और उनको उपलब्ध हो रही है। यही बात सोशल मीडिया पर भी लागू होती है। सोशल मीडिया से भी हम जो कुछ लेते हैं, उसकी विशेषता यही होती है कि उसके प्रति नयेपन का पूर्वाग्रह होता है। हम ज़्यादातर जो ग्रहण करते हैं, वह अधिकतर चौबीस घंटे से भी कम पुराना होता है। शायद लगातार हमारे भीतर यह सवाल उठते रहे हैं कि हम क्या देख, सुन रहे हैं। क्या यह महत्त्वपूर्ण है? क्या यह एक साल भी समय की कसौटी पर खरा उतरने वाला है?

जैसे-जैसे आप बड़े होते हैं और अधिक परिपक्व होते हैं, आपको अहसास होता है कि हमेशा प्रतिक्रिया करने की ज़रूरत नहीं होती है। यह सत्य जीवन में अधिकांश चीज़ों पर और समाचार में लगभग हर चीज़ पर लागू होता है।

हम अपनी तत्काल रुचि वाली इतनी ज़्यादा सूचनाओं से घिरे हुए हैं कि हम उनके साथ बने रहने की कोशिश के कभी ख़त्म ना होने वाले दबाव से अपने को अभिभूत महसूस करते हैं।

– निकोलस कैर

निकट भविष्य की असली दुर्लभ वस्तु होगी इंसान का ध्यान आकर्षित करना।

– सत्या नडेला

सूचना-संपन्न दुनिया में, सूचना की संपदा का अर्थ है किसी और चीज़ की कमी: वह कमी जिस किसी भी चीज़ की है, उसे सूचना ग्रहण करती है। सूचना जो कुछ ग्रहण करती है वह स्पष्ट है : यह जिन लोगों तक पहुँचती है, उनका ध्यान खींचती है। इसलिए सूचना की प्रचुरता ध्यान का अभाव और उस ध्यान को ऐसे सूचना स्रोतों की अधिकता के बीच कुशलतापूर्वक आवंटित करने की ज़रूरत को निर्मित करता है जो इसको ग्रहण कर सकते हैं।

– हर्बर्ट साइमन

मेरे विचार में आज के अख़बारों को पढ़ने से ज़्यादा लाभप्रद क़वायद है पुराने अख़बारों को पढ़ना। (बफ़ेट इसे ''शिक्षाप्रद कला'' कहते हैं।) मॉर्गन हॉसेल लिखते हैं :

आप जो भी वित्तीय समाचार पढ़ते हैं, प्रत्येक समाचार की इस सवाल के साथ पड़ताल की जानी चाहिए, ''क्या मैं एक साल बाद भी इस ख़बर को लेकर इतनी चिंता करूँगा? क्या पाँच साल बाद? दस साल बाद? जानकारी का लक्ष्य होना चाहिए, अभी और आपके अंतिम लक्ष्यों के बीच में बेहतर फ़ैसले लेने में मदद करना। पुरानी ख़बरें पढ़ें और आप तुरंत देखेंगे कि आपके लक्ष्यों के जीवित रहने की उम्मीद अधिकांश सुर्खियों की तुलना में ज़्यादा है।

नसीम निकोलस तालेब अपनी पुस्तक *फूल्ड बाय रैंडमनेस* में लिखते हैं, ''वित्तीय बाज़ारों के सभी प्रतिभागियों सहित अनिश्चितता के तहत निर्णय लेने में शामिल किसी व्यक्ति के लिए मीडिया से न्यूनतम संपर्क एक मार्गदर्शक सिद्धांत होना चाहिए।'' उनका मुख्य तर्क है कि मीडिया में जो बताया जाता है वह सूचना की बजाय शोर है, लेकिन अधिकांश लोगों को यह अहसास नहीं है कि मीडिया को हमारा ध्यान खींचने के लिए भुगतान किया जाता है।

मुख्य सबक़ यह है कि ज्ञान की खोज में हमें क्षणभंगुर (जैसे दैनिक समाचार, सोशल मीडिया रुझान आदि) की तुलना में समय के साथ जो कुछ भुगता या सहा गया है (जैसे कि इतिहास या जीवनियाँ) उसके बारे में ज़्यादा पढ़ना चाहिए। मैं एंड्रयू रॉस से सहमत हूँ, जो कहते हैं, ''किताबों की सबसे छोटी दुकान में अभी भी टेलीविज़न के संपूर्ण इतिहास में प्रस्तुत किए गए विचारों से कहीं ज़्यादा मूल्यवान विचार मौजूद हैं।''

मानवजाति का संपूर्ण इतिहास, जीव विज्ञान के इतिहास का एक छोटा अध्याय है। और संपूर्ण जीव विज्ञान, पृथ्वी के इतिहास का एक छोटा अध्याय है। और ब्रह्माण्ड के इतिहास में इस ग्रह का इतिहास एक छोटा अध्याय है।

– विल और एरियल ड्यूरेंट

विल और एरियल डुरैंट की किताब पाँच हज़ार वर्षों के इतिहास को निष्कर्षों के सौ पेज में समेट देता है। यह आज के रुझानों पर नहीं ऐसी सच्चाई पर केंद्रित है जो समय से परे है।

यह सोशल मीडिया का विरोधाभासी है जो आज के रुझानों पर चलता है। पुस्तक इतिहास की सीखों पर प्रकाश डालती है, ना कि इतिहास को परिभाषित करने वाली घटनाओं पर। यह बताती है कि किस तरह से एक-कोशिका वाले सरल जीवों से लेकर इंसानों की जटिलता तक संपूर्ण जीवन किस तरह विकास क्रम के क़ानूनों और प्रयोगों से शासित होता है। इतिहास के मौलिक पाठों के रूप में जीव विज्ञान के नियम दोगुने हो जाते हैं। सभी प्राणी विकास क्रम की प्रक्रियाओं और परीक्षणों के अधीन हैं। सबसे चुस्त-दुरुस्त ही जीवित रहता है। प्राकृतिक चयन से बेहतर गुण बनाकर रखे जाते हैं और उनको आगे बढ़ाया जाता है। इसका परिणाम होता है कि संपूर्णता को प्राप्त करने के लिए सुधार का एक निरंतर चक्र चलता रहता है।

हमेशा वृद्धों का सम्मान करें। पढ़ने और सीखने के लिए ''लिंडी प्रभाव का इस्तेमाल करें। नसीम तालेब के अनुसार, ''लिंडी प्रभाव'' एक अवधारणा है जिसके अनुसार कुछ गैर-विनाशकारी चीज़ों जैसे कि प्रौद्योगिकी या किसी विचार की भावी जीवन प्रत्याशा उनकी वर्तमान आयु के समानुपाती होती है, इस तरह से जीवित रहने की प्रत्येक अतिरिक्त अवधि का तात्पर्य लम्बी शेष आयु प्रत्याशा है। एक किताब जो समय की कसौटी पर खरी उतरी है और पचास या सौ या पाँच सौ वर्ष से बनी हुई है और अभी भी उसे व्यापक रूप से पढ़ा जाता है, क्योंकि उसमें ऐसा ज्ञान है जो समय के परे है तो उसके अभी और पचास या सौ या पाँच सौ वर्ष तक इसी तरह से चलते जाने की उम्मीद है। कारण यही है कि उसमें जो ज्ञान है, वह समय के परे है।

> *जो व्यक्ति अच्छी पुस्तकें नहीं पढ़ता, वह उस व्यक्ति से बेहतर नहीं होता जो उन्हें पढ़ नहीं सकता।*
>
> – मार्क ट्वेन

व्यक्ति को स्वास्थ्य और तंदुरुस्ती, व्यक्तिगत वित्त, निवेश, व्यवसाय, अर्थशास्त्र, निर्णय लेना, मानव व्यवहार, इतिहास, दर्शन, आत्म-जागरूकता, और निश्चित रूप से जीवन जैसे विविध विषयों पर पढ़ना चाहिए। इन क्षेत्रों में जो सर्वकालिक श्रेष्ठ किताबें हैं, उनको तो नियमित आधार पर दोबारा पढ़ना चाहिए। लिंडी प्रभाव का अपने फ़ायदे के लिए इस्तेमाल करें। साथ ही अपनी ताज़ा खरीदी हुई किताबों के बारे में अपने समान विचारधारा वाले मित्रों से बात करें। साथ पढ़ने और उससे मिलने वाले ज्ञान को साझा करने में बहुत मज़ा आता है। समझने के लिए पढ़ने से पाठक और लेखक के बीच का अंतर कम हो जाता है। इस अंतर को पाटने के लिए हम बेहतर ढंग से कैसे पढ़ सकते हैं?

किताब को पढ़ने का तरीक़ा क्या हो

पढ़ने के लक्ष्य से यह निर्धारित होता है कि आपको कैसे पढ़ना चाहिए। हालाँकि बहुत से लोग जानकारी और मनोरंजन के लिए पढ़ने में काफ़ी होशियार होते हैं और कुछ लोग अपनी क्षमता में सुधार कर ज्ञान के लिए पढ़ते हैं।

मोर्टिमर एडलर और चार्ल्स वान डोरेन ने पढ़ने पर मौलिक लेखन करते हुए किताब लिखी है। उनकी किताब *हाउ टु रीड अ बुक* कुछ भी पढ़ने का ज़रूरी कौशल प्रदान करती है। एडलर और वान डोरेन ने पढ़ने के चार स्तरों की पहचान की : प्रारंभिक, निरीक्षण करते हुए, विश्लेषण करते हुए और तुलना करते हुए पढ़ना। पढ़ने के कौशल में सुधार कर पाने के पहले हमें पढ़ने के इन स्तरों के बीच के अंतर को समझने की ज़रूरत है। यह अलग-अलग स्तरों में है। पहले के स्तर पर महारत हासिल करने पर ही अगले उच्च स्तर पर जा सकते हैं। यह आपस में जुड़ते जाते हैं और पिछले स्तर से ही अगले स्तर पर बढ़ा जाता है। एडलर और वान डोरेन ने इन चार स्तरों का यहाँ वर्णन किया है :

1. **पढ़ने की शुरुआत :** यह पढ़ने का सबसे शुरुआती स्तर है, जब प्राथमिक स्कूलों में हमें पढ़ाया जाता है। जब हम कोरी निरक्षरता से अक्षर ज्ञान की ओर आगे बढ़ते हैं।

2. **सरसरी तौर पर पढ़ना :** यह किसी भी लेख या रचना को सरसरी तौर या ''सतही ढंग से पढ़ना तो है। मगर इस तरह से समीक्षा करते हुए पढ़ना है कि गहराई से पढ़ने के अनुभव के लाभ का मूल्यांकन भी हो जाए। सबसे पहले स्तर पर सामान्य तौर पर सवाल पूछा जाता है, ''वाक्य में क्या कहा गया है?'' वहीं दूसरे स्तर पर आम तौर पर पूछा जाने वाला प्रश्न है ''किताब किस बारे में है?''

3. **विश्लेषण करते हुए पढ़ना–** विश्लेषण करते हुए पढ़ना ही संपूर्ण रूप से पढ़ना है। यह वह स्थिति होती है जब आप लेखक से बातचीत करते हुए और कई सुव्यवस्थित सवाल पूछते हुए किताब को अपना बनाते हैं। पढ़ते समय किताब से प्रश्न पूछना आपको एक बेहतर पाठक बनाता है। लेकिन आपको इससे भी ज़्यादा करना चाहिए। जो प्रश्न आप पूछ रहे हैं, आपको उन प्रश्नों का उत्तर देने का प्रयास करना चाहिए। मन ही मन में ऐसा कर सकते थे, लेकिन एडलर और वान डोरेन का कहना है कि अपने साथ पेंसिल रखकर आप इसे बहुत आसान बना सकते हैं। उनका तर्क है कि ''पढ़ते समय पेंसिल, आपकी सतर्कता का संकेत बन जाती है।''

एडलर और वान डोरेन किसी किताब को पढ़ते समय उस पर निशान लगाने के कई तरीक़े सुझाते हैं। वे कहते हैं कि हम मुख्य बिंदुओं को रेखांकित करें या उन पर गोला लगा दें। किसी पाठ्य अंश पर ज़ोर देने के लिए यदि वह पहले से ही रेखांकित है या अगर रेखांकित करने के लिए अनुच्छेद लम्बा है तो हाशिए पर सीधी रेखा खींची जा सकती है। इसी तरह महत्त्वपूर्ण अंश के लिए हाशिए पर सितारा, तारांकन चिह्न, या अन्य प्रतीक बनाए जा सकते हैं। किसी तर्क को आगे बढ़ाते हुए प्रस्तुत बिन्दुओं के क्रम को दर्शाने के लिए उनके सामने हाशिए पर संख्याएँ लिखी जा सकती हैं। लेखक ने एक ही बिन्दु को दूसरी बार लिखा है तो हाशिए पर पेज की संख्या लिख सकते हैं कि अन्य कहाँ पर यह बिन्दु आया है। प्रमुख शब्द या वाक्यांश पर पेंसिल से घेरा बना दें; और हाशिए पर हमारे प्रश्न (और शायद उत्तर) लिखें (या पृष्ठों के ऊपर या नीचे)। हम जो किताबें पढ़ते हैं उनमें से सर्वोत्तम विचारों को लम्बे समय बाद भी याद रखने के लिए कुछ इसी तरह से किया जाता

है। सवाल पूछकर और किताब के भीतर से उन सवालों के जवाब खोजकर हम किसी किताब को अपना बना लेते हैं। जैसा कि सिसरो ने कहा है, ''हम जो याद रखना चाहते हैं उसे लिखने से सीखने में बहुत मदद मिलती है।''

4. तुलना करते हुए पढ़ना – अब तक हम यह सीख रहे थे कि किताब कैसे पढ़ें। पढ़ने का सर्वोच्च स्तर तुलना करते हुए पढ़ना है। एक ही विषय पर तुलना करते हुए पढ़ने से ज्ञान का पूरा निचोड़ प्राप्त करने में मदद मिलती है। वास्तव में पढ़ने का असली लाभ इसी से हासिल होता है। तुलना करते हुए पढ़ाई में एक ही विषय पर कई किताबें पढ़कर उनसे मिले विचारों, अंतरदृष्टि और दलीलों की तुलना और उनके विरोधाभासों को परखा जाता है। इस अध्ययन में आप दिमाग में खाका खींचने और अपने भीतर एक नई सोच विकसित करने के लिए जीवन के अनुभवों और निजी जानकारी के साथ उन किताबों से मिली जानकारी को आपस में गूँथते हैं। इस तरह से दुनिया की एक ऐसी समझ बनाते हैं जो पहले कभी नहीं थी। मौलिक चिंतक के लिए यही कदम कामयाबी का रास्ता बनाता है।

विभिन्न विषयों के एक-दूसरे से कटे हुए प्रतीत होने वाले विचारों के बीच आपस में संबंध खोजना बहुत मज़ेदार होता है। मैं इस गतिविधि के महत्त्व पर अधिक ज़ोर नहीं दे सकता, क्योंकि इसके कारण अक्सर मेरी निवेश यात्रा में आकस्मिक लाभ और सौभाग्य के कई उदाहरण सामने आए हैं। मैं आमतौर पर एक साथ कई गैर काल्पनिक किताबें पढ़ता हूँ। मैं सबसे रुचिकर लगने वाली किताब को चुनता हूँ और उसका कम से कम एक अध्याय पूरा पढ़ता हूँ। यदि मेरी दिलचस्पी बनी रहती है, तो मैं आगे पढ़ता रहता हूँ। यदि नहीं, तो मैं दूसरी किताब उठा लेता हूँ। फिर उसका एक अध्याय पढ़ता हूँ। (काल्पनिक कहानियों के साथ ऐसा करना कठिन होता है, क्योंकि इसमें कहानी और कथानक की लय टूट जाती है।) मैं इसी तरह से पढ़ता हूँ, क्योंकि मैं अलग-अलग विषयों के संबंध में किताबों में प्रवृत्तियों को देखना शुरू कर देता हूँ। एक समय में हो सकता है कि आप एक किताब अर्थशास्त्र पर पढ़ रहे हों, एक कारोबार पर और दूसरी भौतिकी पर। तभी अचानक कुछ ऐसा सामने आता है जो उन विषयों को एक तार से जोड़ देता हो।

इतिहास को बदला नहीं जा सकता। हाँ, यह सच है। इतिहास को बदला नहीं जा सकता। अध्ययन इसे बदल सकता है। एक नई किताब पुरानी किताब की कुछ ऐसी अविश्वसनीय सामग्री आपको बता सकती है जिसे पहले आप ने स्वीकार नहीं किया था। इस प्रकार से ज्ञान में वृद्धि होती है। पुरानी किताब में आपने जिसे कम महत्त्व का समझा था, वही भविष्य में कोई और किताब उसे अहम बना देती है।

इसलिए ज़रूरी नहीं है कि कोई किताब ''सर्वश्रेष्ठ ही हो। आमतौर पर कुछ किताबों का मेल एक स्वर में बड़ा और चहुँमुखी प्रभाव पैदा करता है। हालाँकि कई किताबें एक-दूसरे से अलग-अलग लग सकती हैं, लेकिन वास्तविकता में वे सभी कुछ सूत्रों से जुड़ी होती हैं। इस अहसास से एक बड़ा फायदा यह होता है कि यह आपकी दिलचस्पी को साथ लेकर किताब को आगे बढ़ाता है, ना कि किताब को पूरा करने के लिए आप पर कोई दबाव बनाता है। और अगर किसी किताब में आपकी रुचि नहीं है, तो आप समय की बचत

करें और उसे छोड़कर किसी और दिलचस्प किताब को चुन लें। एक साथ कई किताबें पढ़ना, जिनसे आप जुड़ नहीं पा रहे हैं, उन्हें छोड़ देना और लगातार नई-नई किताब को चुनना खुद को शिक्षित करने का ऐसा दृष्टिकोण है जो कमज़ोर नहीं पड़ता।

2017 में एक साक्षात्कार में, एंजेललिस्ट के सह-संस्थापक और मुख्य कार्यकारी अधिकारी (सीईओ) नवल रविकांत ने कहा, ''मैं आपके बारे में नहीं जानता, लेकिन मैं ध्यान केन्द्रित करने के मामले में बहुत कमज़ोर हूँ। मैं सतही तरीक़े से पढ़ता हूँ। मैं तेज़ी से पढ़ता हूँ। मैं इधर-उधर भटक जाता हूँ। मैं आपको किताबों से विशिष्ट अंश या उद्धरण नहीं बता सकता।'' कुछ गहराई में जाने पर किताब की सामग्री आपके भीतर समाने लगती है। यह आपके मानस पटल पर अंकित हो जाती है। समझदार इंसान बनने के लिए यही बहुत मायने रखता है।

हम इसे कैसे विकसित कर सकते हैं?

जल्दी शुरुआत करके और मैथ्यू प्रभाव का लाभ उठाकर।

मैथ्यू प्रभाव : पढ़ना और समझना

मान लीजिए कि आप और बफ़ेट द *इकोनॉमिस्ट* का ताज़ा अंक पढ़ रहे हैं। पढ़ने के बाद आपको क्या लगता है कि दोनों में से कौन इससे ज़्यादा समझ हासिल करेगा?

उत्तर स्पष्ट है, है ना? और उसका कारण भी है।

बफ़ेट 89 साल के हैं और इस उम्र में भी वह लगातार सीखने वाली मशीन बने हुए हैं। उन्होंने ना केवल सीखने की जल्दी शुरुआत की, बल्कि तीन-चौथाई सदी से भी ज़्यादा समय से वे ज्ञान को एकत्र भी करते जा रहे हैं।

इस संदर्भ में मैथ्यू प्रभाव ऐसे शख़्स के संबंध में बताता है जिसके पास अधिक विशेषज्ञता है और इस प्रकार समझ का बड़ा आधार होता है। समझ के इस बड़े आधार से वह व्यक्ति और तेज गति से विशेषज्ञता प्राप्त करता है। तो निश्चित ही बफ़ेट उसी अध्ययन सामग्री से ज़्यादातर किसी और व्यक्ति की तुलना में कहीं ज़्यादा उपयोगी अंतर्दृष्टि प्राप्त कर सकते हैं। और कहीं तेज गति से बफ़ेट ज्यादा होशियार बन कर सामने आएँगे।

जैसे-जैसे आप ज़्यादा और ज़्यादा पढ़ जाते हैं, आपकी पढ़ने और आत्मसात करने की क्षमता तेज़ी से बढ़ती जाती है। पढ़ने की आदत के विकास के शुरुआती दिनों के दौरान मुझे पढ़ते हुए सामने आने वाले कई सिद्धांतों के महत्त्व को गहराई से समझने में कठिनाई हुई। धीरे-धीरे समय के साथ मैंने अलग-अलग किताबों में दिए गए विचारों के बीच संबंध खोजना शुरू कर दिया। यही वे संबंध हैं, जो मानस पटल में एक आधार बनाते जाते हैं जो आगे हमारे सामने आने वाले प्रमुख विषयों के बड़े विचारों के बारे में हमारी समझ को गहरा बनाते हैं। यह गहरी समझ मस्तिष्क को अधिक कुशल और होशियार बनाती है और नई जानकारी को बेहतर ढंग से समझने में सक्षम होती है। हममें से कोई भी सब कुछ नहीं जान सकता, लेकिन हम विविध विषयों के बड़े महत्त्वपूर्ण मॉडल को बुनियादी स्तर पर समझने

के लिए काम कर सकते हैं ताकि वे निर्णय लेने की प्रक्रिया में सामूहिक रूप से हमारे लिए सहायक हो सकते हैं। बुनियादी सिद्धांतों को गहराई से पढ़ने से हमें दुनिया जिस तरह की है, उसको समझने में मदद मिलती है। इस प्रकार हम प्राथमिक सिद्धांतों से तर्क करना सीखते हैं।

प्रथम सिद्धांत सोच

जहाँ तक तरीक़ों की बात है तो वे लाखों हो सकते हैं और फिर कुछ और भी हो सकते हैं, लेकिन सिद्धांत कम हैं। जो आदमी सिद्धांतों को समझ लेता है, वह सफलतापूर्वक अपने तरीक़ों का चयन कर सकता है। जो आदमी सिद्धांतों की अनदेखी कर तरीक़ों को आज़माता है, उसका परेशानी में पड़ना निश्चित है।

– हैरिंगटन एमर्सन

जब आप पहली बार किसी विषय का अध्ययन करना शुरू करते हैं, तो ऐसा लगता है जैसे आपको असंख्य चीज़ें याद करनी होंगी। ऐसा नहीं है। वास्तव में आपको मूल सिद्धांतों की पहचान करनी हैं जो तीन से 12 तक हो सकते हैं, जो उस विषय को संचालित करते हैं। जो लाखों बातें आपने सोचा था कि याद करनी होंगी, वे केवल मूल सिद्धांतों के अलग-अलग मेल का ही नतीजा हैं।

– जॉन रीड

ज्ञान हासिल करने का सबसे अच्छा तरीक़ा असलियत की बुनियाद वाले बड़े विचारों को सीखना है .... यहाँ तक कि जो बहुत प्रतिभाशाली नहीं हैं वे भी यदि सोच की कुछ आदतें विकसित कर लें तो सोच के मामले में शेष मानवजाति से आगे निकल जाएंगे।

– चार्ली मंगर

अच्छा और महान को यह अलग करता है : आधारभूत चीज़ों को बिना किसी चूक के पूरा करना। चीज़ों को उनकी सबसे बुनियादी स्तर की सच्चाई यानी, प्राथमिक सिद्धांतों तक खंगालना (तोड़ना), और फिर वहाँ से तर्क करते हुए ऊपर की ओर आना (पुनर्निर्माण) हमें भौतिकी के नजरिये से दुनिया को देखने में सक्षम बनाता है। इस प्रकार के तर्क करने से निर्णय लेने की प्रक्रिया से जटिलता दूर होती है ताकि हम निर्णय से संबंधित सबसे महत्त्वपूर्ण पहलुओं पर ध्यान केन्द्रित कर सकें। प्राथमिक सिद्धांतों से तर्क करने से धारणाओं और मान्यताओं की अशुद्धता दूर हो जाती है। ज़रूरी जानकारी ही बाक़ी रह जाती है। प्राथमिक सिद्धांत तो मूल हैं या मुख्य अवधारणाएँ हैं जो और किसी तरह से कम नहीं हो सकतीं। दो हज़ार साल पहले अरस्तू ने प्राथमिक सिद्धांत को इस तरह से परिभाषित किया था- ''पहला आधार जिससे कोई चीज़ जानी जाती है। ये मूलभूत धारणाएँ हैं जिन्हें हम जानते हैं कि ये सच हैं।''

आपके पास जब कुछ ऐसा होता है जिसके बारे में आप जानते हैं कि वह सत्य है, तब आप इसमें बहुत अधिक ऊर्जा लगा सकते हैं, भले ही लम्बे समय तक ऐसा करना पड़े।

– जेफ बेजोस

प्राथमिक सिद्धांत सोच का मतलब है, ''एक वैज्ञानिक की तरह सोचें।'' वैज्ञानिक कुछ भी यूँ ही नहीं मान लेते। वे सवालों से शुरू करते हैं, जैसे ''हमें जिसका पूरा यक़ीन है, क्या वह सच है?'' या ''क्या साबित हुआ है? जेफ बेजोस ने 1995 में जब एमेज़ॉन डॉट कॉम की शुरुआत की, तो उन्होंने स्पष्ट रूप से प्राथमिक सिद्धांतों को पहचाना जो उनके कारोबार को दिशा दिखाएँगे। यानी प्रतिस्पर्धा की बजाय दीर्घकालिक सोच और ग्राहक पर निरंतर ध्यान केंद्रित करना। इससे एमेज़ॉन ने उन चीज़ों पर ध्यान केन्द्रित किया जो बदलने वाली नहीं हैं, जैसे कम क़ीमतों की ग्राहकों की प्राथमिकता, तेज़ी से सामान पहुँचाना और उत्पाद चयन में व्यापकता। बजाय उन चीज़ों की ओर ध्यान देने के जो बदल सकती हैं और बदलती हैं। बेजोस ने आज तक इन प्राथमिक सिद्धांतों पर लगातार ध्यान केन्द्रित करना जारी रखा है और इसी सोच ने उनको दुनिया के सबसे अमीर लोगों में से एक बनाया।

जेम्स क्लियर के अनुसार :

सैद्धांतिक तौर पर प्राथमिक सिद्धांतों की सोच में आपको तब तक और गहराई में जाते जाने की ज़रूरत होती है, जब तक कि आपके पास किसी परिस्थिति के केवल मूलभूत सच ही बाक़ी ना रह जाएँ। फ्रांसीसी दार्शनिक और वैज्ञानिक रेने डेसकार्टेस ने इस दृष्टिकोण को एक विधि के साथ अपनाया जिसे अब कार्टेशियन डाउट या कार्टेस का संदेह कहा जाता है। इसमें वह ''व्यवस्थित रूप से जिस पर भी कर सकते हैं, उस हरेक चीज़ पर वह संदेह करेंगे। जब तक कि उनके पास ऐसा सच ना बच जाए जिसे वह पूरी तरह से असंदिग्ध सच नहीं मान लें।''

प्राथमिक सिद्धांतों की सोच का लाभ लेने के लिए आपको व्यवहार में हर समस्या को बुनियादी स्तर तक सरल बनाने की ज़रूरत नहीं है। आपको बस ज़्यादातर लोगों से एक या दो स्तर अधिक गहराई तक जाने की ज़रूरत है। अलग-अलग स्तरों पर विभिन्न समाधान स्वयं सामने आते हैं।

मूलभूत प्रश्नों पर ध्यान केन्द्रित करके और फिर इन प्रश्नों का उत्तर देते हुए हर क़दम पर यह सवाल करते हुए ''इसके बाद क्या हम दो या तीन स्तरों की गहराई तक जाकर सत्य तक पहुँच सकते हैं। यह ''न्यूनतम या कम और कम करते जाने की कला है। थोड़ा ही काफ़ी है। जब हम चीज़ों को हटाते हैं जो सचमुच में वास्तविकता का प्रतिनिधित्व नहीं करतीं, तो हम परम सत्य के क़रीब पहुँच जाते हैं। माइकल एंजेलो से एक बार पोप ने उनकी प्रतिभा का रहस्य जानना चाहा था, विशेषकर मूर्तिकला की सर्वकालिक महान कृतियों में से एक डेविड की मूर्ति के संबंध में। माइकल एंजेलो ने जवाब दिया, ''डेविड हमेशा संगमरमर में था। मैंने केवल वह सब हटा दिया, जो डेविड का *नहीं* था।''

माइकल एंजेलो से एक बार पोप ने इसके बारे में पूछा था उनकी प्रतिभा का रहस्य, विशेषकर डेविड की मूर्ति के संबंध में, सभी समय की सबसे महान मूर्तिकला कृतियों में से एक। माइकल एंजेलो यह कहते हुए जवाब दिया, ''डेविड हमेशा संगमरमर में था। केवल मैं वह सब कुछ छीन लिया जो डेविड का नहीं था।''

नसीम तालेब इसे ''कम करते जाने की ज्ञानमीमांसा कहते हैं। उनका कहना है कि ज्ञान में सबसे बड़ा योगदान उन तमाम बातों को हटाना है, जिन्हें हम सोचते हैं कि वे ग़लत हैं। हम इस बारे में बहुत ज़्यादा जानते हैं कि क्या ग़लत है, बजाय कि जो सही है। जो काम नहीं करता (अर्थात् नकारात्मक ज्ञान) वह सकारात्मक ज्ञान से अधिक मज़बूत है। यही कारण है कि जिस चीज़ को हम जानते हैं उसका विफल होना, जिसे हम जानते हैं, उसके कामयाब होने की तुलना में कहीं ज़्यादा आसान है। तालेब ने इस दर्शन ''नकारात्मकता के माध्यम से'' को ईसाई धर्मशास्त्र में प्रयुक्त लैटिन वाक्यांश का उपयोग करके समझाया है। यह ईश्वर के वर्णन का तरीक़ा है जिसमें ईश्वर को बजाय इसके कि वह क्या है, क्या वह नहीं है, इसके माध्यम से बताया गया है। साक्ष्य का अभाव अनुपस्थिति के साक्ष्य की श्रेणी में नहीं आता। दूसरे शब्दों में, सिर्फ़ इसलिए कि आज तक देखे गए सभी हंस सफ़ेद हैं, यह साबित नहीं करता कि सभी हंस सफ़ेद होते हैं। कहीं भी एक एक बार भी एक काले हंस का देखा जाना इस कथन को निर्णायक रूप से ख़ारिज कर देता है कि ''सभी हंस सफ़ेद हैं।'' लेकिन लाखों बार का देखा जाना शायद ही इसकी पुष्टि करता है। ऐसे में अपुष्टि, पुष्टि से कहीं अधिक कठोर है।

एलोन मस्क ने एक बार ज्ञान को शब्दार्थ वृक्ष के रूप में बताया था : ''इससे पहले कि आप पत्तियों/विवरणों तक जाएँ, पेड़ के तने और बड़ी शाखाओं यानी मूलभूत सिद्धांतों, को समझना सुनिश्चित करें या उनके अधर में लटके रहने का कोई आधार नहीं है।'' जब आप कोई नया विषय सीखना चाहते हैं तो पहले मूलभूत सिद्धांतों की पहचान करें और उन्हें स्पष्ट और गहराई से सीखें। क्या हमारे पास इसे प्रभावी ढंग से करने का कोई तरीक़ा है? यह पता चला है कि, वास्तव में, ऐसा करने का एक सरल तरीक़ा मौजूद है। यह सरल है लेकिन आसान नहीं है।

फ़ेनमैन तकनीक

नोबेल पुरस्कार विजेता भौतिक विज्ञानी रिचर्ड फ़ेनमैन के नाम पर जानी जाने वाली फ़ेनमैन तकनीक, किसी भी चीज़ को स्पष्ट और गहराई से सीखने तथा याददाश्त में बनाए रखने का बेहतरीन तरीक़ा है।

फ़ेनमैन तकनीक के चार सरल चरण हैं :

1. एक विषय चुनें और उसका अध्ययन करें।
2. कोरा काग़ज़ लें और उसमें सबसे ऊपर वह विषय लिखें जिसे आप सीखना चाहते हैं। विषय के बारे में आप जो जानते हैं, उसे इस तरह से लिखें जैसे आप इसे किसी ऐसे व्यक्ति को पढ़ा रहे हों जो इस विषय से अपरिचित

है- और यह कोई आपका होशियार वयस्क मित्र नहीं, बल्कि एक दस वर्षीय बच्चा है जो केवल बुनियादी अवधारणाओं और संबंधों को ही समझ सकता है।

3. जब आपको सरल भाषा का उपयोग करना होगा जो एक बच्चा समझ सकता है, तब आप खुद को अवधारणा को गहराई से समझने तथा संबंधों और विचारों के बीच रिश्तों को सरल करने के लिए मज़बूर करते हैं। यदि इसमें आप को संघर्ष करना पड़ता है, तो आपको इसकी स्पष्ट समझ है कि आपके ज्ञान में कहाँ कमी है। इससे आपको अपने बारे में मूल्यवान प्रतिक्रिया हासिल हुई है, क्योंकि अब आपने अपनी मानसिक क्षमताओं की सीमाओं को जान लिया है। अपने ज्ञान की सीमा को जानने के साथ ही आपके ज्ञान को हासिल करने की शुरुआत हो जाती है।
4. स्रोत सामग्री पर वापस लौटें, और फिर उसे दोबारा पढ़ें और दोबारा सीखें। दूसरा चरण दोहराएँ और जानकारी संकलित करें जो आपकी समझ में उन कमियों को दूर करने में मदद करेगी जिन्हें आपने तीसरे चरण में पहचाना है। ज़रूरत के अनुसार समीक्षा करें और सरल करें।

फ़ेनमैन द्वारा लिखा गया एक वाक्य इस तकनीक की ताकत को व्यक्त करता है। हमारे अस्तित्व के बारे में एक प्रश्न के रूप में जो शुरू हुआ है, उसका एक वाक्य में अनुवाद किया गया है जिसे माध्यमिक स्कूल का एक छात्र भी सकझ सकता है : ''सभी चीज़ें परमाणुओं से बनी हैं - छोटे-छोटे कण जो निरंतर गति के साथ घूमते रहते हैं और थोड़ी दूरी पर होने पर एक-दूसरे को आकर्षित करते हैं, लेकिन एक-दूसरे के क़रीब आने पर वे दूर कर देते हैं।''

मूल रूप से फ़ेनमैन कहते हैं कि यदि आप भौतिकी के बारे में कुछ नहीं जानते हैं तो समझने के लिए सबसे आवश्यक वैज्ञानिक ज्ञान यही है कि हर चीज़ परमाणुओं से बनी है। एक सरल वाक्य में फ़ेनमैन हमारे ब्रह्मांड के मूलभूत अस्तित्व को बता देते हैं। कोई आश्चर्य नहीं है कि व्यापक रूप से उन्हें अब तक के महानतम शिक्षकों में से एक माना जाता है।

इसी तरह न्यूटन के गुरुत्वाकर्षण के नियम पर विचार करें : दो पिंडों के बीच आकर्षण का बल उनकी दूरी पर निर्भर करता है। न्यूटन को गणित की भाषा में अपने इस विचार को व्यक्त करने के लिए थोड़ी ही कलम चलाने की ज़रूरत हुई। लेकिन इससे ही उन्होंने दिखा दिया कि ग्रह जिस प्रकार से चलते हैं उसका कारण क्या है, धूमकेतु कहाँ उड़ जाते हैं, और यहाँ तक कि कैसे ज्वार ऊँचाई तक उठ जाता है। बाद की पीढ़ियों ने इस जानकारी का विस्तार से वर्णन किया। तब हम अंतरिक्ष में रॉकेट, उपग्रह और इंसान भेजने में सक्षम हुए। विज्ञान और इंजीनियरिंग के विशाल क्षेत्र का न्यूटन के आरंभिक विचार से लेकर आज की वर्तमान स्थिति तक विस्तार हुआ है। मूल्यवान निवेश के क्षेत्र में प्राथमिक सिद्धांतों को लागू करने के लिए कई मूलभूत सच्चाइयों पर विचार करें। यदि आप एक अच्छे निवेशक बनना चाहते हैं तो निम्नलिखित को समझें और अभ्यास करें :

1. स्टॉक या शेयर को किसी व्यवसाय के आंशिक स्वामित्व के रूप में देखें।
2. बाजार में शेयरों के अस्थिर मूल्यों के उतार–चढ़ाव को अपने दुश्मन के बजाय दोस्त की तरह देखें। जोख़िम को स्थायी रूप से ख़रीदी शक्ति गँवाने के रूप में देखें। वहीं अनिश्चितता को भिन्न–भिन्न तरह के नतीजों की संभावना की तरह देखें जिसका अनुमान नहीं लगाया जा सकता।
3. निवेश में तीन सबसे महत्त्वपूर्ण शब्द याद रखें : ''सुरक्षा का मार्जिन।''
4. किसी भी समाचार या घटना का मूल्यांकन सिर्फ़ निम्न कारकों पर उसके प्रभाव के आधार पर ही करें (ए) भविष्य की ब्याज दरों और (बी) कारोबार में निहित मूल्य (यह नक़दी का वह रियायती मूल्य है जो इस नक़द प्रवाह को प्राप्त करने के इर्द– गिर्द की अनिश्चितताओं को समायोजित करते हुए शेष जीवनकाल के दौरान निकाला जा सकता है।)
5. नए विचारों का मूल्यांकन करते समय अवसर लागत के संदर्भ में सोचें और आने वाले निवेशों के लिए बड़ी बाधाएँ रखें। बहुत ही ज़्यादा बेतुके हो जाएँ। आप जब किसी कारोबार को देखें और आपके भीतर से यह इच्छा पैदा हो और आप बोल उठें, ''काश मैं इस व्यवसाय का मालिक होता।'' यही वह कारोबार है जिसमें आपको निवेश करना चाहिए। निवेश के बड़े विचार के कई घंटों के विश्लेषण की आवश्यकता नहीं है। यह पहली नजर के प्यार की तरह है।
6. दृढ़ होकर सोचने के बजाय संभावनाओं के साथ सोचें, क्योंकि भविष्य कभी निश्चित नहीं होता और इसमें वास्तव में तरह–तरह की संभावनाएँ पैदा होती रहती हैं। साथ ही निर्णय लेते समय केवल कोरी संभावनाओं की बजाय परिणामों पर ध्यान केन्द्रित करके बर्बादी के ख़तरे से बचें। कुछ जोख़िम बिलकुल भी लेने लायक़ नहीं हैं, चाहे उनके कितने भी संभावित लाभ क्यों ना हों।
7. किसी भी परिस्थिति में प्रोत्साहन की ताक़त का कमतर आकलन नहीं करें।
8. निर्णय लेते समय अपने मस्तिष्क के दोनों हिस्सों को शामिल करें। तर्क, विश्लेषण और गणित के लिए बायें हिस्से और सहज ज्ञान, रचनात्मकता और भावनात्मक पक्ष के लिए दायें हिस्से का इस्तेमाल करें।
9. सोच में दृश्य कल्पना करें जो हमें जटिल जानकारी को बेहतर ढंग से समझने, हमारे विचारों को व्यवस्थित करने और सोचने तथा संवाद करने की क्षमता को सुधारने में मदद करती है।
10. उलटा, हमेशा उल्टा सोचें। फ़्यूचर और ऑप्शन या मार्जिन की उधार रक़म से शेयरों की ख़रीदी या सट्टेबाजी में बहुत सारा पैसा खोने के बाद के अपने जीवन की कल्पना करके आप बहुत सारे दर्द से बच सकते हैं। यदि दृश्य आपको हतोत्साहित करते हैं, तो ऐसा कुछ भी ना करें जो आपको उस हालात के कहीं भी क़रीब ले जाए।

11. जीवन भर दूसरों से सीखते रहें। इस प्रयास में सफल होने के लिए चिरस्थायी विनम्रता अपना लें।
12. दीर्घकालिक वृद्धि की ताक़त को अपनाएँ। जीवन में सभी महान चीज़ें चक्रवृद्धि ब्याज से आती हैं।

इन मूलभूत सच्चाइयों के अलावा मूल्यवान निवेश से जुड़े अनुशासन के कुछ सूक्ष्म पहलू होते हैं जिनका समय बीतने और अनुभव के साथ ही हम अहसास और आकलन कर पाते हैं, जैसे कि :

ज्ञान को बढ़ा-चढ़ा कर आँका गया है। अक्लमंदी को कम आँका गया है।

बुद्धिमत्ता को बढ़ा-चढ़ा कर आँका गया है। स्वभाव को कम आँका गया है।

परिणाम को बढ़ा-चढ़ा कर आँका गया है। प्रक्रिया को कम आँका गया है।

कम समय में बेहतर प्रदर्शन को बढ़ा-चढ़ा कर आँका गया है। निवेश की नीति पर लम्बे समय तक क़ायम रहने को कम आँका गया है।

सकल रिटर्न को बढ़ा-चढ़ाकर बताया गया है। तनाव से मुक्त रिटर्न को कम आँका गया है।

अधिक प्राप्ति की संभावना को बढ़ा-चढ़ा कर आँका गया है। नुक़सान से संरक्षण को कम आँका गया है।

रिटर्न को अधिकतम करने को ज़्यादा आँका गया है। बर्बादी को टालने को कम आँका गया है।

वृद्धि को बढ़ा-चढ़ा कर आँका गया है। लम्बी अवधि तक टिकने को कम आँका गया है।

कम्पनी को ख़रीदते समय उसकी वित्तीय सेहत को बढ़ा-चढ़ा कर आँका गया है। कम्पनी को बेचते समय वित्तीय सेहत को कम आँका गया है।

मूल्य-आय अनुपात (पीई अनुपात) को ज़्यादा आँका गया है। प्रतिस्पर्धी लाभ की अवधि को कम आँका गया है।

शेयरों को बाज़ार पूँजीकरण के हिसाब से लार्ज, मिड और स्मॉल कैप में वर्गीकरण को ज़्यादा आँका गया है। कारोबारों के शानदार, अच्छा और बुरे में वर्गीकरण को कम आँका गया है।

दूसरों की तुलना में अधिक बार सही होने को बढ़ा-चढ़ा कर आँका गया है। दूसरों की तुलना में कम ग़लत होने को कम आँका गया है।

पूर्वानुमान को बढ़ा-चढ़ा कर आँका गया है। तैयारी को कम आँका गया है।

आत्मविश्वास को ज़रूरत से ज़्यादा महत्त्व दिया गया है। विनम्रता को कम आँका गया है।

दृढ़ विश्वास को बढ़ा-चढ़ा कर बताया गया है। व्यावहारिकता को कम आँका गया है।

जटिलता को बढ़ा-चढ़ा कर माना गया है। सादगी को कम आँका गया है।

विश्लेषणात्मक क्षमता को बढ़ा-चढ़ा कर माना गया है। व्यक्तिगत व्यवहार को कम आँका गया।

उच्च आय स्तर को बढ़ा-चढ़ा कर आँका गया है। बचत की आदत के अनुशासन को विकसित करने को कम आँका गया है।

साथियों के साथ प्रतिस्पर्धा को अधिक महत्त्व दिया जाता है। अपने साथियों की मदद करने को कम आँका गया।

ज़्यादा व्यक्तिगत संपत्ति को अधिक महत्त्व दिया गया है। अच्छे कर्म को कम आँका गया।

प्रतिभा को बढ़ा-चढ़ा कर आँका जाता है। लचीलेपन को कम आँका गया है।

सर्वश्रेष्ठ निवेशक होने को ज़्यादा महत्त्व दिया जाता है। खुद के प्रामाणिक होने को कम आँका जाता है।

अध्याय 3

सांसारिक बुद्धि के लिए मानसिक रचना

कला के विज्ञान का अध्ययन करें। विज्ञान की कला का अध्ययन करें। अपनी इंन्द्रियों का विकास करें– ख़ासकर यह देखें कि किस तरह से दुनिया को देखें। यह जानें कि हर चीज़ दूसरी किसी अन्य चीज़ से जुड़ी है।

– लियोनार्दो द विंची

वित्त से लेकर इंजीनियरिंग तक जिस भी क्षेत्र में प्रवेश करें, कुछ न कुछ विशेषज्ञता की ज़रूरत होती है। एक बार जब आपको नौकरी मिल जाती है, तो विशेषज्ञता हासिल करने की प्रक्रिया बढ़ती ही है। आप जिस संगठन में काम करते हैं, उसके किन्हीं पहलुओं में आप विशेषज्ञ बन जाते हैं। हालाँकि यह समस्याओं को हल करने में मदद नहीं करता है। क्योंकि आप प्रमुख विषयों के बड़े विचारों के बारे में नहीं जानते। आप ऐसे निर्णय लेना शुरू करते हैं जो इस बात पर ध्यान नहीं देते कि दुनिया वास्तव में कैसे काम करती है। जैसा दृष्टिहीन व्यक्तियों और हाथी की कहानी में होता है। आप पूरी तसवीर नहीं देख सकते। और निवेश एक ऐसी उदार कला है जहाँ कई विषयों के विचार परस्पर आकर मिलते हैं।

मार्सेल प्राउस्ट ने कहा, ''खोज की वास्तविक यात्रा नए दृश्य देखना नहीं है बल्कि नई आँखों से देखना है।'' बहु–विषयक सोच ही हमें नई आँखों से देखने की ओर ले जाती है।

चार्ली मंगर अधिक तर्कसंगत और प्रभावी निर्णय लेने के लिए दिमाग़ी मॉडलों के नेटवर्क का उपयोग करते हैं । (फरनाम स्ट्रीट ब्लॉग पर शेन पैरिश द्वारा विभिन्न दिमागी मॉडलों का संक्षिप्त संकलन किसी के लिए इस तरह का नेटवर्क बनाने का उत्कृष्ट संसाधन है।) चीनी कहावत है, ''मैं जो सुनता हूँ वह भूल जाता हूँ; मैं जो देखता हूँ वह मुझे याद है; मैं जानता हूँ मैं क्या करता हूँ।'' चूँकि कुछ सीखने का सबसे अच्छा तरीक़ा अभ्यास

करते हुए सीखना है, हमें नियमित रूप से अपने रोज़मर्रा के जीवन में दिमाग़ी मॉडलों को अलग-अलग तरीक़ों से लागू करना चाहिए। मंगर के पसंदीदा लेखकों में से एक हर्बर्ट साइमन हैं जिन्होंने उनको दिमाग़ी मॉडल का विचार दिया। साइमन ने अपनी आत्मकथा, *मॉडल्स ऑफ़ माय लाइफ़* में लिखा है :

> एक अनुभवी के पास किसी भी निर्णय को अंतिम रूप से स्वीकार कर लेने से पहले पूरी एक सूची होती है जिस पर वह गौर करता है...
>
> अगर कोई अनुभवी शख़्स के दिमाग़ में झाँक कर देख सकता हो तो मालूम होगा कि उसके पास संभावित कदमों का कितना बड़ा भंडार था, *क़दम उठाने से पहले उसके पास क्या-क्या करना है, उसके बारे में गौर करने के लिए पूरी सूची थी और निर्णय के लिए हालात उत्पन्न होने पर इन सभी को जाग्रत करने और दिमाग़ को उनके प्रति सचेत करने की पूरी प्रणालियाँ थीं।*

ट्रेन ग्रिफिन ने अपनी किताब *चार्ली मंगर : द कम्प्लीट इन्वेस्टर*, में सांसारिक समझ के लिए मंगर के मार्ग का विवरण दिया है :

> मंगर ने व्यवसाय और जीवन के प्रति जो दृष्टिकोण अपनाया है, उसे वे सांसारिक ज्ञान मानते हैं। मंगर का मानना है कि कई अलग-अलग विषयों - मनोविज्ञान, इतिहास, गणित, भौतिकी, दर्शन, जीव विज्ञान आदि - से विभिन्न मॉडलों की श्रृंखला का इस्तेमाल करके एक व्यक्ति उनके संयुक्त निचोड़ का उपयोग किसी ऐसी चीज़ का उत्पादन करने में कर सकता है जिसका मूल्य इसके हिस्सों के योग से कहीं ज़्यादा हो। रॉबर्ट हैगस्ट्रॉम ने सांसारिक ज्ञान पर इन्वेस्टमेंट : द *लास्ट लिबरल आर्ट* नामक एक अद्भुत किताब लिखी है सांसारिक ज्ञान पर जिसमें वह कहते हैं कि ''प्रत्येक विषय आपस में गुँथा हुआ है और इस प्रक्रिया में हर दूसरे विषय को मजबूत करता है। एक विचारवान व्यक्ति प्रत्येक विषय से महत्त्वपूर्ण मानसिक मॉडल, प्रमुख विचार ग्रहण करता है जो परस्पर मिलकर एक सामंजस्यपूर्ण समझ पैदा करते हैं। जो लोग इस व्यापक दृष्टिकोण को विकसित करते हैं, वे सांसारिक ज्ञान प्राप्त करने के अपने रास्ते पर हैं।''

अंतर्संबंध के इस विचार को व्यक्त करने के लिए मंगर ने दिमाग़ी मॉडल को चुना। हमें केवल एक विषय की गहरी समझ से कहीं अधिक की ज़रूरत है - हमें कई विषयों के कामचलाऊ ज्ञान और वे एक-दूसरे के साथ किस तरह से संबंधित हैं, इसकी समझ की ज़रूरत है।

सांसारिक बुद्धि

> *मंगर के विचार में सांसारिक रूप से समझदार बनना कहीं बेहतर है, बजाय बहुत समय एक ही मॉडल पर काम करने में लगाने के जो वास्तव में ग़लत है।*

लगभग सही बहु-मॉडल दृष्टिकोण लोगों या सामाजिक व्यवस्था के संबंध में कहीं बेहतर परिणाम देगा।

– ट्रेन ग्रिफ़िन

यूनानी कवि आर्किलोचस ने जिसे लोमड़ी कहा था, मंगर के लिए वह एकदम उपयुक्त है।

लगभग 2,700 साल पहले, आर्किलोचस ने लिखा था, ''लोमड़ी बहुत सारी चीज़ें जानती है। लेकिन हाथी एक बड़ी बात जानता है।'' 1950 के दशक में दार्शनिक इसायाह बर्लिन ने इस वाक्य को अपने निबंध ''द हेजहोग ऐंड द फ़ॉक्स'' के आधार के रूप में इस्तेमाल किया। इसमें बर्लिन ने विचारकों को दो श्रेणियों में बाँटा है : एक श्रेणी हाथी की तरह है जिनके पास दुनिया को लेकर एक व्यापक दृष्टिकोण है और लोमड़ियाँ, जिनके पास दुनिया को देखने के कई सारे दृष्टिकोण हैं। समय के साथ यह निबंध विशेषज्ञों और सामान्यवादियों के बीच अंतर के बारे में सोच का मूलभूत हिस्सा बन गया है।

सामान्यीवादी विशेषज्ञों के पास एक मुख्य योग्यता होती है जिसके बारे में वे काफ़ी जानते हैं। साथ ही वे हमेशा सीखते रहते हैं और उनमें अन्य क्षेत्रों का कामचलाऊ ज्ञान होता है। यद्यपि एक सामान्य समझ वाले के पास मोटे तौर पर कई क्षेत्रों का समान ज्ञान होता है। सामान्यवादी विशेषज्ञ की एक क्षेत्र में काफ़ी विशेषज्ञता होती है और कुछ-कुछ क्षेत्रों का कम ज्ञान। हमारे पास एक क्षेत्र में मूलभूत योग्यता और विभिन्न विषयों के बीच संबंध की समझ विकसित करने का विकल्प है।

डेली जर्नल कॉरपोरेशन की 2017 की बैठक में मंगर से पूछा गया कि किसी को बहुज्ञ बनना चाहिए या विशेषज्ञ। उनके उत्तर ने बहुत से लोगों को आश्चर्यचकित कर दिया। दर्शकों में बहुत सारे लोगों को उम्मीद थी कि साफ़ तौर पर उत्तर में वे यही कहेंगे कि लोग सामान्यवादी बन जाएँ। लेकिन नहीं मंगर ने ऐसा नहीं कहा। वे बोले –

मुझे नहीं लगता कि मेरी तरह कई विषयों पर काम करना, ज़्यादातर लोगों के लिए एक अच्छा विचार है। मुझे लगता है कि यह मज़ेदार है, इसीलिए मैंने ऐसा किया है। और मैं इसमें अधिकांश लोगों की तुलना में बेहतर हूँ, और मुझे नहीं लगता कि मैं गणित के अंतर समीकरणों को संभालने में सबसे अच्छा हूँ। तो, *यह मेरे लिए एक अद्भुत रास्ता रहा है, लेकिन मुझे लगता है कि बाक़ी सभी के लिए सही रास्ता किसी ऐसी चीज़ में विशेषज्ञता हासिल करना और बहुत अच्छा बनना है जिसे समाज पुरस्कृत करता है, और फिर उसे करने में बहुत कुशल होना है। लेकिन अगर आप ऐसा करते हैं, तो भी मुझे लगता है कि आपको अपना 10 से 20% समय अन्य सभी विषयों के सभी बड़े विचारों को जानने की कोशिश में लगाना चाहिए।*

मंगर की टिप्पणियों में कहीं न कहीं यही नजरिया हमें देखने को मिलता है कि कई गुना नतीजे हासिल करने के लिए अधिकांश समय विशेषज्ञता हासिल करने में लगाएँ, लेकिन

दुनिया के व्यापक विचारों को समझने में भी कुछ समय बिताएँ। इसी तरह से व्यक्ति सांसारिक ज्ञान प्राप्त करता है।

अधिकांश संगठन और शैक्षिक संस्थाएँ इस तरह के नज़रिए के पक्ष में नहीं होती हैं। अपने मूल विषय के बाहर दूसरे विषयों में ताका-झाँकी को शिक्षा क्षेत्र में तरज़ीह नहीं दी जाती। यह एक ऐसा कार्य है जिसे हमें बहुत अलग-अलग किताबें पढ़कर, विभिन्न विषयों के क्षेत्रों में प्रयोग करके और उनसे विचार हासिल कर खुद को ही आगे बढ़ाना होगा। सच्ची शिक्षा को सबसे पहले, चीज़ों के बारे में सोचने की प्रक्रिया का आनंद लेने की भावना को विकसित करना चाहिए।

मंगर ने 1995 में हार्वर्ड विश्वविद्यालय में भाषण में व्यापक सामान्य जागरूकता विकसित करने के संबंध में अपने विचार रखे : ''मनुष्य का अधूरा, सीमित क्षमता वाला दिमाग़ आसानी से उस काम की ओर मुड़ जाता है जिसमें उसे आसानी होती है, और *उसका उपयोग नहीं कर सकता जिसे वह याद नहीं रख सकता* या जिसे पहचानने से उसे रोका गया है, क्योंकि वह उस पर सशक्त प्रभाव रखने वाली एक या अधिक मनोवैज्ञानिक प्रवृत्तियों से काफ़ी प्रभावित है।''

ये मॉडल हमें कहाँ से सीखने को मिलते हैं? इतिहास को हमने अपना मार्गदर्शक बनाया है। यदि छोटे आकार के नमूने के उपयोग से हमारे फ़ैसले ग़लत होना तय है तो हम यह तर्क दे सकते हैं कि जितने बड़े आकार का नमूना हम ले सकते हैं, हमें उसकी माँग करनी चाहिए।

इतिहास का अधिकांश भाग क्या पार करता है? ग्लेनएयर के सीईओ, डेली जर्नल कॉरपोरेशन के बोर्ड सदस्य और *पूअर चार्लीज़ अल्मनैक* के संपादक पीटर कॉफ़मैन ने अपने ''थ्री-बकेट'' की रूपरेखा में उत्तर साझा किया है :

> प्रत्येक सांख्यिकीविद् जानता है कि एक बड़े आकार का, प्रासंगिक नमूना उनके लिए सबसे अच्छा होता है। सार्वभौमिक सिद्धांतों की पहचान के लिए आकार में तीन सबसे बड़े, सबसे अधिक प्रासंगिक नमूने कौन से हैं? बकेट नंबर एक 13.7 अरब वर्ष आकार की अकार्बनिक प्रणाली है। यह गणित और भौतिकी के नियम हैं, संपूर्ण भौतिक ब्रह्मांड। बकेट नंबर दो जैविक प्रणाली है, पृथ्वी पर जीव विज्ञान के 3.5 अरब वर्ष। और बकेट नंबर तीन मानव इतिहास है, आप अपना नंबर चुन सकते हैं, मैंने दर्ज किए गए मानव व्यवहार के 20,000 वर्षों को चुना है। ये तीन सबसे बड़े आकार के नमूने हैं जिन तक हम पहुँच सकते हैं और जो सबसे अधिक प्रासंगिक हैं।

यदि हमें अपनी शिक्षा में सुधार करना है तो हमें उन चीज़ों पर ध्यान केन्द्रित करना चाहिए जो धीरे-धीरे बदलती हैं। कॉफ़मैन का दृष्टिकोण सामान्य कानूनों के बारे में एक रूपरेखा प्रदान करता है जो समय की कसौटी पर खरे उतरे हैं – अचल, स्थिर दृष्टि जिन्हें हम ध्यान केन्द्रित करने और व्यावहारिक जवाबों पर पहुँचने के लिए इस्तेमाल कर सकते हैं। दुनिया के साथ जुड़ा हुआ और मानव, जैविक और अकार्बनिक इतिहास में पृथ्वी के हर कोने, हर

छोर पर लागू होने वाला एक बुनियादी सिद्धांत है चक्रवृद्धि। दुनिया की सबसे शक्तिशाली ताक़तों में से एक हैं चक्रवृद्धि। वस्तुतः यह ब्रह्माण्ड का एकमात्र शक्ति नियम है जो गुणक में बदलाव के साथ मौजूद है। चक्रवृद्धि का ताकत का नियम ना केवल निवेश पर लागू होता है, बल्कि और भी महत्त्वपूर्ण निरंतर सीखने पर लागू किया जा सकता है। सरलता लाने का सबसे तेज़ तरीक़ा है समरूपता का या ऐसी चीज़ों का पता लगाना जो बदलती नहीं हैं – यानी कि मौलिक गुण जो अध्ययन के दौरान एक वस्तु से दूसरी वस्तु में जाने पर बदलते नहीं हैं। मंगर बताते हैं :

> विशुद्ध विज्ञान और इंजीनियरिंग से आने वाले मॉडल इस पृथ्वी पर सबसे विश्वसनीय मॉडल हैं। और इंजीनियरिंग गुणवत्ता नियंत्रण या कम से कम उसका सार जो आप और हम जो पेशेवर इंजीनियर नहीं हैं, उनके लिए मायने रखता है, बहुत कुछ फ़र्मेट और पास्कल के प्रारंभिक गणित पर आधारित है...
>
> और, निस्संदेह, इंजीनियरिंग का बैकअप सिस्टम का विचार बहुत सशक्त विचार है। इसी तरह से ब्रेकपॉइंट का इंजीनियरिंग का विचार – यह भी एक बहुत शक्तिशाली मॉडल है। क्रांतिक द्रव्यमान (क्रिटिकल मास) की भौतिकी की धारणा बहुत शक्तिशाली मॉडल है।

लेकिन प्रमुख विषयों से बड़े विचारों को सीखना पर्याप्त नहीं है। हमें यह समझने की ज़रूरत है कि ये विचार किस प्रकार परस्पर क्रिया करते हैं और आपस में एक-दूसरे के साथ जुड़ते हैं। क्योंकि यही ''लोलापालूजा प्रभाव'' पैदा करता है। मंगर बताते हैं :

> दो, तीन या चार बल एक साथ एक ही दिशा में काम करने पर लोलापालूजा प्रभाव पैदा होता है। और, अक्सर, सरल योग भी नहीं होता है। अक्सर यह भौतिकी में क्रांतिक द्रव्यमान की तरह होता है। यदि आप द्रव्यमान के एक निश्चित बिन्दु पर पहुँचते हैं तो परमाणु विस्फोट होता है।
>
> और यदि आप उस द्रव्यमान तक नहीं पहुँचते है तो कुछ भी ऐसा महत्त्वपूर्ण नहीं मिलता है।
>
> कभी-कभी बल सामान्य मात्राओं की तरह ही जुड़ जाते हैं और कभी-कभी वे ब्रेक पॉइंट या क्रान्तिक द्रव्यमान पर केन्द्रित होते हैं।
>
> आमतौर पर, ...मॉडल से निकलने वाली ताक़तें कुछ हद तक विरोधाभासी होती हैं। और प्रतिकूल नतीजे से आपके लिए बहुत ज़्यादा निराशाजनक होते हैं।
>
> ...आपको जीवविज्ञानी जूलियन हक्सले के विचार की सच्चाई का अहसास करना होगा कि ''जीवन एक के बाद एक संबंधों का ही खेल है। इसलिए आपके पास मॉडल होने चाहिए, और आपको एक दूसरे से गुँथे संबंधों को और संबंधों के प्रभाव को देखना चाहिए।''

मंगर पर टिप्पणी करते हुए बिल गेट्स ने एक बार कहा था, ''मैं अब तक जितने भी व्यापक सोच वालों से मिला हूँ, वे उनमें सबसे ज़्यादा बड़े हैं।'' वॉरेन बफ़ेट ने कहा है कि मंगर

दुनिया के सबसे तेज़ी से सोचने वाले शख़्स हैं। उनके पास सबसे श्रेष्ठ '30 सेकंड माइंड' है। वे एक झटके से किसी भी हालात के संबंध में सब कुछ यानी सोच लेते हैं। आप अपना वाक्य पूरा करें, इससे पहले ही वह सार को भाँप लेते हैं।

मंगर ऐसा कैसे कर पा रहे हैं?

सोच

बफ़ेट जैसे व्यक्ति अपने आप ही डिसीज़न ट्री के मॉडल पर सोचते हैं।

– चार्ली मंगर

(डिसीज़न ट्री डिसीज़न सपोर्ट टूल है, जो नतीजों, संसाधन लागत और यूटिलिटी जैसे पहलुओं को ध्यान में रखते हुए फ़ैसले लेने में मदद करता है।)

आपके पास अपने विषय के बाहर के जितने अधिक मॉडल होंगे, आप उतना ही अधिक किसी चुनौती का सामना होने पर उनको आज़माने की आदत ढाल लेंगे। और समस्याओं को बेहतर ढंग से हल करने में सक्षम होंगे।

मॉडल बिल्डिंग ब्लॉक्स की तरह एक से एक जुड़ते जाते हैं। आपके पास यह मॉडल जितने ज़्यादा होंगे, आप उनसे उतना ही ज़्यादा निर्माण कर सकते हैं। आप उनके बीच उतने अधिक संपर्क बना सकते हैं। और इसकी भी अधिक संभावना है कि आप किसी स्थिति को नियंत्रित करने में उन प्रासंगिक कारकों का भी निर्धारण करने में सक्षम रहेंगे जो बदलते जाते हैं।

और जब आप इन मॉडलों को सीखते हैं, तो आपको अपने आप से सवाल करने की ज़रूरत है कि किन परिस्थितियों में यह उपकरण विफल हो जाएगा। इस तरह से आप ना केवल उन स्थितियों की तलाश करते हैं जिनमें उपकरण उपयोगी है, बल्कि उन स्थितियों को भी तलाशते हैं जिनमें कुछ दिलचस्प घटित हो रहा है जिसकी ओर ज़्यादा ध्यान देने की ज़रूरत हो सकती है। हम अपना और समय देकर अपनी चिंतन प्रक्रिया को बेहतर बना सकते हैं। ट्रेन ग्रिफ़िन के अनुसार :

> मंगर के ज्ञान का विस्तार स्वाभाविक रूप से उनके चरित्र का हिस्सा है, लेकिन कुछ ऐसा भी है जो उन्होंने सोच-समझकर विकसित किया है। उनका मानना है कि किसी महत्त्वपूर्ण विषय के बारे में कुछ भी नहीं जानना समस्याओं को दावत देना है। मंगर और बफ़ेट दोनों प्रतिदिन बहुत सा अपना समय केवल सोचने के लिए अलग रखते हैं। समाचार पढ़ने वाले को लगातार ना सोचने का खामियाजा याद दिलाया जाता है। चिंतन आश्चर्यजनक रूप से कम आँकी गई गतिविधि है। शोधकर्ताओं ने 2014 में एक अध्ययन प्रकाशित किया था। इसमें पता चला कि लगभग एक-चौथाई महिलाओं और दो-तिहाई पुरुषों ने कहा कि वे अकेले सोचते हुए समय बिताने के बजाय बिजली के झटके लेना ज़्यादा पसंद करेंगे।

बर्ट्रेंड रसेल ने ठीक ही कहा है, ''ज़्यादातर लोग सोचने से ज़्यादा मरना पसंद करेंगे और उनमें से बहुत से लोग ऐसा करते भी हैं।''

पूरी तरह से एकांत के बिना कोई भी गंभीर कार्य संभव नहीं है।

– पाब्लो पिकासो

बेहतर तरीक़े से सोचना सीखने पर विलियम डेरेसिविक्ज़ द्वारा लिखा गया ''एकांत और नेतृत्व'' बेहतरीन निबंधों में से एक है।

> सोचने का मतलब है किसी विषय के संबंध में विचार बनाने के लिए उसके बारे में काफ़ी देर तक ध्यान केन्द्रित करना। अन्य लोगों के विचारों को नहीं सीखना या कुछ सूचनाओं को याद नहीं करना। हालाँकि कुछ कभी-कभी उपयोगी हो सकती हैं। अपने स्वयं के विचारों का विकास करना। संक्षेप में अपने लिए सोचना। आप फ़ेसबुक के मैसेज, ट्विटर (अब एक्स) के ट्वीट के लगातार व्यवधानों या अपने आईपॉड के साथ खेलते हुए या यूट्यूब पर कुछ देखते हुए 20 सेकंड में झटके के साथ ऐसा नहीं कर सकते।
>
> मुझे स्वयं लगता है कि कभी भी मेरे दिमाग़ में आने वाला पहला विचार कभी भी मेरा सर्वश्रेष्ठ नहीं होता। मेरा पहला विचार हमेशा किसी और का होता है। यह हमेशा वही होता है जो मैंने विषय के बारे में पहले से सुन रखा था। हमेशा वही पारंपरिक ज्ञान। यह केवल ध्यान केन्द्रित करने, प्रश्न से जूझते रहने, धैर्यवान बने रहने, दिमाग़ के पुर्जे-पुर्जे को इस विचार में जोड़ने के बाद कहीं जाकर मैं अपने मौलिक विचार को खोज पाता हूँ। अपने मस्तिष्क को संबंधों से जोड़कर, संपर्क क़ायम कर, खुद को हैरान कर देने का मौक़ा देकर यह मौलिक विचार बनता है... आप अपनी गति को कम कर, धीमे होकर और ध्यान केन्द्रित कर सर्वश्रेष्ठ ढंग से सोचते हैं।

इस पीढ़ी को इसके सभी इलेक्ट्रॉनिक उपकरणों और बहुत सारे काम एक साथ करते हुए देखें। मैं पूरे विश्वास के साथ कहता हूँ कि वे वॉरेन के बराबर सफल नहीं हो सकते जिन्होंने सिर्फ पढ़ने पर ध्यान केन्द्रित किया। यदि आप बुद्धि चाहते हैं तो आप इसे बैठे-बैठे प्राप्त कर लेंगे। यह इसी तरह से होता है।

-चार्ली मंगर

मंगर अक्सर अपनी सफलता का श्रेय लम्बे समय तक एक विषय पर ध्यान केन्द्रित करने को देते रहे हैं, यानी ध्यान केन्द्रित करने की उनकी क्षमता। वे जब सोचते हैं तो पूरी दुनिया से कट कर अलग हो जाते हैं जिससे उन्हें सोचने-विचार करने और समस्याओं को सुलझाने में बहुत लाभ मिला है। लम्बे समय तक ध्यान केन्द्रित करने से गहराई से किसी विषय को समझने में मदद मिलती है। इसे जब सोच-समझकर अभ्यास के साथ किया जाता है तो

यह हमें अपने मजबूत बिन्दुओं की पहचान करने और उनमें ही पूरी ताक़त झोंक देने में मदद करता है।

जैसा कि आप देख सकते हैं, वास्तव में सोच-विचार करना सचमुच में कठिन काम है। यही कारण है कि हेनरी फ़ोर्ड ने कहा, ''सोचना सबसे कठिन काम है, शायद इसीलिए इतने कम लोग सोच-विचार करने की प्रक्रिया में शामिल होते हैं।'' आपके मन में सबसे अच्छे विचार एकान्त में आते हैं। अंतर्मुखी लोग इसीलिए रचनात्मक होते हैं, क्योंकि वे ज़्यादा समय अकेले बिताना पसंद करते हैं जिससे उनमें प्रेरणा जाग्रत होने की संभावना ज़्यादा होती है। उनके सामूहिक सोच के साथ बह जाने की कम संभावना रहती है और उनके आम सहमति के ख़िलाफ़ डटकर खड़े होना आसान होता है।

प्रतिभाशाली लोगों की कोई विशेष नस्ल नहीं होती – वे बस अपने दिमाग़ का अलग तरीक़े से उपयोग करते हैं। वे सोचने की कुछ ख़ास आदतें अपनाते हैं जिससे वे दुनिया को दूसरों से अलग ढंग से देखते हैं। डॉ. एडवर्ड बी. बर्गर और डॉ. माइकल स्टारबर्ड ने अपनी किताब *द 5 एलीमेंट्स ऑफ़ इफेक्टिव थिंकिंग* में सोच को बेहतर बनाने के लिए हमें कुछ व्यावहारिक उपाय बताए हैं :

1. **गहराई से समझें :** जब आप कुछ भी सीखें तो उसकी गहराई में जाएँ। उसे चट्टान की तरह ठोस बुनियाद दें। आप जिस किसी भी अवधारणा में महारत हासिल करने की कोशिश कर रहे हैं, वह सरल मूल विचारों का मेल है। उन मूल विचारों को पहचानें और उन्हें गहराई से सीखें। गहराई से हासिल किए गए इस ज्ञान का आधार आगे आपके क्षेत्र में और ज़्यादा आधुनिक अध्ययन तथा सक्रियता के लिए सार्थक बुनियाद बन सकता है। अपने प्रति पूरी तरह से निर्दयता बरतते हुए ईमानदार रहें। अगर आपको कुछ समझ नहीं आ रहा है तो बार-बार मूल अवधारणाओं पर गौर करें। याद रखें कि केवल चीज़ों को याद कर लेना बहुत गहराई से सीख लेना नहीं है।

2. **ग़लतियाँ करें :** गलतियाँ अप्रत्याशित अवसरों के साथ ही हमारी समझ में कमियों को भी उजागर करती हैं। और ग़लतियाँ हमारी बड़ी शिक्षक होती हैं। अमेरिका के बास्केटबॉल खिलाड़ी माइकल जॉर्डन ने एक बार कहा था, ''मैंने अपने करियर में नौ हज़ार बार बास्केट करने में चूक की है। तीन सौ गेम में हारा हूँ। मुझ पर 26 बार गेम जीतने वाला शॉट लेने का भरोसा किया गया और मैं चूक गया। मैं जीवन में बार-बार असफल हुआ हूँ। इससे यही सीख मिलती है कि हम पहली कोशिश में कोई सही समाधान नहीं निकाल सकते। एक संभावित समाधान के बारे में कल्पना करते हुए शुरुआत करें और जब तक आप सही समाधान पर नहीं पहुँच जाते, तब तक ग़लतियों को सुधारते रहें। थॉमस एडिसन अपने आविष्कारों में इस दृष्टिकोण का उपयोग करने के लिए प्रसिद्ध थे। वे कहते थे कि आविष्कार एक प्रतिशत प्रेरणा है और 99 प्रतिशत मेहनत है, पसीना बहाना। पसीना बहाने से क्या मतलब हुआ? लगातार ग़लतियाँ करना और उनसे सीखने की प्रक्रिया जिससे अगले

प्रयासों को सटीक लक्ष्य के और क़रीब लाएँ। एडिसन से सवाल किए गए कि रोशनी देने वाला बल्ब तैयार करने के दौरान अनगिनत असफलताओं के बारे में वे कैसा महसूस करते हैं। उनका जवाब था, ''मैं असफल नहीं हुआ हूँ। मैंने केवल ऐसे दस हज़ार तरीके ढूँढ़े हैं जो काम नहीं करेंगे।''

3. **प्रश्न करें :** यदि आप अपनी समझ को गहरा करना चाहते हैं तो आपको सवाल उठाने की ज़रूरत है। अपनी अज्ञानता दिखाने से ना डरें। अगर समझ ना आये तो पूछें। महान दार्शनिक सुकरात अपने विद्यार्थियों, मित्रों और यहाँ तक कि दुश्मनों को भी असुविधाजनक, मूल प्रश्न पूछकर नई खोज की चुनौती देते थे। ऐसे सवाल जो अक्सर नई अंतर्दृष्टि की ओर ले जाते थे।

4. **विचारों के प्रवाह का अनुसरण करें :** किसी अवधारणा को वास्तव में समझने के लिए, यह जानें कि यह किस तरह से सरल अवधारणाओं से विकसित हुई है। यह जान लेना आपकी समझ को अधिक सहज संरचना के लिए उपयुक्त बनाता है कि वर्तमान वास्तविकता निरंतर विकास का एक क्षण है। आप सब कुछ खुद ही नहीं खोज सकते। आपको मौजूदा विचार का उपयोग करने और उसे बेहतर बनाने की आवश्यकता है। एडिसन एक के बाद एक उत्पाद का आविष्कार करते हुए बेहद सफल रहे। उन्होंने इस सिद्धांत का फ़ायदा उठाया कि प्रत्येक नए विचार की उपयोगिता उसके मूल उद्देश्य से आगे होती है। उन्होंने कहा था, ''मैं वहीं से शुरू करता हूँ जहाँ आख़िरी आदमी ने छोड़ा था।'' और अधिक मार्मिक ढंग से, उन्होंने कहा कि ''जीवन की कई सबसे बड़ी नाकामी उन लोगों के साथ हुई जिन्हें इस बात का अहसास नहीं था कि जब उन्होंने लक्ष्य को छोड़ दिया, तब वे सफलता के कितने क़रीब थे।''

5. **परिवर्तन :** आपको सतही समझ को स्वीकार करने की जीवन भर की आदत को त्यागना होगा और अधिक गहराई से सीखना शुरू करना होगा। आपको अपने जीवन से अवरोधक शक्तियों को दूर करने की ज़रूरत होगी और सफलता की राह पर खुद को नाकाम होने देना होगा। इतने सालों तक आपने जिन मुद्दों को हल्के ढंग से लिया, उन सभी मुद्दों पर सवाल उठाने चाहिए। अपने से जुड़े हर पहलू को अंतर्दृष्टि और विचारों की धारा के रूप में देखें जो आपकी ओर प्रवाहित हो रही है। परिवर्तन के लिए सहज बनें। हममें से हर कोई हमेशा किसी कार्य में प्रगति पर होता है – हमेशा विकसित हो रहा है, हमेशा बदल रहा है। हम सभी जिस शख़्सियत के रूप में आकार ले रहे हैं, उसकी एक कच्ची कॉपी हैं।

सीखना एक आजीवन यात्रा है।

मंगर के भाषण और निबंध कई अलग-अलग क्षेत्रों के महान विचारकों की सोच से भरे हुए हैं। मंगर ने अपने दिन के कार्यक्रम में बहुत सा समय पढ़ने के लिए अलग रखा है।

उन्होंने सैकड़ों जीवनियाँ पढ़ी हैं। वह बताते हैं कि वह ऐसा क्यों करते हैं : ''मैं अब तक बहुत से लोगों ने जो कुछ सर्वश्रेष्ठ सोचा और हासिल किया है उसमें महारत हासिल करने में यक़ीन करता हूँ। मैं केवल बैठे-बैठे और स्वयं ही सब कुछ कर देने का सपना देखने के प्रयास में विश्वास नहीं करता। कोई भी इतना चतुर नहीं है।''

मंगर सोचने, पढ़ने, सीखने और सांसारिक ज्ञान प्राप्त करने में ज़्यादा समय व्यतीत करने के लिए ठोस दलील पेश करते हैं। और आज के डिजिटल युग में इस प्रयास को आगे बढ़ाने के लिए संसाधनों की कोई कमी नहीं है।

> *इंटरनेट अब तक बना सबसे अच्छा स्कूल है। सबसे अच्छे साथी इंटरनेट पर हैं। सबसे अच्छी किताबें इंटरनेट पर हैं। सबसे अच्छे शिक्षक इंटरनेट पर हैं। सीखने के अनके उपकरण मौजूद हैं। बस कमी है तो वह है सीखने की ललक की।*
>
> – नवल रविकांत

अध्याय 4

अभ्यास से जुनून और फ़ोकस की ताक़त पाएँ

आप वही हैं जो आपके भीतर की गहरी इच्छा है। जैसी आपकी इच्छा, वैसा ही आपका इरादा। जैसा आपका इरादा, वैसी आपकी इच्छा। जैसी आपका है इच्छा, वैसा ही आपका कर्म है। जैसा आपका कर्म होगा, वैसा ही आपका भाग्य होगा।

– उपनिषद

एक विचार को चुन लें। उस एक विचार को अपना जीवन बना लें–उसके बारे में सोचें, उसका सपना देखें, उस विचार को ही जीयें। मस्तिष्क, मांसपेशियाँ, तंत्रिकाएँ, आपके शरीर का प्रत्येक अंग उसी विचार से भरा हुआ हो, और दूसरे किसी भी विचार को छोड़ दें। यही सफलता का रास्ता है।

– स्वामी विवेकानंद

जापानियों के अनुसार हर किसी के पास एक इकिगाई है – जीने का कोई कारण। और दुनिया भर में सबसे ज़्यादा उम्र के लोगों के लिए पहचाने जाने वाले जापानी गाँव के निवासियों के अनुसार इसी कारण को पा लेना ख़ुशहाल जीवन का मंत्र है। जहाँ जुनून, सेवा भाव, व्यवसाय और पेशा सभी एक हो जाते हैं जो इकिगाई की प्रबल भावना पैदा करता है, जिसका मतलब है कि प्रत्येक दिन अर्थ से भरपूर है।

हालाँकि इकिगाई का कोई सीधा अंग्रेज़ी-हिन्दी अनुवाद नहीं है। इकिगाई शब्द जापानी शब्द इकिरु, जिसका अर्थ है "जीना," और काई जिसका अर्थ है "जिसकी कोई आशा करता है उसकी प्राप्ति" को मिलाकर बना है। एक साथ मिलकर ये परिभाषाएँ "जीने का कारण" की अवधारणा या जीवन में एक उद्देश्य के होने के विचार का निर्माण करती हैं।

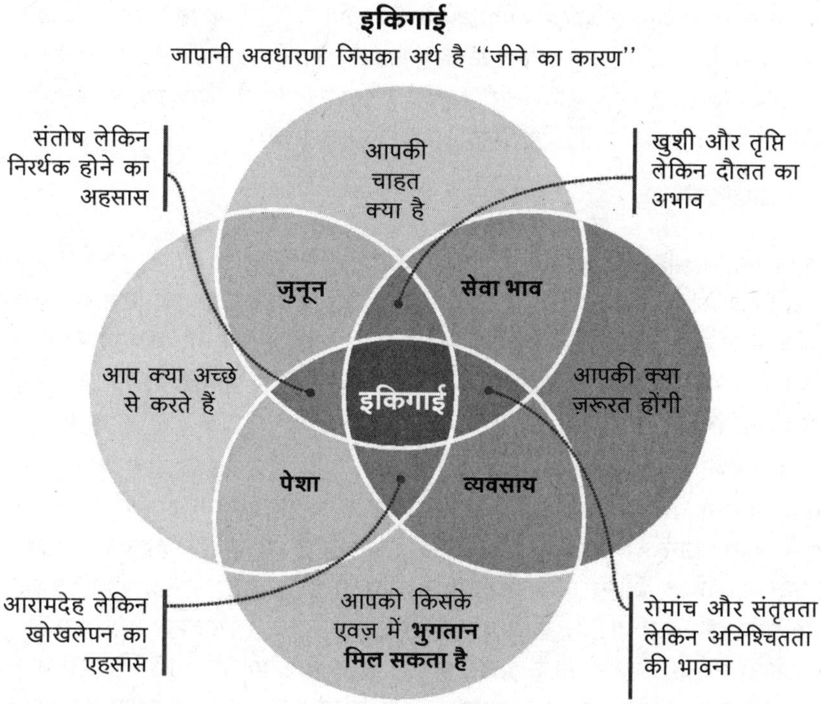

(चित्र 4.1) *इकिगाई*

Source : Thomas Oppong, "Ikigai: The Japanese Secret to a Long and Happy Life Might Just Help You Live a More Fulfilling Life," Medium, January 10, 2018, https://medium.com/thrive-global/ikigai-the -japanese-secret-to-a-long-and-happy-life-might-just-help-you-live-a-more-fulfilling-9871d01992b7.

जब आप किसी के जीवन में बदलाव लाने के लिए अपने कौशल का उपयोग कर सकते हैं और उसके लिए भुगतान भी पाते हैं तो यह एक ख़ुशहाल जीवन है। जब आप इसके प्रति जुनूनी भी हों तो यह एक आह्वान है। यह अनुभूति लगभग दिव्य है।

– एड लैटिमोर

गहरी ख़ुशी का एकमात्र तरीक़ा कुछ ऐसा करना है जो आपको अपनी सर्वोत्तम क्षमता से पसंद हो।

– रिचर्ड फ़ेनमैन

जीवन में आपका लक्ष्य उन लोगों का पता लगाना है जिन्हें आपकी सबसे ज़्यादा ज़रूरत है, उस व्यवसाय का पता लगाना है जिसको आपकी सबसे अधिक आवश्यकता है, उस काम और कला का पता लगाना है जिसे आपकी सबसे अधिक आवश्यकता है। वहाँ सिर्फ़ आपके लिए कुछ है।

– नवल रविकांत

हांगकांग की चाइनीज़ यूनिवर्सिटी में मानव विज्ञान के प्रोफ़ेसर गॉर्डन मैथ्यूज के अनुसार, लोग इकिगाई को कैसे समझते हैं, वास्तव में इसे अक्सर दो अन्य जापानी विचारों-इत्ताइकन और जिको जित्सुगेन के साथ जोड़ा जा सकता है । *इत्ताइकन* का तात्पर्य ''किसी समूह या भूमिका'' के साथ एकजुटता की भावना या प्रतिबद्धता से है जबकि जिको *जित्सुगेन* का संबंध ''आत्मबोध'' से ज्यादा है।

आत्म साक्षात्कार, आत्म-बोध की अवधारणा से निकटता से जुड़ा हुआ है, जिसे अब्राहम मास्लो के आवश्यकताओं के पदानुक्रम में मनोविज्ञान के क्षेत्र में सबसे अच्छी तरह से जाना जाता है। आत्म - साक्षात्कारी लोग वे हैं जो परिपूर्ण हो चुके हैं और वह सब कुछ कर रहे हैं, जो वे करने में सक्षम हैं। मास्लो के अनुसार अच्छा जीवन वह है जो आत्म-प्राप्ति की बड़ी ज़रूरत की दिशा में प्रेरित है। आत्म-साक्षात्कार तब होता है, जब आप अपना सर्वश्रेष्ठ प्रदर्शन करके अपनी क्षमता को अधिकतम कर देते हैं। मास्लो ने आत्म साक्षात्कारी व्यक्ति की सामान्य विशेषताओं का विस्तार से वर्णन करते हुए उन व्यक्तियों के नाम बताए जिन्हें वह स्वयं-साक्षात्कारी मानते थे जिनमें अब्राहम लिंकन, थॉमस जेफ़रसन और अल्बर्ट आइंस्टीन शामिल थे। मानवतावादी मनोवैज्ञानिक अल्बर्ट एलिस के अनुसार, ''आत्मबोध में उत्कृष्टता और आनंद की खोज शामिल है; लोग जिसे भी चाहें और जिसको भी ज़ोर देने के लिए चुनें।'' उत्कृष्टता और आनंद प्राप्त करने पर केन्द्रित यह ध्यान (क्षमता की प्राप्ति होने पर ध्यान केन्द्रित से भी अधिक) भलाई को प्राथमिकता देता है और आत्म-साक्षात्कार तथा सकारात्मक मनोविज्ञान के बीच। एक बार संबंध को दिखाता है।

एक बार जब हमें जीवन में अपनी अंतरात्मा की आवाज़ का पता चल जाए, तब हमें ध्यान *केन्द्रित* करने की शक्ति को अपना लेने की ज़रूरत है।

मैं उस आदमी से नहीं डरता जिसने एक बार 10,000 किक का अभ्यास किया है, बल्कि मैं उससे डरता हूँ जिसने एक किक का अभ्यास 10,000 बार किया हो।

– ब्रूस ली

मुझे एक पेड़ काटने के लिए छह घंटे दीजिए और मैं पहले चार घंटे कुल्हाड़ी की धार पैनी करने में ख़र्च करूँगा।

– अब्राहम लिंकन

> जो लोग किसी उत्कृष्टता को प्राप्त कर लेते हैं, उन्होंने सामान्य रूप से अपना जीवन उसी दिशा में व्यतीत किया होता है। क्योंकि उत्कृष्टता अक्सर आसान शर्तों पर हासिल नहीं की जाती।
>
> – सैमुअल जॉनसन

जब बिल गेट्स पहली बार वॉरेन बफ़ेट से मिले, तो रात्रिभोज के दौरान उनकी मेजबान गेट्स की माँ ने मेज़ पर बैठे सभी लोगों से पूछा कि वे अपने जीवन में सफलता के लिए सबसे अहम क्या मानते हैं। गेट्स और बफ़ेट ने एक ही शब्द में उत्तर दिया : ''फ़ोकस। दोनों इस बात से सहमत थे कि लगातार एक विशिष्ट जुनून पर ध्यान केन्द्रित करने से उपलब्धि के रूप में नतीजा सामने आता है। और इसका मतलब है अन्य विचारों और दिलचस्पियों को एक तरफ कर देना जब तक कोई लक्ष्य प्राप्त ना हो जाए।

> तीव्रता उत्कृष्टता की क़ीमत है।
>
> – वॉरेन बफ़ेट

बफ़ेट की जीवनी लेखिका ऐलिस श्रोएडर बफ़ेट के ग़ज़ब के फ़ोकस के बारे में लिखती हैं : ''उन्होंने व्यवसाय के अलावा लगभग किसी भी चीज़ पर ध्यान देने से इंकार कर दिया – कला, साहित्य, विज्ञान, यात्रा, वास्तुकला – ताकि वह ध्यान अपने जुनून पर ध्यान केन्द्रित कर सकें।'' इसमें कोई आश्चर्य नहीं होना चाहिए। दुनिया में कई अत्यधिक सफल लोग अपनी सफलता का श्रेय काफ़ी समय तक ध्यान केन्द्रित करने को देते हैं – एक मुख्य लक्ष्य की प्राप्ति के प्रति गहरी प्रतिबद्धता। ध्यान केन्द्रित करने से आपकी ऊर्जा आपके लक्ष्यों की दिशा में बढ़ जाती है। आप जिस चीज़ पर काम कर रहे हैं, उसमें आप आप जितना अधिक ध्यान केन्द्रित करेंगे, उसमें उतनी ही ज्यादा ऊर्जा लगाएंगे।

महत्त्वपूर्ण और जानने योग्य विषयों की ओर ध्यान केन्द्रित करने की क्षमता का होना ऐसी दुनिया में बेशकीमती है जहाँ हम पर लगातार भटकाने और विभाजन पैदा करने वाले विचारों, सूचनाओं और तरह-तरह के मतों की बमबारी होती रहती है। निवेशकों के लिए इसमें महत्त्वपूर्ण अर्थ छुपे हुए हैं। उन निवेशों पर ध्यान दें जिनके नतीजों पर *सूक्ष्म अर्थशास्त्र* का बहुत प्रभाव होने वाला है। यह नज़रिया आपको अपने संचित अनुभव को कंपनियों और उद्योगों का विश्लेषण करने और उसे अपने फ़ायदे के लिए उपयोग करने में मदद करेगा। पचास साल पहले सबसे अच्छे निवेशक वे थे, जिनके पास सूचना होती थी। आज, सबसे अच्छे निवेशक वे हैं जिनके पास व्यवहारगत ख़ूबियाँ हैं। पिछले कुछ वर्षों में बाज़ार में सूचना प्रसार की गति और पूँजी प्रबंधकों में कम समय में बेहतर प्रदर्शन की प्रतिस्पर्धा बढ़ गई है, तो समय सीमा और धैर्य का स्तर काफ़ी कम हो गया है। आज, एक निवेशक का कौशल किसी विशिष्ट स्टॉक के बारे में दूसरों की तुलना में अधिक जानना नहीं है, बल्कि मानसिकता, अनुशासन और किसी व्यवसाय के आंतरिक मूल्य के बारे में दीर्घकालिक दृष्टिकोण अपनाने की इच्छा है।

हमारी संस्कृति में उपलब्धि इतनी रच-बस गई है कि हम अक्सर यह नज़रअंदाज कर देते हैं कि कम समय में अधिकतम उत्पादकता हासिल करने की कला धीमी लेकिन अधिक सुसंगत और टिकाऊ दीर्घकालिक प्रगति की क़ीमत पर आती है। हम ऐसे समाज में रहते हैं जहाँ अक्सर निष्क्रियता पर नाराज़गी जताई जाती है लेकिन हमारा ध्यान सिर्फ़ करने पर नहीं बल्कि उन मापदंडों को गहराई से समझने पर भी होना चाहिए कि हमें अभी और भविष्य में क्या करने की आवश्यकता है। आप जिस क्षेत्र में काम कर रहे हैं, उसमें आने वाले और बदलते मानदंडों को सीखना और समझना आपको सही जगह पर ध्यान केन्द्रित करने में मदद करेगा। जैसा कि अल्बर्ट आइंस्टीन ने कहा था, ''आपको खेल के नियम सीखने होंगे और फिर आपको किसी भी अन्य से बेहतर खेलना होगा।'' ध्यान केन्द्रित करने के संदर्भ में ये अविश्वसनीय रूप से बहुत प्रभावशाली शब्द हैं। बफ़ेट की प्रतिभा यही है कि वह सीखने को प्राथमिकता देते हैं ताकि वे विषय की बहुत ही अधिक गुणवत्ता की गहराई प्राप्त कर सकें।

बहुत से लोग इसे पूरी तरह से अनुत्पादक मानेंगे, लेकिन मुझे कई सर्वोत्तम व्यावसायिक समाधान और धन संबंधी समस्याओं के उत्तर बस बैठकर सोचते रहने से आए हैं।

– वॉरेन बफ़ेट

ज्ञान आधारित अर्थव्यवस्था में, सीखना और सोचना सबसे अच्छे दीर्घकालिक निवेश हैं जो आप अपने करियर में कर सकते हैं। सीखना और सोचना हमारे निर्णयों को निर्धारित करते हैं और वे निर्णय, बदले में, हमारे परिणाम निर्धारित करते हैं। बफ़ेट अपने दैनिक समय का अधिकांश भाग पढ़ने में बिताते हैं और वास्तव में कोई क़दम उठाने में बहुत कम समय लगाते हैं। वह कहते हैं, ''पूँजी आवंटित करने का क़दम उपलब्धि से संबंधित नहीं है। दरअसल, निवेश और अधिग्रहण के क्षेत्र में उत्तेजना भरा व्यवहार अक्सर प्रतिकूल होता है।'' निवेश एक ऐसा क्षेत्र है जिसमें दुनिया को चुपचाप देखते रहने, पढ़ने, सोच-विचार करने और बस कभी-कभार टेलीफ़ोन कॉल कर लेने से सफलता मिल सकती है। अधिकांश निवेशक यदि विचार ज़्यादा करें और काम कम तो वे बेहतर प्रदर्शन करेंगे। निवेश क्षेत्र में सबसे अच्छी कला में से एक है कुछ भी ना करके ख़ुश रहना सीखना।

सफल निवेश एक व्यावहारिक कौशल है और अनुभव पर आधारित है जिसमें दुनिया को समझने के लिए अनुमानित, अनुभव-आधारित नियम हैं। ये नियम वैश्विक के बजाय स्थानीय हैं और समय के साथ धीरे-धीरे बदलते हैं – वे अनुभव को मूल्यवान बनाने के लिए पर्याप्त रूप से स्थिर होते हैं लेकिन कौशल को रोचक बनाए रखने के लिए इनमें पर्याप्त तरलता हैं। आजीवन सीखने का ज़बरदस्त जुनून किसी निवेशक के लिए प्रतिस्पर्धा में टिकाऊ रूप से लाभ देने वाला है। औसत दर्जे के लोगों से सफल निवेशकों को जो अलग करता है, वह है जुनून। वास्तव में एक जुनूनी निवेशक बनने का मतलब है कि आप हमेशा भविष्य और दुनिया की दिशा के बारे में सोचते रहते हैं।

इसका मतलब है कि आप हमेशा अपने चारों ओर उत्साहपूर्वक सब कुछ गहराई से परख़ रहे हैं। निवेश केवल धन कमाने की प्रक्रिया नहीं है; एक सच्चे जुनूनी निवेशक के लिए यह अत्यधिक ख़ुशी और पूर्ण बौद्धिकता का स्रोत है। जीवन में जुनूनी होना बहुत अच्छी बात है, लेकिन ऐसा केवल उन चीज़ों के लिए करना बुद्धिमानी है जो हमारे नियंत्रण में हैं, अन्यथा हम प्रतिकूल परिणामों के कारण निराश होने का जोख़िम उठाते हैं। अच्छे निवेशकों को निवेश करने की मानसिक प्रक्रिया और नतीजों से मिलने वाली सीख से संतुष्टि मिलती है। जो लोग इस प्रक्रिया को पसंद करते हैं उन्हें स्वाभाविक रूप से उन लोगों के नतीजों से विपरीत परिणाम मिलते हैं जो केवल परिणामों की पूजा करते हैं।

> बढ़त हासिल करने का एकमात्र तरीक़ा बहुत अधिक और कड़ी मेहनत है। *वह करें जो आपको करना पसंद है, तब आप स्वाभाविक रूप से हर समय इसके बारे में ही सोचते रहेंगे, भले ही आप आराम कर रहे हों...* यदि यह इसी तरह से स्वाभाविक रूप से आप करते रहते हैं तो समय के साथ आप बड़ा लाभ अर्जित कर सकते हैं आपको यह पसंद है।
>
> – ली लू

बफ़ेट की हमेशा यही राय रही है कि जो लोग अपने जीवन में जुनून को पा लेते हैं, वे क़िस्मत वाले हैं। पूँजी प्रबंधन के प्रति उनके शुरुआती जुनून का नतीजा ही था कि उन्होंने 11 साल की आयु तक ओमाहा सार्वजनिक पुस्तकालय में निवेश की जो भी किताब थी, उसे पढ़ लिया था। कुछ तो दो बार पढ़ डाली थीं।

2012 में फ़ॉर्च्यून पत्रिका के साथ एक साक्षात्कार में बफ़ेट से पूछा गया था कि लोग किस तरह से अपने काम में ख़ुशी को शामिल कर सकते हैं, जिस तरह से वे करते हैं। उनका जवाब था, "अपने जुनून को पूरा करें... मैं हमेशा कॉलेज छात्रों से कहता हूँ कि वे ऐसी नौकरी करें जिसे वे अगर अमीर होते तो करते।" इसके पीछे तर्क है कि ऐसा करने पर आप अपने काम में किसी भी अन्य की तुलना में ज़्यादा ताक़त झोंकेंगे। जुनून में एक ताक़त है।

बफ़ेट कहते हैं, "सच्चाई यह है कि बहुत कम लोग वास्तव में अपनी नौकरी में पूरी दम लगाते हैं। अगर आप ऐसा करते हैं तो वास्तव में आप जितना सोचते हैं, उससे कहीं ज़्यादा अलग नज़र आएँगे। यदि आप सचमुच ऐसा करते हैं तो आपकी ओर ध्यान जाना तय है।"

प्रसिद्ध कहावत है, "वही नौकरी चुनें जो आपको पसंद हो तो आपको जीवन में एक भी दिन काम नहीं करना पड़ेगा।" आपको रात में पता होता है कि जीवन में आप जो कुछ कर रहे हैं, वह सही है। आपको अगली सुबह का इंतज़ार होता है कि कब आप काम पर जाएँगे।

केवल लम्बा जीवन जीने की कोशिश करने के बजाय, हमें प्रयास करना चाहिए हमारी ज़िंदगी में जीवन्तता बनी रहे। अक्सर, हमें जीवन छोटा लगता है, ऐसा लगता है कि हमारे

पास करने के लिए बहुत कुछ है, मगर समय कम है। लेकिन हक़ीक़त तो यह है कि अगर आप जीवन का अच्छे से उपयोग करना जानते हैं तो यह काफ़ी बड़ा है।

> ऐसा नहीं है कि हमारे पास जीने के लिए बहुत कम समय है, बल्कि हम अपने समय को बर्बाद कर देते हैं। जीवन काफ़ी लम्बा है और हमें काफ़ी उदारता से सर्वोच्च उपलब्धियों को प्राप्त करने के लिए समय दिया गया है, बशर्ते हम उसका सही निवेश करें। लेकिन जब यह लापरवाही से विलासिता में बर्बाद कर दिया जाता है, किसी अच्छे कार्य पर ख़र्च नहीं किया जाता तब अंत में इससे पहले कि हम जान पाते कि जीवन बीत रहा है, मौत का अहसास हमें यह बता देता है कि जीवन बीत चला है। तो इस तरह से हमें कम जीवन नहीं मिला है लेकिन हम इसे छोटा बना देते हैं। इसलिए नहीं कि हमें सब कुछ प्राप्त नहीं हुआ है बल्कि इसलिए कि हमने इसे बर्बाद किया है .यदि आप इसका उपयोग करना जानते हैं तो जीवन बहुत बड़ा है।
>
> – सेनेका

आदमी वृद्ध जल्दी हो जाता है, बुद्धिमान बहुत देर से होता है। यह एक विडंबना है कि हमें वर्तमान पल में रहकर जीना सीखने के लिए अक्सर पूरा जीवन लग जाता है। हम जिस पल में हैं, उसी पल में रहना। हम यह मान लेते हैं कि हमारे पास ज़िंदगी का एक और साल है और यह सोचकर हम ''हमेशा ख़ुश रहना'' एक और साल के लिए टाल देते हैं। हम जिनसे प्यार करते हैं उन्हें अक्सर यह नहीं बताते कि हम उनसे कितना अधिक प्यार करते हैं, क्योंकि हम हमेशा मानते हैं कि कल यह इज़हार कर देंगे। हम सुकरात की चेतावनी को नजरअंदाज करते हैं : ''व्यस्त जीवन की बंजरता से सावधान रहें।'' दुनिया का सारा पैसा बेमानी है यदि आपके पास इसका आनंद लेने के लिए समय या स्वास्थ्य नहीं है। मैंने इस पुस्तक के परिशिष्ट में डेविड वेदरफ़ोर्ड द्वारा लिखित एक सुंदर कविता साझा की है, जो मैंने कुछ साल पहले पढ़ी थी और समय-समय पर इसे पढ़ता रहता हूँ। इसने मुझे अपना जीवन बदलने की दिशा में काम करने के लिए प्रेरित किया है- कल के लिए जीने को टालने की बजाय आज जितना संभव हो उतनी ख़ुशी से जीना।

> हमारे पास दो जीवन हैं, और दूसरा तब शुरू होता है जब हमें अहसास होता है हमारे पास केवल एक ही जीवन है।
>
> – कन्फ़्यूशियस

जब आपको वह सबसे अहम चीज़ मिल जाती है जो आपके जीवन को दिशा दिखाने वाली होती है, तब आप जान पाते हैं कि आप किस ओर जा रहे हैं। और यह बहुत अच्छा अहसास है। आपको दिशा दिखाने वाला बदल सकता है और इसमें कुछ भी बुरा नहीं है। अभी जो कुछ सही है, उसे दिशा दिखाने दें। व्यक्तिगत संदर्भ में यह अत्यधिक सार्थक और महत्त्वपूर्ण है इसलिए इसकी दिशा में बढ़ते जाना हर दिन आपके जीवन में ख़ुशी लाएगा।

अपने जुनून का पीछा करें। यह समय फिर कभी वापस नहीं मिलेगा। जीवन पहली साँस और आख़िरी साँस के बीच का एक ठहराव है। किसी के जन्म पर आप केवल एक ही चीज़ की गारंटी दे सकते हैं, वह है उसकी मृत्यु; बाक़ी सब कुछ अप्रत्याशित है। जीवन जन्म से मृत्यु की यात्रा है और इसके बीच में ही आपके चुनाव आते हैं। हमारा जीवन चुनाव करने का है। वह चुनें जो आपको ख़ुश करता है और आपके जीवन में कभी भी ग़लत नहीं होगा। कुछ लोग पच्चीस साल की उम्र में मर जाते हैं लेकिन उन्हें तब तक दफ़नाया नहीं जाता जब तक वे 75 साल के नहीं हो जाते। कुछ लोग पच्चीस वर्ष की आयु तक पैदा ही नहीं होते हैं। बाद वाला बनने का प्रयास करें।

> एक दिन आपका पूरा जीवन आपकी आँखों के सामने से होकर गुज़रेगा। यह सुनिश्चित करें कि यह देखने योग्य हो।
>
> – गेरार्ड वे

2004 में स्टीव जॉब्स को अग्नाशय कैंसर का पता चला। बताया गया कि उनके पास केवल कुछ ही हफ़्ते शेष हैं। 2005 के स्टैनफ़ोर्ड विश्वविद्यालय में अपने भाषण के दौरान कार्यक्रम में उपस्थित लोगों के बीच जॉब्स ने बताया :

> जीवन में बड़े विकल्प चुनने में मदद करने में मुझे एक सबसे कारगर उपाय यही मिला है कि हमेशा यह याद रखना कि मैं जल्द ही मर जाऊँगा। क्योंकि लगभग सभी कुछ– सभी बाहरी अपेक्षाएँ, हर तरह का अहंकार, शर्मिंदगी या विफलता का सारा डर – सभी कुछ मौत के सामने ख़त्म हो जाता है। जो वास्तव में महत्त्वपूर्ण है, वही बच जाता है। *आपका कुछ खो जाने के डर की सोच के जाल से बचने का सबसे अच्छा रास्ता यह याद रखना है कि आप मरने वाले हैं। आप पहले से ही पूरी तरह से ख़ाली हाथ थे, निर्वस्त्र थे। अपने दिल की ना सुनने का कोई कारण नहीं है...*
>
> आपका समय सीमित है, इसलिए किसी और की इच्छा से जीने में इसे बर्बाद नहीं करें। दूसरे की सोच के नतीजों के साथ जीवन बिताने की हठधर्मिता में नहीं फँसें। दूसरों की राय के शोर में अपने भीतर की आवाज़ को ना दबने दें। *और सबसे महत्त्वपूर्ण है कि अपने दिल और भीतर से आ रही आवाज़ के अनुसार चलने का साहस दिखाएँ।* पता नहीं कैसे मगर वे पहले से ही जानते हैं कि आप सचमुच में क्या बनना चाहते हैं। बाक़ी सब कुछ बेमानी है।

जॉब्स की बातों में मार्क ट्वेन के विचार प्रतिध्वनित हो रहे थे। ट्वेंस ने कहा था, ''अब से 20 वर्षों के बाद आप उन चीज़ों से और अधिक निराश होंगे जो आपने नहीं कीं बजाय उनके जो आपने कीं। तो जहाज को खोल दें। सुरक्षित बंदरगाह से दूर निकल पड़ें। अपने क्षेत्र में चलने वाली कारोबारी हवाओं में जाएँ। तलाश करें। सपना देखें। खोज करें।''

ट्वेन का उद्धरण मुझे अपने एक पसंदीदा विज्ञापन की याद दिलाता है। यह यूनाइटेड टेक्नोलॉजीज का विज्ञापन था। यह इस तरह से था :

> हममें से अधिकांश लोग बड़े-बड़े पुरस्कारों से वंचित रहते हैं। पुलित्ज़र, नोबेल, ऑस्कर, टोनीज़, एम्मीज़। लेकिन हम सभी के लिए जीवन की छोटी-छोटी ख़ुशियाँ तो उपलब्ध हैं। पीठ पर हल्की सी एक थपथपाहट, प्यारा सा चुंबन, बहुत बढ़िया भोजन, पूनम की रात, एक शानदार सूर्यास्त, गर्म सूप, ठंडी बियर। जीवन के भव्य पुरस्कारों को पाने के बारे में चिंता नहीं करें। जीवन की छोटी-छोटी ख़ुशियों का आनंद लीजिए। हम सबके लिए ढेरों ख़ुशियाँ हैं।

और इसमें हम सभी के लिए जीवन का बड़ा सबक़ छुपा है : हमारे पास जो कुछ है बस वह यही क्षण है, और हमें उन चीज़ों को प्राथमिकता देने की ज़रूरत है जो इसी समय हम करना चाहते हैं। छोटे बच्चों को देखिए। वे हमेशा स्वाभाविक रूप से ख़ुश रहते हैं। वे ना तो अतीत में फँसे हैं और ना ही भविष्य की किसी उम्मीद में जी रहे हैं।

> *छोटी-छोटी चीज़ों का आनंद लें, जिससे आप कभी पीछे मुड़कर देखेंगे तो आपको अहसास होगा कि वे कितनी बड़ी चीज़ें थीं।*
>
> – रॉबर्ट ब्रुल्ट

जीवन में वास्तव में कोई वस्तु सर्वश्रेष्ठ नहीं है। दरअसल आगे चलकर हमारी जमा-पूँजी होती है हमारे अनुभव। वास्तविक ख़ुशी देने में गहराई से महसूस किए गए अनुभव, भौतिक वस्तुओं से कहीं आगे होते हैं। वस्तुओं से प्राप्त सुख क्षणभंगुर है, परन्तु आनन्द जो अनुभवों से आता है वह स्थायी होता है। चीज़ों का पीछा मत करो, यादें जोड़ो। हम सब एक यात्रा पर हैं, कोई भी हमेशा के लिए नहीं रहता है। अपने रास्ते में आने वालों के प्रति दयालु रहें। जिनको ज़रूरत है उनको, जो बन पड़े वह दें। अपने बोल और कामों से लोगों के दिलों का स्पर्श करें और ख़ुशी, उम्मीद और उम्मीद का माहौल बनाएँ।

भविष्य के बारे में हमारी सारी चिंताएँ और योजनाएँ, अतीत में जो कुछ बुरा हुआ उसके विचार। यह सब कुछ हमारे दिमाग़ में हैं (इंसान के ख़ाली दिमाग़ में बिना कुछ बात के मुद्दे पैदा करने की प्रवृत्ति होती है)। यह चिंता हमें इसी पल में पूरी तरह सही ढंग से जीने से भटका देती है। यह सब छोड़ दें और इसके बजाय इस समय में आप जो कर रहे हैं, उस पर ध्यान केन्द्रित करें। जब तक आप पहले हर चीज़ का विध्वंस नहीं कर देते, तब तक आप अपनी प्रतिक्रियाओं की रूपरेखा का पुनर्निर्माण नहीं कर सकते। यह आप केवल पुरानी बातों को पीछे छोड़कर ही कर सकते हैं। जीवन की कई घटनाएँ हमारे नियंत्रण से बाहर होती हैं। इसलिए हमें उनको भूल जाना चाहिए और हर दिन अपना सर्वश्रेष्ठ प्रदर्शन जारी रखना चाहिए।

स्टैनफ़ोर्ड के अपने भाषण में जॉब्स ने बताया कि कैसे वे अपने दिन के काम को तय करते थे : ''पिछले 33 साल से हर सुबह मैं आईने में देखकर खुद से पूछता रहा हूँ:

'यदि आज का दिन मेरे जीवन का अंतिम दिन होता तो क्या मैं वह करना चाहूँगा, जो आज मैं करने जा रहा हूँ? और जब भी कई दिनों तक लगातार नकारात्मक उत्तर रहा, तो मैं समझ गया कि मुझे कुछ बदलाव लाने की ज़रूरत है।'' जॉब्स के यह विचार ''पछतावे को न्यूनतम'' करने का तरीक़ा हैं जिसका जैफ़ बैजोस समर्थन करते हैं।

बेजोस ने जब पहली बार एमेज़ॉन शुरू करने पर विचार किया, उस समय वह शेयर बाज़ार में क्वांट संचालित हेज फ़ंड में सबसे बड़े फ़ंड में से एक डी ई शॉ के लिए काम कर रहे थे। आज उनका निर्णय बहुत आसान दिखाई देता है। लेकिन उस समय ऑनलाइन किताबों की दुकान शुरू करने के लिए हेज फ़ंड की अच्छी तनख़्वाह वाली नौकरी छोड़ने को कोई भी समझदारी मानने को तैयार नहीं होता।

महत्त्वाकांक्षा और वास्तविक दिलचस्पी का घालमेल होना आम है। सामाजिक बाधाओं के कारण, हम कभी भी वास्तव में स्वतंत्रता का अनुभव नहीं कर पाते। अक्सर जिसे हम अपनी रुचि समझ लेते हैं, वह समाज की अपेक्षाओं से बना हुआ हमारी रुचि का बिगड़ा रूप होता है। मान्यताओं के डर से हम तय कर लेते हैं कि हमें यह बनना चाहिए।

जीवन में हम जो भी बड़ा निर्णय लेते हैं, उसमें आमतौर पर कुछ न कुछ समझौता शामिल होता है। कभी-कभी बाद में बड़े पछतावे से बचने के लिए छोटे पछतावे को स्वीकार करना पड़ता है। बहुत से लोग कुछ करने के जोख़िम के बारे में चिंता करने में इतना ज़्यादा समय लगा देते हैं कि ना करने के जोख़िमों को पूरी तरह से नज़रअंदाज कर देते हैं। निश्चित रूप से, यदि आप कोई जोख़िम नहीं लेते हैं, तो नाकामी का भी कोई सवाल नहीं है। कोई भी तकलीफ़ नहीं।

पर क्या वास्तव में कोई तकलीफ़ नहीं है? इसका पछतावा आपको जीवन भर सताता रहेगा। असफलता दुख देती है लेकिन जल्दी ही गुज़र जाती है। इसके विपरीत, पछतावा हमेशा के लिए दुख देता है। पहल ना करने के कारण गँवाए गए अवसरों को पीछे मुड़कर ताकना ज़्यादा दुखदायी होता है। असफलता उतना दुख नहीं देती, जितना वह डर सताता है जिसके कारण हमने अपने ही अंतर मन की आवाज़ पर अविश्वास किया। संभावनाओं के नए संसार का दरवाज़ा खोलने के लिए आपको केवल एक बार सफल होने की ज़रूरत है। पछतावा ना करने में है। अनेक लोग सफल होने में माहिर होते हैं, लेकिन नाकाम होने में नौसिखिया। लेकिन बेजोस नहीं :

> मुझे वह तरीक़ा मिला, जिसने निर्णय को अविश्वसनीय रूप से आसान बना दिया जिसे मैंने ''पछतावे को न्यूनतम करने का तरीक़ा कहा था, जो कि केवल एक पढ़ाकू ही कह सकता है। मैंने खुद को 80 वर्ष की आयु के आसपास देखना शुरू किया और अपने आप से कहा, ''अब मैं अपने अतीत की ओर देख रहा हूँ। मैं चाहता हूँ कि वृद्धावस्था में मेरे जीवन में वे पल कम से कम हों जिनके लिए मुझे पछतावा हो।'' मुझे पता था कि 80 वर्ष की उम्र में मुझे इसकी कोशिश करने का पछतावा नहीं होगा। मुझे इंटरनेट *नाम की इस चीज़ से जुड़ने का पछतावा नहीं होने वाला था, जिसे मैं जान रहा था कि यह सचमुच एक बहुत बड़ा रूप लेने*

> *वाला है।* मैं जानता था कि अगर मैं असफल हुआ तो मुझे कोई अफ़सोस नहीं होगा, लेकिन मैंने कभी कोशिश नहीं की। मैं यह ज़रूर जानता था कि यह मुझे हर रोज़ सताएगा और जब मैंने इस तरह से सोचा तो फ़ैसला लेना सचमुच बहुत आसान हो गया।

मुझे यह तरीक़ा पसंद है, क्योंकि इसमें कोई बड़ी कारोबारी योजना या कंप्यूटर पर बहुत ज़्यादा लेखा- जोखा करने की ज़रूरत नहीं है। यह व्यक्तिगत संतुष्टि और जीवन के लक्ष्यों से जुड़ा हुआ है।

जुनून और जीवन में ध्यान केन्द्रित करने के महत्त्व को हम एक बार समझ गए। अब अपने-अपने क्षेत्रों में उत्कृष्टता हासिल करने के लिए उनकी ताकत को प्रभावी रूप से कैसे इस्तेमाल कर सकते हैं?

सुविचारित अभ्यास की प्रक्रिया के द्वारा।

सुविचारित अभ्यास

प्रदर्शन सुधारने वाले कई प्रशिक्षक और प्रेरणा भरने वाले गुरु अपने उपदेशों में एक मंत्र देते हैं ''अभ्यास परिपूर्ण बनाता है।'' उनका कहना है, दस हज़ार घंटे का अभ्यास विश्व स्तरीय प्रदर्शन की कुंजी है। मैल्कम ग्लैडवेल ने अपनी अपनी बेस्टसेलर किताब *आउटलायर्स* में इस विचार को लोकप्रिय बनाया :

> बार-बार इस विचार पर ज़ोर दिया जाता है कि किसी जटिल कार्य को करने में उत्कृष्टता के लिए कम से कम एक महत्त्वपूर्ण स्तर के अभ्यास की ज़रूरत होती है। वास्तव में, शोधकर्ताओं में सचमुच महारत हासिल करने के लिए अभ्यास की जादुई संख्या पर सहमति भी क़ायम हो गई है : दस हज़ार घंटे... *बेशक, कुछ लोग अपने अभ्यास से औरों की तुलना में कहीं ज़्यादा प्रदर्शन कर लेते हैं।* लेकिन ऐसा कोई भी उदाहरण किसी के पास नहीं है कि किसी ने कम समय में वास्तविक विश्व स्तरीय विशेषज्ञता प्राप्त कर ली हो। ऐसा लगता है कि वास्तविक महारत हासिल करने के लिए जो कुछ जानने की आवश्यकता है उसे आत्मसात करने में मस्तिष्क को इतना लम्बा समय तो लगता ही है।''

इस कथन पर ध्यान दें कि कुछ लोग अपने अभ्यास से औरों की तुलना में कहीं ज़्यादा प्रदर्शन कर लेते हैं। केवल अभ्यास से पूर्णता प्राप्त नहीं होती। जैसा कि जेम्स क्लियर कहते हैं, ''गति का मतलब एक्शन नहीं है। व्यस्तता का मतलब प्रभावशलता नहीं है।''

फ़ॉर्च्यून पत्रिका के संपादक ज्योफ़ कॉल्विन ने अपनी किताब *टैलेंट इज़ ओवररेटेड* में उन अध्ययनों पर प्रकाश डालते हैं, जो बताते हैं कि कोई भी व्यक्ति ''सुविचारित अभ्यास'' की प्रक्रिया अपना कर किसी भी क्षेत्र में महान बन सकता है। यह इंसानों के प्रदर्शन पर विज्ञान के बड़े विचारों में से एक है।

सुविचारित अभ्यास प्रदर्शन में सुधार के विशिष्ट लक्ष्य के साथ तैयार की गई एक उच्च स्तर की गतिविधि है। इसके लिए निरंतर मूल्यांकन, फ़ीडबैक, और बहुत सारे मानसिक प्रयास की ज़रूरत है।

सुविचारित अभ्यास के कुछ प्रमुख तत्व इस प्रकार से हैं :

1. **अभ्यास यानी किसी भी कार्य को बार-बार दोहराना :** यदि आप लेखक हैं, तो आप बहुत कुछ लिखते हैं। यदि आप संगीतकार हैं तो आप अपने रियाज़ को दोहराने का महत्त्व जानते हैं।
2. **इसे लगातार फ़ीडबैक मिलता रहता है :** सीखना तब होता है, जब निर्णयों और कार्यों पर समय पर आपको ढेर सारे फ़ीडबैक मिलते हैं। और सुविचारित अभ्यास लगातार परिणाम-आधारित प्रतिक्रिया को ध्यान में रखता है। कोई भी ग़लती नज़रअंदाज नहीं की जाती। वास्तव में हरेक ग़लती आगे सुधार के लिए महत्त्वपूर्ण जानकारी का काम करती है। फ़ीडबैक आपके ध्यान में आ सकता है, या किसी प्रशिक्षक या संरक्षक से मिल सकता, जो उन बातों की ओर ध्यान देता है जो हमेशा आपको दिखाई नहीं देती हैं।
3. **यह कठिन है :** सुविचारित अभ्यास के लिए काफी मानसिक प्रयास की ज़रूरत होती है।
4. **मज़ेदार नहीं :** बार-बार अभ्यास करते रहना बहुत मज़ेदार नहीं होता। अधिकांश लोगों को ऐसी गतिविधियाँ करने में आनंद नहीं आता जिनमें वे कमज़ोर हैं। बार-बार असफल होना और सुधार को लेकर आलोचना झेलने में कोई मज़ा नहीं आता। तब भी सुविचारित अभ्यास आपकी कमज़ोरियों को ध्यान में रखकर तैयार किया गया है और इसके लिए आपको उसका बार-बार अभ्यास करने की ज़रूरत है जिससे आप कमज़ोरियों को दूर कर महारत हासिल कर सकें।

सुविचारित अभ्यास करते समय, आप अपनी पहुँच से कुछ दूर लक्ष्य को पाने के लिए अपनी सीमाओं और ज्ञान को उनकी पराकाष्ठा से आगे लेकर जा रहे हैं। जब आप किसी लक्ष्य तक पहुँचने की कोशिश करते हैं तो विचारों का प्रवाह और बेहतर होता है।

वास्तव में सुविचारित अभ्यास मेहनतकश मानसिकता का नाम है। डेनियल कोयल ने अपनी किताब द *लिटिल बुक ऑफ़ टैलेंट* में लिखा है :

> शीर्ष कलाकार दूर से मंत्रमुग्ध करने वाला, सहज जीवन बिताते हुए प्रतीत होते हैं। लेकिन जब आप क़रीब से देखेंगे, तो आप पाएँगे कि उन्होंने अपने जीवन का अधिकांश भाग अपनी कला, हुनर का गहन अभ्यास करते हुए व्यतीत किया है। उनकी मानसिकता हक़ जताने वाली या अहंकारी नहीं है; यह पूरी तरह से मेहनत पर टिकी है : वे सुबह उठ जाते हैं और हर दिन काम पर जाते हैं, चाहे उनका

मन हो या ना हो। जैसा कि कलाकार चक क्लोज़ कहते हैं, '' प्रेरणा जैसा शब्द शौकीनों के लिए है।''

जीवन में अपनी चाहत को खोजना, पूरे जुनून और फ़ोकस के साथ उसका अनुसरण करना और सुविचारित अभ्यास में जुट जाने का नतीजा इकिगाई के रूप में सामने आता है। विल डुरैंट ने बिलकुल सही कहा है, ''हम वही हैं जो हम बार-बार करते हैं। तो, उत्कृष्टता कोई कार्य नहीं बल्कि एक आदत है।''

भाग – 2

सुदृढ़ चरित्र का निर्माण

अध्याय 5

सही मॉडल, शिक्षक और सहयोगी चुनने का महत्त्व

मैं भाग्यशाली था कि मुझे सही हीरो मिले। मुझे बताइए आपका हीरो कौन है और मैं आपको बताऊँगा कि आप कैसे हीरो बनेंगे। आप जिसकी प्रशंसा करते हैं उसकी खूबियों को आप थोड़े से अभ्यास से अपने गुणों में बदल सकते हैं। और यदि लगातार अभ्यास किया जाए तो ये आदत बन जाएँगे।

– वॉरेन बफ़ेट

किसी भी क्षेत्र में अच्छे शिक्षक जानकारी देने से कहीं ज़्यादा कुछ करते हैं; इसके साथ वे अपने बारे में कुछ बताते हैं।

– पीटर बफ़ेट

लगातार खुद को बेहतर बनाने का प्रयास करने वाले लोगों का आमतौर पर कोई न कोई आदर्श होता है। अपने में सुधार लाने के प्रयासों का यह एक महत्त्वपूर्ण पहलू है। आराम तलब जीवों के रूप में, हम अपने सहजता के दायरे से बाहर निकलने के अनिच्छुक होते हैं, और अक्सर हमारे भीतर से कोई आवाज़ नहीं उठती है। क्योंकि हममें से कई लोग उदाहरणों से प्रेरित होते हैं, हमें यह अहसास हो गया है कि कभी-कभी अपने में सुधार दूसरों के बीच में देखकर आता है। या और सटीक रूप से कहें तो दूसरे हमें अपने में सुधार करने की दिशा में ले जाते हैं। आदर्श किरदार इस भूमिका को बख़ूबी निभाते हैं और जीवन में आदर्श का होना, यह संकेत देता है कि हम अपने में सुधार के मार्ग पर चलने की शुरुआत करने के इच्छुक हैं।

गाइ स्पियर ने अपनी किताब द *एजुकेशन ऑफ़ ए वैल्यू इन्वेस्टर* में जीवन में अपना आदर्श ढूँढ़ने के महत्त्व के बारे में लिखा है :

> निवेशकों, व्यवसायियों और मनुष्यों के रूप में हमारी शिक्षा का सबसे अहम पहलू ऐसे असाधारण आदर्श किरदार खोजना है जो हमारा मार्गदर्शन कर सकें। किताबें ज्ञान का अमूल्य स्रोत हैं। लेकिन सबसे बड़े शिक्षक लोग हैं। ऐसे सबक भी हो सकते हैं जो हम केवल उनको देखकर या उनकी मौजूदगी में ही सीख सकते हैं। कई बार ये सबक कभी मौखिक रूप से नहीं बताए जाते हैं। फिर भी आप उनके साथ रहते हुए उनकी मार्गदर्शन की भावना को महसूस करते हैं।

आदर्श किरदार हमारे प्रेरक प्रशिक्षक और हमारे जीवन में दिन–प्रतिदिन की प्रेरणा के स्रोत के रूप में कार्य करते हैं। मेरे कई आदर्श किरदार हैं, और हर साल, मैं नए किरदार खोज लेता हूँ। आपको यह जानकार हैरानी होगी कि कोई अपने आदर्श से किस तरह से सीखता है। आपको इन लोगों के जीवन के बारे में पढ़ने की ज़रूरत है, इतने वर्षों में उन्होंने क्या हासिल किया है, और उन्होंने कैसे सीखा, और फिर उनके अनुभवों से सीखें। हमारा निजी अनुभव और अंतरदृष्टि की तरह दूसरों के अनुभवों से सीखना मूल्यवान है, लेकिन यह समूची मानवता के कुल अनुभव और अंतरदृष्टि का बहुत छोटा हिस्सा।

> शिक्षक दरवाज़ा खोलते हैं, लेकिन आपको स्वयं ही प्रवेश करना होगा।
> –चीनी कहावत

जिस क्षण हमारा अपने आदर्श किरदार से सामना होता है, उसी क्षण हम उनको पहचान लेते हैं। उस क्षण हमें जो अनुभूति होती है, वह केवल शब्दों में बयान नहीं की जा सकती। इसे केवल अनुभव किया जा सकता है। यह प्रेरणा और जीवन में अपना उद्देश्य पा लेने का अनुभव होता है। कुछ चीज़ें जो आप कर सकते हैं, या जो प्रश्न आप पूछ सकते हैं, वे आपको उपयुक्त आदर्श किरदार चुनने में मदद करेंगी :

- उन लोगों की तलाश करें जिन्होंने वही परिणाम प्राप्त कर लिए हों जिन्हें आप हासिल करने की कोशिश कर रहे हैं।
- उन लोगों की तलाश करें जो समान समस्याओं से जूझ चुके हैं, जो आपके जीवन में हैं और यह समझने की कोशिश करें कि उन्होंने कैसे उन पर क़ाबू पा लिया।
- किसी ऐसे व्यक्ति को खोजें जिसके जीवन की कहानी इतनी प्रेरणादायक हो कि उससे आपका मनोबल बढ़ जाए और आप प्रेरित हों।
- यदि आपको अपना मनोबल ऊँचा रखने में परेशानी हो रही है, तो किसी ऐसे व्यक्ति को खोजें जो अपने कार्यों से आपको विशेष तरीक़े से प्रेरित करता हो।
- यदि आपमें अनुशासन की कमी है, तो ऐसे आदर्श किरदार की तलाश करें जो बहुत अधिक अनुशासित हों और जो दूसरों को अपनी तरह का अनुशासन और समर्पण सिखाते हों।

यह सचमुच आप पर निर्भर करता है। सबसे पहले आपको स्पष्ट रूप से परिभाषित करना चाहिए कि वास्तव में आप क्या ढूँढ़ रहे हैं। उसके बाद आप अधिक आसानी से अपने लिए आदर्श किरदार की पहचान कर सकते हैं। जैसा कि कहा जाता है, ''जब छात्र तैयार होता है, तब शिक्षक सामने आता दिखेगा।''

आदर्श किरदार की कोई भी चर्चा अपने माता-पिता के उल्लेख के बिना कभी पूरी नहीं हो सकती। हममें से अधिकांश ने उनकी ममता के अथाह सागर का अनुभव किया है। वर्षों की दैनिक देखभाल। जागकर बिताई कितनी ही रातें। हमारी भलाई के बारे में हमेशा चिंता करते रहना। बिना शर्त प्रेम। कठिन समय में नैतिक समर्थन।

अपने माता-पिता को हमेशा समय दें। हम बड़ा होने में इतने व्यस्त रहते हैं कि अक्सर भूल जाते हैं कि वे बूढ़े हो रहे हैं। माता-पिता आमतौर पर हमसे अपने साथ समय बिताने को नहीं कहते हैं। लेकिन एक मूल्यों वाला इंसान ज़रूरत को पहचानता है।

अपने माता-पिता की देखभाल करना एक अद्भुत अहसास है। हमारे पास ऐसा करने के असंख्य तरीक़े हैं। छोटे-छोटे कार्यों की सराहना करना। साथ में समय बिताना। प्यार और स्नेह के छोटे-छोटे इशारे करना। हमारे माता-पिता इससे ज़्यादा हमसे कुछ नहीं चाहते हैं। इससे उन्हें बहुत ख़ुशी मिलती है।

मेरी नेकदिल माँ ने मुझे ईमानदारी, दया और सहानुभूति के गुणों की सीख दी है। मेरे प्यारे पिता ने मुझे अपनी सीमा से आगे बढ़ने और सुधार करने के लिए लगातार प्रेरित किया। वह एक अच्छे मित्र, दार्शनिक और मार्गदर्शक रहे हैं और उसने मुझे सबसे बड़ा उपहार दिया है जो कोई नहीं दे सकता - उन्होंने मुझ पर भरोसा किया है। मैं अपने दिवंगत नाना का विशेष उल्लेख करना चाहूँगा जिन्होंने मुझे कड़ी मेहनत करना सिखाया। मेरी किशोर उम्र के शुरुआती वर्षों में उनकी समझाइश ने मेरे जीवन पर गहरा और स्थायी प्रभाव डाला : ''कड़ी मेहनत का कोई विकल्प नहीं है।''

मैं बचपन में पढ़ाई में कमज़ोर था। मैं बमुश्किल दसवीं तक पढ़ाई कर पाया। मेरे अंक इतने कम थे कि किसी भी अच्छे हाई स्कूल में प्रवेश पाने के लिए मुझे संघर्ष करना पड़ता। बहुत बड़े निजी सदमे ने मुझे जगाया और इससे अंततः मुझे कड़ी मेहनत और दृढ़ संकल्प के गुणों का अहसास हुआ। यही मेरी शिक्षा में बेहतरी और पेशेवर करियर के विकास के लिए प्रेरक बना। और यही कारण है कि जब मैंने महान निवेशक अर्नोल्ड वान डेन बर्ग के प्रेरणास्पद बोलों को पढ़ा तो मैंने तुरंत ही उनके जीवन से अपने आप को बहुत क़रीब से जुड़ा पाया।

> मेरे मन में हमेशा अपने बारे में यह छवि रही कि मैं बहुत होशियार नहीं हूँ और स्कूल में मैंने जिस तरह से प्रदर्शन किया, उससे भी यह साबित हो गया। लेकिनः एक बार मुझे अहसास हुआ कि अगर आप खुद को समर्पित करते हैं और प्रतिबद्ध होते हैं तो आप कुछ भी सीख सकते हैं। मैं इसे स्वीकार करूँगा : जो कुछ भी मैं सीखता हूँ, उसमें मुझे किसी अन्य की तुलना में तीन गुना अधिक समय लगता है। लेकिन अगर मैं किसी अन्य की तुलना में तीन गुना अधिक समय लगाता हूँ,

> तो मैं उनके बराबर हो जाता हूँ। मैं इसे सीख सकता हूं, बस मुझे अधिक समय दें और अधिक किताबें दें।

अपने से बेहतर लोगों के साथ रहें और आप में सुधार होना तय है

शेयरधारकों को 2002 में अपने पत्र में वॉरेन बफ़ेट ने अपनी हमेशा की तरह किस्सागो शैली में एडी लैम्पर्ट की कहानी सुनाई। एडी ने सबसे पहले शिकागो वाइट सॉक्स के लिए बैटिंग की और वाइट सॉक्स उस साल वर्ल्ड सीरीज़ जीत गई। बाद में वह दूसरी टीम में चले गए और वह टीम भी ख़िताब जीत गई। और इसी तरह से – एडी जहाँ भी गया, भाग्य ने उसका साथ दिया। प्रसिद्धि और भाग्य एडी के पीछे-पीछे चल रहे थे, लेकिन एडी अपनी विशेष शक्तियों पर विश्वास नहीं करते थे। बफ़ेट के अनुसार, ''एडी को समझ आ गया था कि बैट से उसका प्रदर्शन इतना महत्त्व नहीं रखता। वास्तव में मैदान में जो बेहतरीन खिलाड़ी खेल रहे हैं, उनके साथ जुड़े रहना अहम है। मैंने एडी से सीखा है। *बर्कशायर में नियमित रूप से मैं अमेरिकी कारोबार के सबसे बेहतरीन खिलाड़ियों को ज़िम्मेदारी देता हूँ।''*

हम सभी यहाँ एक बड़ा सबक़ सीख सकते हैं : विजेता बनने के लिए, विजेताओं के साथ साथ काम करें।

बर्कशायर की सबसे बड़ी शक्तियों में से एक उसका प्रबंधक समूह रहा है, जो इसकी सहायक कंपनियों को संचालित कर रहा है और शानदार रिटर्न दर के साथ लाभदायक वृद्धि लेकर आता है। दिमाग़ में कई नाम आते हैं : अजीत जैन, ग्रेग एबेल, रोज़ ब्लमकिन, जीन एबेग, टोनी नाइसली, राल्फ़ शे, चक हगिन्स और स्टेन लिप्सी। बफ़ेट और चार्ली मंगर की ख़ूबी यह थी कि वे उच्च क्षमता और निष्ठा वाले प्रबंधकों को अपना खुद का व्यवसाय चलाने को दे देते और फिर उनके रास्ते से हट जाते हैं। बफ़ेट और मंगर अक्सर मज़ाक करते हैं कि बर्कशायर में वे सब कुछ संन्यास लेने की सीमा तक सब त्याग दिया करते हैं।

> अच्छे लोगों को अपने जीवन में लाने से ज़्यादा और कुछ भी मायने नहीं रखता है। वे आपको वह सब कुछ सिखाएँगे जिसे आपको जानने की ज़रूरत है।
>
> – गाइ स्पियर

होशियार और बेहतर लोगों के साथ रहना भी सीखने का बहुत बड़ा मौक़ा होता है। आप उनके विचार प्रक्रिया का प्रत्यक्ष अनुभव प्राप्त करते हैं, उनकी क्या प्राथमिकता होती हैं (यदि आप जीवन में किसी की प्राथमिकताओं के बारे में जानना चाहते हैं तो देखें कि वे शुक्रवार की शाम से लेकर सोमवार सुबह के बीच क्या करते हैं), उनके मूल्य, किस तरह से उनका दिन होता है, कैसे वे सफलता और विफलता और कई अन्य महत्त्वपूर्ण चीज़ों स्थितियों को सँभालते हैं जो पाठ्यपुस्तकें आपको नहीं सिखा सकतीं। आपको इन ज़ोरदार ख़ूबियों की ओर खिंचाव का अनुभव मिलता है।

एक औसत टीम में स्टार होने से किसी सितारों से भरी टीम में औसत दर्जे का खिलाड़ी होना कहीं बेहतर है। लम्बी अवधि में यही आपके लिए बेहतर रहेगा। दूसरा विकल्प महज़ अहंकार की संतुष्टि करता है। अपने अधिकांश पेशेवर और व्यक्तिगत जीवन में श्रेष्ठ व्यक्तियों के सामने मैं असहज महसूस करता आया था। इसलिए मैं ऐसे लोगों की तलाश करता जो मुझे सहज महसूस कराते। यह पूरी तरह से ग़लत रणनीति है। यदि आप कहीं पर भी सबसे चतुर व्यक्ति हैं, तो आप ग़लत जगह पर हैं। केवल सहज महसूस करने के लिए अपने आप को औसत दर्जे के लोगों के बीच सीमित रखने से कहीं ज़्यादा बुद्धिमानी है कि बेहतर लोगों के साथ रहकर असहज बने रहना। उदाहरण के लिए, यदि मेरे होशियार निवेशक दोस्त और साथी उदारता के साथ मेरी मदद नहीं करते और मुझे मार्गदर्शन नहीं देते तो 2018-19 में भारत में मंदी के दौरान मेरा निवेश पोर्टफ़ोलियो कभी भी इतना शानदार प्रदर्शन नहीं करता। आज तक अपने निवेश पर मिले रिटर्न का बहुत ज्यादा श्रेय उनको जाता है और मैं उम्मीद करता हूँ कि जीवन भर हमेशा उनसे सीखता रहूँ। आपके निकटतम लोग आपकी सफलता या विफलता में बड़ी भूमिका निभाते हैं- इसलिए ज़रूरी है कि इनका चुनाव बहुत बुद्धिमानी से किया जाए। आख़िरकार, आप उन पाँच लोगों का औसत हैं, जिनके साथ आप अपने जीवन सबसे ज़्यादा जुड़े हुए हैं।

भरोसा अर्जित किया जाता है

भरोसे के क़ाबिल होने पर उचित गर्व करना ही गर्व के सभी रूपों में से शायद सबसे अधिक वांछनीय है।

– चार्ली मंगर

किसी भी रिश्ते के मूल में भरोसा होता है। "भरोसा क्या है?," इस सवाल के जवाब में जनरल इलेक्ट्रिक के पूर्व प्रमुख जैक वेल्च ने कहा, "जब आप इसे महसूस करते हैं, तो जान लेते हैं। यह विश्वास की सबसे सरल और सर्वोत्तम परिभाषाओं में से एक है। जब विश्वास का अभाव होता है तो हम भीतर ही भीतर चिंता महसूस करते हैं। ऐसे में हम अगला क़दम लेने से झिझकते हैं। इसके विपरीत, जब विश्वास होता है, तो हम एक खुलेपन और जुड़ाव का अनुभव करते हैं। विश्वास सभी रिश्तों की नींव बनाता है, समाज, संगठन, राष्ट्र और हमारी संपूर्ण सभ्यता का आधार बनता है। यह हमारी संपूर्ण आर्थिक और व्यापारिक प्रणाली को सहज बनाता है। विश्वास जोख़िम लेने को प्रेरित करता है, जिससे नई खोज और प्रगति होती है।

हम अपनी बातचीत, संवाद में ईमानदार रहकर विश्वास का निर्माण करते हैं। अपने बोलों और कार्यों, दोनों से प्रामाणिक बनने पर यह संभव होता है। पारदर्शी रहते हुए ग़लतियाँ स्वीकार कर और जो हमने सीखा है, उसे साझा करके। दूसरों के साथ हमारे व्यवहार में विश्वसनीय और निष्पक्ष बनकर। समय के साथ जैसे-जैसे आप अपना सपर्क दायरा बनाएँ तो अपने संपर्क में आने वाले लोगों के जीवन में लगातार कुछ

जोड़ने और बहुत बड़े तंत्र के लिए भरोसे के क़ाबिल बनने में अपने सर्वश्रेष्ठ प्रयास करें। (चित्र 5.1)।

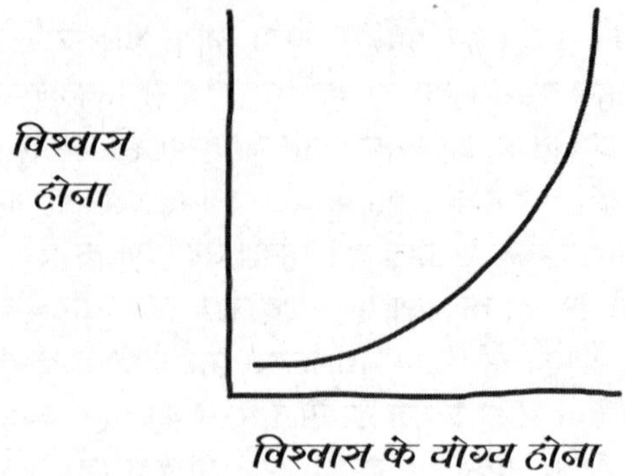

चित्र 5.1 विश्वास के योग्य होना।

Source: Behavior Gap.

अपने भाषणों में मंगर अक्सर विश्वसनीयता को सफलता के लिए ज़रूरी गुणों में से एक बताते हैं। वह विस्तार से समझाते हैं कि बहुत से लोग यद्यपि क्वांटम यांत्रिकी जैसा जटिल विषय नहीं सीख सकते हैं, लेकिन कोई भी विश्वसनीयता तो सीख ही सकता है। यदि आप अपने आप को विश्वसनीय होने के लिए प्रतिबद्ध कर देते हैं, तो केवल यही आपकी कई असफलताओं या कमियों को दूर कर सकता है। मंगर लाखों किशोरों को विश्वसनीय रूप से काम पर आने का महत्त्व सिखाने के लिए अक्सर मैकडॉनल्ड्स की सराहना करते हैं।

वुडी एलन का कहना है कि जीवन में 80 प्रतिशत सफलता सिर्फ़ उपस्थिति से मिल जाती है। आप काम के लिए यदि समय पर पहुँच जाते हैं। सौंपे गए कार्य को करने के लिए हमेशा विश्वसनीय ढंग से पहुँचें। कभी भी ज़रूरत से ज़्यादा वादे ना करें और ना ही काम आधा-अधूरा करें। विश्वासपात्र नहीं होने से करियर और दोस्ती में आपको नुक़सान होगा। यदि वादे करना भी है तो बढ़ा-चढ़ा कर ना करें और ज़्यादा ही करके दिखाएँ। विश्वास तब हासिल होता है, तब कथनी और करनी का मेल होता है।

लारेंस एंडर्सन अपनी पुस्तक *पेबल्स ऑफ़ परसेप्शन* में लिखते हैं, ''चुनने की हमारी क्षमता जीवन के महान उपहारों में से एक है। हम अपनी पसंद के अनुसार ही बनते हैं। अच्छे चरित्र से अच्छे विकल्प मिलते हैं और कुछ अच्छे विकल्प ही बदलाव पैदा कर देते हैं।''

विश्वसनीय और भरोसेमंद होना ऐसा ही एक विकल्प है।

अध्याय 6

ज्ञान पाने के लिए विनम्र बनें

जो आप नहीं जानते उसे स्वीकार करना ही बुद्धिमत्ता की ओर बढ़ने की शुरुआत है।

– चार्ली मंगर

कन्फ़्यूशियस के अनुसार, वास्तविक ज्ञान अज्ञानता की सीमा को जान लेना है और अनेक दार्शनिकों द्वारा किसी न किसी रूप में यह भावना व्यक्त की गई है। उदाहरण के लिए, सुकरात ने इसे बहुत स्पष्ट रूप से कहा, ''एकमात्र सच्चा ज्ञान यह जानने में है कि आप कुछ नहीं जानते।'' हम तभी वास्तव में खुद को शिक्षित कर सकते हैं, जब हम खुले दिमाग़ से सीखें।

हम जितना अधिक समझदार होते जाते हैं, उतना ही अधिक हमें अहसास होता है कि हम कितना कम जानते हैं। अल्बर्ट आइंस्टीन का एक कम मशहूर (और मेरा हमेशा से पसंदीदा में से एक) समीकरण सच जान पड़ता है: ''अहंकार = 1/ज्ञान। जितना कम अहंकार उतना ज़्यादा ज्ञान, जितना अधिक अहंकार, उतना कम ज्ञान।'' कोई किसी क्षेत्र में जितना ज़्यादा उतरता जाता है, आम तौर पर व्यक्ति उतना ही अधिक विनम्र हो जाता है। (इसे डनिंग-क्रुगर प्रभाव के रूप में भी जाना जाता है)। जो हम नहीं जानते, उसे स्वीकार करते हुए बौद्धिक विनम्रता का प्रदर्शन करके हम ज़्यादा जानने और सीखने की लाभकारी स्थिति में पहुँच जाते हैं जो बुद्धिमत्ता की शुरुआत है। जीवन और निवेश में सच्चा विशेषज्ञतापूर्ण ज्ञान नहीं है, केवल अलग-अलग अंशों में अज्ञानता है। यह कोई समस्या नहीं है जिसे हल किया जाना है; दुनिया इसी तरह से काम करती है। हम सब कुछ नहीं जान सकते, लेकिन हम समय के साथ औसत से कुछ अधिक निर्णय लेने के लिए होशियार बनने की ख़ातिर कड़ी मेहनत कर सकते हैं। सफलता के साथ कई गुना वृद्धि की कुंजी यही है।

राल्फ़ वाल्डो इमर्सन का कहना है, ''मैं जिस भी आदमी से मिलता हूँ, वह किसी न किसी क्षेत्र में मुझसे निपुण है, और उसमें मैं सीखता हूँ।'' सीखना और दूसरों से सहायता स्वीकार करना हमारी व्यक्तिगत क्षमताओं से कहीं अधिक मूल्य का निर्माण करता है। जिन

लोगों से भी आप मिलते हैं, उनसे होने वाली प्रत्येक बातचीत को सीखने के अवसर के रूप में देखें। आप यह देखकर आश्चर्यचकित रह जाएँगे कि आप एक पेशेवर के रूप में और उससे भी अहम है कि एक इंसान के रूप में कितने बेहतर हो जाते हैं। एक पेड़ जो आकाश को छूना चाहता है, उसे अवश्य ही अपनी जड़ों को ज़मीन में फैलाना होगा। वह जितना ही ऊपर की ओर उठना चाहता है, उतना अधिक उसे नीचे की ओर बढ़ना होगा। इसी तरह, जीवन में आगे बढ़ने के लिए हमें ज़मीन से जुड़ा और विनम्र होना चाहिए।

> मैं अज्ञानता लिए हुए पैदा हुआ था और इसमें थोड़ा–बहुत बदलाव करने के लिए मेरे पास बहुत कम समय था।
>
> – रिचर्ड फ़ेनमैन

हमेशा उस पर सवाल उठाएँ जो आपको लगता है कि आप जानते हैं और याद रखें कि प्रत्येक विषय संभवतः जितना हम वर्तमान में समझते हैं उससे कहीं अधिक जटिल है। अपने बारे में इस तरह की जागरूकता वास्तविकता का अधिक सटीक मानसिक नक़्शा खींचती है। इससे उस भाषा को अपनाने में मदद मिलती है जो अधिक बारीकी से दुनिया की बारीकियों को प्रतिबिंबित करती है। यह ख़ास तौर पर उस स्थिति के लिए सच है, जब हमारा सामना इस तरह के शब्दों से होता है जो अपने आप में संपूर्णता के अभिमान को प्रदर्शित करते हैं – जैसे ''कभी नहीं।'' इसकी बजाय ''शायद ही कभी'' कहीं बेहतर है। इसी तरह सभी के बजाय ''बहुत'' और ''हमेशा के बजाय ''आमतौर पर'' (यहाँ तक कि ''आदि'' भी हमें सशक्त तरीक़े से याद दिलाता है कि हम चीज़ें छोड़ रहे हैं) का इस्तेमाल हमारी विनम्रता को दिखाते हैं। इस तरह के दावों के साथ ''मुझे लगता है।'' या ''जहाँ तक मैं जानता हूँ।'' जैसे वाक्यांश का इस्तेमाल करना खुद को जागरूक रखने का एक सरल लेकिन प्रभावी तरीक़ा है।

आप समझ गए होंगे। हम कभी भी पूरी तरह आश्वस्त नहीं हो सकते।

विनम्रता जीवन का सार है

> *लोगों को यक़ीन ही नहीं हो रहा था कि मैं अचानक ही वॉरेन के नीचे भागीदार बन गया। लेकिन ऐसे लोग भी हैं जो समझ गए कि अधीनस्थ भागीदार बनने में कोई बुराई नहीं है। मेरे भीतर इस तरह का कोई अहंकार नहीं था जो मुझे इससे रोकता। हमेशा ही ऐसे लोग होंगे जो कहीं न कहीं आपसे बेहतर होंगे। आपको अगुआ बनने से पहले अनुयायी बनना होगा। लोगों को सभी भूमिकाएँ निभाना सीखना चाहिए।*
>
> – चार्ली मंगर

जितना अधिक आप ऐसे व्यक्तियों के संपर्क में आएँगे और उनके साथ जुड़ेंगे (चाहे वे छोटे हों या बड़े) जो आपसे बेहतर और होशियार हैं, उतना ही अधिक आप सीखेंगे और उतनी ही तेज़ी से सुधार करेंगे। विनम्रता, ज्ञान प्राप्त करने का प्रवेश द्वार है।

विनम्रता। अपनी अज्ञानता पर जीत पाने के लिए सीखने की निरंतर इच्छा। वह सब सुनने के लिए खुला दिमाग़ जिससे आप असहज हो जाते हैं। विनम्रता या इसकी कमी आपके कार्यों में झलकती है। किसी से पूछना नहीं। दूसरों से सीखना नहीं। इसलिए क्योंकि आप सोचते हैं आपको सब पहले से ही पता है। सचमुच में जो लोग विनम्र होते हैं, वे कभी भी उनसे ज़्यादा समझ रखने वाले या सफल लोगों के सलाह देने पर असहज नहीं होते, भले ही वह उम्र में उनसे छोटे ही क्यों ना हों। यदि आप अपने जीवन से सचमुच संतुष्ट और ख़ुश हैं तो आप दूसरों को कामयाब होता देखकर ख़ुश होंगे। इस जीवन को केवल अपने तक ही संकीर्ण ना बनाएँ। दूसरों के अच्छा काम करने पर ख़ुश हों और उनकी कामयाबी पर प्रोत्साहन दें। जब आप दूसरों का समर्थन करते हैं तो इससे पता चलता है कि आपको उनसे कोई ख़तरा नहीं है, क्योंकि आपको अपनी क्षमताओं पर भरोसा है।

फ्रैंक वेल्स 1984 से 1994 में मृत्यु होने तक वॉल्ट डिज़्नी कम्पनी के अध्यक्ष थे। वेल्स की मृत्यु होने पर उनके बेटे को उनके बटुए में काग़ज़ का टुकड़ा मिला था, जिस पर लिखा था "विनम्रता जीवन का सार है।" बाद में पता चला कि फ्रैंक वेल्स 30 साल से वह नोट अपने साथ रखे हुए थे।

हम कभी भी पूर्णतः आश्वस्त नहीं हो सकते

संदेह कोई सुखद स्थिति नहीं है, लेकिन निश्चितता तो एकदम ही बेतुकी है।

– वोल्टेयर

हमारे जीवन की गुणवत्ता कुल मिलाकर निर्णय की गुणवत्ता और भाग्य का जोड़ है। हम सुधार के लिए अपने निर्णयों के परिणामों से सीखना चाहते हैं। हालाँकि हमारा जीवन हमारे अनुभवों की पर्याप्त जानकारी जुटाने के लिए बहुत छोटा है। हमारे अनुभवों के थोड़े से नतीजों से हमारे फ़ैसलों की गुणवत्ता का मूल्यांकन नहीं हो सकता।

हम स्वयं प्रश्नों का उत्तर देने के लिए केवल इतना ही कर सकते हैं। हम केवल उन सूचनाओं के संपर्क में आते हैं, जिनका हम सामना करते हैं, हमारे अनुभव हमारे व्यक्तिगत जीवन तक ही सीमित हैं, और केवल उतनी ही परिकल्पना कर पाते हैं जितना हम सोच सकते हैं। इससे यह जानना कठिन हो सकता है कि किसी और के पास कुछ अलग सोचने के क्या कारण हो सकते हैं। अपनी सोच पर अति विश्वास का सबसे अच्छा इलाज अपने आप को लगातार याद दिलाना है कि दुनिया में जो कुछ हुआ है, उसके एक प्रतिशत के रत्ती भर से भी कम अंश का ही आपने अनुभव किया है। हालाँकि दुनिया किस तरह से काम करती है, उसको लेकर आपकी 100 फ़ीसदी सोच इसी छोटे से अनुभव पर बनती है। लोग उसी पर विश्वास करते हैं जो उन्होंने व्यक्तिगत रूप से देखा होता है। दूसरों के साथ घटित अनुभवों से बहुत ज़्यादा जो उन्होंने पढ़ा होता है। हम सभी अपने व्यक्तिगत इतिहास को लेकर पक्षपाती हैं। अतीत में हमारे व्यक्तिगत अनुभवों पर हमारी सोच बनती है और वही हमारे दृश्य नजरिये को आकार देती है। यदि आप अत्यधिक महँगाई के दौर

से गुज़रे हैं या एक गंभीर मंदी के बाज़ार में रहे हैं या एक ग़रीब परिवार में पैदा हुए थे या रहे हैं, आपके साथ भेदभाव किया गया है तो आप पहले से ही ऐसी बातों पर विश्वास करेंगे, जिनपर वे लोग कभी यक़ीन नहीं करेंगे जिन्होंने यह सब अनुभव नहीं किया है। आपके द्वारा उन घटनाओं के दोबारा घटित होने की संभावना का भी बहुत बढ़ा-चढ़ाकर आकलन किया जा सकता है। मॉर्गन हॉसेल हमें एक समान अनुभूति करने में बेहतर मदद करने के लिए उपयोगी सुझाव देते हैं : ''इस धारणा से शुरुआत करें कि हर कोई बाहर के अनुभवों से पूरी तरह से अनभिज्ञ है और अपने अनुभवों के खांचे को रटने की बजाय अलग-अलग बहुत से दृष्टिकोणों से आपके यह खँगालने की संभावना सबसे ज़्यादा है कि क्या हो रहा है। यह करना कठिन है। जब आप ऐसा करते हैं तो असहज हो जाते हैं। लेकिन लोग जिस तरह का बर्ताव करते हैं, उसके पीछे के कारण को जानने के क़रीब आने का यही एकमात्र तरीक़ा है।''

अमीर बनना बनाम अमीर बने रहना

बहुत से लोग सफलता प्राप्त करते हैं, लेकिन उसे क़ायम रखने के लिए (और संभावित रूप से इसे बढ़ाने के लिए) पूरे जीवनकाल में विनम्रता, कृतज्ञता और निरंतर सीखने की मानसिकता की ज़रूरत होती है। अमीर बनना अक्सर अमीर बने रहने में सबसे बड़ी बाधा बन जाती है। बड़ी जीत से हममें से बहुत से लोग खुद को अजेय समझने लग जाते हैं और यही भावना हाल के दिनों में जो हमारे लिए कारगर रहा था, उसपर हमें बड़ा दाँव लगाने के लिए प्रेरित करती है। तभी दुनिया को बदलने वाली विनाशकारी घटना या क़िस्मत हमारे ख़िलाफ़ हो जाती है। हाउसेल लिखते हैं :

> यह इसी प्रकार से चलता है। आप किसी चीज़ में जितने अधिक सफल होंगे, आप उतना ही अधिक आश्वस्त हो जाते हैं कि आप इसे सही कर रहे हैं। आप जितना अधिक आश्वस्त होंगे कि आप इसे सही कर रहे हैं, उतना ही आप बदलाव से दूर होते जाएँगे। बदलाव के लिए आप जितने कम तैयार होंगे, उतनी ही ऐसी दुनिया में आपके फँसने की आशंका होगी जो हर समय बदलती रहती है।
>
> अमीर बनने के लाखों तरीक़े हैं। लेकिन अमीर बने रहने का एक ही तरीक़ा है : विनम्रता, अक्सर पागलपन की हद तक। विडंबना यह है कि पहले अमीर बनने जैसी कुछ चीज़ें विनम्रता को कुचल देती हैं। यही कारण है कि डॉउ जोन्स की कंपनियों में समय के साथ काफ़ी बदलाव हो जाता है। क्यों *फ़ोर्ब्स* की अरबपतियों की सूची में हर दशक में 60 प्रतिशत उठापटक हो जाती है...
>
> विनम्रता का यह मतलब नहीं है कि जोख़िम नहीं लेना है। सिकोइया आज भी उतने ही बड़े जोख़िम लेती है जितना 30 साल पहले लेती थी। लेकिन इसने नए उद्योगों में, नए दृष्टिकोणों और नए साझेदारों के साथ जोख़िम लिया है। इससे भली-भाँति अवगत रहते हुए कि जो कल कारगर रहा था, वही आने वाले कम में काम नहीं करेगा।

वित्त की दुनिया में पूर्ण निश्चितता कभी मौजूद नहीं होती। फिर भी, वॉल स्ट्रीट में अति आत्मविश्वास सर्वव्यापी है। जेसन ज़्विग ने अपनी किताब द *डेविल्स फ़ाइनेंशियल डिक्शनरी* में निश्चितता और अनिश्चितता की अपनी परिभाषाओं में निवेशकों के अहंकार को उजागर किया है :

> **निश्चितता**– आर्थिक और भू-राजनीतिक मामलों में स्पष्टता और अनुमान की एक काल्पनिक स्थिति है जिसे सभी निवेशक अपरिहार्य बताते हैं –भले ही इसका अस्तित्व नहीं है, कभी नहीं रहा है, और कभी नहीं होगा। वित्तीय बाज़ारों का सबसे मौलिक गुण अनिश्चितता है।
>
> **अनिश्चितता** – मानव जीवन और आर्थिक गतिविधि के बारे में सबसे बुनियादी तथ्य है। वास्तविक दुनिया में अनिश्चितता सर्वव्यापी है; शेयर बाज़ार में इसका अस्तित्व नहीं है।

शेयर बाज़ार में पाए जाने वाले अहंकार की तुलना वित्त क्षेत्र के बाहर सबसे महान विचारकों में से एक, रिचर्ड की फ़ेनमैन की विनम्रता से करें। हम सभी को इस महान शिक्षक से सीखना चाहिए, जो विनम्रतापूर्वक स्वीकार करते हैं कि कुछ भी निश्चित नहीं है : ''हम जानते हैं कि हमारे सभी कथन अनुमानित कथन हैं जिनकी निश्चितता अलग-अलग अंश में होती है। तो जब कोई बयान दिया जाता है, तो सवाल यह नहीं होता कि यह सच है या ग़लत है बल्कि यह होता है कि इसके सच या ग़लत होने की कितनी संभावना है।''

निवेश भी इससे अलग नहीं है। अनुमानित बयान और निश्चितता का अलग-अलग अंश होने के कारण हमें संभावना के साथ सोचने की ज़रूरत होती है। सवाल यह नहीं है, ''क्या मैं सही होऊँगा या क्या मैं ग़लत हो जाऊँगा?'' प्रश्न होना चाहिए ''इस परिदृश्य बनाम दूसरे परिदृश्य की संभावना क्या है, और कैसे यह जानकारी मेरे मूल्य निर्धारण को प्रभावित करती है?'' हमें हमेशा संदेह की गुंजाइश छोड़ना चाहिए। यहाँ तक कि ऐसे आइडिया पर भी जिनपर हमारा सर्वधिक दृढ़ विश्वास हो। अन्यथा यह ख़तरा बन रहता है कि हम आत्मसंतुष्ट हो जाएँगे।

ऐसा रवैया रखना कि हम सब कुछ जानते हैं, कुछ भी सीखने को कठिन बना देता है। फ़ेनमैन के अनुसार, कोई भी कार्य शुरू करने के पूर्व सबसे पहले आपको उत्तर नहीं पता होना चाहिए। हमें जवाब के संबंध में अनिश्चित होकर शुरुआत करनी चाहिए। अन्यथा, हम कैसे सीख सकेंगे? संभावित उत्तर सामान्य ज्ञान जैसा लग सकता है, लेकिन वित्त की दुनिया में यह इतना सामान्य नहीं है।

हम कुछ नहीं जानते, यह स्वीकार करना ग़लत उत्तर देने से कहीं ज़्यादा फ़ायदेमंद है। अगर हम किसी एक बात पर निश्चिंत हो सकते हैं तो वह यह है कि हम कभी भी पूरी तरह आश्वस्त नहीं हो सकते। हमें संदेह के साथ जीना सीखना होगा और अनिश्चितता को गले लगाना चाहिए। अगर कुछ हम नहीं जानते तो इसकी चिंता नहीं करनी चाहिए। बल्कि हमें इसका स्वागत करना चाहिए, क्योंकि कुछ ना जानने का अहसास सीखने का एक अवसर

है। विज्ञान में ''मुझे नहीं पता।'' विफलता का संकेत नहीं है, बल्कि जानने की दिशा में आवश्यक पहला क़दम है। जैसा कि फ़ेनमैन कहते हैं,

> संदेह और अनिश्चितता के प्रश्न शुरूआत करने के लिए ज़रूरी हैं; यदि आप पहले से ही उत्तर जानते हैं तो फिर उसके संबंध में आगे जानने और ज़्यादा सबूत जमा करने की कोई ज़रूरत ही नहीं है।
>
> मेरे पास पूरे जवाब नहीं हैं, मैं केवल अनुमान लगा सकता हूँ। संभावित मान्यताएँ हैं। अलग-अलग चीज़ों के बारे में कहीं कुछ हद तक निश्चितता है तो कहीं अनिश्चितता है। लेकिन मैं किसी भी चीज़ के बारे में बिलकुल निश्चित नहीं हूँ और ऐसी कई चीज़ें हैं जिनके बारे में मुझे कुछ भी नहीं पता है।
>
> तो कठिनाई की शुरुआत संदेह के साथ। विज्ञान में संदेह करना अनिवार्य है। विज्ञान में प्रगति के लिए अनिश्चितता को अपने मूल स्वभाव का हिस्सा बनाना बहुत ज़रूरी है। समझ को बढ़ाने के लिए हमें विनम्र बने रहना होगा और स्वीकार करने होगा कि हम अनभिज्ञ हैं। कुछ भी संदेह से परे निश्चित या प्रामाणिक नहीं है। किसी विषय के अज्ञात होने के कारण आप जिज्ञासावश खोज -पड़ताल करते हैं, इसलिए नहीं कि आप उत्तर जानते हैं। और जैसे-जैसे विज्ञान में आप अधिक जानकारी जुटाते जाते हैं तो ऐसा नहीं है कि आप सच का पता लगा रहे हैं, बल्कि आप यह पता लगा रहे हैं कि इसकी या उसकी कम या ज़्यादा संभावना है।

निवेश में कुछ पूर्ण सत्य हैं। सबसे अच्छा होगा कि हम विभिन्न नतीजों की संभावनाओं का आकलन करने के लिए यथासंभव कड़ी मेहनत से साक्ष्य एकत्र करें। हम पहेली के विभिन्न टुकड़ों को जोड़कर कुछ इस तरह से उन्हें साथ में रखने की कोशिश करते हैं जिससे उनका कुछ अर्थ निकल कर आए। हम लगातार खोजबीन कर रहे हैं। हम लगातार नए साक्ष्य की तलाश में रहते हैं। हम जो जानते हैं उसके बारे में और अधिक जानने और जो हम नहीं जानते उसे बेहतर ढंग से समझने का प्रयास कर रहे हैं।

सबूत इकट्ठा करने के बाद हमें उसका अध्ययन करना चाहिए। हमने क्या सीखा? हमारी मूल परिकल्पना के लिए इसका क्या अर्थ है? हमारे सही होने की क्या संभावना है? क्या ऐसे अन्य कारक हैं जो हो सकता है कि अलग नतीजों या निष्कर्षों तक ले गए हों जिन पर विचार करने में हम असफल रहे? विचार करें कि इससे भिन्न परिणाम या निष्कर्ष निकल सकते हैं? निवेशक अक्सर ऐसे निष्कर्षों पर पहुंचने को आतुर रहते हैं जो उनकी मौलिक सोच को समर्थन देते हैं। एक बार पुष्टि होने पर उसका विरोध कठिन हो जाता है। हमें एक बार फिर फ़ेनमैन से सीखना चाहिए :

> यदि हम आगे और जाँच करें तो हम पाते हैं कि विज्ञान के कथन यह नहीं कहते है कि क्या सत्य है, क्या सत्य नहीं है, बल्कि निश्चितता की अलग-अलग सीमा तक जो ज्ञात है, उसको बयान करते हैं : ''इसकी बहुत अधिक संभावना है कि अमुक बात सच है बजाय इसके कि यह सच है या यह सच नहीं है; या ''इस- इस तरह से लगभग निश्चित है लेकिन अभी भी थोड़ा संदेह है; या, एकदम दूसरे छोर पर,

"ठीक है, वास्तव में हमें यह नहीं पता है।" विज्ञान की हर एक अवधारणा इसी के बीच में है। कहीं भी पूरी तरह से भ्रामक या पूर्ण सत्य नहीं है। अज्ञानता को स्वीकार करना बहुत महत्त्वपूर्ण है।

निवेशकों को अनिश्चितता को स्वीकार करने में कठिनाई होती है। लेकिन अनिश्चितता वित्तीय बाज़ारों की सबसे बुनियादी विशेषता बनी हुई है। निश्चितता की एक काल्पनिक दुनिया में रहने से वित्त की वास्तविक दुनिया में घातक ग़लतियाँ होने की संभावना होती है। जितनी जल्दी हम स्वीकार कर लेंगे कि हम एक अनिश्चित दुनिया में रहते हैं– सभी बातों के जवाब हमारे पास नहीं हैं– उतनी जल्दी हम समझदार बनने का प्रयास शुरू कर सकेंगे। यह समझ बहुत ज़रूरी है। एक बार स्वीकार कर लेने के बाद, यह हमारे विश्व दृष्टिकोण को आकार देता है और सोचने का एक स्वाभाविक तरीक़ा बन जाता है। अपने विश्वास के आधार पर अपनी सोच के तरीक़े में अनिश्चितता को शामिल करने पर वैकल्पिक मान्यताओं के लिए हमारा दिमाग़ खुल जाता है। यह हमें ऐसी जानकारी के प्रति वस्तुनिष्ठ रुख़ के और अधिक क़रीब ले जाता है जो हमारी सोच से मेल नहीं खाता – यही सत्य की खोज है।

निवेश के संबंध में, बौद्धिक विनम्रता सबसे अच्छी तरह सक्षमता के चक्र की अवधारणा के माध्यम से चित्रित होती है।

योग्यता का चक्र

मैं कोई प्रतिभाशाली नहीं हूँ, लेकिन कुछ क्षेत्रों में होशियार हूँ और उन्हीं के इर्दगिर्द रहता हूँ।

– टॉम वॉटसन सीनियर

वॉरेन बफ़ेट ने हमेशा निवेशकों को केवल उन क्षेत्रों में काम करने पर ध्यान केन्द्रित करने की सलाह दी है जिन्हें वे सबसे अच्छी तरह समझते हैं। एचबीओ की डॉक्यूमेंट्री *बिकमिंग वॉरेन बफ़ेट* में उन्होंने अपनी निवेश रणनीति की तुलना अमेरिका के लोकप्रिय खेल बेसबॉल के दिग्गज टेड विलियम्स की पुस्तक द *साइंस ऑफ़ हिटिंग* का संदर्भ देते हुए की है। इसमें स्टार बल्लेबाज टेड ने अपने मजबूत पक्ष को जानने के महत्त्व पर ज़ोर दिया है : "यदि वह अपनी पसंदीदा पिच का इंतज़ार करता है तो वह .400 का स्कोर करेगा। यदि इससे कुछ कमतर हालात में उसे खेलना पड़ा तो वह शायद .235 ही स्कोर कर पाएगा।'

बफ़ेट कहते हैं, निवेशकों के लिए सबक़ यह है कि हमें हर बॉल पर हिट करने की ज़रूरत नहीं है : "निवेश की तरक़ीब भी यही है कि चुपचाप बैठकर बॉल दर बॉल देखें और अपनी पसंदीदा बॉल का इंतज़ार करते रहें। लोग झल्लाकर बोलेंगे, 'आप बेवकूफ़ हो!' उन्हें अनदेखा करते रहें।"

ठीक वैसे ही जैसे विलियम्स केवल अपनी प्रिय बॉल पर हिट करते थे, वैसे ही बफ़ेट केवल उन्हीं कंपनियों में निवेश करते हैं जो उनकी ''क्षमता के दायरे'' में होती हैं। इस अवधारणा का उल्लेख उन्होंने पहली बार 1996 के शेयरधारकों के अपने पत्र में किया था : ''एक निवेशक को चयनित व्यवसायों का सही मूल्यांकन करने की क्षमता की ज़रूरत होती है। 'चयनित' शब्द पर गौर करें : आपको हरेक कम्पनी का या कई कम्पनियों का भी विशेषज्ञ नहीं बनना है। आपको केवल आपकी योग्यता के दायरे के भीतर की कम्पनियों का मूल्यांकन करने में सक्षम बनना है। *इस दायरे में कितनी कम्पनियाँ हैं और यह कितना बड़ा है, यह अहम नहीं है। हाँ, मगर उसकी सीमाओं को समझना महत्त्वपूर्ण है।*

इसका मतलब यह है कि, निवेशक के रूप में, हमें केवल खुद को उन व्यवसायों तक सीमित रखने की ज़रूरत है जिनकी दीर्घकालिक अर्थव्यवस्था को हम समझ सकते हैं। अधिकांश निवेशकों के लिए अपनी योग्यता के दायरे से बाहर निवेश करना ही अक्सर बड़े नुक़सान का कारण बनता है। किसी को भी आँख मूँदकर ''सनसनी फैला रहे शेयरों'' के पीछे नहीं भागना चाहिए या रोमांचक ''कहानियों, ''कथाओं,'' या ''सुनहरे भविष्य'' की अवधारणाओं में गुमराह नहीं होना चाहिए, क्योंकि इस प्रकार के व्यवसायों का आमतौर पर प्रमाणित ट्रैक रिकॉर्ड नहीं होता है या उनमें लाभप्रदता और नक़द प्रवाह की कमी होती है।

योग्यता के दायरे के पीछे मुख्य विचार उसका आकार नहीं है कि आप जिन व्यवसायों को समझ सकते हैं, उनकी कुल संख्या क्या है। बल्कि इसके आकार के बारे में आपकी जागरूकता है, यानी उन व्यवसायों के संबंध में आपको क्या जानकारी है जिनको आप समझ सकते हैं।

यह महत्त्वपूर्ण नहीं है कि यह दायरा कितना बड़ा है। यह मायने रखता है कि इसके दायरे को आपने कितने अच्छे तरीक़े से परिभाषित किया है। बौद्धिक रूप से ईमानदार और विनम्र निवेशक हमेशा अपनी सीमाओं को स्वीकार करने और अपनी विशेषज्ञता के क्षेत्र के भीतर रहने को तैयार रहते हैं।

तो, आप अपनी योग्यता के दायरे को कैसे जानें?

अपनी योग्यता का दायरा बनाने के लिए आप जो जानते हैं, उसे चुनने के बजाय उल्टा चलने की तकनीक अपनाएँ जो चार्ली मंगर करते थे। जर्मन गणितज्ञ कार्ल गुस्ताव जैकब जैकोबी से प्रेरित मंगर बताते हैं :

> हमेशा उलटे क्रम में चलें : किसी भी हालात या समस्या को पूरा उलट कर देखें। अंजाम की ओर से देखें। क्या होगा यदि हमारी सारी योजनाएँ विफल हो जाएँ? हम कहाँ जाना नहीं चाहते हैं, और कैसे आप वहाँ आ गए? सफलता की तलाश करने के बजाय नाकाम होने के कारणों की सूची बनाएँ – खुद को हराने वाली अपनी सभी आदतों को उसमें जोड़ें– आलस्य, ईर्ष्या, आक्रोश, खुद पर तरस करना, अधिकार जताना। इनसे बचें और आप सफल होंगे। मुझे बता दें कि मैं कहाँ मरने वाला हूँ तो मैं वहाँ नहीं जाता।

जो बातें आप नहीं जानते, उन्हें जानने का प्रयास करें और फिर उन चीज़ों को बाहर रखते हुए एक घेरा बनाएँ। (यही तो वैज्ञानिक करते हैं। वे किसी समस्या और उसके समाधान को ग़लत साबित करने का प्रयास करते हैं, ना कि यह बताते हैं कि यह सच है।)

निवेश में जोख़िम तब होता है, जब आप नहीं जानते कि आप क्या कर रहे हैं। वास्तव में, बफ़ेट इसे निवेश में सबसे बड़े जोख़िमों में से एक मानते हैं। यहाँ तक कि वह मूल्य निर्धारण के लिए इक्विटी जोख़िम प्रीमियम का उपयोग करने से बचते हैं और खुद को केवल उन स्थितियों तक ही सीमित रखते हैं जिनके बारे में बहुत ज़्यादा सुनिश्चित होते हैं। बफ़ेट शेयरों के मूल्यांकन के लिए दीर्घकालिक अमेरिकी ट्रेज़री बाँड की ब्याज दर का उपयोग करते हैं। केवल उस स्थिति को छोड़कर जब उनको लगता है कि क़ीमतों को जानबूझकर कम रखा गया है। इस दौरान वह अपनी कम की हुई दर में कुछ प्रतिशत अंक जोड़ते हैं। वह कहते हैं, ''मैं निश्चितता पर बहुत अधिक ज़ोर देता हूँ। अगर आप ऐसा करते हैं, तो मेरी समझ से जोख़िम का कोई कारण नहीं है। जोख़िम तब आता है जब आप यह नहीं जानते हैं कि आप क्या कर रहे हैं।'' उसी जोश से बफ़ेट कहते हैं, ''हम भविष्य के नक़दी प्रवाह को 9 प्रतिशत या 10 प्रतिशत की छूट नहीं देते हैं। हम अमेरिकी ट्रेज़री दर का उपयोग करते हैं। हम उन्हीं स्थितियों से व्यवहार करने की कोशिश करते हैं, जिनके बारे में हम बिलकुल निश्चित होते हैं। अधिक छूट देकर जोख़िम की क्षतिपूर्ति नहीं की जा सकती।''

1998 में बर्कशायर की वार्षिक बैठक में बफ़ेट ने बताया कि वह कैसे किसी भी व्यवसाय का मूल्यांकन करते समय जोख़िम के बारे में सोचते हैं :

> जब हम व्यवसायों के भविष्य को देखते हैं, तो हम जोख़िम को लेकर इसी तरह से सोचते हैं कि आगे बढ़ना है या नहीं बढ़ना है। दूसरे शब्दों में, यदि किसी कारोबार के बारे में हमें लगता है कि हम नहीं जानते हैं कि भविष्य में क्या होने वाला है तो इसका यह मतलब नहीं है कि यह हर किसी के लिए जोख़िम भरा है। इसका मतलब है कि हम नहीं जानते कि यह हमारे लिए जोख़िम भरा है। हो सकता है कि उस कारोबार को समझने वाले के लिए यह जोख़िम भरा नहीं हो। हालाँकि ऐसी स्थिति में हम पीछे हट जाते हैं। हम भविष्यवाणी करने की कोशिश नहीं करते हैं। हम ऐसा नहीं करते, ''ठीक है, हम नहीं जानते कि क्या होने वाला है। इसलिए, हम ऐसे नकदी प्रवाह के लिए जो अभी आने वाला है और जिसके बारे में हम जानते भी नहीं हैं, उसके लिए 7 प्रतिशत के बजाय 9 प्रतिशत की छूट दे दें।'' यह कारोबार को लेकर हमारा तरीक़ा नहीं है।

योग्यता के अपने दायरे का इतनी कठोरता के साथ पालन करने से बफ़ेट को निवेश में कितनी मदद मिली है? वह बताते हैं : ''अगर हमने किसी ऐसे कारोबार को देखा है जिसके नतीजों के प्रति हम बेहद आश्वस्त हैं तो हम चाहेंगे कि इसके शेयरों में बहत ज़्यादा उतार - चढ़ाव हो। ऐसे व्यवसाय में जहाँ हम जानते हैं कि आख़िर में इसमें आगे बेहतर ही होने वाला है तो इसमें उतार-चढ़ाव में हमें ज़्यादा धन कमाने का मौक़ा मिलेगा।''

यदि आप अपनी अयोग्यता के दायरे में आने वाली उन बातों को जानते हैं जिनसे आप अनभिज्ञ रहे हैं तो अपने आप ही आप उनको जानने लगेंगे और वे आपकी योग्यता के दायरे में आ जाती हैं। अपनी अक्षमता के दायरे को परिभाषित करने के बाद बफ़ेट की तरह अपना व्यक्तिगत दायरा बनाएँ। बफ़ेट निवेश की प्रक्रिया में कंपनियों की तीन सूचियाँ बनाया करते हैं – इन (सरल और समझने में आसान व्यवसाय), बाहर (समझना मुश्किल), और बहुत कठिन (इतने जटिल कि समझने के लिए समय देने के लायक़ भी नहीं हैं)। बफ़ेट ने एक बार कहा कि उनके पास शेयरों के लिए 99 प्रतिशत आइडिया बहुत कठिन श्रेणी में आते हैं।

एक मिनट के लिए ज़रा सोचें। बफ़ेट दुनिया के अब तक के महानतम निवेशक हैं और वे यह स्वीकार करते हैं कि उनके सामने आने वाले 99 प्रतिशत व्यवसायों को वे नहीं समझते हैं। अगली बार जब भी आपको लगे कि आप सब कुछ जानते हैं, तो उस तथ्य पर गहराई से विचार करें। अपनी योग्यता के दायरे का वास्तविकता और ईमानदारी से पालन करना बहुत सुखद अनुभव है। इसे स्पष्ट करने के लिए मैं एक व्यक्तिगत उदाहरण साझा करना चाहता हूँ। जनवरी 2018 में, मुझे *इंडियन इकोनॉमी ऐंड मार्केट* पत्रिका का ताज़ा अंक मिला, जिसमें ''75 हिडन जेम्स'' पर निवेश की सार रिपोर्ट दी गई थी। इनमें से कई मेरे सम्माननीय वरिष्ठ सहयोगियों और साथियों ने ही लिखी थीं। मैं 75 में से केवल एक को ही ठीक से समझ सका। इसको पूरी तरह से स्वीकार किया जाना चाहिए। है। याद रखें यदि आप अपनी योग्यता की सीमाओं को नहीं जानते तो यह कोई योग्यता नहीं है। योग्यता की सीमाओं को लाँघना ही निवेशकों को बड़ी परेशानी में डाल देती है।

> वॉरेन और मैं यह बहुत अच्छी तरह से जानते हैं कि हम क्या जानते-समझते हैं और क्या नहीं। बहुत से लोगों से कहीं बेहतर। बहुत बुद्धिमान होने से यह कहीं बेहतर है। लोग बहुत गंभीर रूप से अपने ज्ञान की सीमाओं का ग़लत मूल्यांकन करते हैं। यह मानव स्वभाव के सबसे बुनियादी भागों में से एक है। अपनी योग्यता के दायरे की सीमाओं को जानना इंसान के लिए सबसे कठिन चीज़ों में से एक है। *जीवन और व्यवसाय में मेधावी होने से ज़्यादा उपयोगी है, यह जान लेना कि आप क्या नहीं जानते हैं।*
>
> –चार्ली मंगर

भावनात्मक बुद्धिमत्ता का एक लक्षण ग़लती स्वीकार करने की क्षमता है। ग़लती को स्वीकार ना करना एक सबक को सीखने से इंकार करना है। गहराई से चिंतन करें और अपने प्रदर्शन का निष्पक्ष मूल्यांकन करें। केवल एक ईमानदार स्व-मूल्यांकन से ही एक निवेशक अपने योग्यता के दायरे को जान सकता है। भावनात्मक बुद्धिमत्ता का एक प्रमुख लाभ है कि इससे दुनिया को वैसे ही देखने की बौद्धिक ईमानदारी आती है जैसी वह वास्तव में है, ना कि जैसा कोई देखना चाहता है, जैसी होने की उम्मीद या इच्छा करता है। एक बार मेरे अपनी अज्ञानता को स्वीकार कर लेने और अपनी योग्यता के दायरे में ही बने रहने पर निवेश के मेरे स्ट्राइक रेट में बहुत ज़्यादा सुधार हुआ।

योग्यता के दायरे को जानना सरल है। अपनी योग्यता के दायरे के बाहर की बात को ज़ोर से स्वीकार करने में शर्म आती है : जब आप कुछ भी करने के बारे में अनिश्चित हों और मन में संदेह हो तो वह नहीं करें।

यदि आपको अपनी क्षमता और योग्यता के दायरे में व्यवसाय नहीं मिल पा रहे हैं तो गंवा देने के डर से जल्दबाजी में अपनी योग्यता के घेरे से बाहर क़दम नहीं रखें। बढ़ते हुए शेयर बाज़ार में अक्सर लोग ऐसी ग़लती करते हैं। इसके बजाय अपनी सीमा से बाहर क़दम रखने से पहले अपनी योग्यता के दायरे से बाहर के उद्योगों और कंपनियों का अध्ययन करने में समय लगाएँ। बाज़ार में अलग-अलग समय चक्र अलग-अलग उद्योग और कंपनियों के लिए फ़ायदेमंद होता है। इससे योग्यता के दायरे को विकसित करने का लाभ मिलता है। चुनने के लिए ज़्यादा अवसर उपलब्ध हो जाते हैं जो लाभदायक साबित हो सकते हैं।

फिर, यह महत्त्वपूर्ण नहीं है कि आपकी योग्यता का दायरा कितना बड़ा है। यह स्पष्ट रूप से जानना महत्त्वपूर्ण है कि आपके ज्ञान की सीमाएँ क्या है।

> यदि आप इसकी सीमाएँ नहीं जानते तो यह कोई योग्यता नहीं है।
>
> – चार्ली मंगर

अब आप पूछ सकते हैं, "लेकिन मैं उन सीमाओं का विस्तार कैसे करूँ जिससे मैं अपनी योग्यता का दायरा बढ़ा सकता हूँ?" ऐसा करने का एक सरल तरीक़ा है ।

यह सरल है लेकिन आसान नहीं है।

पढ़ना। बहुत ज़्यादा पढ़ना। यही एकमात्र तरीक़ा है जिससे आप अपनी योग्यता का दायरा बढ़ा सकते हैं।

उदाहरण के लिए *एनालाइजिंग ऐंड इन्वेस्टिंग इन कम्युनिटी बैंक स्टॉक्स* नामक की किताब पढ़ें। फिर कुछ सामुदायिक बैंकों की वार्षिक रिपोर्ट पढ़ें। इन्हें समझना और इनका मूल्यांकन करना अपेक्षाकृत आसान है। या ऐसा उद्योग चुनें जिसमें आपके पास कुछ विशेषज्ञता हो और उस उद्योग की कंपनियों की वार्षिक रिपोर्ट पढ़ना शुरू करें।

> मैंने अपने करियर की शुरुआत में ही सीखा था कि यदि आप वार्षिक रिपोर्ट पढ़ते हैं तो आपने वॉल स्ट्रीट के 90 प्रतिशत लोगों से ज़्यादा काम किया है। यदि आपने वार्षिक रिपोर्ट की टिप्पणियों को पढ़ा है तो वॉल स्ट्रीट के 95 प्रतिशत लोगों से ज़्यादा काम किया है।
>
> – जिम रोजर्स

निवेश में जो व्यक्ति सबसे अधिक मेहनत करता है, वह सफलता प्राप्त करता है। परिश्रम का कोई विकल्प नहीं है। ज़िंदगी में, रिश्तों में, व्यवसाय, या निवेश, जब तक आप मेहनत नहीं करेंगे तब तक कहीं भी सफलता नही मिलेगी। और जब बाज़ार मजबूत रिकॉर्ड वाली

कंपनियों से भरा हुआ हो तो किसी निवेशक के घटिया पृष्ठभूमि की कम्पनी से समझौता करने का कोई समझदारी भरा कारण नहीं है।

> मैंने हमेशा कहा है कि यदि आप दस कंपनियों को खंगालेंगे तो आपको एक न एक दिलचस्प कम्पनी मिल जाएगी। यदि आप 20 को देखेंगे तो इस तरह की दो कम्पनियाँ मिल जाएँगी और अगर आप 100 कम्पनियों के रिकॉर्ड को देखेंगे तो आपको दस इस तरह की कम्पनियाँ मिल जाएँगी। जो व्यक्ति जितनी ज़्यादा खोज-पड़ताल करेगा वह व्यक्ति कामयाब होगा ... *यह दिमाग़ खुला रखने और बहुत सारा काम करने का मामला है। आप जितने अधिक उद्योगों को देखेंगे, आप जितनी अधिक कम्पनियों को देखेंगे, तो उतनी ही आपकी किसी ऐसी कम्पनी की तलाश करने के ज़्यादा अवसर होंगे जिसके शेयर की क़ीमत उसके वास्तविक मूल्य से बहुत कम हो।*
>
> – पीटर लिंच
>
> बफ़ेट की टिप्पणी :
>
> 1951 में मूडीज़ ने बाज़ार में जितने भी कम्पनियों के शेयर थे, उनके बारे में बहुत मोटी किताबें प्रकाशित कीं। मैं उन सभी को पढ़ा। इस उम्मीद से हज़ारों पेज पढ़ डाले कि अब कोई अच्छा आइडिया मिलेगा। इसमें मुझे नैशनल अमेरिकन इंश्योरेंस और वेस्टर्न इंश्योरेंस सिक्योरिटीज़ कम्पनी जैसी कम्पनियाँ मिलीं जिन पर कोई ध्यान नहीं दे रहा था और जिनके शेयर अपने वास्तविक मूल्यों से बहुत कम पर बाज़ार में थे। पिछले साल कोरियाई स्टॉक एक्सचेंज में हमें एक स्टील कम्पनी मिली जिसके बारे में कहीं भी किसी विश्लेषक की राय नहीं थी, कोई शोध नहीं था। लेकिन वह दुनिया की सबसे ज़्यादा फ़ायदे में चलने वाली स्टील कम्पनी थी।

बफ़ेट की कहानी मुझे अपने कुछ अनुभवों की याद दिलाती है। मैं रोज़ाना बॉम्बे स्टॉक् एक्सचेंज (बीएसई) की वेबसाइट पर सभी कंपनियों की घोषणाओं की लगनपूर्वक समीक्षा करता हूँ। यह बहुतों के लिए एक बहुत मेहनत भरा कठिन काम है, लेकिन मेरे लिए, यह एक बौद्धिक ख़जाने की खोज की तरह है जिसमें मुझे किसी भी समय सोने की खदान मिल सकती है। इस तरह की खोज के मुझे तक पहुँचने के असंख्य अवसर पैदा करता हूँ।

बाज़ारों में समय और अनुभव के साथ इतने वर्षों में मेरे व्यक्तिगत निवेश अवसरों में काफ़ी विस्तार हुआ है। शुरुआत में वाज़िब से महँगी क़ीमतों के साधारण वृद्धि वाले शेयरों तक यह सीमित था। लेकिन अब इसमें निवेश जगत के कई क्षेत्र शामिल हो गए हैं। जैसे कि कमोडिटी, समय चक्र के आधार पर घटने-बढ़ने वाले शेयर, बहुत ज़्यादा मूल्यवान, या कंपनियों में विभाजन आदि जैसे घटनाक्रम पर आधारित शेयर। साथ ही घाटे में चल रही कंपनियाँ जो लाभ की ओर बढ़ रही हैं। जो उनके बेहतर हो रहे बही-खातों, कार्यशील पूँजी, मार्जिन में धीमे, क्रमिक परिवर्तनों में या उनके उद्योग के वातावरण में बड़े सकारात्मक बदलाव में परिलक्षित होता है। शुरुआती वर्षों में मैं सीमित अवसरों के अपने निजी, पूर्वाग्रह

ग्रसित दृष्टिकोण तक सीमित था। इसके बजाय अब मैं विविध उद्योगों और हालात में निवेश करने में सक्षम हूँ, जहाँ भी मुझे मूल्यांकन कम और जोख़िम के बदले में रिटर्न का अनुपात बहुत अनुकूल दिखाई देता है।

> बाज़ार लगातार बदलते रहते हैं। यह मुझे किसी सूखे कुएँ के पास बार-बार जाते रहने के बजाय विभिन्न बाज़ारों में निवेश के अवसर तलाशने की याद दिलाता है।
>
> – रॉबर्ट कियोसाकी

कोई भी एक रणनीति हर समय और हर तरह के बाज़ार में काम नहीं करती। इसीलिए विभिन्न क्षेत्रों में बेहतर मूल्य की खोज के लिए अपने निवेश की रणनीति को धारदार और पैना बनाते रहना अनिवार्य है।

इन वर्षों में, मुझे यह अहसास हुआ है और मैं यह मानता हूँ कि यह वास्तव में कितना अधिक महत्त्वपूर्ण है : शेयर बाज़ार के किसी न किसी विशिष्ट क्षेत्र में तेज़ी का बाज़ार हमेशा चलता रहता है। उदाहरण के लिए 2009-2013 के दौरान भारत में मंदी के बाज़ार में भी उपभोक्ता, फ़ार्मास्युटिकल और सूचना प्रौद्योगिकी कंपनियों ने निवेशकों के लिए ख़ूब संपत्ति बनाई। मंदी के बाज़ार के दौरान हमेशा नए चलन उभर कर आते हैं – यही वह समय होता है, जब अधिकांश निवेशक अपने शेयरों के या तो अपने ख़रीद मूल्य पर आने का इंतज़ार कर रहे होते हैं या पिछले तेज़ी के बाज़ार के अग्रणी शेयरों को कम क़ीमत पर ख़रीदकर अपनी ख़रीद क़ीमत के औसत को कम करने की नई ग़लती करने में जुटे होते हैं। (किसी भी सेक्टर में तेज़ी के दौरान खुदरा निवेशकों की संख्या बढ़ती है। ऐसे में मंदी में उस सेक्टर में जब भी शेयरों के भाव थोड़े भी बढ़ते हैं तो आम तौर पर लगातार बिकवाली आती रहती है। कारण कि तेज़ी के दौरान बढ़े दामों में ख़रीदने वाले निवेशक उस स्टॉक से निकल जाने और कड़वी यादों से छुटकारा पाने की पूरी कोशिश करते हैं।)

हमें जीवन में अधिकतम सफलता प्राप्त करने के लिए अपना सीमित समय कहाँ लगाना चाहिए? मंगर हमें इसका जवाब देते हैं : ''आपको पता लगाना होगा कि आपकी अपनी योग्यताएँ क्या हैं। यदि आप किसी ऐसे खेल में दाँव लगाते हैं जिसकी आप में कोई योग्यता नहीं है और जहाँ दूसरे लोग आपसे ज़्यादा क़ाबिलियत रखने वाले हैं तो आपका हारना तय है। और यह उतना ही निश्चित है जितना कि आप कोई भी भविष्यवाणी कर सकते हैं। आपको यह पता लगाना होगा कि आप कहाँ बढ़त ले सकते हैं। और आपको अपनी योग्यता के दायरे में खेलना होगा।''

बफ़ेट और मंगर की बातों में सीख स्पष्ट है। यदि आप जीवन, व्यवसाय और निवेश में सफलता की संभावनाओं में सुधार करना चाहते हैं तो अपनी योग्यता के दायरे की परिधि को स्पष्ट रूप से परिभाषित करें और केवल इसके भीतर ही काम करें। समय के साथ, उस दायरे का विस्तार करने के लिए काम करें, लेकिन इसकी वर्तमान सीमाओं के बारे में स्वयं को मूर्ख कभी ना बनने दें। जैसा कि फ़ेनमैन कहते हैं, ''पहला सिद्धांत यह है कि आपको स्वयं को मूर्ख नहीं बनाना चाहिए-और मूर्ख बनाने के लिए सबसे आसान आप ही हैं।''

यह काल्पनिक वार्तालाप ज्ञान हासिल करने की शुरुआत का सार बताता है :

दार्शनिक : निवेश में तीन सबसे बुद्धिमान शब्द क्या हैं?

मूल्य निवेशक : "सुरक्षा का मार्जिन।"

दार्शनिक : ग़लत।

मूल्य निवेशक : तो फिर...?

दार्शनिक : "मुझे नहीं पता।"

अध्याय 7

परोपकार और सद्कर्मों को जीवन का अंग बनाएँ

यदि आप मानवता के सबसे भाग्यशाली 1 प्रतिशत लोगों में से हैं, तो शेष मानवता के आप अहसानमंद हैं और आपको अन्य 99 प्रतिशत के संबंध में सोचना चाहिए।

– वॉरेन बफ़ेट

भगवत गीता की महत्त्वपूर्ण शिक्षाओं में से एक है भौतिक संपदा के प्रति ट्रस्टीशिप का रवैया विकसित करें। यह हमें विनम्र बनाए रखता है और हमारे भीतर वैराग्य की भावना पैदा करता है। संपत्ति कमाने और धन अर्जित करने की प्रक्रिया से हमें अपना सर्वश्रेष्ठ देने के लिए प्रेरित होना चाहिए। लेकिन इससे मिलने वाले लाभ को अपनी ज़रूरतों को पूरा करने के बाद मानवता की बेहतरी के लिए समर्पण कर देना चाहिए। हम केवल दूसरों की मदद से ही संपत्ति बनाने में सक्षम हैं, इसलिए लौटाने को भी अपनी योजना का हिस्सा बनाने की ज़रूरत है।

यदि आप भाग्यवान हैं कि आपने अच्छे जीवन की अपनी व्यक्तिगत परिभाषा के अनुसार जीवनयापन की ज़रूरत से ज़्यादा कमाया है या आपको विरासत में मिला है तो आपके पास यह निर्णय लेने का अवसर और ज़िम्मेदारी होगी कि अतिरिक्त धन को कहाँ और किस दिशा में इस्तेमाल करें। इस स्थिति में अधिकांश व्यक्ति दो प्रकार के लाभार्थियों पर ध्यान केन्द्रित करते हैं। परिवार के सदस्य और परोपकारी संगठन, जैसे स्कूल, कॉलेज, अस्पताल और धार्मिक संगठन। दोनों के ही गहरे अर्थ हो सकते हैं। परोपकार, समाज को देना, एक बहुत नेक और महान कार्य है। दूसरों के जीवन में सकारात्मक अंतर लाने के कार्य से आप अत्यधिक ख़ुशी और व्यक्तिगत संतुष्टि प्राप्त कर सकते हैं।

> सभी निवेशों में से सबसे अच्छा ''मूल्य निवेश।'' अपना धन ऐसे लक्ष्यों की ओर लगाना है जो आपके जीवन को और मूल्यवान बनाएँ : अपने स्वाभाविक उपहारों को अपने आप को दूसरों के लिए सार्थक बनाने के लिए और अपने आस-पास की दुनिया को एक बेहतर जगह बनाने के लिए इस्तेमाल करना।
>
> – जेसन ज़्विग

धन्य है वह निवेशक जो अपने धन का उपयोग दूसरों की भलाई के लिए करता है।

चार्ल्स कोलियर परोपकार पर मार्गदर्शन देने वाली अपनी किताब *वेल्थ इन फ़ैमिलीज़* में लिखते हैं कि ''अरस्तू और उनके अंतिम दिनों के छात्र थॉमस जेफ़रसन के अनुसार, 'ख़ुशी की तलाश' स्वयं को जानने के लिए सीखने की आंतरिक यात्रा और दूसरों की सेवा की बाहरी यात्रा है।''

आप धन को जो महत्त्व देते हैं वह आपके बारे में और आपको जिस तरह से देखा और याद किया जाएगा, उसके बारे में बहुत कुछ कहता है। इसीलिए अपने परिवार के साथ साझा मूल्यों के वातावरण को विकसित करना बहुत महत्त्वपूर्ण है। जिन को आप प्यार करते हैं, उनसे अपनी इच्छा को ज़ाहिर करने, अपने मूल्यों और भावनाओं को साझा करने के लिए समय दें। यह अपनी मृत्यु के बाद भविष्य में परोपकार गतिविधियों के लिए आपकी औपचारिक वसीयत में उपयुक्त प्रावधान के द्वारा दूसरों के लिए अच्छी चीज़ें सुनिश्चित करने का भी उपयुक्त समय हो सकता है। यह आपकी बात को सुने जाने और आपकी भविष्य की इच्छाओं के पालन को सुनिश्चित करने का अंतिम अवसर हो सकता है। यह आपकी बात सुनने का और आपके भविष्य की इच्छाओं के पालन का आख़िरी अवसर हो सकता है। जीवन अनिश्चित है।

मास्लो के ज़रूरतों के वरीयता के क्रम में आत्म-उत्थान का आत्म-साक्षात्कार से भी ऊँचा स्थान है और यह मानव चेतना के सर्वोच्च तथा सबसे समावेशी और समग्र स्तर को बताता है। जब हमें स्वयं से आगे बढ़कर दूसरों की ज़रूरतों को पूरा करने में संतुष्टि मिलती है, तब हम आत्म-उत्थान का अनुभव किया जा सकता है।

दान देने वालों को अपने कामकाजी जीवन के दौरान अर्जित किए गए धन को अपने जीवनकाल में ही अच्छे कार्यों को पूरा करके दोबरा जीवन्त होते देखने में बहुत आनंद आता है। उनके उद्देश्यों का उनके लिए बहुत अर्थ होता है। जैसा कि कहावत है, ''आप इसे लेकर अपने साथ नहीं जा सकते।'' दान देने वालों को अपने वित्तीय संसाधनों को उन कार्यों और मूल्यों में बदलने से बेहद ख़ुशी प्राप्त होती है जिनकी वास्तव में वे परवाह करते हैं (चित्र 7.1)।

परोपकारी व्यक्ति के रूप में वॉरेन बफ़ेट को बिल और मेलिंडा गेट्स फ़ाउंडेशन को अरबों डॉलर और अपने तीन बच्चों के परोपकारी कार्यों को समर्थन देने के लिए जाना जाता है। वे सैन फ्रांसिस्को में ग़रीबों की मदद करने वाले ग्लाइड फ़ाउंडेशन जैसे अन्य समूहों को भी उदारतापूर्वक दान करते हैं।

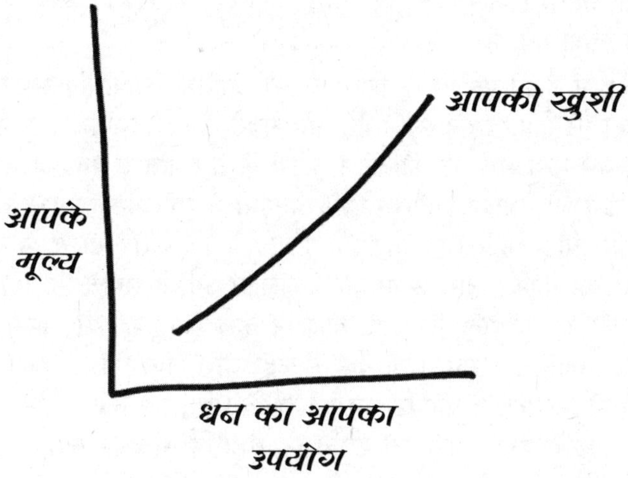

चित्र 7.1 दान देना और ख़ुशी।

Source: Behavior Gap.

व्यवसाय की तरह परोपकार में भी सही लोगों का समर्थन करना अन्य सभी कारकों से ज़्यादा महत्त्वपूर्ण है। बफ़ेट के अनुसार : ''जब मैं कारोबार को ख़रीदता हूँ तो यह परोपकार में निवेश करने के समान है। मैं किसी ऐसे व्यक्ति की तलाश में हूँ जो काम को पूरा कर सके और मेरे उद्देश्यों के साथ उसका तालमेल हो। आपके लक्ष्य बहुत महान हो सकते हैं, लेकिन यदि इसे ग़लत लोग संचालित कर रहे हैं तो लक्ष्यों को प्राप्त करना संभव नहीं होगा। दूसरी ओर यदि आपके पास इसे चलाने वाला सही व्यक्ति है, तो लगभग कुछ भी है संभव है।'' किसी के धन का मूल्य परोपकार में भी उतना ही महत्त्वपूर्ण है जितना निवेश में है।

बफ़ेट जिन उल्लेखनीय परोपकारियों की प्रशंसा करते हैं उनमें एंड्रयू कार्नेगी, पीटर कीविट और जॉन डी. रॉकफ़ेलर शामिल हैं।

कार्नेगी ने *नॉर्थ अमेरिकन रिव्यू* में 1889 में एक लेख में तर्क दिया, ''हमारे युग की समस्या धन का उचित प्रशासन है।'' कार्नेगी ने कहा, अमीरों को अपने धन का उपयोग सार्वजनिक सुविधाओं को बेहतर बनाने के लिए करना चाहिए, जो पात्र ग़रीबों को स्वयं अपनी मदद करने में सक्षम बनाएगा। इस प्रकार का परोपकार ग़रीबों का स्थायी भला करता है और सबसे अच्छा तरीक़ा माना जाता है। कार्नेगी एक दरिद्र आप्रवासी से उठकर एक महान आप्रवासी बन गये, अपने समय के दुनिया के सबसे धनी व्यक्ति बने। वे एक ऐसा ''आदर्श राज्य बनाना चाहते थे जिसमें कुछ लोगों की अतिरिक्त संपत्ति बहुत से लोगों की संपत्ति होगी।'' 50 करोड़ डॉलर में अपना इस्पात का कारोबारी साम्राज्य बेचने के बाद कार्नेगी ने अपनी दौलत स्कूलों का निर्माण करने, शान्ति संस्थान बनाने, न्यू यॉर्क में कार्नेगी हॉल के लिए और 7,689 चर्च इकाइयों को स्थापित करने के लिए दान दे दी। लेकिन वास्तव में पुस्तकालय निर्माण के लिए उनके दिली समर्थन में उनके दर्शन की प्रत्यक्ष

अभिव्यक्ति होती है। कार्नेगी के दान से पूरे अमेरिका में 2,811 सार्वजनिक पुस्तकालयों का निर्माण किया गया है।

कीविट् ने अपने परिवार के व्यवसाय को ओमाहा के बारहवें सबसे बड़े ठेकेदार से आगे बढ़ाकर पूरे अमेरिका में सबसे बड़े और सबसे सम्मानित ठेकेदारों में से एक के रूप में स्थापित किया। मृत्यु से पहले कीविट ने अपनी निजी संपत्ति से एक फ़ाउंडेशन की स्थापना करने को कहा जो नेब्रास्का और पश्चिमी आयोवा में सार्वजनिक उद्देश्य की परियोजनाओं को मदद करे। पीटर कीविट फ़ाउंडेशन ने 1979 में 15 करोड़ डॉलर के साथ काम करना शुरू किया। यह कीविट द्वारा अपने जीवनकाल में अर्जित संपत्ति का 90 प्रतिशत हिस्सा था। पीटर कीविट की मृत्यु के बाद, बफ़ेट ने कुछ इस प्रकार से अपनी भावनाएँ ज़ाहिर की : ''पीटर कीविट ने समाज के बैंक में बड़ी राशि जमा की...लेकिन उन्होंने उसमें से बहुत थोड़ा ही निकाला।'' कीविट जब तक जीवित रहे, तब तक उन्होंने उदारतापूर्वक दान दिया और मृत्यु के बाद अपनी पूरी संपत्ति का बड़ा हिस्सा देकर गए।

रॉकफ़ेलर की दानशीलता की शुरुआत उनकी क्लर्क की पहली नौकरी के साथ शुरू हो गई। उस समय वह केवल 16 साल के थे और उन्होंने अपनी कमाई का 6 प्रतिशत दान में दे दिया था। जब वह बीस वर्ष के थे, तो उनका दान उनकी आय के 10 प्रतिशत से अधिक हो गया। जैसे-जैसे रॉकफ़ेलर की संपत्ति बढ़ती गई, वैसे-वैसे दान भी बढ़ता गया। यह मुख्य रूप से शैक्षिक और सार्वजनिक स्वास्थ्य, बुनियादी विज्ञान और कलाओं को जा रहा था। (ऐसा कहा जाता है कि वह 1893 में स्वामी विवेकानंद से हुई मुलाक़ात से प्रभावित थे, जिन्होंने उन्हें ज़रूरतमंदों की मदद के संबंध में बताया था।)

हम सभी रॉकफ़ेलर के जीवन से एक बड़ी सीख ले सकते हैं। दान देने और दूसरों की मदद के लिए कोई न्यूनतम उम्र नहीं है। जल्दी से जल्दी शुरुआत की जा सकती है। किसी के जीवन में फ़र्क़ लाने के लिए आपको प्रतिभाशाली, अमीर या परिपूर्ण होना ज़रूरी नहीं है। महज़ परवाह करने की भावना की ज़रूरत होती है। कुछ देने की ख़ुशी से मैं खुद को वंचित नहीं रखना चाहता था। मैंने अमेरिका में अपने शुरुआती वर्षों में ही स्थानीय परोपकारी संस्थाओं को दान किया। हालाँकि उस समय मैं सैन फ्रांसिस्को के एक होटल में फ्रंट डेस्क क्लर्क के रूप में न्यूनतम वेतन कमा रहा था। मैंने 10 डॉलर की छोटी धनराशि देने से शुरुआत की। उस समय मैं इतनी रक़म ही देने में सक्षम था। इससे कोई फ़र्क़ नहीं पड़ता कि आप कहाँ हैं, या आपके पास देने के लिए थोड़ा सा है या बहुत कुछ है। जब आप दूसरों के साथ साझा करते हैं तो आपके दिल में कुछ होता है। कुछ ऐसा जो आपमें बेहतर होने के लिए बदलाव लाता है।

> बड़े प्रेम के साथ छोटी-छोटी चीज़ों को करना ही प्यार है। यह अहम नहीं है कि हम कितना कर रहे हैं बल्कि हम यह कितने प्रेम के साथ करते हैं, यह अहम है। हम कितना दे रहे हैं, यह महत्त्वपूर्ण नहीं है, हम कितने प्यार से देते हैं, यह महत्त्वपूर्ण है। भगवान के लिए कुछ भी छोटा नहीं है।
>
> – मदर टेरेसा

समय के साथ, जैसे-जैसे मेरी संपत्ति बढ़ी है, वैसे-वैसे मैंने परोपकारी संस्थाओं को दान की राशि में भी वृद्धि की है। वंचित वर्ग के लोगों के चेहरे पर मुस्कान देखकर मुझे बेहद ख़ुशी होती है। मोहनीश पबराई के साथ वार्षिक दोपहर भोज की नवंबर 2018 की बोली मैंने और मेरे एक दोस्त ने संयुक्त रूप से जीती। यह मेरे लिए बहुत ख़ुशी का पल था। इस नीलामी की पूरी आय दक्षिणा फ़ाउंडेशन को जानी थी। अपने जीवन में हासिल सीखों को साझा करना और उनके बारे में लिखना निवेशकों की बिरादरी को कुछ लौटाने का मेरा तरीक़ा है। हम जब साझा करते हैं तो हमारी सद्भावना बढ़ती है। जो कुछ हमारे पास आता है, उसे हमें सोखना नहीं है, बल्कि उसे आगे बढ़ाना है। जैसा कि चार्ली मंगर बहुत ख़ूबसूरती से कहते हैं, ''एक इंसान कुछ सर्वश्रेष्ठ कर सकता है तो वह है दूसरे इंसान के ज्ञान में वृद्धि में मदद कर सकता है।'' जीवन में विजेता भी कभी-कभी हारते हैं, लेकिन जो दूसरों को जीतने में मदद करते हैं, वे कभी नहीं हार सकते हैं। इसलिए हमेशा दूसरों को आगे बढ़ने में मदद करें। इस तरह से समय के साथ सद्भावना कई गुना होती जाती है।

कर्म बर्फ़ के गोले की तरह है

> *आप अपने दिन को ऐसा कुछ करके ही आदर्श बना सकते हैं जिसे वह व्यक्ति कभी भी अदा नहीं पाएगा।*
>
> – जॉन वुडन

> *सफल होने का सबसे सार्थक तरीक़ा दूसरे लोगों की सफल होने में मदद करना है।*
>
> – एडम ग्रांट

बदले में कोई भी उम्मीद किए बिना किसी शर्त के निस्वार्थ भाव से दूसरों की मदद करना महान पुण्य का कार्य है। मुझे अपने रोज़गार में भी इसका लाभ मिला। निवेश बैंक के साथ पिछली नौकरी के दौरान मैंने ईमानदारी से अपना काम किया और सहयोगियों के साथ मेरा रवैया मददगार था। मेरी मौजूदा कम्पनी ने जब इंटरव्यू के बाद मेरी पृष्ठभूमि को खँगालने की प्रक्रिया में मेरे काम के बारे में पिछली कम्पनी से रिपोर्ट ली तो वहाँ से मिलने वाली प्रतिक्रिया सकारात्मक रही। इसके अलावा निवेश बैंकिंग टीम के मेरे पुराने साथियों ने भारत में बीमा और परिसंपत्ति प्रबंधन उद्योगों की गहरी समझ हासिल करने में मेरी मदद की। इस उद्योग से 2017 और 2018 के दौरान कई आरंभिक सार्वजनिक निर्गम (आईपीओ) बाज़ार में आए। इससे मुझे बीमा और परिसंपत्ति प्रबंधन के कारोबार में अपनी मौजूदा हिस्सेदारी के बारे में बेहतर निर्णय लेने में मदद मिली।

> *आप एक जगह पर कैसा व्यवहार करते हैं, इससे बाद में आश्चर्यजनक तरीक़े से मदद मिलेगी।*
>
> – चार्ली मंगर

पिछले अध्याय से एक मुख्य सबक़ याद करें : हमें अपने रिश्तों में बदले में बिना किसी अपेक्षा के अपनी ओर से पहल कर लगातार दूसरों के लिए कुछ मूल्यवृद्धि करना चाहिए। सितंबर 2017 में एक वरिष्ठ निवेशक (जिनके साथ मेरी पहले कुछ मौक़ों पर बातचीत हुई थी) ने मुझे मेरे निवेश वाली एक कम्पनी के संबंध में कुछ ख़बरों को लेकर सचेत किया। ऐसा सुना जा रहा था कि वह कम्पनी अपने कर्मचारियों को भुगतान नहीं कर पा रही है। अगली तारीख़ पर क़र्ज़ के ब्याज का भुगतान करने में भी वह असमर्थ होने वाली थी। मुझे सही समय पर सूचना मिल गई थी। कुछ ही दिनों बाद मीडिया में यह ख़बर सामने आई कि कम्पनी बैंकों से ज़्यादा क़र्ज़ प्राप्त करने के लिए बही-खातों में अपनी संपत्ति को क़र्ज़दाताओं के सामने फ़र्जी ढंग से बढ़ा-चढ़ा कर ज़्यादा दिखाकर धोखा देने की कोशिश कर रही थी। अगले कुछ दिनों में कम्पनी का शेयर क़रीब 30 प्रतिशत नीचे गिर गया।

एक वरिष्ठ साथी की समय पर चेतावनी मिल जाने के कारण, मैं कुछ ही दिन पहले शेयर को अच्छे मुनाफ़े के साथ पहले ही बेचकर बाहर निकलने में कामयाब रहा। जब मैंने उनको धन्यवाद देने के लिए फ़ोन किया और पूछा कि क्यों इतनी संवेदनशील सूचनाएँ साझा करके उन्होंने मेरी मदद की। तो उनका जवाब था : ''क्योंकि आप हमेशा कम्पनी और उद्योग का उपयोगी डेटा मेरे साथ साझा करा करते थे। मैंने कभी भी इसकी माँग आपसे नहीं की थी। तब आपने मेरी सहायता की, अब मैं आप की मदद कर रहा हूँ।''

मेरा मानना है कि जब भी आप दूसरों के लिए कोई छोटे से छोटा नेक काम करते हैं तो एक सकारात्मक चक्र हमेशा ही मौजूद रहता है। इस तरह के कार्य कहीं न कहीं से घूम-फिर कर आपके जीवन में कुछ सकारात्मक लेकर लौटते हैं। कर्म एक गुब्बारे की तरह हैं। हरेक दिन की समाप्ति पर खुद से सवाल करें, ''क्या मैंने आज किसी की मदद के लिए कम से कम एक भी कोई अच्छा कार्य किया है?'' इसके बाद, अपनी प्रार्थनाओं में सर्वशक्तिमान ईश्वर और अपने माता-पिता को जो कुछ भी उन्होंने आपके जीवन में दिया है, उसके लिए धन्यवाद दें। मैं हर दिन यही करता हूँ'' और इससे मुझे बेइंतेहा सुकून मिलता है। इसमें कोई हैरानी नहीं है कि माइकल जैक्सन का गीत ''हील द वर्ल्ड'' पहली बार कई साल पहले सुनने के बाद आज भी मेरे दिमाग़ में पूरी शिद्दत के साथ गूँजता रहता है।

अध्याय 8

सरलता सबसे शानदार फ़ैशन

अधिकांश प्रतिभावान–विशेषकर जो दूसरों का नेतृत्व करते हैं– पेचीदा गुत्थियों को सुलझा कर नहीं बल्कि अपरिचित सरलताओं का इस्तेमाल कर तरक्की करते हैं।

– एंडी बेनोइट

ज़िंदगी सचमुच सरल है, लेकिन हम इसे जटिल बनाने पर ज़ोर देते हैं।

– कन्फ़्यूशियस

सरलता लम्बी, कड़ी मेहनत का परिणाम है। यह शुरुआत नहीं है। किसी भी विषय का सार प्रस्तुत करने की क्षमता उस विषय की समझ की असली पहचान है। लेकिन जीवन की बड़ी विडंबनाओं में से एक यह है कि जब कोई होशियार व्यक्ति उदारतापूर्वक हमारे साथ अपनी सफलता के रहस्यों को साझा करते हैं तो हम उनकी अनदेखी करते हैं। हम उनको स्वीकार नहीं करते, क्योंकि वे हमें बहुत बुनियादी और सरल लगते हैं।

जब वे ऊँचाइयों पर पहुँचने के लिए हमें सरल सलाह देते हैं तो हम कहते हैं, ''बस इतना ही? नहीं, यह इतना आसान नहीं हो सकता!''

निवेश को ही लें। जब हम वॉरेन बफ़ेट के सफल निवेश के केवल दो नियमों को पढ़ते हैं – ''नियम 1: कभी धन नहीं गंवाएँ। नियम 2: नियम 1 को कभी नहीं भूलें।'' हम इसके विरोध में सवाल करने लग जाते हैं, ''बहुत बढ़िया विचार हैं, लेकिन क्या इतना ही है? यह इतना आसान नहीं हो सकता!''

निवेश करना सरल है, लेकिन आसान नहीं।

– वॉरेन बफ़ेट

नवंबर 2011 में *बिज़नेस वायर* के साथ एक साक्षात्कार में बफ़ेट ने कहा, ''यदि आप द *इंटेलिजेंट इन्वेस्टर* (बेंजामिन ग्राहम, 1949) के अध्याय 8 और 20 और द *जनरल थ्योरी* (जॉन मेनार्ड कीन्स, 1936) के अध्याय 12 को समझते हैं तो आपको कुछ और पढ़ने की ज़रूरत नहीं है। आप अपना टीवी बंद कर सकते हैं।'' बफ़ेट ने निवेश और अर्थशास्त्र के क्षेत्र की दो महान किताबों का अपनी सलाह में उल्लेख किया है।

ग्राहम की किताब का अध्याय 8 बाज़ार के मूड के उतार-चढ़ाव के बीच अटकलबाजी में नहीं पड़ने, घबराहट में नहीं बेचने या बाज़ार के चढ़ने या गिरावट आने के समय का अंदाज़ नहीं लगाने के बारे में बताता है।

अध्याय 20 बताता है कि, किसी कम्पनी के चालू कारोबार और भविष्य की कमाई की संभावनाओं के सावधानीपूर्वक विश्लेषण के बाद हमें तभी ख़रीदने पर विचार करना चाहिए यदि इसकी वर्तमान क़ीमत सुरक्षा का अधिक मार्जिन देती हो।

द *जनरल थ्योरी ऑफ़ एम्प्लायमेन्ट, इटरेस्ट ऐंड मनी* (''दीर्घकालिक उम्मीद की स्थिति'') के 12वें अध्याय में कीन्स का कहना है कि अधिकांश पेशेवर निवेशक और सट्टेबाज किसी निवेश के पूर्ण जीवनकाल में संभावित परिणाम के दीर्घावधि बेहतर अनुमान की बजाय जन साधारण से थोड़ा पहले मूल्यांकन के परंपरागत आधार में बदलाव को पहले भाँप लेने को लेकर ही परवाह करते हैं। ''बड़े पैमाने पर चिंतित हैं, बेहतर दीर्घकालिक पूर्वानुमान लगाने से नहीं किसी निवेश का उसके संपूर्ण जीवनकाल में संभावित प्रतिफल, लेकिन साथ में मूल्यांकन के पारंपरिक आधार में बदलाव की आशंका संक्षेप में समय आम जनता से आगे है।''

बफ़ेट ने इन तीन अध्यायों से निवेश की बुनियादी लेकिन सरल सच्चाई को गंभीरता से लिया और पुरज़ोर तरीक़े से अपने पूरे जीवन के दौरान लागू किया और इसी ने उन्हें दुनिया के सबसे धनी व्यक्तियों में से एक बना दिया।

> एक सरल आइडिया लें और इसे गंभीरता से लें।
>
> – चार्ली मंगर

> सरल आइडिया पर लगन के साथ जुटना ही आपके वचनों की पूर्ति की ओर ले जाता है।
>
> – मोहनीश पबराई

द *इंटेलिजेंट इन्वेस्टर* से बफ़ेट ने जो प्रमुख सीख ली, वह थी : यदि आप नकारात्मक पक्ष को ख़त्म कर देते हैं, तो फिर जो कुछ बचता है, वह ऊपर की ओर ले जाने वाला होता है। इसके बाद भावनाओं पर नियंत्रण रखना और धैर्य रखना ही अहम है। यह वाकई में इतना ही सरल है।

यह सरल है, लेकिन आसान नहीं है।

> शेयर बाज़ार की दुनिया में पर्याप्त ज्ञान हासिल करने और फ़ैसले की आजमाइश के बाद साहस ही सर्वोच्च गुण है।
>
> – बेंजामिन ग्राहम

निवेश क्षेत्र में कई नए लोग मानते हैं कि द *इंटेलिजेंट इन्वेस्टर* नीरस है। इसमें कुछ ''रोमांच'' नहीं है। इससे इस सीक्रेट का पता नहीं चलता कि आगे कौन सा शेयर मल्टी बैगर यानी उनकी पूँजी को कई गुना करने वाला है और किताब से जल्दी दौलत कमाने की तरक़ीब भी नहीं मिलती। लेकिन, इस पुस्तक को बार-बार पढ़ने से मुझे अहसास हुआ है कि यह चरित्र का और दृढ़ संकल्प का निर्माण करती है जो अच्छा निवेशक बनने के लिए ज़रूरी है। और धन निर्माण की तुलना में चरित्र निर्माण पढ़ने और अभ्यास करने के लिए काफ़ी कठिन विषय है। (चरित्र निर्माण के लिए परिशिष्ट बी में रुडयार्ड किपलिंग की कविता ''इफ़'' देखें)

मोहनीश पबराई की किताब द *धंधो इन्वेस्टर* मूल्य निवेश पर लिखी गई सुलभ पुस्तकों में एक है। बिलकुल बफ़ेट की तरह पबराई के पास भी जटिल लगने वाले आइडिया को सरल बनाने का हुनर है। अपनी किताब में उन्होंने लिखा है :

> प्रत्येक कारोबार में एक मूल्य निहित होता है और यह इसी सरल सूत्र के द्वारा निर्धारित होता है। जॉन बर विलियम्स ने 1938 में प्रकाशित अपनी द *थ्योरी ऑफ़ इन्वेस्टमेंट वैल्यू* में सबसे पहले इसे परिभाषित किया था। विलियम्स के अनुसार किसी भी व्यवसाय का आंतरिक मूल्य उस कारोबार के शेष जीवनकाल के दौरान आने वाले नक़द प्रवाह और बाहर जाने वाले नक़द प्रवाह से निर्धारित होता है। इसमें उपयुक्त ब्याज दर की छूट दी जा सकती है। परिभाषा बहुत ही सरल है...
>
> सरलता में बहुत ताक़त होती है। हेनरी थोरो ने इसे पहचान लिया था। तभी उन्होंने कहा, ''हमारा जीवन ब्योरों में बर्बाद हो गया है...इसे सरल करें, और सरल करें।'' आइंस्टाइन ने भी सादगी की शक्ति को पहचाना और यह भौतिक विज्ञान में उनकी सफलताओं की कुंजी थी। उन्होंने बुद्धिमत्ता के पाँच बढ़ते हुए स्तरों को इस तरह से बताया, ''चतुर, बुद्धिमान, प्रतिभाशाली, अद्वितीय, सरल।'' आइंस्टीन के अनुसार, सरलता बुद्धिमत्ता का उच्चतम स्तर है। वॉरेन बफ़ेट की निवेश शैली के बारे में सब कुछ सरल है। यह आइंस्टीन और बफ़ेट जैसे विचारक हैं, जो सादगी को जीते हैं और जो जीतते हैं। भौतिकी में E = mc2 के सिद्धांत के पीछे की प्रतिभा सादगी और सुंदरता थी।

अक्सर सबसे सरल समाधान ही सबसे अच्छा होता है

समस्त विज्ञान का मुख्य उद्देश्य परिकल्पनाओं या स्वयंसिद्धों की सबसे छोटी संख्या से तार्किक कटौती के द्वारा अधिकतम संख्या में अनुभवजन्य तथ्यों को शामिल करना है।

– अल्बर्ट आइंस्टीन

ओख़म के चौदहवीं सदी के अंग्रेज़ी तर्कशास्त्री विलियम के नाम पर ओकाम्स रेज़र किफ़ायत, अर्थव्यवस्था, या संक्षिप्तता का एक सिद्धांत है, जो तर्क और समस्या समाधान में इस्तेमाल किया जाता है। इसमें कहा गया है कि प्रतिस्पर्धी परिकल्पनाओं में से सबसे कम मान्यताओं वाली परिकल्पना का चयन किया जाना चाहिए। अन्य, अधिक जटिल समाधान अंततः बेहतर भविष्यवाणियाँ प्रदान करने वाले साबित हो सकते हैं, लेकिन पूर्वानुमान लगाने की क्षमता में अंतर के अभाव के कारण जितनी कम धारणाएँ बनाई जाती हैं, उतना ही बेहतर है।

निवेशकों को यह याद रखना चाहिए कि उनका हिसाब-किताब ओलंपिक में गोताखोरी के स्कोर की तरह नहीं है : इसमें उनकी कठिनाई का हिसाब नहीं रखा जाता है। यदि आप एक व्यवसाय को बहुत अच्छी तरह से समझते हैं जिसका मूल्य काफ़ी हद तक एक प्रमुख कारक पर निर्भर है जो समझने में आसान है और टिकाऊ भी है इसमें भी आपको नतीजे में उतना ही लाभ मिलेगा जितना यदि आपने किसी दूसरे निवेश के बारे में सटीक विश्लेषण किया होता जो कई लगातार बदलने वाले और जटिल कारकों पर निर्भर करता है।

– वॉरेन बफ़ेट

बफ़ेट का कठिन समस्याओं से निपटने का तरीक़ा है, उनसे पूरी तरह से बचना। ओलिंपिक में फ़िगर स्केटर्स के विपरीत, हमें निवेश में कठिनाई के उच्च स्तर के लिए अतिरिक्त अंक नहीं मिलते हैं। बेहतर दीर्घकालिक रिटर्न पैदा करने के लिए मौलिकता और जटिलता कोई ज़रूरी या पर्याप्त शर्तें नहीं हैं। निवेशकों के रूप में हमारा काम समय के साथ कम से कम जोख़िम लेकर उच्चतम संभव दर पर पूँजी में वृद्धि करना है। हम अपनी क्षमता के दायरे में कंपनियों के कम मूल्य वाले शेयरों की तलाश कर इस उद्देश्य की प्राप्ति करते हैं। इसको लेकर पूरी तरह से उदासीन रहें कि शेयर का बाज़ार पूँजीकरण या मार्केट कैप बड़ा है या छोटा या कम्पनी अपेक्षाकृत अज्ञात है या उसकी काफ़ी ख्याति है।

निवेश का मतलब मौलिक या रचनात्मक होना नहीं है। यह कम से कम जोख़िम में निवेश किए गए धन के लिए अधिकतम मूल्य प्राप्त करना है। निवेश में अधिक समय और प्रयास लगाना बेहतर परिणाम की गारंटी नहीं है। बल्कि थोड़ा करना और कम मगर बेहतर विकल्प चुनाव करना ज़्यादा फ़ायदेमंद है।

आप जितने अधिक निर्णय लेंगे, आपकी इच्छाशक्ति उतनी ही कम होगी। आपके फ़ैसलों में थकान आ जाएगी। कम और बेहतर निर्णय लेने पर ध्यान दें। इससे आपको प्रत्येक निर्णय पर गहराई से सोचने के लिए पर्याप्त समय मिलता है और ग़लती करने की संभावना कम हो जाती है। हमें स्वयं को केवल उन्हीं निवेशों में सीमित करना चाहिए जिनमें निवेश का निर्णय बहुत ज़्यादा सोचने-समझने जैसा दिखाई नहीं देता है। जैसा कि चार्ली मंगर कहते हैं, ''निवेश का लक्ष्य ऐसी स्थितियाँ को ढूँढ़ना है, जहाँ से दूसरी जगह निवेश की ज़रूरत ना खोजना ही सुरक्षित हो।''

ऐसे सरल व्यवसायों की तलाश करें जिनमें कम मान्यताओं और कम काल्पनिक स्थितियों पर काम करने की ज़रूरत हो। साथ ही निवेश को औचित्यपूर्ण ठहराने के लिए भविष्य में असामान्य नक़द प्रवाह की छूट देने की ज़रूरत नहीं हो। थॉमस कार्लाइल ने ठीक ही कहा है, ''हमारा मुख्य व्यवसाय दूर बहुत धुँधला देखना नहीं है, बल्कि वह करना है, जो कुछ सामने है।'' अपने 2004 के पत्र में, बफ़ेट ने सरल प्रस्तावों पर टिके रहने के महत्त्व पर ज़ोर दिया था :

> यदि केवल कोई एक बदलने वाला कारक किसी निर्णय में प्रमुख है और 90 प्रतिशत संभावना है कि वह आपकी सोच के अनुसार बदलने वाला है तो साफ़ है कि सफल परिणाम के भी 90 प्रतिशत अवसर हैं। लेकिन यदि सफल नतीजे के लिए दस स्वतंत्र चरों के अनुकूल होने की ज़रूरत है और प्रत्येक की सफलता की 90 प्रतिशत संभावना है तो इनमें से विजेता के होने की संभावना केवल 35 प्रतिशत है... एक कड़ी भी अगर कमज़ोर हो तो वह जंजीर मजबूत नहीं हो सकती। ऐसे में बिना जोड़ वाली जंजीर खोजने में ही समझदारी है।

निवेश के निर्णय के लिए वास्तव में मायने रखने वाले कुछ प्रमुख बदलने वाले कारकों की पहचान करना और उनपर ध्यान केन्द्रित करना महत्त्वपूर्ण है। यह काफ़ी हद तक प्रक्रिया को सरल बनाता है और सफल परिणाम की संभावना में सुधार होता है। मानसिक मॉडल ओकाम्स रेज़र इस तरह से उपयोगी है, क्योंकि यह हमें दीर्घकालिक संकेत को अल्पकालिक शोर से अलग करने और निवेश संबंधी किसी भी निर्णय पर शान्ति से विचार करने में सक्षम बनाता है। वार्षिक रिपोर्ट, स्टॉक एक्सचेंज को दी जाने वाली सूचनाएँ, प्रेस विज्ञप्ति और खातों के बारे में पेज पर नीचे दिए जाने वाले पढ़ना महत्त्वपूर्ण है और कई बार इसमें हमे कुछ अतिरिक्त जानकारी मिल जाती है जो विश्लेषण में फ़ायदेमंद हो सकती है। लेकिन मेरा मानना है कि बड़ी तसवीर को समझना (वास्तव में अहम दो से तीन प्रमुख बदलने वाले कारकों) यदि ज़्यादा नहीं तो कम से कम उतना ही महत्त्वपूर्ण तो है ही। हममें से कुछ लोग व्यवसाय मूल्यांकन में औसत हो सकते हैं, लेकिन बड़ी तसवीर को ध्यान में रखते हुए उपलब्ध जानकारी को उपयुक्त संदर्भ में समझकर और निवेश के लिए वास्तव में ज़रूरी कुछ कारकों को इंगित कर औसत से अधिक परिणाम हासिल कर सकते हैं।

कोलंबिया विश्वविद्यालय में अपने एक व्याख्यान में जोएल ग्रीनब्लाट ने अपने छात्रों को हमेशा बड़ी तसवीर दिमाग़ में रखने के महत्त्व की सीख दी : ''बड़ी तसवीर को स्पष्ट

कीजिए। आपके पूर्ववर्ती लम्बे समय तक नाकाम रहे। इस कारण से नहीं कि उनमें स्प्रेडशीट पर काम करने की क्षमता नहीं थी। इसका कारण बड़ी तसवीर को समझने में नाकामी से है। मैं बड़ी तसवीर पर ध्यान केन्द्रित करता हूँ। तर्क के बारे में सोचें, ना कि केवल सूत्र के बारे में।''

निवेश में सरलता ही दीर्घकालिक सफलता का रास्ता है। बफ़ेट कहते हैं : ''व्यवसाय प्रबंधन संस्थान सरल व्यवहार की तुलना में कठिन जटिल व्यवहार को अधिक पुरस्कृत करते हैं, लेकिन सरल व्यवहार अधिक प्रभावशाली होता है... हम इसलिए सफल नहीं हुए, क्योंकि हमारे पास कोई महान, जटिल सिस्टम है या हम कोई जादूगरी या इस प्रकार का कुछ भी करते हैं। हमारे पास केवल सरलता ही है।''

सादगी विचारशील ढंग से कमी करते जाने की कला है। यह गहराई से जड़ें जमाए विश्वासों को व्यवस्थित ढंग से ग़लत करार देने की व्यवस्था है। कॉनन डॉयल के काल्पनिक चरित्र शर्लक होम्स ने एक बार कहा था, ''यदि आप असंभव को ख़त्म कर देते हैं तो जो कुछ भी रहेगा, चाहे वह कितना भी असंभाव्य हो, सत्य ही होगा।'' इसके विपरीत जटिलता आपके सामने शायद नुक़सान पहुँचाने वाले रूप में कहीं अधिक संभावनाएँ और आश्चर्य लेकर आती है।

बफ़ेट लम्बे समय से सरल करने के विचार पर ज़ोर दे रहे हैं। उन्होंने 1992 में शेयरधारकों को पत्र में लिखा, ''हम उन कारोबारों पर क़ायम रहने की कोशिश करते हैं जिनके बारे में हमें विश्वास है कि हम उनको समझते हैं। इसका मतलब है कि ये कारोबार अपेक्षाकृत सरल और स्थिर होने चाहिए। यदि कोई व्यवसाय जटिल है या निरंतर होने वाले बदलावों से प्रभावित होता है तो हम भविष्य के नक़द प्रवाह का अनुमान लगाने में पूरी तरह से होशियार नहीं हैं। संयोग से, यह कमी हमें परेशान भी नहीं करती।''

इससे सहमत मंगर कहते हैं : ''हमें चीज़ों को सरल रखने का जुनून है। अगर कुछ बहुत कठिन है, तो हम किसी और चीज़ की ओर बढ़ते हैं। उससे ज़्यादा सरल और क्या हो सकता है?''

देखें कि मंगर दौलत जमा करने को कितना सरल बनाने में सक्षम हैं : ''जितना आप कमाते हैं उससे कम ख़र्च करें; हमेशा कुछ न कुछ बचाते रहें। यह धन राशि कर बचाने वाले खाते में जमा करते रहें। समय के साथ यह एक बड़ी रक़म हो जाएगी। यह कोई बहुत विचार करने वाली बात नहीं है।''

बुद्धिमान लोग जटिल समाधानों की ओर आकर्षित होते हैं। ख़ूब होशियार और उच्च शिक्षित लोग वित्त की दुनिया में काम करते हैं। लेकिन उस बुद्धिमत्ता की अक्सर क़ीमत चुकानी पड़ती है, क्योंकि चतुर लोग यह मानते हुए कि उनके पास सभी जवाब हैं, आसानी से स्वयं को मूर्ख बना लेते हैं। यह उन्हें बड़ी मुसीबत में डाल सकता है। जैसा कि अल्बर्ट आइंस्टीन ने कहा है, ''यदि आप इसे सरलता से नहीं समझा सकते तो आपने इसे अच्छी तरह से नहीं समझा है।''

विलियम जेम्स के अनुसार, ''बुद्धिमान होने की कला यह जानने की कला है कि क्या नज़रअंदाज करना है।'' यह सिर्फ़ व्यवसाय समस्याओं के लिए सच नहीं है, लेकिन लोगों के लिए भी सही है। जैसा कि बफ़ेट चेतावनी देते हैं, ''आप एक बुरे व्यक्ति के साथ अच्छा करार नहीं कर सकते।'' संक्षेप में उन्होंने अपने व्यवसायिक और व्यक्तिगत जीवन में इसी सूत्र को अपनाया है। उन्होंने केवल उन्हीं लोगों के साथ काम किया है जिनकी वह प्रशंसा करते हैं और जिन पर वह भरोसा करते हैं। इसका परिणाम यह हुआ है कि उनको बहुत कम ही बुरे लोगों द्वारा पैदा की गई समस्याओं से जूझना पड़ा है।

हालाँकि ओकाम्स रेज़र एक उपयोगी मानसिक मॉडल है, लेकिन इसे अनुभवजन्य परीक्षण के विकल्प के रूप में नहीं देखा जाना चाहिए। यह सादगी के व्यक्तिपरक मूल्यांकन पर निर्भर करता है और सामने आने वाली समस्याओं के अनुमानित या ''काफ़ी अच्छे'' समाधानों (जिसे ''संतोषजनक'' भी कहा जाता है) की ओर देखता है। यह कोई नियम नहीं है। यह मार्गदर्शन या सुझाव के समान है।

शर्लक होम्स किसी मामले में सबसे सरल, सबसे स्वाभाविक स्पष्टीकरण की तलाश करेगा लेकिन वह जटिल मामलों को अत्यधिक सरल नहीं करने में भी विश्वास करते थे। ख़ासकर जब बहुत गुँथे हुए जटिल मामलों की पड़ताल करते थे।

इसी तरह, अल्बर्ट आइंस्टीन सादगी की शक्ति में विश्वास करते थे, लेकिन उन्होंने इसकी सीमाओं को भी समझा : ''हर चीज़ को जितना संभव हो उतना सरल बनाया जाना चाहिए, लेकिन बहुत अधिक सरल नहीं।''

उदाहरण के लिए शेयर बाज़ार में मूल्य-से-आय (पी/ई) अनुपात की लोकप्रियता का कारण इसकी सादगी और पहुँच है। 20x (बीस गुणा) के अनुपात का सीधा सा मतलब है कि एक कम्पनी अपनी आय के 20 गुना बाज़ार पूँजीकरण पर उपलब्ध है। दूसरे शब्दों में शेयर की क़ीमत उसकी प्रति शेयर आय से बीस गुना पर कारोबार कर रही है। हालाँकि अकेले पी/ई अनुपात से हमें व्यवसाय में पूँजी की मात्रा, नक़दी प्रवाह सृजन, प्रबंधन गुणवत्ता, या बही-खाते की मज़बूती या इसके प्रतिस्पर्धी लाभ की संभावित अवधि के बारे में कुछ भी पता नहीं चलता है। शेयर बाज़ार में धन कमाने के लिए केवल पी/ई अनुपात के अलावा और भी बहुत कुछ देखना पड़ता है। (प्रत्येक निवेशक को ''मूल्य-आय गुणक क्या है'' और माइकल मौबोसिन तथा एपोक इन्वेस्टमेंट पार्टनर्स की ''पी/ई रेश्यो : ए यूजर्स मैनुअल'' का गहराई से अध्ययन करना चाहिए।''

सरल बनाने के तीन चरण

रणनीति जटिल हो सकती है। व्यवस्था सरल होनी चाहिए। युक्तियाँ आती हैं और जाती हैं लेकिन दुनिया जिस तरह से काम करती है, उसके बारे में एक व्यापक दर्शन आपको अलग-अलग परिदृश्यों में बेहतर निर्णय लेने में मदद कर सकता है। सरल कभी शैली से बाहर नहीं होता लेकिन जटिल होता है।

– बेन कार्लसन

सरल बनाने में पहला क़दम उन चीज़ों पर समय बर्बाद करने से बचना है जो जानी नहीं जा सकती हैं और महत्त्वहीन हैं। किसी समस्या से जूझने से पहले पूछें कि क्या यह महत्त्वपूर्ण और समाधान के लायक़ है। बफ़ेट बताते हैं, ''आप जो निर्णय लेंगे, उस पर विचार करते हुए दो प्रश्न आप स्वयं से पूछें। (ए) क्या यह जानी जा सकती हैं? (बी) क्या यह महत्त्वपूर्ण है? यदि यह जानी नहीं जा सकती हैं तो हम उनके बारे में भूल जाते हैं। जैसे कि हम जानते हैं कि सभी प्रकार की चीज़ें होती है जो महत्त्वपूर्ण भी हैं लेकिन जानी नहीं जा सकती हैं। और यदि यह महत्त्वहीन है तो चाहे यह जानी जा सकती हैं या नहीं, इससे कोई फ़र्क़ नहीं पड़ेगा। हमें कोई परवाह नहीं है।''

ब्याज दरें किस ओर बढ़ेंगी, अब आगे शेयर बाज़ार में क्या होगा, अर्थव्यवस्था किधर जा रही है, इत्यादि। ये सब महत्त्वपूर्ण लेकिन जानी नहीं जा सकती हैं।

सरल बनाने का दूसरा चरण ध्यान केन्द्रित करना है। जब हम एक साथ बहुत सारे काम पूरा करने की कोशिश करते हैं तो सब कुछ ख़राब कर बैठते हैं। ध्यान लगाना एक दुर्लभ संसाधन है जो दिन भर ख़त्म होता रहता है। फिर भी हम ऐसे व्यवहार करते हैं, जैसे इसे बिना किसी नकारात्मक परिणाम के असीमित रूप से विभाजित किया जा सकता हो। जब हम एक समय में एक ही चीज़ पर ध्यान केन्द्रित करते हैं तब निर्णय लेने की प्रक्रिया ज़्यादा प्रभावी होती है। कई शोध अध्ययनों में बार-बार दिखाया गया है कि मानव मस्तिष्क को कई सारे कार्यों के अनुकूल नहीं बनाया गया है। ख़ासकर जब कोई जटिल और नया कार्य हो। जीवन में सबसे कठिन कामों में से एक है अच्छे अवसर से बचना ताकि आपके पास महान अवसरों को देने के लिए समय हो – और इस अंतर को समझने की बुद्धि होना।

बफ़ेट की सफलता का रहस्य फ़ोकस है। वे किसी भी काम में बेहद तल्लीन हो जाते हैं। ज़्यादा काम करने की बजाय, वह कम काम करते हैं। उन्होंने एक बार अपने निजी विमान पायलट माइक फ़्लिंट से कहा, फ़्लिंट को अपने लक्ष्य तक पहुँचने के लिए तीन चीज़ें करने की ज़रूरत थी। पहला अपने शीर्ष पच्चीस लक्ष्यों को लिखना था। दूसरा, शीर्ष पाँच सबसे महत्त्वपूर्ण लक्ष्यों पर घेरा बनाना। अंत में इन पाँच लक्ष्यों को एक अलग सूची में रखना-और छह से पच्चीस तक लक्ष्यों को ''करने योग्य नहीं'' सूची में रखना। बफ़ेट ने निष्कर्ष निकालते हुए कहा : ''जिन पर भी आपने घेरा नहीं बनाया, वे आपके लिए किसी भी क़ीमत पर बचने वाले लक्ष्य हो गए। इस तरह से आपकी 'हर क़ीमत पर बचें' सूची तैयार हो जाती है। चाहे कुछ भी हो, जब तक आप अपने पाँच शीर्ष लक्ष्यों में सफल नहीं हो जाते, तब तक इस सूची की ओर आपका कोई ध्यान नहीं जाता।''

हमारे जीवन में बहुत सी चीज़ें हैं जो हम करना चाहते हैं। कौन पच्चीस अलग-अलग क्षेत्रों में सफल नहीं होना चाहेगा? लेकिन जब हम एक साथ पच्चीस चीज़ों का पीछा करते हैं, तभी हर काम को थोड़ा-बहुत जानने लेकिन किसी भी काम में माहिर नहीं होने के जोख़िम में पड़ जाते हैं। हमारा समाज उत्कृष्टता और विशेषज्ञता को पुरस्कृत करता है। आपको केवल कुछ चुने हुए हुनर में उत्कृष्टता प्राप्त करने की आवश्यकता है। और यही कारण है कि बफ़ेट की ''नहीं करने वाली सूची'' इतनी मददगार है। आपकी सूची में छह से पच्चीस तक लक्ष्य में संभवतः सभी महत्त्वपूर्ण चीज़ें हो सकती हैं जिनकी आप परवाह

करते हैं। लेकिन जब एक से पाँच तक की बात आती है तो छह से पच्चीस तक के लक्ष्य ध्यान भटकाने का काम करने वाले हैं। गौण प्राथमिकताओं पर समय लगाने के कारण ही हमारे पास पाँच पूर्ण परियोजनाओं के बजाय बीस आधे-अधूरे काम हैं। पेरेटो सिद्धांत कहता है, ''आपके 80 प्रतिशत परिणाम आपकी 20 प्रतिशत गतिविधियों का नतीजा होते हैं।'' शीर्ष 20 प्रतिशत गतिविधियों पर ध्यान केन्द्रित करें और नीचे की 80 प्रतिशत को कम प्राथमिकता में रखें।

ना करने वाली सूची की अवधारणा गैरी केलर और जे पापासन की पुस्तक द *वन थिंग* के पीछे के मूल विचार के समान ही है। यह एक साथ बहुत सारे काम को सफलता का मार्ग बताने वाले सिद्धांत को ख़ारिज करता है। इसके बजाय, अपने आप से पूछें, ''आज मैं सबसे महत्त्वपूर्ण काम क्या कर सकता हूँ? वह एक क्या चीज़ है जो मेरे जीवन में बाक़ी सब कुछ या तो आसान बना देगी या अनावश्यक?''

> सफल लोगों और बहुत सफल लोगों के बीच अंतर यह है कि बहुत सफल लोग लगभग सभी कुछ के लिए नहीं कहते हैं।
>
> – वॉरेन बफ़ेट

जब आप ना कहते हैं, तो आप केवल एक विकल्प के लिए ना कह रहे होते हैं। जब आप हाँ कहते हैं तो आप हर दूसरे विकल्प को नहीं कह रहे होते हैं। तो सावधान रहें कि आप किसके लिए और किसको हाँ कहते हैं। यह विकल्प अंततः आपके जीवन में बहुत सी चीज़ों को आकार देगा। हर दिन हमारे पास विकल्प चुनने और अपने भविष्य को आकार देने का अवसर होता है। प्रत्येक दिन हमारे शेष जीवन के लिए पहला दिन है।

सरल करने का तीसरा चरण है पीछे की ओर लौटते हुए तर्क करना। सीधे समाधान तक पहुँचने की कोशिश करने के बजाय उन विकल्पों को हटाते हुए शुरुआत करें। अपनी समस्या को छोटा करते जाने से आपको बहुत बड़ा फ़ायदा मिलता है। फिर आप अपना समय और ध्यान अधिक उत्पादक क्षेत्रों पर केन्द्रित कर सकते हैं।

> हम ईमानदारी से देखें। हम निश्चित रूप से नहीं जानते कि हमें क्या सफल बनाता है। हम ठीक-ठीक यह नहीं बता सकते कि हमें क्या ख़ुशी देता है। लेकिन यह हम निश्चित रूप से जानते हैं कि वह क्या है जो सफलता या ख़ुशी को ख़त्म करता है। यह अहसास, जितना सरल है, मौलिक है: नकारात्मक ज्ञान (क्या ना करें) सकारात्मक ज्ञान (क्या करें) की तुलना में कहीं अधिक प्रबल है।
>
> – रॉल्फ़ डोबेल

अच्छे निवेश निर्णय लेने के लिए आप जिस शेयर को ख़रीदने के बारे में सोच रहे हैं, उसे नहीं ख़रीदने के कारणों की सक्रिय होकर तलाश करने की ज़रूरत है। यह हमेशा विपरीत सोचने की प्रक्रिया है। सरल करने की प्रक्रिया में जटिल समस्या को हिस्सों में विभाजित करने से बेहतर फ़ैसले करने में मदद मिलती है। उदाहरण के लिए जब भी मैं किसी शेयर

के बारे में विचार करता हूँ तो चार विपरीत सवाल करता हूँ। यह सवाल किसी कार्य को करने के समर्थन में मजबूत कारणों की तलाश कर रही मानसिकता को ध्वस्त कर देते हैं और मुझे सक्रिय रूप से अपुष्ट सबूतों को खोजने के लिए मजबूर करते हैं।

1. *मैं पैसे कैसे कमा सकता हूँ, की बजाय मैं किस तरह से पैसे गँवा सकता हूँ?* अगर आप घाटे को रोकने पर ध्यान केन्द्रित करते हैं तो लाभ खुद अपना ध्यान रखता है।
2. *इस स्टॉक की कीमत क्या होने जा रही है, की बजाय इस स्टॉक की क़ीमत यह नहीं है?* यदि आप स्टॉक की न्यूनतम क़ीमत या सस्ती क़ीमत की पहचान कर सकते हैं तो लाभदायक निर्णय लेना बहुत आसान हो जाता है।
3. *इस स्टॉक की वृद्धि को तेज़ करने वाले कारक क्या हैं, की बजाय इस स्टॉक के साथ क्या ग़लत हो सकता है?* केवल वृद्धि के कारकों पर ध्यान केन्द्रित करने के बजाय बहुत से संभावित नतीजों की संभावनाओं के बारे में सोचें और संभावित जोख़िमों पर विचार करें, विशेषकर ऐसे जोख़िमों पर जो पहले कभी घटित नहीं हुए।
4. *बाज़ार शेयर के वर्तमान मूल्य में क्या वृद्धि दर देख रहा है? की बजाय भविष्य की वृद्धि दर को लेकर मेरी क्या धारणा है?* विपरीत रियायती नक़दी प्रवाह शेयर के संबंध में बाज़ार की वर्तमान धारणाओं को ख़त्म कर देते हैं। फिर बाज़ार की धारणाओं की तुलना अपनी धारणाओं से करें और उसके अनुसार निर्णय करें।

अच्छे निवेशक तथ्यों को देखते हुए आवश्यक होने पर अपनी राय को पूरी तरह से बदल लेने का लचीलापन दिखाते हैं। वे यह उम्मीद नहीं करते हैं कि वे सही होंगे, वे मूल्यांकन करते रहते हैं कि वे क्यों ग़लत हो सकते हैं। सोशल मीडिया पर सतर्क निवेशकों का विश्लेषण भी अपुष्ट सबूत का अच्छा स्रोत होता है जिससे मुझे काफ़ी लाभ हुआ है। ये निवेशक जिस कम्पनी के शेयर की समीक्षा करते हैं, उसके संबंध में टिप्पणी में मंदी या संदेह व्यक्त करते हैं। जिन शेयरों को मैं ख़रीदने पर विचार कर रहा हूँ या जिनको लेकर मेरी तेज़ी की धारणा है, उनके बारे में सबूत की पुष्टि नहीं करने के लिए एक और उपयोगी स्रोत शॉर्ट सेलर (बेचवाल) या नकारात्मक रिपोर्ट हैं। सेत क्लारमैन ने पहले बताया है कि जानकारी का यह स्रोत कितना लाभप्रद हो सकता है:

> हमारा अपना अनुभव कहता है बहुत लम्बे समय का विश्लेषण एकपक्षीय, अत्यधिक आशावादी होता है जिसके ग़लत होने की संभावना ज़्यादा होती है। बेचवाल अनजाने में ही कुशल विश्लेषक की भूमिका निभाते हैं। वे आर्थिक विकास की दम पर लम्बी अवधि की दृष्टि से बढ़त और जनमत तथा मार्जिन के धन से अल्पकालिक तेज़ी को थाम कर बाज़ार के मूल्यांकन पर नियंत्रण करते हैं। उनके काम का प्रतिफल आम तौर पर बहुत उच्च पायदान पर है और होना ही

चाहिए। बेचवालों की निंदा या उन पर प्रतिबंध नहीं होना चाहिए बल्कि ज़्यादातर को प्रोत्साहित किया जाना चाहिए और उनके होने की ख़ुशियाँ मनाई जानी चाहिए। वे वित्तीय बाज़ारों पर अंकुश रखने वाले पुलिसकर्मी हैं जो धोखाधड़ी की पहचान करते हैं और बुलबुले के प्रति सावधान करते हैं। वास्तव में वे नौसीखिए और नासमझ निवेशकों को ठगने वाली योजनाओं से बचाते हैं जिसमें नियामक और प्रवर्तन एजेंसियाँ सक्षम दिखाई नहीं देतीं।

जीवनशैली में सादगी

ख़ुश रहना बहुत सरल है, लेकिन सरल रहना बहुत मुश्किल है।

– रवीन्द्रनाथ टैगोर

ज्ञान प्राप्त करने के लिए प्रतिदिन चीज़ों को जोड़ें; बुद्धि प्राप्त करने के लिए, हर दिन चीज़ें कम करते जाएँ।

– लाओ त्ज़ू

क्या आपने कभी सोचा है कि बहुत कुछ ऐसा है जिसका आपको दिन-ब-दिन मूल्यांकन करने की आवश्यकता है? बहुत अधिक समाचार, बहुत अधिक प्रश्न, बहुत सारी संपत्ति, हर चीज़ के लिए बहुत सारे विकल्प, चुनने के लिए बहुत सारे स्टॉक, बहुत अधिक निवेश उत्पाद जिन्हें बहुत से वित्तीय सलाहकार आपको बेचना चाहते हैं।

अगर आपके साथ भी ऐसा है, तो आपको अपने भीतर शान्ति लाने के लिए ज़रूरतों को न्यूनतम करने की आवश्यकता है। यानी न्यूनतमवाद या मिनिमैलिज़्म को अपनाने की ज़रूरत है।

न्यूनतमवाद मूलतः सरलता का ही विस्तार है- आप चीज़ों को जटिल से सरल की ओर ही नहीं ले जाते बल्कि गैर ज़रूरी चीज़ों से छुटकारा पाने का भी प्रयास करते हैं। जीवन में कुछ चीज़ें वास्तव में मायने रखती हैं। क्योंकि कुछ चीज़ें मायने रखती हैं, हमें ध्यान से सोचना चाहिए कि वास्तव में हमारे लिए क्या मायने रखता है और फिर अपना समय मुख्य रूप से उन चीज़ों के लिए समर्पित करें। इस तरह हम हमारे लिए मायने ना रखने वाली नई चीज़ का पीछा करने के बजाय जो हमारे लिए मायने रखता है उस पर ध्यान केन्द्रित रखेंगे। लक्ष्य चीज़ों की संख्या बहुत कम रखना नहीं है बल्कि श्रेष्ठतम रखना है।

न्यूनतमवाद का अभ्यास करने से मेरे जीवन में शान्ति और सरलता आई है। इससे मुझे जीवन के उन पक्षों की ओर ध्यान केन्द्रित करने का समय मिला है जो मेरे लिए ज़्यादा सार्थक हैं – अपने परिवार, दोस्तों, व्यक्तिगत स्वास्थ्य और सीखने की गतिविधियों के लिए ज़्यादा समय देना।

कम सामान के साथ यात्रा करने से लेकर कम जंक फूड और चीनी खाने, मोबाइल फ़ोन पर कम एप्स का उपयोग करने, निवेश में कम स्टॉक रखने तक मैंने न्यूनतमवाद को जीवनशैली में अपना लिया है। मैं इससे अपने जीवन में आई स्पष्टता, फ़ोकस और दक्षता के अपार लाभ देख सकता हूँ। मेरे लिए न्यूनतमवाद कम तनाव के साथ जीवन बिताना है। इससे धन की बचत का अतिरिक्त लाभ भी है।

क्या आपके पास अलग-अलग डीमेट खातों में पचास से अधिक स्टॉक हैं? मैं आपसे इसे सरल करने का आग्रह करूँगा। क्या आपने दस से अधिक विभिन्न म्यूचुअल फ़ंड स्कीम में निवेश किया है? मैं आपसे इसे सरल करने का आग्रह करूँगा। क्या आपने अनेक ''निवेश योजनाओं'' में निवेश किया है जिनका ''मूल ''उद्देश्य'' जीवन और स्वास्थ्य बीमा प्रदान करना है? मैं आपसे आग्रह करता हूँ सरल करें। क्या समय के साथ आपके पास दफ़्तर में या घर पर ढेर सारी निष्क्रिय, बेकार चीज़ें इकट्ठी हो गई हैं? मैं आपसे इसे सरल करने का आग्रह करूँगा। जीवन के विभिन्न पहलुओं से गैर ज़रूरी सामग्री को हटाना, व्यवस्थित करना निर्णय की थकावट को कम कर देती है और हम वास्तव में जो हासिल करना चाहते हैं उसकी ओर हमारा ध्यान ज्यादा केन्द्रित होता है।

शान्ति की ओर जाने का कोई मार्ग नहीं है। शान्ति ही मार्ग है।

– महात्मा गाँधी

जीवन में न्यूनतमवाद कोई मंज़िल नहीं है, जहाँ तक पहुँचना हो।

यह मार्ग है जिसका अनुसरण करना है। जीवनशैली के रूप में न्यूनतमवाद को अभ्यास करना और अपनाना सरल है।

यह सरल है लेकिन आसान नहीं है।

आप रातोंरात न्यूनतमवादी नहीं बन सकते। लेकिन, जैसा कि लाओ त्ज़ू ने कहा था, ''हज़ारों मील की यात्रा एक क़दम से शुरू होती है।''

मैक्सिकन मछुआरे और अमेरिकी बैंकर का दृष्टांत मेरी पसंदीदा कहानियों में से एक है और इसमें जीवन का एक महत्त्वपूर्ण सबक़ शामिल है। हममें से अधिकांश लोगों की आदत में शुमार है कि हम लगातार जोड़ते चले जाते हैं और यह भूल जाते हैं कि वास्तव में अंतिम उद्देश्य ख़ुशी और एक परिपूर्ण जीवन होना चाहिए। आज हम जिन सभी अच्छाइयों से घिरे हुए हैं, उन्हें नज़रअंदाज़ करना भी उतना ही आसान है।

वास्तव में समृद्ध जीवन जीने के लिए बहुत अधिक धन की आवश्यकता नहीं है, लेकिन हमें अपने समय पर नियंत्रण वित्तीय स्वतंत्रता से ही हासिल होता है। यह महत्त्वपूर्ण विषय है जिस पर हम अगले अध्याय में चर्चा करेंगे।

अध्याय 9

आर्थिक आज़ादी का लक्ष्य रखें

एक आदमी को कुछ समझाना मुश्किल है, जब उसका वेतन ही यह नहीं समझने पर निर्भर करता हो।

– अप्टॉन सिंक्लेयर

मैं जिसका अनाज खाता हूँ, उसके गीत गाता हूँ।

– चार्ली मंगर

सच्चाई को तब आत्मसात करना कठिन होता है, जब हित उसका विरोध करते हैं। आप वास्तव में तब तक यह नहीं समझ सकते कि दुनिया सचमुच में कैसे काम करती है, जब तक आपके पास वित्तीय स्वतंत्रता ना हो। आप एक बार इस अवस्था को प्राप्त कर लेते हैं तो यह सब कुछ बदल देता है। यह आपको वास्तव में निष्पक्ष तरीक़े से देखने में सक्षम बनाता है। जल्दी से जल्दी आर्थिक आज़ादी हासिल करने का लक्ष्य रखें। तभी आपको संसार वास्तव में जैसा है, वैसा ही दिखाई देना शुरू होगा। जब तक आप आर्थिक रूप से स्वतंत्र नहीं हैं, तब तक आपका लम्बी अवधि के लिए सोचना और कार्य करना कठिन है। वित्तीय स्वतंत्रता का मतलब यह नहीं है कि आप काम नहीं करते, बस आपको इसकी आवश्यकता नहीं है। यह अप्रत्याशित रोज़गार के आंतरिक भटकाव को ख़त्म कर देता है।

आर्थिक आज़ादी का लक्ष्य दूसरों (मालिक, ग्राहक, समयबद्ध कार्यक्रम, वेतन) पर निर्भरता को ख़त्म करना है। सच्ची दौलत व्यक्तिगत स्वतंत्रता और आज़ादी के संदर्भ में मापी जाती है, ना कि रुपये, पैसे में। केवल पैसा ही स्वतंत्रता का प्रतीक नहीं है। समय पर नियंत्रण जरूर स्वतंत्रता है। सफलता की एकमात्र परिभाषा अपना जीवन अपने हिसाब से बिताने में सक्षम होना है।

क्या हमारे पास आर्थिक आज़ादी प्राप्त करने का कोई रास्ता है?

वास्तव में इसे करने का एक सरल तरीक़ा है।

> यह सरल है लेकिन आसान नहीं है।
>
> इसके लिए बहुत कड़ी मेहनत, त्याग, अनुशासन और धैर्य की आवश्यकता होती है।
>
> जब मैं छोटा था, मैंने द *रिचेस्ट मैन इन बेबीलोन* पढ़ा था जिसमें कहा गया था *कि अपनी आय से कम ख़र्च करें और बचने वाली रक़म निवेश करें।* लो और देखो, मैंने यह किया और यह काम कर गया।
>
> – चार्ली मंगर

वित्तीय स्वतंत्रता के लिए पहला क़दम अपनी आय और साधनों के दायरे में रहना है। चार्ल्स डिकेंस की सर्वकालिक महान रचना *डेविड कॉपरफ़ील्ड* में उन्होंने लिखा है, ''वार्षिक आय बीस पाउंड, वार्षिक ख़र्च उन्नीस पाउंड, परिणाम ख़ुशी। सालाना आमदनी बीस पौंड, सालाना ख़र्च बीस पाउंड से ज़्यादा, परिणाम कष्ट।''

यह उपन्यास 1849 में लिखा गया था, और यह आज भी उतना ही सच है–और हमेशा रहेगा।

अपनी आय को यथासंभव कम ख़र्च करें। मनमाने उपभोग के लिए क़र्ज़ लेने से बचें। घर पर खाना बनाएँ। सेल से ही कपड़े ख़रीदें। मितव्ययता को जीवन का हिस्सा बनाएँ। बेंजामिन फ्रेंकलिन की द *वे टु वेल्थ,* जॉर्ज क्लैसन की द *रिचेस्ट मैन इन बेबीलोन,* थॉमस स्टेनली और विलियम डैंको की द *मिलियनेयर नेक्स्ट डोर* और रॉबर्ट कियोसाकी की *रिच डैड पुअर डैड* पढ़ें। हमेशा पहले अपने आप के लिए भुगतान करें। पहले निवेश करें और उससे बचने वाला धन ही अपने ऊपर ख़र्च करें। कभी भी आय के एक ही स्रोत पर निर्भर नहीं रहें; अपने आप में निवेश करें और आय का दूसरा स्रोत बनाने के लिए कोई नया कौशल सीखें। शीघ्र–अमीर बनने की योजनाओं से बचें। महान निवेशकों से सीख लेकर सोच–समझकर निवेश करें। आप जब अंततः आर्थिक आज़ादी हासिल कर लेंगे, तब आप अतीत में इसके लिए किए गए त्याग के कारण वास्तव में पैसे के मूल्य को समझेंगे।

समय के साथ संपत्ति बनाने का आपकी आय के स्तर से या निवेश पर रिटर्न से कोई लेना–देना नहीं है। इसका बचत अनुशासन से ज़्यादा संबंध है। जैसा पीटर लिंच कहते हैं, ''आपने कितना पैसा कमाया है, लम्बे समय में सिर्फ़ यही आपकी भविष्य की समृद्धि को निर्धारित नहीं करेगा। बल्कि उसमें से कितना आपने बचाकर और उसका निवेश कर और धन कमाने में लगाया है।'' दौलत समय के साथ संचित बचत है जो आय से ख़र्च करने के बाद बचती है। आप उच्च आय के बिना भी दौलत बना सकते हैं लेकिन बिना किसी बचत के इसकी कोई संभावना नहीं है। इससे स्पष्ट है कि किसको अधिक प्राथमिकता दी जानी चाहिए।

मेरे लिए रुपया पैसा स्वतंत्रता और आज़ादी है ना कि कोई ऐसा साधन जो गैर ज़रूरी ख़र्च में उड़ा दिया जाए। भौतिक वस्तुओं पर एक सीमा से ज़्यादा ख़र्च करना अधिकतर व्यक्ति के अहंकार का प्रतिबिंब होता है। अपनी बचत को बढ़ाने के सबसे प्रभावी तरीक़ों में से एक आय बढ़ाना नहीं लेकिन विनम्रता को बढ़ाना है। एक मित्र ने एक बार मुझसे पूछा,

''पैसा कमाने का मतलब ही क्या है, अगर उसे बचाकर ही रखना है?'' मैंने उत्तर दिया, ''पूरा पैसा क्यों ख़र्च करें जिससे आपको दोबारा उसे कमाने की ज़रूरत पड़े?''

यदि पैसा ही दौलत का असली पैमाना होता, तो हर अमीर व्यक्ति ख़ुश होता। लेकिन हम जानते हैं कि यह सच नहीं है। पैसे से प्यारा सा परिवार, अच्छा स्वास्थ्य, सत्यनिष्ठा, नैतिकता, नम्रता, दयालुता, सम्मान, चरित्र, या साफ़-सुथरी अंतरात्मा नहीं ख़रीदी जा सकती। जीवन की सबसे महत्त्वपूर्ण चीज़ें अमूल्य हैं, और, मेरे विचार से, ये ही संपत्ति के वास्तविक पैमाने हैं। सार्थक जीवन जीने से स्थायी ख़ुशी प्राप्त होती है- जुनून और आज़ादी से भरा ऐसा जीवन जिसमें हम एक व्यक्ति के रूप में विकसित होते हैं और अपने तथा अपने परिवार से बाहर जाकर योगदान करते हैं। विकास और योगदान ख़ुशियों की आधारशिला हैं। वस्तु या सामग्री से ख़ुशी नहीं मिलती। अपनी पुस्तक *द ज्योमेट्री ऑफ़ वैल्थ* में ब्रायन पोर्टनॉय ने दौलत को ''वित्त समर्थित संतुष्टि'' बताया है। यानी सार्थक जीवन का उत्तरदायित्व लेने की क्षमता जिसमें उद्देश्य और व्यवहार को सोच-समझकर तय किया गया है। हमारे आंतरिक मूल्यों की व्यक्तिगत परिभाषा से दौलत अपना वास्तविक प्राप्त करती है।

बचत जीवन के अपरिहार्य झंझावातों से बचाव करती है। जमा पूँजी हमें विकल्प और लचीलापन, इंतज़ार की क्षमता और किसी के जीवनकाल में आ सकने वाले दुर्लभ उत्कृष्ट अवसरों में भाग लेने की संभावना प्रदान करती है। लेकिन बचत का सबसे महत्त्वपूर्ण कारण व्यक्तिगत स्वतंत्रता और समय पर नियंत्रण है। यह हमें अपने जीवन के सार्थक पहलुओं पर अधिक ध्यान देने की छूट देता है, जैसे रिश्ते, रचनात्मक गतिविधियाँ, स्वास्थ्य और परोपकार।

व्यक्तिगत स्वतंत्रता हमें सोचने के लिए पर्याप्त समय देती है। किसी समस्या के संबंध में अलग-अलग तरीक़े से सोचकर अच्छे निर्णय लेने के लिए शांत, एकाकी समय की ज़रूरत होती है।

निर्बाध, मुक्त व्यक्तिगत समय जीवन का सबसे मूल्यवान सीमित संसाधन है। बिल गेट्स और मार्क ज़करबर्ग सहित कई जाने-माने सृजनशील उद्यमी सोच को उत्साहित और दिमाग़ को आज़ाद छोड़ देने के लिए नियमित रूप से ''थिंक वीक'' (चिंतन सप्ताह) पर जाते हैं। वे विशेष रूप से आराम करने और अपने दिमाग़ को हल्का-फुल्का करने के लिए समय निकालने का अक्सर पक्ष लेते हैं। सोचने की प्रक्रिया पर ध्यान केन्द्रित करने के लिए पूरे सप्ताह भर की छुट्टी दूर की कौड़ी लग सकती है, लेकिन एक बार आर्थिक आज़ादी हासिल कर लेने पर यह संभव है। केवल तभी हम बार-बार ठहर सकते हैं, आत्म चिंतन कर सकते हैं। विचारों, रुझानों और बुद्धिमता को शांत मन करके उनसे बेहतर नतीजे हासिल कर सकते हैं। (यह आवश्यक है। निवेशक के रूप में हम बहुत अधिक समय यह पढ़ने में व्यतीत करते हैं कि दूसरे क्या सोचते हैं या कहाँ निवेश कर रहे हैं। परिणामस्वरूप, हम आत्मनिरीक्षण में बहुत कम समय लगाते हैं।) शान्ति पूर्ण स्वतंत्रता बहुत रोमांचक है। स्वतंत्रता उस आय की तरह है जिस पर कर नहीं लगाया जा सकता। मूल्य निवेशक जो अपने तीसवें या चालीसवें वर्ष में आर्थिक स्वतंत्रता प्राप्त कर लेते हैं, वे अपने शेष जीवन में कुछ ऐसा करते हैं जो उन्हें पसंद है : विश्व के बारे में और जानना-समझना।

बेंजामिन फ्रेंकलिन अक्सर मितव्ययिता और काम करने की सुदृढ़ नीति के गुणों के बारे में लिखते थे। वह जानते थे कि ''खोया हुआ समय कभी फिर से नहीं मिलता।'' उन्होंने यह सुनिश्चित करने के लिए वित्तीय स्वतंत्रता की ओर क़दम बढ़ाए कि जितना संभव हो, उतना समय वापस प्राप्त किया जाए। उन्होंने यह स्वीकार किया है कि उनके लेखन का 90 प्रतिशत से ज़्यादा हिस्सा ''सभी युगों और देशों से प्राप्त समझ का संग्रहण था।'' फ्रेंकलिन ने अतीत का अध्ययन किया, ताकि वह अपने वर्तमान में अधिक स्वतंत्रता प्राप्त कर पाएँ।

छपाई की दुकान को सफल व्यवसाय बनाकर फ्रेंकलिन बयालीस वर्ष की आयु में सेवानिवृत्त होने में सक्षम थे। उनका धन निर्माण के प्रति दृष्टिकोण वास्तव में प्रेरणादायक है। उन्होंने 42 साल की आयु में अकूत धन-संपदा जमा कर ली थी। लेकिन उन्होंने दौलत जमा करने की ख़ातिर ऐसा नहीं किया। अपनी माँ को लिखे एक पत्र में, फ्रेंकलिन ने लिखा, ''मैं यह कहलाना पसंद करूँगा कि 'उनका जीवन उपयोगी जीवन रहा', बजाय इसके कि 'मृतक बहुत अमीर शख़्स था।'

फ्रेंकलिन ने उपयोगी जीवन जिया और उन्होंने अपने को इस मुक़ाम पर रखा, जहाँ वह अपनी कमाई दौलत दूसरों की ख़ुशी के लिए देते रहे।

1758 में प्रकाशित *द वे टु वेल्थ*, दरअसल 1733 से 1758 तक प्रकाशित *पुअर रिचर्ड्स अल्मनैक* (यह फ्रेंकलिन द्वारा हर साल प्रकाशित किया जाता था जो पुअर रिचर्ड्स के नाम से लिखते थे) में दी गई बेंजामिन फ्रेंकलिन की सलाहों का सार है। यह क्रमबद्ध तरीक़े से नैतिक संहिता में बुनी गई कहावतों का संकलन है जो उद्यम और मितव्ययिता को ''धन प्राप्ति के मार्ग'' के रूप में बताती हैं। इस तरह से निजी गुण विकसित करने पर ज़ोर देती हैं। फ्रेंकलिन की सलाह आज भी उतनी ही प्रासंगिक है जितनी 260 साल पहले थी। उन्होंने दैनिक जीवन में कार्य की संस्कृति, मेहनत और उद्यम की वकालत की : ''लेकिन आप जीवन से प्यार करते हैं, तो समय बर्बाद नहीं करें, क्योंकि जीवन इसी समय से बना है।''

फ्रेंकलिन का मानना था कि हर किसी को समाज के लिए योगदान देना चाहिए और हमें रोज़ाना अपना अंशदान देते समय हर दिन को उत्साहपूर्वक लेना चाहिए। उनकी नज़र में जीवन सार्वजनिक भलाई के लिए काम करने वाले लोगों के एक समुदाय का प्रतीक है। यही कारण है कि वह ''हम, लोग'' में विश्वास करते थे और इस दलील देते थे कि ''यदि हम मेहनती हैं तो हम कभी भूखे नहीं रहेंगे; क्योंकि, मेहनतकश के घर में भूख झाँकती तो है, लेकिन भीतर आने की हिम्मत नहीं कर पाती है।''

अमेरिका के सबसे बुज़ुर्ग संस्थापक जनक भी मितव्ययिता के गुणों के प्रबल समर्थक थे : ''यदि आप धनवान होंगे...तो बचत के साथ-साथ प्राप्त करने के बारे में भी सोचिए: इंडीज ने स्पेन को अमीर नहीं बनाया है, क्योंकि उनका व्यय उनकी आय से अधिक है।''

फ्रेंकलिन के अनुसार मितव्ययिता और मजबूत कार्य नीति धन निर्माण के लिए चरित्र की ज़रूरी ख़ूबियाँ हैं।

बेंजामिन फ्रेंकलिन अपना योगदान देने में इसलिए सक्षम हुए, क्योंकि उनके पास वित्तीय स्वतंत्रता थी।

– चार्ली मंगर

मिशिगन विश्वविद्यालय के रॉस स्कूल ऑफ़ बिज़नेस में उपस्थित लोगों के साथ बातचीत के दौरान, 2017 में, चार्ली मंगर ने अपने प्रारंभिक वर्षों का लेखा-जोखा दिया और बताया कि वॉरेन बफ़ेट के साथ व्यापार में शामिल होने से पहले उन्होंने व्यक्तिगत रूप से वित्तीय स्वतंत्रता हासिल की। एक ब्लॉग पोस्ट में, जोनाथन पिंग ने चर्चा की है कि कैसे मंगर ने अपने आदर्श बेंजामिन फ्रेंकलिन की ख़ूबियों का अनुकरण किया :

- **मंगर का जन्म असाधारण रूप से दौलतमंद परिवार में नहीं हुआ था –** वह स्नातक के लिए स्टैनफ़ोर्ड जाना चाहते थे लेकिन उनके पिता ने मिशिगन विश्वविद्यालय जाने को प्रोत्साहित किया क्योंकि यह ज़्यादा किफ़ायती था। हालाँकि उत्कृष्ट संस्थान भी था। मंगर ने एक साल के बाद ही 1943 में अमेरिकी सेना की एयर कोर में सेवा करने के लिए पढ़ाई छोड़ दी।
- **सैन्य सेवा, फिर क़ानून की पढ़ाई –** दूसरे विश्वयुद्ध के बाद मंगर जीआई बिल पर कॉलेज पाठ्यक्रम में शामिल हुए और अंततः हार्वर्ड लॉ स्कूल गए। उनको दाख़िला मिला लेकिन उनको स्नातक डिग्री नहीं मिल सकी।
- **सफल क़ानून करियर –** मंगर ने जब तक लगभग 300,000 डॉलर की संपत्ति खड़ी नहीं कर ली तब तक सफलतापूर्वक ज़मीन-जायदाद संबंधी क़ानूनी पेशेवर के रूप में काम किया। यह रक़म उस समय उनके परिवार (उनके परिवार में पत्नी और कई बच्चे थे) के दस साल के जीवन-यापन के लिए काफ़ी थी। इसके साथ ही उन्होंने ज़मीन-जायदाद के विकास का काम शुरू कर दिया। यह काम चल पड़ा तो उन्होंने वकालत करना बंद कर दिया।
- **ज़मीन-जायदाद का सफल कारोबार –** मंगर ने जब लगभग 30 लाख से 40 लाख डॉलर की संपत्ति हासिल कर ली तो अपनी ज़मीन-जायदाद की फ़र्म को बंद कर दिया। वह अब ''आर्थिक रूप से स्वतंत्र'' थे।
- **''पूर्णकालिक पूँजी काराबारी'' बनने का निर्णय –** यह अंतिम पड़ाव ही उन्हें अरबपति परोपकारी की मौजूदा हैसियत तक लेकर आया। बर्कशायर में बफ़ेट के साथ अपने काम के साथ-साथ मंगर वेस्को फ़ाइनेंशियल के अध्यक्ष थे, जो विभिन्न पूर्ण स्वामित्व वाले व्यवसायों के समूह के रूप में बड़ा हो गया था। साथ ही सावधानीपूर्वक स्टॉक में निवेश करता था। वेस्को फ़ाइनेंशियल अंततः बर्कशायर हैथवे की पूर्ण स्वामित्व वाली सहायक कम्पनी बन गई।

मंगर के जीवन के नक्शे क़दम पर चलकर हम वित्तीय आज़ादी प्राप्त करने की दिशा में एक मार्ग का अनुसरण कर सकते हैं :

- **कड़ी मेहनत करें, शिक्षा प्राप्त करें, एक मूल्यवान कौशल विकसित करें।** मंगर ने कोई छात्रावास के कमरे से फ़ेसबुक की शुरुआत नहीं की। ना ही हाई स्कूल में क्रिप्टो की। उन्होंने सेना में सेवा की, वकालत की डिग्री हासिल की, और वर्षों तक हर दिन काम पर गए। इस समय, काम का मतलब था धन प्राप्त करने के लिए अपना समय देना, लेकिन उम्मीद है कि प्रति घंटा बेहतर दर पर।

- **वेतन भोगी काम के अपने रोजगार का उपयोग करें और ख़र्च का दस गुना बचाएँ।** मंगर ने परिवार और बच्चों का पालन-पोषण करते हुए कर्तव्यनिष्ठा से अपने वेतन से जितना हो सके उतना बचाया। यदि आप पर परिवार के पालन की ज़िम्मेदारी नहीं है तो आपको उस राशि के दस गुना की आवश्यकता नहीं होगी। लेकिन आपको अभी भी भविष्य के लिए योजना बनानी चाहिए और इसी स्तर की बचत का लक्ष्य बनाना चाहिए।

- **धन संचय में तेज़ी लाने के लिए आप कुछ जोख़िम उठा सकते हैं और किसी प्रकार का व्यवसाय शुरू कर सकते हैं।** आपको कुछ ऐसा चाहिए जो बढ़ता हो। कुछ ऐसा जिसका भुगतान घंटे या महीने के हिसाब से नहीं किया जाता हो। मंगर ने ज़मीन-जायदाद कारोबार को आगे बढ़ाया। यदि आप जल्दी अमीर होने वाले लोगों को देखें तो उनमें से लगभग सभी के पास किसी न किसी तरह का व्यवसाय था। फिर भी, कोई गारंटी नहीं है। आपको विश्वास करना होगा कि ठोस और समझदार सिद्धांतों पर आधारित यथोचित गणना से तैयार रणनीति कारगर होगी। एक बार स्टीव जॉब्स ने कहा था, ''आप आगे देखकर पूरी तसवीर को नहीं समझ सकते। आप पीछे देखकर ही इसे समझ सकते हो। आपको भरोसा करना होगा कि यह तसवीर आपके भविष्य से किसी तरह से जुड़ जाए। आपको कहीं न कहीं भरोसा करना होगा - आपके भीतर की आवाज़ पर, भाग्य, जीवन, कर्म, जो भी हो।'' संक्षेप में, आपको विश्वास रखने की आवश्यकता है।

- **एक समय पर, आपका निवेश आपके जीवन-यापन के ख़र्चों को पूरा करने के लिए काफ़ी आय आपको प्रदान करेगा जिसके लिए आपको अपना समय नहीं देना होगा।** यहीं पर आपको वित्तीय स्वतंत्रता प्राप्त होती है। तब इससे कोई फ़र्क़ नहीं पड़ता कि दिन भर आप क्या करते हैं, क्योंकि आप सोते हुए भी पर्याप्त पैसा कमा लेते हैं। बहुत से लोग उपरोक्त में से किसी एक मार्ग को चुनना जारी रखते हैं : (1) कर्मचारी-आधारित करियर, (2) सक्रिय व्यवसाय प्रबंधन, या (3) सक्रिय रूप से अपने निवेश का प्रबंधन करना।

मंगर के जीवन से सीख मिलती है कि हर दिन काम करते जाने और धीरे-धीरे हटने, थोड़ा-थोड़ा जोड़ने के आख़िर में ज़बरदस्त नतीजे प्राप्त होते हैं। लम्बी अवधि में तीव्र, क्रमिक प्रगति सफलता की कुंजी है, और संक्षेप में, यही कई गुना वृद्धि है।

> प्रत्येक दिन सुबह जागने पर जितना समझदार थे, उसकी तुलना में थोड़ा अधिक समझदार बनने का प्रयास करें। अपने कर्तव्यों का लगन से और बेहतर तरीक़े से पालन करें। क़दम-दर-क़दम आप आगे बढ़ते जाएँगे। ज़रूरी नहीं है बहुत तेज़ छलाँग मारें। लेकिन आप तेज़ गति के लिए तैयारी करके अनुशासन का निर्माण करते हैं... कई-कई दिनों तक एक समय में एक इंच बढ़ें। अंत में - यदि आप पर्याप्त समय तक जीवित रहते हैं- ज़्यादातर लोगों को वह मिल ही जाता है जिसके वे हक़दार होते हैं।
>
> – चार्ली मंगर

हम मंगर के कार्यों से बहुत कुछ सीख सकते हैं। वे बहुत बड़ा जोख़िम लेने वाले नहीं थे। उन्होंने अपनी संपत्ति धीरे-धीरे बढ़ाई और कभी भी अपने परिवार को किसी संभावित दिवालियापन के ख़तरे में नहीं डाला। उन्होंने काफ़ी समय तक मेहनत की और अपने जीवन में बहुत बाद में ही असाधारण रूप से समृद्ध और प्रसिद्ध हुए। वह मुख्य रूप से स्वतंत्र होना चाहते थे, ''और बस ज़रूरत से कुछ ज़्यादा आगे निकल गए।''

पहला एक मिलियन कमाने का सफ़र

पहला मिलियन डॉलर कमाना अक्सर सबसे कठिन माना जाता है, क्योंकि आप नहीं जानते कि यह कैसे करना है और आप यह भी नहीं जानते कि आप यह कर सकते हैं। एक बार जब आप 1 मिलियन डॉलर कमा लेते हैं, तो आप जानते हैं कि आप ऐसा कर सकते हैं और आप यह भी जानते हैं कि इसे कैसे करना है। यही कारण है कि अपने दम पर करोड़पति बना व्यक्ति दुर्भाग्यपूर्ण घटना के कारण अपना सारा पैसा खो देने के बाद दोबारा करोड़पति बन सकता है।

बहुत से लोग जिन्हें सफल माना जाता है, वे मिलियन डॉलर नहीं जोड़ते और ऐसा इसलिए नहीं है, क्योंकि वे ऐसा करने के लिए पर्याप्त कमाई नहीं करते हैं। ऐसा सिर्फ़ इसलिए है, क्योंकि उनमें अनुशासन की कमी है। समाज में उपभोग करने वाली जीवनशैली को चमक-दमक के साथ पेश किया जाता है और अधिकांश लोग इसी मार्ग का अनुसरण करते हैं। गैर-ज़रूरी ख़र्च करना जिससे कमाई ख़त्म हो जाती है और बचत के लिए कुछ भी नहीं बचता है। पहले मिलियन तक की यात्रा बचत के एक डॉलर,फिर एक और डॉलर से होती हुई आगे बढ़ती है। पहला मिलियन डॉलर नहीं, यह पहला डॉलर है जो सबसे कठिन है। शुरुआत करना सबसे कठिन है।

बचत और धन जमा करने के अपने दौर के समय मैं जितना हो सके, उतनी मेहनत करने, जितना घंटे संभव हो सके काम करने को तत्पर था, ताकि पहले मिलियन के इस महत्त्वपूर्ण पड़ाव तक पहुँच जाऊँ। इस प्रयास के दौरान मैं एक-एक पाई बचाने की कोशिश कर रहा था, जो भी बचा सकता था। मैंने कभी भी बेंजामिन फ्रेंकलिन की सीख से नजरें

नहीं हटाईं : ''छोटे-छोटे ख़र्चों से सावधान रहें; एक छोटा सा छेद एक विशाल जहाज को डुबा देता है।''

इससे भी महत्त्वपूर्ण बात यह है कि मैं लगातार अपने आप में निवेश कर रहा था। मैं जितना संभव हो सकता था, हर दिन सीखने की प्रबल इच्छा से भरा हुआ था। एक समय आया कि मेरे निवेश का मूल्य महत्त्वपूर्ण स्तर पर पहुँच गया, चक्रवृद्धि ब्याज ऊपर हो गया और उसने आगे बढ़ कर अपने जादू से मुझे हैरान कर दिया।

आज आर्थिक आज़ादी हासिल करने के बाद भी मैं एक नौकरी कर रहा हूँ, क्योंकि मैं करना चाहता हूँ। इसलिए नहीं कि मुझे इसकी आवश्यकता है। मैं इसलिए कर रहा हूँ, क्योंकि रोज़ाना जो काम मैं कर रहा हूँ, वह मुझे पसंद है। मुझे जो पसंद है, उसे करने में और जो मैं करता हूँ उससे प्यार करने में मुझे आनंद प्राप्त होता है। आज मैं जब अपने चुनौतीपूर्ण समय और अतीत में किए गए त्याग को याद करता हूँ, जिसने अंततः मुझे निवेश से एक मिलियन डॉलर का मुनाफ़ा कमाने में मदद की तो मुझे बहुत संतुष्टि मिलती है।

बेंजामिन फ्रेंकलिन ने हम सभी के लिए दौलत का मार्ग प्रशस्त किया। उन्होंने कहा, ''दौलत का रास्ता बाज़ार के रास्ते जितना ही सरल है। यह मुख्य रूप से दो शब्दों पर निर्भर करता है, मेहनत और मितव्ययिता; यानी ना तो समय और ना ही पैसे की बर्बादी करें, लेकिन दोनों का सर्वोत्तम उपयोग करें। बिना मेहनत और मितव्ययिता के कुछ नहीं होगा; उनके साथ, सब कुछ हो सकता है।''

सुख पाने की अंधी दौड़

मैंने देखा है कि यह जीवन की कृत्रिम ज़रूरतें ही थीं जिन्होंने मुझे गुलाम बनाया; जीवन की वास्तविक आवश्यकताएँ तो कम थीं।

– विलियम जेम्स डॉसन

बड़ी संपत्ति अक्सर अपने मालिकों के लिए अभिशाप बन जाती है। यह एक ऐसी अंधी दौड़ बन जाती है जिसमें सपनों के पीछे इंसान भागता ही चला जाता है। लक्ष्य और दूर खिसकता जाता है। आपने सोचा था कि आपके पास अधिक धन होगा तो आपको आनंद मिलेगा लेकिन यह दौड़ आपके आनंद को पूरी तरह से नष्ट कर देती है। लोग इस अंधी दौड़ में भागते जा रहे हैं; जैसे ही वे अधिक पैसा कमाते हैं, उनकी अपेक्षाएँ और इच्छाएँ और बढ़ती हैं, जिससे सुख और आनंद में कोई स्थायी लाभ नहीं होता है।

अर्थशास्त्री रिचर्ड ईस्टरलिन ने 1946 और 1970 में अमेरिकियों की जीवन संतुष्टि के स्तर को नापा और इस नतीजे पर पहुँचे कि जीवन संतुष्टि में बढ़ी हुई भौतिक प्रगति प्रतिबिंबित नहीं हुई। इस रहस्योद्घाटन को ईस्टरलिन विरोधाभास कहा गया। एक बार बुनियादी ज़रूरतें पूरी हो जाएँ तो बढ़ते हुए वित्तीय लाभ ख़ुशी में कोई योगदान नहीं देते हैं। इसका कारण है, क्योंकि दौलत को लेकर हम हमेशा तुलना करते हैं।

एक शोध अध्ययन में प्रश्न प्रस्तुत किया गया : कौन सा नया कर्मचारी अधिक ख़ुश होगा, वह व्यक्ति जो किसी फ़र्म में 36,000 डॉलर कमाता है, जहाँ शुरुआती वेतन 40,000 डॉलर है या किसी फ़र्म में 34,000 डॉलर कमाने वाला जहाँ औसत वेतन 30,000 डॉलर है? लगभग 80 प्रतिशत का जवाब था 34,000 डॉलर वेतन वाला कर्मचारी अधिक ख़ुश होगा।

जब तक हम कुछ और नहीं चाहते, तब तक हम वही चाहते हैं जो हम चाहते हैं। ''सुखद अनुकूलन।'' कहलाने वाली प्रक्रिया निर्धारित करती है कि हम जल्दी ही अपने जीवन में अधिकांश चीज़ों के आदी हो जाते हैं। परिणामस्वरूप महसूस हुई ख़ुशी अक्सर क्षणभंगुर होती है। हो सकता है कि हमारे पास x हो और हम सोचते हैं कि सुखी जीवन जीने के लिए यह पर्याप्त है। लेकिन जब हम दूसरों को देखते हैं जिनके पास 2x है, तो हम सोचते हैं कि इससे हमें खुशी मिलेगी। और फिर हम अपनी माँग को बढ़ाते जाते हैं 3x, 4x, या 10x। यह आजीवन दुख मोल लेने का तय मार्ग है, भले ही कोई अंततः आर्थिक रूप से समृद्ध भी हो गया हो। डेव रैमसे बताते हैं, बहुत बार ''हम उस पैसे से जो हमारे पास नहीं है, हम वो चीज़ें ख़रीदते हैं जिनकी हमें ज़रूरत नहीं है, उन लोगों को प्रभावित करने के लिए जिन्हें हम नहीं जानते।'' हम अच्छा करने से ज़्यादा अच्छा दिखना चाहते हैं। परिणामस्वरूप, हम दिखावे, चूक के आधार पर और इसी तरह से चुनाव करते हैं। यह आम तौर पर मजबूत समझ नहीं होने और बाहरी मान्यता हासिल करने के कारण होता है। जैसा कि बेंजामिन फ्रेंकलिन ने कहा था, ''यह दूसरों की आँखें हैं, ना कि हमारी अपनी आँखें जो हमें बर्बाद करती हैं। यदि मेरे अलावा पूरी दुनिया दृष्टिहीन हो तो मुझे अच्छे कपड़ों या फ़र्नीचर की परवाह नहीं करनी होगी।'' ज़रूरी नहीं है कि अर्जित भौतिक वस्तुएँ आपके जीवन को बेहतर करेंगी। उनकी इच्छा करना कुछ सामाजिक, भावनात्मक, मनोवैज्ञानिक कमी है जिसे दूर करने के लिए आपको काम करने की आवश्यकता है। मज़े को ख़ुशी नहीं समझें। मज़ा कुछ समय के लिए होता है। आधुनिक कंपनियों ने अधिकांश लोगों को यक़ीन दिला दिया है कि ख़ुश रहने का एकमात्र तरीक़ा आनंद की खोज है। आप जितनी देर सुख की तलाश में अंधी दौड़ लगाते रहेंगे, उतना ही अधिक यह आपको भावनात्मक रूप से तोड़ देगी। इसलिए इससे जल्दी से जल्दी दूर हो जाएँ।

क्लासिक्स : एन इन्वेस्टर्स एंथोलॉजी पुस्तक में पी. टी. बार्नम के बारे में निबंध में लोगों के सुख की अंधी दौड़ में भागने के रुझान पर बार्नम का उद्धरण है :

> हज़ारों लोगों को ग़रीब बनाकर रखा गया और ख़र्चीला जीवन बिताने की योजनाओं के नतीजतन जीवन में बहुत ज़्यादा जुटा लेने के बाद लाखों लोगों को ग़रीब बना दिया गया...
>
> विपत्ति से भी अधिक गंभीर परीक्षा है समृद्धि, विशेषकर अचानक आई समृद्धि। पुरानी और खरी कहावत है जो ''आसानी से आता है, उतनी ही आसानी से जाता भी है।'' अहंकार को जब पूरी तरह से हावी होने दिया जाता है तो यह कभी ना ख़त्म होने वाला नासूर बन जाता है जो इंसान की सांसारिक संपत्ति के

> महत्त्वपूर्ण अंगों को कुतर देता है, चाहे वह छोटा हो या बड़ा। सैकड़ों हों या लाखों। *बहुत से व्यक्ति, जैसे ही समृद्ध होने लगते हैं, तुरंत ही विलासिता के लिए ख़र्च करना शुरू कर देते हैं। कुछ ही समय में उनके ख़र्चे उनकी आमदनी को निगल जाते हैं और वे दिखावे को बनाए रखने और "सनसनी" बनने के हास्यास्पद प्रयासों में बर्बाद हो जाते हैं।*

सेनेका ने भी ख़ुशी के बजाय रुपये-पैसे को अधिकतम करने के निरर्थक प्रयासों पर अपने विचार साझा किए हैं :

> एपिकुरस कहते हैं : "ग़रीबी जिसमें संतोष है, वह सम्मानजनक संपत्ति है।" वास्तव में, यदि इस पर संतोष किया जाता है तो यह दरिद्रता है ही नहीं। दरअसल ग़रीब वह मनुष्य नहीं है जिसके पास बहुत कम है, परन्तु वह मनुष्य ग़रीब है जो अधिक की लालसा रखता है। इससे क्या फ़र्क़ पड़ता है कि आदमी ने तिज़ोरी में, या अपने गोदाम में, कितना कुछ जमा कर रखा है। उसको कितना अधिक लाभांश मिल रहा है। यदि वह अपने पड़ोसी की संपत्ति पर नजर रखता है। उसका लालच करता है। पिछले लाभ की गिनती करने की बजाय उसकी उम्मीदें आने वाले लाभ पर टिकी हैं?
>
> क्या आप पूछ रहे हैं कि धन की उचित सीमा क्या है? सीमा है, पहला, जो आवश्यक है उसे प्राप्त करें, और दूसरा, जो काफ़ी है उसे प्राप्त करें।

मॉर्गन हाउसेल ने सुख के लिए अंधी दौड़ की समस्या के लिए समाधान की सिफ़ारिश की है : "विशेष रूप से बुनियादी ज़रूरतें पूरी होने के बाद आपके पास जो कुछ है उसमें सक्रिय रूप से संतुष्टि की तलाश में समाधान है। इसका मतलब यह नहीं है आप बचत करना बंद कर दें, प्रयास करना बंद कर दें, त्याग करना बंद कर दें। इसका मतलब है आप इस बात को समझें कि कोई परिणाम ख़ुशी का फ़व्वारा नहीं है। इसलिए यदि आप चक्की चलाने जा रहे हैं, तो बेहतर होगा कि आप प्रक्रिया का आनंद लें।"

हॉसेल के शब्द इस विषय पर मेरे सामने आए गंभीर विचारों में से एक जॉर्ज लोरिमर के विचारों की याद दिलाते हैं : "पैसा होना और पैसे से जो चीज़ें ख़रीदी जा सकती हैं, उनका होना अच्छा है, लेकिन समय-समय पर यह जाँच करना और यह सुनिश्चित करना भी अच्छा है कि आपने उन चीज़ों को खोया नहीं है जो पैसे से नहीं ख़रीदी जा सकतीं।"

जीवन को कभी भी अपनी संपत्ति से मत मापो। इसे इस तरह से मापें, कितने दिलों को आपने छुआ, आपके कारण कितनों के चेहरे पर मुस्कुराहट आई और कितनों के साथ आपने प्यार बाँटा। लोगों से प्यार करें और चीज़ों का उपयोग करें, क्योंकि उल्टा कभी काम नहीं करता। प्यार बिना किसी मक़सद के परवाह करने का नाम है। प्यार कोई ऐसी चीज़ नहीं है जिसमें हम पड़ जाते हैं; यह वह है जो हम बन जाते हैं।

अध्याय 10

अपने मन के अनुसार जीवन जीना

एक ऐसी दुनिया में स्वयं के अनुसार बने रहना सबसे बड़ी उपलब्धि है जो लगातार आपको कुछ और बनाने की कोशिश कर रहा हो।

– राल्फ़ वाल्डो इमर्सन

सच्ची सफलता का मार्ग प्रामाणिकता से होकर गुज़रता है।

– गाइ स्पियर

वॉरेन बफ़ेट के अनुसार, जीवन में दो तरह के लोग होते हैं : जो इसकी परवाह करते हैं कि लोग उनके बारे में क्या सोचते हैं, और जो यह परवाह करते हैं कि वे वास्तव में कितने अच्छे हैं।

बफ़ेट हमेशा अपने प्रति ईमानदार रहते हैं और कभी अपने मूल्यों से समझौता नहीं करते। उन्होंने कभी विलासिता के लिए संपत्ति जोड़ने की परवाह नहीं की, और वह अभी भी उसी मामूली घर में रहते हैं जो उन्होंने 1958 में 31,500 डॉलर में ख़रीदा था। निवेशक के रूप में बफ़ेट पूरी तरह से अपने हिसाब से सोचते हैं और निवेश के अपने निजी सिद्धांत के अनुसार ही निवेश करते हैं। 1999 में इंटरनेट कंपनियों के शेयरों में आई कृत्रिम उछाल के बीच बफ़ेट को उस समय के प्रमुख वित्तीय टिप्पणीकारों द्वारा अपमानित किया जा रहा था और बर्कशायर के शेयर गिरावट के दौर में थे। लेकिन बफ़ेट हमेशा अपने पिता की सीख को याद रखते थे, जो कहा करते थे कि आपका अपना स्व–मूल्यांकन ही महत्त्वपूर्ण है।

दिसंबर 1999 में वित्तीय पत्रिका *बैरन्स* ने बफ़ेट पर कवर स्टोरी की जिसमें शीर्षक था ''वॉरेन, क्या माज़रा है?'' आगे लेख में कहा गया कि बर्कशायर बुरी तरह ''लड़खड़ा'' गया था। बफ़ेट जीवन में पहली बार नकारात्मक ख़बरों का सामना कर रहे थे, जो उन्होंने

पहले कभी नहीं किया था। बफ़ेट की शैली का अनुसरण करने वाले कई लम्बी अवधि के निवेशकों ने या तो अपनी फ़र्में बंद कर दीं या आईटी कंपनियों के शेयर ख़रीद लिए। बफ़ेट ने ऐसा नहीं किया। इसे वह अपना मूल्यांकन कहते हैं। अपने फ़ैसलों को लेकर दृढ़ता जो उन्हें विचलित नहीं होने देती और वह वह अपने लम्बे समय से चले आ रहे उसूलों पर अटल बने रहते हैं। जहाँ तक लोगों को याद आता है, उन्होंने बफेट को इसी तरह से देखा है। अपने फ़ैसलों पर अटल। वह बेन ग्राहम के शब्दों को कभी नहीं भूले जिन्हें वह अपना शिक्षक मानते थे। ''अल्पावधि में, बाज़ार एक वोटिंग मशीन है, लेकिन दीर्घावधि में, यह तौलने की मशीन।''

दूसरों की रज़ामंदी से अपना जीवन नहीं जीयें। प्रामाणिक बनें– जो आप हैं और जिसमें आप विश्वास करते हैं, उसके अनुसार ही कार्य करें या एक दिन आपके चेहरे से मुखौटा हट जाएगा। यदि बफ़ेट अन्य लोगों के मानकों के अनुसार जी रहे होते तो वे दृढ़ता के साथ स्वतंत्रतापूर्वक नहीं सोच पाते। इसी स्वतंत्र सोच ने उन्हें कई वित्तीय समस्याओं और उसके बाद आने वाली निजी विपदा से बचने में मदद की है। यह सभी निवेशकों के लिए एक महत्त्वपूर्ण सबक़ है। अन्य निवेशकों के विचारों के हमेशा जान-बूझकर विपरीत जाने वाला निवेशक वास्तव में विरोधाभासी नहीं है। वह तो एक भिन्न प्रकार का अनुसरण करने वाली ही है। सच्चा विरोधाभासी वह है जो ज़मीनी स्तर से, तथ्यात्मक डेटा के आधार पर स्वतंत्र रूप से तर्क करता है और अनुसरण करने के दबाव का विरोध करता है।

यदि आप भीतर से जानते हैं कि आप वास्तव में कौन हैं और आपकी पसंद क्या है, आपने जो बनाया वह बिलकुल सही था तो दूसरों की आलोचना पर केवल विचार करने और उसका विश्लेषण करने के लिए ध्यान दिया जाना चाहिए कि क्या वास्तव में इस आलोचना में कोई दम है। लेकिन इसे उसे कमतर करने नहीं देना चाहिए जिसे प्राप्त करने का आप प्रयास कर रहे हैं। अपने जीवन को बाहरी स्वीकृति से नहीं, बल्कि अपने अंतरात्मा के सिद्धांतों के अनुसार चलने दें। स्वाभिमान हर बार सामाजिक स्वीकृति पर भारी होता है। हम परिपूर्ण नहीं हैं, ना ही हमें इसका दिखावा करना चाहिए, बल्कि हमें हमेशा अपना सर्वश्रेष्ठ देना चाहिए।

बफ़ेट पार्टनरशिप के समय के दौरान बफ़ेट के संचालन सिद्धांत फ़ंड प्रबंधकों और उन सभी लोगों को कई सबक़ देते हैं जिन्हें अपने ग्राहकों के हित में हमेशा दृढ़ नैतिकता का पालन करना चाहिए।

बफ़ेट पार्टनरशिप के वर्ष

वॉरेन बफ़ेट ने 1956 में मात्र पच्चीस वर्ष की उम्र में 105,100 डॉलर की पूँजी और सात भागीदारों : अपनी माँ, बहन, चाची, ससुर, बहनोई, कॉलेज के साथी और वकील – के साथ बफ़ेट पार्टनरशिप लिमिटेड का गठन किया। उन्होंने कोई प्रबंधन शुल्क नहीं लिया। केवल संचयी 6 प्रतिशत से अधिक लाभ में से 25 प्रतिशत की ही हिस्सेदारी माँगी और किसी भी नुक़सान का एक प्रतिशत व्यक्तिगत रूप से वहन करने की भी सहमति दे दी।

आज निवेश प्रबंधन उद्योग में शायद ही इतनी न्यायसंगत शुल्क व्यवस्था कहीं देखने को मिलेगी।

1957 में बफेट पार्टनरशिप में निवेश किए गए 100,000 डॉलर 1969 तक 1,719,481 डॉलर हो गए थे। अगर डाउ में इतनी ही रक़म का निवेश किया गया होता तो यह बढ़कर केवल 252,467 डॉलर हुए होते। एक दशक से भी अधिक समय तक बफ़ेट ने फ़ीस का शुद्ध 24.5 का चक्रवृद्धि वार्षिक रिटर्न हासिल किया (फ़ीस से पहले 29.5 प्रतिशत)। उसी समय में डाउ का चक्रवृद्धि वार्षिक रिटर्न लाभांश के साथ 7.4 प्रतिशत था।

और फिर भी, इस सारी सफलता के बावजूद, वॉरेन बफ़ेट ने मई 1969 में अपने भागीदारों से कहा कि वह बफ़ेट पार्टनरशिप को *बंद* कर देंगे।

बफ़ेट युवा थे, उन्हें असाधारण सफलता मिल रही थी, और वास्तव में उन्हें निवेशकों को लौटाना पड़ रहा था।

वॉरेन बफ़ेट ने 1969 में अपना निवेश भागीगदारी को बंद करने का निर्णय क्यों लिया?

क्योंकि उनमें ईमानदारी, निष्ठा और प्रामाणिकता जैसे गुण कूट-कूट कर भरे हुए थे।

एक दशक तक अविश्वसनीय नतीजे हासिल करने के बाद जनवरी 1967 में बफ़ेट ने अपने भागीदारों को अपेक्षाओं पर संयम बरतने की चेतावनी दी : ''पहले दस वर्षों के नतीजों के अगले दशक में दोहराए जाने या कहीं भी उसके आसपास पहुँचने की भी बिलकुल संभावना नहीं है।''

अक्टूबर 1967 में, बफ़ेट ने निवेशकों को समझाया कि क्यों उनको ऐसा लगता है कि पहले दशक की तरह के नतीजे अगले दशक में प्राप्त करने में वे सक्षम नहीं होंगे :

> इस तरह के आँकड़ों के सौदे इन वर्षों में ग़ायब होने की ओर हैं...
>
> ...जब कुछ भी आपके हिसाब से नहीं चल रहा हो तो यह कहना मानव स्वभाव ही है कि इसमें कुछ न कुछ गड़बड़ है। इसमें आगे परेशानी होना तय है, आदि, आदि। मैं अतीत में दूसरों के इस तरह के व्यवहार से नफ़रत करता रहा हूँ। मैंने देखा है कि उन लोगों को सज़ा भी भुगतनी पड़ी है जो बदले हालात का मूल्यांकन नहीं कर पाए। वे हालात का आकलन पहले की तरह करते रहे, ना कि जैसे वे आज हैं। *मैं ज़रूर वर्तमान परिस्थितियों के साथ क़दम से क़दम मिलाकर नहीं चल सकता। हालाँकि मेरे लिए इतना स्पष्ट है कि मैं अपना पिछला तरीक़ा नहीं छोड़ूँगा जिसके तर्क को मैं समझता हूँ (हालाँकि मुझे यह लागू करने में कठिन लगता है), भले ही इसका मतलब बड़े और जाहिरा तौर पर आसान मुनाफ़े को भुला देना हो। लेकिन मैं ऐसे तरीक़े को नहीं अपनाऊँगा जिसे मैं पूरी तरह से नहीं समझता हूँ, जिसका मैंने सफलतापूर्वक अभ्यास नहीं किया है और जिससे संभवतः पूँजी का काफ़ी ज़्यादा नुक़सान स्थायी रूप से हो सकता हो।*

हालाँकि इसके बाद जनवरी 1969 में बफ़ेट पार्टनरशिप का सर्वोत्तम वर्ष रहा। इसके बाद भी वॉरेन बफ़ेट हमेशा अपनी बात पर अड़े रहे : ''1968 की शुरुआत में मुझे लगा कि बीपीएल अपने इतिहास का सबसे ख़राब प्रदर्शन करने वाला है... हमने डाउ के कुल 7.7 प्रतिशत के मुक़ाबले 58.8 प्रतिशत लाभ का नया रिकॉर्ड बनाया। इसमें लाभांश भी शामिल था, जो पूरे वर्ष में स्वामित्व के औसत के माध्यम से प्राप्त हुआ होगा। यह बहुत रोमांचित करने वाला था। ऐसा बिरला ही होता है।''

मई 1969 में बफ़ेट ने कहा कि उनके पास निवेश का कोई भी अच्छा आइडिया नहीं बचा था। उन्होंने कहा कि वह कोशिश कर सकते थे, और निवेशकों के धन के साथ जुआ खेल सकते थे जिसमें हो सकता था कि वे हीरो बन जाते, लेकिन उन्होंने ऐसा करने से इनकार कर दिया। अंततः अक्टूबर 1969 में वॉरेन बफ़ेट ने बफ़ेट पार्टनरशिप को बंद कर दिया।

बफ़ेट ने भागीदारों को अपने अंतिम दस पेज के पत्र में कर-मुक्त नगरपालिका बाँड की सिफ़ारिश के संबंध में स्पष्टकरण दिया - उन्होंने इसके पीछे के औचित्य को समझाने के लिए उनमें से प्रत्येक के साथ व्यक्तिगत रूप से बैठकर बात करने और उनके लिए ख़रीदारी करने की पेशकश भी की। उन्होंने कहा, ''जो लोग शेयरों में निवेश जारी रखना चाहते हैं, उनके संबंध में मुझे ऐसा लगता है कि मेरे लिए उदासीन बने रहकर आपको सबसे ज़्यादा चतुर सेल्समैन के हवाले करना पूरी तरह से अनुचित होगा जिसने पहले 1970 में आपसे संपर्क किया था।''

बफ़ेट ने अपने निवेशकों को कोलंबिया के सहपाठी बिल रुआन के साथ निवेश करने की सलाह दी । इसलिए नहीं कि बफ़ेट उनको एक सर्वश्रेष्ठ निवेशक के रूप में जानते थे बल्कि इसलिए कि बफ़ेट मानते थे कि वे एक निष्ठावान और चरित्रवान व्यक्ति के रूप में देखते थे। (ध्यान रहे, बफ़ेट के अधिकांश मर्यादित भागीदारी उनके रिश्तेदार और क़रीबी दोस्त थे।) बफ़ेट के अनुसार, रुआन ''मेरी नज़र में ऐसे पूँजी प्रबंधक थे, जो ईमानदारी, क्षमता और सभी भागीदारों के लिए निरंतर उपलब्धता के मामले में सबसे ऊपर थे।''

बिल रुआन अपने आप में एक महान निवेशक साबित हुए। उनके सिकोइया फ़ंड ने अगले दशक में 289.6 प्रतिशत का रिटर्न दिया जबकि एसऐंडपी 500 का 105.1 प्रतिशत ही रहा। बाद में बफ़ेट ने कोलंबिया बिज़नेस स्कूल में मई 1984 में ''द सुपरइन्वेस्टर्स ऑफ़ ग्राहम-ऐंड-डोड्सविले'' शीर्षक से भाषण में सुपरनिवेशकों में रुआन को शामिल किया।

पीटर कॉफ़मैन ने 2018 में डेली जर्नल कार्पोरेशन की बैठक में पूँजी प्रबंधन के ''पाँच इक्के'' का उल्लेख किया। बफ़ेट भागीदारी के शुरुआती वर्षों में इनको पहले ही साकार कर चुके थे (चित्र 10.1)।

अपने ग्राहकों के लिए परिसंपत्ति के प्रबंधन का काम कर रहे फ़ंड प्रबंधकों को सबसे पहले स्वयं को जोख़िम प्रबंधक के रूप में देखना चाहिए। ऐसे में, उन्हें उन प्रमुख सिद्धांतों का पालन करना चाहिए जो बीमा के दौरान जोख़िमों का मूल्यांकन करते हुए किए जाते हैं। बफ़ेट के 2001 में शेयरधारकों को पत्र में इसका उल्लेख किया गया था :

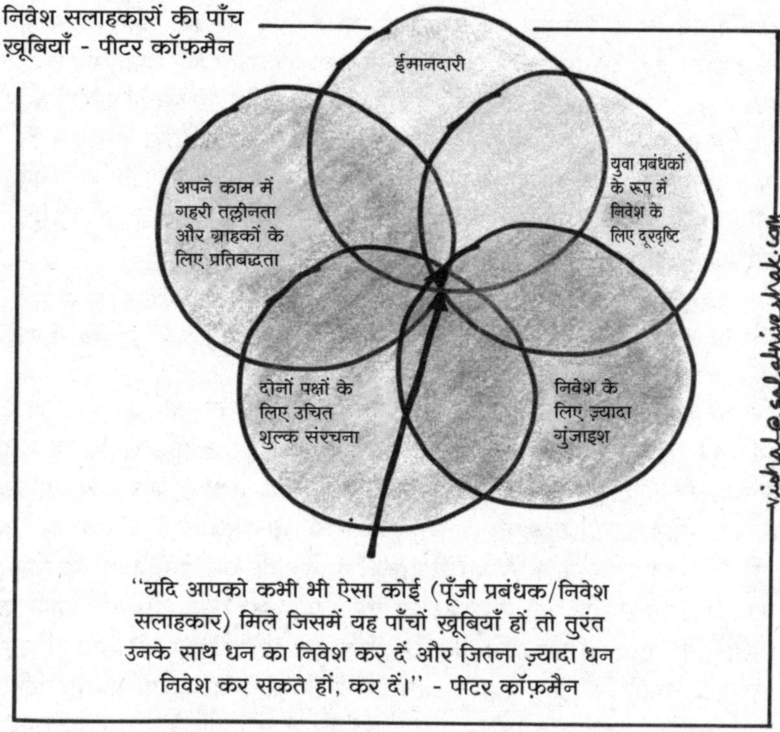

चित्र 10.1 पीटर कॉफ़मैन ''निवेश सलाहकारों की पाँच ख़ूबियाँ।''

Source: "Charlie Munger on Bitcoins, Banking, AI, and Life," Safal Niveshak (blog), February 17, 2018, https://www.safalniveshak.com/charlie-munger-bitcoins-banking-life/.

> वे केवल उन्हीं जोख़िमों को लेने को तैयार होते हैं जिनका वे अपनी योग्यता के दायरे में रहते हुए ठीक से मूल्यांकन करने में सक्षम हैं। और वे नुक़सान की बहुत दूरदराज की संभावनाओं सहित सभी प्रासंगिक कारकों का मूल्यांकन करने के बाद ही लाभ।
>
> वे इस तरह से सीमित कारोबार को ही चुनते हैं जिसमें एक ही घटना से या एक से अधिक संबंधित घटनाओं से उनके दिवालिये होने का ख़तरा ना होने की गारंटी हो। वे एक-दूसरे से किसी भी तरह से असंबद्ध दिखाई दे रहे जोख़िमों के बीच संभावित संबंध की लगातार तलाश करते रहते हैं।

चार्ली मंगर ने पूँजी के विश्वसनीय प्रबंधक के रूप में काम में नैतिकता और ईमानदारी के लिए हमेशा अपने शिष्य ली लू की प्रशंसा की है। इस तारीफ़ की तह तक जाने के लिए लू के अक्टूबर 2015 में चीन में गुआंगहुआ स्कूल ऑफ़ मैनेजमेंट में दिए गए वक्तव्य को सुनने की ज़रूरत है :

> वित्तीय प्रबंधक के रूप में अपने कर्तव्य के बारे में जागरूक बनें। वित्तीय प्रबंधक के दायित्व क्या हैं? आपको ग्राहक की एक-एक पाई को अपने माता-पिता की मेहनत का फल समझना है जो उन्होंने तिनका-तिनका जोड़कर बचाया था। जीवन भर परिश्रम करके और किफ़ायत बरतते हुए की गई बचत से जोड़ा था। भले ही ऐसा बहुत कुछ न भी हो तो भी इसे जमा करने में वर्षों का संघर्ष और बलिदान तो लगा ही होगा। अगर इससे जुड़ी ज़िम्मेदारी आप समझ सकते हैं, तो वित्तीय प्रबंधक के दायित्व का अर्थ आपको समझ में आने लगा है।
>
> मेरा मानना है कि इस वित्तीय प्रबंधक के दायित्व की अवधारणा जन्मजात स्वभाव में निहित है : या तो यह किसी के पास हो सकती है या नहीं हो सकती है।

उन व्यक्तियों और परिवारों के प्रति अपनी नैतिक ज़िम्मेदारी को कभी ना भूलें जो अपनी जीवन भर की मेहनत की कमाई आपको सौंपते हैं। जब भी आपके भीतर का तेजड़िया निवेशक आपको जोख़िम भरी रणनीतियों में शामिल होने या तेज़ी के बाज़ार से 20 प्रतिशत और मुनाफ़ा कमाने को प्रेरित करता है, जहाँ बाज़ार में 50 प्रतिशत की गिरावट का अंदेशा भी हो तो उस पुरुष या महिला के बारे में सोचें जिसने वर्षों तक सेवानिवृत्ति के लिए कुछ बचत करने के इरादे से वालमार्ट स्टोर में बिल बनाने का काम किया हो। यदि आपने उनका आधा पैसा गँवा दिया तो उनके सेवानिवृत्ति के सपनों और जीवन की उम्मीदों का क्या होगा? यदि वे जानते कि आप क्या कर रह रहे थे तो वे कैसा महसूस करते? यदि आप पूरी तरह से इससे अवगत होते कि आप क्या कर रहे थे तो आप कैसा महसूस करते?

एक बाहरी मूल्यांकन जो बहुत से लोगों का होता है, यह सवाल करता है, ''लोग मेरे बारे में क्या सोचेंगे? क्या वे मुझे मेरे पहनावे से या मैं कैसा दिखाई देता हूँ या मैं कौन सी कार चलाता हूँ, इससे मेरा आकलन करेंगे?''

लेकिन आंतरिक मूल्यांकन कहीं अधिक महत्त्वपूर्ण है, जो यह सवाल करता है, ''क्या मैं सही काम कर रहा हूँ? क्या मैं लोगों के साथ सही व्यवहार कर रहा हूँ? क्या यह एक व्यक्ति के रूप में मेरे लिए कारगर है?''

नेब्रास्का फ़र्नीचर मार्ट संस्थापक रोज़ ब्लमकिन जीवन भर इस पर अटल रहीं और अपनी ज़िंदगी उन्होंने इसी एक आदर्श वाक्य को समर्पित कर दी : ''सस्ते में बेचो और सच बताओ।''

आंतरिक मूल्यांकन एक व्यक्ति के मानदंड और मानकों की आंतरिक व्यवस्था है, जिससे वह व्यक्ति अपना खुद का मूल्यांकन करता है। इससे उलट बाहरी मूल्यांकन दूसरों के निर्णयों पर अपना बाहरी और तुलनात्मक मूल्यांकन की तसवीर पेश करता है। आंतरिक मूल्यांकन और आंतरिक मूल्य की अवधारणा के बीच तथा बाहरी मूल्यांकन और बाज़ार मूल्य की अवधारणा के बीच एक स्पष्ट समानता है। बेंजामिन ग्राहम ने द *इंटेलीजेंट इन्वेस्टर* में इसी समानता की बात की थी :

> अपने ज्ञान और अनुभव के साहस से काम लें। अगर आपने तथ्यों से कोई निष्कर्ष निकाला है और यदि आप जानते हैं कि निर्णय सही है तो उस पर कार्य करें। भले

ही अन्य लोग इससे संकोच करें या मतभेद रखते हों। *आप इसलिए सही या ग़लत नहीं हो जाते, क्योंकि भीड़ आपसे असहमत है। आप सही हैं, क्योंकि आपका डेटा और तर्क सही हैं।*

अपने आंतरिक मूल्यांकन पर ध्यान केन्द्रित करना और सिद्धातों पर जीवन जीना बफ़ेट के लिए लाभकारी रहा है। उन्होंने सदैव ही ''ईमानदारी सबसे अच्छी नीति है।'' सिद्धांत में विश्वास किया है। बफ़ेट ने सदैव उच्च मार्ग अपनाया है, और इसका बहुत अच्छा प्रतिफल मिला है। उदाहरण के लिए वह अपने पुनर्बीमा के कारोबार को कर की दृष्टि से सुविधाजनक क्षेत्राधिकार में ले जाकर अरबों डॉलर बचा सकते थे। उनके कई प्रतिद्वंद्वियों ने ऐसा किया था, लेकिन उन्होंने ऐसा नहीं किया। उनकी आज़ाद भावना उनके जीवन के हर पहलू को प्रभावित करती है। इसमें उनका आहार शामिल है जिसमें ज़्यादातर बर्गर और चेरी कोक शामिल है।

1980 के दशक के अंत में अमेरिका में बचत और क़र्ज़ (एस ऐंड एल) कंपनियाँ पूँजी बढ़ाने के लिए हिसाब-किताब में तिकड़में कर रही थीं। यह उनको दिवालियापन के संकट की ओर ले जा रहा था। इससे जमाकर्ताओं की बचत नष्ट हो गई थी और करदाताओं के धन से उनको राहत पैकेज दिया गया। जनता की ओर से इसका जमकर विरोध हुआ। बर्कशायर की एस ऐंड एल इकाई वेस्को फ़ाइनेंशियल के सीईओ और अध्यक्ष मंगर ने पहले ही यह भाँप लिया था कि वेस्को के बेहतर व्यवहार के बाद भी एसोसिएशन उसे बदनाम करेगी। उन्होंने ना केवल वेस्को का उधार कम कर दिया, बल्कि एक और चरम क़दम उठाया। उन्होंने अन्य एस ऐंड एल से वेस्को की दूरी बनाने के लिए बचत संस्थाओं के संगठन से भी इस्तीफ़ा दे दिया। एक पत्र में उन्होंने एसोसिएशन को कैंसर की तरह बताया, जो पूरे कारोबार को खोखला कर रहा है। उन्होंने उसके लॉबिंग के तरीक़ों को ''ग़लत और वास्तव में अपमानजनक'' बताया। यह क़दम वही व्यक्ति उठा सकता था, जो पूरे उद्योग का विरोध मोल लेने को तैयार हो। एस ऐंड एल संकट खड़ा होने यह क़दम कारगर साबित हुआ और वेस्को की प्रतिष्ठा पर कोई बट्टा नहीं लगा और वह बेदाग़ बनी रही। 1980 के दशक के एस ऐंड एल संकट के दौरान मंगर के ईमानदार और दृढ़ निष्ठा के यही क़दम थे, जो बर्कशायर को ऐसी राह पर ले गया, जहाँ से वह अमेरिका के कार्पोरेट जगत में नैतिक आदर्श के रूप में स्थापित हो गया।

जीवन में सफल (सच्ची सफलता, पैसे से नहीं मापी जाती) रहे बफ़ेट, मंगर और बहुत से अन्य लोगों में यही समानता है कि वे सुखी और संपूर्ण जीवन के लिए प्रयास करते हैं। ना कि सिर्फ़ अमीर बनने पर। वे सिर्फ़ मशहूर होने की कोशिश नहीं करते हैं। लेकिन वास्तव में पूर्ण निष्ठा के साथ संतुष्टि भरा जीवन बिताने और अपने आस-पास के लोगों की मदद करने से यह सब कुछ हासिल हो जाता है।

बर्नी मैडॉफ़ ने अपनी पोंजी योजना के दौरान बहुत ख्याति और धन अर्जित किया लेकिन क्या वे ख़ुश थे? पकड़े जाने के बाद उन्होंने यह स्पष्ट कर दिया कि वे ख़ुश नहीं थे। उनको दुनिया भर में सराहा जा रहा था और बाहरी मूल्यांकन उनको ए+ ग्रेड दे रहा

था। लेकिन एक दिन उन्होंने जब सब कुछ खो दिया, तब क्या हुआ? उन्होंने राहत की साँस ली। *न्यू यॉर्क* पत्रिका के अनुसार, ''एक समय बर्नी मैडॉफ़ को पूरे समय झूठ बोलना पड़ता था। इससे लगातार कुछ न कुछ परेशानियाँ आती रहती थीं। उन्होंने जाँच एजेंसियों को इस तरह से बताया जैसे कि वह इस मामले में खुद ही पीड़ित हों। एक इंटरव्यू में उन्होंने बार-बार कहा, 'यह मेरे लिए एक बुरा सपना था, काश वे मुझे छह साल, आठ साल पहले ही पकड़ लेते।'''

शेन पैरिश लिखते हैं, ''छोटी सी बात याद रखना चाहिए कि हम सफलता, पैसा, प्रसिद्धि और सुंदरता के लिए प्रयास करते हैं। लेकिन अगर शर्म, अफ़सोस, दुःख अकेलापन बड़ा हो जाए तो जीवन की संतुष्टि का स्तर बहुत कम और बेकार हो जाता है। भले ही हमारे पास यह सारी अच्छी चीज़ें हों! यह समझना बहुत सरल है। यही कारण है कि आपको कुछ लोगों को देख कर लगता है कि इन्हें 'ख़ुश होना चाहिए' लेकिन वे नहीं हैं। नकारात्मक पहलू आपकी क़ीमत को कम कर देते हैं।

दो सदी से भी पहले एडम स्मिथ ने अपनी पुस्तक *द थ्योरी ऑफ़ मोरल सेंटीमेंट्स* में इस मुद्दे का समाधान पेश किया था। उन्होंने कहा हम दूसरों से प्यार पाने की इच्छा रखते हैं, लेकिन आख़िर में ख़ुशी तभी महसूस करते हैं जब हम अपने आंतरिक मूल्यांकन के अनुसार सफल हों। हमें अपनी उपलब्धियों से सच्चा आनंद तभी मिलता है, जब हम महसूस करें कि हम वास्तव में इसके हक़दार हैं। हम सिर्फ़ प्रशंसा प्राप्त नहीं कर सकते। हमें प्रशंसा के लायक़ होना चाहिए। हमें प्यार के क़ाबिल बनना होगा। ऐसे ही हमें कोई प्यार नहीं कर सकता।

आप जो चाहते हैं उसे पाने के लिए, उसके लायक़ बनें। विश्वास, सम्मान, और प्रशंसा अर्जित की जाती हैं। जैसा कि मंगर कहते हैं :

> यह बहुत सरल है। आप जैसा अपने लिए चाहते हैं, वैसा ही दूसरों के साथ करें। *आप दुनिया को वही देना चाहते हैं जो आप अपने लिए चाहेंगे।* मेरी राय में, किसी भी वकील या किसी अन्य व्यक्ति के लिए इससे बेहतर लोकाचार नहीं होगा। जो लोग इस लोकाचार को अपनाते हैं, वे जीवन में जीत हासिल करते हैं। जीत केवल धन-संपदा की और सम्मान की ही नहीं। *वे प्रतिष्ठा के साथ उन लोगों का विश्वास भी प्राप्त करते हैं जिनके साथ वे काम करते हैं और जिस विश्वास के आप क़ाबिल हैं, वह मिलता है तो उससे बड़ी ख़ुशी और कुछ नहीं होती।*

आंतरिक मूल्यांकन के अनुसार जीवन जीने का विचार ''कैंटियन की निष्पक्षता प्रवृत्ति'' की अवधारणा से क़रीब से जुड़ा हुआ है। इसके बारे में मंगर ने अपने निबंध *द साइकोलॉजी ऑफ़ ह्यूमन मिसजजमेंट* में चर्चा की है : ''कैंट अपनी 'स्पष्ट अनिवार्यता' के सिद्धांत के लिए प्रसिद्ध थे। यह उसी तरह से था कि आप दूसरों के साथ उसी तरह का व्यवहार करें जैसा कि आप अपने लिए पसंद करते हैं। इस सिद्धांत के अनुसार मनुष्यों को व्यवहार में ऐसी प्रवृत्तियों का पालन करना अनिवार्य था जिनका यदि दूसरे सभी अनुसरण करें तो हरेक के लिए आसपास का माहौल सर्वोत्तम ढंग से काम करेगा।

मैं इसे बहुत ज़्यादा भलाई, उच्च नैतिक आधार, ऐसी राह पर चलना जिसपर बहुत कम लोग चलते हैं और बेहतर इंसान बनने के नियम के रूप में देखता हूँ। बफ़ेट और मंगर ने पिछले कई दशकों के दौरान अपने रोज़मर्रा के कामकाज में इस व्यवहार की मिसाल पेश की है और इतने वर्षों में उनके प्रति सद्भावना में कई गुना वृद्धि हुई है।

हमें व्यक्तिगत स्थितियों को किसी एक व्यक्ति के दृष्टिकोण के बजाय अपनी सभ्यता के दृष्टिकोण से देखना चाहिए। इसमें अपना दृष्टिकोण भी शामिल नहीं करना चाहिए। यदि हम ऐसा व्यवहार करते हैं जो झूठ और धोखे को बढ़ावा देता है, या अगर हम ऐसी व्यवस्थाओं को बर्दाश्त करते हैं तो हम अपनी सभ्यता को बर्बाद कर देंगे। अगर हम संबंधित व्यक्ति को सज़ा नहीं देते हैं, भले ही वह हम स्वयं क्यों ना हों तो प्रोत्साहन के प्रभावों और सामाजिक प्रमाण (हर कोई तो यह कर रहा है, तो यह ठीक है) के कारण यह विचार और फैलेगा कि कभी-कभार छोटे-मोटे अनैतिक कार्य करना ठीक है। नैतिक आदर्शों के रूप में कार्य करना और दूसरों को भी ऐसा ही करने की प्रेरणा देना हमारा दायित्व है।

> जब मैं सेना में एक अधिकारी था तो वहाँ एक नियम था जिसे एक अधिकारी के लिए अशोभनीय आचरण कहा जाता था। इसमें किसी विशिष्ट आचरण का उल्लेख नहीं था, लेकिन इसमें यह कहा गया था कि दूसरों के लिए उदाहरण के तौर पर व्यवहार करने के कुछ निश्चित तरीक़े होते हैं... यदि आप किसी कम्पनी में या जीवन में कहीं भी उच्च पद पर पहुँचते हैं तो एक आदर्श की तरह पेश आना आपका कर्तव्य है- एक नज़ीर क़ायम करने के लिए आपका कर्तव्य है कि आप जिसके पात्र हों, उससे कम लें।
>
> – चार्ली मंगर

अंततः आप शान्ति चाहते हैं। आप रोज़ाना अपने भीतर झाँकने का साहस बनाए रखना चाहते हैं। जैसा कि कहा जाता है, ''चैन की नींद सोने के लिए साफ़ अंतरात्मा से ज़्यादा नरम कोई बिस्तर नहीं है।'' हमें अपने आदर्श किरदारों को लेकर केवल दिखावा नहीं करना चाहिए बल्कि हमें उन्हें शब्दों, कार्यों और भावना में समाहित करना चाहिए। जीवन में हमें कठिन परिस्थितियों का सामना करना पड़ेगा, जहाँ सच्चाई पर अटल रहना कई बार तकलीफ़ देता है। ऐसे समय में सच के मार्ग पर चलना लम्बे समय में लाभप्रद होता है। अपने आंतरिक मूल्यांकन के अनुसार जीवन बिताने पर हमारे प्रति सद्भावना में समय के साथ तेज़ी के साथ बढ़ती है।

मंगर कुछ और महान विचारों के बारे में बताते हैं :

> मेरा मानना है कि नैतिकता की सीख देने का सबसे अच्छा तरीक़ा उदाहरण प्रस्तुत करना है। और इसका मतलब है कि यदि आप ऐसे लोगों का अनुसरण करते हैं जो प्रतिदिन अच्छा नैतिक व्यवहार प्रदर्शित करते हैं तो मुझे ऐसा लगता है कि इसका देखने वालों पर बहुत ज़्यादा प्रभाव होता है। लेकिन अगर नैतिक गिरावट

> आती है और लोगों को इसका पुरस्कार मिलता है तब फिर तो यह गिरावट और बढ़ती जाती है। नैतिकता अत्यंत महत्त्वपूर्ण है, लेकिन उपदेशों से नहीं बल्कि उदाहरण के साथ इसे बेहतर ढंग से सिखाया जा सकता है। यदि स्कूल में नैतिक शिक्षा की परीक्षा में पास होने के लिए आपने कुछ नियम रट लिए हैं तो यह किसी काम का नहीं है। *लेकिन अगर आप उन लोगों को एक निश्चित तरीक़े से व्यवहार करते हुए देखते हैं जिनका आप सम्मान करते हैं, विशेष रूप से तनाव के हालात में तो उसका वास्तव में गहरा प्रभाव होता है।*

पारस्परिकता का सिद्धांत कहता है, ''दूसरों के साथ वैसा ही व्यवहार करें, जैसा आप चाहते हैं कि वे आपके साथ करें।'' और ''दूसरों के साथ वैसा ही करें जैसा आप चाहते हैं आपके साथ किया गया।'' जब आप बेहतर स्थिति में होते हुए किसी के ना देखने पर भी दूसरों के साथ जो व्यवहार करते हैं, वह आपका चरित्र है। भविष्य में आगे चलकर ''आप जैसे कर्म करेंगे, वैसा ही फल मिलेगा।'' अच्छे कर्म जुड़ते चले जाते हैं। इसलिए, सभी के साथ नैतिक तरीक़े से व्यवहार करना अपना जीवन जीने का सबसे सम्मानजनक तरीक़ा है। यदि संपूर्ण मानवता सेनेका की इस सीख को अपनी जीवन शैली में आत्मसात कर लेती है तो हमारी दुनिया का नैतिक ताना-बाना पूरी तरह से बदल जाएगा : ''किसी उच्च चरित्र वाले व्यक्ति को अपना बना लें और उसे हमेशा अपनी आँखों के सामने रखें, इस तरह कुछ भी करें जैसे वह आपको देख रहे हों, और आपको काम करने के लिए आदेश देते हुए आपको ध्यानपूर्वक देख रहे हों।''

अध्याय 11

सब्र का फल मीठा, यही सफलता की कुंजी

आज किसी व्यक्ति को पेड़ के नीचे छाया मिल पा रही है, क्योंकि किसी ने बहुत समय पहले एक पेड़ लगाया था।

– वॉरेन बफ़ेट

यदि आप एक–दूसरे से जुड़े हुए हैं और सम्माननीय हैं और प्रत्येक सुबह उठ जाते हैं। हर दिन सीखते रहते हैं और आप पूरे जीवन में ढेर सारी विलंबित संतुष्टि के लिए प्रयासरत रहने के इच्छुक हैं तो आप सफल होने जा रहे हैं।

– चार्ली मंगर

जो लोग समय के साथ सुलह कर लेते हैं वे लगभग हमेशा बेहतर प्रदर्शन करेंगे। तत्काल संतुष्टि का पहला विचार भीड़ भरा रास्ता है। यह ज़्यादा से ज़्यादा औसत परिणाम सुनिश्चित करता है। विलंबित संतुष्टि के लिए सोच के अगले स्तर की ज़रूरत होती है। यह रास्ता कम भीड़भाड़ वाला है और इसमें परिणाम मिलने की अधिक संभावना है।

– शेन पैरिश

1960 के दशक में व्यक्तित्व सिद्धांत और सामाजिक मनोविज्ञान में विशेषज्ञता हासिल कर रहे अमेरिकी मनोवैज्ञानिक वाल्टर मिशेल ने स्टैनफ़ोर्ड विश्वविद्यालय के नर्सरी स्कूल में एक प्रसिद्ध प्रयोग किया। अब स्टैनफ़ोर्ड मार्शमैलो प्रयोग के रूप में जाने–पहचाने जाने वाले प्रयोग में चार और पाँच साल के बच्चों के सामने कठिन विकल्प पेश किया गया। वे तुरंत एक मार्शमैलो खा सकते थे या उनको पन्द्रह मिनट और इंतज़ार करने पर दो मार्शमैलो मिल सकती थीं।

अगले चालीस वर्षों के दौरान इस प्रयोग में बच्चों को शामिल किया जाता रहा। यह पाया गया कि जो बच्चे संतुष्टि हासिल करने के लिए इंतज़ार करने को तैयार थे और उन्होंने दूसरा मार्शमैलो प्राप्त करने के लिए सब्र रखा, उनकी पढ़ाई में अच्छे नंबर आए, नशीली दवाओं का इस्तेमाल भी उनमें कम पाया गया, उनके मोटापे से पीड़ित होने की संभावना कम थी, उनमें तनाव से बेहतर तरीक़े से निपटने की क्षमता थी। साथ ही उनके माता-पिता से मिली जानकारी के अनुसार वे सामाजिक व्यवहार में बेहतर थे और जीवन के कई क्षेत्रों में आगे थे।

दूसरे शब्दों में यह प्रयोग संतुष्टि में विलम्ब – आसान की बजाय अभी जो कठिन है, उसको करने – के फ़ायदों को ज़ाहिर करता है। समय के साथ यह अनुशासन की मांसपेशियों का निर्माण करता है, कौशल और क्षमताओं को मज़बूत करता है, और आसान मार्ग की तुलना में सफलता तथा संतोष में बहुत अधिक वृद्धि करता है।

चार्ली मंगर हमेशा संतुष्टि के लिए जल्दबाजी नहीं करते हुए इंतज़ार करने के पक्षधर रहे हैं। उन्होंने धैर्य के महत्त्व और महान अवसर आने पर बड़े स्तर पर कार्य करने के लिए तैयार रहने पर ज़ोर दिया है। यह अवसर दुर्लभ और बहुत कम समय के लिए होते हैं, इसलिए हमें धैर्य रखने, तैयार रहने और मौक़ा आते ही उनको पकड़ लेने की ज़रूरत है। मंगर ने एक प्रेरक उदाहरण साझा किया है। वह पचास वर्षों से अधिक समय से *बैरन्स* पत्रिका पढ़ते आ रहे थे। इसमें उनको केवल एक ही एक आइडिया मिला जिस पर वे काम कर सके थे। यह आइडिया सस्ती क़ीमत वाली ऑटो पार्ट्स कम्पनी (नाम व्यापक रूप से टेनेको होने का अनुमान है) के स्टॉक को लेकर था, जो उन्होंने 1 डॉलर प्रति शेयर पर ख़रीदा और कुछ साल बाद 15 डॉलर प्रति शेयर पर बेच दिया। इसमें उन्हें 8 करोड़ डॉलर का मुनाफ़ा हुआ। इसके बाद मंगर ने ली लू को 8 करोड़ डॉलर दिए और लू ने इसे 40 करोड़ डॉलर में बदल दिया। सिर्फ़ दो निवेश के माध्यम से मंगर ने कुछ लाख डॉलर को 40 करोड़ डॉलर में बदल दिया। यह उदाहरण अत्यधिक धैर्य के महत्त्व को दर्शाता है। संतुष्टि के लिए इंतज़ार करने और सही समय पर मजबूत निर्णय लेने के महत्त्व को प्रदर्शित करता है। इसीलिए मंगर ने कहा है, ''काफ़ी अधिक नग़द धन राशि साथ रखने और कुछ भी नहीं करने के लिए चरित्र की आवश्यकता होती है। *अगर मैं औसत क़िस्म के अवसरों के पीछे भागता रहता तो वहाँ नहीं पहुँचता जहाँ मैं हूँ।''*

> जीतने का एकमात्र तरीक़ा काम, काम, और काम करना और अपने भीतर गहराई से देखने की दृष्टि प्राप्त होने की आशा करना है।
>
> –चार्ली मंगर

किसी को सफल निवेशक बनने के लिए कितनी बुद्धि चाहिए होती है? जवाब में वॉरेन बफ़ेट कहते हैं, कोई बहुत ज़्यादा बुद्धि की ज़रूरत नहीं है :

> मैं एक सीमित अवसरों वाला कार्ड देकर आपकी वित्तीय हालत बहुत बेहतर कर सकता हूँ। यह कार्ड केवल 20 बार पंच हो सकता है। आपके पूरे जीवन के हरेक

> निवेश के लिए एक पंच। पूरे 20 पंच होने के बाद आप और कोई निवेश नहीं कर सकते। इस नियम के तहत आप उन निवेशों के बारे में बहुत सोच-विचार करेंगे जो आपने किए और आगे जो निवेश करने वाले हैं, उनके बारे में भी बहुत सोच करने को मजबूर हो जाएँगे। इस तरह से आप बहुत बेहतर नतीजे प्राप्त कर सकेंगे।

मंगर ने 2017 डेली जर्नल कॉर्पोरेशन की बैठक के दौरान कई बार जीवन में संतुष्टि के लिए सब्र करने पर ज़ोर दिया है। उन्होंने इस पर भी चर्चा की कि कैसे अधिकांश निवेशक जल्दी पैसा कमाने की फिराक में रहते हैं। लेकिन सबसे अच्छा निवेशक भविष्य के बड़े लाभ के लिए अपनी संतुष्टि को भविष्य पर टाल देते हैं।

लम्बी अवधि के निवेशक कुशल प्रबंधन वाली ऐसी टीमों की तलाश करते हैं जो उनकी संतुष्टि को भविष्य में आगे के लिए टालने पर ज़ोर देती हैं। ये टीमें आर्थिक क्षेत्र में लम्बे समय तक काम करने वाली कंपनियाँ बनने पर ध्यान देती हैं। उनका लक्ष्य लम्बे समय के लिए कारोबार स्थापित करने का होता है। वे लम्बी अवधि में मूल्य वृद्धि के लिए कम समय में होने वाली आय को छोड़ने को तैयार रहती हैं। हम चक्रवृद्धि ब्याज के फ़ॉर्मूले को देखें और इसे इस तरह से समझें जिससे हमें लम्बी अवधि में बड़ी पूँजी का निर्माण करने में मदद मिले :

$$a = p * \left(1 + \left(\frac{r}{100}\right)\right)^{n} \tag{19.1}$$

a = संचित भविष्य मूल्य, p = मूलधन या वर्तमान मूल्य, r = रिटर्न की दर प्रतिशत में और n = चक्रवृद्धि की अवधि

अक्सर प्रबंधन टीमें इस फ़ॉर्मूले में आर यानी रिटर्न की दर पर ध्यान देती हैं। वे आने वाले वर्षों में कारोबार को अधिक मूल्यवान बनाने वाले नए क़दमों के बारे में नहीं सोचते हैं। इसके विपरीत ज़्यादा लाभ मार्जिन और प्रति शेयर आय में ख़ासी वृद्धि के साथ तुरंत ही संतुष्टि की इच्छा करते हैं। इसके कारण कई प्रबंधन टीमें ऐसे निवेशों को टाल देती हैं, जो लम्बी अवधि में कारोबार को मूल्यवान बनाने वाले होते हैं, लेकिन जिससे फ़िलहाल उसका बही खाता बिगड़ा दिखाई देता है। विश्लेषकों का दबाव जाने- अनजाने में कंपनियों को उचित क़ीमत की बजाय अच्छे तिमाही आंकड़ों की रिपोर्ट पेश करने को प्रोत्साहित कर सकता है जिससे वे अपने वर्तमान ग्राहकों से जितना संभव हो, उतना पैसा कमा सकें। उचित मूल्य से सभी हितधारकों के बीच स्थायी सद्भावना विकसित होती है और लम्बे समय के लिए दोनों पक्षों में अनुकूल रिश्ता बनाता है। ऐसे व्यवसाय जो वस्तुएँ ख़रीदते हैं और उनकी ब्रांडिंग करके बेचते हैं, उनके पास मजबूत मूल्य निर्धारण शक्ति (आमतौर पर उच्च सकल मार्जिन द्वारा दर्शाया जाता है) होती है। उनको हमेशा याद रखना चाहिए कि मूल्य निर्धारण की ताक़त के साथ बड़ी मात्रा में ऋण तक पहुँच भी मिल जाती है। यह आपके पास बड़ी मात्रा में हो सकती है, लेकिन आपको इसका उपयोग कम मात्रा में करना चाहिए।

मूल्य निर्धारण शक्ति होने का मतलब यह नहीं है कि आप इसका तुरंत प्रयोग करने लगें। उपभोक्ताओं के लिए सस्ती क़ीमत पर सामान मुहैया कराने की रणनीति बहुत ही बेहतरीन है। ख़ासकर सदस्यता-आधारित व्यवसाय मॉडल के लिए जिसमें प्रबंधन को मुख्य रूप से ग्राहकों में अपने उत्पाद की आदत विकसित करने और बार-बार उसके अपनाने को सहज बना देने पर ध्यान देना चाहिए। अधिकांश व्यवसाय थोड़े समय में ढेर सारा मुनाफ़ा कमा लेने और अनुशासित रूप से क़ीमत तय करने तथा उपभोक्ताओं के साथ विश्वास का रिश्ता जोड़ने के नाजुक संतुलन को समझने में नाकाम रहते हैं। कुछ व्यवसाय जो इस संतुलन को समझते हैं, वे अपने रोज़मर्रा के फ़ैसलों में ''आज कठिनाई, कल लाभ'' की सोच से काम करते हैं।

आइए, दो एक-दूसरे के विपरीत उदाहरण देखें। वैलेंट फ़ार्मास्यूटिकल्स कम्पनी नई नवाचारी कंपनियों से दुर्लभ बीमारियों की जीवनरक्षक दवाएँ ख़रीदती है, लेकिन उसकी क़ीमतें ग्राहकों को लूटने वाली होती हैं। वित्तीय गुणा-भाग आकर्षक दिखाई दे सकता है लेकिन ग्राहकों को कुछ देने के बजाय उनसे वसूली करना भविष्य में आम तौर पर कम्पनी के शेयरधारकों के लिए मूल्य में बहुत कमी कर देता है। दूसरी ओर जेफ़ बेजोस के नेतृत्व में एमेज़ॉन जैसी कंपनियाँ हैं, जो कहती हैं, ''क़ीमतों के लचीलेपन के हमारे अध्ययन हमेशा कहते हैं कि अब हमें क़ीमतें बढ़ानी चाहिए। *लेकिन हम यह नहीं करते क्योंकि हम क़ीमतें बहुत, बहुत कम रखकर समय के साथ ग्राहकों का विश्वास अर्जित करने में यक़ीन करते हैं। और यह वास्तव में आगे चलकर कम्पनी को धनवान बनाता है। और इसे हमें अपना सिद्धांत बनाना होगा।*''

कुछ कंपनियाँ थोड़े समय में ज़्यादा कमाई वाले कारक 'आर' के चक्कर में नहीं पड़ते हुए लम्बी अवधि में ज़्यादा से ज़्यादा लाभ देने वाले कारक 'एन' के बारे में सोच रखकर चलती हैं। इसमें भले ही थोड़े समय में निवेश करना पड़े लेकिन अंततः यह हितधारकों को लम्बे समय में शानदार मूल्य देने के साथ संतुष्ट ग्राहकों की पूँजी तैयार करता है। एमेज़ॉन, नेब्रास्का फ़र्निचर मार्ट, कॉस्टको और जीईआईसीओ इसके प्रमुख उदाहरण हैं। जैसे-जैसे समय के साथ ये कंपनियाँ बड़ी होती गईं और उनकी अर्थव्यवस्था का विस्तार हुआ, उन्होंने कम क़ीमतों के माध्यम से उन लाभों को ग्राहकों के साथ साझा करना और अपने ग्राहकों को ज़्यादा मूल्य प्रदान करना जारी रखा है। इससे ना केवल ग्राहक ख़ुश रहते हैं जो फिर उन कंपनियों के साथ अधिक पैसा ख़र्च करते हैं बल्कि समय के साथ ऐसे कारोबारों के साथ प्रतिस्पर्धा करना कठिन हो जाता है, क्योंकि उनके पास लम्बी अवधि में लाभ हासिल करने के लिए संतुष्टि को टालने की दुर्लभ क्षमता होती है। बेजोस के इन कथनों पर विचार करें, जो एमेज़ॉन में बहुत आगे की सोच की संस्कृति को दिखाते हैं।

> ऐसा कारोबार जो किसी का भी सपना हो, उसमें कम से कम चार विशेषताएँ होती हैं। यह ग्राहकों को पसंद होता है। इसका बहुत विस्तार हो सकता है। यह पूँजी पर अच्छा रिटर्न देता है और *यह दशकों तक निरंतर चलता चला जाता है। अगर आपको ऐसी कोई भी एक ख़ासियत मिलती है तो उसको दरकिनार नहीं करें,* उसको अपना जीवनसाथी बना लें।

> यहाँ हम लाभ प्रतिशत को अपने लिए ज़्यादा अनुकूल बनाने की बात नहीं कर रहे हैं। दरअसल प्रति शेयर नक़द आय की प्राप्ति ज़्यादा से ज़्यादा होनी चाहिए। यदि आप लाभ का अंतर कम करते हुए प्रति शेयर ज़्यादा नक़दी दे सकते हैं तो निवेशक इसमें निवेश करेंगे। *यदि मुक्त नक़द प्रवाह इसमें प्राप्त हो सकता है तो इसे निवेशक ख़र्च कर सकते हैं। निवेशक लाभ के मार्जिन को ख़र्च नहीं कर सकते।*
>
> कम क़ीमतों पर बेचने से नेकी का एक ऐसा चक्र बनता है जो लम्बे समय के लिए ज़्यादा डॉलर का नक़द प्रवाह सुनिश्चित करता है और इस प्रकार बहुत अधिक मूल्यवान एमेजॉन डॉट कॉम का निर्माण होता है। जब इस तरह की कंपनियों के सामने ज़्यादा से ज़्यादा सामान्य तौर पर स्वीकृत लेखा सिद्धांतों को अपनाने और *भविष्य में नक़दी प्रवाह के मौजूदा मूल्य को बढ़ाने के बीच एक विकल्प को चुनने की मजबूरी आती है तो वे नक़द प्रवाह बढ़ाना ही पसंद करती हैं।*

जीईआईसीओ ने कई वर्षों तक अपने ग्राहकों को साथ जोड़े रखने के लिए बड़ी लागत अदा की। इसे लेकर बफ़ेट के विचार और ज़्यादा जानकारी प्रदान करते हैं कि किस तरह से संतुष्टि प्राप्त करने के लिए सब्र के साथ इंतज़ार करना लम्बी अवधि में कितने ज़्यादा मूल्य का सृजन करता है :

> 1999 में, हम फिर से अपना मार्केटिंग का बजट बढ़ाएंगे और कम से कम 19 करोड़ डॉलर ख़र्च करेंगे। दरअसल, जब तक बर्कशायर जीईआईसीओ के अपने पॉलिसी धारकों को उचित सेवाएँ देने के लिए ज़रूरी बुनियादी ढाँचे का निर्माण कर सकता है, तब तक जीईआईसीओ के नए व्यवसाय के कार्यों में *निवेश* करने में कोई सीमा नहीं है।
>
> जो कंपनियाँ प्रथम वर्ष की लागतों के कारण त्रैमासिक या वार्षिक आय के बारे में चिंतित होने लगती हैं, वे इस तरह के निवेश से कतराएँगी। भले ही वे लम्बी अवधि में बड़ी कम्पनी खड़ी करने को लेकर कितनी भी बुद्धिमान क्यों ना हों। हमारा हिसाब अलग है : *हम बस यह मापते हैं कि क्या हम ख़र्च किए गए प्रति डॉलर पर एक से अधिक डॉलर मूल्य का निर्माण कर रहे हैं या नहीं – और यदि ऐसा हो रहा है तो हमें ज़्यादा से ज़्यादा डॉलर ख़र्च करने पर ख़ुशी होगी।*
>
> उदाहरण के लिए, जीईआईसीओ में हमने पॉलिसी ग्राहकों को हासिल करने के लिए पिछले साल उत्साहपूर्वक 90 करोड़ डॉलर ख़र्च किए जिससे हमें तत्काल कोई लाभ नहीं मिलने वाला है। यदि हमें अच्छे नतीजे मिलें तो हम इससे दोगुनी राशि भी ख़र्च करते हैं *तो हम ख़ुशी–ख़ुशी करेंगे। हालाँकि अल्पकालिक नजरिये से नतीजों पर यह भारी पड़ेगा।*

हाल– फ़िलहाल में कम्पनी की आमदनी पर प्रतिकूल असर डालने वाले इन ख़र्चों को बफ़ेट भविष्य में आगे चलकर मूल्य का निर्माण करने वाले *निवेश* के रूप में देखते हैं। बर्कशायर

के मालिक-संबंधित नियमों के व्यवसाय सिद्धांत 6 में वह कहते हैं, ''लेखा-बही में ज़्यादा ख़र्च के परिणाम से नुक़सान दिखाई देने के आधार पर हम परिचालन या पूँजी-आवंटन निर्णय नहीं करते हैं। अगर ख़रीदी लागत एक समान है तो हम मानक लेखा सिद्धांतों के तहत दिखाई जा सकने वाली एक डॉलर आमदनी के मुक़ाबले में ना दिखाई देने वाली 2 डॉलर आमदनी वाली इकाई को ख़रीदने को प्राथमिकता देंगे।

जाने-माने वैल्यू इन्वेस्टर थॉमस रूसो ने अक्सर ऐसी कम्पनियों का उल्लेख किया है जिनमें अल्प काल में कम आमदनी या नुक़सान के दबाव को झेलते हुए लम्बी अवधि के लिए प्रतिस्पर्धी लाभ का निर्माण करने का ''दर्द सहने'' या पुनर्निवेश करने की क्षमता होती है। आमतौर पर इन कम्पनियों के स्वामित्व की संरचना इस प्रकार की होती है जो सक्रिय निवेशकों को दूर रखती है। इस तरह के ढाँचों में ज़्यादातर किसी ऐसे व्यक्ति या इकाई के पास नियंत्रण होता है जो थोड़े समय के लाभ के बारे में परेशान हुए बिना ख़ास रणनीति पर डटा रहता है और इकाई को लम्बी अवधि के लिए सुगठित करता है। नए बाज़ार में कारोबार के विस्तार के लिए पहले काफ़ी लागत की ज़रूरत होती है। इसके कारण वर्तमान आमदनी पर असर होता है और यह कम हो जाती है। बहुत दूर तक नहीं देख पाने वाले वाले बाज़ार में यह शेयर की क़ीमत पर नकारात्मक प्रभाव डालता है। उत्पादन और वितरण से हटकर अधिकांश शुरुआती लागत का मक़सद लोगों की आय बढ़ने के साथ उनको अपना आजीवन उपभोक्ता बनाना होता है। बाज़ार हिस्सेदारी और मुनाफ़े में वृद्धि से पहले किसी कम्पनी को पहले बाज़ार में उपस्थिति बनाए रखने के लिए यह करना ज़रूरी होता है। उस प्रक्रिया में समय लगता है और इसके लिए बहुत धैर्य की आवश्यकता होती है, जो अधिकांश प्रबंधन टीमों के पास नहीं है। शेयरधारकों, स्टॉक ऑप्शन धारक कर्मचारियों की बेचैनी और प्रबंधन के निवल मूल्य के माप कम्पनियों को थोड़ा समझौता करने को मजबूर कर देते हैं। आमदनी को बेहतर दिखाने, शेयर बाज़ार को शान्त करने और शेयर की क़ीमत में उछाल लाने के लिए कुछ ज़रूरी निवेश को रोक दिया जाता है। इस बेचैनी को दूर करने के लिए शुरुआती उपाय कुछ राहत देते हैं, लेकिन इससे अपेक्षाएँ बढ़ती चली जाती हैं। कम्पनियाँ विश्लेषकों की अपेक्षाओं को पूरा करने के अंतहीन खेल में उलझती चली जाती हैं। इन उम्मीदों के सामने झुककर, कम्पनियाँ इस खेल में भागीदार बन जाती हैं, और फिर इससे बाहर निकलना कठिन हो जाता है। संभावित अल्पकालिक ख़राब नतीजों को टालने के लिए वे आमदनी के साथ दाँवपेंच करना शुरू कर देती हैं। या फिर उन्हें लगता है कि इससे रणनीतिक नियंत्रण पर उनकी कमज़ोर पकड़ को ख़तरा हो सकता है। या उन्हें डर लगता है कि यदि शेयर बाज़ार घोषणा कर देता है कि कमाई में लगातार गिरावट आ रही है तो उनकी नौकरी के लिए ख़तरा पैदा हो सकता है। ऐसे प्रबंधन जो थोड़े समय के नजरिये वाले शेयरधारकों से आसानी से प्रभावित हो जाते हैं, वे दीर्घकालिक सफलता को दाँव पर लगाकर अल्पकालिक परिणाम देने वाली गतिविधियों की ओर ध्यान देने लगते हैं।

वैल्यूएशन : *मेज़रिंग ऐंड मैनेजिंग द वैल्यू ऑफ़ कम्पनीज़* पुस्तक के ताज़ा संस्करण में लेखक लिखते हैं, ''हमने अपने अनुभवों से पाया है कि दीर्घकालिक राजस्व वृद्धि-

विशेष रूप से कम्पनी के अपने संसाधनों से होने वाली जैविक राजस्व वृद्धि शेयरधारक के रिटर्न को बढ़ाने में सबसे महत्त्वपूर्ण योगदान देती है। ख़ासकर पूँजी पर उच्च रिटर्न वाली कंपनियों के लिए। हमने यह भी पाया है कि शेयरधारकों को लम्बी अवधि में बेहतर रिटर्न देने से अनुसंधान और विकास (आर ऐंड डी) का गहरा संबंध है।'' इसके साथ ही किताब के अनुसार, ''400 मुख्य वित्तीय अधिकारियों के सर्वेक्षण में ड्यूक विश्वविद्यालय के दो प्रोफ़ेसरों ने पाया कि 80 प्रतिशत अधिकारी अल्पकालिक आमदनी के लक्ष्यों को पूरा करने के लिए मार्केटिंग और अनुसंधान एवं विकास जैसी मूल्य-सृजन करने वाली संभावित गतिविधियों में ख़र्चों को कम करने की बात करते हैं।''

अधिकांश प्रबंधक लम्बे समय के मुनाफ़े के लिए थोड़े समय की परेशानी सहने को तैयार नहीं हैं। वे अल्पकालिक परिणामों पर ध्यान केंद्रित करते हैं जिससे ब्रान्ड की पहचान निर्मित करने, अनुसंधान एवं विकास और अन्य दीर्घकालिक विकास पहलों पर पूरा निवेश नहीं हो पाता। अंततः यह आगे चलकर भविष्य में परेशानी पैदा करता है। वे आगे चलकर तगड़ा मुनाफ़ा हासिल करने के लिए अभी ज़्यादा ख़र्च करने के बजाय मौजूदा आमदनी को बढ़ाने के लिए वर्तमान लागत में कटौती करते हैं। नतीजतन वे लम्बी अवधि में सफलता की अपनी संभावनाओं को नुक़सान पहुँचाते हैं।

अपने व्यक्तिगत मूल्यों और निवेश के मूल्यों का साथ आना बहुत ज़रूरी है। बफ़ेट और मंगर में संतुष्टि के लिए लम्बा इंतज़ार करने का धैर्य है और बर्कशायर हैथवे में एक भागीदार के रूप में अगर आप इसी तरह से अपनी संतुष्टि को लम्बे समय तक नहीं टाल सकते तो आप निराश शेयरधारक बने रह जाएँगे।

बफ़ेट मौजूदा मुनाफ़ा को छोड़ने के लिए भी राज़ी हैं जिससे जीईआईसीओ और ज़्यादा पॉलिसी बेचने के लिए काम कर सके। लेकिन उनका फ़ोकस रहता है कि एक ग्राहक अपनी पूरी उम्र के दौरान कितना लाभ देने वाला है और इसलिए वे ज़रूरत पड़ने पर आमदनी की बजाय ख़र्च और इसी प्रकार के शुल्क बढ़ाने के इच्छुक रहते हैं। जब किसी व्यवसाय में ग्राहक प्राप्त करने पर होने वाले ख़र्च से उस ग्राहक के जीवनकाल में मिलने वाला लाभ ज़्यादा हो तो नए ग्राहक हासिल करने में जितना संभव हो उतना निवेश करना बुद्धिमानी है। बफ़ेट जीईआईसीओ द्वारा ग्राहकों को हासिल करने के लिए विज्ञापनों पर ख़र्च की गई रक़म के संबंध में भी इसी प्रकार से उसके मौजूदा निवल मूल्य की तरह ही सोचते हैं।

बीमा कारोबार में बर्कशायर हैथवे जोख़िम निर्धारण में मुनाफ़े के अवसरों के अभाव में ख़ुशी-ख़ुशी कारोबार और अपनी हिस्सेदारी को छोड़ देगा। साथ ही ख़ास प्रकरणों में वर्तमान वर्ष के नुक़सान को भी सहन करेगा। इसके बदले वे कोई बेड़ा ख़रीद लेंगे जो आगे भविष्य में कई वर्षों तक आमदनी देगा। इससे बदतर भी क्या कुछ हो सकता था? सभी ख़र्च वर्तमान में होंगे और बेड़े पर निवेश से आमदनी होने पर भविष्य में यह सामने आएगी। यह संतुष्टि के लिए सब्र करने की इंतेहा ही है।

इन सभी मामलों में प्रश्न यह है कि क्या एक शेयरधारक के रूप में आप संतुष्टि के लिए लम्बे इंतज़ार की बफ़ेट और मंगर के समान प्रतिबद्धता देने को तैयार हैं? यदि नहीं,

तो आप इन कम्पनियों के शेयरों और इसी प्रकार की लम्बी अवधि की सोच रखने वाली प्रबंधन टीमों वाली कम्पनियों के शेयरों में अपनी हिस्सेदारी के बारे में फिर से विचार कर सकते हैं। यह याद रखें कि सब्र का फल ज़्यादा मीठा होता है।

निवेशक आम तौर पर उन व्यवसायों को नज़रअंदाज़ कर देते हैं जो ऐसा काम कर रहे हैं जिनमें आय में ज़ोरदार वृद्धि होगी। लेकिन उसमें एक से दो साल का समय लगेगा। निवेशक इंतज़ार नहीं करना चाहते। निवेशक अक्सर ऐसे व्यवसायों से दूर रहते हैं जो भविष्य के लिए निवेश कर रहे हैं और नए आरंभिक उपक्रम वर्तमान में बहुत कम मार्जिन का सामना कर रहे हैं, क्योंकि क्षमता का उपयोग समय के साथ ही होता है और पूरी प्रक्रिया के अंत में ही आय में वृद्धि होगी। भले ही वे अच्छे से कार्य को अंजाम दे रहे हों, तब भी अगली चार से आठ तिमाहियों तक उनकी ''घोषित'' आय वृद्धि बहुत कम दिखाई देगी। हो सकता है कि मूल्य में गिरावट और कमज़ोर शुरुआती मार्जिन (कम क्षमता उपयोग के कारण) के कारण घाटा भी देखने को मिले। भले ही इसके बाद उनकी आय की वृद्धि में तेज़ी से उछाल आने की उम्मीद हो लेकिन शेयर बाज़ारों में आम तौर पर शुरू में इन कारोबारों के बाज़ार मूल्य में वृद्धि नहीं होती है। हालाँकि एक बार उनकी आय में वृद्धि साफ़ तौर पर दिखाई देने पर उनका दोबारा मूल्यांकन ज़रूर होता है।

निवेशकों के रूप में यदि हम इस तरह की कम्पनियों के शेयरों को चुनते हैं और उन्हें लम्बे समय तक बनाए रखने का धैर्य और दृढ़ विश्वास रखते हैं तो निश्चित ही औरों के मुक़ाबले में हम आगे रहते हैं और मुनाफ़ा भी ज़्यादा होता है। हालाँकि लम्बी अवधि के हिसाब से इन कारोबारों के शेयरों का मूल्यांकन स्पष्ट रूप से कम होता है लेकिन उनमें निवेश करना मनोवैज्ञानिक रूप से चुनौतीपूर्ण भी है और उनको बनाकर रखना तो और ज़्यादा कठिन है। इस तरह की कठिनाइयों के कारण इन शेयरों में निवेशकों का अभाव रहता है और परिणामस्वरूप इन शेयरों की क़ीमतों का उचित निर्धारण नहीं हो पाता। जब निवेशकों का ध्यान इन शेयरों की ओर कम होता है तो इनकी सही क़ीमत तक पहुँचना कठिन हो जाता है।

लम्बी अवधि की समयसीमा में मूल्य सृजन करने पर काम करने वाले कारोबारों में पूँजी हासिल करना, तभी संभव हो पाता है जब हम दीर्घकालिक दृष्टिकोण के साथ काम करें। जब आप दीर्घकालिक परिणामों पर ध्यान केंद्रित करते हैं, तो यह मान कर चलें कि अल्पावधि में अक्सर ग़लत समझा जा सकता है। ये सिर्फ़ व्यापार और निवेश तक सीमित नहीं है, लेकिन जीवन और रिश्तों में भी यही होता है। ''कष्ट सहने की क्षमता'' वाली कंपनियों में निवेश के लिए हमें भी उनके साथ तकलीफ़ सहने के लिए तैयार रहना चाहिए। दूसरे शब्दों में, हमें थोड़े समय की तकलीफ़ को बर्दाशत करने की मजबूत सहनशक्ति की ज़रूरत है।

> आपको शेयरों में गिरावट के दौरान कम होते भाव में ख़रीदारी करनी होगी। गिरावट में शेयरों की मात्रा बहुत ज़्यादा होगी। लेकिन क़ीमतें ऊपर आते समय बहुत कम मात्रा होगी और ख़रीदारों में बहुत कम स्पर्धा होगी। लगभग हमेशा ही

देर करने से थोड़ा जल्दी करना बेहतर होता है। लेकिन आप जो ख़रीद रहे हैं, उसकी क़ीमतों में कमी के आपको तैयार रहना चाहिए।

– सेत क्लारमन

पूँजी प्रबंधक के पास समय-समय पर कमतर प्रदर्शन के झटकों को बर्दाश्त करने का लचीलापन होना चाहिए। 1999 के दौरान रूसो ने कुछ अन्य कंपनियों के साथ नेस्ले, हेनेकेन और यूनिलीवर जैसे बेहतरीन कारोबारों में निवेश किया था। लेकिन वे उस समय बाज़ार को संचालित कर रही सटोरिया प्रवृत्ति की ताक़तों की पसंद में कहीं भी नहीं थीं। उस साल रूसो का फ़ंड 2 प्रतिशत नीचे था और डाउ 27 प्रतिशत ऊपर था। अगले वर्ष के आरंभ में उनका फ़ंड 15 प्रतिशत नीचे था और बाज़ार 30 प्रतिशत ऊपर था। रूसो में कष्ट सहने की क्षमता थी और वह अपने निवेश की रणनीति पर डटे रहे। उस समय उनके निवेशकों के बारे में भी यही कहा जा सकता है। यही कारण है कि निवेश प्रबंधक की सफलता केवल अपने संभावित ग्राहकों की जाँच-पड़ताल की क्षमता में ही नहीं है बल्कि गलत प्रकार के निवेश से इंकार करने में भी है।

इक्विटी निवेश चीनी बाँस के पेड़ को उगाने जैसा है। हमें यात्रा के प्रति जुनून होना चाहिए। बीज को बोने के बाद उसके फल के आने तक सब्र और अथाह विश्वास होना चाहिए। चीनी बाँस के पेड़ को बढ़ना आरंभ करने में पाँच साल से ज़्यादा समय लगता है लेकिन एक बार यह बढ़ना शुरू करता है तो छह हफ़्तों से भी कम समय में तेज़ी से अस्सी फ़ीट तक पहुँच जाता है। प्रमुख ब्लॉगर अंशुल खरे ने एक बार सटीक टिप्पणी की थी, ''शुरुआती वर्षों में... कई गुना वृद्धि आपके धैर्य की परीक्षा लेती है और बाद के वर्षों में, आपकी स्तब्धता की परीक्षा होती है।''

पीटर लिंच के निवेश अनुभव प्रेरणादायक बाँस के पेड़ की कहानी से मिलते-जुलते हैं : ''मेरे लिए सबसे अधिक फ़ायदेमंद रहने वाले शेयरों ने सबसे बड़ा लाभ ख़रीदे जाने के तीसरे या चौथे वर्ष में दिया।'' हमारे अनुमान से ज्यादा समय तक शेयर के भाव सस्ते बने रह सकते हैं और फिर हमारे अनुमान से अधिक तेज़ी से उनकी क़ीमतों का नए सिरे से निर्धारण हो सकता है और वह महँगे हो सकते हैं।

हमें व्यवसायों का मूल्यांकन उनके परिचालन नतीजों के आधार पर करना चाहिए। उनके शेयर मूल्यों के उतार-चढ़ाव पर नहीं। शेयर बाज़ार उतार-चढ़ाव पर केंद्रित है, लेकिन निवेश की सफलता नतीजों पर आधारित है। यदि प्रबंधन टीम अच्छा काम करके दिखाती है तो शेयर के भाव कभी न कभी जाकर परिणामों को परिलक्षित करते ही हैं। वास्तव में हमारे मौजूदा बेहतरीन शेयरों पर तत्काल रिटर्न प्राप्त नहीं होना उनको स्थिरता प्रदान करता है। ऐसे समय में धैर्य महत्त्वपूर्ण भूमिका निभाता है। उदाहरण के लिए, बर्कशायर हैथवे के शेयर ने पिछले 42 साल में (अक्टूबर 2019 तक) 21 % की चक्रवृद्धि वार्षिक वृद्धि दर (सीएजीआर) प्रदान की है। लेकिन अगर आपने इसे 1997 में ख़रीदा था तो आपको शेयर पर सकारात्मक रिटर्न के लिए पाँच साल तक इंतज़ार करना पड़ा होगा। इसी तरह एडोबी ने अगस्त 1986 में आईपीओ आने के बाद से अक्टूबर 2019 की स्थिति में 24% का

सीएजीआर दिया है। लेकिन 2000 से 2013 के बीच 13 साल निवेशकों के लिए ऐसा समय रहा, जब उनको शेयर पर कोई मुनाफ़ा नहीं मिला। निवेश करना कठिन है। बहुत मुश्किल।

दीर्घकालिक दृष्टिकोण रखना लाभदायक होता है। लेकिन दीर्घकालिक निवेश की सोच के साथ ऐसी निवेश प्रक्रिया भी जुड़ी होनी चाहिए जो मूल निवेश के संबंध में लगातार सवाल उठाती रहे। निवेशकों को सक्रिय धैर्य बनाकर रखना चाहिए यानी लगन के साथ मूल निवेश की सोच की जाँच-पड़ताल करते रहें और तब तक कुछ भी नहीं करें जब तक कि कुछ बहुत प्रतिकूल या नकारात्मक सामने नहीं आता है। बहुत बार जब कोई शेयर उस तरह से प्रदर्शन नहीं करता, जैसा सोचा गया था तो हम इसे ''दीर्घकालिक निवेश'' कह देते हैं। जब हमने निवेश से पहले किसी व्यवसाय और उसके प्रबंधन को जानने में बहुत समय लगाया होता है, जो निवेशक अक्सर करते हैं, तब अपनी सोच को बदलना कठिन हो जाता है। निवेशक यह नहीं चाहते कि उन्होंने अपना समय ऐसी सीख में बर्बाद कर दिया, जिन पर उन्होंने कोई कार्य नहीं किया। नए आइडिया और पोर्टफ़ोलियो में मौजूद शेयरों के संबंध में अध्ययन करते हुए बौद्धिक रूप से ईमानदार बने रहने और केवल वहीं निवेश करने जहाँ विषमताएँ पक्ष में हैं, इसका समय के साथ लाभ मिलता है। निवेशक अपने पास रखे शेयरों की क़ीमतें बढ़ते जाने पर आत्मसंतुष्ट हो जाते हैं और उन पर सवाल करना बंद कर देते हैं। वे उस समय फिर से विश्लेषण करना शुरू करते हैं जब क़ीमतें गिरने लगती हैं। अपने पास मौजूद शेयरों का विश्लेषण केवल तभी नहीं करें, जब उनकी क़ीमतें गिरती हैं। मौजूदा शेयरों में से कुछ शेयरों की क़ीमतें बढ़ती जा रही हैं तो इसका मतलब यह नहीं है कि उनके कारोबार में कुछ भी नकारात्मक नहीं हो रहा है।

निवेशक की सबसे बड़ी ताक़त

यदि आप शेयर बाज़ार में पैसा कमाना चाहते हैं तो आपके पास सही मनोवैज्ञानिक नज़रिया होना चाहिए। दार्शनिक स्पिनोज़ा से बेहतर इसे और किसी ने स्पष्ट नहीं किया है। स्पिनोज़ा ने कहा कि आपको चीज़ों को अनंत काल के नज़रिये से देखना चाहिए।

– बेंजामिन ग्राहम

शेयर बाज़ार में कमाई करने के लिए शेयरों को परख़ने की दृष्टि, ख़रीदने का साहस और उनको लम्बे समय तक रखने के धैर्य की ज़रूरत होती है। तीनों में से धैर्य सबसे दुर्लभ है।

– थॉमस फ़ेल्प्स

अपने पास मौजूद शेयरों को बेचकर लाभ लेने की तमाम सलाहों और प्रलोभनों के बावजूद उनको बनाए रखने पर डटा रहने वाला निवेशक सामान्य से बिलकुल हटकर मानसिकता रखने की ख़ूबी को प्रदर्शित करता है।

संतुष्टि के लिए लम्बा इंतज़ार करने की क्षमता ही एक निवेशक की सबसे बड़ी ताक़त है। मानव स्वभाव इस ताक़त का उपयोग करना कठिन बना देता है। यह कठिनाई ही वह कारण है जिसके कारण यह ताक़त मौजूद है और क्योंकि मानव स्वभाव कभी नहीं बदलेगा, यह ताक़त उन लोगों के लिए टिकाऊ है जिनके पास इसका लाभ उठाने के लिए अनुकूल सही स्वभाव है। बेजोस ने यहाँ पर इस ताक़त के स्रोत का ही ज़िक्र किया है। उन्होंने कहा, ''अगर आप जो कुछ भी कर रहे हैं उसके लिए तीन साल की समय अवधि से काम करना होता है तो आप बहुत सारे लोगों से प्रतिस्पर्धा कर रहे हैं। लेकिन अगर आप सात साल की अवधि को सामने रखकर निवेश करने के इच्छुक हैं, तब बहुत थोड़े लोगों से आपकी होड़ है। क्योंकि बहुत कम कंपनियाँ सात साल के लम्बे समय को सामने रखकर काम करने को तैयार हैं। सिर्फ़ समय सीमा को बढ़ाकर आप ऐसे प्रयास करने लग सकते हैं जो वैसे आप कभी सोच भी नहीं सकते थे।''

लम्बी समय अवधि की सोच रखने की क्षमता का अब पहले से कहीं ज़्यादा फ़ायदा है। पचास साल पहले न्यू यॉर्क स्टॉक एक्सचेंज में निवेशकों के अपने शेयरों को अपने पास बनाए रखने की औसत अवधि सात वर्ष थी। आज यह बमुश्किल चार महीने हो गई है। बाज़ार में व्याप्त अल्पकालिक मानसिकता से बेतुकी ख़रीद-फरोख़्त होती है। इसके पीछे वजह केवल और केवल शेयरों की क़ीमतों का अल्पकालिक उतार-चढ़ाव होता है। इसका कारोबार की लम्बी अवधि से कोई लेना-देना नहीं है। वित्तीय बिरादरी का पूरा ध्यान अगली तिमाही पर रहता आया है जो लगातार बढ़ रहा है। लम्बी अवधि की सोच निवेशक के लिए दूसरों से आगे रहने का फ़ायदा देने वाली है। जैसे-जैसे हम सूचना, आँकड़े और नई तकनीकी और सोशल मीडिया से पैदा किए बेवजह शोर को समझने लगते हैं, वैसे-वैसे लम्बी अवधि की सोच और मजबूत होती जाती है। सच तो यह है कि शेयर बाज़ार में अधिकांश प्रतिभावान और संसाधन अपना पूरा ध्यान अगली कुछ तिमाहियों के थोड़े समय को सामने रखकर प्रतिस्पर्धा करने पर केन्द्रित कर देते हैं। यह उनके लिए बड़ा अवसर निर्मित कर देता है, जो तीन से पाँच साल आगे की सोच रख सकते हैं और ख़ामोश होकर बड़ी तसवीर पर विचार कर सकते हैं। इस तरह लम्बे समय की सोच कुछ ऐसे प्रमुख कारकों की पहचान करने में मदद करती है जो वास्तव में मायने रखते हैं। इन कारकों को अगली तिमाही की प्रति शेयर आमदनी या एकदम दशमलव तक सटीक मार्जिन के लिए शायद ही कभी (अगर कभी रहे हों) इनको आम सहमति से अनुमान माना गया हो। अस्थिरता से बचने की दूसरों की इच्छा का लाभ उठाने पर यह रणनीति काम करती है।

ग्राहकों को निरंतर सफलता की चाह होती है और उनमें अल्प काल में ख़राब प्रदर्शन को लेकर ज़रा भी धैर्य नहीं होता। इसका मतलब कि अगर फ़ंड प्रबंधक अगले महीने, अगली तिमाही या शायद ज़्यादा से ज़्यादा एक साल के प्रदर्शन को बेहतर करने पर ध्यान नहीं देते हैं तो उनके सामने उनके प्रबंधन के तहत परिसंपत्ति और उनकी नौकरी दोनों को ही खो देने का जोख़िम (जिसे ''करियर जोख़िम'' के रूप में भी जाना जाता है) होता है। ऐसे ग्राहक ज़ाहिर तौर पर यह नहीं समझते कि निवेश का नतीजा केवल तीन प्रकार का होता है - बुरा, कुल मिलाकर अच्छा लेकिन कभी-कभी बुरा और हमेशा अच्छा लेकिन कपटपूर्ण।

ग्राहकों की यह अधीर मानसिकता और इसके परिणामस्वरूप फ़ंड प्रबंधकों पर हर तिमाही में अपने ही मानदंडों को पछाड़ देने के दबाव से शेयरों की सूची में बहुत ज़्यादा अदला-बदली होती है और जिससे ख़रीदी-बिकवाली की लागत बढ़ जाती है। ज़्यादा लागत के साथ ही यह अधिकांश सक्रिय फ़ंड प्रबंधकों के अपने संबंधित मानदंडों को पीछे छोड़ने में असफल होने का कारण बनता है। ''सक्रिय बनाम निष्क्रिय निवेश बहस का वास्तविक हिसाब-किताब रखने वाले'' एस ऐंड पी डाउ जोन्स सूचकांक ने अपने *एसपीआईवीए यूएस* 2018 स्कोरकार्ड में इस तथ्य को रेखांकित किया है। (तालिका 11.1)

तालिका 11.1 न्यूनतम मानदंडों से शानदार प्रदर्शन करने वाले अमेरिकी इक्विटी फ़ंड, 2018

रिपोर्ट 1: न्यूनतम मानदंडों से शानदार प्रदर्शन करने वाले अमेरिकी इक्विटी फ़ंड, 2018

फ़ंड श्रेणी	किस सूचकांक से तुलना	1 वर्ष (%)	3 वर्ष (%)	5 वर्ष (%)	10 वर्ष (%)	15 वर्ष (%)
सभी घरेलू फ़ंड	एसऐंडपी कंपोजिट 1500	68.83	81.49	88.13	84.49	88.97
सभी लार्ज कैप फ़ंड	एसऐंडपी 500	64.49	78.98	82.14	85.14	91.62
सभी मिड कैप	एसऐंडपी मिड कैप 400	45.64	74.29	79.88	88.03	92.71
सभी स्माल कैप फ़ंड	एसऐंडपी मिड कैप 600	68.45	84.35	89.40	85.67	96.73

Source: Aye Soe, Berlinda Liu, and Hamish Preston, *SPIVA U.S. 2018 Scorecard,* S&P Dow Jones Indices, Year https://www.spindices.com/documents/spiva/spiva-us-year-end-2018.pdf,https://www.spglobal.com/'assets/documents/corporate/us-spiva-report-11-march-2019.pdf.

दूसरे शब्दों में, पंद्रह वर्षों की अवधि में, लार्ज-कैप के 12 में से केवल एक प्रबंधक, मिड-कैप के 14 में से एक और स्मॉल-कैप के 31 में से केवल एक प्रबंधक अपने निर्धारित सूचकांक से बेहतर प्रदर्शन कर पाए थे। श्रेष्ठ लोगों और प्रतिभाशाली लोगों तक पहुँच रखने वाले संस्थान और प्रतिभाएँ इतने औसत दर्जे का प्रदर्शन इसलिए करती हैं, क्योंकि वे अस्थिरता से बचने की तीव्र इच्छा का शिकार होते हैं।

किसी निवेश में लम्बे समय तक बने रहने की ताक़त एक संपत्ति प्रबंधक की तरह की लम्बी अवधि की सोच वाले धैर्यवान निवेशकों से आती है। जॉन मेनार्ड कींस (तालिका 11.2) और चार्ली मंगर (तालिका 11.3) के संपत्ति प्रबंधन के वर्षों के दौरान के लम्बी अवधि के बहुत ही कामयाब लेकिन उतार-चढ़ाव भरे रिकॉर्ड से इसका ज़बरदस्त महत्त्व सामने आता है।

जब तक परिस्थितियाँ हमारे पक्ष में हैं और हम पूरी कम्पनी को दाँव पर लगाने जैसा कुछ नहीं कर रहे हैं तो हमें नतीजों में अस्थिरता पर किसी तरह की आपत्ति नहीं है। हम संभावनाओं को अपने अनुकूल होने देना चाहते हैं।

– चार्ली मंगर

तालिका क्र. 11.2 जॉन मेनार्ड कीन्स का निवेश रिकॉर्ड, 1928–1945

	वार्षिक प्रतिशत बदलाव	
वर्ष	**चेस्ट फ़ंड (%)**	**यूके बाज़ार (%)**
1928	0.0	0.1
1929	0.8	6.6
1930	–32.4	–20.3
1931	–24.6	–25.0
1932	44.8	–5.8
1933	35.1	21.5
1934	33.1	–0.7
1935	44.3	5.3
1936	56.0	10.2
1937	8.5	–0.5
1938	–40.1	–16.1
1939	12.9	–7.2
1940	–15.6	–12.9
1941	33.5,	12.5
1942	–0.9	0.8
1943	53.9	15.6
1944	14.5	5.4
1945	14.6	0.8
औसत रिटर्न	13.2	–0.5
मानक विचलन	29.2	12.4

Source: John F. Wasik, *Keynes's Way to Wealth* (New York: McGraw-Hill, 2013).

तालिका 11.3 चार्ली मंगर का निवेश रिकॉर्ड, 1962–1975

वर्ष	मंगर पार्टनरशिप (%)	डाउ जोंस (%)	एसऐंडपी 500 (%)
1962	30.1	−7.6	−8.8
1963	71.7	20.6	22.6
1964	49.7	18.7	16.4
1965	8.4	14.2	12.4
1966	12.4	−15.8	−10.0
1967	56.2	19.0	23.8
1968	40.4	7.7	10.8
1969	28.3	−11.6	−8.2
1970	−0.1	9.7	3.6
1971	25.4	9.8	14.2
1972	8.3	18.2	18.8
1973	−31.9	−13.1	−14.3
1974	−31.5	−23.1	−25.9
1975	73.2	44.4	37.0
कुल रिटर्न	1156.7	96.2	102.6
वार्षिक रिटर्न	19.8	4.9	5.2
अस्थिरता	33.0	18.5	17.7

Source : Janet Lowe, Damn Right (Hoboken, NJ: Wiley, 2003).

अस्थिरता का सामना करना इसे स्वीकार करने की क़ीमत है लेकिन बाज़ार के बहुत कम खिलाड़ी इसे अदा करना चाहते हैं। वास्तव में धैर्य की इसी सोच को रखना, वार्षिक रिटर्न की बजाय लम्बी अवधि की चक्रवृद्धि वार्षिक वृद्धि दर (सीएजीआर) पर ध्यान केन्द्रित करना और अस्थिरता को स्वीकार करना ही आगे बहुत ज़्यादा फ़ायदे का मार्ग प्रशस्त करता है। यहाँ समय आपके पक्ष में काम करता है।

इसी तरह से समय के आपके पक्ष में काम करने के लिए एक और फ़ायदेमंद क्षेत्र क्वालीफ़ाइड इंस्टीट्यूशनल प्लेसमेंट (क्यूआईपी) का है। इस कवायद में शेयर बाज़ारों में सूचीबद्ध कम्पनी योग्य संस्थागतगत ख़रीदारों को शेयर या शेयर में बदली जा सकने वाली प्रतिभूति जारी कर पूँजी जुटाती हैं। क्यूआईपी के तुरंत बाद के कुछ महीनों के दौरान किसी

कम्पनी के शेयर की क़ीमत आमतौर पर निवेशकों के लिए नकारात्मक रहती है। क्योंकि शेयरों में तेज़ी लाने वाली संस्थागत माँग क्यूआईपी में समाहित हो जाती है। क्यूआईपी से पहले कम्पनी की प्रबंधन टीमें रोड शो और तमाम प्रचार तरीक़ों से निवेशकों को चाँद-तारों का वादा कर अपने शेयर की क़ीमतों को बहुत बढ़ा देती हैं। परिणामस्वरूप क्यूआईपी के बाद कई महीनों तक शेयर के भावों पर किसी तरह की अच्छी ख़बर का भी कोई असर नहीं होता। सभी अच्छी ख़बरें पहले ही उसकी क़ीमत में शामिल हो चुकी होती हैं। इसके अलावा नई निवेश पूँजी को पुरानी निवेश पूँजी के समान शेयरों पर रिटर्न (आरओई) प्राप्त करने में समय लगता है। परिणामस्वरूप, क्यूआईपी के बाद शेयरों पर कमतर रिटर्न शेयर के भाव पर अतिरिक्त दबाव डालता है।

ऐसे व्यवसायों में निवेश करें जहाँ आप एक जैसी सोच वाले लोगों के साथ लम्बी अवधि का निवेश कर सकते हों। जितना अधिक समय देंगे, निराशा की संभावना उतनी ही कम होगी। अमेरिकी शेयर बाज़ार सूचकांक एसऐंडपी 500 में 1950 के बाद से किसी भी वर्ष में रिटर्न +47 प्रतिशत से −37 प्रतिशत तक रहा है। लेकिन किसी भी 5 वर्ष से ज़्यादा अवधि में यह +28 प्रतिशत से −3 प्रतिशत रहा है। किसी भी समय में 20 वर्ष की अवधि में रिटर्न का दायरा और सीमित होकर +17 से +6 प्रतिशत हो गया है। यह सितंबर 2019 तक की स्थिति है और जेपी मॉर्गन के शोध से ये आँकड़े लिए गए हैं। संक्षेप में 1950 के बाद से ऐसा कभी नहीं हुआ, जब किसी भी 20 वर्ष की अवधि में निवेशकों को सालाना कम से कम 6 प्रतिशत का रिटर्न नहीं मिला हो। हालाँकि पिछला प्रदर्शन भविष्य के रिटर्न की गारंटी नहीं है। लेकिन इतिहास बताता है कि समय अवधि जितनी लम्बी होगी संतोषजनक रिटर्न अर्जित करने की संभावना उतनी ही अधिक होगी।

> आप समय का दायरा जितना अधिक बढ़ा सकते हैं, प्रतिस्पर्धा उतनी कम हो जाती है, क्योंकि ज़्यादातर दुनिया समय के बहुत छोटे दायरे से जकड़ी हुई है।
>
> – विलियम ब्राउन

कीन्स ने थोड़े समय की सोच में बह जाने की हमारी प्रवृत्ति को पशुवत भावनाओं की तरह बताया है। ''कार्य ना करने के बजाय कार्य करने की सहज इच्छा जिसमें ऐसा नहीं है कि नतीजे में प्रचुर संभावनाओं के साथ काफ़ी मात्रा में लाभ मिलने वाला हो।'' अक्सर किसी कम्पनी के संबंध में नकारात्मक घटना को लेकर बाज़ार में ज़रूरत से ज़्यादा प्रतिक्रिया होती है, जबकि उस घटना का प्रभाव बहुत थोड़े समय का होता है। साथ ही ऐसी घटनाओं का कम्पनी के कारोबार में बहुत कम प्रभाव होता है। आलोचनात्मक सोच हमेशा कठिन होती है, लेकिन जब हम डरे हुए होते हैं तो यह और भी कठिन हो जाता है। जब हमारे दिमाग़ में डर हो तो तथ्यों के लिए कोई जगह नहीं होती। एक बार किसी एक पहलू को लेकर लोगों के मन में दहशत बैठ जाए तो वे कुछ दूर की चीज़ों को नहीं देख सकते। (उदाहरण के तौर पर यह अध्ययन करना चाहिए कि 1 अक्टूबर, 2018 को बंधन बैंक में किस कारण से 20 प्रतिशत का निचला सर्किट लग गया था।) ऐसे समय में दिमाग़ में चल रहे संघर्ष

के बीच जल्दबाजी में ग़लत फ़ैसला हो सकता है। लम्बी अवधि पर ध्यान केंद्रित करने से निवेशकों का व्यवहार संयत रहता है जिससे वे भीड़ से अलग सोच पाते हैं और आगे रहते हैं। (हम पहले भावुक हैं और उसके बाद तार्किक। हमारी संरचना इसी तरह से की गई है। विकास के क्रम में मस्तिष्क के पुराने भागों जिसे ''लिज़ार्ड ब्रेन'' भी कहते हैं, वहाँ से ही विचार प्रक्रिया शुरू होती है। मस्तिष्क के इस हिस्से में सेरिबैलम, बेसल गैन्लिया और अमिगडाला शामिल है। विचारशील दिमाग़ आगे के हिस्से कॉर्टेक्स से संचालित होता है।) पीटर बेवेलिन अपनी किताब *सीकिंग विज़डम* में लिखते हैं, ''आवेग में कार्य करना एक स्वाभाविक प्रवृत्ति है- तर्क से पहले भावना का उपयोग करना। हमारे विकासवादी इतिहास में अस्तित्व और प्रजनन के लिए जो व्यवहार महत्त्वपूर्ण थे, वे आज भी लागू होते हैं।''

हाइपरबॉलिक डिस्काउंटिंग

तंत्रिका विज्ञान ने दिखाया है कि मानव मस्तिष्क अलग-अलग समय अवधियों में मूल्यों का आकलन असंगत रूप से करता है। हम छोटी अवधि में माँग पर केन्द्रित रहते हैं और लम्बे समय को लेकर लापरवाह। हमारा मस्तिष्क तत्काल प्राप्ति के लिए तत्पर होता है। जब से लोगों ने पहली बार निवेश करना शुरू किया है, तब से वे तत्काल धन प्राप्ति का जादुई फ़ार्मूला खोज रहे हैं। तत्काल संतुष्टि को तलाशना मानव स्वभाव है और बाज़ार ऐसे लोगों से भरा हुआ है जो कुछ साल बाद बहुत अधिक बड़े इनाम का इंतज़ार नहीं करना चाहते हैं। परिणामस्वरूप, कई निवेशक शानदार कारोबारों से कुछ साल बाद मिलने वाले बड़े नक़द लाभ को छोड़ कर तुरंत फ़ायदे के लिए ज़्यादा जोख़िम उठा लेते हैं और बड़े कारोबार की पूरी क़ीमत को नहीं समझ जो आगे चलकर उनको ज़बरदस्त मुनाफ़ा दे सकता था। नतीजतन, भले ही अल्प अवधि में हो सकता है कि उनका उचित मूल्यांकन किया गया हो, लेकिन दीर्घकालिक आधार पर उनका मूल्य बहुत कम होता है। प्रोफ़ेसर संजय बख़्शी ने अक्टूबर 2013 के अपने श्वेत पत्र में बाज़ार की इस ख़ामी का उल्लेख किया है कि किस तरह अक्सर बाज़ार में उच्च गुणवत्ता के कारोबार की क़ीमत का ग़लत आकलन कर लिया जाता है। (ऐसा शेयर जिसमें दशकों से 15 प्रतिशत से 20 प्रतिशत तक चक्रवृद्धि हुई है, सिद्धांतत: बाज़ार में लम्बे समय तक इसका कम मूल्यांकन किया गया।)

धन प्राप्ति का मार्ग

> *निवेश भविष्य में अधिक उपभोग करने की क्षमता हासिल करने के लिए वर्तमान में उपभोग को त्यागना है।*
>
> – वॉरेन बफ़ेट

संतुष्टि के लिए लम्बा इंतज़ार, बचत और चक्रवृद्धि ब्याज का मार्ग ही अकूत दौलत की ओर ले जाता है। इस तरह से बचत की आदत विकसित करें जिससे आप अपने वर्तमान का

अच्छी तरह से आनंद ले पाएँ और साथ में आने वाले कल में उज्ज्वल भविष्य भी सुनिश्चित कर लें। पर्याप्त बचत करें ताकि आप आप भविष्य में आज से भी बेहतर जीवनशैली के साथ अपना जीवन बिता सकें। अपनी इच्छाओं को कम करने का भी प्रभाव धन में वृद्धि के समान ही होता है, लेकिन इसका कोई नकारात्मक जोखिम का पहलू नहीं होता। जीवन में संतुष्ट रहना और कम ज़रूरतें होना आपको सक्षम और किसी भी स्थिति में ख़ुश बनाता है। और यही असली धन और स्वतंत्रता है। यही कारण है एपिक्टेटस ने कहा, ''आत्मनिर्भरता सबसे बड़ी दौलत है। दौलत बहुत ज़्यादा होने में नहीं, बल्कि कम इच्छाएँ रखने में निहित है।''

जब आप बुद्धिमानीपूर्वक बचत और निवेश करते हैं तो लाभ आगे बढ़ जाते हैं – लेकिन महत्त्वपूर्ण बात यह है कि वे कई गुना बढ़ने लगते हैं। अमेरिका में सेवानिवृत्ति के लिए बचत की प्रणाली उन लोगों को शानदार ढंग से भुगतान देती है जो लोग संतुष्टि को टालते हैं। सत्तर वर्ष की आयु में सामाजिक सुरक्षा का दावा करने वालों को 62 की उम्र में दावा करने वालों से महँगाई दर से सुरक्षा देने वाले लाभ 76 प्रतिशत ज़्यादा मिलते हैं। त्वरित संतुष्टि को रोक कर उसे टालें। विलंबित संतुष्टि को गले लगाएँ।

> वास्तव में आप जो नहीं देख रहे हैं, वह धन है। कारें हैं जो नहीं ख़रीदी गई हैं। नहीं ख़रीदे जा सके हीरे दौलत हैं। घर की मरम्मत का काम जिसे बार-बार टालना पड़ा है। कपड़े जिनको भुला दिया गया है। पहले दर्जे में तरक्क़ी जो अस्वीकृत हो गई है। यह बैंक में रखी संपत्ति है जो अभी तक ऐसी सामग्री में तब्दील नहीं हुई है, जिसे आप देखते हैं।
>
> – मॉर्गन हाउसेल

लागत में कटौती करने के लिए बहुत सरल क़दम उठा सकते हैं। आप अपना खाना खुद बना सकते हैं। सेल में छूट पर सामान ले सकते हैं। सर्दी के दौरान घर पर स्वेटर पहन कर हीटर में बिजली का इस्तेमाल कम कर सकते हैं। जो भी और चीज़ 100 प्रतिशत ज़रूरी नहीं है, उस पर ख़र्च बंद कर सकते हैं। मितव्ययता को संजोना सीखें। यह आपकी वित्तीय स्वतंत्रता की ओर पहला क़दम होगा। मुझे गर्व है कि मैंने अमेरिका में पहले तीन वर्षों के दौरान एक भी महँगी वस्तु नहीं ख़रीदी। और बढ़िया वेतन वाली नौकरी पाने के बाद भी, मैं कैब पर ख़र्च करने की बजाय बर्फ़ीली सर्दियों के दिनों को छोड़कर हर दिन अपने दफ़्तर पैदल आता-जाता था। अमेरिका में शुरुआती वर्षों के दौरान मैं होटल में क्लर्क के रूप में न्यूनतम वेतन पर काम करता था। मैं मेहमानों की जाँच करता था, उनके सामान रखने में उनकी मदद करता था, और कभी-कभी बर्तन भी धोता था। मैंने पैसे बचाने के लिए पुरानी किताबें ख़रीदीं। आज भी मैं जब उन दिनों को याद करता हूँ तो मेरे चेहरे पर मुस्कुराहट आ जाती है।

सितंबर 2014 में जेसन ज़्विग के साथ अपने साक्षात्कार के दौरान मंगर ने कहा था कि कुछ लोगों के ख़ून में ही संतुष्टि को टालना और उसके लिए इंतज़ार करना होता है:

''यह प्रतीक्षा ही है जो एक निवेशक के रूप में आपकी मदद करती है और कुछ लोग बस इंतज़ार करना बर्दाश्त नहीं कर सकते। यदि आपको विलंबित-संतुष्टि ख़ून में नहीं मिली है तो आपको इसके लिए बहुत कड़ी मेहनत करनी होगी।

मंगर ने ऐसा क्यों कहा?

इसके पीछे के गहरे कारण को समझने के लिए हमें कई समय में कई शताब्दी पहले जाना होगा। युवाल हरारी अपनी पुस्तक *सेपियंस* में ''गॉर्जिंग जीन'' सिद्धांत के बारे में बताते हैं :

> हमें अपने शिकारी और संग्रहकर्ता पूर्वजों की उस दुनिया में गहराई से जाने की ज़रूरत है जिससे निकलकर हम आज के स्वरूप में आए हैं। *हम अवचेतन रूप से अब भी उस दुनिया में निवास करते हैं।*
>
> उदाहरण के लिए, लोग उच्च कैलोरी वाला भोजन क्यों खाते हैं जिससे उनके शरीर को कोई फ़ायदा नहीं हो रहा है? आज अमीर समाज मोटापे की महामारी से जूझ रहा है और यह महामारी तेज़ी से विकासशील देशों में भी फैल रही है। क्यों हम सबसे मीठे और तेल-तले हुए भोजन पर टूट पड़ते हैं जो हमें मोटापे की ओर ले जाता है। इस पहेली का हल हमें अपने पूर्वजों की खान-पान की आदतों को समझने में मिलेगा।
>
> वे घास के मैदानों और जंगलों में रहते थे। ज़्यादा कैलोरी वाली मिठाइयाँ अत्यंत दुर्लभ थीं और आम तौर पर भोजन की कमी रहती थी। 30,000 साल पहले भोजन की तलाश में भटकने वाले सामान्य इंसान को मीठे खाद्य के नाम पर केवल पका हुआ फल ही उपलब्ध था। पाषाण युग की महिला को यदि अंजीर से लदा हुआ कोई पेड़ दिखाई देता था तो उसके लिए समझदारी इसी में थी कि इससे पहले कि लंगूर उस पेड़ को अंजीर रहित कर दे, वह जितने ज़्यादा अंजीर वहीं पर खा सकती थी, खा ले। ज़्यादा कैलोरी वाले खाद्य पर टूट पड़ने की प्रवृत्ति *हमारी नस-नस में समा गई है।*
>
> आज भले ही बड़े-बड़े बंगलों, इमारतों में हमारे घरों में रखे रेफ़्रिजरेटरों में भोजन सामग्री ठसाठस भरी हो लेकिन हमारे डीएनए की सोच अभी भी जंगलों और घास के मैदानों वाली ही है। यही कारण है कि हम आइसक्रीम का पूरा टब एक बार में साफ़ कर देते हैं। कोक का जंबो कैन भी डकार जाते हैं।

इंसान की सभी इस तरह की लालसाएँ उसके विकास क्रम के दौरान की व्यापक इच्छाओं की आधुनिक अभिव्यक्तियाँ हैं। जंगल में स्थानीय लंगूर के पेड़ के सारे मीठे फल खा जाने के डर से आज घर में ही उपलब्ध मीठे फलों को पूरा खा लेने की इच्छा हमारे भीतर आज भी बनी हुई है। हम उस खाद्य पर टूट पड़ते हैं जिसके बारे में हम जानते हैं कि वह हमारी सेहत के लिए ख़राब है। ऐसी भोजन सामग्री के पीछे भागते रहते हैं जो हमारे लिए बहुत जोख़िम भरी हो सकती है। इसका कारण यह सब कुछ ख़रीदने और खा लेने पर मिलने वाली तत्काल संतुष्टि से वंचित रह जाने का डर ही है।

यदि हम संतुष्टि के लिए इंतज़ार करने वाले जींस के साथ पैदा नहीं हुए हैं, तो क्या इनको विकसित करने का कोई तरीक़ा है?

यह बाद में पता चला कि इस समस्या का एक सरल समाधान है।

यह सरल है लेकिन आसान नहीं है।

इसके लिए अत्यधिक धैर्य, निरंतरता, समर्पण और चक्रवृद्धि की शक्ति में गहरा विश्वास करने की ज़रूरत होती है ।

एक समय में एक छोटा क़दम

रॉबर्ट मौरर की किताब *वन स्माल स्टेप कैन चेंज योर लाइफ़ : द काइज़ेन वे* मेरी पसंदीदा किताबों में से एक है। इस किताब में रोज़ाना के छोटे-छोटे सकारात्मक क्रियाकलापों से होने वाली वृद्धि का उल्लेख है। काइज़ेन जापानी भाषा का शब्द है जिसका अर्थ है "निरंतर सुधार के लिए छोटे-छोटे क़दम।" यह छोटी सी किताब काइज़ेन के बड़े विचार के बारे में बात करती है।

असफल और सफल लोगों के बीच अंतर केवल यही होता है- सफल लोगों में बार-बार प्रयास करते रहने का साहस होता है। अधिकांश लोग बदलाव का सामना होने पर थोड़ा न थोड़ा भय महसूस करेंगे। अक्सर वह डर वास्तव में परिवर्तन लाने के रास्ते में आ सकता है। काइज़ेन का विचार अपने जीवन में ऐसे छोटे-छोटे बदलाव करना है जिससे आपका मस्तिष्क यह भी महसूस नहीं करे कि आप बदलने की कोशिश कर रहे हैं और इसलिए वह बदलाव के रास्ते में बाधक भी नहीं बन पाए। काइज़ेन बहुत साफ़-सुथरी मानसिक क़वायद है जो हमें अपने मस्तिष्क की भय प्रतिक्रिया से बचने में मदद करती है।

अपनी किताब में मौरर छह रणनीतियों के बारे में बात करते हैं जो समय के साथ हमारे जीवन में बड़े बदलाव लाने में मदद कर सकती हैं :

1. छोटे-छोटे प्रश्न पूछना
2. छोटे-छोटे विचारों के संबंध में सोचना
3. छोटे-छोटे कार्य करना
4. छोटी-छोटी समस्याओं का समाधान
5. छोटे-छोटे पुरस्कार देना
6. छोटे-छोटे पलों को पहचानना

छोटी शुरुआत करें... सचमुच छोटी... और भी छोटी

आम तौर पर, अगर हम एक ही बार में अपने जीवन में कोई बड़ा बदलाव करने का प्रयास करते हैं-जैसे पूरी तरह से चीनी बंद करना या शेयर बाज़ार में निवेश करना सीखना या

पढ़ने की आदत विकसित करना - यह कुछ समय के लिए कारगर हो सकता है, लेकिन हम जल्दी ही हार मान सकते हैं।

ऐसा इसलिए है, क्योंकि बड़े परिवर्तन मस्तिष्क के अवचेतन में डर को जगा देते हैं, जो अंततः हमारे लिए बाधा बन जाता है।

इसलिए, छोटे, क्रमवार, एक-एक करके क़दम उठाना ही इससे उबरने और सफल होने का तरीक़ा है।

उदाहरण के लिए जब शेयर बाज़ार में निवेश की बात आती है, तो हम बड़े-बड़े सवालों में घिर जाते हैं। जैसे कि ''मैं कौन से शेयरों का चुनाव करूँ?'' या ''इतने लोगों के नाकाम हो चुके हैं, क्या मैं कभी सफल निवेशक बनूँगा और कैसे?''

इसके बजाय काइज़ेन का उपयोग करें और छोटे प्रश्नों पर ध्यान केंद्रित करें, जैसे ''अपने पोर्टफ़ोलियो के लिए किसी सही कम्पनी का शेयर चुनने के लिए क्या मैं आज कोई छोटा क़दम उठा सकता हूँ?''

यदि आप प्रतिदिन एक वार्षिक रिपोर्ट पढ़ने की आदत बनाना चाहते हैं तो प्रतिदिन वार्षिक रिपोर्ट का एक पेज पढ़ने से शुरुआत करें। फिर इसे दो पेज तक बढ़ाएँ, फिर तीन पेज, और इसी तरह आगे भी।

प्रतिदिन 1% बेहतर

1 वर्ष तक 1% तक बुरा होना $0.99^{365}=00.03$

1 वर्ष तक 1% बेहतर होना $1.01^{365}=37.78$

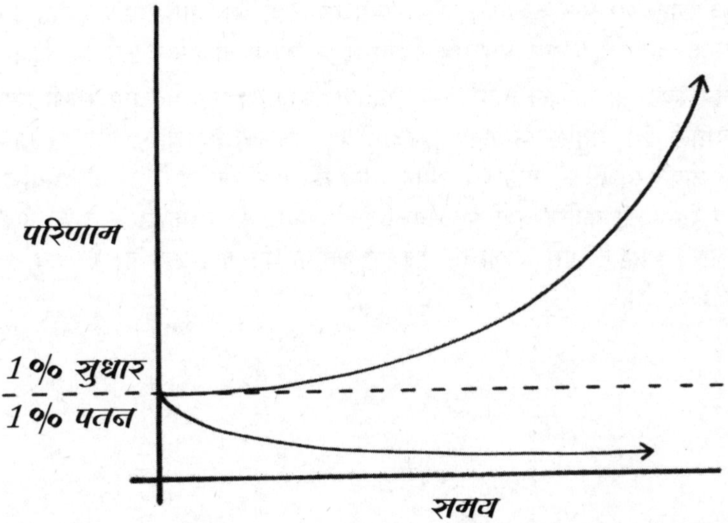

चित्र 11.1 छोटी-छोटी आदतों का प्रभाव समय के साथ बढ़ता जाता है। उदाहरण के लिए, यदि आप हर दिन 1 प्रतिशत बेहतर हो सकते हैं तो एक वर्ष बाद लगभग 37 गुना बेहतर परिणाम प्राप्त करेंगे।

Source: James Clear, Atomic Habits (New York: Avery, 2018), used by permission of the author.

अपना वजन कम करने के लिए मैंने जिम जाना शुरू किया तो काइज़ेन से ही मैंने ट्रेडमिल का सटीक इस्तेमाल करना सीखा। ऊँचाई बढ़ाकर बहुत तेजी के साथ तीस मिनट तक बिना रुके चलना मुझे असंभव लग रहा था और मैं कोशिश भी नहीं करना चाहता था। लेकिन फिर मैंने कुछ कम ऊँचाई के साथ पाँच मिनट तक धीमी गति से चलने से शुरुआत की। फिर कुछ समय बाद थोड़ी ऊँचाई बढ़ाकर छह मिनट तक कुछ तेज़ गति से चलना शुरू किया। फिर थोड़ी तेज़ गति से सात मिनट और ज़्यादा ऊँचाई के साथ और इस तरह से धीरे-धीरे मैंने सुधार किया। आख़िरकार, मैंने अपने लक्ष्य समय, गति, और ऊँचाई के स्तर को हासिल कर लिया।

इसके पीछे सोच यही है कि इसे सरल, आदत और मनोरंजक बनाया जाए। और कोई यह नहीं कह सकता कि उसके पास दिन में एक मिनट का भी अतिरिक्त समय नहीं है?

अक्सर हम देखते हैं कि नए साल के बड़े-बड़े संकल्प जैसे साहसी कामों से हमें शुरुआत में तो नतीजे प्राप्त होते हैं लेकिन उनमें डर या भीतर प्रतिरोध पर ध्यान नहीं दिया जाता है।

हालाँकि छोटे क़दम हमें वांछित लक्ष्य तक पहुँचाते हैं। इन्हें हमारे दैनिक जीवन में अधिक आसानी से शामिल किया जा सकता है। छोटे क़दमों से देर से मिलने वाली संतुष्टि आसान और टिकाऊ होती है।

तो, चाहे वह बुरी आदत छोड़ना हो या अच्छी आदत बनाना हो, सोच यही है कि छोटी, बहुत छोटी शुरुआत करें और फिर समय के साथ इसे आगे बढ़ाएँ (चित्र 11.1)। जैसा कि कहा जाता है, ''यदि हम सही दिशा में जा रहे हैं तो हमें बस चलते रहना है।''

वित्तीय स्वतंत्रता हासिल करने की चुनौतीपूर्ण यात्रा में एक मददगार साथी महत्त्वपूर्ण भूमिका निभाता है। संतुष्टि के लिए इंतज़ार का मतलब है त्याग और निवेशकों के जीवनसाथी अपने साथी के सपने को अपने सपने की तरह सँजोते हैं। लम्बी अवधि के ये साझा लक्ष्य शुरुआती कठिन वर्षों में उनके रिश्ते में प्यार की गरमाहट लाते हैं। देखभाल, स्नेह और सच्चे प्यार के ऐसे रिश्तों की जितनी तारीफ़ की जाए कम है। मेरे मन में उनके लिए बहुत इज्जत है।

भाग - 3

शेयरों में सामान्य निवेश

अध्याय 12

कारोबार के मालिक की मानसिकता से आय बढ़ाना

निवेश तब सबसे बुद्धिमानीपूर्ण होता है जब यह विशुद्ध व्यावसायिक हो।

– बेंजामिन ग्राहम

वॉरेन बफ़ेट ने शेयरधारकों को 1977 में लिखे पत्र में व्यवसाय के स्वामित्व की मानसिकता रखने के बारे में गहरी जानकारी दी थी :

हमारा अनुभव रहा है कि कई बार सचमुच में शानदार कारोबार की एक समान हिस्सेदारी शेयर बाज़ार में बहुत सस्ते दामों में उपलब्ध हो जाती है जबकि संपूर्ण कम्पनी के तौर पर लेन-देन की बातचीत में उनकी क़ीमत कहीं ज़्यादा होती है। इस तरह से कम्पनी की कारोबारी हिस्सेदारी हासिल करने में सौदेबाजी का जो विकल्प सीधी ख़रीद और अधिग्रहण में उपलब्ध नहीं होता, वह शेयर बाज़ार में प्राप्त किया जा सकता है। क़ीमतें उपयुक्त होने पर चुनिंदा कंपनियों में हम बड़ी हिस्सेदारी लेने के इच्छुक हैं। इसके पीछे मक़सद उसका नियंत्रण लेना नहीं है या आगे उसकी बिक्री या विलय की संभावना से कोई फ़ायदा लेना नहीं है बल्कि इस उम्मीद के साथ कि लम्बी अवधि में कंपनियों के शानदार नतीजे उसके शेयर की क़ीमतों तथा लाभांश में नज़र आएँगे जिसका मालिकों को लाभ होगा। ना सिर्फ़ बड़ी हिस्सेदारी रखने वाले बल्कि अल्प हिस्सेदारी रखने वालों को भी।

> हमने कैपिटल सिटीज़ कम्युनिकेशंस में 1977 के दौरान एक करोड़ 9 लाख डॉलर का निवेश किया था। कैपिटल सिटीज़ के पास असाधारण संपत्तियाँ थीं और असाधारण प्रबंधन था। और प्रबंधन की ये ख़ूबियाँ परिचालन के साथ ही कम्पनी की पूँजी को लगाने में भी इस्तेमाल होती हैं। कैपिटल सिटीज़ के पास

> जिस तरह की संपत्तियाँ थीं, उनको सीधे ख़रीदना शेयर बाज़ार के माध्यम से उनको ख़रीदने के मुक़ाबले दोगुना महँगा पड़ता। इसके अलावा सीधे स्वामित्व से हमें कोई बहुत लाभ होने वाला भी नहीं था। वहीं नियंत्रण से हमें परिचालन और कम्पनी के संसाधनों के प्रबंधन का अवसर (ज़िम्मेदारी भी) मिलता। अब जिस तरह से हम प्रबंधन में योगदान दे पा रहे हैं, वह दोनों ही स्थितियों में संभव नहीं हो पाता। वास्तव में नियंत्रण की बजाय बिना नियंत्रण के द्वारा हम बेहतर प्रबंधन प्राप्त कर सकते हैं। यह परंपरागत नज़रिया नहीं है लेकिन हम सोचते हैं कि यह कारगर होगा।

एकबार कारोबार के लिए मजबूत नींव रख दी जाती है तो कम्पनी के मालिक धन के लिए काम नहीं करते। धन उनके लिए काम करता है। निवेशक के रूप में आपका धन आपके लिए पूरे समय 24 घंटे काम करता है। हर गुज़रते पल के साथ आप अमीर होते जाते हैं। इसके साथ आपके कारोबार का मूल्य भी बढ़ता रहता है। टिक, टिक, टिक।

एक निवेशक कारोबार के मालिक की मानसिकता के माध्यम से अपनी आमदनी की क्षमता निर्मित करता है। सार्वजनिक रूप से सूचीबद्ध कारोबारों में निवेश करना चुपचाप स्वयं का व्यवसाय चलाने की तरह ज्यादातर शानदार मुनाफ़ा कमाने का अच्छा रास्ता है। इसमें सीधे तौर पर कारोबार चलाने में सामान्य तौर पर होने वाले उतार-चढ़ावों के जोख़िमों का सामना भी नहीं करना पड़ता। सीधे शामिल हुए बिना कारोबार के इस तरीक़े के कई लाभ हैं :

1. कम निवेश राशि से किसी कारोबार का आंशिक स्वामित्व लेने की संभावना। मध्यम वर्ग से आने वाले किसी व्यक्ति के लिए कारोबार शुरू करने में आम तौर पर पूँजी एक बहुत बड़ी बाधा होती है। कहने का यह मतलब नहीं है कि अगर किसी व्यक्ति के पास कोई बहुत अच्छा आइडिया है तो उसपर काम करने के लिए उसे ज़रूरी पूँजी नहीं मिलेगी। फिर भी अक्सर यह कारोबार शुरू करने में बड़ी चुनौती होती है।

मान लें कि कोई व्यक्ति भारत के पश्चिम बंगाल में छोटा केमिकल कारख़ाना शुरू करना चाहता है। इसके लिए शुरुआत में कम से कम लगभग 1 करोड़ रुपये या क़रीब 1,40,000 डॉलर की ज़रूरत हो सकती है। हो सकता है कि यह उसके लिए अपने जीवन भर की जमा पूँजी एक उद्यम में लगाने की तरह हो। आगे वह उद्यम हो सकता है कि लाभप्रद ना रहे। दूसरा रास्ता है कि वह व्यक्ति इस राशि का का एक छोटा हिस्सा निवेश कर सकता है और विनती आर्गेनिक्स में आंशिक हिस्सेदारी उसके शेयरों के माध्यम से प्राप्त कर सकता है जो आइसोबुटिल बेंजीन (आईबीबी) और 2-एक्रिलाएमिडो और 2-मिथाइलप्रोपेन सल्फ़ोनिक एसिड (एटीबीएस) की दुनिया की सबसे बड़ी निर्माता कम्पनी है। बहुत छोटे से शुरुआत करने पर इस कम्पनी की तरह दुनिया में नंबर एक बनने की कामयाबी हासिल करने में अगर दशकों नहीं तो कम से कम कई साल लग जाएँगे। यदि पूँजी पर आय के हिसाब से देखें तो विनती 30 प्रतिशत से ज़्यादा की सालाना आमदनी देने वाली कम्पनी है। इस तरह से देखें तो छोटी पूँजी से निवेशक कहीं ज़्यादा आय प्राप्त

कर सकता है। खुद का रसायन कारख़ाना लगाने से इतनी आमदनी मिलने की संभावना बहुत कम है।

2. अलग–अलग कारोबारों में निवेश कर जोख़िम को कम करना। कोई निवेशक किसी भी समय के दौरान के सर्वश्रेष्ठ 10 से 15 प्रतिशत व्यवसायों में थोड़ी–थोड़ी हिस्सेदारी लेकर निवेश कर सकता है। इससे पूरी पूँजी गँवा देने का जोख़िम कम हो जाता है। अगर आप किसी एक कारोबार में पूरी पूँजी निवेश कर देते हैं तो किसी दुर्भाग्यपूर्ण या अनदेखे कारण से नुक़सान होने पर आपकी पूँजी डूबने का ख़तरा होता है। आपकी पूँजी कई कारोबारों में बँटी हुई होती है तो किसी एक कारोबार विशेष से जुड़ा जोख़िम कम हो जाता है। किसी कम्पनी के शेयर के बारे में कितनी भी गहराई से आप जानते हों, तब भी हरेक कारोबार में कुछ न कुछ अज्ञात जोख़िम होते हैं। सत्यम, एनरॉन, या रीको इंडिया के मामलों को ही लें, उनके बारे में पहले से शायद ही कोई निवेशक जान सकता था। इसके अलावा कई ऐसे जोख़िम होते हैं जिनके बारे में खुद कम्पनी के प्रबंधन को जानकारी नहीं होती जैसे कि प्राकृतिक आपदाएँ। अलग–अलग कारोबारों में निवेश, निवेशकों को प्राकृतिक आपदाओं या कोई अन्य बड़े प्रतिकूल घटनाक्रम से एक या दो व्यवसायों के तबाह होने के जोख़िम से सुरक्षित करता है।

अप्रैल 2015 में नेपाल में आए भूकंप का उदाहरण लें। यदि मैं सीधे तौर पर कोई एक ही व्यवसाय का संचालन कर रहा होता जो नेपाल में भूकंप वाले स्थान पर होता तो मैं बरबाद हो गया होता। यदि मैंने कारोबार का बीमा कराया होता तो भी नुक़सान की आंशिक भरपाई में काफ़ी समय लग गया होता। एक कम्पनी हेस्टर बायोसाइंसेज के शेयर मेरे पास थे। उसका संयंत्र नेपाल में आए भूकंप में प्रभावित हुआ था, लेकिन मेरी वित्तीय सेहत पर कोई असर नहीं हुआ, क्योंकि मेरे पास कई दूसरी अन्य कंपनियों के शेयर भी थे जिनपर इस आपदा का कोई असर नहीं हुआ था। कई बार रुपये, डॉलर करंसी की क़ीमत गिरने या बढ़ती ब्याज दरों से हमारे निवेश वाली कुछ कंपनियों के शेयरों में गिरावट देखने को मिलती है तो कुछ कंपनियों के शेयरों के भाव चढ़ जाते हैं। ऐसे में कुल मिलाकर कोई नुक़सान नहीं होता। सबसे ज़्यादा गौर करने की बात है कि यदि हम अलग–अलग क्षेत्र के अच्छे कारोबारों में निवेश करते हैं तो अनुकूल वातावरण से कुछ कंपनियों के शेयरों का मुनाफ़ा प्रतिकूल माहौल के कारण पिछड़ रही कंपनियों के शेयरों के नुक़सान की भरपाई कर देगा। इस तरह से पूँजी का नुक़सान होने से बच जाएगा।

3. कारोबार को संचालित करने के लिए बेहतरीन प्रबंधकों तक पहुँच। शेयर बाज़ार में निवेश के दौरान निवेशकों को बिना किसी भुगतान के एकदम मुफ़्त में बेहतरीन प्रबंधकों तक पहुँच का फ़ायदा मिलता है। निवेशकों को ऐसे प्रबंधकों का साथ मिलता है जिनके पास विशेष क़िस्म का हुनर होता है और उसका काफ़ी महत्त्व होता है। (इसे ''साइडकार इन्वेस्टिंग'' भी कहा जाता है जिसमें निवेशक के निवेश का नियंत्रण दूसरा कर रहा होता है।) कम्पनी में निवेशक के रूप में हमें यह हुनर बिना किसी क़ीमत के उपलब्ध होता है। लेकिन हम इससे बहुत ज़्यादा लाभ ले सकते हैं। वहीं अपना खुद का कारोबार

होने पर इस तरह का हुनर रखने वाले लोगों तक पहुँच की लागत इतनी ज़्यादा हो सकती है कि शायद उतना ख़र्च कर पाना संभव नहीं हो। ऐसे में असाधारण रिटर्न प्राप्त करने की संभावना बहुत कम है।

4. अपनी शर्तों पर कारोबारी स्वामित्व ख़रीदना। निवेशक के ''बुनियादी लाभ'' के संबंध में चर्चा के दौरान ग्राहम यही उल्लेख कर रहे थे। अपने संघर्षों का चुनाव बुद्धिमानी के साथ करना बेहद महत्त्वपूर्ण है। और हमें वही चुनना चाहिए जिनमें हमारे जीतने की संभावना स्पष्ट तौर पर हमारे पक्ष में हो। जीवन अक्सर हमें अपने संघर्षों को चुनने का अवसर नहीं देता है, लेकिन शेयर बाज़ार में वह लचीलापन है जो न केवल हमें अपने संघर्ष को बल्कि कई बार तो अपने संघर्ष का मैदान और समय का चुनाव करने की भी छूट देता है।

इंसानों की जानकारी और व्यवहार में तरह-तरह के पूर्वाग्रह पाए जाते हैं। ख़ासकर जहाँ धन- संपत्ति का मामला हो। शेयर बाज़ार मोल-भाव पर चलने वाला खेल है, जहाँ कई बार भावनाओं और आवेग का ज्वार आता-जाता रहता है। समय-समय पर बहुत ही बेतुके व्यवहार को देखना हो तो शेयर बाज़ार एक आदर्श जगह है। कई बार तो इसका हास्यास्पद बर्ताव चरम पर पहुँच जाता है। बाज़ार में लालच और डर हमेशा बहुत अधिक होता है और शेयर की क़ीमत लम्बी अवधि में उसमें निहित मूल्य से नहीं बल्कि हाल-फ़िलहाल में उसको लेकर राय से तय होती है। यही सब कारण शेयर बाज़ार को अविश्वसनीयलाभ कमाने का माध्यम बनाते हैं जो कोई भी निजी कारोबारी कम से कम सचेत अवस्था में तो कभी भी किसी को नहीं दे सकता।

शेयर बाज़ार किसी व्यवसायी के लिए किसी कारोबार को बहुत सस्ते दामों पर ख़रीदने या इतने ज़्यादा दाम पर बेच देने की की सबसे अच्छी जगह है कि इतने अधिक दामों को देखकर आँखें फटी की फटी रह जाएँ। शेयर बाज़ार में निवेशक के लिए सबसे बड़ा फ़ायदा होता है कि उसके पास विकल्प होता है कि वह शान्ति के साथ ऐसे कारोबार की पहचान करे जो उसके वास्तविक मूल्य की तुलना में बहुत ही सस्ते दामों में उपलब्ध हो। निजी सौदे में यह बिलकुल संभव नहीं है। ज़रा सोचिए अगर आप एक बढ़ते हुए और अत्यधिक लाभदायक व्यवसाय को उसके बही खातों में मौजूद नक़द राशि से कम पर ख़रीदने की पेशकश करेंगे तो क्या होगा। बहुत संभव है कि आपको उठाकर बाहर फेंक दिया जाए। लेकिन शेयर बाज़ार में एक निवेशक के रूप में, हालाँकि आपके जीवन में इस तरह की नक़द सौदेबाजी में निवेश का अवसर मिल सकता है।

5. जो दुर्लभ है, वह बेशक़ीमती माना जाता है। पूर्व में शेयर बाज़ार के माध्यम से मैंने भारत फ़ाइनेंशियल इंक्लूजन के भारत के माइक्रोफ़ाइनेंस उद्योग के कम लागत वाले नेतृत्व, आयशर मोटर्स की प्रतिष्ठित रॉयल एनफ़ील्ड फ़्रेंचाइजी, कैन फ़िन होम्स की उत्कृष्ट गुणवत्ता वाली संपत्ति, ग्रेफ़ाइट इलेक्ट्रोड में एचईजी की मजबूत सुरक्षा स्वामित्व वाली तकनीक, भन्साली इंजीनियरिंग पॉलिमर की भारत के एक्रिलोनिट्राइल ब्यूटाडीन स्टाइरीन (एबीएस) बाज़ार में अग्रणी स्थिति और दुनिया के कॉफ़ी निर्माताओं के साथ सीसीएल

के उत्पादों के गहराई से रचे-बसे रिश्तों तक पहुँच बनाई। शेयर बाज़ार के कारण आज मेरे पास बजाज फ़ाइनेंस, क्रेडिट एक्सेस ग्रामीण, एसबीआई कार्ड और आवास फ़ाइनेंस की उपभोक्ता वित्त, डिजिटल भुगतान, और किफ़ायती आवास वित्त की विशेषज्ञता का आंशिक स्वामित्व है। इसी तरह कई अन्य कंपनियों का आंशिक स्वामित्व शेयर बाज़ार की बदौलत मिला है, जैसे कि उभरते हुए बंधन बैंक, एयू स्मॉल फ़ाइनेंस बैंक और उज्जीवन स्मॉल फ़ाइनेंस बैंक। मजबूती से परियोजनाओं को क्रियान्वित करने का हुनर रखने वाले पीएसपी प्रोजेक्ट्स। उत्पाद नवाचार क्षमताओं के लिए पहचानी जाने वाली एचडीएफ़सी लाइफ़। मजबूत मुक्त नक़दी प्रवाह पैदा करने वाली एचडीएफ़सी एसेट मैनेजमेंट कम्पनी। एटीबीएस और आईबीबी में वैश्विक बाज़ार में नेतृत्व कर रही विनती ऑर्गेनिक्स। उपभोक्ता इलेक्ट्रॉनिक्स विनिर्माण के क्षेत्र की बड़ी कम्पनी डिक्सन टेक्नोलॉजीज़ और वैक्सीन में वैश्विक स्तर पर कम लागत से लाभप्रद स्थिति बनाने वाली हेस्टर बायोसाइंसेज।

6. तुरंत और सहजता के साथ निवेश से बाहर आने का लचीलापन। यहाँ तक कि यदि आप स्वयं अकेले अपना कोई कारोबार संचालित कर रहे हैं तो इसे समेटने और बंद करने की औपचारिकताएँ पूरी करने में काफ़ी वक्त लग जाता है। यदि यह प्राइवेट लिमिटेड कम्पनी है तो प्रक्रिया कहीं अधिक बोझिल है। हरेक खाते का निपटान और सभी हितधारकों को धन वितरित करने सहित सभी अनुपालन शर्तों को पूरा किया जाना चाहिए। यदि कारोबार में एक से ज़्यादा भागीदार हैं और अगर उनमें से कोई भी कारोबार को जारी रखना चाहता है और आप इसे बंद करना चाहते हैं तो मामला और भी जटिल हो जाता है।

हालाँकि, शेयर में निवेश में भले ही आप व्यवसाय के आंशिक स्वामी हैं, तो भी आप पूरी कंप्यूटर पर एक क्लिक से पूरी हिस्सेदारी अपनी बेचकर (किसी भी ज़रूरी या व्यक्तिगत कारण से) बाहर निकल सकते हैं और सौदे की रक़म चंद दिनों में आपके बैंक खाते में जमा हो जाएगी। जब भी आपको लगता है आपके पास जिस कम्पनी के शेयर हैं, उसका कारोबार गिरावट में है और आगे कोई उम्मीद नजर नहीं आ रही है, प्रबंधन में भी ईमानदारी का अभाव है या आपको निवेश का कोई ज़्यादा लाभप्रद का विकल्प मिल गया है तो निवेश से बाहर आने में यह लचीलापन और आसानी अत्यंत उपयोगी है।

शेयर काफ़ी हद तक बांड से मिलते जुलते हैं

फ़ॉर्च्यून मैग्जीन में 1977 में बफ़ेट ने एक लेख में बताया कि किस तरह से शेयर, बाँड से मिलते-जुलते हैं। इस विषय पर उनकी सीख की बारीकियों की समझ हमें एक व्यवसाय के आंशिक स्वामी और पूँजी के दो प्राथमिक प्रदाताओं (बॉन्डधारक और शेयरधारक) में से एक के रूप में उद्यम मूल्य के दो घटकों (अर्थात, कर्ज और इक्विटी) के बीच कम नज़र आने वाली समानताओं को समझने में सक्षम बनाती है।

1. **कूपन :** किसी कम्पनी का इक्विटी कूपन मालिक के लिए आमदनी पैदा करता है। निवेशकों के रूप में हमारा काम उन कूपनों का मूल्य तय करना

है। कूपन का एक हिस्सा लाभांश के रूप में निवेशकों को बाँटा जाता है। निवेशक उस नक़दी के साथ जो चाहे वह करने के लिए स्वतंत्र है, लेकिन कम्पनी की कमाई का शेष हिस्सा उसके पास ही रहता है। वर्ष-दर-वर्ष अपने पास रखी जाने वाली कमाई की राशि को तय करना कम्पनी के विवेक पर छोड़ दिया गया है। इस कमाई को रोक कर रखना पूँजीवाद की ऐसी ख़ूबी है जिसकी ओर ज़्यादा ध्यान नहीं दिया गया है। यह ब्रोकरेज अकाउंट और धैर्य रखने वाले के लिए किसी कारोबार (या यदि बाज़ार के इंडेक्स फ़ंड में निवेश किया जाता है तो संपूर्ण बाज़ार की अर्थव्यवस्था) की उत्पादक क्षमता तक पहुँच प्रदान करता है।

2. **परिपक्वता :** कम्पनी के स्टॉक या शेयरों के परिपक्व होने का कोई समय नहीं होता। कम्पनी के चलते रहने पर यह अनंत काल के लिए चलते रहते हैं। रचनात्मक विनाश हालांकि यह सुनिश्चित करता है कि इतिहास में कुछ ही कंपनियाँ हमेशा के लिए अस्तित्व बनाकर रख पाई हैं। वास्तव में अधिकांश कंपनियों ने बहुत पहले ही अपने शेयर को ख़त्म कर दिया है। लेकिन इन घटनाओं के समय के बारे में निश्चित तौर पर पहले से कभी नहीं जाना जा सकता। इसलिए, हालाँकि कारोबारों के साथ यह धारणा है कि यह हमेशा चलने वाले हैं लेकिन वास्तविकता यह है कि शेयरों की परिपक्वता की तारीख़ अनिश्चित है।
3. **सममूल्य :** किसी स्टॉक का सममूल्य उसकी हिस्सदारी का लेखांकन मूल्य (बुक वैल्यू) है। यह कारोबार का संचालन बंद करने पर शेयरधारकों के लिए तय होने वाला मूल्य है। इसमें भविष्य की वृद्धि नहीं झलकती। यह किसी कम्पनी के स्वामित्व (संपत्ति) और कम्पनी पर बकाया अन्य देयताओं (देनदारियाँ) के बीच का अंतर है। बफ़ेट ने निवेशकों को आगाह किया है कि वे लेखांकन मूल्य और कारोबार में निहित मूल्य से भ्रमित ना हों : ''वास्तव में प्रति शेयर निहित मूल्य है जो मायने रखता है। लेखा मूल्य हिसाब-किताब की भाषा का शब्द है जो पूँजी को मापता है जिसमें बरकरार रखी गई कमाई भी शामिल है जो कारोबार में डाली गई है। निहित मूल्य में उस नक़दी की क़ीमत का अनुमान लगाया जाता है जो उस कारोबार से उसके बाक़ी जीवनकाल के दौरान प्राप्त किया जा सकता है। पर अधिकांश कंपनियों में, दोनों मूल्य एक-दूसरे से संबंधित नहीं हैं।''

बफ़ेट की जानकारी मूल्यवान है क्योंकि यह हमें बताती है कि शेयर केवल काग़ज़ के टुकड़े नहीं हैं बल्कि वास्तव में कारोबार में स्वामित्व की आंशिक हिस्सेदारी हैं। वे व्यवसाय के मुनाफ़े के एक हिस्से की दावेदारी हैं जो व्यवसाय के उत्पादक गतिविधियों में निवेश करने, बेहतर तरीक़े से उसे क्रियान्वित करने और मुनाफ़ा अर्जित करने पर बढ़ती है।

हमारे निवेश वाली कम्पनी जब भी किसी नए ग्राहक के साथ अनुबंध करती है, कोई ऐतिहासिक अनुबंध हासिल करती है, तय समय से पहले कोई काम पूरा करती है, कोई

उम्मीद जगाने वाला विस्तार करती है या कॉर्पोरेट उत्कृष्टता के लिए प्रशंसा प्राप्त करती है तो एक भावुक शेयरधारक के रूप में जो ख़ुशी होती है, वह बयान नहीं की जा सकती। इसे भीतर से महसूस ही किया जा सकता है।

व्यवसाय के प्रति भावुक रहें लेकिन उसके शेयर के प्रति उदासीन रहें। अपने व्यवसाय की बड़ी सफलताओं का जश्न मनाएँ और असफलताओं पर विचार करें। स्वामित्व की सच्ची भावना निवेशक के भीतर उसके शेयर को रखे रहने का विश्वास पैदा करती है। जब आप एक व्यवसाय के मालिक की तरह सोचते हैं, तो आप उसके शेयर को काग़ज़ के टुकड़ों के रूप में देखना बंद कर देते हैं या उसको ख़रीदते समय बेचने के लिए कोई लक्ष्य क़ीमत नहीं रखते हैं। इसके बजाय, आप शेयर को किसी व्यवसाय में आंशिक स्वामित्व के रूप में देखते हैं और कम्पनी के मालिकों के साथ ही आगे बढ़ना चाहते हैं। जैसे-जैसे कंपनियाँ बड़ी होती जाती हैं, उनका मुनाफ़ा बढ़ता जाता है, वैसे-वैसे अधिक मुनाफ़े और लाभांश में उसके शेयरधारकों का हिस्सा भी। लम्बी अवधि के लिए निवेश करें। आज को भरपूर जीयें।

हर दिन, दुनिया भर में लाखों मेहनती लोग इतनी सारी कंपनियों में बढ़िया काम कर रहे हैं।

निवेशकों के रूप में, हम आभारी हैं।

अध्याय 13

जो छुपा हुआ है, उसे समझ कर निवेश करना

शायद हमारे 90 प्रतिशत शेयर निवेशकों के स्वामित्व में हैं जिनके लिए बर्कशायर सबसे बड़ा निवेश है। स्वामित्व रखने वाले इनमें से कई निवेशक अपना काफ़ी समय वार्षिक रिपोर्ट पढ़ने के लिए देने को तैयार हैं। और हम उन्हें वह सब जानकारी देने का प्रयास करते हैं जो अगर हम शेयरधारक हों तो हम उसे उपयोगी समझें।

– वॉरेन बफ़ेट

जब हम किसी निवेश के बारे में सोचते हैं और उसके बारे में अध्ययन करना शुरू करते हैं तो सबसे पहले हम यह जानना चाहते हैं कि व्यवसाय अच्छा और लाभदायक है या नहीं। हम उसकी माली हालत जानने के लिए शुद्ध आय, ऋण, नक़दी प्रवाह, लाभप्रदता, अन्य आर्थिक अनुपात जैसे आँकड़ों के लिए सालाना रिपोर्ट पढ़ते हैं। हम मानते हैं कि लेखा परीक्षण से गुज़रे यह आँकड़े सटीक और प्रामाणिक होने चाहिए। लेकिन एनरॉन और सत्यम के आँकड़े भी लेखापरीक्षकों द्वारा ''प्रमाणित'' थे और दोनों में ही हिसाब-किताब का बड़ा घोटाला और धोखाधड़ी सामने आई। (सामान्य तौर पर, उन फ़र्मों को लेकर ज़्यादा गहराई के साथ अध्ययन करें जिनका ढाँचा कुछ जटिल हो जैसे बहुत ज़्यादा सहायक कंपनियाँ होना और उनके एक-दूसरे में आड़े-तिरछे स्वामित्व का होना।)

एक निवेशक के रूप में हमें कैसे पता चलेगा कि प्रबंधन हमें सच बता रहा है? और एक ईमानदार सीईओ शेयरधारकों का विश्वास स्थापित करने के लिए किस तरह संवाद करता है?

लौरा रिटेनहाउस ने अपनी किताब *इन्वेस्टिंग बिटवीन द लाइन्स* में इन प्रश्नों का उत्तर देने का प्रयास किया है। वह वार्षिक रिपोर्ट, कंपनियों की सूचनाओं और

तिमाही आय की जानकारी में तथ्यों और हवाई बातों को अलग करने के कुछ तरीक़े सुझाती हैं।

रिटनहाउस अपनी किताब में कुछ तरीक़े बताती हैं जो हमें हवा-हवाई बातों के शोर को अनसुना करने में मदद करते हैं और सीईओ की सूचना को बेहतर ढंग से समझने में सक्षम बनाते हैं।

पूँजी प्रबंधन

यदि हम सही तरीक़े से काम करते हैं तो शेयर की क़ीमत अपने आप ही इससे निर्धारित होगी और हमारे शेयरधारकों को इसका लाभ मिलेगा।

– जिम सिनेगल

जो कंपनियाँ निवेशकों की पूँजी के बेहतर प्रबंधन पर ध्यान केन्द्रित करती हैं, वे समय के साथ बेहतर रिटर्न देने की मंशा रखती हैं। रिटेनहाउस लिखती हैं, ''एक निवेशक के रूप में आपका लक्ष्य उन व्यवसायों को ढूँढ़ना है जो ऐसे लीडर द्वारा चलाए जाते हैं जो पूँजी का प्रबंधन करते हैं और जो अपने शब्दों और कार्यों के लिए जवाबदेह हैं। उनका पूँजी प्रबंधन यह बताता है कि सीईओ के कार्य विश्वास के साथ उसे पूँजी सौंपे जाने के रवैये पर आधारित हैं या उसका रवैया ऐसा है जैसे वह तो इस पूँजी का हक़दार है।''

किसी कम्पनी में पूँजी प्रबंधन की स्थिति की जाँच करने के लिए उसके शेयरधारक को लिखे पत्रों, वार्षिक रिपोर्टों और अन्य संदेशों में में निम्नलिखित विषयों से संबंधित संकेतों की तलाश करें :

- **पूँजी अनुशासन :** जो सीईओ पूँजी का सही इस्तेमाल करते हैं और उसको सही जगह लगाते हैं, वे आम तौर पर निवेश पर, निवेशित पूँजी और परिसंपत्तियों पर रिटर्न के बारे में टिप्पणी करते हैं। लेखा मूल्य या बाज़ार मूल्य के संबंध में टिप्पणी सीईओ के पूँजी अनुशासन की ताक़त या कमज़ोरी को ज़ाहिर करती है। वार्षिक रिपोर्ट में इन टिप्पणियों को पढ़ते समय ये प्रश्न पूछें : क्या पूँजी आवंटन पर स्पष्ट रूप से और तर्कसंगत रूप से चर्चा की गई है? क्या बोल के अनुरूप काम हैं ? काम और बोल समय के साथ सुसंगत हैं?

- **नक़दी प्रवाह :** किसी व्यवसाय की लम्बी अवधि की स्थिरता के लिए समय अवधि में नक़द प्रवाह अहम है। यही कारण है कि कई निवेशक तेज़ी से खपत वाली गैर-टिकाऊ छोटी-मोटी उपभोक्ता वस्तुओं के शेयरों में निवेश को पसंद करते हैं। यह इस तरह की वस्तुएँ होती हैं जिन्हें लगभग आदत के तौर पर ख़रीदा जाता है और जिनका उपभोग अनिश्चितकाल के लिए टाला नहीं जा सकता। (यही कारण है कि समय चक्र आधारित उद्योगों के भीतर

भी उपभोग केन्द्रित व्यवसायों के शेयरों का मूल्यांकन पूँजीगत व्यय वाले कारोबारों की तुलना में अधिक होता है, क्योंकि इनकी पूँजी की भरपाई का चक्र लम्बा होता है। इसके महत्त्व को देखते हुए निवेशक शेयरधारक को संबधित हरेक पत्र में परिचालन और मुक्त नक़द प्रवाह पर टिप्पणी की उम्मीद कर सकते हैं। लेकिन अधिकांश पत्र इस पहलू पर रिपोर्ट करने में विफल रहते हैं। ऐसे सीईओ की तलाश करें जो नक़दी प्रवाह पर ज़ोर दें और इसके बारे में स्पष्ट ढंग से बताएँ। कम्पनी का हिसाब-किताब और नक़द प्रवाह विवरण भी देखें कि इन वित्तीय विववरणों में दिए गए आँकड़े सीईओ द्वारा दिए गए ब्योरे से मेल खाते हैं या नहीं।

- **परिचालन और वित्तीय लक्ष्य :** सार्थक वित्तीय लक्ष्य के बयानों से संकेत मिलता है कि कम्पनी का सीईओ पूँजी को कुशलता के साथ उपयुक्त जगह पर लगाने को लेकर गंभीर है। लक्ष्यों के संबंध में ''हमारा लक्ष्य हमारे सभी ग्राहकों को प्रसन्न करना है।'' जैसे निरर्थक बयान की बजाय अच्छे सीईओ आँकड़ों के साथ लक्ष्य के अनुमान देकर सार्थक ढंग से अपनी बात रखते हैं। स्वयं से सवाल करें : सीईओ को क्या प्रोत्साहन मिलते हैं? सीईओ को कैसे वेतन मिलता है? क्या निवेश पर रिटर्न भी इन आँकड़ों में कहीं परिलक्षित होता है? ऐसे सीईओ और कम्पनी के अन्य अधिकारियों की तलाश में नज़र दौड़ाएँ जिनके वेतन कम हैं और उनके पास कम्पनी के शेयर ज़्यादा हैं। वे तभी अमीर बनेंगे जब शेयरधारक अमीर बनते हैं। हो जाते हैं।

सार्थक वित्तीय और परिचालन लक्ष्य देने वाले सीईओ और पूँजी अनुशासन, नक़दी प्रवाह और हिसाब-किताब की सेहत पर ध्यान केन्द्रित करने वाले सीईओ पूँजी प्रबंधन के मामले में मिसाल हैं।

स्पष्टवादिता

स्पष्टवादिता विश्वास की भाषा है और ठोस प्रमाणों व आँकड़ों के साथ वक्तव्य पेश करना है। जैसा कि वॉरेन बफ़ेट कहते हैं, ''कारोबार के मूल्यांकन में महत्त्वपूर्ण सकारात्मक और नकारात्मक बिन्दुओं पर जोर देते हुए हम आपको अपने कारोबार की रिपोर्ट बेबाकी के साथ देंगे। हमारे दिशानिर्देश हैं कि हम आपको कारोबार के उन सभी तथ्यों की जानकारी दें, जो अगर हम आपकी जगह पर हों तो जानना चाहें। हम इसके लिए उनके ऋणी है।''

शेयरधारकों के साथ कम्पनी के सीईओ के संवाद में बफ़ेट स्पष्टवादिता की पराकाष्ठा हैं। वह अपनी ग़लतियों की लागत का गणितीय हिसाब बताते हैं बल्कि यह भी स्पष्ट करते हैं कि इस ग़लती से जो अवसर गँवा दिया है, उसकी कितनी ज़्यादा लागत चुकानी पड़ी है। शेयरधारकों को 2014 के पत्र में उन्होंने लिखा :

> बर्कशायर ने डेक्सटर को ख़रीदने के लिए 433 मिलियन डॉलर का भुगतान किया और, बल्कि तुरंत ही इसका मूल्य शून्य हो गया। हालाँकि जीएएपी (आम तौर पर स्वीकृत लेखांकन सिद्धांत) लेखांकन मेरी इतनी बड़ी ग़लती की गंभीरता का मूल्यांकन पूरी तरह से नहीं कर पाया। सच तो यह है कि मैंने डेक्सटर के विक्रेताओं को नक़दी के बजाय बर्कशायर के शेयर के रूप में भुगतान किया। और जानते हैं ख़रीदी के लिए मैंने जो शेयर दिए उनकी क़ीमत अब 5.7 अरब डॉलर है। यह वित्तीय आपदा के रूप में गिनीज रिकॉर्ड बुक में दर्ज करने के लिए है।

कम्पनी द्वारा दी गई जानकारी कितनी प्रामाणिक और तथ्यात्मक है, यह जानने का सबसे आसान तरीक़ा समस्या को उलट देना और उसके बाद स्पष्टता के अभाव का परीक्षण करना है। सीईओ की सूचना में स्पष्टता ना होने का परीक्षण कैसे किया जा सकता है? रिटेनहाउस लिखती हैं :

> रिटेनहाउस रैंकिंग के लिए जब शेयरधारकों को लिखे पत्र का विश्लेषण किया जाता है तो हम साथ में लाल पेंसिल या पेन लेकर पढ़ना शुरू करते हैं और ''कर्मचारी हमारी सबसे बड़ी परिसंपत्ति हैं,'' ''हमारा भविष्य उज्ज्वल है,'' ''गति तेज़ हो रही है।'' और ''हमारा लक्ष्य शेयरधारक के लिए कारोबार को मूल्यवान बनाना है'' जैसे घिसे-पिटे शब्दों, वाक्यांशों के नीचे लकीर खींच देते हैं। इस प्रकार का निरर्थक शब्दजाल और निरर्थक बातें व्यवसाय की हमारी समझ और नेतृत्व में हमारे भरोसे को कमज़ोर करती हैं।
>
> जब हम किसी कम्पनी की सूचना को पूरा पढ़ लेते हैं, तो हम दोबारा पन्नों को गौर से देखते हैं। अगर हमें पन्नों पर काली स्याही से ज़्यादा लाल स्याही दिखाई देती है तो हम कम्पनी की जाँच शुरू कर देते हैं। हम कम्पनी के हिसाब-किताब और बाज़ार संबंधी उसके दावों की और गहराई से पड़ताल करते हैं। एनरॉन के बारे में यह वास्तव में सच था जिसके वर्ष 2000 में शेयरधारकों को लिखे पत्र में उन्हें मदहोश करने वाली भाषा लिखी गई थी :
>
> ''हमारे प्रतिभाशाली लोगों, वैश्विक उपस्थिति, वित्तीय ताक़त और बाज़ार के विस्तृत ज्ञान ने हमारे स्थाई और अनूठे कारोबार का निर्माण किया है। एनरॉनऑनलाइन इन कारोबारों के विकास की गति बढ़ाएगा। हम अपने शेयरधारकों के लिए मूल्य का सृजन करने के मकसद से प्रतिस्पर्धा के इस फ़ायदे को इस्तेमाल करने की योजना बना रहे हैं।'' संक्षेप में एनरॉन ने सीईओ द्वारा इस्तेमाल की जाने वाली छह लोकप्रिय शब्दावली का पत्र में इस्तेमाल किया था : प्रतिभाशाली लोग, वैश्विक उपस्थिति, बाज़ार की जानकारी, वित्तीय ताक़त, प्रतिस्पर्धी फ़ायदा, अपने शेयरधारकों के लिए बड़ा मूल्य सृजन।
>
> हरेक ''प्रतिस्पर्धी लाभ'' व्यवसाय के लिए अहम है लेकिन इतनी ज़्यादा सामान्य बातें पाठकों के लिए अर्थहीन हैं। ये घिसी-पिटी बातें विश्वास जगाने में नाकाम तो रहती हैं, साथ ही इन्हें किसी विचारशील निवेशक को यह सोचने पर मजबूर कर देना चाहिए कि आखिर ऐसा क्या है जो कम्पनी छुपा रही है।

> ऐसे निवेशक जो इन लिखे हुए शब्दों में से वह पढ़ लेते हैं जो नहीं लिखा गया है और स्पष्टता के अभाव को देख लेते हैं, वे इस तरह की कंपनियों को पहचान सकते हैं जिनके संकट में घिरने की आशंका है।

ऐसा नहीं है कि सीईओ अपने पत्रों और अन्य सूचनाओं में जो कुछ लिखते हैं, उसे समझना कठिन है। कभी-कभी जानबूझकर इस तरह से लिखा जाता है कि वह समझ में नहीं आए। ''पुनर्गठन'' एक और ऐसा ही शब्द है जिसका कई ऐसे सीईओ ने बहुत ज़्यादा दुरुपयोग किया है जिन्होंने अतीत में ऐसी ग़लतियाँ कीं जिनका उन्हें भारी ख़ामियाजा भुगतना पड़ा है और अब वे दोबारा वापस आना चाहते हैं ताकि भविष्य में ऐसी और ग़लतियाँ कर सकें। पुनर्गठन के नाम पर ''एक बार'' किया गया ख़र्च अक्सर स्थायी हो जाता है। अफ़सोस है कि ऐसी महँगी ग़लतियों के लिए ज़िम्मेदार सीईओ और अधिकारियों की ओर से कभी भी निवेशकों से माफ़ी नहीं माँगी गई।

अधिकांश वार्षिक रिपोर्ट और इस तरह की अन्य वित्तीय सूचनाएँ पाठकों को सूचित करने के लिए नहीं बल्कि जानकारी देने वाली कँपनियों के बचाव की दृष्टि से लिखकर तैयार की जाती हैं। ऐसा इसलिए क्योंकि इक्विटी, ऋण और अन्य वित्तीय उपकरणों को जारी करने वाले आशंकित रहते हैं कि यदि उन्होंने बिलकुल सरल अंग्रेज़ी में संवाद किया तो पढ़ने वाला वास्तव में वही समझ सकता है जिसे छुपाने का मक़सद था। ज़रा सोचिए अगर किसी निवेश बैंकर ने कहा या किसी प्रारंभिक सार्वजनिक पेशकश (आईपीओ) के दस्तावेज़ में लिख दिया गया, ''यदि आप इसे ख़रीदते हैं तो अपना सारा पैसा खो सकते हैं।''

रिटेनहाउस ने साफ़गोई के अभाव के संबंध में कहा है कि दी जाने वाली यह जानकारी ''तथ्यहीन और उलझाने वाली सामान्य शब्दावली'' से भरपूर होती है। जिन निवेशकों को इस तरह के पत्र या सूचनाएँ प्राप्त होती हैं जिनमें घिसे-पिटे शब्द, लच्छेदार और बड़े-बड़े बोल होते हैं, उन्हें यह पूछने की जरूरत है, ''क्या सीईओ कारोबार को नहीं समझते हैं या वे यह नहीं चाहते कि मालिक इसे समझें?

जब हम शब्दजाल और घिसी-पिटी बातों से भरी कोई चीज़ पढ़ते हैं तो यह मान लेते हैं कि हम इसे समझने के लिए पर्याप्त बुद्धिमान नहीं हैं और हम अपने व्यक्तिगत निर्णय को कम आँकते हैं। रिटेनहाउस लिखती हैं, ''क्या इसका कारण यह है कि हमें लगता है कि उन शीर्ष अधिकारियों पर हमें भरोसा करना चाहिए और हम अपने जोख़िम को उनके सामने छुपा लेते हैं? यह कल्पना करना कि वे अपने स्वार्थ को आगे बढ़ाने के लिए हमारा नुक़सान कर देंगे, परेशान करने वाला है। भयावह भी है। इसके बजाय, हम खुद पर संदेह करने लगते हैं।''

यदि आपको लगता है कि आप इतने समझदार नहीं हैं कि यह समझ सकें कि कम्पनी की सूचना में क्या लिखा है, तो चिंता नहीं करें। यह आपकी समस्या नहीं है। इस तरह से पत्र लिखना प्रबंधन की ज़िम्मेदारी है कि एक औसत व्यक्ति उसे पढ़ कर आसानी से समझ सके।

प्रबंधन की गुणवत्ता का मूल्यांकन करने के लिए, आपको अंदरूनी जानकारी तक विशेषाधिकार प्राप्त पहुँच की ज़रूरत नहीं है। राज तो आपके सामने है – काले और सफ़ेद अक्षरों में – शेयरधारकों को लिखे प्रत्येक पत्र, वार्षिक रिपोर्ट, और कम्पनी के अन्य पत्राचार के शब्दों में। एक बार आप कम्पनियों की सूचनाओं में लिखे शब्दों के बीच में छुपे उन शब्दों को पढ़ना सीख लें जो लिखे नहीं गए हैं तो आप प्रबंधन गुणवत्ता और उनके इरादों के बारे में बेहतर मूल्यांकन कर सकते हैं।

याद रखें, शब्दों का विश्लेषण करना उतना ही महत्त्वपूर्ण है जितना कि संख्याओं का विश्लेषण करना।

अध्याय 14

चेकलिस्ट बनाएँ, निर्णय लेने में महत्त्वपूर्ण

नियमित रूप से जाँच सूची (चेकलिस्ट) बनाना बहुत सारी ग़लतियों से बचा लेता है। आपके पास पूरा प्राथमिक (सांसारिक) ज्ञान होना चाहिए और फिर इसका उपयोग करने के लिए एक आपको मानसिक जाँच सूची से गुज़रना चाहिए। दुनिया में इतनी अच्छी और कोई अन्य प्रक्रिया नहीं है।

– चार्ली मंगर

अतीत में काफ़ी शोध किया गया है जो जाँच सूचियों के बहुत ज़्यादा महत्त्व के बारे में बताता है। हम अपनी क्षमताओं के बारे में अति आत्मविश्वास करने लगते हैं। एक जाँच सूची हमें यह याद दिला सकती है कि हम अचूक नहीं हैं, हम ग़लतियाँ करते हैं, और यह कि हमें अपने निर्णयों को लेकर बहुत अधिक आश्वस्त नहीं होना चाहिए।

चेकलिस्ट तैयार करते समय निम्नलिखित सामान्य सिद्धांतों का उपयोग करें :

- अच्छी जाँच सूचियाँ संक्षिप्त, सटीक, कुशल और कठिन परिस्थितियों में भी उपयोग में आसान होती हैं। इन सूचियों में सभी कुछ शामिल नहीं होता बल्कि केवल कुछ महत्त्वपूर्ण और सबसे ज़्यादा ज़रूरी कामों के बारे में याद कराया जाता है।
- ख़राब जाँच सूचियाँ अस्पष्ट होने के साथ बिखरी हुई होती हैं यानी सटीक नहीं होतीं। ये बहुत लम्बी, उपयोग में कठिन और हरेक काम के बारे में बताने का प्रयास करती हैं।
- जाँच सूचियों की की पुष्टि की जानी चाहिए : याददाश्त और अनुभव से काम करें लेकिन फिर रुकें, जाँच सूची को देखें और पुष्टि करें कि सब कुछ सही ढंग से किया गया या नहीं।

- जाँच सूची की समीक्षा की जानी चाहिए : सूची में क्रमवार कार्यों को उसी तरह से पूरा करें जिस तरह से लिखा गया है।
- जाँच सूची में कुछ ऐसे सवाल भी होने चाहिए जो किसी डील से जुड़े हों और साथ ही कुछ ऐसे सवाल भी होने चाहिए जिनमें संतुलन की ज़रूरत हो।

शेयरों में निवेश करना मेडिकल सर्जरी या हवाई जहाज उड़ाने जितना जटिल नहीं है, लेकिन जाँच सूची की अभी भी महत्त्वपूर्ण भूमिका है। ऐलिस श्रोएडर ने अपने पुराने साक्षात्कारों में से एक में वॉरेन बफ़ेट की जाँच सूची में पाए जाने वाले एक बिन्दु ''अयोग्य विशेषताओं'' की चर्चा की :

> आम तौर पर वॉरेन बफ़ेट की सोच रही है कि किसी निवेश में ऐसी *ख़ामियाँ* होती हैं जिससे उसे निवेश के लिए अयोग्य ठहराया जा सकता है। और उनकी इस सोच को अच्छी तरह से समझा नहीं गया है। वे एक-एक करके जाँच सूची से पड़ताल करते जाते हैं और किसी भी एक खामी के होने पर वह निवेश को ख़ारिज कर देते हैं। जैसे कि सीईओ पसंद नहीं हो, किसी दुर्लभ घटना का ज़्यादा जोख़िम हो, कम मुनाफ़े वाला व्यवसाय हो। इनमें से कोई भी ख़ामी आने पर वह तुरंत निवेश की योजना को रद्द कर देते हैं। *बहुत से लोग कोशिश करेंगे कि दूसरे अन्य कारकों से इस ख़ामी की पूर्ति हो जाए। लेकिन बफ़ेट ऐसा नहीं करते और एक भी पक्ष के प्रतिकूल होने पर वे आगे विश्लेषण नहीं करते। उनका मानना है कि यह समय बर्बाद करने वाला होता है।*

निवेश में जाँच सूची को लोकप्रिय बनाने का श्रेय अक्सर चार्ली मंगर दिया जाता है। *पुअर चार्लीज़ एलमैनेक* में पीटर कॉफ़मैन ने मंगर के निवेश सिद्धांतों (जोख़िम, स्वतंत्रता, तैयारी, बौद्धिक विनम्रता, गहनता से विश्लेषण, आवंटन, धैर्य, निर्णय लेना, परिवर्तन और फ़ोकस) को जाँच सूची के रूप में प्रस्तुत किया है। इसे सभी निवेशकों को ज़रूर पढ़ना चाहिए।

जवाब आपको निवेश के क्षेत्र में शानदार काम करने वाला नहीं बनाते हैं। सवाल आपको प्रभावी बनाते हैं। सही सवाल पूछें, तब आपको महत्त्वपूर्ण जवाब मिलेंगे। शुरुआती पूरी जाँच-पड़ताल करें। बुद्धिमान निवेशक गहराई से अध्ययन किए बिना कभी किसी कम्पनी में स्वामित्व नहीं ख़रीदता है। कम्पनी और उसके प्रतिस्पर्धियों (सूचीबद्ध और गैर सूचीबद्ध दोनों) के संबंध में जानकारी जुटाएँ और जानें। कम्पनी की वेबसाइट, और इंटरनेट पर स्टॉक एक्सचेंज में दाख़िल उसकी सूचनाओं और अन्य जानकारी की पड़ताल करें। पिछले दस वर्षों की सालाना रिपोर्ट, वित्तीय विवरणों के नोट्स और अनुसूचियाँ, प्रबंधन की चर्चा और विश्लेषण (रुख़ में बदलाव और उद्योग के नज़रिये में बदलाव की जाँच करें) को पढ़ें और समझें। कम्पनी के भीतर शेयरों के स्वामित्व में हाल के रुझानों पर गौर करें।

लेखांकन व्यवसाय की भाषा है, और निवेशकों के लिए इसके आधारभूत सिद्धांतों की बुनियादी समझ जरूरी है। लेखांकन दोहरी-प्रविष्टि की प्रणाली है। एक ग़लत प्रविष्टि की

भी खाते से मिलान करने की ज़रूरत होती है। यदि तीन लेखांकन विवरणों–आय विवरण, नक़दी प्रवाह और बैलेंस शीट में से एक कहीं ग़लती हो जाती है, तो अन्य दो में भी ग़लती होगी। भले ही कम्पनी धोखाधड़ी से प्रमुख आँकड़ों का ग़लत वर्गीकरण कर रही हो, तब भी कुल मिलाकर संख्याएँ एक-दूसरे से मेल खानी चाहिए। एक सरल त्रिकोणीय क़वायद आपको समय पर लेखांकन संबंधी गड़बड़ियों का पता लगाने में मदद करेगी। उदाहरण के लिए, यदि शुद्ध आय पर बहुत अधिक ध्यान दिया जाता है, तो बैलेंस शीट में वस्तु सूचियों और प्राप्यों का अध्ययन करें। किसी भी कम्पनी के तिमाही या अर्धवार्षिक नतीजों का विश्लेषण करते समय, निवेशकों को हमेशा आय विवरण पर नज़र डालने से पहले बैलेंस शीट में किसी आपत्तिजनक सामग्री की जाँच करनी चाहिए।

प्रारंभिक ज़मीनी कार्य पूरा करने के बाद आगे दिए गए मानदंडों की जाँच सूची बनाकर पड़ताल करें :

1. आय विवरण (लाभ और हानि खाता) विश्लेषण

बिक्री वृद्धि : बिक्री वृद्धि जितनी अधिक होगी, उतना बेहतर होगा (बशर्ते यह लाभदायक हो)। लम्बी अवधि में शेयर पर रिटर्न का बिक्री की वृद्धि से गहरा संबंध होता है क्योंकि मार्जिन औसत पर आ जाता है। आंतरिक संसाधनों के जरिये विकास सबसे ज़्यादा ज़रूरी है। मुख्य रूप से बड़े अधिग्रहणों से प्रेरित तेज़ विकास से सावधान रहें।

सकल लाभ मार्जिन : पिछले कुछ वर्षों के रुझान पर ध्यान दें। यदि इसमें निश्चित समय चक्र में बहुत अधिक उतार-चढ़ाव हो रहा है, तो इसका मतलब है कि कम्पनी अपने ग्राहकों के लिए मूल्य निर्धारण करने और कच्चे माल की लागत में वृद्धि का भार उन पर डालने में सक्षम नहीं है। इसके विपरीत, यदि यह उच्च और स्थिर है या पिछले कुछ वर्षों में इसमें सुधार हो रहा है, तो संबंधित कम्पनी में आर्थिक रूप से कोई बड़ा झोल हो सकता है। ऐसे मामलों में गहराई से जाँच करें (साथ ही जब किसी कम्पनी का ऑपरेटिंग मार्जिन उद्योग के उसके प्रतिस्पर्धियों की तुलना में बहुत अधिक हो)

ब्याज आय (यह आमतौर पर ''अन्य आय'' के रूप में दिखाई जाती है) : बैलेंस शीट में नक़दी और निवेश के आँकड़े की जाँच करें। यदि ब्याज आय कम से कम बैंक के सावधि जमा रिटर्न के बराबर नहीं है तो इसका गहराई से विश्लेषण करें कि कम्पनी ने अपना पैसा कहाँ निवेश किया है।

ब्याज ख़र्च : कम ब्याज ख़र्च या लम्बी अवधि के कर्ज को चुकाने के लिए बहुत ज़्यादा आमदनी की प्राप्ति (उच्च ब्याज भरपाई अनुपात) को कभी भी जैसा बताया गया है, वैसा नहीं मान लेना चाहिए। हमेशा जाँच करें कि क्या कम्पनी ब्याज की लागत के बदले में पूँजी का सृजन कर रही है या नहीं। उसी स्तर की कंपनियों के लिए प्रचलित ब्याज दर से कुल क़र्ज़ के आँकड़े को गुणा करें और ब्याज की भरपाई के लिए प्राप्त हो रही आमदनी के अनुपात की गणना में इस्तेमाल कुल ब्याज के आँकड़े के साथ उसकी तुलना करें।

कर्मचारी लागत : धोखाधड़ी करने वाली कंपनियों की स्टॉक एक्सचेंज में दाख़िल सूचनाओं या वेबसाइट में बताई गई कर्मचारियों की मौजूदा संख्या के हिसाब से कर्मचारी लागत का सूचित आँकड़ा बहुत ज़्यादा ग़लत हो सकता है।

अन्य ख़र्च : इस शीर्षक के अंतर्गत बहुत सारे ख़र्च मिला दिए जाते हैं और इससे बड़ी राशि के घपले की गुंजाइश पैदा होती है। संकटग्रस्त बाज़ार या धीमी अर्थव्यवस्था में ''अन्य ख़र्चों'' में तेज वृद्धि या धन के कम्पनी से बाहर जाने की ओर इशारा कर सकती है।

कर : कर भुगतान का अनुपात मानक कॉर्पोरेट कर की दर के आसपास होना चाहिए। अगर यह कम है तो देखें कि क्या कम्पनी का कोई पुराना घाटा है जो कर में समायोजित हो रही है या उसे किसी विशेष आर्थिक क्षेत्र या कर रियायत सुविधा वाले क्षेत्र में कारोबार करने के लिए कर छूट मिल रही है।

निवल लाभ मार्जिन : यह मार्जिन जितना अधिक होगा, उतना बेहतर होगा। ऐसी कंपनियों से सावधान रहें जो घटते लाभ मार्जिन के साथ बिक्री की ज़्यादा वृद्धि दर्शाती हैं। मुनाफे को छोड़कर वृद्धि के पीछे भागने वाली कम्पनियाँ आमतौर पर शेयरधारकों के लिए स्थायी मूल्यवान संपत्ति नहीं बना पातीं।

2. नक़दी प्रवाह विश्लेषण

परिचालन गतिविधि से नक़दी प्रवाह (सीएफ़ओ)। सीएफ़ओ जितना ज़्यादा होता है, उतना ही बेहतर है। यह देखने के लिए कि पैसा कार्यशील पूँजी में लगा हुआ है या उससे बाहर आ गया है, पिछले वर्षों के शुद्ध लाभ के साथ सीएफ़ओ की तुलना करें।

पूँजीगत व्यय (कैपेक्स) : यह देखने के लिए कि क्या कम्पनी अपने परिचालन नक़द प्रवाह से पूँजीगत व्यय के लिए धन जुटा सकती है, सीएफ़ओ के साथ पूँजीगत व्यय की तुलना करें। ज़्यादा पूँजीगत व्यय के बिना बिक्री की ज़्यादा वृद्धि दिखाने वाली कम्पनी पूँजी वृद्धि के मामले में सुस्त हो सकती है।

कुल क़र्ज़ : क़र्ज़ जितना कम होगा, उतना अच्छा होगा। गैर-वित्त व्यवसाय के लिए ज़्यादा क़र्ज़ बताता है कि साधन से ज़्यादा ख़र्च है। दूसरों की दया पर निर्भर कंपनियों से दूरी बना कर रखें।

नक़दशेष : लाभांश का भुगतान नहीं करने वाली कंपनियों में नक़दी के बहुत ज़्यादा स्तर को सावधानी से देखा जाना चाहिए। बैंलेस शीट में दिखाई गई नक़दी काल्पनिक हो सकती है।

मुक्त नक़द प्रवाह (एफ़सीएफ़) : यह अतिरिक्त नक़दी है जिसे शेयरधारकों को प्रोत्साहन के लिए वितरित किया जा सकता है जो विवेक पर निर्भर करता है। परिचालन गतिविधि से नक़दी प्रवाह यानी सीएफ़ओ में एफ़सीएफ़ का अनुपात जितना अधिक होगा, उतना ही बेहतर है। यदि एफ़सीएफ़ नकारात्मक है और लाभांश हमेशा क़र्ज़ से दिया जाता है

तो निवेशक ज़्यादा लाभांश से बहुत सुकून नहीं होना चाहिए। यदि कोई कम्पनी कभी भी मुक्त नक़द प्रवाह नहीं पैदा कर पाती है तो यह निरंतर चलने वाली पोंजी योजना की तरह है, जहाँ एक व्यक्ति से धन लेकर दूसरे व्यक्ति को दिया जाता है। याद रखें, किसी कारोबार का वास्तविक मूल्य वह नक़दी होती है जिसे किसी व्यवसाय के जीवनकाल के दौरान उससे प्राप्त किया जा सकता है। जब कोई कम्पनी मुनाफ़े की घोषणा करती है लेकिन नक़दी कम होती है तो हमेशा नक़दी पर ही ज़ोर दें। नकारात्मक मुक्त नक़द प्रवाह के साथ बढ़ता हुआ क़र्ज़, बकाया शेयरों में वृद्धि और प्राप्त होने वाली आय, वस्तु सूची, गैर प्रचलित निवेशों और अमूर्त संपत्ति में बढ़ोतरी फ़र्जी कमाई के सबसे आम लक्षण हैं।

3. रिटर्न अनुपात विश्लेषण

अपने आप ही निरंतर बनी रहने वाली विकास दर (एसएसजीआर) : यह किसी कम्पनी की ऋण मुक्त, एसएसजीआर क्षमता को बताती है। एसएसजीआर से ज़्यादा दर पर बढ़ रही कंपनियाँ उससे कहीं ज़्यादा संसाधनों का उपयोग कर रही हैं जितने कि उनके अपने परिचालन से उत्पन्न हो सकते हैं और उनका क़र्ज़ बढ़ता जाता है। बिक्री की वृद्धि दर से अधिक एसएसजीआर होना ठीक रहता है।

कर पूर्व लाभ/औसत शुद्ध अचल संपत्ति। यह अनुपात जितना अधिक होगा, उतना ही बेहतर है। एक कम्पनी को बैंक की सावधि जमा दर से ज़्यादा आय अपनी मूर्त संपत्ति (मूर्त इक्विटी और नियोजित पूँजी के साथ) पर प्राप्त करनी चाहिए।

मूर्त इक्विटी पर कर पूर्व रिटर्न। कर पूर्व रिटर्न जितना अधिक होगा, उतना ही बेहतर है। मूर्त इक्विटी की गणना कम्पनी की बुक वैल्यू से अमूर्त संपत्ति और प्राथमिक इक्विटी को घटाकर की जाती है। उन कंपनियों से सावधान रहने की ज़रूरत है जिनका इक्विटी पर उच्च रिटर्न का आँकड़ा मुख्य रूप से बहुत ज़्यादा उधार से प्रेरित है।

नियोजित पूँजी पर रिटर्न। यह रिटर्न जितना अधिक होगा, उतना बेहतर होगा। इसकी गणना ब्याज और करों से पहले की आय को नियोजित पूँजी से विभाजित कर की जाती है।

4. परिचालन दक्षता विश्लेषण

शुद्ध अचल संपत्ति कारोबार अनुपात। यह अनुपात जितना अधिक होगा, उतना अच्छा होगा। उच्च अनुपात से पता चलता है कि कम्पनी अपनी अचल संपत्तियों को कुशलता से इस्तेमाल कर रही है।

प्राप्तियों के दिन। दिनों की संख्या जितनी कम होगी, उतना अच्छा होगा। अधिक संख्या का मतलब है कि कम्पनी बिक्री को बढ़ाने के लिए ग्राहकों को उधार का लम्बा समय दे रही है। फ़र्जी बिक्री के मामले में जिनमें ग्राहकों से नक़दी प्राप्त नहीं हुई है, वहाँ पर प्राप्तियों के दिनों की संख्या लगातार बढ़ती रहेगी।

वस्तुसूची टर्नओवर अनुपात। यह अनुपात जितना अधिक होगा, उतना अच्छा होगा। कम वस्तुसूची टर्नओवर का मतलब है कि कम्पनी काफ़ी वस्तुएँ जमा करती जा रही है, जो बाद में पुरानी और बेकार हो जाएँगी।

5. बैलेंस शीट विश्लेषण

शुद्ध अचल संपत्ति। बैलेंस शीट में इस आँकड़े में तेज़ बढ़ोतरी को देखें। ये बढ़ोतरी दर्शाती है कि कम्पनी ने एक पूँजीगत व्यय कार्यक्रम पूरा किया है जिससे भविष्य में बिक्री और मुनाफ़ा ज़्यादा हो सकता है।

पूँजीगत कार्य प्रगति पर है। बैलेंस शीट में इस आँकड़े में तीव्र बढ़ोतरी देखें। बैलेंस शीट में ये बढ़ोतरी दर्शाती है कि कम्पनी पूँजीगत व्यय कार्यक्रम पर काम कर रही है, जो पूरा होने के क़रीब है।

शेयर पूँजी। आदर्श रूप से सालों-साल शेयर की गिनती स्थिर होनी चाहिए या पुनर्ख़रीद (बायबैक) के कारण इसमें कमी आनी चाहिए। शेयर पूँजी में बढ़ोतरी जो बोनस शेयरों के कारण नहीं है, वह मौजूदा शेयरधारकों के अपने शेयरों को बेचने का संकेत देती है। ध्यान रखें कि शेयर मूल्य का विभक्त होना और बोनस किसी स्टॉक की केवल तरलता को प्रभावित करते हैं, उसके आंतरिक मूल्य को नहीं।

शेयरपूँजी से क़र्ज़ का अनुपात। यह अनुपात जितना कम होगा, उतना अच्छा होगा। बैलेंस शीट के बाहर पेंशन की देनदारियों के लिए कम वित्तपोषण, विवादित क़ानूनी दावे, रद्द नहीं होने वाली परिचालन लीज़, और प्रमोटर के स्वामित्व वाली समूह की इकाइयों द्वारा लिए गए क़र्ज़ों के लिए कार्पोरेट गारंटी जैसी आकस्मिक देनदारियों पर खुलासों की जाँच करें। ब्याज की भरपाई करने वाली आय (ब्याज से पहले की आमदनी और और कर/ब्याज) और एफ़सीएफ़ के माध्यम से कर्ज भुगतान का परीक्षण करें। किसी कम्पनी का शेयरपूँजी से क़र्ज़ का अनुपात कम हो सकता है लेकिन फिर भी यदि निकट समय में भुगतान दायित्व को पूरा करने के लिए उसके पास पर्याप्त नक़दी नहीं है तो उसे वित्तीय तनाव का सामना करना पड़ सकता है ।

6. प्रबंधन विश्लेषण

प्रमोटरों की पृष्ठभूमि और साख का अध्ययन करें और कॉर्पोरेट प्रशासन संबंधी मुद्दों के लिए इंटरनेट पर तलाश करें। ''धोखाधड़ी,'' घोटाला,'' मुकदमा,'' जाँच,'' और इसी तरह के शब्दों से सर्च करें।

बहुत ज़्यादा वेतन, भत्ते और कमीशन (अगर नुक़सान के दौरान इनका भुगतान किया जा रहा है तो यह और भी चिंताजनक है); कम्पनी के भीतर के लोगों की हिस्सेदारी का बड़ा भाग गिरवी रखा जाना; प्रमोटरों द्वारा अपनी कमज़ोर निजी स्वामित्व वाली कंपनियों

को सार्वजनिक सूचीबद्ध कम्पनी में विलय करना; संबंधित-पक्ष के लेनदेन में बड़े स्तर पर संलग्न होना; ऐसे रिश्तेदारों को नियुक्त करना जिनके पास पर्याप्त योग्यता नहीं है; आक्रामक लेखांकन पद्धतियों का प्रयोग करना; बार-बार लेखा परीक्षक बदलना; मौजूदा माँग वाले क्षेत्रों के शब्दों को शामिल करते हुए कम्पनी का नाम बदलना; और प्रचार-प्रसार की गतिविधियों में कुछ ज़्यादा ही ध्यान देना जैसे राजस्व या मुनाफ़े के भविष्य के अनुमान को बताने के लिए ब्रोकर की रिपोर्ट का हवाला देना और बार-बार प्रेस में सूचनाएँ और घोषणाएँ जारी करना लेकिन उनमें कुछ भी सार्थक नहीं होना। एक कठिन बिक्री आमतौर पर इसका संकेत देती है किसी प्रकार का वित्तपोषण आसन्न है। (मुझे एक प्रमोटर दिखाओ जो है कम्पनी के शेयर मूल्य से ग्रस्त हूँ, और मैं आपको दिखाऊँगा ऐसा व्यवसाय जिसमें नक़दी की खपत होती है और लगातार धन जुटाने की आवश्यकता होती है।) आप जिस व्यवसाय पर शोध कर रहे हैं उसकी पूँजी जुटाने की ज़रूरतों का आकलन करने के लिए हमेशा वार्षिक और त्रैमासिक प्रतिभूति और विनिमय आयोग फ़ाइलिंग में ''तरलता और पूंजी संसाधन'' अनुभाग पढ़ें।

7. इंसानी ग़लत फ़ैसलों के मानक कारणों के लिए मंगर की मनोवैज्ञानिक जाँच सूची

केवल संबद्धता के कारण पूर्वाग्रह : यह पूर्वाग्रह अपने आप ही दर्द या ख़ुशी के साथ होने वाली उत्तेजना से जुड़ जाता है। इसमें किसी अच्छी या बुरी चीज़ से जुड़ा किसी चीज़ के लिए पसंद या नापसंद भी शामिल है। इसमें स्थितियों को समान देखना भी शामिल है, क्योंकि वे समान प्रतीत होती हैं।

पुरस्कार और दंड की शक्ति को कम आँकना : लोग उन कार्यों को दोहराते हैं जिनके लिए उनको पुरस्कार मिलता है और उन कार्यों से बचते हैं जिनके लिए उन्हें दंडित किया जाता है। यदि लोगों को किसी लाभ के लिए भुगतान नहीं करना पड़ता है, तो वे उसका बहुत ज़्यादा प्रयोग करते हैं। सफलता के बाद हम अत्यधिक आशावादी होकर जोख़िम लेने वाले बन जाते हैं। असफलता के बाद हम अत्यधिक निराशावादी और जोख़िम लेने से कतराने वाले हो जाते हैं। ऐसा उन मामलों में भी होता है जिनमें सफलता या विफलता महज़ एक संयोग था। जिस आदमी को हम फाँसी पर चढ़ा देते हैं, उसे नहीं सुधारते बल्कि इस दंड से हम दूसरों को सुधारते हैं। कार्य प्रदर्शन को प्रोत्साहनों से जोड़ें। यह सुनिश्चित करें कि लोग फ़ायदे और नुक़सान दोनों साझा करें। उन्हें समझाएँ कि उनके प्रदर्शन, उनके पुरस्कार और वे क्या पूरा करना चाहते हैं के बीच में गहरा संबंध है। प्रयास के लिए या कोई संगठन में बहुत ज़्यादा समय तक रहा हो उसको पुरस्कृत करने के बजाय व्यक्तिगत प्रदर्शन को पुरस्कृत करें।

व्यक्ति के स्वयं के स्वार्थ और प्रोत्साहन से उपजे पूर्वाग्रह को कमतर आँकना : दूसरों को उनके कार्यों के अंजाम को उजागर करने वाले सवाल पूछकर प्रेरित करें। दिलचस्पी को जगाएँ, कारण को नहीं।

स्वयं की उद्देश्य पूर्ति का पूर्वाग्रह : यह पूर्वाग्रह हमारी योग्यताओं के प्रति अत्यधिक सकारात्मक दृष्टिकोण को प्रोत्साहित करता है या अत्यधिक आशावादी होना। मीडिया में सफलताएँ हमेशा विफलताओं से अधिक ध्यान खींचती हैं। हम जितना यह सोचते हैं कि हम किसी विषय के बारे में जानते हैं, उतना ही हम दूसरे विचारों को अपनाने के कम इच्छुक होंगे। हम किसी समस्या को ऐसे तरीक़े से हल करते हैं जो हमारी विशेषज्ञता की पद्धति के अनुरूप होती है। हमेशा पूछें, ''मैं ग़लत कैसे हो सकता हूँ?

स्वयं को छलना और स्वीकार नहीं करना। जब हम इनकार का अभ्यास करते हैं, तो हम दर्द को कम करने के लिए वास्तविकता को विकृत करने लगते हैं। इसमें जैसी इच्छा है, उसी तरह से सोचना भी शामिल है। जैसा कि डेमोस्थनीज़ ने कहा, ''एक आदमी जो चाहता है, वह उस पर विश्वास करेगा।''

निरंतरता और प्रतिबद्धता की प्रवृत्ति से आया पूर्वाग्रह। यह पूर्वाग्रह हमें अपुष्ट प्रमाणों के बावजूद भी अपनी पिछली प्रतिबद्धताओं और विचारों के अनुरूप बने रहने के लिए प्रेरित करता है। इसमें अपने पूर्वाग्रह के आधार पर पुष्टि करना शामिल है यानी ऐसे सबूतों की तलाश करना जो हमारी मान्यता की पुष्टि करते हों और विवेकपूर्ण सोच की असहमति से होने वाले तनाव को कम करने के लिए ऐसे सबूतों को अनदेखा करना या उनको बिगाड़ना जो हमारी मान्यता के प्रतिकूल प्रतीत होते हैं। जहाँ हमने इतना समय, निवेश और प्रयास लगाए हैं, वहाँ मुनाफ़े के मुक़ाबले लागत बढ़ते जाने के बाद भी हम अपने नाकाम प्रयास दोगुने करते चले जाते हैं। हम किसी चीज़ पर जितना ज़्यादा समय या धन लगाते हैं, उतना ही हमारे उससे चिपके रहने की संभावना बढ़ जाती है। हम उसे त्यागने को तैयार नहीं होते। जब हम कोई निवेश कर देते हैं, तो हम सबूत तलाशते हैं जो यह पुष्टि करें कि हमने सही निर्णय लिया है और उस जानकारी को अनदेखा करें जिससे पता चलता है कि हमने ग़लत किया है। जैसा कि बफ़ेट ने कहा है, ''इंसान सभी नई सूचनाओं की अपनी तरह से व्याख्या करने में माहिर है जिससे उसने जो निष्कर्ष निकाले हैं, वे क़ायम रहें।''

किसी निर्णय का जितना ज़्यादा प्रचार-प्रसार होता है, उसे हमारे बदलने की संभावना उतनी कम हो जाती है। सच का झूठ से भी बड़ा और ख़तरनाक दुश्मन दृढ़ विश्वास होता है। निरंतरता की अपेक्षा सही होना बेहतर है। अपने में सुधार के लिए विभिन्न दृष्टिकोणों पर खुले दिमाग़ से विचार करने और वैकल्पिक परिकल्पनाओं की तलाश करने की ज़रूरत होती है।

यदि आप स्वयं को ग़लत साबित करने का प्रयास करेंगे तो आपके सही होने की अधिक संभावना है। संभावित सच की ओर लगातार बढ़ते हुए परस्पर विरोधी संभावनाओं को अपने दिमाग़ में रखना चाहिए और उनका पता लगाना चाहिए जो इस दौरान जो कुछ सीखा है, उसके आधार पर सच होने की संभावना है। यदि आप अपने आप को किसी गड्ढे में पाते हैं, तो खुदाई बंद कर दें। यह स्वीकार करना कि आप ग़लत हैं, बताता है कि आप आज बीते कल से कहीं अधिक समझदार हैं। सच का सबसे बड़ा शत्रु हर तर्क- वितर्क में जीतने की जन्मजात इच्छा है। जो लोग आपसे असहमत हैं, उनसे उचित रूप से सहमत होने के साथ सीखने की प्रक्रिया शुरू होती है। ईमानदार, ज्ञान पर आधारित और मदद की

भावना से की जाने वाली आलोचना का स्वागत होना चाहिए। विकास के लिए अटल रहने और अपने को अनुकूल बनाने के प्रति दृढ़ प्रतिबद्धता की ज़रूरत होती है। नए विचारों के प्रति अपने को खुला रखें और हमेशा ऐसे लोगों के साथ अपनी सोच को नए आयाम दें जो चीज़ों को अलग तरह से देखते हैं। उनके साथ वैचारिक असहमति को साझा करने से आपको उनके तर्कों की बेहतर समझ मिलेगी। उन्हें अपने विचारों का कठोरता से परीक्षण करने दें। इस तरह आप अपने सही होने की संभावना बढ़ा देंगे। याद रखें, आप अपनी दम पर सर्वश्रेष्ठ उत्तर की तलाश नहीं कर रहे हैं, आप केवल सही उत्तर की तलाश में हैं। सिर्फ़ सही बनने का प्रयास करें – इससे कोई फ़र्क़ नहीं पड़ता कि सही उत्तर तक पहुँचने में कोई और हमारी मदद करता है। कार्ल पॉपर ने कहा भी है, ''किसी तर्क या चर्चा का उद्देश्य, जीत नहीं बल्कि प्रगति होनी चाहिए।'' समझने पर ध्यान दें, सहमति या असहमति पर नहीं। समझ के आधार पर निर्णय लिया जाता है, निर्णय से समझ नहीं आती।

वंचित हो जाने के डर का पूर्वाग्रह : यह कड़ी प्रतिक्रिया, उस समय होती है जब हमारी पसंद की कोई चीज़ जो हमारे पास है या जो लगभग मिलने वाली है, उसे छीन लिया जाता है या छीन लिए जाने की धमकी दी जाती है या हमसे खो जाती है। इसमें हमारे पास जो नहीं हो सकता, उसकी इच्छा करना और उसको बहुत महत्त्व देना शामिल है। तत्काल धमकियों पर लोग प्रतिक्रिया करते हैं। जो कुछ भी होता है उसे धीरे-धीरे नजरअंदाज़ कर दिया जाता है। यदि कोई पेशेवर यह चाहता है कि कोई व्यक्ति जख़िम उठाए तो वे उसे यह महसूस कराने की कोशिश करते हैं जैसे वे उसके मनोबल के लिए उसके पीछे हैं।

यथास्थिति पूर्वाग्रह और कुछ न करने के लक्षण : यह पूर्वाग्रह चीज़ों को जैसी हैं, उन्हें वैसा ही बनाए रखने का है। यह प्रयासों को न्यूनतम करता है और डिफ़ॉल्ट विकल्प को तरजीह देने का समर्थन करता है। हमारा अवचेतन मन हमारे व्यवहार को नियंत्रित करता है। हमारी इंद्रियाँ हमारे मस्तिष्क को प्रति सेकंड लगभग 11 मिलियन बिट्स सूचनाएँ भेजती हैं जो हमारी जागरूक अवस्था की प्रति सेकंड 50 बिट्स सूचनाओं के प्रसंस्करण की क्षमता से बहुत अधिक है। शोध बताते हैं कि इस पूर्वाग्रह का कारण हो सकता है कि यह हो कि चुनौतीपूर्ण मानसिक गतिविधियों को शरीर के मूल ईंधन, ग्लूकोज की अधिक आवश्यकता होती है। गहन सोच-विचार से परहेज कर हम अपने दिमाग़ की ऊर्जा की बचत करते हैं। बुनियादी रूप से हमारे शरीर की प्रोग्रामिंग सुस्त बने रहने के लिए हुई है और कम प्रतिरोध का सामना करने की ओर हमारा स्वाभाविक रुझान होता है यानी जो करने की ज़रूरत है, उसे करने की बजाय जो आसान है, वह करना।

अधीरता। जब हम अधीर होते हैं तो हम वर्तमान को भविष्य से भी अधिक महत्त्व देते हैं।

ईर्ष्या और जलन का पूर्वाग्रह। लोग यह महसूस करने के लिए बहुत कुछ करेंगे कि उनको प्यार किया जाता है। वे लोगों में जलन पैदा करने के लिए सभी कार्य करेंगे।

विषम तुलना से आने वाली विकृति। इस पूर्वाग्रह में किसी भी चीज़ का उसी समय या क्षेत्र के आसपास की किसी अन्य चीज़ से या उसके ही पुराने रूप के साथ अंतर के आधार

पर मूल्यांकन किया जाता है और धारणा बनाई जाती है। इसमें समय के साथ धीरे-धीरे होने वाले बदलावों को कम आँकना शामिल है (कमतर विषमता)।

स्थायित्व का पूर्वाग्रह। जब हम कहीं स्थायी होते हैं तो हम निश्चित रूप से भावी निर्णयों के लिए संदर्भ बिन्दु के तौर पर किसी सूचना (अक्सर मनमाफ़िक और निरर्थक) का अधिक आकलन करते हैं।

ज्वलंत या हाल की घटनाओं का अत्यधिक प्रभाव : ''कहानियों'' के समर्थन में हमेशा तथ्य और संख्याएँ लेकर आएँ। कई बार आँकड़े कहानी का समर्थन नहीं करते हैं लेकिन तब भी लोग इस पर विश्वास करना पसंद करते हैं। जब भी कोई विषय लोगों के लिए भावनात्मक या राजनीतिक मुद्दा होता है तो आमतौर पर डेटा से उनकी सोच में बदलाव नहीं होता है।

चूक और अमूर्त दृष्टिहीनता : जब हम इस पूर्वाग्रह का अनुभव करते हैं, तब हम केवल उन्हीं उत्तेजनाओं को देख पाते हैं जिनका हम सामना करते हैं या जो हमारा ध्यान खींचती हैं, और हम ऐसी महत्त्वपूर्ण जानकारी की उपेक्षा कर देते हैं जो उपलब्ध नहीं है तथा जो अमूर्त है। लाखों लोग लॉटरी नहीं जीतते। हम उन मौन हारने वालों को नहीं देखते। हम उन लोगों की ओर ध्यान नहीं देते जिनकी भविष्यवाणी सही नहीं निकली। जो सूचना मौजूद नहीं है, वह हमारा ध्यान आकर्षित नहीं करती। अतार्किक दृष्टिहीनता इसी पूर्वाग्रह में शामिल है।

एक-दूसरे से लेन-देन का रुझान : लोग हमारे लिए जो कुछ करते हैं, हम उनके एहसान को कुछ देकर या कुछ उनका दूसरी तरह से भलाई करके चुकाते हैं। इस पूर्वाग्रह में एहसान चुकाना, रियायतें, दृष्टिकोण, और जानकारी साझा करना शामिल है।

पसंद-नापसंद से प्रभावित होने का पूर्वाग्रह : हम जिन लोगों को जानते और पसंद करते हैं, उनके प्रति आस्था रखते हैं, उन पर विश्वास करते हैं और उन लोगों से सहमत होते हैं। इसमें सामाजिक स्वीकृति की प्रबल इच्छा का पूर्वाग्रह शामिल है। इसमें नापसंदगी का पूर्वाग्रह भी शामिल है - हमारी प्रवृत्ति होती है कि जिसे हम पसंद नहीं करते, हम उससे सहमत नहीं होते, हालाँकि वे सही हो सकते हैं। एक अच्छा व्यक्ति बुरा तर्क दे सकता है। एक बुरा व्यक्ति अच्छा तर्क दे सकता है। तर्क का मूल्यांकन करें, व्यक्ति का नहीं। बौद्धिक ईमानदारी का जीवन में पालन करें।

सामाजिक प्रमाण के अतिप्रभाव का पूर्वाग्रह : हम ''अपने समान अन्य'' के व्यवहार की नक़ल करते हैं। इस पूर्वाग्रह में वह मूर्खता भी शामिल है जो एक को देखकर एक लोग करते जाते हैं और पूरी की पूरी भीड़ हो जाती है। सभी के जवाबदेह होने का अर्थ है कोई भी जवाबदेह नहीं है।

सत्ता के अत्यधिक प्रभाव का पूर्वाग्रह। हम जिन्हें अधिकारी या विशेषज्ञ माना जाता है, उनपर भरोसा करते हैं और आज्ञापालन करते हैं।

अर्थ निकालना। जब हम किसी नतीजे के लिए उपयुक्त स्पष्टीकरण तैयार करते हैं तो हम ठोस निष्कर्ष निकालने के लिए भी तेज़ी के साथ काम कर सकते हैं। यह सोच कर कि जो

घटनाएँ हुई हैं, उनके बारे में पहले से अनुमान लगाया जा सकता था। पीछे मुड़कर देखते हैं तो सब कुछ स्पष्ट दिखाई देता है। हमेशा पिछले निर्णयों का आकलन उस समय के संदर्भ में करें जिस समय वे लिए गए थे।

कारण का सम्मान। हम अक्सर केवल इसलिए अनुरोध को मान लेते हैं, क्योंकि हमें उसके पीछे कारण बताया गया होता है। यदि आप हमेशा लोगों को कारण बताएँगे, तो वे इसे अधिक महत्त्वपूर्ण मानेंगे और उनके अनुरोध को मानने की अधिक संभावना होगी। लोग जो समझते हैं, उसकी बजाय जो महसूस करते हैं, उससे अधिक प्रभावित होते हैं।

पहले विश्वास करना और बाद में संदेह करना। विचलित अवस्था में उस पर विश्वास करना आसान हो सकता है जो सच नहीं है।

याद रखने की सीमाएँ। यह हमें चुनिंदा चीज़ें और ग़लत तरीक़े से याद रखने का कारण बनती हैं। सुझावों का प्रभाव भी इसी तरह का पूर्वाग्रह है।

कुछ करने का लक्षण। सिर्फ़ सक्रिय रहने के लिए हम कुछ करने की ओर क़दम बढ़ा सकते हैं।

कुछ कहो परिस्थिति से मानसिक भ्रम। हम अक्सर महसूस करते हैं कि कुछ कहने की ज़रूरत तब पड़ती है जब हमारे पास कहने को कुछ नहीं होता। जैसा कि कहा जाता है, ''बोलने से बेहतर है कि चुप रहकर मूर्ख समझने दिया जाए, बजाय कि बोलकर सभी संदेह दूर करने के।''

भावनात्मक उत्तेजना। भावनाओं के आवेग में जल्दबाजी में निर्णय लेना आसान होता है। इसमें भविष्य की घटनाओं के भावनात्मक प्रभाव को बढ़ा-चढ़ाकर बताना शामिल है।

तनाव, शारीरिक या मनोवैज्ञानिक पीड़ा या रसायनों या बीमारियों के प्रभाव से मानसिक भ्रम।

शोध प्रक्रिया के दौरान अपनी ईमानदार भावनात्मक जाँच करें। यह लिखें कि आप कैसा महसूस कर रहे हैं। साथ ही मुख्य कारण भी लिखें कि आप जिस शेयर को ख़रीदने का मन बना रहे हैं, उसके पीछे मुख्य कारण क्या है। क्या आप सिर्फ़ इसलिए उसे ख़रीद रहे हैं,क्योंकि आपने उसपर काफ़ी शोध किया है और इस पर काफ़ी समय लगाया है? क्या आप भिन्न राय को स्वीकार करने के अनिच्छुक हैं?

पहले ख़रीदने और बाद में अध्ययन करने की इच्छा का विरोध करें। इसलिए ख़रीदने से बचें, क्योंकि अन्य लोग उस शेयर को ख़रीद रहे हैं और उससे बहुत सारा पैसा कमा रहे हैं। गँवा देने के डर का शिकार नहीं बनें। टेलीविज़न बंद कर दें और सोशल मीडिया पर ना जाएँ। यदि आवश्यक हो तो अवकाश लें और अपने दिमाग़ में स्पष्टता लाएँ।

जाँच सूचियाँ तर्कसंगत मस्तिष्क को सक्रियता के साथ जोड़ने का व्यवस्थित तरीक़ा है, और निवेशकों के लिए ये जाँच सूचियाँ ''कोकीन के नशे में डूबे दिमाग़'' के ख़िलाफ़ प्रभावी वैक्सीन हो सकती हैं। जैसा कि गाय स्पियर कहते हैं : ''आप लालची अवस्था में

चले जाते हैं... स्नायुतंत्र के वैज्ञानिकों ने पाया है कि धन को पाने की लालसा मस्तिष्क में उन्हीं आदिम प्रोत्साहन सर्किट को उत्तेजित कर देती हैं जो कोकीन के नशे से भी उत्तेजित होती हैं।''

आदर्श जाँच सूची व्यक्ति के हिसाब से होती है। यह अलग-अलग व्यक्तियों के लिए अलग-अलग होती है। दूसरे से माँगी गई या बनवाई गई जाँच सूची काम नहीं कर सकती। प्रत्येक निवेशक को व्यक्तिगत अनुभव, ज्ञान और पिछली ग़लतियों के आधार पर अपनी स्वयं की जाँच सूची बनाने की आवश्यकता होती है। इस तरीक़े से बनाई गई जाँच सूची सबसे उपयोगी होगी। मंगर इससे सहमत होते हुए कहते हैं : ''आपको विभिन्न कंपनियों के लिए अलग जाँच सूची और भिन्न मानसिक मॉडलों की ज़रूरत है। मैं कभी भी यह नहीं कह सकता कि यह बहुत सरल है, 'यह रही तीन चीज़ें।' इसे अपने शेष जीवन में पूरी तरह से अपने भीतर समाहित करने के लिए आपको इसे स्वयं बनाना होगा।

अंत में, एक निवेशक को आत्म-जागरूक होना चाहिए और इसकी स्पष्ट समझ होनी चाहिए कि वह क्या हासिल करने की कोशिश कर रहा है। अपनी किताब *सीकिंग विज़्डम* में पीटर बेवेलिन लिखते हैं, ''पूर्व-स्थापित नियमों, सावधानियों और जाँच सूचियों के अनुसार कुछ करना अक्सर शुद्ध भावनात्मक रूप से कुछ करने की तुलना में अधिक समझदारी होती है। लेकिन हम बिना सोचे-समझे बहुत सारे नियम, सावधानियाँ या बिन्दु नहीं रख सकते। *हमें हमेशा समझना होगा कि हम क्या हासिल करने की कोशिश कर रहे हैं।''*

जाँच सूचियों के साथ हमारे पास सुधार करने के लिए एक और मूल्यवान उपकरण है निर्णय लेने का हमारा हुनर। दैनिक रूप से अपनी गतिविधियों का लेखा-जोखा रखना।

अध्याय 15

आत्मचिंतन के लिए डायरी बनाना

सभी मनुष्यों का निरीक्षण करो; सबसे अधिक अपना स्वयं का।

– बेंजामिन फ्रैंकलिन

दूसरों को जानना बुद्धिमानी है। स्वयं को जानना आत्मज्ञान है।

– लाओ त्ज़ू

यदि हममें से अधिकांश लोग स्वयं से अनभिज्ञ रहते हैं, तो इसका कारण यह है कि आत्मज्ञान कष्टदायक होता है और हम भ्रम में रहना पसंद करते हैं।

– एल्डौस हक्सले

इंसान की यादों का बड़ा हिस्सा अधिकतर काल्पनिक है। हम बहुत आसानी से काल्पनिक यादें गढ़ लेते हैं। हमारा अवचेतन मस्तिष्क कुछ घटनाओं को स्मृतियों के रूप में जमा करने से पहले उनके रूप को बदल देता है। कई शोध अध्ययनों ने चुनिंदा यादों को संजो कर रखने के इस विचार का समर्थन किया है। मानव मस्तिष्क बातों के अर्थ निकालने की मशीन है। यह किसी भी बात का सार निकालकर हमेशा ऊर्जा को अनुकूल बनाता और संरक्षण करता है। जब हम किसी चीज़ को देखते हैं तो हमारा दिमाग़ तुरंत उसका अर्थ निकालने की कोशिश करता है। अधिकांश लोगों के लिए, यह अर्थ व्यक्तिगत है। स्मृति आम तौर पर हमारी पूर्वकल्पित धारणाओं और व्यक्तिगत पूर्वाग्रह से ही बनती है, यानी हमारे लिए जो मायने रखता है और कैसे वह उस तसवीर में फ़िट बैठता है जो हमारे मन में दुनिया की है। इस व्यक्तिपरक व्याख्या के साथ टकराव वाली सूचना को मस्तिष्क ख़ारिज कर देता है। दूसरे शब्दों में, हमारा मन उस ओर आकर्षित होता है जो सच लगता है, उससे नहीं जो वास्तव में सच हो। हर बार हम यादों के इस भंडार से सूचना का एक कतरा निकालते हैं। हमें उसका कुछ सार-संक्षेप मिलता है जिसमें बहुत सारा विवरण लापता

होता है। स्मृति के उस टुकड़े को समझने के लिए, हमारा मस्तिष्क खोए हुए ब्योरे को अपनी कल्पना से इस तरह से भर देता है जो मनभावन लगता है, भले ही वह वास्तविक हो या ना हो। यह स्मृति के किसी भी टुकड़े का पुनर्निर्माण है ऐसा केवल एक बार नहीं बल्कि हर बार होता है जब हम उस तक पहुँचते हैं। यादों के किसी भी कतरे को इस तरह से दोबारा निर्मित करने का काम एक बार नहीं होता। जब भी यादों को खँगालते है, हर बार यह दोहराया जाता है। जब हम कुछ याद करते हैं तो हम दिमाग़ से कई ग़लत ब्योरे प्राप्त कर रहे होते हैं। हर बार याद करने की इस क़वायद में हो सकता है कि हम नई ग़लतियों को यादों के इस भंडार में जोड़ते भी जा रहे हों। इस तरह से बन रहे यादों के नए संग्रह से समय के साथ समस्या जटिल होती चली जाती है। हम उन चीज़ों को याद रखते हैं जिनको याद रखना चाहते हैं और उनको भूल जाते हैं, जिनको भूल जाना चाहते हैं। परिणामस्वरूप हमारी यादों का बड़ा हिस्सा अपनी ही विकृत कल्पनाओं का हो जाता है।

प्रभावी निर्णय लेना एक जटिल मामला है, लेकिन निवेशकों के रूप में यही हमारा पहला काम है। हमारा काम निर्णय लेना है। और तब भी हममें से कुछ ही लोग गहराई से इस बारे में सोचते हैं कि निर्णय कैसे लिया जाना चाहिए। किसी वास्तविक अनुभव की जगह मन में बैठी उसकी ग़लत याद को ही वास्तविकता मान लेना हमारे पिछले निवेश परिणाम से सीख लेने में रोड़ा बन सकता है। और अगर हम अपने पिछले अनुभवों से प्रभावी ढंग से नहीं सीख रहे हैं तो हम बेहतर निर्णय लेने की प्रक्रिया में सुधार नहीं कर सकते। भ्रान्तियों, पूर्वाग्रह और अधूरी यादों के चलते 100 प्रतिशत सटीक उन कारणों को याद करना लगभग असंभव है जिनकी वजह से हमने अतीत में कोई ख़ास निर्णय लिया था। हमारा दिमाग़ उन परिस्थितियों की विकृत तसवीर पेश करता है जिनके तहत हमने कोई निर्णय लिया था। यह कोई शेयर ग़लत या सही चुने जाने के कारण के संबंध में ग़लत निष्कर्ष पर ले जाता है।

हमें अपने फ़ैसलों की गुणवत्ता के संबंध में शायद ही कभी प्रतिक्रिया मिलती है। यही कारण है कि अक्सर हम निर्णय लेने के अपने हुनर को सुधारने को लेकर परेशान रहते हैं। अच्छे निर्णय सफलता की गारंटी नहीं देते, लेकिन बुरे निर्णय का नतीजा लगभग हमेशा ही विफलता होता है। हमारे निर्णयों की गुणवत्ता का परीक्षण करने का सही तरीक़ा निर्णय लेने की प्रक्रिया का परीक्षण करना है। परीक्षण करने का सरल तरीक़ा है।

लेकिन आसान नहीं है।

इसको अपनाने और लागू करने के लिए काफ़ी विनम्रता और बौद्धिक ईमानदारी की ज़रूरत होती है।

एक नोटबुक साथ में रखें और अपने सभी महत्त्वपूर्ण निर्णयों को उसमें लिखकर नज़र रखें।

निर्णयों की यह नोट बुक आपको एकदम सटीक जानकारी देगी कि आप निर्णय लेते वक्त वास्तव में क्या सोच रहे थे या आपने क्या सोचकर निर्णय लिया था। यह जानकारी आपको यह समझने में मदद करती है कि कब केवल क़िस्मत ने आपका साथ दिया। कभी-कभी हमने जो सोचा था, उससे बहुत अलग कारणों से चीज़ें बहुत अच्छी तरह से होती चली जाती हैं। हमारे ज्ञान की सीमाओं को समझने का एक तरीक़ा है अपने निर्णयों

के परिणामों की जाँच करना कि हमने क्या सोचा था कि होने वाला है और क्यों सोचा था कि ऐसा होने वाला है।

यह फ़ीडबैक बहुत ज़्यादा महत्त्वपूर्ण है। हमारा दिमाग़ यह फ़ीडबैक उपलब्ध नहीं कराएगा। हम सोचते हैं कि हम बहुत ज़्यादा जानते हैं लेकिन वास्तव में हम उतना नहीं जानते जितना हम सोचते हैं। हम समझदार होने की सोच के कारण मूर्ख बन जाते हैं जबकि हम नहीं समझते और हमारे पास खुद को सही करने का कोई उपाय नहीं है। स्वयं के बारे में अपने नज़रिये को बचाए रखने के लिए तब हमारा दिमाग़ इतिहास की समीक्षा करता है। हम अपने आप को जो कहानी सुनाते हैं, वह हमारे निर्णय और उसके वास्तविक परिणाम के बीच संबंध स्थापित करने का प्रयास होता है। सही पहचान करने में इस गड़बड़ी का सबसे अच्छा इलाज एक नोट बुक है जिसमें हम अपने सभी निर्णयों को नोट करें।

एक नोट बुक बनाएँ जिसमें शेयर ख़रीदी के समय निवेश के पीछे की आपकी मूल सोच लिखी हो। साथ ही बेचने के औचित्य का भी उसमें ज़िक्र करें। जैसा कि रॉबर्ट हेनलेन लिखते हैं, ''मनुष्य तार्किक प्राणी नहीं है, वह तर्क गढ़ने वाला प्राणी है।'' तथ्य सामने आने के बाद सब कुछ स्पष्ट प्रतीत होता है; घटना हो जाने के बाद उसका नए सिरे से मौलिक विश्लेषण किया जा सकता है और यह हमेशा ही शानदार होता है। नोट बुक डायरी अपने प्रति ईमानदार और सच्चा रहने तथा घटना होने के बाद उसकी विवेचना के पूर्वाग्रह से बचने के लिए सबसे निष्पक्ष तरीक़ा है। अधिक महत्त्वपूर्ण बात यह है कि इससे लगातार अपनी ग़लतियों से सीखने में मदद मिलती है। और ये अंतर्दृष्टि जीवन, व्यवसाय और निवेश में सबसे महान सीख देती है। जीवन में निवेश के दौरान हुई अपनी ग़लतियों (और, इससे भी ज़्यादा महत्त्वपूर्ण दूसरों की ग़लतियों से परोक्ष रूप से सीखना है) से सीख हासिल करना बेहद महत्त्वपूर्ण है, लेकिन इसे बहुत कम आँका गया है।

योजना संबंधी भ्रांति और असफलता की पूर्व सोच के साथ रणनीति

किसी भी योजना के बारे में अत्यधिक आशावादी पूर्वानुमान स्पष्ट तौर पर ज़्यादातर जगह देखने को मिलते हैं। किसी भावी योजना के बारे में पूर्वानुमान लगाए जाते हैं कि उसमें कितना समय और धन लगेगा। बहुत ज़्यादा आशावादी रवैया रखने के पूर्वाग्रह को ''नियोजन भ्रांति'' शब्द कहा जाता है। डैनियल कैनेमैन और एमोस वर्सकी ने यह शब्द गढ़ा है। इस तरह की ग़लतफ़हमी तब होती है जब योजनाएँ और पूर्वानुमान इसी प्रकार के पिछले मामलों की आधार दरों को नज़रअंदाज करते हुए बहुत आशावादी नज़रिये से बढ़-चढ़ कर लगाए जाते हैं। इससे समय और लागत निर्धारित से बहुत ज़्यादा हो जाती है।

लोग योजना संबंधी गलतफ़हमी का शिकार क्यों हो जाते हैं? कैनेमन और वर्सकी के अनुसार इसके लिए ''आंतरिक दृष्टि'' गुनहगार है। यह वह दृष्टि है जो हम भविष्य की संभावनाओं का आकलन करने के लिए तुरंत अपना लेते हैं। जब हमारी सहज बुद्धि और ज्ञान संभाव्यता और आँकड़े से संबंधित होता है तो हमें उन पर भरोसा नहीं करना चाहिए। हमारी प्रवृत्ति ख़ास हालात पर ध्यान केन्द्रित करने और अपने व्यक्तिगत अनुभवों की छोटी

सी दुनिया के भीतर साक्ष्य की खोज की होती है जिसे उपलब्धता पूर्वाग्रह के रूप में जाना जाता है। जब हमारे पास किसी व्यक्तिगत मामले के बारे में जानकारी होती है, तो हम शायद ही उस मामले के संबंध में और संदर्भ आँकड़े कभी जानना चाहते हैं। हम अपने पास उपलब्ध जानकारी के आधार पर पूर्वानुमान लगाते हैं (फिर से उपलब्धता पूर्वाग्रह)। हम संभावित घटनाओं के आगे की घटनाओं पर विचार नहीं करते हैं जो काम को आगे लम्बा खींच सकती हैं। दूसरे शब्दों में बहुत सी अनजान घटनाओं के अस्तित्व को ही नजरअंदाज कर देते हैं।

कैनेमन के अनुसार योजना के संबंध में गलतफ़हमी से पैदा हुए भ्रमजाल के अतिविश्वास से बाहर आने का एक रास्ता बाहरी नज़रिया प्राप्त करना है। बाहरी नज़रिया का उद्देश्य आपका ध्यान आपके विशिष्ट मामले से हटाना और इसी तरह के दूसरे मामलों के वर्ग की ओर केन्द्रित करना है। पूर्व में इस तरह के मामलों में सफलता और नाकामी की दर के आँकड़ों की पड़ताल करें। यदि आप किसी चीज़ के अपने लिए परिणाम जानना चाहते हैं तो यह पता करें कि इसी तरह के हालात में दूसरों को क्या नतीजा प्राप्त हुआ। आधार दर क्या रही।

> सर्वश्रेष्ठ निवेशक पहले से प्रक्रियाएँ अपनाने की आदत डालते हैं जो भावनात्मक मस्तिष्क में होने वाली प्रक्रियाओं को नियंत्रित करने में मदद करती हैं।
>
> – जेसन ज़्विग

हमने अपने दिमाग़ को किसी भी असाधारण घटना के लिए तैयार ही नहीं किया था। हमारी योजना के अनुसार दिमाग़ को यही पता था कि सब कुछ सुचारू होने वाला है। इसलिए, अगर हम सबसे ख़राब स्थिति के लिए मानसिक रूप से तैयार हों और इससे निपटने के लिए एक आकस्मिक योजना तैयार रखें तो हमारे आकस्मिक तनाव के हालात में ज़रूरत से ज़्यादा प्रतिक्रिया करने और महँगी ग़लतियाँ करने की संभावना बहुत कम होगी। महान चीनी सेना नायक सन त्ज़ू ने कहा है, ''लड़ाइयाँ लड़े जाने से पहले ही जीती जाती हैं (या हारी जाती हैं)।'' पहले की जाने वाली पड़ताल ख़राब नतीजे के आने से पहले उसकी जाँच करना है। हम भविष्य के प्रति आशावादी दृष्टिकोण रखते हैं और अनुमान लगाते हैं कि अनुकूल परिणाम ही प्राप्त होंगे। पूर्व में की जाने वाली जाँच जन्मजात पूर्वाग्रह को दबा देती है।

निवेश में पूर्व में की गई जाँच-पड़ताल से हमें भविष्य में समय पर सुधार करने का उचित निर्णय लेने में मदद मिलती है। किसी शेयर को ख़रीदने से पहले कल्पना करें कि ख़रीदने की तारीख़ के बाद एक वर्ष बीत चुका है और स्थिर बाज़ार में भी आपको निवेश पर नुक़सान हो रहा है। अब लिखें कि भविष्य में क्या ग़लत हुआ। यह घटना हो जाने की कल्पना करते हुए विचार करने की तकनीक आपको अपना दिमाग़ खोलने, कई तरह के परिणामों पर सोचने, अन्य नज़रियों पर विचार करने और शेयर की क़ीमत में गिरावट के जोख़िम के संभावित स्रोतों की ओर ध्यान केन्द्रित करने पर मजबूर करती है। यह तमाम

विचार पहली बार जब शेयर ख़रीदने के बारे में मन बनाया था, उस समय सहज रूप से दिमाग़ में नहीं आए थे। कई बार ऐसे हालात बन जाते हैं जिनके पीछे के कारण किसी के नियंत्रण में नहीं होते। इनके बारे में कल्पना करने से निवेशकों को शेयरों की ख़रीदी के विभिन्न पहलुओं पर बेहतर निर्णय लेने में मदद करती है।

कई निवेशक बाद में जाँच-पड़ताल करते हैं और लिए गए ग़लत फ़ैसलों से सबक़ लेते हैं। लेकिन पूर्व की जाँच-पड़ताल यह मानते हुए शुरू होती है कि निर्णय ग़लत हो गया है और उसके कारणों की पड़ताल की जाती है। निवेश करने से पहले सोचें कि क्या ग़लत हो सकता है और समय के अनुसार उसका मूल्यांकन करते रहें। नुक़सान को बढ़ाते जानें से बचें। पैसा कमाने के लिए, आपके पास पैसे होने ज़रूरी हैं। दूसरे शब्दों में लाभ को अधिकतम करने के लिए, घाटे को कम करना होगा। आपको सबसे पहले पूँजी को बचाने पर ध्यान देना चाहिए। अच्छे निवेशक संभावित निवेश का मूल्यांकन करते समय हमेशा संभावित नकारात्मक जोख़िमों के बारे में सोचते हैं। यहाँ तक कि श्रेष्ठ निवेश के जनक बेंजामिन ग्राहम ने निवेश की परिभाषा में पूँजी पर रिटर्न से ज़्यादा पूँजी के सुरक्षित रहने और इसे प्राथमिकता देने पर ज़ोर दिया है : ''गहन विश्लेषण के द्वारा किया गया सही निवेश वही है जो मूल राशि की सुरक्षा और समुचित रिटर्न का वचन देता है। जहाँ ये शर्तें पूरी नहीं होतीं, वह निवेश नहीं सट्टेबाजी है।''

निवेश करते समय हमेशा पूछें, क्या ग़लत हो सकता है? यदि वे चीज़ें ग़लत हो गईं तो मेरी प्रतिक्रिया क्या होगी? क्या जोख़िम हैं? जोख़िमों की कितनी संभावना है? जोख़िम कितने बड़े हैं? यदि यह सच हो जाएँ तो क्या मैं सहन कर सकता हूँ? अनिश्चित शर्तों के तहत निर्णय लेते समय केवल संभावनाओं पर नहीं, हमेशा परिणामों के संदर्भ में सोचें (और ''परिणामों के परिणाम'')। जैसा बेंजामिन फ्रैंकलिन ने *पुअर रिचर्ड्स अल्मनैक* में लिखा है, ''जो लागत को आकलन किए बिना निर्माण करता है, वह मूर्खता करता है; और वह जो पहले आकलन करता है, उसके बाद निर्माण करता है, वह पाता है कि उसने बुद्धिमानी से गिनती नहीं की।''

लेखन आत्म-जागरूकता, समझ और ख़ुशी बढ़ाने का एक माध्यम है

मैंने 2014 के अंत में एक जर्नल पर दस डॉलर ख़र्च किए, और मैं इसे अपने अब तक के सर्वोत्तम मूल्य वाले निवेशों में से एक मानता हूँ। उस दिन के बाद से मैं निवेश संबंधी निर्णयों और उसके बाद के घटनाक्रमों पर इसी जर्नल में दर्ज करता जाता हूँ और नज़र रखता रहा हूँ। इस आदत से मुझे अपने बारे में सीखने और एक निवेशक और एक व्यक्ति दोनों के रूप में सुधार करने में बहुत मदद मिली है। मुझे काफ़ी मूल्यवान प्रतिक्रियाएँ मिली हैं और मैंने उनको अपने पूर्वाग्रहों को दुरुस्त करने में इस्तेमाल किया है। मैंने 2015 और उसके बाद बाज़ार में घबराहट और दहशत के भिन्न-भिन्न घटनाक्रमों पर मीडिया की टिप्पणियों और निवेशकों के बर्ताव का एक व्यक्तिगत संग्रह भी बनाया है। मुझे लगता है कि बाज़ार में समय-समय पर बड़ी गिरावट के समय इस जानकारी और सूचनाओं को दोबारा देखना

और समझना बहुत उपयोगी होता है। बाज़ारों में समय के साथ मानव व्यवहार वास्तव में बहुत ज़्यादा नहीं बदला है।

नोट बुक में अपने विचारों को सुगठित करने की प्रक्रिया सोच में स्पष्टता लाती है। अपने हाथ से नोट बुक में लिखने से घटना होने के बाद के पूर्वाग्रह की संभावना भी कम हो जाती है। अपनी लिखावट को देखने के बाद अपने पिछले विचारों से मुकरना संभव नहीं है। समय-समय पर समीक्षा इस प्रक्रिया का एक महत्त्वपूर्ण हिस्सा है। इस तरह आप बेहतर होने लगते हैं। आप यह जानने लगते हैं कि आप कहाँ ग़लतियाँ करते हैं, आप ये ग़लतियाँ क्यों करते हैं, और वे कौन सी आम ग़लतियाँ हैं जिनके करने की ज़्यादा संभावना होती है। यह पता चलने पर समय के साथ आप इनको सुधार सकते हैं। जब भी किसी पिछले निर्णय का परिणाम पता चले तो नोट बुक में उस निर्णय के संबंध में जानकारी को देखें। बहुत संभावना है कि आप चौंक जाएँगे। अधिकांश अनुकूल परिणामों में आप आमतौर पर पाएँगे कि मूल तर्क सही नहीं था। परिणाम हमारी सोच को बहुत विकृत कर देते हैं। जब तक आप विनम्र और बौद्धिक रूप से ईमानदार नहीं होंगे, आप अनुकूल परिणामों से ग़लत सबक़ लेते रहेंगे। ईमानदारी से याद कर पाना सहज नहीं है कि घटनाएँ कैसे घटित हुईं, विशेषकर अनुकूल परिणाम प्राप्त करने के बाद। हम कई बार सही हो सकते हैं, लेकिन ऐसा भी हो सकता है ग़लत कारणों से। यह आत्म-बोध विनम्रता लाने वाला हो सकता है। यही है जिससे हम सीखते हैं और सुधार करते हैं।

लेखन, संचार का साधन होने के अलावा, सोचने का उपकरण भी है। लिखना कुछ और साथ ही साथ सोचना कुछ और यह लगभग असंभव है। जब आप अपने हाथ को कुछ लिखने के लिए मजबूर करते हैं, तो यह आपके विचारों को उसी दिशा में निर्देशित करता है। लेखन ना केवल सोचने का साधन है, बल्कि अपने विचारों को केन्द्रित करने का अत्यधिक प्रभावी माध्यम भी है। आप जितना अधिक लिखेंगे, उतनी ही अधिक सटीक सोच का आप निर्माण करेंगे। लिखना सोचने का अभ्यास है, और यह हमारे दिमाग़ को जंग लगने से बचाने का काम करता है। हम जो पढ़ते हैं, उसको दिमाग़ में बनाकर रखने में भी लेखन एक उपयोगी उपकरण है और यह हमारी समझ को गहरा करता है।

लेखन का अतिरिक्त लाभ यह है कि यह प्रतिबद्धता को गहरा करता है। लेखन ही हमारे जीवन में अच्छी चीज़ों के घटित होने के संकल्प को गहरा करता है। यह एक व्यक्तिगत घोषणा की तरह है जो सतत प्रेरक के रूप में कार्य करता है।

लेखन के स्वास्थ्य संबंधी लाभ भी हैं। लेखन आत्मचिंतन में सहायता करता है, जो हमारे जीवन में किसी भी दुख को कम करने का एक शानदार तरीक़ा है। लिखने से हमारी याददाश्त भी बेहतर होती है, क्योंकि जब हम अपने विचार और सीखों को लिखते हैं तो हमें ज़्यादा याद रहता है।

स्टीफ़न किंग कहते हैं, ''लेखन जादू है, किसी भी अन्य रचनात्मक कला की तरह यह जीवन में ऊर्जा भर देता है। पानी मुफ़्त है। तो पी लें।''

लिखें, बेहतर निर्णय लें और ख़ुश रहें।

अध्याय 16

प्रोत्साहन की शक्ति को कभी कम नहीं आँकें

जब आपको प्रोत्साहन की शक्ति के बारे में सोचना चाहिए तो कभी भी कुछ और नहीं सोचें।

– चार्ली मंगर

यदि आप किसी को राज़ी करना चाहते हैं, तो तर्क से नहीं, उसकी दिलचस्पी को जगाएँ।

– बेंजामिन फ्रैंकलिन

निवेश से मुझे अपने जीवन में सबसे बड़ा सबक़ जो मिला है : पृथ्वी पर सबसे ताक़तवर कुछ है तो वह है अपना हित और यह लोगों को कुछ भी अपनाने और बचाव करने को तत्पर कर सकता है।

– जेसी लिवरमोर

किसी से उसकी राय, पूर्वानुमान या सिफ़ारिश कभी नहीं पूछें। उनसे केवल यह पूछें कि किन-किन शेयरों में उन्होंने निवेश किया है या किन शेयरों में नहीं किया है।

– नासिम निकोलस तालेब

लोग वास्तव में क्या सोचते हैं, यह जानने के लिए इस पर ध्यान दें कि वे क्या करते हैं, बजाय कि वे क्या कहते हैं।

– रेने डेसकार्टेस

हम वही करते हैं जिसके लिए हमें पुरस्कार मिलता है और उससे बचते हैं जिसके लिए दंडित किया जाता है। हमारे सामने आने वाली अधिकांश स्थितियों के पीछे प्रोत्साहन ही होता है और फिर भी हम अक्सर उनका ध्यान नहीं रख पाते। आचरण भी आमतौर पर उन प्रोत्साहनों का ही परिणाम है जिनको हम देख नहीं पाते। प्रोत्साहनों में हमारे व्यवहार को उलट-पलट देने और हमें वास्तविकता से दूर करने की शक्ति है। अपनी किताब *पेबल्स ऑफ़ परसेप्शंस* में लॉरेंस एंडर्सन लिखते हैं :

> हम किसी स्थिति को पूरी स्पष्टता के साथ तभी देख सकते हैं, जब अपने हितों के बारे में पूरा सोच-समझ कर विचार करने का समय निकालते हैं। और हम इसे और भी बेहतर ढंग से समझते हैं जब हम विचार करते हैं कि इसके पीछे दिलचस्पी अगर भिन्न होती तो स्थिति कैसे अलग हो सकती है ...
>
> प्रोत्साहन बहुत मायने रखते हैं – उनको कम नहीं आँकना चाहिए। यह ख़तरों से भरा है। इसका ख़ामियाजा भुगतना होता है। लोग प्रोत्साहन हासिल करने के लिए बहुत लालायित होते हैं। वे प्रोत्साहन पर ख़ास नज़र रखते हैं, चाहे वह धन हो या कुछ और।

जीवन का यह कठोर नियम है कि जैसा आप दूसरों को पुरस्कार देंगे, बदले में आपको भी वैसा ही मिलेगा। लोग उसी तरह से पुरस्कार की लालसा करते हैं जिस प्रकार चींटियाँ चीनी की तलाश करती हैं। 20वीं सदी के मध्य से पुरस्कार या प्रोत्साहन को एक महत्त्वपूर्ण मनोवैज्ञानिक सहायक उपकरण मानते हुए शोध-अनुसंधान में इसे शामिल किया गया। व्यवहार मनोवैज्ञानिक बी.एफ़. स्किनर ने इनाम की व्यवस्थाओं के माध्यम से बर्ताव में बदलाव लाने का "सकारात्मक मजबूती" का अपना सिद्धांत दिया है। स्किनर के संचालन को अनुकूल बनाने और व्यवहारवाद में प्रयोग मनोविज्ञान के क्षेत्र में उनका सबसे बड़ा योगदान है। संचालन अनुकूलन को संक्षेप में इस तरह से प्रस्तुत किया जा सकता है : एक व्यवहार के बाद उसका परिणाम आता है, और इस परिणाम की प्रकृति या स्वभाव जीव के उस व्यवहार को बार-बार दोहराने की प्रवृत्ति में बदलाव लाता है।

प्रोत्साहन की अपनी पद्धतियों के बारे में गहराई से सोचना ज़रूरी है क्योंकि अक्सर प्रोत्साहन प्रणाली के आगे मिलने वाले प्रभावों की अनदेखी करना अनपेक्षित परिणामों की ओर ले जाता है। इसे पेल्ट्ज़मैन प्रभाव के रूप में भी जाना जाता है। एंडर्सन लिखते हैं, "इसका एक उदाहरण है चूहे, साँप जैसे नुक़सान करने वाले अवांछित जानवरों को ख़त्म करने के लिए दिया जाने वाला नक़द पुरस्कार। अधिकारी यह नहीं सोच पाए कि लोग चूहों और साँपों का प्रजनन, उनकी परवरिश और फिर उनको मारकर पुरस्कार लेना शुरू कर देंगे।"

काम के अनुरूप प्रोत्साहन ना केवल महत्त्वपूर्ण है लेकिन यह सुनिश्चित करना भी ज़रूरी है कि इसका दुरुपयोग नहीं हो। इंसानी फ़ितरत होती है कि अपने फ़ायदे के लिए किसी भी व्यवस्था के दुरुपयोग के रास्ते निकाल लेता है। ऐसे में अच्छे व्यवहार को पुरस्कृत करने से भले वंचित रह जाएँ लेकिन किसी धोखाधड़ी वाले व्यवहार को बढ़ावा देने वाली

प्रोत्साहन पद्धति किसी हाल में नहीं स्थापित होनी चाहिए। क्योंकि एक बार बुरे व्यवहार को प्रोत्साहित मिल जाने पर वह आदत बन जाता है। और फिर इसका प्रसार हो जाता है। अगर हम ध्यान से सोचें तो हम यह देख सकते हैं कि प्रोत्साहन से पैदा हुए पूर्वाग्रह और सामाजिक प्रमाण ग्रेशम के नियम को दूसरे क्षेत्रों में भी प्रभावी बना देते हैं। जैसे बुरा व्यवहार अच्छे व्यवहार की जगह ले लेता है। जैसा कि विलियम ओफ़ल्स कहते हैं, ''जैसे अर्थशास्त्र में ग्रेशम का नियम कहता है कि बुरी मुद्रा अच्छी मुद्रा को चलन से बाहर कर देती है, इसी तरह से नैतिक मुद्रा का लगातार क्षरण हो रहा है।'' यह बताता है कि किस तरह से विविध तरह के व्यवहारगत पूर्वाग्रहों का आपस में घालमेल अत्यंत बेतुके नतीजों को जन्म देता है। यही कारण है कि चार्ली मंगर सिफ़ारिश करते हैं, ''दुरुपयोग रोकने की विशेषताएँ किसी भी प्रोत्साहन पद्धति की संरचना का बड़ा और आवश्यक हिस्सा होती हैं। इस पद्धति में चेतावनी : भय की जरूरत होती है।'' प्रोत्साहन केवल वित्तीय ही नहीं, बल्कि इसमें प्रतिष्ठा, स्वतंत्रता, समय, उपाधियाँ, शक्ति और प्रशंसा भी शामिल हैं। ये सभी शक्तिशाली प्रोत्साहन हैं। और, मंगर के अनुसार, शायद ही कुछ और प्रोत्साहन से ज़्यादा प्रभावशाली हो :

> लगभग हर कोई यही मानता है कि वह अच्छी तरह से समझता है कि अनुभूति और व्यवहार को बदलने में प्रोत्साहित और हतोत्साहित करने की पद्धति कितनी महत्त्वपूर्ण हैं। लेकिन अक्सर ऐसा होता नहीं है। उदाहरण के लिए, मुझे लगता है कि अपने पूरे वयस्क जीवन के दौरान मैं प्रोत्साहन की ताक़त को समझने वाले अपने आयु वर्ग के लोगों में सबसे ऊपर के 5 प्रतिशत में रहा हूँ। लेकिन फिर भी मैंने हमेशा उस शक्ति को कम आँका है। एक साल से भी कम समय में मुझे हैरान करने वाला कुछ न कुछ ऐसा मिल जाता है जो पुरस्कार और प्रोत्साहन के प्रति मेरी समझ को और बढ़ा देता है।

अक्सर, व्यवहार संबंधी किसी समस्या का समाधान केवल प्रोत्साहनों को लक्ष्य के साथ एकाकार करने से ही हो जाता है। इस संदर्भ में मंगर ने अपनी पसंदीदा केस स्टडी साझा की है :

> जहाँ तक लोगों के कामकाज का सवाल है, निर्णय लेने वालों का व्यवहार पुरस्कार से निर्धारित होता है।
>
> प्रोत्साहन के संबंध में सभी कारोबारों में से फ़ेडरल एक्सप्रेस का मामला मेरा पसंदीदा केस है। उनके सभी विमान आधी रात में एक ही स्थान पर जमा होते हैं और सभी पैकेजों को एक विमान से दूसरे विमान में उनके गंतव्य के अनुसार व्यवस्थित कर दिया जाता है। उनकी पूरी प्रणाली की आत्मा और केन्द्र यही व्यवस्था है और इसी से उनके उत्पाद की पहचान क़ायम हुई है। अगर इसमें देरी होती है तो इस पूरी क़वायद से फ़ेडरल एक्सप्रेस के ग्राहकों को पूरी ईमानदारी और निष्ठा के साथ उत्पाद नहीं पहुँचाया जा सकता।

और यह व्यवस्था पूरी तरह से बिगड़ी हुई रहती थी। वे इसे कभी भी समय पर पूरा नहीं कर पा रहे थे। उन्होंने सभी तरह से कोशिश कर ली - जो कुछ भी हो सकता था, नैतिक दबाव, धमकियाँ, आप जो भी कहें। और सब नाकाम रहा।

आख़िरकार, एक विचार आया कि क्यों ना इन लोगों को केवल एक घंटे की नहीं बल्कि काम पूरा होते ही छुट्टी दे दी जाए। काम पूरा होते ही वे घर जा सकते थे। इससे रातों-रात उनकी समस्याएँ ख़त्म हो गईं।

संगठन के ढाँचे में पुरस्कार के लिए बर्कशायर हैथवे के सबक़

पूँजी की तैनाती किसी सीईओ का सबसे महत्त्वपूर्ण काम है। इसी से आगे चलकर किसी कारोबार और उसके शेयरधारकों के लिए दौलत बनती है। कई सीईओ प्रोत्साहन ढाँचे के कारण पूँजी की तैनाती करने में इसलिए विफल रहते हैं, क्योंकि वह उनके अल्पावधि में प्रदर्शन से जुड़ा होता है, ना कि इससे कि लम्बी अवधि में उनको क्या करना चाहिए। इसीलिए मंगर कहते हैं, ''प्रबंधन में सबसे ज़्यादा महत्त्वपूर्ण नियम संभवतया सही प्रोत्साहन व्यवस्था बनाना है।''

सिद्धांत रूप में, स्टॉक विकल्पों को प्रबंधकों के हितों को शेयरधारकों के हितों के साथ जोड़ने वाला होना चाहिए। लेकिन जैसा कि योगी बेर्रा ने कहा है, ''सैद्धांतिक रूप से, व्यवहार और सिद्धांत के बीच में कोई अंतर नहीं है। व्यवहार में, वहाँ अंतर है।''

स्टॉक विकल्पों के दो पहलुओं के कारण प्रबंधन को प्रोत्साहन देने में वे असरदार नहीं होते हैं। सबसे पहला, वे पूँजीगत लागत हैं। निश्चित मूल्य विकल्प वाले प्रबंधक के लिए कमाई ''निःशुल्क'' पूँजी है। दूसरा, क़ीमतों में गिरावट से प्रबंधकों के लिए कोई जोख़िम नहीं है। लेकिन शेयरधारकों को जोख़िम है। इसलिए यह प्रबंधकों के लिए मुफ़्त लॉटरी की तरह है।

शेयरधारकों को अपने 1996 के पत्र में वॉरेन बफ़ेट ने बर्कशायर हैथवे के प्रोत्साहन मुआवज़े के सिद्धांत के बारे में बताया था। इसे कारोबारी संगठनों के लिए आदर्श की तरह माना जाता है कि कैसे उन्हें प्रोत्साहन और मुआवजे के ढाँचे को तैयार करना चाहिए :

> लक्ष्य ये होने चाहिए : (1) जो मुख्य कारोबार है, उसके अर्थशास्त्र के अनुरूप होने चाहिए; (2) सरल होने चाहिए ताकि किस स्तर तक वे प्राप्त किए जा रहे हैं, उसे आसानी से मापा जा सके; और (3) योजना के भागीदारों की दैनिक गतिविधियों से सीधे जुड़े हों। इन लक्ष्यों के कारण ही हम ''लॉटरी टिकट'' जैसी व्यवस्थाएँ नहीं बनाते। जैसे बर्कशायर के शेयर देने का विकल्प। क्योंकि इनकी क़ीमत उस व्यक्ति के नियंत्रण में ही नहीं होतीं हैं जिसके व्यवहार को हम पुरस्कार से प्रभावित करना चाहते हैं। हमारा मानना है कि अव्यवहारिक भुगतान उत्पन्न करने वाली पुरस्कार प्रणाली ना केवल मालिकों के लिए बेकार होगी बल्कि वास्तव में यह प्रबंधकों में उस तरह के व्यवहार को भी हतोत्साहित कर सकती है जिनको हम महत्त्व देते हैं और विकसित करना चाहते हैं।

व्यवसाय का अध्ययन करना, उसके प्रमुख घटकों को समझना, और फिर उन घटकों को प्रोत्साहनों के साथ जोड़ना महत्त्वपूर्ण है। जैसा कि बफ़ेट ने जीईआईसीओ के साथ किया है : ''टोनी से लेकर दर्जनों शीर्ष अधिकारियों को बोनस प्राप्त हुआ जो केवल दो प्रमुख बदलते रहने वाले कारकों पर आधारित हैं : (1) स्वैच्छिक ऑटो पॉलिसियों में वृद्धि और (2) 'परिपक्व' ऑटो व्यवसाय (ऐसी नीतियाँ जो एक वर्ष से अधिक समय से चल रही हैं) पर लाभप्रद मूल्यांकन।''

बफ़ेट यह कैसे सुनिश्चित करते हैं कि उन्हें अपने प्रबंधकों के लिए सही प्रोत्साहन मिले जिससे वे अपनी सारी अतिरिक्त पूँजी बर्कशायर हैथवे मुख्यालय को भेज दें? वह इसे सीधे उनके मुआवज़े और उनके अधीन क्षेत्रों से जोड़कर नियंत्रित करते हैं :

> मुआवज़ा तय करने में, हम बड़े पुरस्कारों के वादे करते हैं तो उनको पूरा भी करते हैं। लेकिन यह पुरस्कार सीधे प्रबंधक के नियंत्रण वाले क्षेत्र के परिणाम से जुड़ा होता है। जब किसी ऑपरेशन में बड़ी पूँजी का निवेश होता है तो हम प्रबंधकों से लगाई गई वृद्धिशील पूँजी के लिए ऊँची दर वसूलते हैं और उनके द्वारा जारी पूँजी के लिए भी समान रूप से उच्च दर पर क़र्ज़ देते हैं।
>
> स्कॉट फ़ेट्ज़र के पास निश्चित ही इस सोच का नतीजा देखने को मिलता है कि पैसे मुफ़्त में नहीं मिलते। यदि राल्फ़ ज़्यादा और ज़्यादा धन से अच्छा रिटर्न प्राप्त कर सकते हैं तो ऐसा करने के लिए उनको उसी तरह से अच्छी राशि का भुगतान होता है : अतिरिक्त पूँजी पर एक सार्थक अवरोध से ज़्यादा कमाई होने पर उनका बोनस बढ़ जाता है। लेकिन बोनस की हमारी गणना परिणाम के अनुसार ही है : यदि बढ़ता हुआ निवेश पर घाटा हो रहा है या समुचित मुनाफ़ा नहीं हो रहा है तो इसमें हो रही कमी राल्फ़ के साथ बर्कशायर को भी महँगी पड़ती है। इस दोतरफ़ा व्यवस्था का परिणाम यह होता है कि राल्फ़ के लिए ऐसी नक़दी मुख्यालय ओमाहा भेजना फ़ायदेमंद हो सकता है जिसका वह लाभप्रद तरीक़े से उपयोग नहीं कर सकते। इसके लिए राल्फ़ को पुरस्कार मिलता है और वह भी अच्छा-खासा।

प्रक्रिया में पूरी तरह शामिल होना

> *कोई भी व्यवस्था उसी अनुपात में ज़िम्मेदार होती है जिस हद तक निर्णय लेने वाले लोग परिणाम भुगतने के लिए तैयार रहते हैं।*
>
> – चार्ल्स फ्रेंकल

> *रोम वासियों की व्यवस्था वास्तव में एक जिम्मेदार व्यवस्था का उदाहरण है जो वे मेहराब के निर्माण की जाँच के लिए उपयोग में लाते थे। निर्मित मेहराब का मचान हटाते समय उसके नीचे वही व्यक्ति खड़ा होता था जिसने मेहराब बनाया*

होता था। यह उसी तरह से है जैसे कि अपना पैराशूट खुद ही तैयार किया हो।

– चार्ली मंगर

प्रोत्साहनों में भटकाव से उल्टे परिणाम प्राप्त होते हैं। लेकिन जब आप हर किसी के प्रोत्साहन को सकारात्मक और नकारात्मक दोनों तरीक़ों से एक दिशा देते हैं तो एक ऐसी प्रणाली तैयार होती है जो स्वयं अपना ख़याल रखते हुए काम करती है। दोनों पक्षों के लिए अनुकूल परिणाम के लिए दूसरों के प्रोत्साहन के संबंध में विचार करना ज़रूरी है। मंगर अक्सर कहते हैं कि लोग उन बातों पर सबसे दृढ़ता से प्रतिक्रिया करते हैं जिन्हें वे अपने प्रोत्साहन या हतोत्साहित करने के रूप में देखते हैं। नसीम तालेब मूल्य जोख़िम जैसे लोकप्रिय सांख्यिकीय तरीक़ों की तुलना में प्रोत्साहित करने और हतोत्साहित करने की प्रणाली को बेहतर जोखिम प्रबंधन उपकरण मानते हैं। प्रोत्साहन उस बर्ताव को प्रोत्साहित करते हैं जैसा हम चाहते हैं। हतोत्साहित करना वांछित बर्ताव की राह में अवरोधक बनता है।

लगभग चार हज़ार साल पहले बेबीलोन के राजा हम्मूराबी ने सर्वप्रथम तैयार किए गए क़ानूनों में से एक को लागू किया था। हम्मूराबी की संहिता सबसे पुरानी अनुवादित संहिताओं में से एक है। इसमें 282 क़ानून शामिल हैं, जिनमें से अधिकांश सज़ा से संबंधित हैं। तालेब और जॉर्ज ए. मार्टिन ने हम्मूराबी संहिता के 229 क्रम के क़ानून को ''जोख़िम प्रबंधन का सर्वोच्च नियम'' बताया है :

> हम्मूराबी का यह नियम एक एजेंट और वह जिस ग्राहक का प्रतिनिधित्व करता है, उनके हितों के बीच सीमारेखा खींचने का काम करता है। सामाजिक विज्ञान में इसे प्रतिनिधित्व की समस्या कहा जाता है। अक्सर इससे नैतिक बाधा बहुत नजदीक से जुड़ी होती है जहाँ किरदार को आर्थिक या सामाजिक रूप से अपूर्ण क्षमता के साथ बर्ताव करने (उदाहरण के लिए जोख़िम भरा) का प्रोत्साहन होता है, क्योंकि उसे अपने कार्य की पूरी वास्तविक और /या संभावित लागत को वहन नहीं करना होता है। एजेंट को अपने खुद के और ग्राहक, दोनों के हित में काम करने को प्रोत्साहित करने के लिए हम्मूराबी नियम एजेंट के पर्याप्त जोख़िम को इसके साथ जोड़कर प्रतिनिधित्व और नैतिक बाधा की समस्या का समाधान सुनिश्चित करता है।

यह नैतिक सिद्धांत बिलकुल वैसा ही है जैसा सेत क्लैरमन ने अपनी किताब *मार्जिन ऑफ़ सेफ़्टी* में उल्लेख किया है :

> आप किसी ऐसे रेस्तरां में भोजन करना नहीं चाहेंगे जिसका शेफ़ हमेशा ही कहीं और खाना खाता हो। आपको ऐसे पूँजी प्रबंधक से कतई संतुष्ट नहीं होना चाहिए, जो खुद अपना बनाया भोजन नहीं खाते हों। यह ध्यान देने योग्य है कि बहुत कम संस्थागत धन प्रबंधक अपने ग्राहकों के धन के साथ अपना पैसा निवेश करते हैं। इस तरह से इन प्रबंधकों के हित ग्राहकों के हितों से जुड़े नहीं होते और ये अपने ग्राहकों के सर्वोत्तम हितों के बजाय केवल अपनी फ़र्मों के हितों को आगे बढ़ाने के बारे में सोचते हैं।

ग़लत दिशा वाले प्रोत्साहनों के प्रतिकूल परिणाम

> *ज़ेरॉक्स कम्पनी के इतिहास की शुरुआत में इसके संस्थापक जो विल्सन सरकार के साथ काम कर रहे थे। वे समझ नहीं पा रहे थे कि उनकी बेहतर नई मशीन की तुलना में पुरानी और घटिया मशीन की बिक्री ज़्यादा हो रही थी। यह समझने के लिए उनको वापस कम्पनी में जाना पड़ा। गहराई में जाने पर उन्हें पता चला कि पुरानी मशीनों की बिक्री पर सेल्समैन को ज़्यादा कमीशन मिलता था और वे घटिया मशीन को प्रोत्साहन देते जा रहे थे।*
>
> – चार्ली मंगर

ज़्यादातर मामलों में जटिलता विक्रेता के लिए लाभकारी होती है और सरलता ख़रीदार के पक्ष में होती है। मोटा कमीशन किसी भी तरह के उत्पाद को आगे बढ़ाने के लिए प्रेरित करता है, चाहे वह ग्राहक के लिए कितना भी नुकसान करने वाला क्यों ना हो। मंगर कहते हैं, 'कमीशन में बड़ा अंतर हो जैसे यदि किसी उत्पाद ए को बेचने पर सेल्समैन को एक्स % कमीशन मिलता हो और कुछ नुक़सान करने वाले उत्पाद बी के लिए एक्स का 10 गुना कमीशन मिलता हो तो आप जानते हैं कि क्या होने वाला है।'

प्रोत्साहन से जुड़ा पूर्वाग्रह बहुत गहराई से जड़ें जमाए हुए है और यह लगभग हर पेशे में होता है। कंपनियों में संस्थापकों के विपरीत बाहरी सीईओ दीर्घकालिक मूल्य-सृजन करने वाले निवेश और अनुसंधान एवं विकास से परहेज़ करते हैं, क्योंकि उनका मुआवज़ा बाज़ार की तिमाही अपेक्षाओं को पूरा करने या उससे ज़्यादा कर दिखाने पर निर्भर रहता है। वकील मुवक्किलों से ज़रूरत से ज़्यादा मुकदमेबाजी कराते हैं। डॉक्टर जेनेरिक दवाओं के बजाय महंगी ब्रांडेड दवाएं लिखते हैं। ठेकेदार लागत को बढ़ाने में जुटे रहते हैं। लेखा परीक्षक लेखांकन की गड़बड़ियों की अनदेखी करते हैं। क्रेडिट रेटिंग एजेंसियाँ घटिया स्तर के उपकरणों को उच्च रेटिंग देती हैं। निवेश बैंकर प्रारंभिक सार्वजनिक पेशकश (आईपीओ) की क़ीमतें इस तरह से तय करते हैं कि अपने ग्राहकों के लिए अधिकतम मूल्य निकाल सकें। क्योंकि इसी आधार पर उन्हें भुगतान मिलता है।

प्रोत्साहन की वास्तविक ताक़त लोगों के सही और ग़लत, सच और झूठ को पहचानने की क्षमता को उलट देने में है। आम तौर पर बहुत सभ्य व्यक्ति भी व्यवस्था में कायम ग़लत क़िस्म के प्रोत्साहन से अनैतिक कार्य करने को प्रेरित हो सकता है। जब आप किसी और के लिए नौकरी कर रहे होते हैं तो आपको भी इसी समस्या का सामना करना पड़ सकता है। क्योंकि प्रोत्साहन-जनित पूर्वाग्रह अवचेतन स्तर पर अपने आप काम करता है। आपको यह विश्वास दिलाकर मूर्ख बनाया जा सकता है कि जो आपके लिए अच्छा है वह ग्राहक के लिए भी अच्छा है। और इसलिए आप तंबाकू और शराब जैसे नशीले और हानिकारक उत्पाद बेचने, या अधिक क़ीमत वाले और बहुत मान-मन्नौवल वाले बीमा तथा निवेश उत्पादों को सिर्फ़ पैसों के लिए बेचने को तैयार हो जाते हैं। नौकरी में केवल

वेतन के आधार पर अमीर बनना मुश्किल है, क्योंकि वहाँ आपको विश्लेषण और किसी समस्या के समाधान जैसे नियत कार्यों के लिए एक समान भुगतान मिलता है। लेकिन एक निवेशक, उद्यम पूँजीपति या उद्यमी के तौर पर किसी अवसर को पहचानने और उसे झपट लेने पर भुगतान कई गुना हो जाता है।

निवेशकों के रूप में हम शेयर बाज़ारों में इन्हीं प्रोत्साहनों की शक्ति के कुछ दबे-छुपे संकेतों को पहचान कर उनका अपने लिए बुद्धिमानी से उपयोग कर सकते हैं। उदाहरण के लिए यदि मौजूदा निजी इक्विटी भागीदार आईपीओ के दौरान कोई हिस्सेदारी नहीं बेच रहे हैं या प्रमोटर तिमाही नतीजों से पहले ख़रीदफरोख़्त बंद होने से ठीक पहले खुले बाज़ार से शेयर ख़रीदते हैं तो हमें सजग होकर देखना चाहिए। यदि कोई प्रमोटर बहुत आकर्षक दिखाई नहीं दे रही क़ीमत पर राइट्स इश्यू की घोषणा करता है, तो इसके पीछे हो सकता है कि आगे विकास की उजली संभावनाओं को समझते हुए वह अल्प शेयरधारकों की भागीदारी को प्रोत्साहित नहीं करना चाहता हो और स्वामित्व के रूप में अपनी भागीदारी बढ़ाना चाहता हो। उद्यम की कम्पनी में अंदरूनी बड़ी हिस्सेदारी से प्रमोटर और शेयरधारकों के हित और प्रोत्साहन एक जगह पर केन्द्रित हो जाते हैं। (ऐसी स्थितियों को प्राथमिकता देनी चाहिए जिनमें प्रमोटर के पूरे निवेश हित कई सूचीबद्ध या निजी इकाइयों की बजाय एक ही कम्पनी में हों।)

जिसके हित जुड़े हों, उसकी राय पर संदेह रखें

> *प्रोत्साहन के पूर्वाग्रह इतने ज़्यादा व्याप्त हैं कि यह ज़रूरी हो गया है कि अपने पेशेवर सलाहकार की सलाह पर भी अक्सर मन में संदेह उठते रहना चाहिए। भले ही वह पेशेवर सलाहकार इंजीनियर हो। कुछ सामान्य तरीक़े हैं : (1) विशेष रूप से सलाहकार के हित में अनुकूल पेशेवर सलाह को लेकर आशंकित रहें। (2) अपने सलाहकार के साथ काम करते समय उसके ट्रेडिंग के बुनियादी तत्वों को सीखें और उनका उपयोग करें, और (3) समुचित सोच-विचार के बाद उपयुक्त सीमा तक आपको जो भी सलाह दी गई है उसकी दोबारा जाँच करें, अविश्वास करें या जो भी बताया गया है, उसमें से ज़्यादातर को बदल डालें।*
>
> – चार्ली मंगर

मंगर ने वेस्को फाइनेंशियल की 1988 की सालाना बैठक में कहा, ''कमीशन पर काम करने वाले सभी सेल्समैन में सच बताने की बजाय किसी भी तरह से लेन-देन को पूरा करने की प्रवृत्ति होती है।'' मंगर कहते हैं, हमें हमेशा इस प्रश्न पर विचार करना चाहिए कि ''किसी को इससे क्या मिल रहा है?'' प्रबंधक और बिचौलिये जितना अधिक लेंगे, निवेशक के लिए लाभ उतना ही कम होगा। जैसा कि बफ़ेट कहते हैं, ''कुल मिलाकर जैसे-जैसे लेन-देन की गति बढ़ती है निवेशकों के लिए रिटर्न कम हो जाता है।'' वास्तव

में निवेशकों का फ़ायदा वही होता है जिसके लिए वे कोई भुगतान नहीं करते हैं। बहुत सारे निवेश सलाहकार वास्तव में छुपे हुए दलाल या उनके एजेंट, म्यूचुअल फ़ंड वितरक

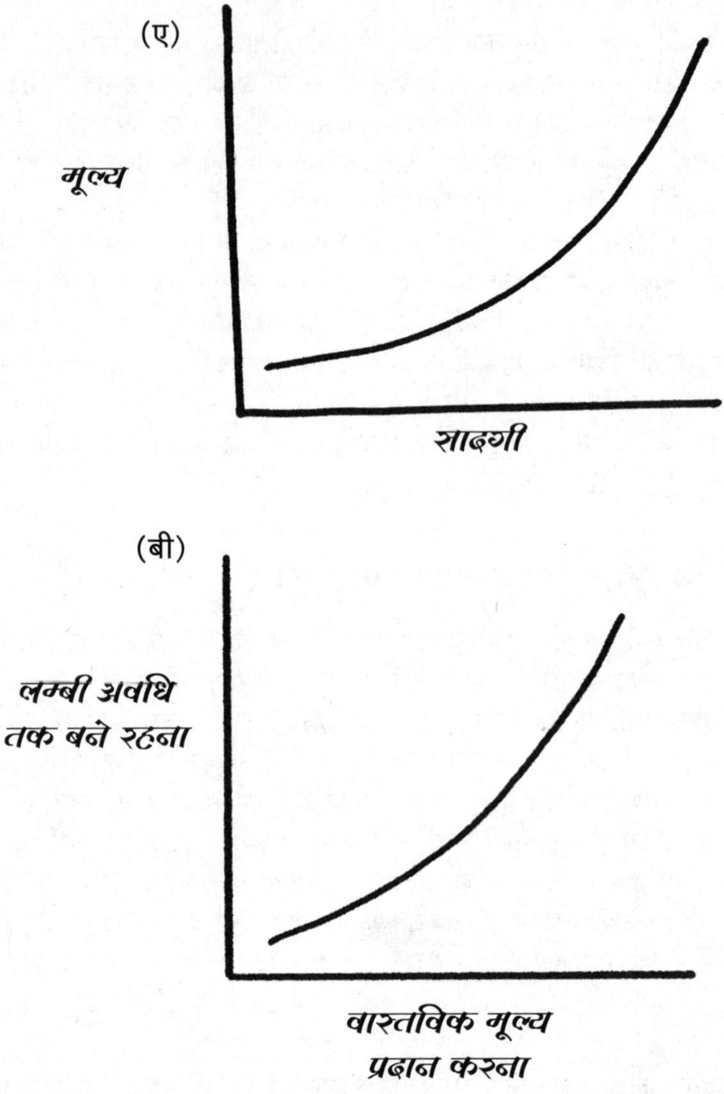

चित्र 16.1 (ए) सादगी मूल्य बढ़ाती है, और (बी) ग्राहकों को मूल्य प्रदान करने से लम्बी अवधि तक बाज़ार में बने रहना और समृद्धि सुनिश्चित होती है।

Source: Behavior Gap.

और बीमा पॉलिसी विक्रेता होते हैं जिनका मक़सद अधिकतम कमीशन और दलाली प्राप्त करना होता है। इसके लिए यह सुनिश्चित करना ज़रूरी है कि आपका सलाहकार वास्तव में आपसे ''केवल शुल्क'' ले रहा हो और उसे दूसरे किसी अन्य स्रोत से कोई पारिश्रमिक नहीं मिल रहा हो।

फ़ंड प्रबंधन उद्योग भरोसे पर टिका व्यवसाय माना जाता है। लेकिन कई पूँजी प्रबंधक निवेश फ़र्म की आड़ में निवेश बेचने वाली फ़र्म के रूप में काम करते हैं। दोनों के बीच अंतर करना सीखें :

- एक मार्केटिंग फ़र्म अपने सबसे लोकप्रिय फ़ंड के पिछले ट्रैक रिकॉर्ड का ज़ोर-शोर से विज्ञापन करती है। एक निवेश फ़र्म ऐसा नहीं करती है।
- एक मार्केटिंग फ़र्म ताज़ा रुझानों के आधार पर नए ''सेक्टर'' फ़ंड बनाती है-
- जिससे उन्हें बेच सके, ना कि इसलिए कि वे ग्राहकों के निवेश के लिए अच्छे हैं। कोई निवेश फ़र्म ऐसा नहीं करती।
- एक मार्केटिंग फ़र्म ''नए कारोबार के लिए फ़ंड'' लेकर आती है, जो अच्छा प्रदर्शन नहीं कर पाते उनको बंद कर देती है और भुला देती है। जो बचे रह जाते हैं, उनका विज्ञापनों के माध्यम से जमकर प्रचार-प्रसार करती है। एक निवेश फ़र्म ऐसा नहीं करती।
- एक निवेश फ़र्म लगातार ग्राहकों को बाज़ार की अस्थिरता के बारे में जानकारी देती है और बताती है कि पिछला प्रदर्शन भविष्य के प्रदर्शन की गारंटी नहीं देता है। एक मार्केटिंग फ़र्म ऐसा नहीं करती।
- स्मॉल और मिड कैप कंपनियों में निवेश करने वाली निवेश फर्म ज्यादा निवेश मिलने पर कारोबार बढ़ने और लागत अधिक हो जाने पर नए निवेशकों के लिए फ़ंड को बंद कर देती है, क्योंकि यह उसे छोटी कंपनियों में सार्थक निवेश करने से रोकता है। मार्केटिंग फ़र्म ऐसा नहीं करती।
- एक निवेश फ़र्म बढ़ती परिसंपत्तियों के साथ परिचालन लागत अनुपात में सुधार होने से बचत लाभ का फ़ायदा शुल्क घटाकर अपने ग्राहकों को देती है। मार्केटिंग फ़र्म ऐसा नहीं करती।

यदि निवेश कंपनियाँ जोख़िम को समायोजित करते हुए सर्वश्रेष्ठ संभव रिटर्न उत्पन्न करने पर ध्यान केन्द्रित करती हैं और अपनी पूरी प्रक्रिया के बारे में स्पष्ट रूप से ग्राहकों के साथ निरंतर संवाद बनाए रखती हैं तो बाक़ी सभी कुछ अपने आप ही बेहतर होता जाता है। पूरी प्रक्रिया को सरल रखें। सादगी मूल्य बढ़ाती है, और ग्राहकों को मूल्य प्रदान करने से लम्बी अवधि तक बाज़ार में बने रहना और समृद्धि सुनिश्चित होती है। (चित्र 16.1ए और 16.1बी)

अंततः, प्रोत्साहन से पैदा होने वाले पूर्वाग्रह पर क़ाबू पाने का सबसे अच्छा तरीक़ा वित्तीय आज़ादी हासिल करना है, क्योंकि यह स्वतंत्रता आपको चीज़ों को वैसे ही देखने

का अधिकार देती है जैसी वे वास्तव में हैं। केवल स्वतंत्र लोग ही ईमानदार हो सकते हैं। केवल ईमानदार लोग ही स्वतंत्र हो सकते हैं।

बफ़ेट के इस कथन में प्रोत्साहन की महाशक्ति का पूरा सार सामने आता है। उन्होंने कहा : ''मैं पाँच मिनट में राजकोषीय घाटे को ख़त्म कर सकता हूँ। बस एक क़ानून पास करने की देर है जिसके अनुसार घाटे के सकल घरेलू उत्पाद के 3 प्रतिशत से अधिक होते ही अमेरिकी संसद कांग्रेस के सभी सदस्य दोबारा चुने जाने के अयोग्य हो जाएँगे।''

इससे ज़्यादा कहने के लिए मेरे पास कुछ नहीं है।

अध्याय 17

गणित के बारे में ज़रूर सोचें, लेकिन भौतिकी से द्वेष न रखें

शेयरों में निवेश करना विज्ञान नहीं बल्कि कला है, और जिन लोगों को हर चीज़ की मात्रा कठोरता से निर्धारित करने के लिए प्रशिक्षित किया गया है, उनके साथ यह बहुत बड़ा नुक़सान है।

– पीटर लिंच

जब चीज़ों का कुछ अर्थ होता है तो गणित हमें मूल्यांकन करने में मदद करती है। और गणित समय के साथ स्थिर है। दो और दो का योग चार होता है। यह दस लाख वर्ष पहले भी सच था और आज से लाखों वर्ष बाद भी सच होगा।

जब हम किसी चीज़ को संख्या की शक्ल में बदलते हैं तो अर्थशास्त्री जॉन मेनार्ड कींस के सिद्धांत का पालन करते हुए प्रासंगिक तुलना कर सकते हैं और ठोस फ़ैसले कर सकते हैं जो कहते हैं कि ''बिलकुल ग़लत होने से मोटे तौर पर सही होना बेहतर है।''

सदी की शुरुआत में इंटरनेट का बुलबुला चरम पर था। तभी वॉरेन बफ़ेट ने कीन्स की बुद्धिमत्ता को मूर्त रूप दिया था :

> जब हम किसी कम्पनी का शेयर ख़रीदते हैं तो हम हमेशा यही सोच रखते हैं कि हम उस कारोबार को ख़रीद रहे हैं, क्योंकि इससे हम सट्टेबाजी की बजाय कारोबारी के रूप में सोच पाते हैं। हम एक कम्पनी लेते हैं जिसकी अद्भुत संभावनाएँ हैं। इस समय वह आपको कुछ भी नहीं दे रही है। आप इसे 500 अरब डॉलर की क़ीमत पर ख़रीदते हैं। अब इससे क्या हासिल होने वाला है... मान लेते हैं कि यह कारोबार आपको एक साल में रिटर्न देता है। आप 10 प्रतिशत रिटर्न पाना चाहते हैं। यदि आपने 500 बिलियन का भुगतान किया है, तो साल दर साल

> यह 55 अरब डॉलर की नक़द राशि आपको देने में सक्षम होगा। इसके लिए उस कारोबार को कर चुकता करने से पहले 80 अरब डॉलर की कमाई करनी होगी। आप दुनिया भर के कारोबारों पर नज़र दौड़ाएँ और देखें कितने कारोबार कर पूर्व 80 अरब डॉलर की कमाई कर रहे हैं। 80 अरब ना सही, 70 या 60 या 50 या 40 बिलियन प्रीटैक्स, या 70 बिलियन या 60 या 50 या 40 या 30 अरब डॉलर भी कमा रहे हैं। एक भी नहीं।

ध्यान दें कि बफ़ेट निवेश के निर्णय को सरल बनाने के लिए अत्यधिक न्यूनतावाद और ''विरोधाभासरी सबूतों'' का उपयोग करते हैं।

निवेशकों के रूप में, हमें बहुत सटीक बने रहने के लिए अंतहीन प्रयास करने की ज़रूरत नहीं है। सुरक्षा का एक अच्छा मार्जिन रखते हुए लगभग सही होना काम पूरा करने के लिए पर्याप्त है। याद रखें, यह जानने के लिए कि चार सौ पौंड का आदमी मोटा है, आपको तराजू से तौलने की ज़रूरत नहीं है। इसमें बहुत ज़्यादा जुनूनी होने की ज़रूरत नहीं है कि अगली तिमाही में कारोबार से 2 डॉलर की कमाई होगी या 2.05 डॉलर की। इसके बजाय मौजूदा क़ीमत और आपके सुरक्षित रूढ़िवादी अनुमानों के मुताबिक़ लम्बी अवधि की कमाई के बीच में कोई अगर बड़ा अंतर हो रहा हो तो उसे खोजने पर ध्यान दें जिससे अगर शुरुआती अनुमान ग़लत हो तो जोख़िम से बचने के लिए सुरक्षा का बड़ा मार्जिन रखा जा सके। लेकिन किसी ऐसी स्थिति में निवेश नहीं करें जिसमें किसी ख़रीदी को उचित ठहराने के लिए बहुत जटिल वित्तीय मॉडल की ज़रूरत पड़ती हो। चीज़ों को सरल रखें। बफ़ेट ने सोचा कि पेट्रोचाइना की क़ीमत 100 अरब डॉलर की है और वह इसे 37 अरब डॉलर में ख़रीद सकते थे।

आप तरह-तरह के विस्तृत विश्लेषण कर सकते हैं, लेकिन बफेट बहुत गहराई से रूढ़िवादी अनुमानों का उपयोग करते हुए हरके पहलू को इस दृष्टि से खँगालते हैं कि वर्तमान मूल्य और अनुमानित मूल्य के बीच कोई बहुत बड़ी ख़ामी तो नहीं है। यह उन्हें जोख़िम को कम करते हुए सुरक्षित बने रहने के लिए बड़ा मार्जिन प्रदान करता है।

जो गिना जा सकता है, उसका ज़्यादा आकलन नहीं करें और जो गिना नहीं जा सकता है उसका कमतर आकलन नहीं करें। जटिल दुनिया में ग़लत परिशुद्धता से चिपके रहने से सावधान रहें।

> हर चीज़ जो मायने रखती है, उसे गिना नहीं जा सकता, और हर वह चीज़ मायने भी नहीं रखती जो गिनी जा सकती है।
>
> – अल्बर्ट आइंस्टीन

कैलिफ़ोर्निया विश्वविद्यालय, सांता बारबरा में अर्थशास्त्र विभाग में ''शैक्षणिक अर्थशास्त्र: अंतःविषय ज़रूरतों पर विचार के बाद ताक़त और खामियाँ'' शीर्षक पर भाषण देते हुए चार्ली मंगर ने कहा था :

> हमारे पास जटिल प्रणाली है और यह बहुत सारे आँकड़े उपलब्ध कराती है, जो आपको आपको कुछ कारकों को मापने में सक्षम बनाती हैं। *लेकिन ऐसे अन्य कारक भी हैं जो बेहद महत्त्वपूर्ण हैं, तब भी ऐसे कोई सटीक आँकड़े नहीं हैं जिनसे इन कारकों को समझा जा सके।* वे महत्त्वपूर्ण हैं, लेकिन आपके पास उनसे संबंधित आँकड़े नहीं हैं। खैर, व्यावहारिक रूप से हर कोई (1) उस कारक का आकलन बहुत ज़्यादा करता है जिसकी गणना की जा सकती है क्योंकि यह साख्यिकीय तकनीक से उपजा है जो उनको पढ़ाया गया है। और (2) मापने में कठिन चीज़ों को शामिल नहीं किया जाता जो *अधिक महत्त्वपूर्ण हो सकती हैं।*

निवेश में बहुत सटीक होने की उतनी व्यावहारिक ज़रूरत नहीं है जितना निवेशक सोचता है। परिशुद्धता कहीं भी नहीं है। उसकी तलाश करने की प्रवृत्ति इंसानी पूर्वाग्रह है। मंगर ने इसी भाषण में इसे ''भौतिकी से प्रेरित ईर्ष्या'' बताया है (भौतिकी में ही परिशुद्धता पर बहुत ज़ोर दिया जाता है) :

> *पुअर चार्लीज़ अल्मनैक* में, पीटर कॉफ़मैन लिखते हैं :
>
> चार्ली जटिल परिस्थितियों को यथासंभव कम करके सबसे बुनियादी, भावनाशून्य आधारभूत स्तर पर लाने का प्रयास करता है। फिर भी, तार्किक और सरल करने के इस प्रयास में, जिसे वह ''भौतिकी ईर्ष्या'' कहते हैं, उससे दूर रहने के प्रति सावधान रहते हैं। बहुत जटिल प्रणालियों (जैसी कि अर्थशास्त्र में होती हैं) को न्यूटन के फ़ार्मूले की तरह सभी के लिए लागू करने की आम इंसानी चाहत से परहेज करते हैं। इसके बजाय वह ईमानदारी से अल्बर्ट आइंस्टीन की चेतावनी का सम्मान करता है, ''एक वैज्ञानिक सिद्धांत जितना संभव हो उतना सरल होना चाहिए, लेकिन सामान्य नहीं'' या उनके स्वयं के शब्दों में, ''मैं अति आत्मविश्वासी होने और यह महसूस करने का विरोधी हूँ कि आप निश्चित ही जानते हैं कि आपका कोई विशेष कार्य नुक़सान से ज़्यादा अच्छा ही करेगा।'' आप अत्यधिक जटिल प्रणालियों से निपट रहे हैं। ऐसी प्रणालियाँ जिनमें हर चीज़ हर दूसरी चीज़ के साथ अंतःक्रिया कर रही है।

इस समस्या का एक बड़ा उदाहरण कुशल बाज़ार सिद्धांत है जो सभी बाज़ार सहभागियों को *आर्थिक इंसान* (यानी, कम से कम आर्थिक परिभाषा के अनुसार पूरी तरह से तर्कसंगत प्राणी) मानता है। यह सिद्धांत कठिन विज्ञान के अनुशासन को अर्थशास्त्र पर थोपने की कोशिश का नतीजा है जबकि अर्थशास्त्र वास्तव में कठिन विज्ञान नहीं है – यह सामाजिक विज्ञान है। बाज़ार पूरी तरह से मानव व्यवहार के बारे में हैं, और वे जानकारी एकत्र करने और डेटा का मूल्यांकन करने में कुशल हैं लेकिन निश्चित ही तार्किक नहीं हैं। वे खुद को कठिन विज्ञान पर लागू होने वाले अनुशासन के प्रति समर्पित करने को लेकर जटिल और तेज़ प्रतिक्रिया करते हैं। निरंतरता को विराम देना बाज़ारों का एक ज़रूरी घटक है जो वित्त को प्राकृतिक विज्ञान से अलग करता है। यह अनदेखी करने वाली विसंगति तो बिलकुल भी नहीं है। माइकल मौबौसिन के अनुसार,

> एक जटिल अनुकूल प्रणाली की तीन विशेषताएँ होती हैं। पहला, प्रणाली में कई विषम तरह के एजेंट शामिल होते हैं और उनमें से प्रत्येक एजेंट निर्णय लेता है कि कैसे व्यवहार करें। यहाँ सबसे महत्त्वपूर्ण आयाम यही है कि वे निर्णय समय के साथ विकसित होंगे। दूसरी विशेषता यह है कि एजेंट एक दूसरे के साथ संवाद करते हैं। यह आपसी संवाद तीसरी विशेषता की ओर ले जाता है–कुछ ऐसा जिसे वैज्ञानिक उद्भव कहते हैं : इस तरह से *संपूर्ण सचमुच में भागों के कुल योग से बड़ा बन जाता* है। मुख्य मुद्दा यह है कि वास्तव में अलग–अलग भागों को देखकर पूरी प्रणाली को नहीं समझा जा सकता...
>
> ...जब आप जटिल अनुकूलन प्रणाली में कुछ घटित होते देखते हैं, आपका दिमाग़ यह समझाने के लिए एक कथा रचने लगता है कि दरअसल क्या हुआ–भले ही इस प्रकार की प्रणाली में कारण और प्रभाव समझने योग्य नहीं हैं। पीछे मुड़कर देखना बहुत अच्छा लगता है।
>
> *...जटिलता सुव्यवस्थित गणित को उस तरह से स्वीकार नहीं करती है जिस तरह से कुछ पारंपरिक, रैखिक वित्तीय मॉडल स्वीकार करते हैं।*

मूल्य निवेशक आमतौर पर मज़ाक़ करते हैं कि वर्ड की तुलना में एक्सेल का उपयोग करके अधिक काल्पनिक रचा गया है। पुष्टि करने का पूर्वाग्रह बहुत गहराई तक समा जाने के कारण हमें ''गोल सीक'' फ़ंक्शन के लिए स्प्रेडशीट की ज़रूरत नहीं है। यह कार्य हमारे दिमाग़ में ही रचा–बसा है। व्यक्तिगत रूप से निवेश का निर्णय लेते समय खुद मैंने कभी एक बार भी कोई स्प्रेडशीट नहीं खोली है। जिस सबसे उन्नत तकनीक का मैंने इस्तेमाल किया है, वह है पॉकेट कैलकुलेटर – जोड़–घटाने, गुणा–भाग के लिए।

विस्तृत स्प्रेडशीट और संख्याओं से संबंधित जटिल सॉफ़्टवेयर टूल किसी की वित्तीय सेहत के लिए हानिकारक हो सकते हैं। इनपुट धारणाओं में ज़रा सा बदलाव भी निहित मूल्य में नाटकीय बदलाव कर सकता है। उसके बाद बैंकर और डील के सलाहकार अपनी सुविधा से किसी भी स्तर तक उलट–पुलट कर खँगालते रह सकते हैं। (सभी विश्लेषकों के लिए रियायती नक़द प्रवाह मॉडल सर्वोत्तम रणनीति बनी हुई है जहाँ उनकी क़ीमत से आमदनी (पीई), क़ीमत–लेखा (पीबी), और मूल्य–से–बिक्री (पीएस) अनुपात या उद्यम मूल्य गुणक नाकाम हो जाते हैं।) बेंजामिन ग्राहम ने कहा भी है, ''वास्तव में कोई जो भी मूल्य चाहता हो, उसे स्थापित करने या कहें कि उसका औचित्य सिद्ध करने के लिए, अत्यधिक अस्पष्ट धारणाओं के साथ सटीक फ़ार्मूले का उपयोग किया जा सकता है।'' कभी भी प्रोत्साहन की शक्ति को कमतर नहीं आँकना चाहिए।

संख्याओं के बिना दुनिया को नहीं समझा जा सकता। साथ ही इसे केवल संख्याओं से नहीं समझा जा सकता। मात्रा संबंधी जटिल विश्लेषण हमारा ध्यान उस ओर से हटा सकता है जो वास्तव में मायने रखता है। उदाहरण के लिए स्प्रैडशीट्स विश्वास, सत्यनिष्ठा, सद्भावना, प्रतिष्ठा, या प्रबंधन की निष्पादन क्षमताओं को बयान नहीं कर सकता। इस तरह से बहुत कठिन मेहनत के साथ भावनात्मकता और व्यक्तिपरकता का पक्ष होना भी

ज़रूरी होता है। निवेश आंशिक रूप से कला और आंशिक रूप से विज्ञान है। सूक्ष्म निर्णय आवश्यक है।

बफ़ेट कहते हैं, ''क़ीमत वह है जो आप चुकाते हैं। मूल्य वह है जो आपको मिलता है।'' हमें यह सुनिश्चित करना होगा कि किसी कम्पनी के आंतरिक मूल्य से अधिक का भुगतान नहीं करें। अब, यह एक चुनौती है। क़ीमत को सटीक रूप से मापा जा सकता है। हमें मूल्य से उसकी तुलना करनी होगी जो स्वाभाविक रूप से अस्पष्ट है। अधिकांश निवेशक बस यही करने का प्रयास करते हैं-वे आंतरिक मूल्य के लिए ''सटीक'' संख्या पर पहुँचने का प्रयास करते हैं। उदाहरण के लिए, एक विश्लेषक की रिपोर्ट में दशमलव के आख़िरी अंक तक लक्ष्य दिया गया है। इस संख्या को टकटकी लगाकर देखना भ्रामक है, क्योंकि इतनी बारीकी के साथ लक्ष्य मूल्य का आँकड़ा बताना पाठकों में झूठा विश्वास पैदा करता है। और यह झूठा विश्वास पाठकों को गंभीर चूक के प्रति संवेदनशील बना देता है। यह भौतिक विज्ञान की सटीकता से ईर्ष्या का एक उत्कृष्ट उदाहरण है।

पिछले कुछ वर्षों में मैंने यह जाना है कि निवेश करना बहुत ज़्यादा शुद्धता और मात्राओं की बाज़ीगरी की बजाय सरलता और अनुमान करने का क्षेत्र है। मैंने यह भी जाना है कि निवेश वित्त का क्षेत्र कम और मानव व्यवहार का क्षेत्र अधिक है। निवेश की सफलता की कुंजी यह नहीं है कि आप कितना जानते हैं लेकिन आप कैसा व्यवहार करते हैं। आपके शुल्क, आपकी परिसंपत्तियों के आवंटन या आपकी विश्लेषण करने की क्षमता से कहीं ज़्यादा आपका व्यवहार मायने रखेगा। यहाँ तक कि यदि आप व्यवहार में पूर्वाग्रह रखेंगे तो कम लागत वाले सूचकांक फ़ंड से भी लाभ नहीं ले पाएँगे। अधिकांश समय, वास्तविक जोख़िम बाज़ारों में नहीं, बल्कि हमारे व्यवहार में होता है।

निवेशकों की सफलता या विफलता पर ज़्यादा प्रभाव उनकी भावनात्मक बुद्धिमत्ता का होता है, ना कि जिस कॉलेज में उन्होंने पढ़ाई की या उनकी निवेश रणनीति की जटिलता का। अधिकांश समय उनकी कुशाग्र बुद्धि उनके विरुद्ध काम करती है, क्योंकि वे स्वयं के और अपनी क्षमताओं के प्रति इतने आश्वस्त हो जाते हैं कि अपना मन नहीं बदल सकते। एक जटिल दुनिया में चीज़ों को सरल बनाए रखने के लिए हमेशा संघर्ष करना पड़ता है। उच्च शिक्षित लोगों के लिए वह संघर्ष और अधिक स्पष्ट है। आप जितने होशियार होंगे, अपनी व्यक्तिगत मान्यताओं के समर्थन में कहानियाँ गढ़ने, अपने तर्क या दृष्टिकोण के अनुकूल डेटा को तर्कसंगत बनाने और तैयार करने में उतने ही बेहतर होंगे। आप चतुर हो सकते हैं, लेकिन ज़रूरी नहीं है कि बुद्धिमान हों। क्योंकि बुद्धिमत्ता वास्तविकता के सटीक कारण-और-प्रभाव विवरण तक पहुँचने की क्षमता है।

बफ़ेट ने अक्सर कहा है कि आंतरिक मूल्य की गणना चुनौती है। बर्कशायर मैनुअल में उन्होंने कहा :

> हालाँकि, आंतरिक मूल्य की गणना इतनी सरल नहीं है। जैसा हमारी परिभाषा बताती है, आंतरिक मूल्य सटीक आँकड़ा नहीं है बल्कि अनुमान है। और यदि *ब्याज दरों में या नक़द प्रवाह के भविष्य के पूर्वानुमान में बदलाव हो तो इस अनुमान को और बदलना होगा।*

2005 में निवेशकों को लिखे अपने पत्र में, बफ़ेट ने लिखा, ''आंतरिक मूल्य की गणना हालाँकि बहुत महत्त्वपूर्ण हैं, लेकिन इसका सटीक नहीं होना और अक्सर गंभीर रूप से ग़लत होना तय है। *व्यवसाय का भविष्य जितना अधिक अनिश्चित होगा, इस बात की अधिक संभावना है कि गणना बहुत ज़्यादा आधारहीन होगी।*

और, अपने वर्ष 2000 के पत्र में, उन्होंने लिखा, *''सटीक संख्याओं का उपयोग करना वास्तव में मूर्खतापूर्ण है; बहुत सारी संभावनाओं के साथ काम करना बेहतर दृष्टिकोण है।''*

निवेशकों के रूप में हम किसी शेयर से संभावित रिटर्न का अनुमान लगाने के लिए विभिन्न व्यावसायिक परिदृश्य की श्रृंखला के अंतर्गत सरल अनुमानों का उपयोग कर सकते हैं। फिर इसकी तुलना मौजूदा कम सक्रिय दूसरे तरीक़ों के साथ कर सकते हैं। हमने कुछ अन्य शेयरों को भी अवसर के रूप में देखा होगा। सबसे ज़्यादा संभावित रिटर्न वाले शेयर का चुनाव करने के लिए इन विकल्पों पर भी नजर दौड़ा सकते हैं।

भविष्य और अतीत का सोचें

जब भी हम समस्याओं को हल करने का प्रयास करते हैं और अनुमान लगाते हैं कि क्या होने की संभावना है क्या घटित होगा या होने की संभावना है, यह सत्य है या असत्य, हमें भविष्य और अतीत दोनों दृष्टि से इस पर विचार करना चाहिए। इस विषय पर मंगर के विचार कुछ इस तरह से हैं :

> ''आगे और पीछे की ओर सोचें– हमेशा उल्टी तरफ से सोचें।''
>
> ''कई कठिन समस्याओं को पीछे की ओर से देखने, सोचने पर ही हल किया जा सकता है।''
>
> ''जिस तरह से जटिल अनुकूल प्रणालियाँ काम करती हैं और जिस तरह से मानसिक बनावट काम करती है तो मैं तो यहाँ तक कहूँगा कि आमतौर पर समस्याओं पूरा उलट कर देखें तो उन्हें हल करना आसान होता है।''

जुलाई 1996 में ''व्यावहारिक सोच के संबंध में व्यावहारिक सोच'' शीर्षक से अपने ज्ञानवर्धक भाषण में मंगर ने 150 वर्षों में 2 मिलियन डॉलर के 2 ट्रिलियन डॉलर में बदलने के बारे में बात की। (नोट : बड़ी संख्या के साथ काम करते समय संख्या के प्रवाह से बहुत मदद मिलती है। इस मामले में बहुत बड़ा दिखाई देने वाला 2 ट्रिलियन डॉलर का आँकड़ा 9.64 प्रतिशत की चक्रवृद्धि वार्षिक वृद्धि दर से परिवर्तित होता है। लम्बी अवधि में इससे भी ज़्यादा सामान्य दरों पर चक्रवृद्धि वास्तव में शानदार परिणाम उत्पन्न करती है।) हालाँकि उनके इस भाषण से कई महान सबक़ सीखे जा सकते हैं। मैंने इससे जो सीखा है, वह यह है कि मंगर आज आंतरिक मूल्य के संदर्भ में नहीं सोचते हैं जो एक अस्पष्ट संख्या है। अक्सर इसको लेकर बहस छिड़ जाती है कि भविष्य की कमाई का मूल्यांकन करने के लिए छूट दर का इस्तेमाल किया जाए या स्पष्ट पूर्वानुमान अवधि के अंत में स्थायी वृद्धि दर (वित्तीय

भाषा में इसे ''अंतिम विकास दर'' के रूप में भी जाना जाता है) का उपयोग करें। स्थायी वृद्धि दर आज विवाद का महत्त्वपूर्ण बिंदु है। सभी तरह के उद्योगों में कारोबार की अवधि तकनीकी अड़चनों के कारण तेजी से कम हो रही है और अंतिम मूल्य (पारंपरिक रूप से जो किसी व्यवसाय के अनुमानित आंतरिक मूल्य के आधे से अधिक के लिए लेखांकित किया जाता है) की अवधारणा पर ही सवाल उठ रहे हों। अब पुराने व्यावसायिक डिज़ाइनों से हटकर नए डिजाइनों की ओर तेज़ी से मूल्य की तलाश की जा रही है। यह ऐसे कारोबार हैं जो ग्राहकों की सबसे महत्त्वपूर्ण प्राथमिकताओं को बेहतर ढंग से संतुष्ट करते हैं। इतिहास बताता है कि कई कंपनियाँ अंततः शून्य के अंतिम मूल्य पर आकर समाप्त हो जाएँगी। अंतिम मूल्य के संबंध में धारणा बनाते समय हमेशा रूढ़िवादी रहें।

मंगर हमें बताते हैं कि भावी संभावित मूल्य पर पहुँचने के बारे में कैसे सोचना चाहिए। तब इस संभावित कारोबार के मूल्य की कारोबार के वर्तमान मूल्य से तुलना की जा सकती है और अपेक्षित रिटर्न की गणना की जा सकती है। इस मामले में, हम भविष्य के संभावित मूल्य तक पहुँचने के लिए अपनी धारणाओं में निहित गणित के संदर्भ में सोचने के लिए मजबूर हैं। यह विधि वित्तीय भाषा में ''रिवर्स डिस्काउंटेड कैश फ़्लो'' परिचालन कहलाती है। (जैसा कि आप देख सकते हैं, जीवन की कई समस्याओं को उलट-पलट कर देखना उनको हल में मदद करता है।)

इस प्रक्रिया को समझाने के लिए एक सरल काल्पनिक उदाहरण लेते हैं। मान लीजिए कि हम कम्पनी एक्स के शेयर ख़रीदना चाहते हैं, जिसका वर्तमान बाज़ार मूल्य 1 अरब डॉलर है। सरलता के लिए, हम ऐसा मान लेते हैं किसी तरह के लाभांश, स्टॉक विकल्प, क़र्ज़ या लेखा बही से इतर देनदारी नहीं हैं। व्यवसाय के मालिक की कमाई 40 मिलियन डॉलर है और दस वर्षों के लिए 10 प्रतिशत की औसत वार्षिक वृद्धि दर का अनुमान लगाया गया है। (इस उदाहरण में स्पष्ट पूर्वानुमान अवधि)। इसके अनुसार 10 वें साल में मालिक की कमाई का मूल्य 104 मिलियन डॉलर होता है।

आइए मान लें कि बाज़ार इस प्रकार के कारोबार के लिए औसतन 15 गुना का भुगतान करता है और इस अंतरिम अवधि में कारोबार का ऊपर या नीचे की ओर कोई पुनर्मूल्यांकन नहीं होता है। इससे 10 वें वर्ष में 1.56 बिलियन डॉलर का बाज़ार मूल्य मिलता है। तुलनात्मक रूप से वर्तमान 1 बिलियन डॉलर के बाज़ार मूल्य पर यह 4.5 प्रतिशत का सालाना रिटर्न है।

अब इसकी तुलना उपलब्ध अन्य निवेश अवसरों से अपेक्षित रिटर्न से करें। यदि अगले दस वर्षों में अपेक्षित रिटर्न शीर्ष वरीयता के सरकारी बाँड में मिलने वाले रिटर्न के बराबर भी नहीं है तो इस स्टॉक को मौजूदा क़ीमतों पर ख़रीदना बेतुका होगा। किसी व्यवसाय में शानदार आर्थिक विशेषताएँ हो सकती हैं, लेकिन यदि अपेक्षित रिटर्न मौजूदा विकल्पों की तुलना में बहुत कम है तो निवेशकों को इससे बचना चाहिए।

मान लीजिए हम जानना चाहते हैं कि हम किस इस शेयर से किस तरह के हालात में 15 फ़ीसदी सालाना रिटर्न हासिल कर सकते हैं। इसे हासिल करने के लिए किन धारणाओं

के सच होने की ज़रूरत होगी –और, इससे भी अधिक महत्त्वपूर्ण है कि क्या वे धारणाएँ उचित हैं?

एक अरब डॉलर के वर्तमान बाज़ार मूल्य और 15 प्रतिशत वार्षिक रिटर्न के साथ 10 वें साल में बाज़ार मूल्य 4 अरब डॉलर हो जाता है। 15 गुना निकास गुणक बताता है कि 10 वें वर्ष में मालिक की कमाई 27 करोड़ डॉलर रहने वाली है। इस अर्थ है मालिक की आमदनी में 21 प्रतिशत की औसत वार्षिक वृद्धि दर (4 करोड़ डॉलर के सबसे आरंभिक शुरुआती बिंदु पर)। 15 प्रतिशत का काल्पनिक लाभ मार्जिन 10वें साल में 1.8 अरब डॉलर की बिक्री का संकेत देता है। इसका तात्पर्य दस वर्षों के लिए बिक्री में 21 प्रतिशत वार्षिक वृद्धि दर से है। अब हम आवश्यक बिक्री की मात्रा में वृद्धि, प्रति यूनिट बिक्री प्राप्ति में रुझान, बाज़ार हिस्सेदारी, इत्यादि के संबंध में विभिन्न धारणाओं के साथ काम कर सकते हैं। हम मात्रा वृद्धि, मूल्य निर्धारण, लाभ मार्जिन, बाज़ार के आकार, बाज़ार हिस्सेदारी और प्रतिस्पर्धी लाभ के पिछले रुझानों और रिकॉर्ड को देखते हुए यह आकलन कर सकते हैं कि क्या ये उचित हैं। हम यह भी पता लगा सकते हैं कि मालिक की भविष्य की आमदनी (और इस प्रकार से कारोबार के मूल्य) पर किस कारक का सबसे ज़्यादा प्रभाव होता है और किन परिस्थितियों में यह बदल सकती हैं। इसके बाद हम उसके अनुसार पहले से ही रचनात्मक ''बदलाव'' की क़वायद कर सकते हैं।

सुरक्षा के मार्जिन के स्रोत के रूप में कार्य करने के लिए प्रचुरता का निर्माण करने हमें हमेशा रूढ़िवादी धारणाओं का इस्तेमाल करना चाहिए। भविष्य की विकास दर को ऐतिहासिक विकास दर (दीर्घकालिक और अल्पकालिक दोनों) से बहुत ज़्यादा नहीं लेना चाहिए। स्पष्ट पूर्वानुमान अवधि के अंत में उचित निकास गुणक का उपयोग करना चाहिए और इस पद्धति को केवल स्थिर व्यवसाय मॉडल पर ही लागू करना चाहिए।

सटीक वर्तमान आंतरिक मूल्य के बजाय लम्बी अवधि में अपेक्षित रिटर्न की दृष्टि से सोचने के बहुत सारे फ़ायदे हैं। यह नजरिया हमें यह सोचने को मजबूर करता है कि भविष्य में मूल्य सृजन करने वाले क्या कारक हो सकते हैं। यह हमारी क्षमता के दायरे में उपलब्ध प्रतिस्पर्धी निवेश विकल्पों की तथ्यपरक तुलना के माध्यम से हमें उचित स्थिति का आकार निर्धारित करने में मदद करता है। यह हमें केवल सरल कारोबार का चयन करने में मदद करता है जिनका भविष्य अपेक्षाकृत अधिक पूर्वानुमानित है। हम इस मॉडल को तेज़ी से आगे बढ़ने वाले प्रौद्योगिकी व्यवसायों पर लागू नहीं कर सकते हैं लेकिन ऐसे सुरक्षित व्यवसायों पर लागू कर सकते हैं जो तुलनात्मक रूप से विकासशील बाज़ार में बुनियादी मानवीय ज़रूरतों और आकांक्षाओं की पूर्ति करते हैं और जिनके पास आगे बढ़ने के लिए बहुत ज़्यादा संभावनाएँ हैं। इन व्यवसायों के कारोबार के मॉडल में धीमी दर से बदलाव होता है।

1990 में बर्कशायर की वार्षिक बैठक में मंगर ने जो बातें कहीं थीं, उनमें इस अध्याय का पूरा सार समाहित है। उन्होंने कहा : ''हम कभी इस तरह से बैठकर आँकडों को ख़ारिज नहीं करते और फिर उनको कम कर शुद्ध वर्तमान मूल्य पर वापस नहीं लाते... *निर्णय स्पष्ट होना चाहिए।*

अध्याय 18

आंतरिक मूल्य को समझना ही बुद्धिमान निवेश

आंतरिक मूल्य की सामान्य परिभाषा होगी, वह मूल्य जिसको – संपत्ति, कमाई, लाभांश, निश्चित संभावनाओं के तथ्यों के द्वारा उचित ठहराया जाता है। सामान्य स्थिति में, मूल्य का निर्धारण करने वाला सबसे महत्त्वपूर्ण एक अकेला कारक अब सांकेतिक औसत भावी आय शक्ति को माना जाता है। आंतरिक मूल्य को निकालने के लिए आय की शक्ति का अनुमान लगाकर और उस अनुमान को उपयुक्त ''पूँजीकरण कारक'' से गुणा करना होगा।

– बेंजामिन ग्राहम, सुरक्षा विश्लेषण

किसी कारोबार के आंतरिक मूल्य को निर्धारित करने की प्रक्रिया कला का एक रूप है। इसे पाने के लिए कठोर नियमों का पालन नहीं कर सकते कि डेटा को स्प्रेडशीट में भर दिया और यह उम्मीद करने लगें कि इससे आंतरिक मूल्य प्राप्त हो जाएगा। शेयरों की क़ीमत वही होती है जो लोग उनके लिए भुगतान करने के इच्छुक होते हैं। कोई भी शॉर्टकट आपको सटीक संतुलित मूल्य नहीं देगा। आंतरिक मूल्य एक गतिशील लक्ष्य है जो लगातार बदलता रहता है। बुनियादी डेटा सामने आता है और निवेशक ज्ञान और पिछले अनुभव के आधार पर अपनी ''उम्मीदों'' को अपडेट करते हैं।

वॉरेन बफ़ेट ने एक बार आंतरिक मूल्य के बारे में कहा था कि यह निजी मालिक का मूल्य, एक जानकार ख़रीदार द्वारा संपूर्ण व्यवसाय के लिए भुगतान की जाने वाली क़ीमत और उससे भविष्य में मिलने वाली नक़द राशि है।

इस प्रकार, किसी परिसंपत्ति का आंतरिक मूल्य उस संपत्ति के उपयोगी बने रहने पर उसके शेष जीवनकाल में प्राप्त होने वाली कुल संभावित नक़द धन राशि है। इसमें समय के साथ धन की क़ीमत में गिरावट और नक़द प्रवाह प्राप्त होने में अनिश्चितता के कारक को शामिल करते हुए उतनी कमी कर दी जाती है।

यदि हम इस अध्याय के आरंभ में दी गई बेंजामिन ग्राहम की परिभाषा को ध्यान से पढ़ें तो उन्होंने बहुत दिलचस्प बात कही है ''क़ीमत को निर्धारित करने वाला सबसे महत्त्वपूर्ण अकेला एक कारक है भविष्य की कमाई की शक्ति।''

हम जिस मुख्य प्रश्न का उत्तर देने का प्रयास कर रहे हैं वह है : व्यवसाय की सामान्य अर्जन शक्ति क्या है? दूसरे शब्दों में, यदि मैं एक निजी ख़रीदार हूँ तो यह व्यवसाय मेरी प्रतिस्पर्धी स्थिति को बनाए रखने को ज़रूरी रखरखाव के लिए आवश्यक व्यय का भुगतान करने के बाद हर साल मेरी जेब में कितनी नक़दी डालेगा? इस कारोबार से मैं मालिक की कितनी सामान्यीकृत आय की उम्मीद कर सकता हूँ?

मालिक की कमाई ही मायने रखती है

बफ़ेट ने अपने 1986 के पत्र में मालिक की कमाई को इस प्रकार परिभाषित किया : ''(ए) घोषित की गई आय + (बी) मूल्यह्रास, कमी, परिशोधन, और कुछ अन्य गैर-नक़द शुल्क... में से – (सी) कारोबार को लम्बी अवधि की प्रतिस्पर्धी स्थिति और उसकी इकाई मात्रा को पूरी तरह से बनाए रखने के लिए आवश्यक संयंत्र और उपकरण आदि के लिए पूँजीगत व्यय की औसत वार्षिक राशि (यदि व्यवसाय को अपनी प्रतिस्पर्धी स्थिति और इकाई मात्रा को बनाए रखने के लिए अतिरिक्त कार्यशील पूँजी की ज़रूरत है तो इसकी वृद्धि को भी (सी) में शामिल किया जाना चाहिए।)

शेयर बाज़ार में ''आय'' शब्द का तात्पर्य शुद्ध आय या आय विवरण से प्रति शेयर आय (ईपीएस) से है। अधिकांश विश्लेषक इस पर अड़े रहते हैं कि यह क्या है और वे उपलब्धता संबंधी पूर्वाग्रह के शिकार हो जाते हैं। (वे चार्ली मंगर की चेतावनी को अनुसना कर देते हैं : ''इससे ज़्यादा ख़तरनाक और कुछ नहीं है यदि आपके पास केवल एकमात्र आइडिया है।) दूसरा व्यापक रूप से उपयोग किया जाने वाला मापदंड ब्याज, कर, मूल्यह्रास और परिशोधन (एबिटा) से पूर्व आय है। हालाँकि शेयर बाज़ार में यह बहुत प्रचलित है। लेकिन अपेक्षाकृत एबिटा नई वित्तीय अवधारणा है। (1980 के दशक में मार्जिन पर ख़रीदी में बहुत ज़्यादा वृद्धि के बाद एबिटा वित्तीय उपाय के रूप में अपनाया गया।) हालाँकि एबिटा में पूँजीगत व्यय (कैपेक्स), ब्याज और कर जैसे वास्तविक नक़द ख़र्च शामिल नहीं हैं।

मूल्य निवेशकों के लिए मालिक की कमाई मूल्यांकन उद्देश्यों के लिए उपयोग की जाने वाली आय है। शुद्ध आय और ईपीएस लेखांकन सिद्धांत के तहत घोषित किए जाने वाले आँकड़े हैं लेकिन कारोबार का मालिक जो वास्तविक नक़दी कारोबार से बाहर ले जाने में सक्षम होता है, वह भिन्न होती है। मालिक की कमाई बताती है कि व्यवसाय के मालिक की जेब में कितनी नक़्दी आती है, जो दरअसल ख़र्च करने लायक़ नक़दी होती है। ना कि अन्य सामग्री और प्राप्य राशियाँ। यही कारण है कि बफ़ेट इसे मालिक की कमाई कहते हैं। याद रखें, स्टॉक ख़रीदना किसी व्यवसाय में आंशिक स्वामित्व ख़रीदना है।

बफ़ेट की मालिक की कमाई की परिभाषा को मूल्य निवेश समुदाय द्वारा किसी कम्पनी की वास्तविक आय शक्ति को समझने के लिए बहुत पवित्र समझा जाता है।

हालाँकि, बफ़ेट की परिभाषा में एक हल्की सी चूक पर गौर करें।

बफ़ेट ने घोषित आमदनी से शुरुआत की और फिर मालिक की कमाई को जानने के लिए कुछ समायोजन किए। लेकिन उन्होंने विज्ञापन या अनुसंधान और विकास जैसे कुछ हद तक पूँजीगत ख़र्च की प्रकृति वाले ख़र्चों को समायोजित नहीं किया जिन्हें आम तौर पर प्रतिवेदित आमदनी पर पहुँचने से पहले लाभ- हानि पत्रक में ख़र्च के रूप में दिखाया जाता है। इस तरह से बफ़ेट के मालिक की आमदनी को जानने के समीकरण में पहला बदलने वाला कारक जो प्रतिवेदित आय है, उसके ऐसे कारोबारों के मामले में कमज़ोर रहने की संभावना है जो दीर्घकालिक मूल्य-निर्माण की पहल में निवेश कर रहे हैं। क्योंकि वे पहल वर्तमान में आय विवरण में ख़र्च के रूप में दिखाई जा रही हैं।

निवेशकों को इस प्रकार के ख़र्चों का पूँजीकरण करना चाहिए और उनका एक मोटा-मोटा आर्थिक जीवन मानकर उस दौरान उनको परिशोधित कर देना चाहिए। इस तरह के समायोजन के लिए दो शर्तों को पूरा किया जाना चाहिए : मात्रा में वृद्धि और बाज़ार हिस्सेदारी में बढ़ोतरी। व्यवसाय विश्लेषकों को किसी भी ऐसे ख़र्च को जो उस कारोबार के प्रतिस्पर्धी लाभ का विस्तार करता है, उसे पूँजीगत ख़र्च की तरह मानना चाहिए जो टिकाऊ लाभ प्रदान करता है। हालाँकि, ऐसे कारोबार जो पारंपरिक लेखांकन का पालन करते हैं, वे ख़र्च की गई पूरी पूँजी को आय विवरण में व्यय के रूप में दिखाते हैं। बढ़ते हुए व्यवसायों में जहाँ ऐसे व्यय भी बढ़ रहे होंगे, अगर इस प्रकार का समायोजन किया जाता है तो इसका नतीजा होगा मालिक की आमदनी घोषित आमदनी से अधिक होना। यही कारण है कि निवेश विश्लेषण के लिए लेखांकन संख्याओं का प्रयोग हमेशा बुनियादी प्रारंभिक बिंदु के रूप में किया जाना चाहिए।

प्रतिस्पर्धी लाभ वाले व्यवसायों में जहाँ इस लाभ के और विस्तार पर पैसा ख़र्च किया जा रहा है और जहाँ इस ख़र्च का समायोजन किया गया है, उनमें आंतरिक मूल्य निर्धारित करने में मालिक की कमाई या आर्थिक कमाई का आँकड़ा उपयोग करने के लिए उपयुक्त है। इस आँकड़े के उचित मूल्य तक पहुँचने के लिए भविष्य में उसके अनुमानित मूल्य को कम करके आकलन करें।

कई बार घोषित आमदनी या लेखा बही मूल्यों पर आधारित पारंपरिक मूल्यांकन उपायों के परिणामस्वरूप प्रतिस्पर्धी लाभ वाले व्यवसाय के लिए मूल्य से आय (पीई) या मूल्य से बही (पीबी) अनुपात काफ़ी ज़्यादा दिखाई देता है और निवेशक इनको छोड़कर भारी ग़लतियाँ करते हैं, क्योंकि उनको लगता है कि इन व्यवसायों का मूल्यांकन ज़्यादा है। लेकिन, जैसा कि बफ़ेट ने कहा है :

> उपयुक्त हो या नहीं, ''मूल्य निवेश'' शब्द का व्यापक रूप से इस्तेमाल होता है। आमतौर पर इसका मतलब ऐसे स्टॉक की ख़रीदी को माना जाता है जिसका मूल्य- लेखा बही (पीबी), मूल्य- आय (पीई) अनुपात कम हो या लाभांश से

> अच्छी आय हो। लेकिन दुर्भाग्य से यह विशेषताएँ साथ-साथ होने पर भी यह निर्धारित नहीं करता कि निवेशक सचमुच में जो शेयर ख़रीद रहा है, वह उस क़ीमत के योग्य है या नहीं। और वह वास्तव में अपने निवेश का मूल्य हासिल करने के सिद्धांत पर चल रहा है या नहीं। *इसी तरह से किसी शेयर के मूल्य- लेखा बही (पीबी) अनुपात , मूल्य- आय (पीई) अनुपात ज़्यादा होना या लाभांश से कम आय होना भी किसी भी तरह से पूरी तरह से यह संकेत नहीं देते हैं कि उस शेयर की ख़रीदी बेहतर ''मूल्य निवेश'' नहीं है।*

मुख्य बात यह है कि जो व्यवसाय मध्यम गति से लेकिन बहुत लम्बी अवधि तक भी अपनी कमाई बढ़ाने वाले हैं, उनके बहुत ज़्यादा दिखाई देने वाले मूल्य-से-आय (पी/ई) गुणक जो मूल्य निवेशकों को निवेश करने से रोकते हैं, वास्तव में बहुत कम है। इसका अर्थ है कि यदि आप मजबूत प्रतिस्पर्धी लाभ वाले कारोबार को उस मूल्य पर ख़रीदते हैं जो ''मौजूदा आमदनी के आधार पर पूर्ण मूल्य'' प्रतीत हो रहा है तो आपकी पूँजी की ज़्यादा अधिक दर से चक्रवृद्धि होगी। इसमें ''उचित मूल्य'' वाले व्यवसाय से मिलने वाली कम दर से कहीं ज़्यादा वृद्धि होगी।

प्रतिस्पर्धात्मक लाभ अवधि (सीएपी) जितनी लम्बी होगी, व्यवसाय का मूल्य बाज़ार की सोच से कहीं अधिक होने की उतनी ही ज़्यादा संभावना होगी। स्थायी रूप से प्रतिस्पर्धी लाभ का बना रहना एक बड़ा कारक है। बाज़ार उन कंपनियों का पूरा आकलन नहीं कर पाता जिनके पास सचमुच मजबूत प्रतिस्पर्धी लाभ होता है। स्थायित्व के कारण अक्सर कंपनियां उम्मीद से ज़्यादा लम्बे समय तक अच्छा प्रदर्शन करती हैं। लम्बी अवधि के निवेश के लिए अपना ध्यान शुरुआती पी/ई गुणक की बजाय प्रतिस्पर्धा में लाभ की अवधि की ओर केन्द्रित करना चाहिए। और पी/ई गुणक को मूल्यांकन अभ्यास का परिणाम होना चाहिए ना कि मूल्यांकन क़वायद का कारण। सही परिप्रेक्ष्य से खाता बही के आँकड़ों का मूल्यांकन करना सफल निवेशक बनने के लिए महत्त्वपूर्ण है।

उदाहरण के लिए, किसी अधिग्रहण के लिए या स्थायी दीर्घकालिक अमूर्त संपत्तियों, जिनका मूल्य समय के साथ बढ़ता है, उनके लिए बहुत ज़्यादा भुगतान किया जाना सद्भावना को दर्शाता है। निवेशकों को इसका पता लगाना होगा, बही खातों का संधारण करने वाले लेखा कर्मचारी यह काम नहीं करेंगे। इसे ध्यान में रखते हुए आर्थिक कमाई के महत्त्वपूर्ण घटकों में से कुछ जैसे रखरखाव संबंधी पूँजीगत व्यय और कार्यशील पूँजी का मूल्यांकन करें।

मेरा मानना है कि बाज़ार हमेशा अपना विवेक दिखाता है और अधिक रखरखाव पूँजीगत व्यय वाली कंपनियों को कम मूल्यांकन प्रदान करता है, जो इस प्रकार अपनी प्रतिद्वंद्वी कंपनियों से देखने में सस्ती प्रतीत होती है। रखरखाव पूँजीगत व्यय का आँकड़ा वार्षिक रिपोर्ट या विश्लेषक मुलाक़ात या वार्षिक साधारण सभा की बैठकों में सीधे प्रबंधन से प्राप्त किया जाना चाहिए। (प्रबंधन जो कह रहा है और जो रिपोर्ट में दिया गया है, उसका मिलान ज़रूर करें) कुल पूँजी व्यय नक़द प्रवाह विवरण के निवेश अनुभाग में दिया जाता

है। सभी पूँजीगत व्यय जो विकास पूँजीगत व्यय नहीं है, वह निश्चित ही रखरखाव पूँजीगत व्यय होना चाहिए।

इसलिए यदि हम विकास पूँजीगत व्यय का अनुमान लगा सकते हैं, तो हम रखरखाव पूँजीगत व्यय का अनुमान भी लगा सकते हैं। कभी-कभी यह स्पष्ट होता है कि लगभग सभी पूँजीगत व्यय प्रतिस्पर्धी दबावों के कारण रखरखाव पूँजीगत व्यय होता है। उदाहरण के लिए बफ़ेट द्वारा अपनी कपड़ा मिलों को बंद करने जैसे मामले व्यापार जगत में आम हैं। इसलिए लेखाकारों की पूँजीगत व्यय की परिभाषा को उसी तरह से नहीं समझें जैसा बताया जा रहा है। लेखाकार मूल्यांकन नहीं करते; वे लेन-देन रिकॉर्ड करते हैं। वे किसी चीज़ को बिलकुल सटीक दिखाना पसंद करेंगे भले ही वह ग़लत हो। किसी व्यावसायिक लेनदेन को जिस तरह से रिकॉर्ड किया जाता है, उससे कोई घटना या मूल्य पर उसका प्रभाव नहीं बदलता है। उपलब्धता से जुड़े पूर्वाग्रह से बचने के लिए यह सवाल करें, ''क्या इस व्यय से भविष्य में आर्थिक कमाई में निरंतर वृद्धि होने की संभावना है?''

यदि मार्जिन या उत्पादकता लाभ को पूरी तरह से ग्राहक को हस्तांतरित किया जाना होता तो यह नहीं होता। यदि ठप मशीनरी की जगह दूसरी मशीन लगाने के लिए पूँजीगत ख़र्च किया जाता है तो यह कम्पनी को उसकी वर्तमान आमदनी की शक्ति को बनाकर रखने में मदद करेगा। यदि उद्योग में बहुत ज़्यादा प्रतिस्पर्धा है या यह ऐसा उद्योग है जहाँ बहुत जल्दी-जल्दी तकनीकी परिवर्तन होता है या मशीनें बहुत जल्दी पुरानी हो जाती हैं जिससे प्रतिस्पर्धा में बने रहने और अपने बचाव के लिए लगातार पूँजीगत ख़र्च की ज़रूरत होती है ताकि पुरानी तकनीक की जगह लेने के लिए नई तकनीक की खोज चलती रहे। या, अत्यधिक मुद्रास्फीति की अवधि के दौरान के पुराने लागत लेखांकन के कारण बही खातों में अवमूल्यन के लिए कम प्रावधान हुआ हो। इन सभी मामलों में विचाराधीन कम्पनी कोई वास्तविक लाभ नहीं कमाती है। जब हम इस प्रकार के लगातार पूँजीगत व्यय कार्यक्रमों पर ख़र्च धन राशि को पूँजीगत व्यय के रूप में नहीं बल्कि रखरखाव पूँजीगत व्यय के रूप में सही तरीक़े से देखते हैं तो हम यह जान पाएँगे कि अनिवार्य रूप से वहाँ मालिक की कोई कमाई नहीं है। और जब मालिक की कोई कमाई नहीं होती है, तो कोई मूल्य भी नहीं होता है।

यह हमेशा सत्य रहेगा, भले ही इस प्रकार के कारोबार के शेयर का मूल्य अस्थायी तौर पर अरबों डॉलर क्यों ना हो जाए। ऐसे समय में वित्तीय व्यवहार के लिए कींस की सौंदर्य प्रतियोगिता अवधारणा लागू हो जाती है। इसके अनुसार निवेश करने वाले उस शेयर के आधारभूत मूल्य पर उसकी क़ीमत का निर्धारण नहीं करते बल्कि इस आधार पर करते हैं कि दूसरे उस शेयर की क़ीमत के बारे में क्या सोचते हैं। या बाक़ी सभी लोग उसकी औसत क़ीमत का क्या अनुमान लगाएँगे। किसी विशिष्ट सेक्टर- या परिसंपत्ति श्रेणी में क़ीमतों में उछाल या जिसे बुलबुला बनना कहा जाता है, उस दौरान यह आम तौर पर देखा जाता है।

बुलबुला आर्थिक या वित्तीय से अधिक सामाजिक घटना है। लोग कुछ रोमांचक और नएपन का हिस्सा बनने के साझा अनुभव की लालसा रखते हैं। इन बुलबुलों की उत्पत्ति आमतौर पर ठोस आधार पर आधारित होती है जिसका अंततः ज़्यादा विस्तार हो जाता

है और वह व्यावहारिक से कहीं ज़्यादा दूर तक निकल जाता है। दूसरे शब्दों में, प्रत्येक बुलबुले के पीछे एक ठोस और मजबूत बुनियाद है जिसे उत्साहपूर्ण ढंग से बढ़ा-चढ़ा कर व्यक्त किया गया है। ग्राहम इस बारे में कहा भी करते थे कि शेयर बाज़ार में कैसे जो विचार प्रारंभ में सही थे, अंततः व्यावहारिक धरातल से बहुत दूर चले गए : ''आप बुरे विचार से ज़्यादा अच्छे विचार से कहीं अधिक परेशानी में पड़ सकते हैं। क्योंकि आप भूल जाते हैं कि अच्छे विचार की सीमाएँ हैं।''

बफ़ेट बताते हैं कि कैसे कुछ बहुत अधिक परिसंपत्ति केन्द्रित कारोबार जिनके मालिक की कोई कमाई नहीं होती, वे प्रतिबंधित आमदनी से राशि का वितरण शुरू करके मुसीबत में पड़ जाते हैं :

> सभी कमाई समान नहीं बनाई जाती हैं। कई व्यवसायों विशेष रूप से जिनमें विस्तृत संपत्ति/लाभ अनुपात हैं, उनमें महँगाई दर घोषित कमाई में से कुछ या सभी को वैकल्पिक बना देती है जिसे हम ''प्रतिबंधित'' कह सकते हैं। यदि व्यवसाय को अपनी आर्थिक स्थिति बरकरार रखनी है तो इस ''प्रतिबंधित'' हिस्से को लाभांश के रूप में वितरित नहीं किया जा सकता। यदि इस आमदनी को भुगतान किया जाए, तो व्यवसाय एक या अधिक क्षेत्रों में अपनी पकड़ खो देगा, जैसे : इसकी बिक्री की इकाई मात्रा को बनाकर रखने की क्षमता, इसकी दीर्घकालिक प्रतिस्पर्धी स्थिति, इसकी वित्तीय ताक़त। कोई कम्पनी यदि लगातार प्रतिबंधित आय वितरित कर रही है तो उसका ख़त्म हो जाना तय है जब तक कि उसमें बाहर से इक्विटी पूँजी का निवेश ना किया जाए। इससे कोई फ़र्क़ नहीं पड़ता कि उस कम्पनी का भुगतान अनुपात कितना संरक्षणवादी या पुराने ढर्रे का है।
>
> ऐसा नहीं है कि मालिकों को इस प्रतिबंधित आय की ज़रूरत नहीं होती है, लेकिन अक्सर इसे अलग रखना उनके लिए ज़रूरी होता है।

इस प्रकार की कंपनियों में ऋण जारी करना और हिस्सेदारी को कम करने जैसे क़दम आम होते हैं। नए निवेशक कम्पनी में पैसा लगाते रहते हैं लेकिन कभी भी कुछ भी बाहर नहीं निकाल पाते। और यदि कोई लाभांश भुगतान किया जाता है तो वह परिचालन नक़दी प्रवाह से नहीं बल्कि ऋण और इक्विटी निवेशकों द्वारा निवेश किए गए धन से किया जाता है। ये कंपनियाँ नए निवेशकों से मिलने वाले धन को पुराने निवेशकों को देकर एक तरह से पोंजी स्कीम की तरह काम कर रही हैं। बर्कशायर के पचासवें सालाना पत्र में बफ़ेट ने इस प्रकार की कंपनियों के बारे में विस्तार से बताया है :

> *चैन लेटर मॉडल* (चिट्ठियों की श्रृंखला के मार्फ़त धन भेजने की योजना) की तरह मूल्य से ज़्यादा क़ीमत वाले शेयरों को जारी करते रहने के आधार पर काम करने वाले व्यावसायिक मॉडल निश्चित रूप से धन का पुनर्वितरण तो करते हैं लेकिन वे दौलत का निर्माण नहीं करते। तब भी दोनों तरह की घटनाएँ हमारे देश में समय-समय पर होती रहती हैं। बल्कि ये प्रमोटरों का सपना भी होती हैं। हालाँकि अक्सर वे सावधानी के साथ कुछ रूप बदल कर और नक़ाब पहना कर

पेश की जाती हैं। लेकिन अंत हमेशा एक ही होता है : भोले-भाले लोगों का धन धोखेबाजों को मिलता है। लेकिन चैन लेटर मॉडल की तुलना में शेयरों में धन की ठगी बहुत ज़्यादा होती है।

बीपीएल और बर्कशायर ने कभी इस तरह की कंपनियों में निवेश नहीं किया है जो शेयर जारी करने पर आमादा रहती हों। इस तरह का बर्ताव अपने आप को किसी भी तरह से आगे बढ़ाने वाले प्रबंधन, कमज़ोर हिसाब-किताब, मूल्य से ज़्यादा क़ीमत वाले शेयर और अक्सर सरासर बेईमानी के निश्चित संकेतकों में से एक है।

ऐसे व्यवसायों पर मंगर ने भी अपनी राय रखी है :

बेंजामिन ग्राहम ''पूरी तरह से ठहरी हुई कम्पनी'' के बारे में चर्चा किया करते थे - एक ऐसी कम्पनी जिसने कभी भी मालिकों को कोई भुगतान करने या कम्पनी को बेचने या उसकी कुर्की करने को प्रतिबंधित कर दिया हो। और ग्राहम का प्रश्न था, ''ऐसा उद्यम किस काम का और इसका क्या मूल्य होगा?''

मुझे लगता है कि यह एक दिलचस्प मामला है, क्योंकि व्यवसाय का एक वर्ग है जहाँ अंततः समीकरण का ''कैश बैक'' वाला हिस्सा भ्रम ही रहता है। इस तरह के व्यवसाय हैं *जहाँ लगातार धन डालते जाते हैं, डालते जाते हैं लेकिन जहाँ से कोई नक़दी कभी वापस नहीं आती है।*

मालिक की कमाई की परिभाषा में कार्यशील पूँजी का घटक मूल्यांकन की क़वायद में महत्त्वपूर्ण बिन्दु है। किसी भी समय व्यवसाय में लगने वाली ऐसी अतिरिक्त पूँजी (स्थिर या कार्यशील) जिससे उत्पादन या विनिर्माण की इकाई मात्रा या बाज़ार हिस्सेदारी में वृद्धि ना होती हो तो उस धन राशि को ख़र्च के रूप में माना जाना चाहिए। जब प्रतिस्पर्धी स्थितियाँ कठिन होती हैं तो ऐसे ज़रूरी ख़र्च हमेशा बढ़ते रहते हैं। यह वृद्धि आमतौर पर आने वाले दिनों का चेतावनी संकेत होती है। यदि किसी व्यवसाय की भाव-ताव की ताक़त ग्राहकों या आपूर्तिकर्ताओं के पास जा रही हो तो फिर व्यवसाय को इकाई मात्रा और प्रतिस्पर्धी स्थिति के मामले में अपना अस्तित्व बनाए रखने के लिए ज़रूरी कार्यशील पूँजी में वृद्धि होगी। बफ़ेट के समीकरण में यह वृद्धि (सी) है और इसे कमाई पर शुल्क के रूप में देखा जाना चाहिए।

बेशक जब हम व्यवहार में ऐसा करते हैं, तो (सी) को (ए) और (बी) के योग से भी अधिक पाएँगे। इसका अर्थ है कि वास्तव में कोई भी कमाई नहीं है जिसका उल्लेख किया जा सकता हो। और अगर कोई वास्तविक कमाई नहीं है, तो वास्तविक मूल्य भी नहीं है। हालाँकि उस कारोबार का थोड़े समय के लिए बाज़ार मूल्य बहुत ही शानदार हो सकता है। जैसा कि बफ़ेट कहते हैं, ''कोई भी कारोबार जिसे अपने जीवनकाल में पूँजी का नुक़सान होता है, उसकी क़ीमत ख़त्म होती है, उसमें मूल्य का सृजन नहीं होता है। भले ही इसका अंतरिम मूल्यांकन कितना भी ऊँचा क्यों ना हो जाए।'' बफ़ेट ने जब देखा कि उनको कपड़े

के अपने कारोबार में कोई कमाई नहीं है तो उन्होंने इसे बंद कर दिया। उन्होंने अपनी गाढ़ी कमाई को बेकार जाने देने से रोक दिया।

कारोबार की पिछली आमदनी पर गौर करने की आम धारणा के विपरीत ग्राहम निवेश की *सुरक्षा का विश्लेषण* करते हुए भविष्य की कमाई के संबंध में चर्चा करने पर ज़्यादा ध्यान और समय लगाते हैं। वे यह जानने की कोशिश करते हैं कि भविष्य में कारोबार से प्रति वर्ष औसतन कितनी कमाई की उम्मीद कर सकते हैं। ग्राहम यह संकेत देते हैं कि मूल्यांकन कला का एक रूप है। किसी कारोबार के भविष्य के सभी नक़द प्रवाह के मौजूदा मूल्य के निर्धारण में उस कारोबार के सभी मूल अवयवों के सभी पक्षों पर गौर करना शामिल है, जैसे अन्य कारकों के साथ उसकी पूँजी की तीव्रता, कारोबारी मॉडल कितना लम्बा चलने वाला है, हिसाब किताब की मज़बूती, लाभप्रदता, प्रतिस्पर्धा की स्थिति, भविष्य की वृद्धि की संभावनाएँ और प्रबंधन भी शामिल है। सभी का वर्तमान मूल्य के साथ आकलन और तुलना की जाती है।

कुछ व्यवसायों का मूल्यांकन अन्य कारोबारों की तुलना में आसान होता है। नक़दी प्रवाह का पूर्व अनुमान लगाने की क्षमता एक महत्त्वपूर्ण कारक है। ग्राहम ने इसका उल्लेख किया है। उन्होंने कहा कि विश्लेषक को मूल्य विश्लेषण में बहुत उपयुक्त और कुछ कमतर उपयुक्त सुरक्षा और स्थितियों के बीच अंतर करने में सटीक फ़ैसला करना चाहिए। ऐसी धारणा है कि पिछला रिकॉर्ड भविष्य के लिए कम से कम मोटा- मोटा अनुमान तो देता है। अगर यह धारणा संदेहपूर्ण होती है तो विश्लेषण भी उतना सार्थक नहीं होगा।

दूसरे शब्दों में, ऐसे कारोबार का मूल्यांकन करना आसान होता है जिसका परिचालन और नक़दी प्रवाह स्थिर होता है बजाय ऐसे कारोबार के जिसके परिचालन में बहुत ज़्यादा अस्थिरता होती है। आंतरिक मूल्य स्पष्ट पूर्वानुमान के दौरान नक़दी प्रवाह के वर्तमान मूल्य और अंतिम कीमत के वर्तमान मूल्य का योग है। ऐसे नक़दी प्रवाह जिसका पहले से अनुमान कम लगाया जा सकता है, उसके लिए छूट देने की ज़रूरत होती है। यह हमें पूँजी लागत के आँकड़े के लिए उचित प्रारंभिक बिंदु के संबंध में चर्चा की ओर ले जाता है।

बफ़ेट और मंगर दोनों स्वीकार करते हैं कि किसी कम्पनी की पूँजी की लागत की गणना करना पूरी तरह से सटीक कला नहीं है जिसका परिणाम भी सटीक अनुमान के रूप में सामने नहीं आता है। यह 2003 की वार्षिक बैठक के दौरान उनकी टिप्पणियों में परिलक्षित होता है :

> *बफ़ेट :* चार्ली और मैं अपनी पूँजी की लागत नहीं जानते। यह प्रबंधन संस्थानों में सिखाया-पढ़ाया जाता है, लेकिन हमें संदेह है। हम तो अपने पास जो पूँजी है उससे सबसे बुद्धिमानी भरा काम करने के बारे में सोच सकते हैं। हम हर चीज़ को अपने पास उपलब्ध विकल्प के नज़रिये से देखते हैं। मुझे कभी भी ऐसी कोई पूँजीगत लागत की गणना दिखाई नहीं दी जो मुझे लगा हो कि यह बहुत उपयुक्त है। चार्ली, आपको क्या कभी ऐसा दिखाई दिया है?

> *मंगर :* कभी नहीं। यदि आप मैनकीव के अर्थशास्त्र के सर्वश्रेष्ठ पाठ को देखें तो वे भी कहते हैं कि बुद्धिमान लोगों के निर्णय अवसर लागत पर आधारित होते हैं। दूसरे शब्दों में, आपके विकल्प मायने रखते हैं। हम अपने सभी निर्णय इसी आधार पर लेते हैं। दुनिया कुछ अलग ही दिशा में जा रही है। यहाँ तक कि इक्विटी पूँजी की भी लागत देखी जा रही है। यह पूरी तरह से एक अनूठी दिमाग़ी गड़बड़ी है।

बीसवीं सदी के दौरान एसएंडपी 500 के दीर्घकालिक 9.7 फ़ीसदी के सालाना रिटर्न को बफेट और मंगर के तर्क से संकेत लेते हुए किसी निवेशक के लिए लम्बी अवधि की उचित प्रतिनिधि अवसर लागत के रूप में माना जा सकता है। प्रोफ़ेसर ब्रूस ग्रीनवाल्ड मूल्य निवेश की पढ़ाई कराते समय अक्सर छात्रों को बताते हैं, ''अवसर लागत के रूप में केवल 10 प्रतिशत का उपयोग करें। यह नज़दीकी आकलन है और यह गणित को आसान बनाता है।''

कम्पनी की क़ीमत की गणना करते समय पूँजी लागत के लिए 10 प्रतिशत को शुरुआती अनुमान के रूप में इस्तेमाल करना एक उचित मान्यता है। (अमेरिका से बाहर के देशों के निवेशक अपने-अपने देशों के दीर्घकालिक बाज़ार रिटर्न का आरंभिक बिन्दु के रूप में उपयोग कर सकते हैं।) *बाद में इस रिटर्न को किसी ख़ास कम्पनी के जोख़िम की विशेषताओं के आधार पर ज़्यादा या कम करके संशोधित किया जा सकता है।*

सबसे अच्छा परिणाम जो एक निवेशक तब प्राप्त करने की उम्मीद कर सकता है , जब व्यावसायिक मूल्यों का मूल्यांकन करने के लिए एक श्रंखला के साथ आना होता है । मूल्य और फिर बाज़ार द्वारा क़ीमत की पेशकश की प्रतीक्षा करें, सीमा के निचले सिरे से काफ़ी नीचे-यह आप दोनों को एक देता है यदि आपका विश्लेषण ग़लत है और उच्च रिटर्न है, तो सुरक्षा का मार्जिन यदि आप सही हैं तो अपने निवेश पर, यदि आप समझ सकते हैं व्यापार अच्छा है, तो आपके लिए तुरंत निर्णय लेना आसान होगा कि क्या स्टॉक ''स्पष्ट रूप से सस्ता'' या ''स्पष्ट रूप से महँगा'' के आधार पर है नैपकिन के पीछे की सरल गणना। *सुरक्षा विश्लेषण* पर चर्चा की गई मूल्य की एक श्रंखला की अवधारणा किसी कारोबार की क़ीमत मूल्यों का मूल्यांकन करते हुए निवेशक उसके विस्तृत मूल्य दायरे को सामने रखकर और फिर उसके बाज़ार में भाव दायरे के निम्नतम स्तर पर आने का इंतज़ार करे। इस तरह से वह शानदार नतीजों की उम्मीद कर सकता है। इससे विश्लेषण ग़लत होने पर भी निवेश सुरक्षित रहने की सर्वाधिक संभावना रहती है। और सही होने पर निवेश पर अच्छा ख़ासा रिटर्न मिलता है। यदि आप कारोबार को अच्छी तरह से समझ सकते हैं तो बहुत ही सरल हिसाब- किताब और गणना से यह निर्णय लेना बहुत आसान होता है कि शेयर की क़ीमत ''बिलकुल साफ़ तौर पर सस्ती'' या ''बिलकुल साफ़ तौर पर महँगी'' है। *सिक्योरिटी एनालिसिस* में मूल्य के दायरे की अवधारणा के संबंध में चर्चा की गई है :

> यह महत्त्वपूर्ण है कि किसी प्रतिभूति के विश्लेषण में उस प्रतिभूति के ठीक-ठीक आंतरिक मूल्य का निर्धारण करने की कोशिश नहीं की जाती है। उदाहरण के लिए एक बाँड के संरक्षण या किसी शेयर की ख़रीदी को औचित्यपूर्ण ठहराने के लिए विश्लेषण में केवल यह स्थापित करने की ज़रूरत है कि मूल्य सही है।

> ऐसे उद्देश्यों के लिए आंतरिक मूल्य का अनिश्चित और अनुमानित आकलन भी पर्याप्त हो सकता है।

इससे हम इस नतीजे पर आ सकते हैं कि ग्राहम की मंशा कभी भी किसी कारोबार की क़ीमत को जानने के लिए आंतरिक मूल्य को एकमात्र बिन्दु की तरह देखने की नहीं थी। बल्कि, उन्होंने इसे ज़्यादातर मूल्य की अवधारणा के रूप में देखा। वास्तव में सिक्योरिटी एनालिसिस के 1934 के संस्करण में ग्राहम आंतरिक मूल्य की अवधारणा के लचीलेपन पर चर्चा करते हुए इसे *''बहुत ही काल्पनिक 'अनुमानित मूल्य के दायरे' के रूप में बताते हैं, जो अनिश्चितता के बढ़ने के साथ और व्यापक होता जाएगा।''*

किसी कम्पनी के भविष्य के नक़दी प्रवाहों का अनुमान और आंतरिक मूल्य की गणना करते हुए निवेशक को स्वाभाविक रूप से अनिश्चित भविष्य से निपटने के लिए विभिन्न संभावित परिदृश्यों पर विचार करने की ज़रूरत होती है। संवेदनशीलता का विश्लेषण कर बहुत सारे आंतरिक मूल्य पेश किए जा सकते हैं जिनमें भावी नक़दी प्रवाह के एक या अधिक घटकों के संबंध में मान्यताओं में समय के साथ बदलाव बदलती रहती है। हरेक स्थिति के लिए भिन्न, अलग वर्तमान मूल्य अनुमान सामने आएगा और निवेशक के सामने संभावित आंतरिक मूल्यों की विस्तृत श्रृंखला हो सकती है।

जो मूल्य केन्द्र के सबसे क़रीबी होंगे, वे उन अनुमानों का प्रतिनिधित्व करते हैं जो निवेशक की मान्यता के अनुसार कम्पनी का वास्तविक आंतरिक मूल्य होने की सबसे ज़्यादा संभावना है। जबकि सबसे अंत में दिए गए अनुमानित मूल्य, उन परिदृश्यों को बताते हैं, जिनके बारे में निवेशक का मानना है कि उसने घटित होने की संभावना कम है। अनिश्चितता बढ़ने के साथ संभावित आंतरिक मूल्यों का दायरा भी बढ़ता जाता है। कम्पनी के नक़दी प्रवाह के समय, अवधि, मात्रा या वृद्धि के बहुत अनिश्चित होने पर अनुमान भी कई सारे हो सकते हैं।

जब संभावित परिणाम बहुत व्यापक दायरे में हों तो परिदृश्य विश्लेषण और (ए) आधार स्थिति, संभावना 60 प्रतिशत; (बी) आशावादी स्थिति, संभावना 10 प्रतिशत; और (सी) निराशावादी स्थिति, संभावना 30 प्रतिशत; जैसे अनुमानों की गणना करना और फिर स्टॉक का भारित औसत मूल्य निकालना मूर्खतापूर्ण है। यह इस तरह से काम करने जैसा होगा कि कोई छह फ़ीट लम्बा आदमी जिसे तैरना नहीं आता, वह पाँच फ़ीट औसत गहराई की नदी को चलकर पार करने का प्रयास कर रहा हो। वह भूल जाता है कि गहराई कहीं चार फ़ीट है तो कहीं बारह फ़ीट – और वह डूब जाएगा। तमाम संभावनाओं को नज़रअंदाज करना मूर्खता है। तेल जैसे व्यवसाय, या कोई भी व्यवसाय जिसमें पृथ्वी की गहराई से सामग्री निकालना होता है, उनमें कई तरह की संभावनाएँ बनती हैं।

प्रत्येक व्यवसाय का अर्थशास्त्र अलग है। सभी कमाई बराबर नहीं बनाई गई हैं। कम पूँजी वाले व्यवसाय, जैसे मूडीज़ जिसमें कम निवेश की ज़रूरत होती है, की दस डॉलर की कमाई ज़्यादा पूँजी वाले कारोबार जैसे कि जनरल डायनैमिक्स की उतनी ही कमाई से ज़्यादा मायने रखते हैं। ऐसे में निवेशक को दोनों के पूँजीकरण को अलग-अलग तरह से

देखना चाहिए। किसी कारोबार के भावी नक़दी प्रवाह को हासिल करने के लिए कितना भुगतान करना है, यह निर्णय करने के लिए निवेशकों को हरेक व्यवसाय की आमदनी की क्षमता के साथ ही उसकी भविष्य की संभावनाओं को भी देखना होगा।

कई उद्यमी यह मानते हैं कि ऐसा नहीं है कि किसी को घाटा या नुक़सान होगा, तभी आप दौलत बना सकते हैं और यदि वे नैतिकता पूर्ण व्यवहार करते हैं, तो उनका व्यवसाय अनैतिक कारोबार करने के मुक़ाबले कई गुना ज़्यादा फलेगा-फूलेगा और उनके कारोबार के स्टॉक का मूल्य बहुत ज़्यादा होगा। अधिक क़ीमत का स्टॉक केवल कारोबार का मूल्य ही नहीं बढ़ाता है बल्कि यह प्रबंधन को अधिग्रहण के माध्यम से संगठन के बाहर जाकर वृद्धि करने के लिए शानदार माध्यम बनता है, जहाँ उसे अपनी हिस्सेदारी को बहुत ज़्यादा घटाना भी नहीं पड़ता है। जब ए स्टॉक के लिए बी का अधिग्रहण करता है, तो हमेशा ही इसका मतलब होता है कि ए, बी की ख़रीदी के लिए हिस्सेदारी बेच रहा है।

व्यवसाय कमाई करते हैं, लेकिन कमाई के गुणक बाज़ार तय करता है। कोई व्यवसाय जो सभी हितधारकों के हित में संचालित हो रहा है तो अन्य बातें अपरिवर्तित रहने पर वह उस कारोबार से कहीं ज्यादा मूल्यवान है जो पूरी तरह से नियंत्रित स्टॉकधारकों के हित में चलाया जा रहा हो। पूर्व में बफ़ेट ने इस महत्त्वपूर्ण पहलू का उल्लेख किया है: ''निवेशकों को ऐसे व्यवसाय के लिए अधिक भुगतान करना चाहिए जो ऐसे प्रबंधन के हाथों में हो जिसका शेयरधारक के प्रति झुकाव प्रमाणित हो, ना कि ऐसे कारोबार में जो स्वार्थी प्रबंधन के हाथों में हो और जिसका संचालन किसी अन्य हित में हो रहा हो।''

मूल्यवान निवेश का भ्रमजाल

सस्ते में प्रतिभूतियाँ ख़रीदने, उनके ''आंतरिक मूल्य'' पर वापस आने का इंतज़ार करने, उनको बेचकर लाभ कमाने के बाद किसी दूसरे मौक़े की तलाश में जुट जाने वाली वैल्यू इन्वेस्टर की पारंपरिक मानसिकता ग़लत है।

आज की त्वरित सूचना और तेज़ गति से नवाचार वाली दुनिया में सस्ती प्रतिभूतियाँ और अधिक भ्रमजाल प्रतीत होती हैं। अक्सर वे तकनीकी बाधाओं और लम्बी अवधि की गिरावट से ग्रस्त होती हैं। तेज़ी के साथ पूँजी को एक जगह से निकालकर दूसरी जगह लगाना कर-पश्चात रिटर्न के लिए भारी दबाव पैदा करता है। इसके अलावा, वर्तमान में जिन असाधारण नवाचार वाले एस-वक्रों के हम गवाह बन रहे हैं, उनसे निर्मित प्रचुर अवसरों की बजाय इस तरह के अवसरों पर ध्यान केन्द्रित करने की हमें भारी अवसर लागत उठानी पड़ती है।

– मार्सेलो लीमा

अधिकांश समय उच्च पी/ई स्टॉक से कम पी/ई स्टॉक की ओर भागते रहना ग़लत साबित होता है। मूल्य जाल बहुत ज़्यादा और सर्वव्यापी हैं। मैं बाज़ार की समझदारी का सम्मान

करना सीख गया हूँ। जो स्टॉक जिस स्तर पर कारोबार कर रहा है, उसके पीछे कोई न कोई कारण है। उच्च गुणवत्ता का स्टॉक महँगी क़ीमत की ओर बढ़ता है और घटिया या ख़राब गुणवत्ता का शेयर अक्सर सस्ते (या हानिकारक शेयर ''तुलनात्मक आधार के मुक़ाबले'') में मिल जाता है। इस बाज़ार का बड़ा सबक़ सीखने में मुझे कई साल लग गए : महँगा किसी कारण से महँगा है और सस्ता किसी कारण से सस्ता है।

शेयर बाज़ार में, क़ीमतें आमतौर पर तेज़ चलती हैं और आँकड़ों के संबंध में दी जाने वाली जानकारी उसके बाद पीछे-पीछे आती है। (उदाहरण के लिए, सूचीबद्ध कंपनियों द्वारा जारी ऋण के संबंध में डिफ़ाल्ट की संभावना का उस कम्पनी के शेयर की क़ीमतों से ज़्यादा सटीक संकेत पहले ही मिल जाता है। डिफ़ाल्ट को शामिल करते हुए रेटिंग एजेंसियों की रेटिंग बाद में आती है। एक स्थिर बाज़ार में शेयर की गिरती क़ीमत अक्सर अक्सर किसी कम्पनी के बुनियादी ढाँचे के बिगड़ने का पूर्व संकेत दे देती है। ख़रीदने से पहले इस बारे में सोचें। गिरावट के दौर का सामना कर रहे स्टॉक में निवेश करने से बचें। यदि उद्योग की परिस्थितियाँ तेज़ी से प्रतिकूल होती जाती हैं तो जो सस्ता प्रतीत होता है या अपेक्षाकृत सस्ता होता है, वह सस्ता बना रह सकता है। बेतुकी गिरावट शेयर को सस्ता बनाती है। तर्कसंगत गिरावट स्टॉक को अधिक महँगा बनाती है। महँगे बाज़ारों में उच्च लाभांश देने वाले कई शेयरों में अंततः निवेशक फँस कर रह जाते हैं और अपनी दौलत को ख़त्म करते हैं। जब बिना किसी स्पष्ट कारण के कोई शानदार मूल्य वाले शेयर की क़ीमत ज़्यादा मात्रा में ख़रीदफ़रोख़्त के साथ गिरती हुई दिखाई देती है तो उस पर ध्यान दें। यह मूल्य का भ्रमजाल हो सकता है। मूल्य का भ्रमजाल ऐसे व्यवसाय हैं जो सस्ते दिखते हैं लेकिन वास्तव में महँगे हैं। यह बहुत सारे अलग-अलग कारणों से हो सकता है :

- **कमाई का समय चक्र :** कम पी/ई का स्टॉक सस्ता दिखाई दे सकता है, क्योंकि हो सकता है कि उस समय पर व्यवसाय को समय चक्र के कारण ऊँची आय का लाभ मिल रहा हो। लेकिन यदि समय चक्र के आधार पर समायोजित किया जाए तो वास्तव में हो सकता है कि सामान्य स्थिति में पी/ई वास्तव में कम ना हो।
- **ऐप जोख़िम :** अतीत की कमाई की क्षमता के आधार पर एक टैक्सी कम्पनी का शेयर सस्ता लग सकता है, लेकिन उबर के आने तक ही यह लाभ बना रह सकता है।
- **प्रबंधन द्वारा ख़राब पूँजी आवंटन :** हो सकता है कि बाज़ार किसी कारोबार को उसकी कमाई से कम गुणक देकर सही तरीक़े से दंडित कर रहा हो, क्योंकि प्रबंधक ख़राब परियोजनाओं में नक़दी को बर्बाद कर रहे हों और इस तरह की बर्बादी के आगे भी रुकने की कोई संभावना नज़र नहीं आ रही हो।
- **नियम-क़ायदों के पालन संबंधी मुद्दे :** किसी बदमाश के कारोबार के लेखा-बही में घोषित बड़ी मात्रा में नक़दी को देखते हुए उसका शेयर बहुत

सस्ता प्रतीत हो सकता है। लेकिन वह नक़दी ग़लत तरीक़े से दूसरे मक़सदों के लिए निकाल कर ख़त्म की जा सकती है। सामाजिक उद्देश्यों के लिए या संदिग्ध प्रवर्तकों के स्वामित्व में चलाए जा रहे व्यवसाय की लेखा-बही में रखी नक़दी को शून्य मानकर चलें। आंतरिक मूल्य में लाभ अक्सर निवेशकों के वास्तविक रिटर्न में प्रतिबिंबित नहीं होते हैं, क्योंकि अंदरूनी सूत्र लाभ को अपनी ओर खींच लेते हैं। याद रखें, मानव स्वभाव बदलता नहीं है। किसी बदमाश में अचानक कर्तव्य की भावना नहीं पैदा होती है। थॉमस फ़ेल्प्स के शब्दों को मन में रखें : ''याद रखें एक व्यक्ति जो आपके लिए चोरी करेगा, वह आपसे भी चोरी करेगा।'' ऐसे प्रबंधनों के साथ साझेदारी करने से बचें, भले ही इसकी क़ीमत अवसर खोकर चुकानी पड़े। अवसर को पूँजी के रूप में ना भुना पाने के अनुमानित नुक़सान की भरपाई किसी भी समय की जा सकती है। लेकिन अंततः एक बदमाश के साथ साझेदारी से होने वाली हानि स्थायी होती है और इसी पूर्ति नहीं की जा सकती है।

अध्याय 19

निवेश में तीन सबसे अहम तत्व

मानवीय चूक, बदक़िस्मती या जटिल, अप्रत्याशित और तेज़ी से बदलती दुनिया में बहुत ज़्यादा उतार-चढ़ाव के लिए गुंजाइश रखते हुए प्रतिभूतियों को उनके अंतर्निहित मूल्य से काफ़ी कम क़ीमत पर ख़रीदे जाने पर ही एक सुरक्षित मार्जिन हासिल होता है।

– सेत क्लारमन

आज बहुत चर्चित शेयरों के लिए अत्यधिक क़ीमत देने वाले निवेशकों को भविष्य में संभावित रिटर्न के संबंध में अतीत से कुछ अहम सबक़ सीख सकते हैं। आज के उड़ान भरने वाले शेयरों के भविष्य की संभावनाओं की पड़ताल के लिए निफ़्टी फिफ़्टी के दौर पर नज़र दौड़ाते हैं। यह निवेशकों के चरम उत्साह का एक दौर था। निफ़्टी फिफ़्टी 1972 में अपने चरम पर था। निफ्टी फिफ्टी के युग के बारे में प्रोफेसर जेरेमी सीगल का यह ब्योरा इससे अनजान लोगों की आँखें खोलने वाला है :

> निफ़्टी फिफ़्टी ज़ेरॉक्स, आईबीएम, पोलेरॉइड और कोका-कोला जैसे उड़ान भर रहे प्रमुख शेयरों का समूह था। यह शेयर 1970 के दशक की शुरुआत में वित्तीय संस्थाओं को बहुत प्रिय थे। इन सभी स्टॉक का वृद्धि का, लाभांश में लगातार बढ़ोतरी (वस्तुतः दूसरे विश्व युद्ध के बाद से किसी ने भी अपने लाभांश में कटौती नहीं की थी), और *बहुत अधिक बाज़ार पूँजीकरण का प्रमाणित रिकॉर्ड था। बहुत अधिक बाज़ार पूँजीकरण की इस अंतिम विशेषता के कारण संस्थानों को इन शेयरों की क़ीमतों को प्रभावित किए बिना बड़ी मात्रा में ख़रीदने में आसानी होती थी।*

तालिका 19.1 निफ़्टी फिफ़्टी के रिटर्न, 1972 से आरंभ

'महँगे' निफ़्टी फिफ़्टी शेयर

				कुल क्रमिक वार्षिक रिटर्न (% में)		
कम्पनी	**सिंबल**	**शुरुआती पी/ई**	**10 वर्ष**	**20 वर्ष**	**30 वर्ष**	**40 वर्ष**
मैकडोनाल्ड्स	एमसीडी	85.7	1.75%	12.06%	11.53%	12.17%
इं. फ़्लेवर्स ऐंड फ्रेगरेंसेज़	आईएफ़एफ़	75.8	−5.24%	6.93%	5.50%	5.87%
वाल्ट डिज़्नी	डीआईएस	81.6	−3.78%	10.81%	9.40%	9.12%
जॉनसन ऐंड जॉनसन	जेएनजे	61.9	1.72%	10.48%	13.38%	10.62%
कोका कोला	केओ	47.6	−6.93%	11.83%	11.52%	9.98%
एलि लिली	एलएलवाई	46,	−0.72%	8.26%	11.17%	7.99%
मर्क	एमआरके	45.9	−0.23%	14.31%	13.11%	9.75%

Source: Lawrence Hamtil, "Price Is What You Pay; Value Is What You Get—Nifty Fifty Edition," Fortune Financial (blog), May 24, 2018, http://www.fortunefinancialadvisors.com/blog/price-is-what-you-pay-value-is-what-you-get-nifty-fifty-edition.

निफ़्टी फिफ़्टी को लेकर अक्सर एक-निर्णय वाला स्टॉक कहा जाता था : ख़रीदें और कभी ना बेचें क्योंकि उनकी संभावनाएँ बहुत उज्ज्वल थीं। अनेक विश्लेषकों ने दावा किया कि वे केवल एक - ऊपर की- ही दिशा में जा सकते थे। उन्होंने बहुत सारे लोगों को अमीर बना दिया था। शायद ही कुछ ऐसे निवेशक हों जो इन स्टॉक को ख़रीदने के लिए अपने धन प्रबंधक को दोष दे सकते थे। यदि कोई निवेशक हो तो बहुत कम ही अमीर बन सका उन्हें ख़रीदने के लिए किसी धन प्रबंधक को दोष देना। उस समय किसी भी निवेशक को दुनिया की प्रतिष्ठित कंपनियों के शेयरों की क़ीमतें आमदनी से 50, 80 या सौ गुना तक होने पर भी ग़लत जान नहीं पड़ रही थीं।

धन प्रबंधन फ़र्म फ़ॉर्चून फ़ाइनेंशियल के लॉरेंस हैमटिल ने महँगे निफ़्टी फिफ़्टी शेयरों के जून 1972 से लेकर अगले चालीस वर्ष के रिटर्न की गणना की है। तालिका 19.1 में उनके निष्कर्ष दिए गए हैं।

> हैमटिल के अनुसार – मेरा मानना है कि इस अभ्यास से यही सबक़ मिलता है कि निवेशक जब भी शेयर ख़रीद रहे हों तो उसके आरंभिक मूल्यांकन के प्रति सदैव सचेत रहना चाहिए। *कुछ अपवादों को छोड़ दें तो आख़िरकार बहुत उच्च मूल्यांकन वापस नीचे अपने उचित स्तर पर लौटेंगे। अक्सर इस बीच में उनका प्रदर्शन ख़राब रहता है। यह सच मालूम होता है चाहे नया व्यवसाय कितना ही क्रांतिकारी प्रतीत होता हो और इससे कोई फ़र्क़ नहीं पड़ता कि आप उसमें कितनी क्षमता देखते हैं।* निस्संदेह, यदि आप अपने शेयरों को कई दशकों तक अपने पास बनाए रखने के प्रति दृढ़ हैं तो लम्बी अवधि के रिटर्न के लिए मूल्यांकन वास्तव में उतना मायने नहीं रखता है। लेकिन यह तब है जब आप अपनी प्रतिबद्धता का पालन करें। कई वर्षों तक घटिया प्रदर्शन के चलते यह कहना जितना आसान है, करना उतना ही कठिन है।

तेज़ गति से उत्पादन करने वाले अंततः दिग्गज कारोबार या धीमी गति से उत्पादन करने वाले बन जाते हैं। इस तकलीफ़देह बदलाव के कारण निवेशकों का एक दशक तक बर्बाद हो सकता है। इस दौरान मूल्यांकन में गिरावट से स्टॉक सपाट या स्थिर रहता है या एक दायरे में कारोबार करता रहता है। बाज़ार हमें बार-बार यही सिखाता है कि एक महान कम्पनी और एक महान स्टॉक के बीच अंतर होता है।

> अगर किसी निवेशक ने शानदार कम्पनी के शेयर की पहले ही बहुत अधिक क़ीमत पर ख़रीदी कर ली गई है तो आने वाले एक दशक में उसके बेहतर कारोबारी प्रदर्शन से क़ीमत में वृद्धि से मिलने वाले लाभ से वह वंचित रह सकता है।
>
> – वॉरेन बफ़ेट

> मैं मानता हूँ कि मानव जाति के दुखों का एक बड़ा हिस्सा उनके द्वारा चीज़ों के मूल्यों के ग़लत अनुमान और अपनी इच्छाओं के लिए बहुत ज़्यादा मूल्य चुकाने का नतीजा होता है।
>
> – बेंजामिन फ्रैंकलिन

कभी-कभी, हमारे पास लम्बे समय से रखे गए शेयरों की क़ीमत इतनी ज़्यादा बढ़ जाती है और बेतुकी दिखाई देने लगती है कि हमें उसे तुरंत बेच देने में समर्थ होना चाहिए। बिना किसी झिझक या संदेह के। लेकिन मानसिक रूप से यह आसान नहीं होता, क्योंकि क़ीमतें बढ़ने से निवेशक को बड़ा लाभ होता है जिससे लालच भी बढ़ जाता है और मूल्यांकन के "पारंपरिक" तरीक़ों को दरकिनार करने की प्रवृत्ति बढ़ जाती है।

निवेश में लम्बे समय तक मध्यम लेकिन स्थिर दर से चक्रवृद्धि केवल एक या दो साल के लिए बेहतर प्रदर्शन की तुलना में काफ़ी बेहतर है। औसत का तरीक़ा बहुत ज़्यादा भ्रामक हो सकता है, इसलिए हमें हमेशा ज्यामितीय प्रगति का उपयोग करना चाहिए और यदि हम रिटर्न को सही तरीक़े से समझना चाहते हैं तो चक्रवृद्धि वार्षिक वृद्धि दर (सीएजीआर)

देखना चाहिए। समझें कि रिटर्न सही तरीक़े से आता है। एक निवेशक को पाँच साल तक 14 प्रतिशत का औसत वार्षिक रिटर्न (20 प्रतिशत, 40 प्रतिशत, 20 प्रतिशत, –50 प्रतिशत, और 40 प्रतिशत) मिलता है और दूसरे को पाँच साल तक लगातार 9 प्रतिशत औसत वार्षिक रिटर्न मिलता है तो दूसरी स्थिति बेहतर है। फ़रवरी 2018 कि स्थिति में कम से कम 10 करोड़ रुपये के विशुद्ध लाभ वाली केवल पाँच प्रतिशत सूचीबद्ध कंपनियों की आमदनी में ही पिछले 10 वर्षों में 20 प्रतिशत से अधिक सीएजीआर से वृद्धि हुई है। इसके मुक़ाबले 55 प्रतिशत कंपनियों की कमाई में गिरावट हुई है। क्योंकि कमाई लम्बी अवधि में रिटर्न लाती है। इससे यह पता चलता है कि धन को स्थायी आधार पर 20 प्रतिशत से अधिक दर से बढ़ाना कितना कठिन है। (कुछ वर्षों के लिए 100 प्रतिशत का सीएजीआर हासिल करना सराहनीय है, लेकिन छह दशकों तक 20 प्रतिशत का सीएजीआर हासिल करना वॉरेन बफ़ेट बनाता है। उन्होंने यह सबसे लम्बे समय तक करके दिखाया और सबसे बड़े विजेता बने।)

लम्बी अवधि में निवेश की सफलता बना रखना चुनौतीपूर्ण है। एक–दो साल का तेज़ी का बाज़ार बहुत से निवेशकों को मूर्ख बना देता है और वे कुछ और ही मुग़ालता पाल लेते हैं। पैसा कमाने में काफ़ी कम समय लगता है, लेकिन यह सीखने में पूरी ज़िंदगी लग जाती है कि पैसा कैसे ना गँवाया जाए। ''उल्टी चक्रवृद्धि'' से बचने के लिए निवेश का संरक्षण ज़रूरी है। लगातार दो वर्षों तक 20 प्रतिशत कमाने वाला एक स्थिर निवेशक उस तेज़तर्रार नए खिलाड़ी से आगे निकल जाता है जो बाज़ार में तेज़ी वाले साल में 100 प्रतिशत कमा लेता है लेकिन बाद के वर्षों में 30 प्रतिशत या ज़्यादा गँवा देता है। (अधिकांश अनुभवहीन निवेशक इस कठोर गणित को दर्दनाक तरीक़े से सीखते हैं जब तेज़ी का दौर बीतने के बाद ख़राब स्टॉक अंततःबुरी तरह से टूट जाते हैं, और तब जाकर वे बेहतर गुणवत्ता के शेयरों में निवेश के महत्त्व को समझते हैं। एक साल का बड़ा नुक़सान अतीत की सारी मेहनत और त्याग पर पानी फेर सकता है। उदाहरण से इसे समझें। अगर आप दो वर्षों तक प्रति वर्ष 15 प्रतिशत रिटर्न प्राप्त करते हैं और तीसरे वर्ष 15 प्रतिशत का नुक़सान हो जाता है तो आपका सीएजीआर केवल 4.0 प्रतिशत है। यदि आप तीन वर्षों तक प्रति वर्ष 15 प्रतिशत रिटर्न लेते हैं और फिर चौथे साल में 15 प्रतिशत का घाटा होता है तो आपका सीएजीआर घटकर 6.6 प्रतिशत रह जाता है। और यदि आप चार साल तक प्रति वर्ष 15 प्रतिशत कमाते हैं लेकिन पाँचवें साल में 15 प्रतिशत की हानि होने पर आपका सीएजीआर घटकर 8.3 प्रतिशत हो जाता है। रिटर्न के बड़े आँकड़ों में यह अंतर और भी अधिक स्पष्ट हो जाता है। यदि आप दो साल तक 30 प्रतिशत रिटर्न लाते हैं लेकिन तीसरे साल में 30 प्रतिशत का नुक़सान हो जाता है तो आपका सीएजीआर सिर्फ़ 5.8 फ़ीसदी होता है। यदि आप तीन साल के लिए प्रति वर्ष 30 प्रतिशत कमाते हैं और फिर चौथे वर्ष 4 में 30 प्रतिशत की हानि होती है तो आपका सीएजीआर घटकर 11.4 प्रतिशत हो जाता है। और यदि आप तेज़ी के बाज़ार के चार वर्षों में प्रति वर्ष 30 प्रतिशत कमाते हैं लेकिन पाँचवें साल में 30 प्रतिशत का घाटा होता है तो आपका सीएजीआर 14.9 प्रतिशत तक कम हो जाता है।

बफ़ेट ने लोगों को अपने धन को सुरक्षित रखने के दो नियम बताए हैं :

पहला नियम – कभी भी धन नहीं गँवाएँ।

दूसरा नियम – पहले नियम को कभी भी नहीं भूलें।

ब्रेंट बेशोर ने बफेट् से बर्कशायर की निवेश के संबंध में तय गहन प्रक्रिया के बारे में जानना चाहा। बफ़ेट ने उत्तर दिया, ''क़ीमत ही मेरा गहन परिश्रम है।'' यह उनके निवेश दर्शन की सबसे स्पष्ट अभिव्यक्ति थी। बफ़ेट बेहद धैर्यवान और अनुशासित हैं। यदि भुगतान की गई क़ीमत और प्राप्त मूल्य के संबंध में कोई सौदा बहुत क़रीब तक भी आ जाता है, तब भी बफ़ेट संयमित बने रहते हैं। बफ़ेट के निवेश मानदंड की अनेक शर्तें हैं। वह तब तक किसी भी प्रतिभूति को नहीं ख़रीदते हैं जब तक कि कई सुविधाजनक बिन्दुओं से विचार करके सुरक्षा का पर्याप्त मार्जिन नहीं देख लेते। अवसर के सिर्फ़ अविश्वसनीय होने की ज़रूरत होती है।

जब आप कम मूल्यों पर किसी शेयर की ख़रीदी करते हैं तो अच्छा रिटर्न पाने के लिए आपको बहुत अच्छी चीज़ों के होने की ज़रूरत नहीं होती है। कम्पनी के बारे में भले ही कोई बुरी ख़बर भी आती है तो तो चूँकि शेयर की क़ीमत पहले ही कम होती है तो प्रतिकूल ख़बर का सीमित प्रभाव होता है। इसके विपरीत यदि कोई अच्छा समाचार आता है तो अत्यधिक सकारात्मक परिणाम मिलता है।

निवेशकों की बिरादरी भी ''अत्यधिक मूल्यवान'' (संख्यात्मक रूप से सस्ती प्रतिभूतियाँ) और ''उचित मूल्य पर वृद्धि'' (उच्च गुणवत्ता वृद्धिकारक) के बीच काफ़ी विभाजित है। ये सच है कई निवेशक उचित मूल्य पर बढ़िया व्यवसाय ख़रीदकर और उन्हें लम्बे समय तक अपने पास रखकर अच्छी कमाई कर लेते हैं। वहीं अन्य निवेशक औसत या औसत गुणवत्ता के सस्ते स्टॉक ख़रीदकर और उनके उचित मूल्य तक बढ़ने के बाद बेचकर लाभ कमाते हैं। वे समय के साथ नए-नए अवसरों की तलाश कर इसे दोहराते रहते हैं।

शैलियाँ भिन्न हैं, लेकिन उतनी भिन्न भी नहीं हैं जितनी अधिकांश लोग बताते हैं। उपयोग की जाने वाली युक्तियाँ भिन्न हैं, लेकिन उद्देश्य एक समान है- वास्तविक मूल्य से कम में कुछ ख़रीदने की कोशिश करना या कम जोख़िम वाले सस्ते शेयर की तलाश करना। दोनों ही रणनीतियाँ ग्राहम के सुरक्षित मार्जिन के सिद्धांत के केवल दो अलग-अलग पक्ष हैं।

गुणवत्ता समय के साथ सुरक्षा मार्जिन को बढ़ाती है

यदि आप किसी शेयर को लम्बी अवधि के लिए रखने की योजना बनाते हैं, तो इससे पूँजी पर रिटर्न की जो दर प्राप्त होती है और जिस पर पुनर्निवेश किया जा सकता है, वह उस रेटिंग से अधिक महत्त्वपूर्ण है जिस पर आप ख़रीदते या बेचते हैं।

– टेरी स्मिथ

शेयर के वास्तविक मूल्य और वर्तमान क़ीमत के बीच के अंतर से सुरक्षा का मार्ज़िन हासिल किया जा सकता है। व्यवसाय की गुणवत्ता से भी यह प्राप्त किया जा सकता है। उदाहरण के लिए यदि अन्य सभी बातें समान हैं तो सालाना 18 प्रतिशत की दर से आंतरिक मूल्य को बढ़ाने वाला कारोबार, 6 प्रतिशत सालाना की दर से अपने मूल्य को बढ़ा रहे व्यवसाय से कहीं अधिक काबिलियत रखता है। क्योंकि पूँजी को कई गुना करने वाले उच्च गुणवत्ता कारोबार को लम्बी अवधि तक बनाए रखने पर उसका मूल्य कमतर गुणवत्ता वाले व्यवसाय से ज़्यादा होता है। वह सुरक्षा का व्यापक मार्जिन प्रदान करता है।

संख्यात्मक रूप से सस्ती प्रतिभूतियों (जिन्हें ''सिगार बट्स'' यानी सिगरेट के जले हुए हिस्से के रूप में भी जाना जाता है) में निवेश करने में हर गुज़रते दिन के साथ अंतरनिहित कारोबार का आर्थिक मूल्य गिरता चला जाता है। यह निवेश को समय के विरुद्ध एक दौड़ की तरह बना देता है। निवेशकों के रूप में हमारा लक्ष्य फ़ैसलों को न्यूनतम करना और अप्रत्याशित त्रुटियों की संभावना को कम करना है। समय के साथ बढ़ते आंतरिक मूल्य वाले व्यवसाय में निवेश करना कहीं ज़्यादा लाभदायक है, क्योंकि इससे यदि हम ग़लत होते हैं तो हमें उसका अंजाम भुगतने के लिए ज़्यादा मार्जिन मिल जाता है और यदि सही होते हैं तो अधिक रिटर्न।

1975 में *फ़ाइनेंशियल एनालिस्ट जर्नल* में ''द लूज़र्स गेम'' शीर्षक से लेख में चार्ल्स डी. एलिस बताते हैं कि किस तरह से निवेश में भी अच्छे और बुरे टेनिस खिलाड़ियों द्वारा अपनाया गया दृष्टिकोण देखा जाता है। लेख में एलिस, सिमोन रैमो की *''एक्स्ट्राऑर्डिनरी टेनिस फ़ॉर द ऑर्डिनरी टेनिस प्लेयर''* किताब में अध्ययन का हवाला देते हैं। अध्ययन से पता चला, और जैसा कि एलिस ने अपने लेख में लिखा है, ''पेशेवर खिलाड़ी अंक जीतते हैं; शौकिया खिलाड़ी अंक गँवाते हैं।''

शौकिया टेनिस पर का यह मामला उसी तरह है कि बहुत सारे निवेशक किस तरह से निवेश करते हैं। अधिकांश दौलत अनायास ही होने वाली ग़लतियों से ख़त्म होती है। यदि निवेशक अगले सफल दाँव पर हाथ आज़माने की कोशिश करने की बजाय अप्रत्याशित त्रुटियों को कम करने पर ध्यान देते तो उनके मुनाफ़े में चमत्कारिक लाभ होता। यह शौकिया टेनिस चैंपियन की तरह है जो इसलिए जीतता है, क्योंकि उसने सबसे कम ग़लतियाँ की हैं। लेकिन ज़रूरी नहीं है कि ज़्यादातर फ़ोरहैंड खेलने वाले जीत ही जाएँ। एलिस की दृष्टि में टेनिस की तरह ही निवेश हारने वाले का खेल है। खेल में विजेता केवल कम ग़लतियाँ करके बेहतर दीर्घकालिक परिणाम के साथ निकल कर सामने आते हैं। हारने वालों को नुक़सान ही होता है, क्योंकि वे बार-बार वही ग़लतियाँ दोहराते हैं। सभी से नई ग़लतियाँ होती हैं, लेकिन महान निवेशक पुरानी ग़लतियों को बहुत कम ही दोहराते हैं।

कुल मिलाकर शेयर बाज़ार लम्बी अवधि में सकारात्मक नतीजे देता है। इस तरह की प्राकृतिक अनुकूल हवा के प्रवाह के साथ लम्बी अवधि के लिए निवेश करना इस खेल में विजेता बनना है। निवेश में अनायास ग़लतियों को कम करने का एक तरीक़ा है सावधानीपूर्वक उन व्यवसायों का चयन करें जिनके हम मालिक बनना चाहते हैं। बाज़ार में सनसनी मचा रहे किसी स्टॉक का पीछा करते हुए अटकलों में दाँव लगाने की बजाय कुछ

ठोस दीर्घावधि निवेश का चुनाव करना निवेशकों को ज़्यादा फ़ायदा देता है। (अल्पकालिक लाभ के लिए हर हफ्ते नए-नए दोस्त बनाने की बजाय कुछ अच्छे, लम्बी अवधि के मित्र रखना बेहतर है।) क़ीमत और मूल्य के बीच का अंतर ही अंततः हमारे रिटर्न का निर्धारण करेगा। लेकिन सही व्यवसाय चुनना संभवतः ग़लतियों को कम करने की दिशा में सबसे महत्त्वपूर्ण क़दम है। पैटर्न को पहचानने के हुनर में सुधार से निवेश के लिए सही व्यवसाय की सफलता से पहचान करने की संभावना बढ़ जाती है।

इसमें कोई संदेह नहीं है कि छोटे-छोटे स्टॉक ''सिगार बट्स'' में थोड़े समय के लिए गुणवत्तापूर्ण स्टॉक के प्रदर्शन को पछाड़ देने की क्षमता है। लेकिन समय के साथ बढ़ते आंतरिक मूल्य वाली कंपनियाँ लम्बी अवधि में ही स्पष्ट विजेता होती हैं। एक या दो साल में ही बेचकर निकल जाना है तो बहुत शानदार कारोबार के लिए ऊँची क़ीमत का भुगतान करना भी कोई बहुत फ़ायदे का सौदा नहीं होता है। लेकिन अगर आप अपने स्टॉक को लम्बी अवधि जैसे कि पाँच साल, दस साल या उससे भी ज़्यादा समय तक अपने पास रखने की योजना बना रहे हैं तो सुरक्षित निवेश का मार्जिन तय करते समय सस्ते शुरुआती मूल्यांकन के मुक़ाबले में गुणवत्ता ''बहुत अधिक महत्त्वपूर्ण'' हो जाती है। यह एक महत्त्वपूर्ण निष्कर्ष पर है : कमोडिटी, चक्रीय और विशेष स्थितियों वाले अल्पकालिक अवसरों में निवेश करते समय क़ीमत और किसी भी परिसंपत्ति के समय के साथ औसत मूल्य पर लौटने के सिद्धांत (मीन रिवर्शन थ्योरी) की ओर ज़्यादा ध्यान दें। लेकिन लम्बी अवधि के चक्रवृद्धि देने वाले स्टॉक में निवेश करते समय सबसे ज़्यादा कारोबार और प्रबंधन की गुणवत्ता पर ध्यान दें।

उदाहरण के लिए, भारत में कुछ कमतर गुणवत्ता वाले सार्वजनिक क्षेत्र के बैंक का शेयर बही मूल्य के 30 से 40 प्रतिशत पर ख़रीदना उस समय फ़ायदे का सौदा हो जाता है, यदि और जब शेयर का पुनर्मूल्यांकन बही मूल्य के 100 प्रतिशत पर हो जाता है। लेकिन उच्च-गुणवत्ता, बेहतर प्रबंधन वाली एचडीएफ़सी बैंक जैसी कम्पनी के शेयर के लिए बही मूल्य का तीन गुना भी भुगतान करना पड़ता है तो दस या पंद्रह साल या उससे अधिक समय में इसके बेहतर परिणाम मिलना चाहिए। (इक्विटी और वृद्धि में समान रिटर्न वाले दो बैंकों के बीच, मैं उच्च पीबी (मूल्य-से-बही) मूल्यांकन को दो कारणों से प्राथमिकता दूँगा : (1) भविष्य में इक्विटी को कम किए बिना वृद्धि पूँजी उपलब्ध होगी, और (2) उच्च पीबी (मूल्य-से-बही) मूल्यांकन बेहतर जोख़िम आकलन के हुनर, मजबूत आंतरिक प्रक्रियाओं तथा क़र्ज़ की बेहतर स्थिति जैसे प्रकट ना किए जाने वाले महत्त्वपूर्ण पहलुओं को दर्शाती है।

> ग्राहम के अनुयायी के रूप में हमने शुरुआत की जो अच्छी रही। धीरे-धीरे हमें, जिसे मैं बेहतर अंतर्दृष्टि कहूँगा, वह प्राप्त हो गई। और हमें अहसास हुआ कि बही मूल्य के दो या तीन गुना कीमत पर बाज़ार में उपलब्ध शेयर भी बेहतरीन सौदा हो सकता है। इसके पीछे उसकी स्थिति में निहित गति, कभी-कभी इसके साथ किसी व्यक्ति या किसी अन्य में या किसी व्यवस्था या अन्य में मौजूद असामान्य प्रबंधन कौशल जैसे कारण हो सकते हैं।
>
> – चार्ली मंगर

ग्राहम और डोड के निवेशक सुरक्षित निवेश मार्जिन के लिए परिसंपत्ति मूल्य के सापेक्ष कम क़ीमत या एएए बाँड के रिटर्न के मुक़ाबले ज़्यादा कमाई की शक्ति को देखते हैं। व्यवसाय या प्रबंधन की गुणवत्ता की ओर कम ध्यान दिया जाता है। वॉरेन बफ़ेट-चार्ली मंगर- फ़िल फ़िशर के निवेशक के लिए सुरक्षित निवेश का मार्जिन किसी कारोबार की लम्बे समय के दौरान निरंतर आधार पर निवेशित पूँजी पर उच्च रिटर्न देने की क्षमता है। यह क्षमता शीर्ष पर बैठे असाधारण प्रबंधकों द्वारा प्रतिस्पर्धा में लम्बे समय तक चलने वाले लाभ से निर्मित होती है। यदि निवेशकों को लगता है कि भविष्य की आमदनी काफ़ी अधिक होगी तो वे गुणवत्ता के लिए चालू वर्ष की आमदनी के कई गुना तक का भुगतान करने में संकोच नहीं करते हैं।

ग्राहम और डोड के निवेशकों का विश्वास है कि अच्छे व्यवसाय भी प्रतिकूल हालात से गुज़रते हैं और बुरे कारोबारों के साथ कभी कुछ अच्छा भी होता है जिससे कोई भी परिसंपत्ति औसत मूल्य की ओर वापस आती है। वहीं बफ़ेट-मंगर-फ़िशर निवेशक बुनियादी रूप से मजबूत तरीक़े से बढ़ने वाले, यानी लम्बे समय तक अतिरिक्त रिटर्न बनाए रखने की उच्च संभावना वाले व्यवसायों में निवेश करते हैं। मूल्य निवेशकों की बिरादरी में ये दो विचारधाराएँ (औसत मूल्य पर लौटना विरुद्ध लम्बे समय तकअतिरिक्त रिटर्न बनाकर रखना) अक्सर टकराती हैं। अधिकांश व्यवसायों के लिए परिसंपत्ति का औसत मूल्य पर वापस आना लागू होता है, लेकिन कुछ असाधारण कारोबारों के लिए यह लम्बे समय के बाद प्रारंभ होता है और तब तक बुनियादी गतिशीलता बनी रहती है। हालाँकि बेंजामिन ग्राहम को बड़े मूल्य निवेशक के रूप में ही जाना-पहचाना जाता है, लेकिन केवल एक वृद्धिकारक शेयर जीईआईसीओ से हुआ लाभ उनके करियर के पूरे अन्य निवेशों को मिलाने पर भी ज़्यादा था। 1948 में ग्राहम के भागीदारी निवेश उपक्रम (ग्राहम न्यूमैन) ने 7,12,000 डॉलर में जीईआईसीओ की 50 प्रतिशत हिस्सेदारी ख़रीदी थी। 1972 तक इसकी क़ीमत 40 करोड़ डॉलर थी। ग्राहम ने पीटर लिंचियन का 500 गुना का स्कोर हासिल किया था। बाद में उन्होंने लिखा, ''बड़ी विडंबना है कि निवेश के इस अकेले निर्णय से प्राप्त होने वाले मुनाफ़े ने 20 वर्षों के दौरान भागीदारी के उपक्रम द्वारा विशेषज्ञता वाले क्षेत्रों में बहुत अधिक पड़ताल, अंतहीन विचार विमर्श, और ढेरों लोगों के निर्णयों से हासिल किया था।''

> शेयर बाज़ार आम तौर पर कंपनियों का मूल्यांकन इस धारणा पर करते हैं कि उनका रिटर्न पूर्ववत हो जाएगा जो कि अनुचित नहीं है। ऐसे में जिन कारोबारों के रिटर्न के साथ ऐसा नहीं होता है, उनका मूल्य कम बना रह सकता है। एक निवेशक के लिए यह अवसर होता है।
>
> – फ़ंडस्मिथ इक्विटी फ़ंड ओनर मैनुअल

जून 2013 के क्रेडिट सुइस के शोध दस्तावेज़ के लेखकों ने मजबूत सबूत दिए हैं जो बफ़ेट के निवेशित पूँजी पर मालिक को उच्च आय प्रदान करने वाली स्थापित पृष्ठभूमि की कंपनियों में निवेश करने के सिद्धांत का समर्थन करते थे। (लेखकों ने इसके लिए ''निवेश पर नक़दी प्रवाह रिटर्न'' की विधि का उपयोग किया।) उन्होंने 1993 से 2013 तक दुनिया भर की

सैकड़ों फ़र्मों को देखा। 1993 से शुरू करके इन सभी कंपनियों की तिमाहियों को विभाजित कर लिया। सबसे ख़राब प्रदर्शन वाली कंपनियों को "Q1" में रखा गया और निवेश पर सबसे अधिक नक़दी प्रवाह रिटर्न देने वाली कंपनियों को ""Q4++" श्रेणी में डाला गया। इसके बाद शोधकर्ताओं ने हरेक फ़र्म के पाँच साल की अवधियों के दौरान प्रदर्शन स्तरों के बीच ऐतिहासिक परिवर्तन के द्वारा निवेश पर नक़दी प्रवाह रिटर्न की दृढ़ता या उसके क़ायम रहने का निर्धारण किया और अपने नतीजे पेश किए। यह तालिका 19.2 में दिए गए हैं।

तालिका 19.2

बदलाव की संभावना %

		अंतिम चतुर्थक			
		Q1: --	Q2: -	Q3:+	Q4:++
प्रारंभिक चतुर्थक	Q1: --	**56**	27	11	6
	Q2: -	28	**40**	23	8
	Q3:+	13	28	**39**	20
	Q4:++	9	12	28	**51**

Source: Credit Suisse, "Was Warren Buffett Right: Do Wonderful Companies Remain Wonderful?" HOLT Wealth Creation Principles, June 2013, https://research-doc.credit-suisse.com/mercurydoc?language=ENG&format=PDF&document_id=1019433381&serialid=*EMAIL_REMOVED*&auditid=1182867.

बोल्ड किए गए नंबर कंपनियों के पाँच साल की क्रमिक अवधियों के दौरान अपने-अपने तिमाही प्रदर्शन के स्तरों पर बने रहने की संभावना को बताते हैं।

ये नतीजे हमें कुछ बताते हैं :

1. परिचालन प्रदर्शन ऐसे ही नहीं आया है यदि यह रैंडम होता, तो सभी संभावनाएँ 25 प्रतिशत के क़रीब होतीं। हमें क़ीमतों के औसत की ओर लौटने के बहुत कम सबूत मिले हैं।
2. सबसे अच्छा प्रदर्शन करने वाली कंपनियों की सबसे अच्छा प्रदर्शन करने वाली कंपनियों में बने रहने की संभावना 51 प्रतिशत थी और सबसे ख़राब प्रदर्शन करने वाली कम्पनी के सबसे ख़राब प्रदर्शन करने वाली कम्पनियों में बने रहने की 56 प्रतिशत संभावना थी ।
3. बड़े व्यवसायों में बड़ा बने रहने की ही प्रवृत्ति होती है या वे अच्छे बन जाते हैं। इसकी 79 प्रतिशत मिलीजुली संभावना रहती है। एक अच्छे व्यवसाय के सबसे ख़राब प्रदर्शन करने वाले कारोबारों के समूह में शामिल होने की केवल नौ प्रतिशत संभावना होती है।

4. ख़राब व्यवसाय ख़राब ही बने रहते हैं, या थोड़े बेहतर हो जाते हैं। लेकिन तब भी औसत से कमतर रहते हैं। इसकी संयुक्त संभावना 83 प्रतिशत रहती है। सबसे कमज़ोर व्यवसाय के ''सर्वोत्तम प्रदर्शन'' वाले कारोबार की श्रेणी में बदल जाने की केवल 6 फ़ीसदी संभावना है।

अध्ययन के लेखक ब्रायंट मैथ्यूज और डेविड हॉलैंड अंत में यह सार पेश करते हैं : कंपनियों की लाभ की स्थिति उनके साथ बनी रहने वाली होती है। शानदार कंपनियों में शानदार ही बने रहने का रुझान होता है, और ख़राब कंपनियाँ पिछड़ेपन में ही उलझकर रह जाती हैं। हमारे अनुभव आधारित प्रमाण बताते हैं कि कंपनियों को लम्बे समय के लिए पूरी तरह से बदल देना कठिन है...

> चक्रीय उद्योगों की फ़र्मों की तुलना में रक्षात्मक उद्योगों में कंपनियों का लाभ अधिक क़ायम रहता है। हालाँकि प्रदर्शन में दृढ़ता अत्यधिक महत्त्वपूर्ण बनी हुई है और इस प्रकार से कोई भी उद्योग हो व्यवसाय की प्रतिष्ठा बनी रहती है...
>
> *उत्कृष्ट लाभप्रदता वाली कंपनियाँ, पूँजी पर सबसे ख़राब रिटर्न वाली कंपनियों से बेहतर प्रदर्शन करती हैं। यदि शानदार गुणवत्ता वाली फ़र्मों को उचित मूल्य पर ख़रीदा जाए तो प्रदर्शन बेहतर से और बेहतर होता जाता है।*

इस अध्ययन का मुख्य निष्कर्ष यह है कि सफल व्यवसायों के रूप में मान्यता प्राप्त होने के बाद भी Q4++ श्रेणी के कारोबारों ने लम्बी अवधि में उत्कृष्ट निवेश परिणाम देना जारी रखा। लेकिन अगर बाज़ार ''कुशल'' होते तो ऐसा नहीं होना चाहिए था। ऐसे शेयरों की बोली उस मूल्य तक लगाई जानी चाहिए थी, जहाँ तक ख़रीदार असाधारण रिटर्न अर्जित नहीं कर सका था। लेकिन उन्होंने ऐसा किया। बाज़ार बेहतरीन गुणवत्ता के कारोबारों की क़ीमत को प्रणालीगत तरीक़े से लम्बे समय तक कम बनाकर रखता है।

यह ना केवल इस अध्ययन में बल्कि कई अन्य अनुभव से भी सिद्ध हो चुका है। वित्तीय अर्थशास्त्री रॉबर्ट नोवी-मार्क्स ने 1963 और 2010 के बीच न्यू यॉर्क स्टॉक एक्सचेंज की फ़र्मों को और 1990 और 2009 के बीच अंतरराष्ट्रीय फ़र्मों पर गौर किया। उन्होंने उच्च प्रदर्शन की यही दृढ़ता ना केवल व्यावसायिक मूल घटकों में बल्कि शेयर बाज़ार के रिटर्न में भी पाई : ''आज अधिक लाभदायक कंपनियाँ कल और अधिक लाभदायक कंपनियाँ होंगी। हालाँकि यह भविष्य में उनके स्टॉक की क़ीमतों में दिखाई देता है। बाज़ार व्यवस्थित रूप से वर्तमान में इसे कम करके आँकते हैं, जिससे उनके शेयर तुलनात्मक रूप से सौदेबाजी के लिए सस्ते दिखाई देते हैं- कच्चे हीरे की तरह।

ग्राहम से फ़िशर तक बफ़ेट की तरक़्क़ी

गहन मूल्य निवेशक से ''गुणवत्ता के लिए भुगतान करने'' के इच्छुक निवेशक में बफेट के बदलाव को इन वर्षों के दौरान उनकी विचार प्रक्रिया के विकास के अध्ययन

से सबसे अच्छी तरह समझा जा सकता है। निम्न उद्धरणों में इसे अभिव्यक्त किया गया है :

> कोई सुविख्यात प्रतिष्ठित प्रबंधन जब किसी घटिया बुनियादी अर्थशास्त्र की छवि वाले कारोबार को सँभालता है तो उस कारोबार की छवि क़ायम रहती है।
>
> 35 साल से मेरी अपनी सोच में काफ़ी बदलाव आया है। उस समय मुझे मूर्त संपत्ति को देखना और उसके पक्ष में रहना और ऐसे व्यवसाय से दूर रहना सिखाया गया था जिनका मूल्य काफ़ी हद तक आर्थिक सद्भावना पर निर्भर था। इस पूर्वाग्रह के कारण मुझसे कई कारोबारी चूक हुईं। हालाँकि इसकी तुलना में ग़लतियाँ कम हुईं...
>
> अंततः इस प्रत्यक्ष और अप्रत्यक्ष व्यावसायिक अनुभव से मैं उन व्यवसायों को अब मजबूती से प्राथमिकता देने लगा हूँ जिनमें बहुत ज़्यादा टिकाऊ सद्भावना बनी हुई है और जो न्यूनतम मूर्त संपत्ति का इस्तेमाल करती है।
>
> एक अद्भुत क़ीमत पर एक उचित कम्पनी को ख़रीदने की तुलना में एक अद्भुत कम्पनी के कारोबार को उचित मूल्य पर ख़रीदना कहीं बेहतर है। चार्ली जल्दी यह समझ गया; मैं धीमी गति से सीखता था। लेकिन अब कंपनियाँ या सामान्य स्टॉक ख़रीदते समय हम अव्वल दर्जे के प्रबंधन वाली अव्वल दर्जे के कारोबार की तलाश करते हैं।

सौदेबाजी पर हमेशा ही उच्च गुणवत्ता समय के साथ भारी पड़ती है। हालाँकि निश्चित रूप से अपवाद होते हैं लेकिन लम्बे समय में, क़ीमत पर सौदेबाजी कभी भी ठोस निवेश के प्रदर्शन से बेहतर नहीं होती। इस सरल लेकिन गहन सिद्धांत को जीवन के हर क्षेत्र में लागू किया जा सकता है। क्रैश डाइट, प्रतिस्पर्धी को ख़त्म करने के लिए मूल्य तय करना, बेईमानी, और शॉर्टकट कुछ समय के लिए अच्छा काम कर सकते हैं, लेकिन वे कभी टिकाऊ नहीं होते।

अध्याय 20

पूँजी चक्र से जुड़ा है कमोडिटी और चक्रीय स्टॉक में निवेश

प्रतिभूतियों के औसत ख़रीदार के लिए वास्तव में अच्छी गुणवत्ता वाले शेयरों के लिए बहुत अधिक क़ीमत चुकाने का जोख़िम बड़ा ख़तरा नहीं है। कई वर्षों की समझ ने हमें सिखाया है कि निवेशकों को बड़ा नुक़सान ख़राब गुणवत्ता वाली प्रतिभूतियों को उनके कारोबार के अनुकूल समय में ख़रीदने से होता है। ख़रीदार वर्तमान की अच्छी आमदनी को ''आमदनी की उसकी शक्ति'' के रूप में ले लेते हैं और उस दौलत को सुरक्षा के समकक्ष मान लेते हैं।

–बेंजामिन ग्राहम, *द इंटेलिजेंट इन्वेस्टर*

1955 में बेंजामिन ग्राहम को बैंकिंग और मुद्रा पर अमेरिकी सीनेट समिति के सामने शेयर बाज़ार की स्थिति पर बयान दर्ज कराने के लिए पेश होना पड़ा। ग्राहम और समिति अध्यक्ष के बीच कुछ इस तरह की चर्चा हुई:

अध्यक्ष : आपके सामने जब कोई ऐसी विशेष परिस्थिति आती है और आप फ़ैसला करते हैं। उदाहरण के लिए कोई प्रतिभूति आप 10 डॉलर में ख़रीद सकते हैं और इसका मूल्य 30 डॉलर का है और आप इसे ख़रीद लेते हैं। फिर आपको तब तक इसके वास्तविक मूल्य का अहसास नहीं हो पाता जब तक बहुत से अन्य लोग यह तय नहीं कर लेते कि इसकी क़ीमत 30 डॉलर है। यह प्रकिया किस तरह से होती है– विज्ञापन, या किस तरह से यह होता है?

ग्राहम : यह हमारे व्यवसाय के रहस्यों में से एक है। मेरे साथ–साथ हर किसी के लिए यह एक रहस्य है। हम अनुभव से जानते हैं कि आख़िरकार बाज़ार मूल्य के अनुसार चलता है। इसे किसी न किसी तरीक़े से इसका अहसास होता है।

ऐसे शेयर जिसके मूल्य का कम आकलन किया गया है, उसके अपने उचित मूल्य के स्तर तक बढ़ने के संबंध में प्रश्न पर ग्राहम का जवाब शेयर के औसत क़ीमत पर लौटने की प्रक्रिया के सार को प्रस्तुत करता है। लेकिन इस पुनर्मूल्यांकन के पीछे की वजह क्या है? इसके लिए पूँजी चक्र की समझ ज़रूरी है। पूँजी चक्र इस पर आधारित है कि उच्च रिटर्न की अधिक संभावना पूँजी को आकर्षित करेगी (जिससे कड़ी प्रतिस्पर्धा होती है) जिस तरह से कम रिटर्न पूँजी को दूर धकेलता है। इससे पूँजी में आने वाले उतार-चढ़ाव स्टॉकधारकों के दीर्घकालिक रिटर्न को प्रभावित करते हैं जो अक्सर इस तरह से होते हैं जिनका पूर्वानुमान लगाया जा सकता है- इसे पूँजी चक्र कहा जाता है।

कमोडिटी और चक्रीय वस्तुओं में निवेश करते समय ऐसे उद्योगों की तलाश करें जो गिरावट के बड़े दौर में हों और पूँजी के लिए तरस रहे हों। इसके बाद इस सेक्टर के भीतर अलग-अलग कंपनियों के बुनियादी आँकड़ों और उनके बर्ताव का विस्तृत विश्लेषण कर ऐसे शेयरों को तलाशना चाहिए जो आंतरिक मूल्य से बहुत कम दाम पर बाज़ार में उपलब्ध हैं। अब यह पड़ताल करें कि चुनिंदा कंपनियों का क़र्ज़ चुकाने लायक़ है या नहीं। साथ ही क्या वे गिरावट के इस दौर में एक-दो साल और अपना अस्तित्व बनाए रख सकती हैं। फिर उद्योग की कुछ कंपनियों के दिवालिया होने या अपने कारख़ाने बंद करने का इंतज़ार करें। यह सब होने के बाद जब पूरी तरह निराशा छाई हो तब ख़रीदारी शुरू करें। जैसे-जैसे समय का पहिया घूमे, और ख़रीदारी करें।

निवेश को लेकर पूँजी चक्र तरीक़े की विरोधाभासी और दीर्घकालिक प्रकृति को देखते हुए इस रणनीति में दृढ़ भिन्न धारणा और लम्बी अवधि तक शेयरों को बनाकर रखना शामिल है। इस प्रकार का अनुशासित और धैर्यवान गहन मूल्य निवेश दृष्टिकोण चक्र के अंत में पलटने पर निवेशकों को जोख़िम-समायोजित उच्च रिटर्न दिलाता है।

वित्तीय इतिहासकार और निवेश रणनीतिकार एडवर्ड चांसलर के अनुसार पूँजी चक्र निवेश वृद्धि या मूल्य के हिसाब पर आधारित रणनीतियों की तुलना में अधिक लाभदायक है। चांसलर की किताब *कैपिटल रिटर्न्स : इन्वेस्टिंग थ्रू द कैपिटल साइकिल* निवेश में पूँजी चक्र के दृष्टिकोण के मूलभूत सार को पेश करती है।

पूँजी चक्र में ख़तरे के संकेत

भले ही हम किसी उद्योग में अचल संपत्तियों में होने वाले बदलावों की सक्रिय रूप से निगरानी नहीं कर सकते, तब भी पूँजी चक्र से संबंधित बुलबुले के संकेतों की तलाश कर सकते हैं। चांसलर ख़तरे के संकेतों के कई उदाहरण देते हैं :

- **निवेश बैंकों की गतिविधियों की ओर नज़र रखें कि वे क्या कर रहे हैं।** चांसलर कहते हैं "निवेश बैंक निवेशक के दुश्मन हैं"। ऐसे उद्योग जिनमें निवेशक बैंकों की बहुत ज़्यादा गतिविधियाँ रहती हों, उनसे सावधान रहें। जैसे विलय और अधिग्रहण, प्रारंभिक सार्वजनिक पेशकश (आईपीओ), और क़र्ज़ के लिए रक़म जुटाना (विशेषकर उच्च ब्याज के साथ)। आईपीओ

पूँजी आवंटन का निर्णय होता है जो अक्सर किसी कम्पनी या उद्योग में क्षमता के निर्माण की जानकारी देता है। चांसलर का कहना है कि अमेरिकी ऊर्जा कंपनियों के द्वारा 2016 में जंक-बॉन्ड (ख़राब रेटिंग वाली क़र्ज़ प्रतिभूति) जारी करने में वृद्धि ऐसा संकेत था कि निवेशकों को इस सेक्टर से किनारा कर लेना चाहिए था।

- **निवेशकों के उन्माद से सावधान रहें।** विषय विशेष पर निवेशक सम्मेलन और विश्लेषकों, समाचार चैनलों, व्यावसायिक पत्रिकाओं, और अख़बारों में उद्योग के संबंध में ख़बरों में तेज़ वृद्धि।
- **किसी उद्योग में पूँजी निवेश के उच्च स्तर पर नजर रखें।** यह निवेशकों को नुक़सान पहुँचाने वाले पूँजी चक्र का सबसे सीधा संकेत है।
- **संपत्ति, शेयर गणना, क़र्ज़ उगाहना, पूँजीगत व्यय-से-मूल्यह्रास अनुपात, और लाभप्रदता (मार्जिन और पूँजी पर रिटर्न)** जैसे मापदंडों की निगरानी करें। इनमें से किसी भी मापदंड में तेज़ वृद्धि चेतावनी का संकेत है।

चांसलर कहते हैं, ''आपको रिटर्न नष्ट करने के लिए आपूर्ति को बढ़ाने की ज़रूरत नहीं है; पूँजीगत ख़र्च आसानी से यह कर देगा।'' किसी उद्योग में पूँजी के प्रवाह के आने या बाहर जाने का सावधानीपूर्वक अध्ययन करें। निवेशक अक्सर इस ओर ध्यान नहीं देते। वे हाल की माँग के आधार पर महज माँग का विस्तार करते हैं और यह नहीं जोड़ते कि एक ही समय में कितनी आपूर्ति आ रही है। अज्ञात माँग का सटीक पूर्वानुमान लगाना कठिन है और मानव स्वभाव को देखते हुए अनुमानों में आशावादी पक्ष की ओर झुकाव की ग़लती होने की प्रवृत्ति होती है। प्रसिद्ध रणनीतिकार रसेल नेपियर अक्सर कहते रहे हैं कि विश्लेषक अपना 90 प्रतिशत समय माँग के बारे में सोचने में बिताते हैं और केवल 10 प्रतिशत ही आपूर्ति पक्ष के बारे में सोचते हैं। जबकि अधिकांश उद्योगों में आसानी से उपलब्ध कई कठिन मापदंडों के माध्यम से आपूर्ति का सटीक पूर्वानुमान लगाया जा सकता है और नई आपूर्ति के ऑनलाइन आने में थोड़ा समय लगता है।

अपनी किताब के परिचय में, चाँसलर पूँजी चक्र-आधारित निवेश रणनीति की मजबूती को प्रदर्शित करने के लिए डेटा भी देते हैं। सोसाइटी जेनरल के एंड्रयू लैपथोर्न के शोध का हवाला देते हुए चांसलर बताते हैं कि 1990 से 2015 तक शेयरों के वार्षिक रिटर्न का परिसंपत्ति वृद्धि से लगभग बिलकुल विपरीत संबंध रहा है। कंपनियाँ जितना अधिक परिसंपत्तियों में निवेश करती हैं, शेयरधारकों के लिए रिटर्न उतना ही बुरा होता है।

चांसलर के अनुसार शोध, ''इस नतीजे की ओर बढ़ रही है कि वैल्यू स्टॉक से ऐतिहासिक रूप से मिलने वाला अतिरिक्त रिटर्न और ग्रोथ स्टॉक से कम रिटर्न की प्राप्ति परिसंपत्ति वृद्धि से संबद्ध है। उससे स्वतंत्र नहीं है।'' चांसलर के अनुसार मुख्य अंतर्दृष्टि यही है कि वैल्यू बनाम ग्रोथ का विश्लेषण करते समय, ''कम्पनी और सेक्टर दोनों स्तरों पर परिसंपत्ति वृद्धि को ध्यान में रखना ज़रूरी है।'' वह शोध का हवाला देते है जिसमें बताया गया है कि पूँजी निवेश पर नियंत्रण के बाद मूल्य प्रभाव ग़ायब हो जाता है।

ऐसे निवेशक क्या करें जिनका स्वभाव ही मंदी की लम्बी अवधि के दौरान कमोडिटी और समय चक्र से चलने वाले शेयरों में निवेश करने और उसे बनाए रखने का ना हो? चीनी, ग्रेफ़ाइट इलेक्ट्रोड, स्टील, होटल इत्यादि कमोडिटी और समय चक्र पर चलने वाले शेयरों के समय चक्र की अवधि अन्य की तुलना में लम्बी होती है जिससे निवेशकों के पास थोड़ा देर से प्रवेश करने और फिर भी चक्र की शेष अवधि के दौरान काफ़ी धन कमाने का वक्त होता है। कई बार आमदनी में बुरी तरह से पिछड़ जाने और विश्लेषक अनुमानों में भारी कटौती के बाद भी कमोडिटी या समय चक्र आधारित शेयर वास्तव में ख़राब आमदनी पर भी बढ़ जाता है। कंपनियों द्वारा बुरी ख़बरें दिए जाने के बाद भी शेयर के भाव कम नहीं होना बताता है कि किसी कम्पनी या उद्योग का मूल्य अब एकदम नीचे पहुँच गया है और अब उससे नीचे जाने की संभावना कम है। हॉवर्ड मार्क्स के दो नियम याद रखें :

नियम 1 : ज़्यादातर चीज़ें समय चक्र पर ही आधारित साबित होंगी।

नियम 2 : नफ़ा-नुक़सान के कुछ बेहतरीन अवसर तब आते हैं, जब अन्य लोग नियम संख्या 1 को भूल जाते हैं।

निवेश में अनुभूति का महत्त्व

दूसरे व्यक्ति की भावनाओं को समझने और साझा करने की क्षमता ही अनुभूति है। अनुभूति का गुण होना निवेशकों के लिए उपयोगी है। बाज़ार में अलग-अलग किरदार एक ही मैदान में अपने दाँव-पेंच आजमा रहे हैं। आपको केवल अपने खेल पर ध्यान देने की ज़रूरत है। इससे कोई मतलब नहीं होना चाहिए कि दूसरे क्या खेल खेल रहे हैं। कभी भी अपने समय की दूसरों के समय के साथ तुलना नहीं करें, ना इसको लेकर भ्रमित हों। क़ीमत का एक उपयुक्त स्तर भी कम समय अवधि के साथ बाज़ार में आने वाले के लिए अक्सर अप्रासंगिक होता है। वहीं लम्बी अवधि के साथ निवेश करने की योजना बनाने वाले के लिए इसका कोई बहुत अर्थ नहीं होता है।

अनुभूति अलग-अलग मतों के लिए हमारे दिमाग़ को खोल देती है और कुछ ऐसे पहलुओं का खुलासा करती है जो पहले हमारे सामने आने से छूटे रह गए थे। निवेश में इसका अर्थ किसी कारोबार को एक विश्लेषक, बैंकर, वैल्यू इन्वेस्टर, ग्राहक, आपूर्तिकर्ता और समाज के नज़रिये से देखने से है। अलग-अलग नज़रिये से देखने से किसी परिस्थिति का उपयुक्त संदर्भ में विश्लेषण करने में मदद मिलती है।

दूसरों की भावनाओं को समझने की अपनी स्वाभाविक क्षमता का इस्तेमाल निवेशक के रूप में अपनी योग्यता को बढ़ाने का सर्वश्रेष्ठ तरीक़ा है। शेयर का चार्ट आपको बहुत कुछ बता सकता है कि वह निवेशक क्या सोच रहा होगा जिसके पास यह शेयर रखा होगा। ऐसी स्थिति के बारे में सोचें जहाँ बहुत दिनों से प्रतिरोध के कारण 150 डॉलर के दाम पर अटके हुए शेयर की क़ीमत काफ़ी मात्रा में कारोबार के साथ 170 डॉलर तक बढ़ जाती है। ज़्यादा कारोबार यानी ज़्यादा नए निवेशक जिन्होंने पुराने प्रतिरोध स्तर से ज़्यादा

की औसत क़ीमत पर ख़रीदारी की है। यदि शेयर के भाव वापस नीचे जाते हैं तो इन नए निवेशकों के बेचने की संभावना कम है। ज़्यादा कारोबारी मात्रा का अर्थ यह भी है कि उन पुराने निवेशकों ने भी शेयर बेचकर लाभ कमाया जिन्होंने पुराने प्रतिरोध भाव के स्तर के आसपास ख़रीदी की थी। यदि शेयर के दाम नीचे आते हैं तो इन निवेशकों के वापस ख़रीदी करने की संभावना है।

आम तौर पर प्रतिरोध का स्तर जितना मजबूत रहा होगा, शेयर के दाम को सपोर्ट करने का नया स्तर भी उतना ही मजबूत होगा। 150 डॉलर पर ख़रीदी और 170 डॉलर पर बिकवाली करने वाले बहुत से लोगों ने सकारात्मक परिणाम का अनुभव किया है। इससे 150 डॉलर के स्तर पर मजबूत सपोर्ट बन जाता है। वास्तव में कई बार कीमत के यह स्तर अवचेतन स्तर पर इतनी गहराई से बैठ जाते हैं कि ये निवेशक कम्पनी के बुनियादी आँकड़ों को लेकर कमज़ोर हो रहे नज़रिये जैसे तथ्यों को भी नज़रअंदाज करते चले जाते हैं।

सक्रिय और अत्यधिक लिप्त निवेशक के रूप में समय के साथ बाज़ार के साथ ''जुड़ाव'' की भावना महसूस होने लगती है। यदि एक सेक्टर के शेयरों का समूह एक ही समय में कुछ दिनों से लगातार एक साथ तेज़ी से बढ़ रहे हैं तो यह उस उद्योग की क़िस्मत बदलने का मजबूत संकेत हो सकता है और इसकी गहराई में जाना चाहिए। यह परिदृश्य तब और भी महत्त्वपूर्ण हो जाता है यदि उस सेक्टर को लेकर अत्यधिक नकारात्मक भावनाएँ हैं और उसके बीच यह हो रहा है। यह किसी सेक्टर के रुझान में आ रहे मोड़ की पहचान करने के सर्वोत्तम तरीक़ों में से एक है। यह बता रहा है कि किसी उद्योग की क़िस्मत बदलने की शुरुआत हो रही है। अनेक बार हम देखते हैं कि जिन शेयरों के भाव तेज़ी के साथ बढ़ते चले जा रहे हैं, उनके पास इस क़ीमत को आधार देने के लिए कोई कमाई नहीं है। लेकिन आम तौर पर केवल बाद में ही यह जान पाते हैं कि बाज़ार क़ीमतों में कमी और बढ़ोतरी करने वाली बहुत होशियार मशीन है। यही कारण है कि गेराल्ड लोएब ने कहा, ''समाचार द्वारा बाज़ार की भविष्यवाणी करने से कहीं बेहतर है बाज़ार द्वारा समाचार की भविष्यवाणी।'' सामूहिक बुद्धिमत्ता का हमेशा सम्मान करें। यदि कोई विशेष स्टॉक बड़ी संख्या में कारोबार करते हुए 52 सप्ताह की/कई साल की/सर्वकालिक ऊँचाई पर पहुँच रहा है तो उसके बारे में फिर से पड़ताल की जानी चाहिए। (तकनीकी विश्लेषण की सामान्य भाषा में यदि किसी शेयर की कीमत में कम मात्रा के साथ वृद्धि होती है, तो हो सकता है कि उसने फ़िलहाल शिखर छू लिया हो और यहाँ से आगे जाने की संभावना कम हो। यदि बड़ी संख्या में कारोबार के साथ क़ीमतें एक दायरे में बनी रहती हैं तो यह बताता है कि बड़ी संख्या में शेयर की थोड़ी-थोड़ी मात्रा में बिकवाली कर क़ीमतों को नीचे लाया जा रहा है। जब कोई शेयर अपना आधार बना रहा होता है तो चार्ट के जानकारों के मुताबिक़ उसके कारोबार की मात्रा में कमी होती है।

समय सीमा महत्त्वपूर्ण है। बाक़ी सभी परिस्थितियाँ यदि समान हैं तो एक साल के कारोबारी दायरे से बाहर आने वाले शेयर के मुक़ाबले कई साल के कारोबारी दायरे से बाहर आने वाले शेयर की संभावना ज़्यादा उज्ज्वल है। कई साल के कारोबारी दायरे से बाहर आने वाले शेयर के केस में वर्षों पहले स्टॉक ख़रीदने वाले कई निवेशक बहुत समय पहले

ही निराशा के कारण इसे बेच चुके होंगे और बहुत कम लोग ही होंगे जो इसके ख़रीदी के भाव पर वापस आने और ऊँचे दाम पर इसे बेचने का इंतज़ार कर रहे होंगे। ध्यान दें कि जब तक निवेशकों की उम्मीदें नहीं बदलती हैं, तब तक क़ीमतें लम्बी अवधि के दायरे से बाहर नहीं निकलती हैं। कोई तो ऐसी क़ीमत चुकाने का इच्छुक है जो लम्बे समय से किसी और ने नहीं चुकाई है, और आमतौर पर यह एक संकेत है कि कम्पनी के अंतर्निहित बुनियादी तत्वों में कुछ बड़ा बदलाव हुआ है।

किसी निवेशक के लिए मजबूत आमदनी होने और बुनियादी तत्वों में सुधार की दम पर उसके निवेश किए हुए शेयर के नई ऊँचाई पर पहुँचने से ज़्यादा सुखद और कुछ नहीं होता। एक स्टॉक का नई ऊँचाई पर जाना तेज़ी का दौर होता है, क्योंकि नुक़सान उठा रहे और अपने दामों के अपने ख़रीदी भाव की बराबरी पर आने का इंतज़ार कर रहे सभी पिछले ख़रीदार समाप्त हो चुके होते हैं। नई ऊँचाई पर पहुँचने वाले स्टॉक के सामने बिकवाली के लिए पुरानी कोई आपूर्ति नहीं होती और आगे दौड़ लगाने के लिए खुला मैदान होता है। हर किसी को लाभ होता है; प्रत्येक व्यक्ति ख़ुश है। इसके विपरीत बावन-सप्ताह के निचले स्तर पर आए शेयर की बिकवाली के लिए बहुत ज़्यादा आपूर्ति होती है और ऊँचाई पर जाने के लिए कोई दबाव नहीं होता है। क्योंकि उसके सामने हरेक उच्च स्तर पर पुराने निवेशकों द्वारा बिकवाली का एक नया दौर आने का ख़तरा होता है।

मजबूत आय वृद्धि और उद्योग के बुनियादी सिद्धांतों के अलावा टेक्नो-फ़ंडा निवेशक संभावित ख़रीदी के संबंध में विश्लेषण करते हुए दो प्रमुख सिद्धांतों में विश्वास करते हैं: सबसे पहला, ऐसे स्टॉक जो सापेक्ष ताक़त दिखाते हैं, बाज़ार के निचले स्तरों से उबरने के दौरान एक दायरे में घूमते हैं या एक आधार मजबूत करते हैं, करेक्शन के बाद बाज़ार के उबरने के दौरान शानदार प्रदर्शन करते हैं, और दूसरा किसी बड़े सुधार के बाद या उसके दौरान 52 सप्ताह के उच्चतम स्तर को तोड़ने वाले शुरुआती शेयर बाज़ार की अगली रैली का नेतृत्व करने वाले बनने की ओर बढ़ते हैं। इंटरनेट और सोशल मीडिया की ख़ूबसूरती है कि हर किसी के लिए बहुत कम लागत में दुनिया के बेहतरीन विचारों तक पहुँच आसान हो गई है। 52 सप्ताह की ऊँचाई वाले शेयरों की सूची अक्सर चतुर निवेशकों की सोच तक पहुँचने का शॉर्ट कट होती है। किसी भी समय बाज़ार में केवल कुछ ही शानदार बढ़ते हुए कारोबार होते हैं लेकिन उनको ख़रीदने की चाहत रखने वाले संस्थानों की संख्या सैकड़ों में होती है। और इसमें मूल्य-से-आय (पीई) अनुपात को बहुत ज़्यादा महत्त्व नहीं दिया जाता। आपूर्ति सीमित होती है तो रुझान क़ायम बना रहता है। शुरुआती ख़रीदार बेचने को उत्सुक नहीं रहते हैं, और बहुत से नए निवेशक ख़रीदी करने को उत्सुक होते हैं। शानदार बढ़त वाले कारोबारों की हमेशा कमी होती है और बाज़ारों को ज़बरदस्त बढ़त पसंद है।

भले ही आप नई ऊँचाई छूने वाले किसी शेयर में निवेश नहीं करें, इस क़वायद का सकारात्मक परिणाम होगा। उद्योग में विभिन्न कंपनियों की वार्षिक रिपोर्टों, प्रस्तुतियों, और कॉन्फ्रेंस कॉल की ऑडियो रिकॉर्डिंग और ट्रांस्क्रिप्ट के अध्ययन से आपके मानसिक डेटा बेस का विस्तार होगा। कॉन्फ्रेंस कॉल किसी भी गंभीर निवेशक के शोध का अहम हिस्सा है। वास्तव में उत्साही निवेशकों के लिए नई कंपनियों पर शोध करना बहुत आनंददायक

होता है और यह शौक़ कभी पुराना नहीं होता। निवेश के पेशे में निरंतर सीखने के अथाह जुनून के साथ अतृप्त बौद्धिक जिज्ञासा कोई अतिश्योक्ति नहीं है। निवेश के संसार में सारा ज्ञान संचित होता रहता है और आज कड़ी मेहनत से हम जो अंतर्दृष्टि प्राप्त करते हैं, अक्सर वह भविष्य में किसी समय आकस्मिक तरीक़े से हमारी मदद करती है। आज कड़ी मेहनत करें जिससे आने वाले कल में क़िस्मत आपको खोजती हुई आपके घर पहुँच जाए।

शेयर बाज़ार में अवसर कभी भी पैदा हो सकते हैं। हो सकता है कि बहुत पहले इसकी कोई सुगबुगाहट नहीं मिले। इनका लाभ उठाने के लिए आपको सजग और क़दम उठाने के लिए तैयार रहना होगा। आक्रामक के साथ रक्षात्मक तरीक़े से काम करने के लिए उपयुक्त समय देना सुनिश्चित करें। रक्षात्मक का अर्थ है उन कंपनियों की निगरानी करते रहना जिनके शेयर पहले से ही आपके पास हैं और आक्रामक का अर्थ नए और बेहतर कारोबारों की तलाश में हज़ारों सूचीबद्ध कंपनियों को खँगालना। इस कथन में बहुत सच्चाई है ''मैं जितनी अधिक मेहनत करता हूँ, मैं उतना ही अधिक भाग्यशाली होता जाता हूँ।'' अगर आप किसी व्यवसाय का मूल्यांकन करने में कई सप्ताह और महीने का समय देते हैं और इतना सब करने के बाद अंत में उसे ख़ारिज कर देते हैं तो यह समय की बर्बादी नहीं है। यह मानना चाहिए कि यह समय बहुत अच्छा बीता। आपको इस कारोबार के संबंध में जानकारी प्राप्त हुई जो आपके दिमाग़ में डेटा बैंक में जमा हो गई। भविष्य में जब भी इसी प्रकार प्रकार का कोई अवसर आता है तो अवचेतन में कहीं न कहीं यह जानकारी आपको आगाह या आपकी मदद करेगी। क्योंकि आप पृष्ठभूमि और संदर्भ से अच्छी तरह से अवगत हैं और तेज़ी से इसका आकलन कर सकते हैं। हमारे आज के परिणाम अतीत में की गई कड़ी मेहनत का ही फल हैं।

बफेट शेयर की ख़रीदी से पहले ही दशकों से बैंक ऑफ़ अमेरिका और आईबीएम की रिपोर्टें पढ़ते आ रहे थे। इसी प्रकार से आज मैं जो काम कर रहा हूँ, उसका नतीजा हो सकता है तुरंत नहीं मिले। लेकिन मुझे पूरा विश्वास है कि भविष्य में इसका किसी महत्त्वपूर्ण समय पर फल ज़रूर मिलेगा। जैसा कि अतीत में कई बार हुआ है। किसी विषय पर विचार करते हुए, कोई निर्णय करते हुए अचानक एक नई दृष्टि जाग्रत हो गई। दरअसल यह संचित अनुभवों से ही प्रेरित होता है। इससे मुझे विचारों को आकार देने और तेज़ी से सही निर्णय लेने में मदद मिली। सफल निवेश के लिए यह ज़रूरी है और वित्तीय संसाधन इसका ही एक छोटा हिस्सा है। एक तरह से निवेश करना शतरंज की तरह है। नौसिखिया जानता है, मोहरे कैसे चलते हैं। शौक़िया शातिर कुछ चालें जानता है। लेकिन इन सभी को एक साथ लाने का हुनर ग्रैंड मास्टर के पास ही होता है।

कमोडिटी में मेरे निवेश की शुरुआत

2015 के अंत में, भारत में चीनी कंपनियों के शेयरों के समूह में एक साथ तेज़ी आनी शुरू हो गई। उनमें से कई में अनेक वर्षों के बाद बड़ी मात्रा के साथ कई साल की क़ीमतों का रिकॉर्ड टूट रहा था। इस समय तक मैंने कभी किसी कमोडिटी स्टॉक में निवेश नहीं किया

था और खुद को ग्रोथ स्टॉक तक ही सीमित रखा था। कमोडिटी निवेशकों के अनुभवों के अध्ययन के आधार पर मैं कमोडिटी के विरुद्ध बहुत से पूर्वाग्रह पाले हुए था। (जॉन मेनार्ड कीन्स ने मेरी समस्या की पहचान की : ''नए विचारों को विकसित करने में उतनी कठिनाई नहीं है जितनी कि पुराने विचारों से बचने में है।) उस समय मेरे बहुत से सम्मानित साथी मुझे बहुत ही शानदार संभावनाओं के साथ चीनी कंपनियों के स्टॉक ख़रीदने की सलाह दे रहे थे। मैंने अपने सहजता के दायरे से बाहर आने और पहली बार कमोडिटी स्टॉक में निवेश में हाथ आजमाने का फ़ैसला किया।

चीनी क्षेत्र की कई कंपनियों का अध्ययन करने के बाद मैंने मई 2016 में बलरामपुर चीनी के शेयरों की ख़रीदारी की। मैं अपने इस चयन को लेकर उत्साहित था, क्योंकि कम्पनी को पूरे उद्योग में व्यापक रूप से सबसे अधिक कुशल संचालन और सबसे बेहतर बैंलेस शीट के लिए जाना जाता है। हालाँकि अगले कई महीनों में जो कुछ हुआ, उसने मुझे झकझोर कर रख दिया। पूरी तरह से भ्रमित कर दिया। हालाँकि घाटे में चल रही और ख़राब बैलेंस शीट वाली कंपनियों के शेयर तेज़ी से बढ़ते रहे, बलरामपुर चीनी के शेयर जस के तस बने रहे। आख़िरकार नवंबर 2016 में मैंने हताश होकर उन्हें 7 प्रतिशत के नुक़सान पर बेच दिया।

इस प्रकार कमोडिटी के साथ मेरा पहला प्रयास असफल रहा। लेकिन, मुझे लगता है कि यह पूरा अनुभव मेरे लिए बहुत काम का रहा। इसने कमोडिटी में निवेश में मजबूत रिटर्न की संभावना को लेकर मेरी आँखें खोल दी थीं। शुक्र है कि मैंने एक कड़वे अनुभव के बाद मार्क ट्वेन की बिल्ली की तरह व्यवहार नहीं किया : ''हमें यह ध्यान रखना चाहिए कि किसी अनुभव से हम केवल बुद्धिमत्ता ही प्राप्त करें और रुक ना जाएँ। अन्यथा हम उस बिल्ली की तरह होंगे जो एक बार गरम तवे पर बैठने के बाद तवे पर बैठना ही छोड़ देती है। चाहे वह ठंडा तवा ही क्यों ना हो।''

इस प्रकरण के बाद कई महीनों तक बलरामपुर चीनी में निवेश के असफल होने का कारण रहस्य ही बना रहा। मैंने उद्योग की अग्रणी कम्पनी को चुना था और यह सबसे बड़ा पिछलग्गू साबित हो गया था। दूसरे चीनी स्टॉक में तेज़ वृद्धि के बीच बलरामपुर चीनी के कमज़ोर प्रदर्शन ने मुझमे प्रबल उत्कंठा और उत्सुकता पैदा कर दी। अवसरों की खोजबीन में मैंने जोश–ख़रोश के साथ कमोडिटी के संसार को खँगालना शुरू किया।

तलाश का यह सफ़र जल्द ही मुझे एक ऐसे उद्योग की ओर ले गया जो उससे पहले मैंने कभी नहीं देखा था। (चित्र 20.1)। मैंने एक ऐसे निवेश को अंजाम दिया जिसने जल्द ही मुझे कमोडिटी निवेश और आपूर्ति पक्ष को समझने के महत्त्व के कई अहम सबक़ सिखाए। इससे मुझे ऐसा अनुभव मिलने वाला था जिसमें आख़िरकार मैं अपने कई व्यक्तिगत पूर्वाग्रहों पर विजय पाने में सक्षम हो जाने वाला था। यह मुझे जीवन के ऐसे घटनाक्रम की दिशा में ले गया जिसने ताउम्र सीखते रहने की ख़ूबियों और संदेह दूर ना होने तक हार नहीं मानने का उदाहरण पेश किया। इसने मुझे ऐसे निवेश की बोर प्रेरित किया जो मेरे जीवन को बदलने वाला था। इसने मुझे पाठ पढ़ाया कि किसी शेयर की कितनी ख़रीदी

की जाए। मेरे निवेश के रिटर्न की तसवीर को मजबूती दी और वित्तीय आज़ादी के बहुत क़रीब पहुँचा दिया।

Gautam Baid
@Gautam_Baid

Follow

ग्रेफ़ाइट इलेक्ट्रोड उद्योग में बुनियादी आँकड़ों से प्रेरित कई वर्षों में आने वाली तेज़ी पूरी दुनिया में देखी जा रही है। इस शानदार मौक़े का भरपूर लाभ उठाएँ

> **Niraj Shah** @_nirajshah
> Spotlight @BloombergQuint
> HEG
> Jefferies on HEG
> Target price - 1050...

7:14 PM - 13 Sep 2017

चित्र 20.1 बड़ा बदलाव लाने वाला निवेश

Source: Gautam Baid (@Gautam_Baid), "A multi-year fundamentals-driven bull market in the graphic electrodes industry worldwide is underway," Twitter, September 13, 2017, https://twitter.com/Gautam __Baid/status/908152062638096385.

भारत में ग्रेफ़ाइट इलेक्ट्रोड की दो कंपनियाँ सूचीबद्ध थीं जिनके शेयरों में कारोबार होता था- ग्रेफ़ाइट इंडिया और एचईजी। दोनों के शेयरों के भाव जून 2017 से एक साथ बढ़ना शुरू हुए थे। उनके दाम कई वर्षों की क़ीमतों और कारोबार की संख्या के रिकॉर्ड से आगे बढ़ गए थे। जब आपके भीतर वास्तव में आजीवन सीखने की ललक पैदा हो जाती है तो क़िस्मत भी आपका साथ देती है। बड़ा अकस्मात लाभ भी आप तक पहुँच जाता है। कुछ साल पहले मैंने सफल निवेशक के 2012 के ब्लॉग पोस्ट में ग्रेफ़ाइट इंडिया के बारे में पढ़ा था और मैंने उद्योग की बुनियादी समझ विकसित कर ली थी। इससे मुझे ग्रेफ़ाइट उद्योग पर 2017 में और अधिक शोध करने में मदद मिली। निवेश में सारी सीख जमा होती जाती है और कुछ भी बर्बाद नहीं होता। और अध्ययन करने पर उद्योग की संभावनाएँ मजबूत दिखाई दे रही थीं और पूरी रणनीति बनाकर मैंने अगस्त 2017 में ग्रेफ़ाइट इंडिया के शेयर ख़रीदे। कुछ कारणों से मैंने एचईजी की जगह ग्रेफ़ाइट इंडिया को चुना :

- ग्रेफ़ाइट इंडिया की बैलेंस शीट में विशुद्ध नक़दी थी, जबकि एचईजी में क़र्ज़ का अनुपात ज़्यादा था।
- ग्रेफ़ाइट इंडिया के पास एचईजी की तुलना में बड़ी क्षमता थी, इसलिए बढ़ती क़ीमतों से उसे ज़्यादा फ़ायदा होने वाला था।

- कठिन समय में भी ग्रेफ़ाइट इंडिया लाभ में बनी रही, जबकि एचईजी को भारी नुक़सान हो रहा था।

मैं कैसे हार सकता था? मैंने कमोडिटी निवेश की सभी पड़ताल पूरी की थी। सेक्टर में सबसे अच्छी बैलेंस शीट वाली बेहतरीन गुणवत्ता की कम्पनी के शेयर ख़रीदे थे और समय अवधि का चक्र पूरा होने पर आपको ज़ोरदार फ़ायदा होगा।

सिवाय यही रह गया कि एक बार फिर, चीज़ें भयानक रूप से ग़लत निकलीं। वास्तव में मेरे ख़रीदने के बाद के पहले दो हफ़्तों में ग्रेफ़ाइट इंडिया की क़ीमतों में गिरावट आई जबकि एचईजी क़रीब 50 प्रतिशत बढ़ गया। इसकी क़ीमत 470 से 690 रुपये हो गई!

जीवन में ग़लतियाँ करने से बचना तो असंभव है। लेकिन आशा खोना, निराश होना और अपनी ग़लतियों के साथ जीने का निर्णय आपका विकल्प है। इस बार मैंने इसे सहजता से नहीं लिया। जब कुछ समझ नहीं आ रहा हो तो अपनी बाँहें चढ़ा लें। और जुट जाएँ खोज, शोध और पढ़ने में। सीख हासिल करने की मशीन बन जाएँ। मैंने तुरंत सैम ज़ेल की किताब पढ़ी *एम आय बीइंग टू सबटल?* जिसने मेरे दिमाग़ में माँग और आपूर्ति की मूलभूत अवधारणाओं को खँगाला। मैंने एडवर्ड चांसलर की किताब *कैपिटल रिटर्न्स* के साथ-साथ पराग पारिख की किताब *वैल्यू इन्वेस्टिंग ऐंड बिहेवियरल फ़ायनेंस* में कमोडिटी निवेश पर बेहतरीन अध्याय को दोबारा पढ़ा। सही समय पर सही किताब आपसे जिस तरह से संवाद क़ायम करेगी, वैसा अच्छी किताब ग़लत समय पर नहीं करेगी। मैंने इससे पहले 2016 में चांसलर और पारिख की किताबें पढ़ी थीं। उस समय मुझे दोनों किताबें बहुत ज़्यादा पसंद नहीं आई थीं। मैंने उन्हें 2017 में फिर से पढ़ा, और उन्होंने मेरी ज़िंदगी बदल दी।

मैं आम तौर पर किसी किताब को पढ़ते समय जो सामग्री पसंद आती है, उसको रेखांकित करता जाता हूँ। साथ ही पेज के किनारे मुख्य बिन्दु लिखता जाता हूँ कि इससे क्या सीख मिली। इन्हें मैं समय-समय पर पढ़ता रहता हूँ। हमेशा किताबें पढ़ें, दोबारा पढ़ें और उनसे मिली सीख पर विचार करें। जब आप उन्हें एक से अधिक बार पढ़ेंगे, तो आप देखेंगे कि समय बीतने के साथ आपके संचित व्यक्तिगत और परोक्ष अनुभव के कारण उसी किताब से अतिरिक्त और नई दृष्टि प्राप्त करने में सक्षम हैं।

आपके भीतर रुझान की पहचान करने का क्रम विकसित होना शुरू हो जाता है।

आगे क्या हुआ यह बताने से पहले मैं स्वाभाविक ज्ञान पर कुछ चर्चा करना चाहता हूँ।

सहज बुद्धि की शक्ति का अपने फ़ायदे में उपयोग करना

आपको एक निश्चित मात्रा में बुद्धिमत्ता की आवश्यकता है, लेकिन यह एक निश्चित स्तर पर बर्बाद हो गई है। उसके बाद यह ज़्यादा सहज बुद्धि से संबंधित ही है।

– स्टेनली ड्रकेनमिलर

शेयर ख़रीदने के लिए सबसे सही वक़्त के मामले में सबसे पहले मैं अपनी सहज प्रवृत्ति, वर्षों से जमा किए अनुभव और भावनाओं पर भरोसा करता हूँ। इसे ही स्वाभाविक ज्ञान कहा जाता है।

– अलीशेर उस्मानोव

मैं पचास वर्षों से हर साल आईबीएम की वार्षिक रिपोर्ट पढ़ता आ रहा हूँ। इस साल मैंने कुछ ऐसा देखा, जो मुझे क्लिक कर गया।

– वॉरेन बफ़ेट

एक निवेशक के रूप में सुधार के लिए स्वयं का जागरूक होना महत्त्वपूर्ण है। कुछ निवेशकों के मन में उठा ख़तरे का अंदेशा शारीरिक रूप से सामने आ गया। जॉर्ज सोरोस को जब कभी कमर में ज़ोरों का दर्द होता था, तो उनको अहसास होता था कि उनके निवेश के साथ कुछ गड़बड़ है। वह काफ़ी आत्म–जागरूक थे जिससे नकारात्मक भावनाओं को चेतावनी के संकेत के रूप में पहचान लेते थे। निवेशकों के रूप में हमें तीव्र भावनाओं को ख़तरे की घंटी के रूप में पहचानना चाहिए। इन भावनाओं को ख़ारिज करना एक बड़ी ग़लती हो सकती है। हर बार जब आपको तीव्र अनुभूति हो तो आँख बंदकर अपना रास्ता नहीं बदलें। इन भावनाओं को अपने मौजूदा निवेश का विश्लेषण कर दोबारा मूल्यांकन के लिए उत्प्रेरक के रूप में मानें। निवेश के फ़ैसले सहज भीतर से उठ रही भावनाओं से शुरू होते हैं लेकिन इन्हें हमेशा तर्क और ठोस डेटा का संरक्षण देना चाहिए।

निवेश के पेशे में स्वाभाविक बुद्धि की भूमिका को बहुत कम आँका गया है। लेकिन यदि हम इसके साथ गहराई से काम करें तो हम अपने लाभ के लिए इसका प्रभावी ढंग से उपयोग कर सकते हैं। कई लोग ऐसा मानते हैं कि स्वाभाविक बुद्धि एक प्रकार की जादुई छठी इंद्रिय है। ऐसा नहीं है। यह भावना रुझान की पहचान से उत्पन्न होती है। किसी विषय में ज़्यादा समय लगाने से ज़रूरी नहीं है कि ज्ञान में भी वृद्धि हो लेकिन इससे अनुभव ज़रूर मिलता है जो चुटकी बजाते ही ज्ञान का विकल्प हो सकता है। *ब्लिंक* में मैल्कम ग्लैडवेल की दिलचस्प कहानी में फ़ायरफाइटर को अपने क्षेत्र में कई वर्षों का अनुभव था। अनुभव से प्राप्त विशेषज्ञता ने उसके अवचेतन को कुछ रुझानों के अनुमान लगाने के लिए प्रशिक्षित कर दिया था।

इसी तरह, वॉरेन बफ़ेट का सहज ज्ञान रातोंरात विकसित नहीं हुआ। यह कई वर्षों और दशकों के अनुभव और अध्ययन का परिणाम है। बफ़ेट कुछ संभावित निवेश विकल्पों की तुलना करके अपनी निवेश प्रक्रिया शुरू नहीं करते हैं। और वह मात्रा संबंधी पड़ताल के तरीक़ों का प्रयोग नहीं करते हैं। इसके बजाय वह ''सहज ज्ञान'' से किसी कम्पनी की ओर आकर्षित होते हैं जो उन्हें दिलचस्प लगती है और जिसे वह समझते हैं। फिर वह यह तय करने के लिए कि कम्पनी में निवेश समझदारी भरा है या नहीं, उस कम्पनी का, उससे संबंधित उद्योग और कम्पनी के मूल्य का विश्लेषण करते हैं। यदि निवेश समझदारी भरा प्रतीत नहीं होता है, तो वह अगली कम्पनी की ओर चले जाते हैं जिसके लिए उनकी सहज

बुद्धि प्रेरित करती है। यदि यह संभावित निवेश आकर्षक लगता है तो बफ़ेट फिर से प्रबंधन की क्षमता और विश्वसनीयता के संबंध में अपने सहज ज्ञान पर भरोसा करते हैं। वह किसी कम्पनी के कितने शेयर लेने हैं, व्यक्तियों का मूल्यांकन और ख़तरों को भाँपने के लिए भी अपनी सहज बुद्धि का इस्तेमाल करते हैं। उदाहरण के लिए, वह केवल विश्लेषण के आधार पर यह आकलन नहीं करते कि किसी निवेश का मूल्य फलां-फलां राशि होना चाहिए। उनके उस निर्णय के पीछे सहज बुद्धि की भी एक बड़ा योगदान होता है।

निवेश के भविष्य के संबंध में अलग-अलग नतीजों की परिकल्पना करना निवेशकों की सहज बुद्धि के विकास का एक शानदार तरीक़ा है। जब कोई निवेशक प्रतिभूति ख़रीदने के पहले की जाँच-पड़ताल करता है और निवेश के नाकाम होने की कल्पना करता है। निवेश के असफल होने से होने वाले नुक़सान के तमाम कारणों की परिकल्पना करने की कोशिश करता है तब उसमें यह सहज बुद्धि विकसित होती है कि किन नकारात्मक घटनाक्रमों को उसे देखना है। जिन निवेशकों को इसका बेहतर अंदाज़ा है कि उनके व्यवसायों के साथ क्या ग़लत हो सकता है तो इसका अर्थ है कि वे भविष्य के लिए बेहतर रूप से तैयार हैं। यह जागरूकता उन्हें अपने पास रखी प्रतिभूति को समय पर बेच देने में सशक्त बनाती है जबकि अन्य लोग अभी भी किसी अप्रत्याशित घटनाक्रमों का मूल्यांकन कर रहे होते हैं। अनेकों बार के सौदों से कई गुना और कई वर्षों तक चक्रवृद्धि होते-होते यह छोटा सा लाभ एक बड़े भौतिक फ़ायदे में बदल गया है।

2017 में कमोडिटी के व्यापक अध्ययन के दौरान मुझे इसमें निवेश पर कई मूल्यवान सबक़ प्राप्त हुए :

- बेहतर प्रबंधन वाले कम-लागत के कमोडिटी उत्पादक आमतौर पर उच्च रिटर्न नहीं देते। उच्च लागत कमोडिटी उत्पादक ज़्यादा रिटर्न पैदा करते हैं, क्योंकि वे उच्च प्रतिशत का लाभ दिखाते हैं। अधिकांश निवेशकों इसको लेकर भ्रमित हो जाते हैं जिससे उनमें विपरीत सहज बुद्धि पैदा होती है।
- किसी कमोडिटी के दाम चढ़ने की समय अवधि में उद्योग से संबंधित सभी इकाइयों के भाव बढ़े हुए होते हैं। इसमें आधार दर कम होना आवश्यक हो जाता है। ब्याज, कर, मूल्यह्रास और परिशोधन से पहले की कमाई एबिटा मार्जिन को 5 प्रतिशत से 10 प्रतिशत तक सुधारना आसान है। 20 प्रतिशत से 40 प्रतिशत करना आसान नहीं है। यही कारण है कि फिसड्डी, भी अग्रणी कंपनियों से आगे निकल जाती हैं। इससे उनके स्टॉक बहुत तेज़ी से बढ़ जाते हैं। निवेश में हमेशा डेल्टा यानी आय वृद्धि में परिवर्तन की दर और इसकी अंतर्निहित गुणवत्ता पर फ़ोकस करें।
- कमोडिटी स्टॉक की तुलना और कौन सा ख़रीदना है, यह निर्णय लेते समय संस्थापित क्षमता से उद्यम मूल्य (ईवी) के संदर्भ में उनका मूल्यांकन करें। एचईजी इस मापदंड में ग्रेफ़ाइट इंडिया से सस्ता था।
- अधिकांश समय सेक्टर के लीडर पहले आगे बढ़ते हैं और महँगे हो जाते हैं।

फिर उद्योग की दूसरे स्टॉक की आरे ध्यान जाता है। निवेशकों को लगता है कि ये सस्ते हैं, और वे उन पर बोली लगाते हैं।

- बड़े राजस्व और बाज़ार पूँजी से-विक्रय के कम अनुपात वाली घाटे में चल रही कंपनियों के लाभ मार्जिन में ज़रा भी सुधार उनके मूल्य में बहुत ज़्यादा वृद्धि करता है। इसके अलावा घाटे में चल रही कंपनियों को पिछले मंदी के चक्र का बड़ा घाटा आमतौर पर आगे समायोजन करने को मिलता है जिसके कारण तेज़ी के समय चक्र में उन पर कम कर लागू होता है और उनका शुद्ध लाभ बढ़ जाता है। नौसिखिया निवेशक मुनाफ़े के इन अस्थायी असामान्य आँकड़ों के अनंत काल तक जारी रहने की कल्पना करते हुए उस समय उनमें निवेश करते हैं, जब वे कम्पनी की शीर्ष कमाई के स्तर को दिखा रहे होते हैं। आप विश्लेषकों (और कभी-कभी जाने-माने निवेशकों को भी) को भी यह कहते हुए सुनेंगे, ''इस बार यह अलग है, और यह उद्योग की गतिशीलता में लम्बे समय तक चलने वाला ढाँचागत बदलाव है जिसे मूल्यांकन में निरंतर वृद्धि को बढ़ाना चाहिए।'' किसी भी कमोडिटी के तेज़ी के दौर में लोग भूल जाते हैं कि पिछला मंदी का दौर कितना भयानक था और भविष्य का कितना भयानक होगा।
- कमोडिटी स्टॉक का मूल्यांकन उद्यम मूल्य/एबिटा गुणक पर किया जाता है, क़ीमत-कमाई (पीई) पर नहीं। कमोडिटी शेयरों के निवेशकों को लाभ-हानि विवरण से ध्यान हटाकर बैलेंस शीट आधारित नज़रिये पर करना चाहिए। किसी कमोडिटी शेयर के बारे में विचार करते समय उसके क़र्ज़ की स्थिति पर गौर करना महत्त्वपूर्ण है, क्योंकि इसका कमाई (ब्याज भुगतान पर कर की बचत के कारण) और तेज़ी के समय -चक्र के दौरान बाज़ार पूँजी पर बहुत प्रभाव पड़ता है। जैसे-जैसे परिचालन नक़दी प्रवाह में सुधार होता है, क़र्ज़ कम होता है और अत्यधिक क़र्ज़ लेने वाली इकाइयों के लिए एबिटा बढ़ता है। क़र्ज़ में कम हुई राशि उद्यम मूल्य के इक्विटी पक्ष में आती जाती है और बाज़ार पूँजी तेज़ी से बढ़ती है। कुछ कंपनियाँ अनुकूल व्यावसायिक परिस्थितियों का उपयोग अनुकूल शर्तों और कम ब्याज दरों पर अपने क़र्ज़ के लिए दोबारा वित्त हासिल करने में करती हैं जिससे उनकी प्रति शेयर आय में वृद्धि ख़ासी बढ़ोतरी होती है।
- तेज़ी के समय चक्र में ऊँचे दामों पर बेचने का लाभ उठाने के लिए केवल कुल स्थापित क्षमता को देखने के बजाय मौजूदा क्षमता के इस्तेमाल और अतिरिक्त क्षमता की गुंजाइश पर ध्यान दें। इन स्थितियों में राजस्व आय वृद्धि के साथ परिचालन आय का बढ़ना सशक्त होता है। एचईजी, ग्रेफ़ाइट इंडिया की तुलना में कम क्षमता उपयोग पर काम कर रहा था। ध्यान रखें कि राजस्व आय वृद्धि के साथ परिचालन आय का बढ़ना दोनों तरह से काम करता है। जो लोग इसकी सही-सही पहचान कर लेते हैं, वे बड़ी जीत हासिल करते हैं, और जो इसे ग़लत समझते हैं, उन्हें बड़ा नुक़सान उठाना पड़ता है।

- कमोडिटी के तेज़ी के दौर में ऐसी कंपनियाँ जिनके पास अपना बिजली संयंत्र होता है या कच्चे माल की अपनी सप्लाई चैन होती है, वे सबसे बड़ी लाभार्थी होती हैं। एचईजी की बिजली संयंत्र तक बेहतर पहुँच थी और उसकी सहयोगी इकाई के साथ मिलकर 77 मेगावाट की उत्पादन क्षमता थी।
- प्रोत्साहन की ताक़त को कभी भी नज़रअंदाज़ नहीं करें। भीतरी लोगों के साथ अपने हितों को संलग्न करें। एचईजी के प्रमोटर अगस्त और सितंबर 2017 में लगातार खुले बाज़ार से शेयरों की ख़रीदी कर रहे थे। आम तौर पर यह किसी उद्योग की क़िस्मत में अहम मोड़ आने की पहचान करने का एक अच्छा तरीक़ा है। कई कंपनियों के प्रमोटर एक साथ लगभग एक ही समय में अपने उद्योग में व्यापक स्तर पर होने वाली वृद्धि के आने से ठीक पहले स्वामित्व बढ़ाना (अधिमान्य आवंटन के माध्यम से या खुद को वारंट जारी कर) शुरू करते हैं।
- कुछ खेती से जुड़ी कमोडिटी जैसे चीनी में पानी की बहुत ज़रूरत होती है। इनके मामलों में मानसून की बारिश में कमी के हालात पर नज़र बनाकर रखें। ख़ासकर लगातार वर्षों में अगर ऐसा हो रहा हो तो यह और चिंता की बात है। इससे उत्पादन में भारी गिरावट आती है। भारत में चीनी के सेक्टर में 2015 में यही हुआ था। कभी-कभी, एक देश के भीतर भी, वर्षा का वितरण बहुत असमान रहता है जिससे कुछ क्षेत्रों में पानी की कमी हो जाती है।
- पड़ताल करें कि क़ीमतें घरेलू स्तर पर निर्धारित की जाती हैं या अंतरराष्ट्रीय स्तर पर। यह भी जाँच करें कि कमोडिटी के आयात और निर्यात पर क्या कोई प्रतिबंध लगाया गया है। कभी-कभी एंटी-डंपिंग शुल्क या न्यूनतम आयात मूल्य के रूप में सरकारी हस्तक्षेप भी बिक्री मूल्यों के लिए अच्छा समर्थन प्रदान करता है। ऐसे मामलों में प्रवेश के लिए लाभदायक समय बिलकुल तभी है, जब सरकार ऐसे शुल्क लगाती है या संरक्षणवादी क़दम उठाती है। और ऐसा मानती है कि यह पाँच साल या ज़्यादा समय (केवल एक वर्ष के लिए नहीं) के लिए उपयुक्त हैं।
- जब कई कम्पनियाँ क्षमता विस्तार की घोषणा करने लगें तो यह निवेश की अपनी सोच का नए सिरे से मूल्यांकन करने या बाहर निकलने का एक अच्छा संकेत है। क्योंकि कमोडिटी उत्पादक एक समय चक्र के शिखर पर पूँजी के ग़लत आवंटन या ''विविध व्यवसाय'' में उतरने की पहल की ओर अग्रसर होने लगते हैं। वे लगातार इस तरह से काम करने लगते हैं जिसे पीटर लिंच ''ब्लेडर थ्योरी'' कहते हैं : ''ख़ज़ाने में जितनी अधिक नक़दी जमा होगी, उतना ही उसे दूसरी जगह ले जाने का दबाव बढ़ेगा।''
- कमोडिटी शेयर लम्बे समय का निवेश नहीं हैं। वे वित्तीय और परिचालन के मेलजोल के फ़ायदे से यह कम समय में शेयरों में इंडेक्स के रिटर्न से ज़्यादा रिटर्न पैदा करता है। और निवेशक उनको बेच कर बाहर आ जाता है, जब घोषित चरम कमाई नहीं बल्कि मार्जिन में सुधार की उम्मीदें चरम

पर होती हैं। जब सरकार लाभप्रदता पर अंकुश लगाने का निर्णय लेती है, तब कमोडिटी उद्योग से निवेश को बाहर निकालने की योजना की शुरुआत करने का अच्छा समय होता है। आमतौर पर यह उस अवधि से मेल खाता है, जब उद्योग अत्यधिक लाभदायक हो जाता है और समय चक्र अपने शीर्ष पर होता है। उदाहरण के लिए 2017 में सरकार ने जब तक चीनी उद्योग में हस्तक्षेप करना शुरू किया तब तक चतुर निवेशक पहले ही कई चीनी स्टॉक में सैकड़ों प्रतिशत अंक का मुनाफ़ा निकाल चुके थे और बड़ा मुनाफ़ा वसूल कर अपने स्टॉक देर से आने वाले लालची निवेशकों को बेचना शुरू कर चुके थे।

- कमोडिटी में चुनिंदा मौक़े अक्सर चीन में सर्दियों की शुरुआत के दौरान (जब कई संयंत्र धुएँ की समस्या के कारण बंद होते हैं) और गर्मी की शुरुआत में (जब संयंत्र उत्पादन फिर से शुरू करते हैं) पैदा होते हैं।
- कमोडिटी निवेश अत्यधिक चुनौतीपूर्ण और प्रतिकूलताओं से भरा है। कई बार रिकॉर्ड कमाई की घोषणा के बाद भी स्टॉक बावन-सप्ताह के निचले स्तर पर पहुँच सकता है। कमोडिटी के शेयर घोषित आय पर कम और सुचारू आपूर्ति व्यवस्था तथा मार्जिन सुधार के चरमोत्कर्ष की उम्मीदों पर पहुँचने पर ज़्यादा प्रतिक्रिया करते हैं। कमोडिटी स्टॉक में आम तौर पर तब गिरावट शुरू हो जाती है, जब बाज़ार को लगता है कि कमाई चरम पर है या कुछ तिमाहियों के बाद कम होने लगेगी। एक बार यह आभास होते ही कि यह होने वाला है, अगले तिमाही नतीजों का इंतज़ार नहीं करें। बाज़ार फ़ायदा दे रहा हो, तब भी निवेश को बाहर निकाल लें। अत्यधिक सतर्क रहें और जोख़िम प्रबंधन का सख़्त अनुशासन रखें।
- *जब पूरे उद्योग में केवल एक ही फ़र्म लाभ में हो, तब कमोडिटी समय चक्र में सबसे नीचे या उसके क़रीब हो सकती है।*

भविष्य में, जब भी आम तौर पर पूँजी का समय चक्र शुरू होने के दौरान दिखाई देने वाली इन सभी बातें दिखाई देने पर हमारा अनुभवी निर्णय, हमारी सहज बुद्धि हमें इस पैटर्न को समय पर पहचानने में मदद करेंगे। (चित्र 20.2)। यह बिलकुल सही ''महसूस'' होगा।

चार्ली मंगर ने कहा है,

> अनुभव लम्बे समय से चली आ रही धारणा की जीवनकाल में कुछ अवसरों पर, तत्परता से बड़े स्तर पर काम करने, कुछ सरल और तार्किक करने में पुष्टि करने की ओर अग्रसर होता है जो अक्सर उस जीवनकाल के वित्तीय परिणामों में नाटकीय रूप से सुधार करेगा। स्पष्ट रूप से पहचाने जाने योग्य कुछ प्रमुख अवसर जैसे आमतौर पर उस व्यक्ति के सामने आएँगे जो जिज्ञासु प्रवृत्ति के साथ निरंतर खोज करता है और इंतज़ार करता रहता है, तरह-तरह के आँकड़ों की चीर-फाड़ को पसंद करता है। और फिर जब परिस्थितियाँ बेहद अनुकूल हों, तब पूर्व में

> विवेक और संयम के परिणामत: उपलब्ध संसाधनों का इस्तेमाल करते हुए बड़ी मात्रा में दाँव लगाने की इच्छा रखता है।

मंगर के इन विवेकपूर्ण शब्दों से प्रेरित होकर मैंने अपने शेयर निवेश की राशि के बड़े हिस्से से एचईजी कम्पनी के शेयरों की ख़रीदी की जिसका प्रति शेयर मूल्य 700 रुपये पर था। इसके बाद मैंने अगले कुछ हफ्तों में इसके और शेयर ख़रीदे। क्यों? क्योंकि बहुत ज़्यादा आपूर्ति अंतर लम्बे समय तक बने रहने की आशंका थी (चित्र 20.3)

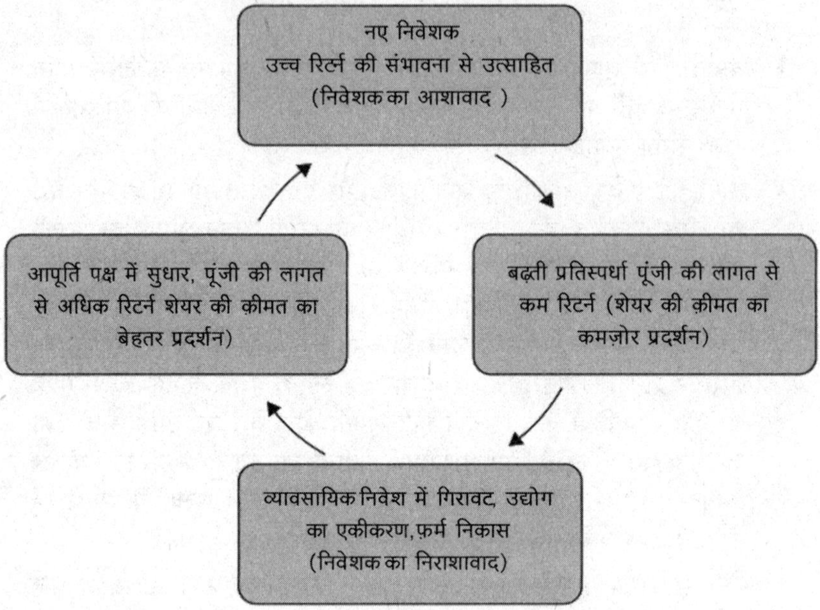

चित्र 20.2 पूँजी समय चक्र।

Source: Edward Chancellor, Capital Returns (Basingstoke: Palgrave Macmillan, 2016).

पाँच साल से ज़्यादा समय तक ग्रेफ़ाइट इलेक्ट्रोड की आपूर्ति में कमी बनी रह सकती है : जैफ़रीज़

ग्रेफ़ाइट इलेक्ट्रोड की आपूर्ति में कमी पाँच साल से ज़्यादा समय तक बनी रह सकती है। जापानी उत्पादक टोकई कार्बन के प्रबंधन के साथ मुलाक़ात के बाद निवेश बैंकर जैफ़रीज़ ने एक रिपोर्ट में बुधवार को यह जानकारी दी है।

Related podcast:
Electrodes, changing trade flows top of mind for many in steel

जैफ़रीज़ ने कहा है कि नीडल कोक उत्पादन का 10 प्रतिशत हिस्सा लीथियम आयन सेक्टर में जा रहा है और एनोड सामग्री के उत्पादन के लिए उसी तरह की सुविधाओं की ज़रूरत होती है जो ग्रेफ़ाइट इलेक्ट्रोड में लगती हैं। उसने यह भी कहा है कि हार्वे तूफान ने नीडल कोक की कुछ क्षमता को प्रभावित किया है।

प्रदूषण कम करने के अभियान के चलते ब्लास्ट भट्टी से उत्पादन की बजाय इलेक्ट्रिक आर्क भट्टी से उत्पादन में वृद्धि के कारण इलेक्ट्रोड की माँग काफ़ी ज़्यादा होगी।

चित्र 20.3 ग्रेफ़ाइट इलेक्ट्रोड उद्योग के लिए आपूर्ति के बड़े अंतर का अनुमान।

Source: Colin Richardson, "Graphite Electrode Shortage Could Last Five Years Plus: Jefferies," S&P Global, October 12, 2017, https://www.spglobal.com/platts/en/market-insights/latest-news/metals/101217-graphite-electrode-shortage-could-last-five-years-plus-jefferies.

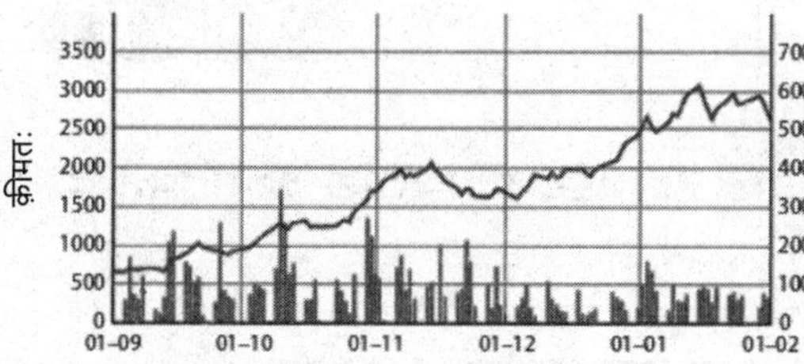

चित्र 20.4 1सितम्बर 2017 से 1 फ़रवरी 2018 तक एचईजी के शेयर का मूल्य।

Source: "HEG Ltd.," BSE India, September 1, 2017, to February 1, 2018, https://www.bseindia.com/stock-share -price/heg-ltd/heg/509631/.

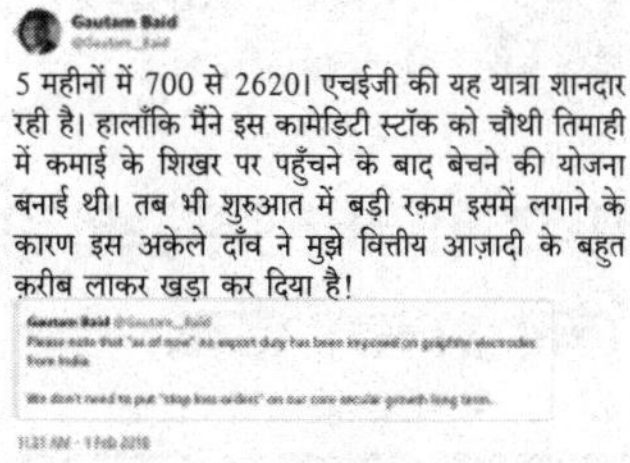
Gautam Baid

5 महीनों में 700 से 2620। एचईजी की यह यात्रा शानदार रही है। हालाँकि मैंने इस कामेडिटी स्टॉक को चौथी तिमाही में कमाई के शिखर पर पहुँचने के बाद बेचने की योजना बनाई थी। तब भी शुरुआत में बड़ी रक़म इसमें लगाने के कारण इस अकेले दाँव ने मुझे वित्तीय आज़ादी के बहुत क़रीब लाकर खड़ा कर दिया है!

चित्र 20.5: शानदार निवेश परिणाम

Source: Gautam Baid (@Gautam_Baid), "From 700 to 2620 in just months, it has been a wonderful journey in HEG," Twitter, February 1, 2018, https://twitter.com/Gautam__Baid/status/959131998685032448.Despite my

19 दिसंबर, 2017 को एक मीडिया रिपोर्ट में कहा गया कि केन्द्र सरकार भारत से ग्रेफ़ाइट इलेक्ट्रोड पर निर्यात शुल्क लगाने की योजना बना रही है। काफ़ी प्रयासों के बावजूद मैं इस क़दम से एचईजी की अर्थव्यवस्था पर पड़ने वाले प्रभाव का अंदाज़ा लगाने में असमर्थ था। मैंने एक फ़रवरी 2018 की सुबह एचईजी के शेयर में काफ़ी नीचे के भाव पर बेचने का ऑर्डर लगा दिया जिसे स्टॉप लॉस कहते हैं। उस दिन केन्द्रीय बजट पेश किया जाना था। शेयर के भाव नीचे आए और मेरा सौदा पूरा हो गया था (चित्र 20.4 और 20.5

देखें)। हालाँकि सरकार ने भविष्य में निर्यात शुल्क लगाने की दृष्टि से ही प्रावधान किया था। किसी भी स्थिति में, मेरे विचार में, स्टॉक की क़ीमत अब मेरे अनुमानित विक्रय मूल्य 10,000 डॉलर प्रति मीट्रिक टन के अनुसार उचित थी। (जीई की क़ीमतें अप्रैल 2017 में 2,350 डॉलर प्रति मीट्रिक टन से बढ़कर जनवरी 2018 तक 10,000 डॉलर प्रति मीट्रिक टन हो गई थीं।)

पहले से बढ़े हुए निवेश के साथ इस तरह से बड़ी आवँटित पूँजी पर पाँच महीने से भी कम समय में 270 प्रतिशत से ज़्यादा कमाई ने मेरी ज़िंदगी को बदल कर रख दिया। मैं अब वित्तीय स्वतंत्रता प्राप्त करने के अपने सपने को साकार करने के क़गार पर था। लेकिन यह यहीं नहीं रुका। जब आप वास्तव में आजीवन सीखने की उत्कट लगन के प्रति समर्पित होते हैं, तो यह कभी नहीं रुकता (चित्र 20.6 और 20.7)।

5 मार्च, 2018 को मैंने एक ख़बर पढ़ी कि भारतीय बाज़ार में ग्रेफ़ाइट इलेक्ट्रोड 14,500 डॉलर प्रति मीट्रिक टन पर बेचे जा रहे थे और आपूर्ति की स्थिति और भी कठिन होती जा रही थी (चित्र 20.6)। जब तथ्य बदल जाएँ तो अपना मन बदल लें। मैंने तुरंत 2,700 रुपये के दाम पर एचईजी के शेयर दोबारा ख़रीद लिए। बेचते समय मेरे पास जो पूँजी थी, उसकी आधी मैंने इस निवेश पर लगाई। (चित्र 20.7)।

Nigel D'Souza
@Nigel_DSouza
Following

एचईजी और ग्रेफ़ाइट इंडिया जैसे ग्रेफ़ाइट इलेक्ट्रोड उत्पादकों के लिए अच्छी ख़बर

वर्धमान स्पेशल स्टील्स ने @ सीएनबीसीटीवी 18 लाइव, सीएनबीसी टीवी 18 न्यूज को बताया
***ग्रेफ़ाइट इलेक्ट्रोड की क़ीमत पिछले एक साल में +6 गुना से ज़्यादा बढ़ी है *ग्रेफ़ाइट इलेक्ट्रोड की क़ीमत प्रति टन 14,500 टन प्रति डॉलर (950 से 1,000 रुपये प्रति किग्रा) यह विश्लेषकों के अनुमान से ज़्यादा है।**

10:40 PM - 5 Mar 2018

चित्र 20.6 भारतीय बाज़ार में ग्रेफ़ाइट इलेक्ट्रोड के बिक्री मूल्य पर ताज़ा जानकारी।

Source : Nigel D'Souza (@Nigel_DSouza), "Good news for graphite electrode producers like HEG & Graphite," Twitter, March 5, 2018, https://twitter.com/NigelššDSouza/status/970896905399144448

Gautam Baid
@Gautam__Baid

इस जानकारी के लिए धन्यवाद निजेल। इसे देखने के बाद मैंने एचईजी के शेयर में फिर से ख़रीदी की है। मैं 10,000 डॉलर के बिक्री मूल्य तक का अनुमान लगा रहा था। ऐसा लगता है कि अगर भारत सरकार इस साल में कभी निर्यात शुल्क लागू करती भी है तो भी अभी शेयर के ऊपर जाने की ख़ासी गुंजाइश है।

Nigel D'Souza @Nigel__DSouza
Good news for Graphite Electrode producers like HEG & Graphite

VARDHMAN SPECIAL STEELS tells @CNBCTV18Live @CNBCTV18News
*Prices of graphite electrodes +6x In last 1 yr

11:51 PM - 5 Mar 2018 from Salt Lake City, UT

चित्र 20.7: जब तथ्य बदलें तो अपनी सोच को बदल लें

Source: Gautam Baid (@Gautam_Baid), "Thanks for sharing the update Nigel," Twitter, March 5, 2018, https://twitter.com/Gautam__Baid/status/970914649045479425

एक ही झटके में मैंने उन कई व्यक्तिगत पूर्वाग्रहों पर विजय प्राप्त कर ली जो मेरे निवेश करियर की शुरुआत से ही मुझे प्रभावित कर रहे थे– ठहरे रहने का, प्रतिबद्धता और स्थिरता का पूर्वाग्रह, और यथास्थिति पूर्वाग्रह। यही कारण है कि एचईजी का निवेश मेरे लिए हमेशा ख़ास रहेगा। यह तार्किकता की दिशा में मेरे विकास में एक महत्त्वपूर्ण क़दम था।

अंततः वित्त वर्ष 2019 की पहली तिमाही के कम्पनी के नतीजों की अगस्त में घोषणा के कुछ ही समय बाद मैं एचईजी के शेयरों को 64 प्रतिशत लाभ पर बेचकर उसके निवेश से बाहर हो गया। उस समय मेरे आकलन के अनुसार नीडल कोक अनुबंध की ऊँची क़ीमतों का असर कुछ महीनों में शुरू होने वाला था जिससे एचईजी के लिए मार्जिन अब सर्वोच्च स्तर पर पहुँच चुका था। इस कम्पनी के शेयर में शुरुआती निवेश पूँजी पर मुझे कुल मिलाकर 350 प्रतिशत से अधिक का लाभ हुआ।

यह अच्छे कम्पाउंडिंग निवेश निर्णयों के मेल और उन पर काम करने की ताक़त है। यह पूरी तरह से एक औसत बुद्धिमत्ता वाले व्यक्ति के ताउम्र सीखने की दिशा में बढ़ते जाने के जुनून का नतीजा है। किसी विषय को समझने में मेरी सीमाओं को पार पाने में ज्ञान की खोज ने मुझे सक्षम बनाया। यदि आपके भीतर वास्तव में सीखने का जुनून है तो आप कभी नहीं रुकते। आप लगातार अपने आप को चुनौती देने और अपना सर्वश्रेष्ठ देने की प्रक्रिया में होते हैं। यही पूरी तरह से सोची-समझी प्रक्रिया है। इस तरह से कुछ स्टॉक

में आप जो अतिरिक्त थोड़ा-थोड़ा लाभ जुटाते हैं, वह समय के साथ कई गुना होता हुआ एक बड़ी राशि में बदल जाता है। ऐसा सचमुच में होता है। मेरे पूरे निवेश अनुभव के दौरान मुझे कोई भी ऐसा मल्टीबैगर शेयर नहीं मिला जिसने मुझे दस गुना रिटर्न दिया हो जिसे निवेशकों के बीच बहुत महान उपलब्धि माना जाता है। लेकिन वित्तीय आज़ादी के लिए मुझे किसी एक शेयर में बड़ी सफलता की ज़रूरत नहीं थी। कई छोटे मल्टीबैगर्स ने ही मुझे मेरा सपना साकार करने में मदद कर दी। मैंने *कम्पाउंडिंग के आनंद* का अनुभव किया है। (मैंने हमेशा यह सरल गणित अपने दिमाग़ में रखा : ''दस हज़ार डॉलर, दो 10-बैगर्स यानी दस गुना करने वाले। और करोड़पति।) एक सफल निवेश करियर के लिए कुल निवेश मूल्य में बहुत कम जोखिम के साथ दीर्घकालिक वार्षिक चक्रवृद्धि मायने रखती है, ना कि स्टॉक की संख्या जिनके माध्यम से आपने यह उपलब्धि हासिल की है।

चक्रीय स्टॉक में निवेश की मेरी शुरुआत

पिछले कुछ वर्षों में मेरी योग्यता के दायरे में धीरे-धीरे विस्तार हुआ और बुनियादी ढाँचे और निर्माण जैसे समय के साथ बढ़ने-घटने वाले सेक्टर भी इसमें शामिल हो गए। इस दौरान एक कम्पनी दिलीप बिल्डकॉन का अध्ययन करते हुए मुझे काफ़ी अहम जानकारी मिली : बुनियादी ढाँचे और निर्माण क्षेत्र में बाज़ार केवल उन्हीं कंपनियों के शेयरों को प्रोत्साहन देता है जिनके पास काम को अंजाम देने की सुदृढ़ क्षमताएँ और तंदुरुस्त बैलेंस शीट होती है जो भविष्य में मिलने वाले ठेकों को क्रियान्वित करने के लिए धन जुटाने में सहायता कर सकती हो। इस गहरी जानकारी ने अंततः मुझे 2018 में पीएसपी प्रोजेक्ट्स नामक कम्पनी की पहचान करने में मदद की।

मई 2017 में आईपीओ के दौरान मैंने रूढ़िवादी पूर्वाग्रह के कारण ग़लती से पीएसपी को नजरअंदाज़ कर दिया था। निवेशकों की आम तौर पर निर्माण उद्योग को लेकर धारणा है कि इसमें कॉर्पोरेट शासन के बेहतर मानक नहीं हैं और इस उद्योग में नियमित रूप से समय और लागत में वृद्धि होती है। लेकिन पीएसपी प्रोजेक्ट्स (संस्थापक प्रहलादभाई शिवराम भाई पटेल के नाम पर नामकरण) एक स्पष्ट अपवाद था। समय पर और उच्च गुणवत्ता से काम पूरे करने के लिए उसके गृह नगर अहमदाबाद में उसका बड़ा नाम था। इससे उसे प्रमुख ग्राहकों से लगातार काम मिलता रहता था। 2009 में अपनी स्थापना के बाद से पीएसपी ने कैडिला हेल्थकेयर और उसके सहयोगियों के लिए तेरह परियोजनाओं को क्रियान्वित किया था, टोरेंट फ़ार्मास्यूटिकल्स और उसके सहयोगियों के लिए छह, और निरमा और उसके सहयोगियों के लिए चार परियोजनाओं के काम पूरे किए थे। कम्पनी ने सरकार की कई प्रमुख परियोजनाएँ भी पूरी की थीं जिनमें अहमदाबाद में साबरमती रिवरफ्रंट के हिस्से और गुजरात विधान सभा भवन को नया स्वरूप देना शामिल था। फ़ॉर्मवर्क और मचान के दुनिया के सबसे बड़े निर्माताओं में से एक पेरी समूह ने 2017 की अपनी सालाना रिपोर्ट में 25 अहम परियोजनाओं का उल्लेख किया जिसके लिए ठेकेदारों ने उनके फ़ॉर्मवर्क का

उपयोग ठेकेदारों द्वारा किया गया था, और उसने ''उत्कृष्ट क्षमताओं'' के लिए पीएसपी का नाम लिया।

नवंबर 2017 में पीएसपी ने बहुत बड़े और सुस्थापित कंपनियों से कड़ी प्रतिस्पर्धा के बीच गुजरात में सूरत डायमंड बोर्स के निर्माण के लिए 1,575 करोड़ रुपये (225 मिलियन डॉलर) का प्रोजेक्ट हासिल किया। इस एक परियोजना से एक बार में पूरी कम्पनी की मौजूदा दर के बराबर दर से वार्षिक राजस्व बढ़ने की उम्मीद थी। अधिक महत्त्वपूर्ण बात यह थी कि इस परियोजना के सफल समापन से बड़े पैमाने पर परियोजनाओं को क्रियान्वित करने में पीएसपी की छवि को बहुत बड़ा प्रोत्साहन मिलने वाला था और यह उसे एलऐंडटी, शापूरजी जैसे बड़े समूहों की कतार में खड़ा कर देने वाला था। एक ऐसे क्षेत्र में जिसमें प्रतिस्पर्धा पाँच या छह समूहों तक सीमित है। इससे पीएसपी को भविष्य में अहमदाबाद के अपने क्षेत्र के बाहर भी इसी तरह की परियोजनाओं के ठेके हासिल करने में मदद मिलती। कुल मिलाकर पीएसपी के लिए समय के साथ भुनाए जाने योग्य अवसरों में कई गुना वृद्धि होने की उम्मीद थी।

वित्त वर्ष 2012 से 2017 तक पीएसपी के राजस्व में 18 प्रतिशत, परिचालन लाभ में 34 प्रतिशत और शुद्ध लाभ में 38 प्रतिशत की चक्रवृद्धि वार्षिक वृद्धि दर से बढ़ोतरी हुई थी। इसने क़र्ज़ मुक्त बैलेंस शीट और मजबूत रिटर्न अनुपात (इक्विटी पर औसत रिटर्न 35 प्रतिशत से अधिक) बनाकर रखा था। वर्तमान ऑर्डर बुक और भविष्य में बड़े काम हासिल करने की इसकी बेहतर संभावनाओं के आधार पर मध्यम से लम्बी अवधि में अच्छी वृद्धि दर की उम्मीद दिखाई दे रही थी। इसके अलावा जनवरी 2018 की *आउटलुक बिज़नेस* मैग्ज़ीन में पीएसपी पर भाविन शाह के लेख ने कम्पनी पर मेरे भरोसे को और मजबूत किया। उस लेख में शाह ने कुछ महत्त्वपूर्ण बिंदु उजागर किए थे।

अपने प्रतिस्पर्धियों के मुक़ाबले पीएसपी के राजस्व प्राप्ति के दिन सबसे कम थे। तीन साल का प्रतिस्पर्धियों का औसत 128 दिन था तो इसका मात्र उनतीस दिन था। काम शुरू करने के लिए प्राप्त होने वाली अग्रिम राशि (जो बीस से पच्चीस दिनों के काम के लिए ही पर्याप्त होती है) सहित पीएसपी वास्तव में नक़दी की नकारात्मक (लगभग 40 दिन का नकारात्मक नक़दी रूपांतरण चक्र) स्थिति में परिचालन में सक्षम था। इससे उसके आपूर्तिकर्ता ख़ुश रहते थे। वह औसतन 75 दिनों में उनकी देनदारी चुकता कर देता था जबकि प्रतिस्पर्धियों के लेनदार के लिए यह औसत 124 दिन था। पीएसपी बड़े ऑर्डर करने के बजाय उतनी ही सामग्री बुलाता था, जितनी काम जारी रखने के लिए पर्याप्त होती थी। इससे उसके पास पाँच दिन से भी समय स्टॉक रहता था जबकि उद्योग में सामग्री बनाए रखने का औसत 50 से 90 दिनों का था। यह कार्यशील पूँजी का असाधारण प्रबंधन था। (निवेशकों के रूप में, हम अपना पैसा आय विवरण से बनाते हैं, लेकिन बैलेंस शीट हमें बचाती है। फ़र्जी आय विवरण बैलेंस शीट में बेनकाब हो जाता है। इस तरह की कंपनियों की सच्चाई सामने आना तय होता है, तेज़ी के बाज़ार में इसमें थोड़ा समय लगता है।)

कमोडिटी और समय चक्र वाली कंपनियों के अलावा बाज़ार में एक और विकल्प है, जो आज की अल्फा पीढ़ी के लिए बेहतरीन अवसर प्रदान करता है।

स्पिनऑफ़। किसी कम्पनी द्वारा अपनी सहायक कम्पनी को अलग स्वतंत्र कम्पनी के रूप में खड़ा किया जाना।

अध्याय 21

विशेष परिस्थितियों में, स्पिनऑफ़ का सावधानीपूर्वक अध्ययन करें

महज अटकलबाजी की बजाय विशिष्ट, आकलन करने योग्य घटनाक्रमों से भविष्य की परिस्थितियों का सामना करना पसंद करने वाले वास्तविक निवेशकों के लिए विशेष हालात अच्छे शिकारगाह होते हैं।

– बेंजामिन ग्राहम

बेंजामिन ग्राहम ने ''कोजिटेटर'' (चिंतक) के नाम से द *एनालिस्ट जर्नल* के लिए कई लेख लिखे थे। 1946 की चौथी तिमाही के अंक में विशेष स्थितियों पर उन्होंने मौलिक लेख में लिखा, ''व्यापक अर्थ में, एक विशेष स्थिति वह है जिसमें किसी विशिष्ट घटनाक्रम से सामान्य बाज़ार में बढ़त ना होने के बावजूद किसी प्रतिभूति में संतोषजनक लाभ प्राप्त होने का आकलन किया जाता है। कुछ संकीर्ण अर्थ में यदि कोई विशेष घटनाक्रम पहले से ही नहीं चल रहा है तो दरअसल 'विशेष स्थिति' है ही नहीं।''

ग्राहम ने लेख के अंत में विशेष स्थिति को सार-संक्षेप में ''पिछले अनुभव की नज़र से अनुमानित समय अवधि के भीतर कम्पनी का (बाज़ार का नहीं) अपेक्षित घटनाक्रम बताया है।''

मोहनीश पबराई को चार्ली मंगर ने मुलाक़ातों के दौरान एक बार बताया था कि तीन बातों पर ध्यान देने से निवेश में अच्छे नतीजे मिलते हैं :

1. ध्यान से देखें कि अन्य महान निवेशक क्या कर रहे हैं। 13एफ़ के तहत दाख़िल उनकी सूचनाओं को जानें। (13 एफ़ फाइलिंग- 10 करोड़ डॉलर से ज़्यादा की परिसंपत्ति का प्रबंधन कर रहे संस्थागत निवेश प्रबंधकों द्वारा नियामक को तिमाही आधार पर दी जाने वाली सूचनाएँ)

2. निवेशकों को शिकार बनाने वाली उन कंपनियों पर नज़र रखें जो बड़ी मात्रा में अपने ही शेयरों की ख़रीदारी कर रही हैं।
3. स्पिनऑफ़ या उस प्रक्रिया का गहराई से अध्ययन करें जिसमें कोई कम्पनी अपनी सहायक कम्पनी को बेचकर अलग इकाई बना रही हो।

वास्तव में मंगर ने स्पिनऑफ़ की विशेष परिस्थिति के लिए एक विशिष्ट श्रेणी की ओर इशारा किया है। यह अपने आप में किसी भी निवेशक के इस ओर गंभीरता से ध्यान देने के लिए पर्याप्त है। स्पिनऑफ़ की सफलता की उच्च आधार दर के बारे में जानने के बाद मुझे समझ आया कि आख़िर मंगर क्यों स्पिनऑफ़ को लेकर इतने ज़्यादा उत्सुक थे। और मेरे मन में उनके लिए सम्मान और बढ़ गया। सलाहकार फ़र्म द एज और अकाउंटिंग फ़र्म डेलॉइट ने एक वैश्विक अध्ययन में जनवरी 2000 से जून 2014 तक 385 वैश्विक स्पिनऑफ़ पर नज़र डाली। इसमें 250 मिलियन डॉलर या ज़्यादा की बाज़ार पूँजीकरण वाली मूल कंपनियाँ शामिल थीं। इस अध्ययन के लिए लेन-देन पूरी तरह से स्पिनऑफ़ पर आधारित होने की शर्त थी जिसमें मूल कंपनियों के शेयरधारकों को नई सूचीबद्ध कम्पनी के शेयर प्राप्त हो रहे हों। अध्ययन में पाया गया कि स्पिनऑफ़ के विश्वव्यापी परिसंपत्ति वर्ग ने मूल कम्पनी से स्वतंत्र इकाई बनने के पहले 12 महीनों में एमएससीआई वर्ल्ड इंडेक्स के औसत लाभ से दस गुना अधिक लाभ दिया।

सबसे अच्छा प्रदर्शन उपभोक्ता, स्वास्थ्य-देखभाल, उपयोगिता, और ऊर्जा क्षेत्र का रहा। महत्त्वपूर्ण बात यह है कि मूल्य सृजन आर्थिक विकास या विश्लेषकों द्वारा कम्पनी के बारे में राय देने पर निर्भर नहीं था। औसतन दस में से दो स्पिनऑफ़ दो साल के भीतर या तो अधिग्रहीत कर लिए गए या निजी हाथों में चले गए।

भारत में स्पिनऑफ़ का प्रदर्शन और भी उल्लेखनीय है। एसबीआई कैपिटल ने 2002-2016 की अवधि के दौरान भारत में 154 स्पिनऑफ़ लेनदेन का विश्लेषण किया और बताया कि कैसे स्पिनऑफ़ ने सभी बाज़ार चक्रों में बड़े सूचकांकों के प्रदर्शन को पीछे छोड़ दिया। अध्ययन से पता चला कि स्पिनऑफ़ ने सेंसेक्स से क़रीब 36 फ़ीसदी औसत अतिरिक्त रिटर्न दिया।

निवेशकों को अक्सर सलाह दी जाती है जैसे "आपके ख़रीदे हुए शेयरों के दाम कम हो रहे हों, तो और ना ख़रीदें।" या "घटते हुए भावों पर औसत ख़रीदी भाव कम करने के लिए और ख़रीदी नहीं करें। इसे कुछ इस तरह से भी कहा जाता है, "गिरते चाकू को पकड़ने से बचें।" मैं केवल यही कहूँगा : हमेशा इस पर विचार करें।

बड़े आकार की मूल कम्पनी से अलग होकर छोटे आकार की उज्ज्वल भविष्य के संकेत देने वाली कम्पनी सूचीबद्ध होती है और उसमें संस्थागत हिस्सेदारी बची हुई रहती है, तब अक्सर लाभदायक अवसर पैदा होते हैं। शुरुआती हफ़्तों और महीनों के दौरान अक्सर संस्थानों द्वारा इस नई कम्पनी के शेयरों की मजबूरन बिक्री की जाती है। इसका कारण हो सकता है कि संस्थागत सख़्त नियम हों जिसके तहत वे इस नई कम्पनी के शेयरों को अपने पार्टफ़ोलियो में नहीं रख सकते हों। जैसे कि कुछेक विशिष्ट सेक्टर में ही वे निवेश बनाए रख

सकते हों या बाज़ार पूँजीकरण से संबंधित कुछ प्रतिबंध हों जिनके चलते वे नई कम्पनी में निवेश को बनाए रखने में समर्थ नहीं हो पा रहे हों। ऐसे में नई सूचीबद्ध कम्पनी के आपके पास रखे हुए शेयरों में आपको काग़ज़ों पर नुक़सान दिखाई देता है।

जब भी कोई हताशा में बिकवाली करता है, तो औने-पौने दामों में बेचता है। ऐसे सौदों में जहाँ बेचवाल मजबूरी में किसी प्रतिभूति के वास्तविक मूल्य की परवाह किए बिना किसी भी क़ीमत पर अपनी हिस्सेदारी ख़त्म करने को मजबूर हो, वहाँ मैं ख़रीदार रहना पसंद करता हूँ। यह ख़रीदने का समय होता है जब निवेशक किसी भी क़ीमत पर शेयर बेचने की जल्दी में हैं। यह संस्थान घोषणाएँ और थोक सौदों की जानकारी उसी दिन एक्सचेंज को देते हैं, जब ये बड़े सौदे किए जाते हैं। इन सूचनाओं पर पैनी निगाहें बनाए रखना निवेश की सफलता की कुंजी है।

स्पिनऑफ़ केवल समय के सौदे का साक्षात उदाहरण है जिसमें धैर्यवान निवेशक को केवल इंतज़ार करने और प्रक्रियागत खानापूर्ति पूरी होने तक रुकने के लिए भुगतान किया जाता है। किसी इकाई के कम्पनी से अलग होने की इस डिमर्जर प्रक्रिया के अतर्गत भारत में आम तौर पर छह चरण हैं : (1) बोर्ड की मंजूरी, (2) स्टॉक एक्सचेंज की मंजूरी, (3) प्रत्याभूत और अप्रत्याभूत लेनदारों और शेयरधारकों की मंजूरी, (4) राष्ट्रीय कम्पनी क़ानून न्यायाधिकरण की अंतिम मंजूरी, (5) बोर्ड द्वारा रिकॉर्ड तारीख़ की घोषणा यानी जिस तारीख़ तक शेयर रखने वालों को अलग हो रही इकाई में हिस्सेदारी मिलने वाली होगी, और (6) अलग हुई इकाई का एक्सचेंज में सूचीबद्ध होना।

कम्पनी से इकाई के अलग होने पर कुछ बहुत ज़्यादा लाभदायक अवसर उस समय पैदा होते हैं जब सूचीबद्ध समूह की इकाई कम मूल्यांकन गुणक पर कारोबार करती है। हालाँकि एक बार अलग हो जाने पर इस तरह से अस्तित्व में आई इकाइयों को कहीं अधिक ऊँचे स्तर पर कारोबार करना था। कभी-कभी मूल्यांकन वर्तमान में सूचीबद्ध मूल इकाई से पूरी तरह से भिन्न मूल्यांकन मापदंडों पर आधारित होता है। (दोनों तुलनात्मक मूल्यांकनों और शेयर बाज़ार में विभिन्न प्रकार के व्यवसायों के मूल्यांकन के लिए उपयोग किए जाने वाले विभिन्न मापदंडों की अच्छी समझ स्पिनऑफ़ में निवेशक के लिए बहुत फ़ायदेमंद होती है।) भागों का योग अक्सर संपूर्ण से अधिक होता है। कई बार तो बहुत ज़्यादा। ऐसा उन स्थितियों में होता है जिनमें घाटे में चलने वाला व्यवसाय मूल कम्पनी से अलग कर दिया जाता है और मूल कम्पनी का पूरा क़र्ज़ भी उसके सिर पर डाल दिया जाता है। बढ़ी हुई लाभप्रदता और मजबूत बैलेंस शीट मूल के कारण कम्पनी का मूल्यांकन गुणक, शुद्ध लाभ और बाज़ार पूँजी बढ़ जाती है। इसी के साथ मूल्य-से-बिक्री अनुपात या ईवी/एबिटा (उद्यम मूल्य से ब्याज, कर, मूल्यह्रास और परिशोधन से पहले की कमाई के लिए) जैसे गुणकों के आधार पर घाटे वाले कारोबार को कुछ बाज़ार पूँजी प्राप्त हो जाती है।

सेत क्लारमैन, जोएल ग्रीनब्लाट और पीटर लिंच ने स्पिनऑफ़ के संबंध में बहुत विस्तार से अपनी किताबों में चर्चा की है।

स्पिनऑफ़ कंपनियाँ अक्सर अपने कारोबार के आकर्षण और अपने शेयरों के कम मूल्य का प्रचार नहीं करतीं। शुरुआत में वे इसी तरह अपने आप को धरातल पर बनाए

रखना चाहती हैं। क्लारमैन इसका कारण बताते हैं कि ''प्रबंधन को अक्सर स्टॉक ऑप्शन शेयरों के शुरुआती भाव के आधार पर प्राप्त होते हैं। जब तक ये ऑप्शन वास्तव में स्वीकृत नहीं हो जाते, तब तक शेयरों की क़ीमतें कम होना ही प्रबंधन के लिए फ़ायदेमंद होता है। नतीजतन कई स्पिनऑफ़ कंपनियाँ शेयर की क़ीमत में वास्तविक मूल्य को दिखाने का बुहत कम या कोई भी प्रयास नहीं करतीं।

क्लारमैन का कहना है कि स्पिनऑफ़ के कुछ मामलों में मूल कम्पनी भी आकर्षक निवेश अवसर हो सकती है। वह आकर्षक निवेश के मौक़े की तलाश के लिए स्पिनऑफ़ को एक सही जगह बताते हैं। निवेश से संबंधित बेन ग्राहम सेंटर में 2009 में क्लारमैन ने अपने भाषण में कहा, ''स्पिनऑफ़ निवेश की तलाश की दिलचस्प जगह है, क्योंकि वहाँ स्वाभाविक रूप से बेचवाल हैं और स्वाभाविक रूप से वहाँ ख़रीदारों का अभाव है।''

जोएल ग्रीनब्लाट स्पिनऑफ़ में निवेश के सबसे जाने-माने समर्थक हैं। विशेष परिस्थिति में निवेश पर अपनी मौलिक पुस्तक *यू कैन बी अ स्टॉक मार्केट जीनियस* में ग्रीनब्लाट ने 76 पेज में स्पिनऑफ़ की चर्चा की है।

ग्रीनब्लाट ने पेन स्टेट के एक अध्ययन का हवाला दिया जिसमें पाया गया कि स्पिनऑफ़ ने प्रति वर्ष बाज़ार से 10 प्रतिशत बेहतर प्रदर्शन किया है। यदि मान लें कि बाज़ार 10 प्रतिशत का रिटर्न देगा तो सैद्धांतिक रूप से आँख बंद कर स्पिनऑफ़ खरीदकर प्रति वर्ष 20 प्रतिशत की कमाई की जा सकती है। यदि बेहतर चुनाव कर स्पिनऑफ़ में निवेश किया जाए तो? संभव है कि कमाई 20 प्रतिशत से अधिक हो जाए। ग्रीनब्लाट पाँच कारणों पर चर्चा करते हैं कि मूल कम्पनी क्यों अपनी एक सहायक इकाई को अलग करने के बारे में सोच सकती है :

1. आमतौर पर समूह के कारोबार में सामूहिक छूट शामिल होती है। असंबंधित व्यवसायों को अलग करके प्रबंधन कारोबार के मूल्य को बढ़ा सकता है। दूसरे शब्दों में, भागों का जोड़ संपूर्ण के जोड़ से अधिक होता है।
2. ''ख़राब'' व्यवसाय को ''अच्छे'' व्यवसाय से अलग करने के लिए।
3. किसी सहायक कम्पनी के मूल्य को जानने के लिए जिसे आसानी से बेचा नहीं जा सकता।
4. बड़ी कर देयता से बचते हुए मूल्य को पहचानना। यदि मूल कम्पनी स्पिनऑफ़ की बजाय इकाई की बिक्री करेगी तो उस पर कर का बोझ आ जाएगा।
5. नियामक की बाधा को दूर करने के लिए। उदाहरण के लिए कोई कम्पनी अधिग्रहण की प्रक्रिया में हो सकती है। हालाँकि, इसे अविश्वास संबंधी चिंताओं को दूर करने के लिए सहायक कम्पनी को अलग करने की ज़रूरत हो सकती है।

स्पिनऑफ़ के इतना अच्छा प्रदर्शन करने का एक और कारण है। ग्रीनब्लाट बताते हैं, ''पूँजीवाद तमाम कमियों के बाद भी वास्तव में कारगर रहता है।'' सहायक इकाई के अलग

हो जाने पर इसका प्रबंधन मूल कम्पनी की अफसरशाही से मुक्त हो जाता है। अगर प्रबंधन को नई इकाई के शेयरों का बड़ा हिस्सा प्राप्त हुआ है तो वह शेयरधारकों के लिए भी ज़्यादा मूल्य उत्पन्न करने की दिशामें प्रयास करेगा, क्योंकि इससे सीधे उसको भी लाभ होगा। ग्रीनब्लाट लिखते हैं, ''अलग हुई इकाई या मूल कम्पनी के शेयरों में निवेश की रणनीति के तहत आम तौर पर शेयरधारकों पर केन्द्रित उन कंपनियों को चुना जाना चाहिए जो पहले से ही निवेशक के पास हैं। स्पिनऑफ़ के साथ आगे बढ़ते हुए प्रबंधन टीम मजबूती के साथ कहती है कि उसे शेयरधारकों के रिटर्न की परवाह है।''

ग्रीनब्लाट बताते हैं कि सर्वोत्तम स्पिनऑफ़ का चुनाव कैसे करें और वे इस तरह के निवेश के लिए किन विशेषताओं को देखते हैं :

1. **संस्थाएँ यह नहीं चाहतीं (और इसके पीछे निवेश से संबंधित योग्यता कारण नहीं है) :** ऊपर दिए गए कारणों के अतिरिक्त अलग हुई इकाई का कर्ज या नक़दी से लदा होना आम बात है। अलग हुई कम्पनी को कर मुक्त तरीक़े से इन संपत्तियों और देनदारियों को सौंपना मूल कम्पनी का एक तरीक़ा है। अलग होने के बाद बैलेंस शीट को समझना निवेशकों को इसके संभावित प्रदर्शन का बेहतर विश्लेषण करने में मदद करता है। ग्रीनब्लाट कहते हैं कि बैलेंस शीट में क़र्ज़ की मौजूदगी से लाभ प्रभावित हो सकता है।

   ऐसी कंपनियों में निवेश के जोख़िमों पर आप जो कुछ भी सोचें, लेकिन इस तरह के क़र्ज़ के हालात में अगर पूरी तरह से तर्क और गहन शोध करके निवेश किया जाए तो इससे मिलने वाला फ़ायदा कई गुना हो जाता है। *मूल कम्पनी से इकाई के अलग होने की प्रक्रिया शुरू में हो सकता है कि बहुत जोख़िम भरी प्रतीत हो रही हो, लेकिन यह आकर्षक साबित हुई तो यह क़र्ज़ की स्थिति हमारे मुनाफ़े को कई गुना बढ़ा देगी।*

2. **कम्पनी के भीतर के लोग स्पिनऑफ़ चाहते हैं :** स्पिनऑफ़ के भीतर प्रदर्शन के लिए प्रबंधन की ओर से मिलने वाले प्रोत्साहन को हमेशा गहराई से समझें। किसी स्पिनऑफ़ का मूल्यांकन करते हुए ग्रीनब्लाट प्रबंधन द्वारा दिए जाने वाले प्रोत्साहनों को अपना प्रमुख मानदंड बनाते हैं :

   स्पिनऑफ़ को चुनते समय या दो इस तरह की कंपनियों के बीच चुनाव करते हुए जो दो पहलू मेरे लिए सबसे महत्त्वपूर्ण होते हैं, उनमें से एक है- आंतरिक भागीदारी। क्या स्पिनऑफ़ के प्रबंधकों को शेयरधारकों के समान ही प्रोत्साहन दिया गया है? क्या उनको मिलने वाले क्षतिपूर्ति पैकेज का बड़ा हिस्सा शेयरों, प्रतिबंधित शेयरों या ऑप्शन के रूप में होगा? क्या उनके लिए कोई योजना है जिससे वे ज़्यादा अधिक प्राप्त करेंगे? किसी स्पिनऑफ़ के सभी आवश्यक सार्वजनिक दस्तावेज़ों के दाख़िल हो जाने पर मैं आमतौर पर सबसे पहले यही बातें देखता हूँ।

मूल कम्पनी की प्रबंधन टीम आम तौर पर एक बड़े व्यवसाय के प्रबंधन में रुचि रखती है, इसलिए यदि वे अगर छोटी कम्पनी में जाने का निर्णय ले रहे हैं, जहां उन्हें शेयरों पर आधारित बड़ा पैकेज प्राप्त होने वाला है तो निवेशकों को निश्चित रूप से और गहराई तक जाना चाहिए। विचार करने और अध्ययन योग्य एक और स्थिति तब बनती है, जब मूल कम्पनी से अलग होकर सामने आई कम्पनी का प्रबंधन सूचीबद्ध होने के तुरंत बाद अपने शेयरों की पुनर्ख़रीद की घोषणा करता है लेकिन अपनी हिस्सेदारी को बढ़ाने के लिए पुनर्ख़रीद में हिस्सेदारी करने से परहेज़ करता है।

3. **निवेश का छिपा हुआ अवसर पैदा होता है या उसका खुलासा होता है।** ग्रीनब्लाट लिखते हैं, ''इसका मतलब यह हो सकता है कि स्पिनऑफ़ से कोई शानदार व्यवसाय या कोई सस्ता शेयर सामने आ सकता है। हमेशा अध्ययन करें और मूल्यांकन करें कि स्पिनऑफ़ के पूरे होने पर मूल कम्पनी और अलग हुई इकाई कैसी होंगी। क्योंकि स्पिनऑफ़ के बाद ज़रूरी नहीं है कि अलग हुई इकाई में विशेष अवसर पैदा होना ज़रूरी नहीं है। ग्रीनब्लाट कहते हैं, ''मुख्य बात यह है कि एक जटिल विभाजन से बाहर आने वाली मूल कम्पनी पर निगाह रखने से कुछ रोचक अवसर सामने आ सकते हैं।'' निवेशकों के रूप में हमारे पास मूल कम्पनी, अलग हुई कम्पनी या दोनों के शेयर ख़रीदने का विकल्प है। यह निर्भर करता है कि क्या ज़्यादा फ़ायदेमंद है।

दूसरे शब्दों में, यदि स्पिनऑफ़ से बनी नई इकाई का प्रबंधन उसके सूचीबद्ध होने के तत्काल बाद इसकी उज्ज्वल संभावनाओं का ढिंढोरा पीटने लगे तो यह एक प्रकार का संकेत है कि प्रबंधन इसमें हिस्सेदारी में सार्थक बढ़ोतरी नहीं करना चाहता।

ग्रीनब्लाट सलाह देते हैं कि स्वतंत्र अस्तित्व में आई इकाई के प्रबंधन को पर्याप्त हिस्सेदारी के विकल्प पैकेज होंगे या नहीं, यह जानने के लिए नियामक एजेंसी के पास दाख़िल सूचनाओं का गहराई से अध्ययन करना चाहिए। वह कहते हैं, ''जहाँ प्रबंधन के लिए विकल्प पैकेज पर्याप्त है, वहाँ प्रबंधन के नई स्वतंत्र इकाई के शेयरों को बढ़ावा देना आरंभ करने के लिए प्रोत्साहन देने से पहले ही उसमें शेयरों को ख़रीदना एक अच्छा विचार हो सकता है।''

हमेशा भीतरी प्रोत्साहनों का अध्ययन करें। ऐसा करने का एक तरीक़ा है नियामक के पास दाख़िल स्पिनऑफ़ का फ़ॉर्म 10-12बी का अध्ययन करना और ''कार्यकारी अधिकारी के पैकेज'' की पड़ताल करना। हमें यह जानना चाहिए कि स्पिनऑफ़ के कितने शेयर नए प्रबंधन और कर्मचारी प्रोत्साहन के लिए रखे गए हैं। फ़ॉर्म 10-12बी स्पिनऑफ़ में कुछ इस तरह के प्रावधान हो सकते हैं : ''हिस्सेदारी की योजना के तहत दिए जाने वाले प्रोत्साहनों के अनुसार जारी किए जा सकने वाले शेयरों की संख्या कुल X है।'' इसके बाद यह हिसाब लगाएँ कि यह स्पिनऑफ़ के कुल शेयरों का कितना प्रतिशत हैं।

शेयरबाज़ार पर अपनी सर्वकालिक किताब *वन अप ऑन वॉल स्ट्रीट* में पीटर लिंच ने स्पिनऑफ़ की ख़ूबियों के बारे में बताया है। वह शुरू में ही कहते हैं कि ''स्पिनऑफ़ का परिणाम अक्सर आश्चर्यजनक रूप से आकर्षक निवेश होता है।''

लिंच का मानना है कि मूल कम्पनियाँ ऐसी इकाइयों को स्वतंत्र रूप से अस्तित्व में लाना नहीं चाहतीं जो नाकाम हो सकते हैं। क्योंकि इससे उनकी छवि पर असर होगा। वह लिखते हैं, ''एक बार जब इन कम्पनियों को उनकी स्वतंत्रता मिल जाती है, तो नया प्रबंधन, अपना खुद का शो चलाने के लिए स्वतंत्र है, वह लागत में कटौती कर सकता है और रचनात्मक उपाय कर सकता है जो निकट अवधि और दीर्घकालिक अवधि की कमाई में सुधार ला सकते हैं।''

शेयर बाज़ारों में स्पिनऑफ़ पर बहुत कम ध्यान दिया जाता है। आमतौर पर इनको ग़लत समझा जाता है, और इस प्रकार निवेशकों द्वारा उनकी क़ीमत का ग़लत आकलन किया जाता है। ये सभी भविष्य के रिटर्न के लिए अच्छा संकेत हैं।

तालिका 21.1 अमेरिका में उन सभी स्पिनऑफ़ के पहले साल का प्रदर्शन जिनमें अलग होने के एक सप्ताह के भीतर भारी अंदरूनी ख़रीदारी हुई, 2001–2011

स्पिनऑफ़	वर्ष	पहले साल का रिटर्न %	एसऐंडपी 500%	एसऐंडपी को पछाड़ा?
जीएनडब्ल्यू	2004	46.92%	6.71%	हाँ
एचएसपी	2004	22.62%	6.90%	हाँ
एलवायवी	2005	87.45%	11.32%	हाँ
एएमपी	2005	36.42%	14.18%	हाँ
टीएचआय	2006	39.96%	16.12%	हाँ
एसबीएच	2006	15.90%	5.71%	हाँ
एमडब्ल्यूए	2006	-3.10%	17.76%	नहीं
पीसीएक्स	2007	-18.21%	-41.57%	हाँ
टीडीसी	2007	-20.97%,	-28.00%,	हाँ
पीएम	2008	-23.53%	-38.63%,	हाँ
एचआय	2008	-26.57%	-35.93%	हाँ
एमजेएन	2009	74.49%	33.67%	हाँ

Source: "Look at All These Spinoffs Beating the Market," Old School Value (blog), July 6, 2011, https://www .oldschoolvalue.com/blog/special_situation/look-at-all-these-spinoffs-beating-the-market.

लिंच ऐसे स्पिनऑफ़ की तलाश करने की सलाह देते हैं जिसमें अंदरूनी ख़रीदी हो रही हो, क्योंकि इससे उसके लम्बी अवधि की भावी संभावनाओं को लेकर प्रबंधन के विश्वास की पुष्टि होगी : ''यदि आप किसी स्पिनऑफ़ के बारे में सुनते हैं, या यदि आपको इस तरह से बनी किसी कम्पनी के कुछ शेयर भेजे गए हैं तो उसके और शेयरों की तत्काल ख़रीदी के लिए पड़ताल शुरू करें। *स्पिनऑफ़ के एक या दो महीने पूरे होने के बाद आप यह देख सकते हैं कि क्या नए अधिकारियों और निदेशकों में भारी अंदरूनी ख़रीददारी हो रही है। इससे पुष्टि होगी कि वे भी, कम्पनी की संभावनाओं पर विश्वास कर रहे हैं।* याद रखें अंदरूनी सूत्र व्यक्तिगत सहित कई कारणों से बिकवाली कर सकते हैं। लेकिन अंदरूनी सूत्रों के पास अपना स्टॉक ख़रीदने का केवल एक ही कारण हो सकता है, वह ये कि वे इस पर विश्वास करते हैं कि इसकी क़ीमत ऊपर जाएगी। अंदरूनी ख़रीद का ख़ास मजबूत संकेत सामूहिक-ख़रीद के रूप में सामने आता है। जब प्रबंधन टीम से तीन या अधिक अंदरूनी सूत्र कम समय के भीतर ही खुले बाज़ार से ख़रीदारी करते हैं। (जब आप किसी मुख्य वित्तीय अधिकारी को खुले बाज़ार से स्टॉक ख़रीदी करते हुए पाएँ तो ख़ासकर ध्यान दें। मालिक की तरह सोचना आम तौर पर उनके डीएनए में नहीं होता।)

ओल्ड स्कूल वैल्यू के मूल्य निवेशक जे जून ने अमेरिका में 2001 और 2011 के बीच के उन सभी स्पिनऑफ़ के पहले साल के प्रदर्शन का अध्ययन किया जिनमें अलग होने के एक सप्ताह के भीतर भारी अंदरूनी ख़रीदारी हुई थी। इसके नतीजे ज़ोरदार थे : एक को छोड़कर सभी स्पिनऑफ़ ने बड़े अंतर से बाज़ार सूचकांक के प्रदर्शन को पीछे छोड़ दिया था (तालिका 21.1)

इस अध्याय से सबक़ : स्पिनऑफ़ में अक्सर प्रबंधन को अच्छे-ख़ासे प्रोत्साहन दिए जाते हैं तो अक्सर शुरुआती तौर पर मजबूरी में की जाने वाली बिकवाली कुछ आकर्षक अवसर पैदा करती है।

भाग – 4

पोर्टफ़ोलियो प्रबंधन

अध्याय 22

लम्बे समय तक मूल्य निवेश के फ़ायदे

क़ीमत के सवाल को दरकिनार कर दें तो शेयर ख़रीदने के लिए सर्वश्रेष्ठ कारोबार वह है जो लम्बे समय तक लगातार बढ़ती हुई पूँजी को रिटर्न की ऊँची दर के साथ इस्तेमाल कर सकता है। शेयर ख़रीदने के लिए सबसे बेकार कारोबार वह है जो इसके प्रतिकूल हो या होगा – यानी कि जो रिटर्न की कम होती दरों पर लगातार ज़्यादा और ज़्यादा पूँजी का प्रयोग करे।

– वॉरेन बफ़ेट

किसी व्यवसाय की सफलता की मुख्य कसौटी है कि क्या वह निवेश किए गए प्रत्येक डॉलर पर शेयरधारकों के लिए उससे अधिक का बाज़ार मूल्य देता है या नहीं। वॉरेन बफ़ेट इसे एक डॉलर परीक्षा कहते हैं और उन्होंने 1984 में शेयरधारकों के पत्र में इसको समझाया है, ''कम्पनी को अपनी कमाई को तभी अपने पास बरकरार रखना चाहिए, जब उसे इसकी पूरी संभावना दिखाई दे रही हो कि जो हरेक डॉलर वह निवेश के लिए रख रही है, उसपर मालिकों के लिए कम से कम एक डॉलर का बाज़ार मूल्य कमाया जा सकेगा। यह संभावना ज़रूरी है कि ऐतिहासिक सबूतों पर आधारित हो या भविष्य के बौद्धिक विश्लेषण पर। यह तभी होगा जब बरकरार रखी गई पूँजी आम तौर पर निवेशकों के लिए उपलब्ध कमाई के बराबर या उससे अधिक वृद्धिशील आय सृजित करे।''

जब बफ़ेट बरकरार रखी गई एक डॉलर पूँजी से एक डॉलर का बाज़ार मूल्य निर्मित करने का ज़िक्र करते हैं (वह इस परीक्षण को पाँच साल के लिए लागू करना चाहते हैं) तो इसका अर्थ होता है एक डॉलर का आंतरिक मूल्य। बफ़ेट के कहने का अर्थ था कि समय के साथ आंतरिक मूल्य शेयर बाज़ार का सबसे सही निर्धारण करता है। (तुरंत एक डॉलर परीक्षण करने का सरल तरीक़ा कम्पनी का किसी समय अवधि के आरंभ और अंत

में बाज़ार मूल्य में परिवर्तन का आरंभ और अंत में प्रतिधारित आय मूल्यों से तुलना करना है।) मूल रूप से बफ़ेट का कहना है कि बाज़ार समय के साथ उन कम्पनियों को पुरस्कृत करेगा (उच्च मूल्यांकन गुणक देकर) जो अपने पास रखे डॉलर पर ज़्यादा रिटर्न पैदा करते हैं और उन कंपनियों को दंडित करेगा (कम मूल्यांकन गुणक देकर) जिनके डॉलर उतना रिटर्न नहीं दे पाते हैं।

चार्ली मंगर के अनुसार,

> लम्बी अवधि में किसी कारोबार के शेयर के लिए उस कारोबार की कमाई की तुलना में बेहतर रिटर्न निकाल पाना कठिन रहता है। यदि व्यवसाय 40 वर्षों में पूँजी पर 6 प्रतिशत की कमाई करता है और उसके शेयर को 40 वर्षों तक अपने पास रखें तो आप 6 प्रतिशत रिटर्न से ज़्यादा कुछ नहीं कमा पाएँगे। भले ही आपने इसे शुरुआत में बहुत ही कम दाम पर ख़रीदा हो। इसके विपरीत, यदि कोई व्यवसाय पूँजी पर 20 या 30 वर्षों तक 18 प्रतिशत की कमाई करता है तो भले ही आपने महँगी दिखाई देने वाली क़ीमत पर उसका शेयर ख़रीदा हो, तब भी उसका नतीजा बेहतर मिलेगा।

मंगर के दावे के पीछे का गणित समझना आसान है। शेयरधारकों को मिलने वाले रिटर्न के मामले में निवेश निवेशित पूँजी पर कई दशकों तक 18 प्रतिशत का रिटर्न (आरओआईसी) निवेशित पूँजी पर 6 प्रतिशत के रिटर्न पर भारी पड़ेगा। आसान।

यह सरल है लेकिन आसान नहीं है।

निवेश में सबसे बड़ी चुनौतियों में से एक किसी व्यवसाय का प्रतिस्पर्धात्मक लाभ और, उससे भी अधिक महत्त्वपूर्ण, उस लाभ के स्थायित्व और लम्बी अवधि का निर्धारण करना है।

प्रतिस्पर्धात्मक लाभ को कम्पनी की ''अतिरिक्त रिटर्न'' उत्पन्न करने की क्षमता के रूप में परिभाषित किया गया है। यानी पूँजी की लागत को कम करने के बाद निवेशित पूँजी पर मिलने वाला रिटर्न। स्थायी प्रतिस्पर्धी लाभ को कम्पनी की लम्बी समय अवधि तक अतिरिक्त रिटर्न उत्पन्न करने की क्षमता के रूप में परिभाषित किया गया है जिसमें प्रतिस्पर्धियों को बाज़ार में प्रवेश करने और अतिरिक्त रिटर्न को कम करने से रोकने के लिए बाधाओं की ज़रूरत होती है। इससे निवेशित पूँजी पर लम्बी अवधि तक अधिक रिटर्न (जिसे प्रतिस्पर्धी लाभ अवधि भी कहा जाता है) हासिल होता है। अधिक रिटर्न और लम्बी प्रतिस्पर्धी लाभ अवधि वाली बढ़ती हुई कंपनियाँ शुद्ध वर्तमान मूल्य के संदर्भ में अधिक मूल्यवान हैं। किसी कम्पनी की प्रतिस्पर्धी लाभ अवधि का मूल्य अतिरिक्त रिटर्न से पैदा होने वाले अनुमानित नक़दी प्रवाह के जोड़ के बराबर होता है। हालांकि इसमें समय के साथ धन के मूल्य में गिरावट और नक़दी प्रवाह की प्राप्ति में अनिश्चितता के कारकों के कारण कमी आती है।

1999 में *फ़ॉर्च्यून* के साथ एक साक्षात्कार में, बफ़ेट ने सुरक्षा की ''अभेद्य'' दीवार को अपनी निवेश रणनीति का मुख्य स्तंभ बताते हुए कहा : ''उत्पाद या सेवाएँ जिनकी मजबूत किलेबंदी है और जिनके लिए विरोधियों से प्रतिस्पर्धा का दूर-दूर तक कोई ख़तरा नहीं है, वे निवेशकों को अच्छा लाभ देती हैं। बफ़ेट ने शेयरधारकों को 2007 में लिखे पत्र में महान, अच्छे और भयानक क़िस्म के व्यवसायों पर चर्चा की थी। इसे बहुत से निवेशक प्रतिस्पर्धी लाभ और मूल्य निर्माण पर मौलिक कृति मानते हैं।

कमाई में बढ़ोतरी के सही मूल्यांकन के लिए इसकी तुलना हमेशा उसको उत्पन्न करने के लिए ज़रूरी वृद्धिशील पूँजी के निवेश से की जानी चाहिए।

ऐसे कारोबार महान हैं जिनमें वास्तव में बिना किसी बड़ी पूँजी की ज़रूरत के कमाई लगातार बढ़ती जा रही है। वे वृद्धिशील निवेशित पूँजी पर असाधारण रूप से उच्च रिटर्न देते हैं। वास्तव में महान व्यवसाय सचमुच हर समय नक़दी में डूबे रहते हैं। उनमें पूँजी पर असीमित रूप से उच्च रिटर्न अर्जित करने की प्रवृत्ति होती है, क्योंकि उन्हें मूर्त पूँजी की बहुत कम आवश्यकता होती है। वे ''दिमाग़ों में छाप'', ''बौद्धिक संपदा'' या स्वामित्व की टेक्नोलॉजी के साथ मज़बूत ब्रांड पहचान जैसी अमूर्त संपत्तियों से संचालित होते हैं। आम तौर पर ऋणात्मक कार्यशील पूँजी, कम अचल संपत्ति तीव्रता और वास्तविक मूल्य निर्धारण शक्ति महान कारोबारों की विशेषता होती है।

ऋणात्मक कार्यशील पूँजी का मतलब है कि ग्राहक उन वस्तुओं या सेवाओं के लिए कम्पनी को पहले से नक़द भुगतान कर रहे हैं जो उन्हें बाद में पहुँचाई जाने वाली है। बढ़ती हुई किसी कम्पनी के लिए यह बहुत प्रभावी उत्प्रेरक है, जहाँ ग्राहक कम्पनी के विकास के लिए वास्तव में वित्तीय पहले भुगतान कर मदद कर रहे हैं। सबसे अच्छी बात यह है कि इस वित्तीय मदद में कोई भी ब्याज नहीं देना पड़ रहा है। इस लाभ से विरोधी का पार पा पाना कठिन है। ऋणात्मक कार्यशील पूँजी सदस्यता-आधारित कारोबारी मॉडल में आम बात है जिसमें ग्राहक बार-बार दी जाने वाली नियमित सेवा या किसी पहुँच के लिए पहले से भुगतान करते हैं। इसमें राजस्व को तब मान्य किया जाता है जब सेवा दे दी जाती है। इस तरह के कारोबारों में आम तौर पर परिचालन नक़दी प्रवाह शुद्ध आय से ज़्यादा होता है।

सालाना बिक्री की शुद्ध संपत्ति, संयंत्र और उपकरण, या पूंजीगत व्यय की बिक्री से तुलना कर कम स्थायी परिसंपत्ति तीव्रता (कुल परिसंपत्ति से स्थायी परिसंपत्ति का अनुपात) का विश्लेषण किया जा सकता है। फ्रेंचाइज़ी कारोबार मॉडल में, फ्रेंचाइज़ी देने वाला अपनी ब्रांड के नाम, व्यवसाय योजना, और अन्य मालिकाना संपत्तियों के उपयोग के बदले में फ्रेंचाइजी से रॉयल्टी प्राप्त करता है। जैसे-जैसे फ्रेंचाइज़ी नए प्रतिष्ठान बनाने के लिए पूँजी प्रदान करता है फ्रेंचाइज़र बिना अतिरिक्त पूँजी लगाए राजस्व और कमाई बढ़ाने में सक्षम हो जाता है। इस तरह से पूरी व्यवस्था बढ़ती जाती है। यदि इसका इस तरह से विस्तार किया जा सकता है तो यह कारोबारी मॉडल बहुत शानदार है, क्योंकि इसमें पूँजी की बहुत ज़्यादा ज़रूरत नहीं है। केवल फ्रेंचाज़र के ब्रांड नाम के इस्तेमाल से बहुत ज़्यादा नक़दी आती रहती है। इसीलिए बफ़ेट कहते हैं, ''सबसे अच्छा व्यवसाय दूसरों की वृद्धि से मिलने वाली रॉयल्टी है। इसमें पूँजी की बहुत कम ज़रूरत होती है। डिज़ाइन, बाज़ार और ब्रांड निर्मित

करने पर ध्यान केन्द्रित करते हुए जो कंपनियाँ मूल विनिर्माण का काम बाहरी कंपनियों से कराती हैं, उनकी भी कम स्थायी परिसंपत्ति तीव्रता होती है।''

यदि कारोबार कोई ऐसा उत्पाद या सेवा प्रदान करता है जो अलग है, दूसरी जगह से इन्हें लेने की लागत बहुत अधिक है, या यह ग्राहकों के लिए महत्त्वपूर्ण है तो कुल लागत का छोटा प्रतिशत होने के बावजूद भी यह महँगाई दर से अधिक स्तर पर लगातार क़ीमतें बढ़ाने में समर्थ हो सकता है। यह अतिरिक्त पूँजी के बिना कमाई बढ़ाने का सबसे आसान तरीक़ा है, क्योंकि कीमत बढ़ने पर इसमें राजस्व की तुलना में मुनाफ़े (फ़्लो थ्रू मार्जिन) में सामान्यतया तेज़ वृद्धि होती है। ब्लूमबर्ग और सीज़ कैंडीज जैसी कंपनियों का महँगाई दर पर या उससे ऊपर क़ीमतें बढ़ाने का लम्बा इतिहास रहा है। बफ़ेट इसे किसी व्यवसाय का विश्लेषण करने में सबसे महत्त्वपूर्ण चरों में से एक मानते हैं : ''*किसी व्यवसाय का मूल्यांकन करने में सबसे महत्त्वपूर्ण निर्णय मूल्य निर्धारण शक्ति है*। यदि अपना कारोबार किसी प्रतिस्पर्धी को गँवाए बिना क़ीमतें बढ़ाने की शक्ति आपके पास है तो आपका व्यवसाय बहुत अच्छा है।''

महान व्यवसाय दुर्लभ, बहुत ही कम और इसलिए मूल्यवान होते हैं। वृद्धि के लम्बे समय तक जारी रहने का बहुत अधिक निश्चित तौर पर अनुमान लगाए जाने पर बाज़ार उनका ख़ासा समृद्ध मूल्यांकन करता है। वास्तव में आज की दुनिया में लम्बे समय तक वृद्धि क़ायम रहना लगातार दुर्लभ होता जा रहा है। बहुत तेज़ी से बदलाव हो रहे हैं। 1960 के दशक में एसऐंडपी 500 सूचकांक में कोई कम्पनी औसतन 60 साल तक रही थी। आज यह औसत घटकर मुश्किल से 10 साल रह गया है। 1955 में फ़ॉर्चून 500 में शामिल 12 प्रतिशत से भी कम कंपनियाँ 62 साल के बाद 2017 में इसमें बची हुई हैं। बाक़ी 88 प्रतिशत कंपनियाँ दिवालिया हो गईं या किसी अन्य फ़र्म में विलीन हो गईं या उनके द्वारा ख़रीद ली गईं। वे कंपनियाँ अगर अब भी मौजूद हैं तो वे फ़ॉर्चून 500 से बाहर हो गई हैं जिसमें कुल राजस्व के आधार पर क्रम तय होता है। यहाँ जोसेफ़ शम्पीटर का ''रचनात्मक विनाश'' अपने सर्वोत्तम रूप में नज़र आता है।

बाज़ार में निश्चितता को काफ़ी महत्त्व दिया जाता है। ऐसे शेयर जिनमें कमाई के लगातार बढ़ने का यक़ीन होता है, उनका बाज़ार में लम्बे समय तक मूल्यांकन बहुत उच्च स्तर पर होता है। यह उस समय तक के लिए जब तक कि वे कमाई में निरंतर वृद्धि में समर्थ नहीं रह जाते। बाज़ार में लम्बी अवधि तक वृद्धि की संभावना अल्प अवधि में वृद्धि की लगभग तय दर के मुक़ाबले में ज़्यादा मायने रखती है। ऐसे शेयर का मूल्यांकन बाज़ार में कम होता है जो अगले कुछ वर्षों तक 50 प्रतिशत की दर से कमाई में वृद्धि का आश्वासन देता है लेकिन उसके बाद का दृश्य स्पष्ट नहीं होता। इसके मुक़ाबले में बाज़ार उस शेयर का मूल्यांकन ज़्यादा करता है जिसकी धीमी लेकिन लम्बी अवधि तक विकास करने की अत्यधिक संभावना है। वृद्धि में निरंतरता से मूल्यांकन बढ़ता है; लगातार बाधाओं से मूल्यांकन कम हो जाता है। बाज़ार वृद्धि की वास्तविक दर की तुलना में वृद्धि के लम्बी अवधि तक बने रहने को ज़्यादा महत्त्व देता है। अगले 10 से 15 साल तक 12 से 15 प्रतिशत की दर से कमाई में बढ़ोतरी की संभावना वाले शेयर का मौजूदा साल में 40 से

50 गुना तक मूल्य-से-आय (पी/ई) गुणक अक्सर पाया जाता है। नए निवेशकों को यह हैरान कर देता है लेकिन अनुभव के साथ वे बाज़ार की बारीकियों को समझते हैं और उसकी बुद्धिमत्ता का सम्मान करने लगते हैं। महँगे, उच्च गुणवत्ता वाले निरपेक्ष वृद्धि वाले शेयरों में लम्बी अवधि तक उच्च मूल्य पर बने रहने का रुझान रहता है। क़ीमतें ऊँची होने के कारण निवेशक उसके अनुरूप कमाई के आने तक उनकी ख़रीदी नहीं करते हैं। बाज़ार उन कंपनियों को कुछ ज़्यादा ही प्रोत्साहन देता है जो वर्षों तक आमदनी में स्थायी वृद्धि का आश्वासन दे सकती हैं।

किसी भी चीज़ की कमी होने पर उसके लिए ज़्यादा क़ीमत यानी प्रीमियम के भुगतान का सिद्धांत किसी अन्य क्षेत्र के समान बाज़ार पर और ज़्यादा बढ़त वाले शेयरों पर भी लागू होता है। कोई कारोबार जिसके बारे में माना जाता है कि वह 30 से 35 प्रतिशत की निरंतर वृद्धि दर हासिल कर रहा है और अगर बाज़ार में इस प्रकार की ऊँची वृद्धि दर हासिल करने में सक्षम मुट्ठी भर कंपनियाँ ही हैं तो अक्सर ऐसे कारोबार 40 से 50 गुना पी/ई (या अगर ऊँची वृद्धि दर की संभावनाएँ यथावत बनी रहती हैं तो और भी ज़्यादा मूल्यांकन मिलता है जो तेज़ी के पूरे दौर में आम तौर पर बढ़ता रहता है) की क़ीमत पर उपलब्ध होते हैं। इसके विपरीत यदि 20 प्रतिशत से वृद्धि करने वाली कई कंपनियाँ हैं तो हो सकता है कि ऐसे व्यवसाय की पीई 15 से 20 गुना से अधिक नहीं हो पाए। (यही कारण है कि अकेले पी/ई से वृद्धि के अनुपात (पीईजी अनुपात) के आधार पर अधिकतम नतीजे प्राप्त ना हो सकें।)

वृद्धि नहीं होने पर बाज़ार सिकुड़ जाता है और माँग-आपूर्ति हावी हो जाती है। मंदी के दौरान निवेशक निश्चित वृद्धि का भरोसा चाहते हैं (जबकि तेज़ी के दौरान, वे विश्वास की छलांग लगाने को तैयार रहते हैं)। ऐसी अनिश्चितता के दौरान बाज़ार का फ़ोकस कुछ ही शेयरों तक सिमट जाता है, और बाज़ार में कुछ चुनिंदा उच्च-गुणवत्ता के बढ़ते वाले शेयरों का मूल्यांकन उस समय तक बढ़ता रहता है जब तक उनकी वृद्धि दर बाज़ार के बहुसंख्यक शेयरों की वृद्धि दर के मुक़ाबले औसत स्तर से ज़्यादा रहती है। (इस दौरान अधिकांश निवेशक महँगे शेयरों को लेने से कतराते हैं क्योंकि ये अधिक महँगे होते जाते हैं।) अंततः जब बढ़त में कमी शुरू होती है तब मूल्यांकन कम होना शुरू हो जाता है। तेज़ी के दौर के शेयर के लिए वास्तविक ख़तरा अत्यधिक मूल्यांकन नहीं है बल्कि निवेशक समुदाय द्वारा इसकी वृद्धि की उम्मीदों में तेज़ गिरावट है, क्योंकि मूल्यांकन महँगा रहता है और उस समय तक बहुत ज़्यादा बना रहता है जब तक कि कम्पनी औसत से अधिक वृद्धि दर हासिल करती रहती है। बाज़ार उच्च वृद्धि की निर्बाध दरों को पसंद करते हैं और उन कंपनियों का ज़्यादा मूल्यांकन करते हैं जो बाज़ार को आश्वस्त कर सकें कि उनके पास लम्बी अवधि तक लगातार औसत से ज़्यादा वृद्धि दर देने की क्षमता है।

ज़्यादा पी/ई वाले शेयरों को नहीं ख़रीदने का पूर्वाग्रह रखने वाले निवेशक शेयर बाज़ार के सर्वकालिक शानदार प्रदर्शन करने वाले शेयरों से वंचित रह जाते हैं। दस वर्ष या उससे अधिक समय में ज़्यादा पी/ई वाली कम्पनी जिसकी प्रति शेयर आय बहुत तेज़ दर से बढ़ रही है, अंततः धीमी गति से बढ़ रही कम पी/ई वाली कम्पनी से बेहतर प्रदर्शन करेगी। ज़्यादा पीई वाली कम्पनी की अंतरिम अवधि में मूल्यांकन की दर में कुछ कटौती

की स्थिति में भी यह सही होगा। अगर 15x पी/ई पर 15 प्रतिशत की दर से बढ़ने वाली और 30x पी/ई पर 30 प्रतिशत की दर से बढ़ने वाली कंपनियों के बीच चुनाव करना पड़े तो निवेशकों को हमेशा 30 गुना पी/ई कम्पनी को चुनना चाहिए। ख़ासकर जब वृद्धि लम्बे समय तक जारी रहने की अत्यधिक संभावना हो।

निवेशकों के रूप में हम लगातार ऐसे सुरक्षित कारोबारों की पहचान करने का प्रयास करते हैं जिससे हमें ना केवल उच्च वृद्धि के शुरुआती वर्षों में लाभ हो बल्कि इसके बाद नए सिरे से होने मूल्यांकन में बदली हुई दरों का भी लाभ मिले। इसका उदाहरण बेहतर कारोबारी शर्तों के साथ कम मार्जिन और गहन कार्यशील-पूँजी की 'कारोबार से कारोबार' वाली (बी2बी) कम्पनी से बदल कर ज़्यादा मार्जिन वाली 'कारोबार से उपभोक्ता' कम्पनी होगी। भले ही हम शुरुआती उच्च वृद्धि के दौर से चूक जाएँ। लेकिन अगर आगे भी हम इस तरह के सुरक्षित कारोबार की पहचान कर लेते हैं तो हम समय के साथ बहुत संपत्ति बना सकते हैं।

अच्छे व्यवसाय वे हैं जिनमें वृद्धि और बढ़ी हुई निवेश पूँजी पर औचित्यपूर्ण रिटर्न प्राप्त करने के लिए आमदनी को काफी हद तक फिर से निवेश की ज़रूरत होती है। ऐसे कई व्यवसाय हैं जो ज़्यादा आमदनी के लिए धन लगाते जाने की श्रेणी में आते हैं।

भयानक क़िस्म के व्यवसाय वे हैं जो अपनी पूँजी की लागत से भी कम कमाते हैं और उसके बाद भी उच्च वृद्धि के लिए प्रयास करते हैं। जबकि उस वृद्धि के लिए अतिरिक्त पूँजी की ख़ासी ज़रूरत होती है और वह मूल्य को नष्ट कर देती है। ये व्यवसाय आमतौर पर अत्यधिक पूँजी गहन होते हैं और उनमें टेक्नोलॉजी बहुत तेज़ी से पुरानी पड़ जाती है। वे एक ऐसे चक्र में उलझ जाते हैं जहाँ वे कभी कोई आर्थिक लाभ नहीं कमाते। वे केवल प्रतिस्पर्धा के साथ तालमेल बनाए रखने के लिए अधिक से अधिक पूँजी निवेश करते रहते हैं और जहाँ से शुरुआत की थी, वहीं पर बने रहते हैं। या वे नई तकनीक में निवेश करना बंद कर देते हैं और समाप्त हो जाते हैं। (कर्ज, तीव्र प्रतिस्पर्धा, और ज़्यादा पूँजी की ज़रूरत का मेल घातक होता है।) बफ़ेट इनके बारे में सही कहते हैं : ''सबसे ख़राब व्यवसाय वह है जो बहुत अधिक बढ़ता है, जहाँ आप केवल खेल में बने रहने के लिए और वृद्धि के लिए मजबूर हो जाते हैं और जहाँ बहुत कम रिटर्न दर पर आप पूँजी का निवेश करते चले जा रहे हैं। और सबसे बड़ी बात कि कभी-कभी लोग बिना जाने-समझे उन व्यवसायों में जुटे रहते हैं।''

नतीजतन इन व्यवसायों के प्रबंधन अक्सर बफ़ेट जिसे संस्थान के दबाव का नाम देते हैं, उसके प्रभाव में आकर बिना सोचे-समझे अपने प्रतिस्पर्धियों की नक़ल करते रहते हैं। उन्हें पता ही नहीं है कि वे लगातार नीचे की ओर जा रहे हैं और यह रफ़्तार इतनी तेज़ है कि ऊपर की ओर प्रगति थम गई है। उद्योग के स्तर पर तीव्र विकास दर ने उनकी सोचने-समझने की ताक़त को छीन लिया है और वे बेंजामिन ग्राहम की चेतावनी को अनसुना कर रहे हैं। ''किसी कारोबार में भौतिक वृद्धि की स्पष्ट संभावनाएँ निवेशकों के लिए स्पष्ट लाभ में नहीं बदलती हैं।''

बफ़ेट ने यह बारीक ज्ञान अपने शिक्षक से बहुत अच्छी तरह से हासिल किया। 1999 में *फ़ॉर्चून* को दिए साक्षात्कार में उन्होंने कहा, ''निवेश का ख़ास सूत्र यह आकलन करना नहीं है कि कोई उद्योग समाज को कितना प्रभावित करने वाला है, या यह कैसे बढ़ेगा बल्कि ख़ास यह है कि प्रतिस्पर्धा में उसे कितना लाभ है और उससे भी ज़्यादा महत्त्वपूर्ण है कि यह लाभ कितना स्थायी है। अगली बार कोई विश्लेषक या तथाकथित बाज़ार विशेषज्ञ ज़ोर-शोर से किसी उद्योग के तीव्र विकास दर की दुहाई देते हुए उस उद्योग के क्षेत्र के शेयरों में निवेश की सलाह देता है तो उस पर नज़र रखें। जब अन्य सभी कुछ बराबर है तो उच्चतर आरओआईसी हमेशा अच्छा होता है। लेकिन वृद्धि के लिए ऐसा नहीं कहा जा सकता। निवेश किन्हीं ख़ास शेयरों और उनकी आर्थिक विशेषताओं का मामला है। यदि आप किसी ऐसे उद्योग की उच्च वृद्धि दर में भागीदार बनना चाहते हैं जिस उद्योग में लाभ उतना नहीं मिल रहा है तो इसके लिए अच्छा होगा कि उससे जुड़े किसी सहायक उद्योग में निवेश करें जिसका रूप से ऐसा करता है एक सहायक उद्योग के माध्यम से जिसका अर्थशास्त्र बेहतर हो और प्रतिस्पर्धा कम हो (सबसे अच्छी स्थिति होगी जब यह एकाधिकार व्यवसाय हो और प्राथमिक उद्योग की संभी कंपनियों के लिए एकमात्र आपूर्तिकर्ता हो)। उदाहरण के लिए विमान यात्रियों की बढ़ती संख्या से एयरलाइंस के कारोबार में वृद्धि तो हो रही है लेकिन गला काट प्रतिस्पर्धा मुनाफ़ा नहीं बढ़ने दे रहा है तो ऐसे में इसका लाभ लेने के लिए भारत के संगठित लगेज़ उद्योग (जहाँ प्रतिस्पर्धा कम है) का उपयोग किया जा सकता है।

बफ़ेट ने 2007 के पत्र में बचत ख़ातों से तुलना करते हुए इस चर्चा का सार कुछ इस तरह पेश किया था : ''तीन प्रकार के 'बचत ख़ातों' के बारे में सोचें। शानदार ख़ाता असाधारण रूप से उच्च ब्याज दर का भुगतान करता है जो साल दर साल बढ़ती जाएगी। अच्छे ख़ाते में आकर्षक ब्याज दर मिलता है जो इसमें और जमा धन पर भी मिलता रहेगा। अंत में सबसे बुरा ख़ाता जहाँ अपर्याप्त ब्याज दर का भुगतान तो होता ही है, निराशाजनक दर के बावजूद आपको उसमें धन जमा करते रहने की मजबूरी है।''

> हम ऐसे व्यवसायों को प्राथमिकता देते हैं जिनमें भरपूर नक़दी हो। एक भिन्न कारोबार का उदाहरण है निर्माण उपकरण बनाने का व्यवसाय। आप पूरे वर्ष कड़ी मेहनत करें और आपको अच्छा फ़ायदा मिल जाएगा। हम इस तरह के व्यवसाय से बचते हैं। हम ऐसे कारोबार को पसंद करते हैं जो साल के अंत में हमें एक धन राशि का चेक प्रदान कर दे।
>
> – चार्ली मंगर

स्वामित्व के लिए सर्वोत्तम व्यवसाय के बारे में बफेट की परिभाषा को याद करें। मुझे वह कारोबार पसंद है जिसके बारे में मंगर बात करते हैं, जो मालिक की कमाई से चेक काटकर हर साल मुझे देता है। हालाँकि, आदर्श रूप से मैं एक व्यवसाय की तलाश में हूँ जो मुझे चेक भेजना बंद कर देगा, क्योंकि उसके भीतर ही फिर से निवेश का आकर्षक अवसर है। दूसरे शब्दों में, मैं ऐसा व्यवसाय पसंद करता हूँ जो ना केवल निवेशित पूँजी पर उच्च रिटर्न देता है बल्कि अपनी कमाई का एक बड़ा हिस्सा लगातार उच्च स्तर के समान रिटर्न के

लिए फिर से निवेशित करता है। यह दीर्घकालिक मूल्य निवेश का एक सही मार्ग है। यहाँ पर एक व्यवसाय वास्तविक आंतरिक चक्रवृद्धि शक्ति हासिल कर लेता है, जो दो कारकों की देन है : वृद्धिशील निवेश पूँजी पर रिटर्न और पुनर्निवेश दर। यह चक्रवृद्धि शक्ति समय के साथ बहुत ज़्यादा मूल्य का सृजन करती है।

इस प्रक्रिया की खोज लगभग एक शताब्दी पहले एडगर लॉरेंस स्मिथ ने की थी और बाद में जॉन मेनार्ड कीन्स ने मुख्यधारा के निवेशक समुदाय को इससे अवगत कराया। उन्होंने मई 1925 में स्मिथ की पुस्तक *कॉमन स्टॉक्स ऐज़ लॉन्ग टर्म इन्वेस्टमेंट्स* की समीक्षा की। कीन्स ने कहा, ''शायद स्मिथ का यह सबसे महत्त्वपूर्ण बिंदु...और निश्चित रूप से उनका सबसे नया बिंदु है। बेहतर प्रबंधन वाली औद्योगिक कंपनियाँ एक नियम के तौर पर अपना पूरा अर्जित मुनाफा शेयरधारकों को वितरित नहीं करती हैं। यदि सभी वर्षों में नहीं तो अच्छे वर्षों में वे अपने मुनाफ़े का एक हिस्सा अपने पास रखती हैं और उसे कारोबार में लगाती हैं। इस प्रकार से अच्छे औद्योगिक निवेश में भी इस तरह से चक्रवृद्धि ब्याज के पहलू का फ़ायदा शामिल हो जाता है।''

लाभ का फिर से निवेश और चक्रवृद्धि ब्याज दो शानदार विचार हैं। आमतौर पर धन को कई गुना करने वाली कंपनियाँ ''कंपाउंडिंग मशीनें'' एक विशिष्ट स्थिति या टिकाऊ प्रतिस्पर्धी लाभ का का आनंद लेती हैं जो उनके लिए लम्बे समय तक पूँजी पर उच्च रिटर्न प्राप्त करना आसान बना देता है। पुनर्निवेश के लिए सुरक्षित कारोबारों में पूँजी लगाने के पीछे यह दृढ़ विश्वास होता है कि विकास के लिए आगे लम्बा रास्ता और उच्च रिटर्न पैदा करने वाला प्रतिस्पर्धी समय के लाभ बना रहने वाला है या और मजबूत होने वाला है। जब मैं निवेशित पूँजी पर रिटर्न (आरओआईसी) के मामले में ज़्यादा रिटर्न वाले कारोबारों की तलाश करता हूँ तो मैं वास्तव में वृद्धिशील निवेशित पूँजी (आरओआईआईसी) पर उच्च रिटर्न की तलाश कर रहा होता हूँ। यानी कोई कारोबार समय के साथ अपने वृद्धिशील निवेश से कितना लाभ प्राप्त कर सकता है। किसी कम्पनी के आंतरिक मूल्य में वृद्धि उस रिटर्न पर निर्भर करती है जो वह अपनी वृद्धिशील निवेशित पूँजी पर अर्जित कर सकता है। वृद्धि अच्छी हो या बुरी, वह वृद्धिशील निवेश पूँजी पर रिटर्न पर निर्भर करती है। जिन कंपनियों में वृद्धिशील निवेश पूँजी पर रिटर्न और पूँजी लागत के बीच बहुत ज़्यादा विस्तार है, उनके लिए उच्च वृद्धि अच्छी है और काफ़ी मूल्य वृद्धि करती है। इस तरह की कंपनियों के लिए यदि सभी कुछ समान है तो तीव्र वृद्धि का सीधा नतीजा उच्च पी/ई गुणक के रूप में सामने आता है। वृद्धिशील निवेश पूँजी पर उच्च रिटर्न वाली कंपनियों का मूल्य कथित वृद्धि दरों में बदलाव के प्रति बेहद संवेदनशील है।

निवेशक वृद्धिशील निवेश पूँजी पर रिटर्न (आरओआईआईसी) को नियोजित पूँजी पर रिटर्न (आरओसीई) या निवेशित पूँजी पर रिटर्न (आरओआईसी) समझने की ग़लती करते हैं। वृद्धिशील निवेश पूँजी पर रिटर्न में से पूँजी की लागत कम करने पर सृजित मूल्य की प्राप्ति होती है। स्थापित फ्रेंचाइज़ी और कम या शून्य वृद्धि वाले विरासत से चले आ रहे सुरक्षित व्यवसायों में निवेशित पूँजी पर उच्च रिटर्न प्राप्त हो सकता है, लेकिन यदि आप आज उनका स्टॉक खरीदते हैं और दस साल तक उसे रखते हैं तो भी असाधारण रिटर्न प्राप्त होने की

संभावना नहीं होगी। इस मामले में कम्पनी का उच्च आरओआईसी वृद्धिशील निवेशित पूँजी की बजाय पूर्व निवेशित पूँजी पर रिटर्न को दर्शाता है। दूसरे शब्दों में यदि मुनाफ़े को फिर से निवेश करने पर 20 प्रतिशत आरओआईसी के अवसर और अधिक उपलब्ध नहीं हैं तो आज घोषित 20 प्रतिशत आरओआईसी का उतना ज़्यादा मूल्य नहीं रह जाता है। अच्छा लाभांश देने वाले परिपक्व विरासत के सुरक्षित व्यवसाय किसी निवेशक की पूँजी सुरक्षित रख सकते हैं लेकिन वे संपत्ति को कई गुना करने में उतने कारगर नहीं होते हैं।

मैं ऐसे व्यवसायों को प्राथमिकता देता हूँ जो समय के साथ आंतरिक मूल्य को बढ़ाते हैं। इस प्रकार की वृद्धि हमें ना केवल मूल्यांकन में बल्कि क़ीमत और आंतरिक मूल्य के बीच के अंतर में भी सुरक्षा का मार्जिन देती है। क़ीमत और आंतरिक मूल्य के बीच का अंतर समय के साथ व्यवसाय का मूल्य बढ़ने के साथ बढ़ता जाता है। यदि दो व्यवसायों (कम्पनी ए और कम्पनी बी) का वर्तमान आरओआईसी समान 20 प्रतिशत है, लेकिन कम्पनी ए 20 प्रतिशत रिटर्न की दर पर कम्पनी बी के मुक़ाबले दोगुना निवेश कर सकती है तो वह अपने मालिकों के लिए आने वाले समय में कम्पनी बी की तुलना में बहुत ज़्यादा मूल्य का सृजन करेगी। दोनों ही कंपनियाँ 20 प्रतिशत आरओआईसी देने वाले व्यवसायों के रूप में दिखाई देंगी लेकिन एक स्पष्ट रूप से दूसरे से बेहतर है। कम्पनी ए अपनी कमाई का एक बड़ा हिस्सा फिर से निवेश कर सकती है और इस प्रकार यह समय के साथ अधिक आंतरिक मूल्य निर्मित करेगी। जितने अधिक समय तक आप कम्पनी ए के शेयरों को अपने पास रखेंगे, उतना ही ए और बी कम्पनी के निवेश नतीजों के बीच का अंतर बढ़ता जाएगा।

इस महत्त्वपूर्ण तथ्य पर और ज़्यादा ज़ोर नहीं दिया जा सकता : हालाँकि कम समय अवधि में मूल्यांकन ज़्यादा महत्त्व रखता है लेकिन लम्बी समय अवधि (सात से दस वर्ष) में वृद्धि के साथ गुणवत्ता ज़्यादा महत्त्वपूर्ण हो जाती है। किसी शेयर को लम्बे समय तक रखने के लिए उसकी गुणवत्ता बहुत अधिक मायने रखती है। आपके दीर्घकालिक रिटर्न लगभग हमेशा समय के साथ कम्पनी की आंतरिक चक्रवृद्धि परिणामों के अनुमान के अनुसार होंगे।

चालू वर्ष की कमाई का 10 गुना या 20 गुना या 30 गुना भुगतान करने की चिंता करने से ज़्यादा अहम है सही व्यवसाय में निवेश करना। कई औसत दर्जे के व्यवसाय कमाई के 10 गुना से भी कम मूल्य पर उपलब्ध हैं जो लम्बी अवधि के उस व्यवसाय के मालिकों के लिए समय के साथ औसत परिणाम ही दे पाते हैं। गुणवत्तापूर्ण व्यवसाय का आंतरिक मूल्य समय के साथ बढ़ता है, जिससे शेयर का मूल्य स्थिर रहने पर जोख़िम से सुरक्षा का मार्जिन बढ़ जाता है। इससे निवेशक को मजबूती मिलती है जो सुखद स्थिति है। इसके विपरीत, यदि कोई व्यवसाय अपने आंतरिक मूल्य को कम कर रहा है, तो जितना समय उसमें देंगे, नुक़सान उतना बढ़ता जाएगा। जितनी जल्दी हो सके उसे बेच कर बाहर आ जाना चाहिए। आप इसे जितना अधिक समय तक रखेंगे, इसकी क़ीमत उतनी ही कम होगी।

> किसी शानदार कम्पनी के लिए का मित्र है, लेकिन औसत दर्जे की कम्पनी का शत्रु।
>
> – वॉरेन बफ़ेट

कम दाम देकर ख़रीदने की मिठास ख़त्म होने के बाद ख़राब गुणवत्ता की कड़वाहट लम्बे समय तक बनी रहती है।

– बेंजामिन फ्रैंकलिन

अधिकांश लोगों को सर्वोत्तम स्टॉक हमेशा अधिक महँगे लगेंगे।

– गेराल्ड लोएब

शानदार पुनर्निवेश के सुरक्षित अवसर साधारणतया नज़र नहीं आते। सरसरी निगाह में यह छुपे रह जाते हैं। यह हैरान करने वाली विसंगति है। अधिकांश निवेशक पहली नज़र में इन शेयरों के मौजूदा मूल्यांकन को महँगा बताते हुए इनसे पल्ला झाड़ लेते हैं और आंतरिक चक्रवृद्धि की लम्बी अवधि की ताक़त को नज़रअंदाज कर देते हैं। लेकिन शानदार कारोबार के आँकड़े उसे निवेश के लिए चुनने को बाध्य कर देते हैं।

तालिक 22.1 – निवेश परिणामों की तुलना

	रीइन्वेस्टमेंट कार्पोरेशन	अंडरवैल्युड कार्पोरेशन
मौजूदा आय शक्ति	100 $	100 $
शुरुआत में आय से कितना गुना	20x	10x
मौजूदा मूल्यांकन	2,000 $	1,000 $
पुनर्निवेशित आमदनी का	100%	50%
अपने पास रखी कमाई पर रिटर्न	25%	10%
सकल लाभांश	0 $	629 $
10 साल में आय शक्ति	931 $	163 $
10 साल में कितना गुना	15x	15x
10 साल में मूल्यांकन	13,970 $	2,443 $
कुल आंतरिक रिटर्न दर	21.5%	13.6%
मूल निवेश का कितना गुना	7.0x	3.0x

टीप : आयआरआर = परताव्याचा अंतर्गत दर

* यह माना गया है कि वह सभी कमाई जो पुनर्निवेश नहीं की गई है, वह लाभांश के रूप में वितरित की गई है।

** कर पूर्व आंतरिक रिटर्न दर में कर की दरों को शामिल करने से रीइन्वेस्टमेंट कार्पोरेशन के लाभ में और वृद्धि होगी।

Source: Saber Capital Management.

दो निवेशों पर विचार करते हैं और देखते हैं कि दस साल की समय अवधि में कौन सा बेहतर रिटर्न देता है (तालिका 22.1)। पहले व्यवसाय, रीइन्वेस्टमेंट कार्पोरेशन में अपने मजबूत प्रतिस्पर्धी लाभ के कारण अपनी पूरी कमाई को उच्च रिटर्न दर पर दोबारा निवेश करने की क्षमता है। बेशक बाज़ार इस संभावना को स्वीकार करता है और इसकी क़ीमत कमाई की 20 गुना है जो कि बहुत ज़्यादा है। इससे ज़्यादातर वैल्यू इन्वेस्टर इसका मज़ाक़ भी उड़ाते हैं। इसके विपरीत अंडरवैल्युड कार्पोरेशन बेन ग्राहम जिसे सिगार बट कहते हैं, उसकी तरह है – अच्छी लाभांश आय के साथ एक स्थिर व्यवसाय जो कमाई की 10 गुना क़ीमत पर बिक रहा है। मान लीजिए कि, समय के साथ, दोनों कंपनियों का मूल्यांकन बाज़ार के अनुरूप कमाई के 15 गुना पर किया जाएगा।

> यह निवेश का सबसे सूक्ष्म और ग़लत समझा जाने वाला पहलू है : यदि लाभदायक पुनर्निवेश वास्तव में हो सकता है तो उचित मूल्य उससे कहीं अधिक हो सकता है, जो आप सोचते हैं।
>
> – टॉम गेनर

> सबसे महत्त्वपूर्ण यह... है कि ऐसी कंपनियों में स्टॉक नहीं ख़रीदे जाते, जहाँ लाभांश भुगतान पर ज़्यादा ज़ोर देना वृद्धि की राह में रोड़े डालता है।
>
> – फ़िल फ़िशर

कारोबारों के इक्विटी पूँजी को सोने की तरह बहुमूल्य मानने पर अनुशासित पूँजी आवंटन के माध्यम से शेयरधारकों के लिए बड़े मूल्य का निर्माण होता है। इनमें वे कारोबार भी शामिल हैं, जिनमें आंतरिक चक्रवृद्धि वृद्धि की संभावना सीमित हैं। अगर अतिरिक्त मुक्त नक़द प्रवाह को दोबारा निवेश नहीं किया जा सकता है तो पूँजी का आवंटन इतने ठोस तरीक़े से करने के मार्ग तलाशे जाएँ जिससे अच्छी लाभांश आय हो या मूल्य-वृद्धि करने वाली पुनर्ख़रीद और अधिग्रहण का मार्ग प्रशस्त हो। टेलीडाइन टेक्नोलॉजीज़ के हेनरी सिंगलटन पूँजी आवंटन के मामले में बेमिसाल थे। जब उनकी कम्पनी के शेयर 40 से 50 गुना महँगे पी/ई गुणकों पर कारोबार कर रहे होते थे, तब वे सस्ती कंपनियों को ख़रीदने के लिए शेयर जारी करते थे। जब उनके शेयर का पी/ई गुणक इकाई अंक में होता था, तब वे उनको वापस ख़रीद लेते थे। शेयरों की कम क़ीमतें होने पर हिस्सेदारी बढ़ाने के लिए यह चतुराई भरा पूँजी आवंटन है।

शेयरधारक के लिए मूल्य का निर्माण करने में फ़र्म का आकार कोई मायने नहीं रखता। उसकी लाभ अर्जित करने की क्षमता महत्त्वपूर्ण होती है। उच्च लाभ मार्जिन से कारोबार ज़्यादा रिटर्न प्राप्त कर सकते हैं। पूँजी का बेहतर इस्तेमाल मायने रखता है। मामूली स्तर के मार्जिन वाले व्यवसाय उच्च परिसंपत्ति और इन्वेन्ट्री टर्नओवर के माध्यम से आकर्षक रिटर्न हासिल कर सकते हैं। दोनों ही मामलों में अंत में प्रति शेयर आंतरिक मूल्य में वृद्धि मायने रखती है। लम्बी अवधि में बाज़ार मूल्य में बदलाव कारोबार के आंतरिक मूल्य और पूँजी आवंटन के फ़ैसलों से जुड़ने वाले अतिरिक्त मूल्य के क़रीब ही जाता है।

मालिक की कमाई को निवेश से विभाजित करके निवेशित पूँजी पर रिटर्न (आरओआईसी) की गणना की जा सकती है। यहाँ पर निवेशित पूँजी, कार्यशील पूँजी (अधिक नक़दी को छोड़कर), शुद्ध संपत्ति, संयंत्र और उपकरण के योग के बराबर होती है। लम्बी अवधि में मूल्य–सृजन करने वाले कुछ ख़र्चों को हमेशा पूँजीगत निवेश की श्रेणी में नहीं रखा जाता। बल्कि इनको आय विवरण में ख़र्च में रखा जाता है जैसे कि विज्ञापन व्यय या अनुसंधान एवं विकास (आर ऐंड डी) की लागत। इसे और बेहतर तरीक़े से कहें तो आपको यह समझने की ज़रूरत होगी कि कमाई की मौजूदा शक्ति (रखरखाव के लिए पूँजीगत व्यय के समान) को बनाए रखने के लिए कितने विज्ञापन की ज़रूरत है। उस आँकड़े से अधिक जो भी हिस्सा होगा, वह वृद्धिकारक पूँजी व्यय के समान होगा। इसे नियोजित पूँजी में शामिल किया जाना चाहिए। अनुसंधान और विकास के बारे में भी इसी तरह सोचा जा सकता है।

निवेश कला और विज्ञान का मिलाजुला रूप है। लेकिन वृद्धिशील निवेशित पूँजी पर उच्च रिटर्न अर्जित करने वाले व्यवसायों में निवेश करना लम्बी अवधि में औसत से ऊपर रिटर्न की संभावना को काफ़ी हद तक बेहतर कर देता है। ऐसा बेहतरीन व्यवसाय की तलाश करना जो आपके लिए अच्छा रिटर्न कमा कर दे और आप मज़े से अपनी पूँजी को कई गुना होते हुए देखते रहें, इससे बेहतर और कुछ नहीं है। ये व्यवसाय लम्बी अवधि के निवेशकों को संभावनाओं के बेहतर होने और उत्कृष्ट क्रियान्वयन पर औसत से ऊपर की ओर बढ़ने की ख़ुशी प्रदान करते हैं, जो सर्वश्रेष्ठ प्रदर्शन करने वाले अपने कर्मचारी को अपेक्षा से आगे निकल कर काम कर दिखाने पर बोनस देने जैसा है। आख़िरकार, जिन कंपनियों में हमने निवेश किया है, उनके प्रमोटर चौबीसों घंटे हमारे लिए दौलत बनाने पर काम कर रहे हैं। मुझे सहज, सरल और गहरा भरोसा है जो मुझे अपने पास रखे शानदार कारोबारों के शेयरों के औसत के ऊपर की ओर जाने पर बहुत ख़ुशी देता है। आने वाले दशकों में भारत के सकल घरेलू उत्पाद (जीडीपी) में ख़रबों डॉलर की वृद्धि होने वाली है। हम यह मान रहे हैं कि बाज़ार पूँजीकरण से जीडीपी अनुपात (जिसे ''बफ़ेट संकेतक'' के रूप में भी जाना जाता है) समय के साथ 100 प्रतिशत तक हो जाएगा। ऐसे में परिचालन को बढ़ाने की प्रमाणित क्षमता वाली देश की सर्वोत्तम प्रबंधन वाली कम्पनियाँ भारत के शेयर बाज़ारों में आने वाली इस दौलत का बहुत बड़ा हिस्सा प्राप्त करेंगी।

प्रतिस्पर्धा में लम्बे समय तक लाभ की स्थिति वाले कारोबारों की तलाश की शुरुआत इक्विटी पर उच्च रिटर्न (अधिक क़र्ज़ के बिना) या पूँजी पर उच्च रिटर्न का लम्बा इतिहास रखने वाले कारोबार के साथ की जा सकती है। मैं शुरुआती बिन्दु बोल रहा हूँ, अंतिम नहीं। अंततः निवेश से मिलने वाला रिटर्न, किसी कम्पनी के रिटर्न अनुपात के भविष्य के पथ, मार्जिन, बैलेंस शीट और कार्यशील पूँजी की स्थिति से तय होता है, ना कि पूरी तरह से वर्तमान आँकड़ों और अनुपातों से। (आइस हॉकी के प्रसिद्ध खिलाड़ी वेन ग्रेट्ज़की का मशहूर कथन इस संदर्भ में कारोबार जगत में उपयुक्त हैं : ''मैं उस दिशा में स्केटिंग करता हूँ, जहाँ पक जाने वाली है, ना कि वहाँ जहाँ वह थी। यानी कि अतीत या वर्तमान की बजाय भविष्य की ओर देखना''।) आप पूछ सकते हैं :

कोई यह कैसे निर्धारित करता है कि अतीत के आकर्षक रिटर्न भविष्य में जारी रहेंगे? बफ़ेट ने 1987 में शेयरधारकों को लिखे पत्र में लम्बे समय तक चलने वाले कारोबारों के संबंध में अपनी गहन जानकारी के संबंध में चर्चा की थी :

> फ़ॉर्च्यून चैम्प कंपनियाँ दो तरह से चकित कर सकती हैं। पहला, इनमें से ज़्यादातर ब्याज देने की अपनी क्षमता के मुक़ाबले बहुत थोड़ा उधार लेती हैं। वास्तव में अच्छे कारोबारों को आम तौर पर उधार लेने की ज़रूरत नहीं होती है। दूसरा, हाई टेक कंपनियों और नैतिक दवाओं का निर्माण करने वाली कई अन्य कंपनियों के अलावा दूसरी कंपनियाँ ऐसे व्यवसायों में हैं, जो कुल मिलाकर साधारण प्रतीत होते हैं। ज़्यादातर उसी तरह से सामान्य क़िस्म के उत्पाद या सेवाएँ बेचते हैं जैसे दस साल पहले बेचा करते थे (हालाँकि अब ज़्यादा मात्रा में या उच्च क़ीमतों पर, या दोनों)। *इन 25 कंपनियों का रिकॉर्ड पुष्टि करता है कि पहले से ही मजबूत व्यापार फ़्रेंचाइज़ी से ज़्यादा से ज़्यादा मुनाफ़ा कमाना या किसी एक शानदार कारोबार पर ध्यान केन्द्रित करना आम तौर पर असाधारण अर्थव्यवस्था को आकार देता है।*

प्रतिशत के मामले में चक्रवृद्धि वर्ग की आला दर्जे की प्रतिभूतियों में संख्या की दृष्टि से सस्ते वर्ग की प्रतिभूतियों के मुक़ाबले में कम चूक यानी कम स्थायी पूँजीगत हानियों की संभावना होगी। इसका मतलब यह नहीं है एक, दूसरे से बेहतर प्रदर्शन करेगा, क्योंकि जीत के अधिक प्रतिशत का अर्थ उच्च रिटर्न नहीं है। लेकिन यदि आप ''अनजाने में हुई ग़लतियों'' या निवेश को गँवाने में कमी करना चाहते हैं तो उच्च गुणवत्ता वाले व्यवसायों पर ध्यान केंद्रित करना ज़्यादा फ़ायदेमंद है। निवेशक के रूप में उच्च गुणवत्ता और कई गुना वृद्धि देने वाले कारोबारों में निवेश कहना बहुत ख़ुशी देने वाला होता है। बफ़ेट की सलाह पर ध्यान दें :

> एक निवेशक के रूप में आपका लक्ष्य ऐसे व्यवसाय में तर्कसंगत क़ीमत पर कुछ हिस्सेदारी ख़रीदने का होना चाहिए जो समझने लायक़ हो और जिसकी कमाई अब से पाँच, दस और बीस वर्ष बाद और ज़्यादा होना तय दिखाई देता हो। समय के साथ केवल कुछ ही कंपनियाँ आपको मिलेंगी जो इन मानकों को पूरा करने वाली होंगी। जैसे ही इन कसौटियों पर खरा उतरने वाली कोई कम्पनी आपकी नज़र में आती है तो बड़ी मात्रा में उसके शेयर ख़रीद लें...ऐसी कंपनियों में निवेश करें जिनकी कुल कमाई आने वाले वर्षों में बढ़ती चली जाए वर्षों में ऊपर की ओर बढ़ती है, और इसी तरह से आपके पोर्टफ़ोलियो का बाज़ार मूल्य भी बढ़ता चला जाएगा।

कुछ साल पहले इंटरनेट पर सर्च करते हुए एकाएक ही मुझे शेयरों के रिटर्न को लेकर एक तालिका दिखाई दी (तालिका 22.2)। इसने मुझे झिंझोड़कर जगा दिया और नई रोशनी दिखाई। इससे मुझे बफ़ेट की बातों का वज़न समझा आया। समुद्र की विशालता की तरह

की अनुभूति महसूस हुई। कुछ-कुछ वैसा ही जैसा आर्किमिडीज़ को नहाते समय एक नए सिद्धांत का ज्ञान हुआ था तो वह "यूरेका!" कहते हुए टब से निकलकर बाहर भागने लगा था।

तालिका 22.2 शेयरों पर मिले रिटर्न की तुलना, 2008 और 2013

शेयर/सूचकांक	वर्तमान बाज़ार मूल्य, जनवरी 2008	वर्तमान बाज़ार मूल्य, जनवरी 2013	रिटर्न %
बीएसई सेंसेक्स	21,000	19,650	-6%
हॉकिन्स	230	2,350	922%
आईटीसी	110	287	161%
टाइटन इंडस्ट्रीज़	77	281	265%
एचडीएफ़सी बैंक	340	684	101%
रिलायंस कम्युनिकेशन	780	73	-91%
रिलायंस कैपिटल	2,800	495	-82%
डीएलएफ़	1,080	225	-79%
एचडीआईएल	900	106	-88%
जीएमआर इन्फ्रा	125	20	-84%

Source: Indianwallstreet (blog), https://indianwallstreet.wordpress.com/2013/01/02/sensex-at-21000-in-2013-making-sense-of-the-sensex/.

देखें कि हॉकिन्स, आईटीसी, टाइटन और एचडीएफ़सी बैंक जैसे शानदार व्यवसायों में 20,000 डॉलर का निवेश लगभग पाँच साल में पाँच गुना तक बढ़कर 100,000 डॉलर तक पहुँच गया जबकि उतना ही धन रिलायंस कम्युनिकेशंस, रिलायंस कैपिटल, डीएलएफ़, एचडीआईएल और जीएमआर इन्फ्रा जैसे ख़राब कारोबारों में निवेश करने पर किस तरह से पूँजी खत्म हो गई और केवल 3000 डॉलर रह गई।

इससे मैं अपने निवेश की यात्रा के सबसे बड़े निष्कर्षों में से एक तक पहुँचा : पिछले तेज़ी के बाज़ार के शिखर के बाद के मंदी के बाज़ार के ख़त्म होने के क़रीब तक आकलन करने पर भी शानदार व्यवसायों ने बड़ी संपत्ति पैदा की। बड़ी संपत्ति कमाने के लिए निवेशक को उथल-पुथल भरे बाज़ार में इन शानदार शेयरों में केवल अनुशासित तरीक़े से निवेशित बने रहने की ज़रूरत है। नक़दी की तरलता और भावनाएँ थोड़े समय के लिए बाज़ार सूचकांक को गति प्रदान करती हैं, जबकि किसी कम्पनी की आमदनी लम्बे समय

तक उसके शेयर की क़ीमत को गति देती है। शानदार कारोबार तेज़ी–मंदी के दौर से परे लम्बी अवधि तक निवेश बनाए रखने पर बढ़ी महँगाई दरों, ब्याज दरों में वृद्धि, सीमाओं पर तनाव और संघर्ष, कमज़ोर वृहद आर्थिक आँकड़ों और राजनीतिक अस्थिरता के बीच भी बड़ी दौलत बनाते हैं। ख़राब कारोबार आख़िरकार संपत्ति का विनाश ही करते हैं, भले ही ख़बरें अच्छी आ रही हों या बुरी।

इसका नमूना देखिए। अमेरिकी सूचकांक डाउ जोन्स इंडस्ट्रियल एवरेज 31 दिसंबर 1964 को 874.12 पर था और 31 दिसंबर 1981 को 875.00 पर। 17 साल में कोई बदलाव नहीं। फिर भी बफ़ेट ने इस अवधि में अपनी पूँजी 20 प्रतिशत से अधिक चक्रवृद्धि वार्षिक वृद्धि दर से बढ़ाई। निवेश उच्च गुणवत्ता वाली आमदनी वृद्धि और पूँजी आवंटन वाले महान व्यवसायों की पहचान करना और उस समय तक उनमें निवेश को बनाए रखना है, जब तक उनमें यह ख़ूबियाँ बनी रहती हैं। इस तरह के कारोबार में निवेश करने और सबसे महत्त्वपूर्ण है कि उस निवेश को बनाए रखने पर शेयर बाज़ार बहुत ज़्यादा मायने नहीं रखता है।

प्रतिस्पर्धी लाभ के साथ आरओआईसी और पूँजी आवंटन को जोड़ना

प्रतिस्पर्धी लाभ के स्थायित्व और पूँजी आवंटन के शेयरधारक मूल्य पर प्रभाव के आलोचनात्मक मूल्यांकन से लम्बे समय के लिए शेयरों का चुनाव करते समय भिन्न- भिन्न मान्यताएँ निर्मित हो सकती हैं।

– पैट डोर्सी

इस अध्याय से प्राप्त गहरे ज्ञान के मेलजोल से हम निवेश को लेकर जागरूकता की सर्वोच्च अवस्था या निर्वाण पर पहुँच जाते हैं जो इस तरह से है : अत्यधिक पुनर्निवेश की संभावना, उत्कृष्ट पूँजी आवंटन करने वालों और शेयरधारक हितैषी प्रबंधन टीमों के साथ प्रतिस्पर्धी लाभ वाले कारोबारों का लम्बी अवधि तक स्वामित्व बनाकर रखना।

प्रतिस्पर्धी लाभ

मूल्य निर्माण का मार्गदर्शी सिद्धांत है कि कम्पनियाँ निवेशकों से जुटाई गई पूँजी का उपयोग करके भविष्य में पूँजी की लागत से ज़्यादा रिटर्न दरों (निवेशकों को भुगतान के रूप में अपेक्षित दर) पर नक़द प्रवाह उत्पन्न करती हैं। जितना तेज़ी से कम्पनियाँ अपना राजस्व बढ़ा सकती हैं तथा और आकर्षक रिटर्न दरों पर ज़्यादा पूँजी लगा सकती हैं, उतने ही ज़्यादा मूल्य का वह सृजन करेंगी। पूँजी की लागत के मुक़ाबले वृद्धि और निवेशित पूँजी पर रिटर्न (आरओआईसी) का मेल ही मूल्य को गति प्रदान करता है। कम्पनियाँ तभी मजबूत वृद्धि और

उच्च रिटर्न बरकरार रख सकती हैं, जब उनके पास सुस्पष्ट तरीक़े से परिभाषित प्रतिस्पर्धी लाभ हो। इसी प्रकार से कारोबारी रणनीति की मूल अवधारणा मूल्य सृजन के मार्गदर्शी सिद्धांत से संबंधित है। मूल्य सृजन के इस मार्गदर्शी सिद्धांत का ही परिणाम मूल्य संरक्षण के रूप में सामने आता है जिसके अनुसार जो भी नक़द प्रवाह में वृद्धि नहीं करता है, वह मूल्य सृजन नहीं करता है।

– टिमोथी कोलर

पूँजी पर उच्च रिटर्न देने वाली कंपनियाँ आम तौर पर दो तरीक़ों में से एक अपनाती हैं: औसत से अधिक लाभ मार्जिन अर्जित करके या अपनी पूँजी को शीघ्रता से पुनर्निवेशित करके। ड्यूपॉन्ट विश्लेषण का मूलतः यही सार है: निवेशित पूँजी पर रिटर्न = मालिक की कमाई × बिक्री ÷ बिक्री × निवेशित पूँजी।

कोई भी कारोबार या तो उपभोक्ता पक्ष (उच्च लाभ मार्जिन) या उत्पादन पक्ष (उच्च पूँजी कारोबार) से लाभ के माध्यम से पूँजी पर उच्च रिटर्न प्राप्त करता है। व्यवसाय जितना छोटा होगा, प्रतिस्पर्धी लाभ को मालिक या प्रमोटर से अलग और स्वतंत्र रख पाना उतना ही कठिन होता है। (छोटी कंपनियों में जो पी/ई सबसे अधिक मायने रखता है वह है प्रमोटर आंत्रप्रश्नयोर (पीई) – ''प्रवर्तक उद्यमी। कम्पनी जितनी नई होगी, उतनी ही निवेश की प्रक्रिया विज्ञान कम और कला ज़्यादा बन जाती है।)

पूँजीवाद क्रूर है। अधिक रिटर्न से प्रतिस्पर्धा और बढ़ जाती है। केवल कुछ दुर्लभ कारोबार संरचनात्मक प्रतिस्पर्धी लाभ या आर्थिक रूप से प्रतिस्पर्धी लाभ निर्मित कर कई वर्षों तक अतिरिक्त रिटर्न का आनंद लेते हैं। अतिरिक्त रिटर्न की लम्बी होती अवधि के साथ कारोबार का मूल्य बढ़ता है। अमूर्त संपत्ति, जैसे ब्रांड, पेटेंट और लाइसेंस; कारोबार में बदलाव की लागत; नेटवर्क प्रभाव; या कम लागत के फ़ायदे जैसे स्रोतों से प्रतिस्पर्धी लाभ पैदा होता है।

अमूर्त संपत्ति

कुछ ब्रांड सर्वव्यापी और व्यापक रूप से विश्वसनीय हैं। जैसे कि बडवाइज़र, टाइड और मैगी। वे उपभोक्ताओं के चयन को आसान कर देते हैं यानी तलाशने में लगने वाली उनकी लागत कम हो जाती है। साथ ही मनोवैज्ञानिक संतुष्टि प्रदान करते है। ये ब्रांड लोगों की सोच के साथ जुड़ जाते हैं। इनका नाम ही लोगों के भीतर अनुकूल जैविक प्रतिक्रिया उत्पन्न करता है जिसे पैवलोवियन अनुकूलन के रूप में जाना जाता है। इस तरह से ये ब्रांड संभावित ग्राहकों को तर्कपूर्ण, सोच-विचार वाली धीमी 2 नंबर की प्रणाली से त्वरित, स्वचालित और खुद ब खुद निर्णय के लिए प्रेरित करने वाली 1 नंबर की प्रणाली में आने को मजबूर कर देते हैं। कुछ ब्रांड (जैसे रोलेक्स या रोल्स-रॉयस) मूल्यवान स्थिति निर्मित करते हैं, जबकि अन्य (जैसे नीलसन होल्डिंग्स या गार्टनर) वैधता प्रदान करते हैं।

ब्रांड की स्थिति और वैधता समाज की मजबूत सहमति पर आधारित होती है, लेकिन ऐसे मौजूदा ब्रांड जो केवल स्टोर में प्रमुख स्थान मिलने के परंपरागत लाभ के कारण ग्राहकों की तलाश की लागत को कम करते हैं, उनके सामने विध्वंसक ऑनलाइन स्टार्ट अप का ज़्यादा ख़तरा होता है। इनको चुनौती देने वाले डॉलर शेव क्लब या क्राफ़्ट बीयर कम्पनी जैसे ब्रांडों को नए उपयोगकर्ताओं को उच्च मूल्य प्रदान करने के लिए सामाजिक सहमति में बदलाव की ज़रूरत नहीं होती है (क्योंकि वे बिचौलियों को हटा देते हैं और खुदरा की सामान्य व्यवस्था पर नहीं चलते हैं)। इसके अलावा सोशल मीडिया प्लेटफ़ॉर्म के इस्तेमाल ने व्यापक बाज़ार तक पहुँचने की लागत में नाटकीय रूप से कमी कर दी है। कंपनियाँ अधिक तेज़ी से विशाल पैमाने हासिल कर सकती हैं और कम लागत में नए ग्राहक अर्जित कर सकती हैं। इन स्टार्ट अप के अलावा एमेज़ॉन हमेशा एक ख़तरा बना रहता है। जेफ़ बेजोस का मशहूर कथन भी है, ''आपके मार्जिन में ही मेरे लिए मौक़ा है।''

कुछ कम्पनियाँ (जैसे एपल) ऐसा उत्पाद या सेवाएँ देती हैं जो उनके प्रतिस्पर्धियों के उत्पादों या सेवाओं से लाख गुना बेहतर होती हैं और अन्य कम्पनियाँ ऐसे उत्पाद या सेवाएँ प्रदान करती हैं जिनकी गुणवत्ता प्रतिस्पर्धियों के उत्पादों की तरह ही होती है लेकिन उनका विज्ञापन और प्रचार-प्रसार दूसरी कम्पनियों के मुक़ाबले बेहतर होता है (जैसे टिफ़नी ऐंड कम्पनी)। मुख्य रूप से विज्ञापन पर निर्भर कारोबारों के सामने उपभोक्ताओं के बदलते व्यवहार का जोख़िम सबसे ज़्यादा होता है। (वे विकल्प सबसे ज़्यादा नुक़सान करने की क्षमता रखते हैं जिनकी लागत कम होती है और उनमें कम से कम एक ऐसी ख़ासियत होती है जो बेहतर होती है।)

ब्रांडिंग ने ऐतिहासिक रूप से कुछ प्रमुख उद्देश्यों को पूरा किया है : एक तो उत्पाद की न्यूनतम गुणवत्ता की गारंटी सुनिश्चित की है और दूसरा, लोगों को सामाजिक संदर्भ में अपनी पहचान व्यक्त करने का मौक़ा दिया है। जानकारी की कमी के माहौल में ब्रांड फले-फूले, जिसमें ग्राहकों और कम्पनियों के बीच एक विषम संबंध विकसित हुआ। हालाँकि, अब यह नहीं चलेगा, इसके संकेत स्पष्ट हैं। ब्रांड प्रामाणिक होने चाहिए, क्योंकि कारोबार और जनता के बीच अब कुछ भी छुपा नहीं है। आज सूचना युग में सब कुछ सामने है। आपस में जुड़ी और भली भाँति वाकिफ़, जानकार दुनिया में किसी कम्पनी का विश्लेषण करते हुए ग्राहक के लिए मिलने वाले मूल्य पर विचार करना सबसे महत्त्वपूर्ण है।

एक अन्य अमूर्त संपत्ति पेटेंट है। पेटेंट क़ानूनी एकाधिकार प्रदान करते हैं (प्रर्वतक कंपनियों के मामले में), और एकल पेटेंट पर अत्यधिक निर्भरता की तुलना में कई सारे पेटेंट बेहतर होते हैं। कुछ क्षेत्रीय या राष्ट्रीय स्तर पर इस प्रकार के एकाधिकार होते हैं जिनसे बचना ग्राहकों के लिए मुश्किल होता है जैसे कि टोल मार्ग (बफ़ेट ने अक्सर टोल सड़कों, इसी तरह से एक अख़बार वाले कस्बे में अख़बार के प्रति अपने प्रेम के बारे में काफ़ी बख़ान किया है।) इसी तरह लाइसेंस और नियामक की मंजूरी भी अनुमति के माध्यम से

क़ानूनी रूप से सीमित अधिकार प्रदान करती हैं (जैसा कि रेटिंग एजेंसियों के मामले में होता है)।

एक उत्पाद से दूसरे उत्पाद में जाने की लागत

एक उत्पाद से दूसरे उत्पाद में जाने की कई तरह की लागत होती है। यह धन और समय के रूप में प्रकट हो सकती है या मनोवैज्ञानिक हो सकती है जो नुकसान के प्रति गहराई तक समाई हुई नफ़रत या यथास्थिति पूर्वाग्रह से उपजी हो सकती है। ये लागतें आमतौर पर ऐसे महत्त्वपूर्ण उत्पादों (जैसे कि ओरेकल का एसएपी सॉफ़्टवेयर) से संबद्ध होने की ओर प्रवृत्त होती हैं जो ग्राहक की कारोबारी प्रक्रिया से इतने अधिक एकीकृत होते हैं कि विक्रेता में बदलाव करना बहुत ज़्यादा व्यवधान पैदा कर सकता है और लागत बढ़ा सकता है या ऐसे उत्पादों से संबद्ध होती हैं जिनका लागत से लाभ अनुपात बहुत ज़्यादा होता है जैसे कि मूडीज़।

नेटवर्क प्रभाव

नेटवर्क प्रभाव का लाभ ऐसा उत्पाद या सेवा प्रदान करने से उत्पन्न होता है जिसका मूल्य उपयोगकर्ताओं की संख्या बढ़ने के साथ-साथ बढ़ता है जैसे कि एअरबीएनबी, वीज़ा, उबर, या भारत का नैशनल स्टॉक एक्सचेंज। जब तक मूल्य निर्धारण की शक्ति का दुरुपयोग नहीं किया जाता और ग्राहकों को होने वाले अनुभव में कमी नहीं महसूस होती, तब तक यह मजबूत प्रतिस्पर्धी क्षमता का काम करता है। नीलामी या बाज़ार व्यवसाय जैसे दोतरफ़ा नेटवर्क बनाने के लिए ख़रीदार और विक्रेता दोनों की ज़रूरत होती है और प्रत्येक समूह केवल तभी सामने आएगा जब वह या जान लेगा कि दूसरा पक्ष भी मौजूद रहेगा। एक बार यह नेटवर्क स्थापित हो जाने पर जैसे-जैसे दोनों पक्षों के अधिक भागीदार जुड़ते जाते हैं, यह मजबूत होता जाता है। जैसे-जैसे अधिक ख़रीदार आते हैं, अधिक विक्रेता आकर्षित होते हैं, जो बदले में अधिक ख़रीदारों को आकर्षित करता है। एक बार दोनों पक्षों का यह शक्तिशाली सकारात्मक बंधन बँध जाता है तो ख़रीदार या विक्रेता में से किसी को भी इस बंधन को तोड़कर दूसरे मंच से जुड़ने के लिए राज़ी करना कठिन हो जाता है। इस प्रकार का कारोबार जैसे-जैसे बढ़ता है, मजबूत होता जाता है और तेज़ होती हुई मूलभूत गति प्रदर्शित करता है। सकारात्मक प्रतिक्रिया के बंधन से फ़ायदा उठाने वाले कारोबार के उदाहरण के रूप में एअरबीएनबी के मजबूत दो तरफ़ा नेटवर्क को देखें। (चित्र 22.1)।

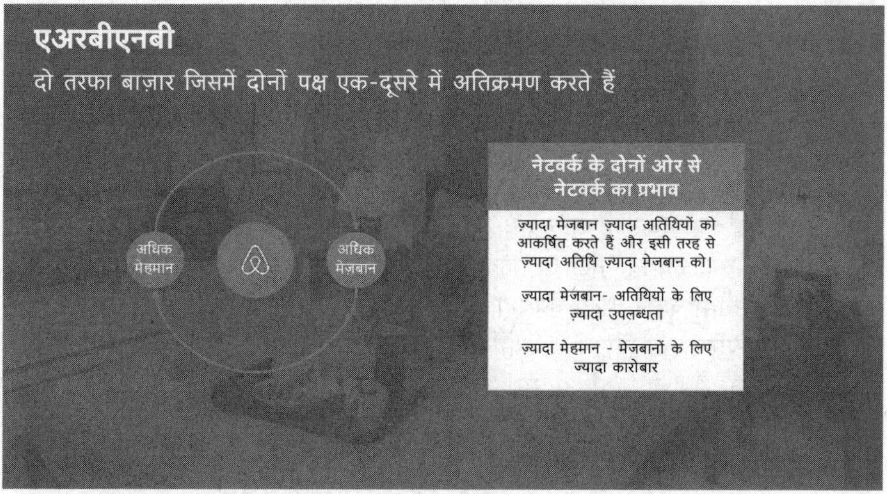

चित्र 22.1 एअरबीएनबी को हासिल मजबूत नेटवर्क प्रभाव

Source: "Airbnb TWOS: Network Effects," SlideShare, March 7, 2016, https://www.slideshare.net/a16z/network-effects-59206938/34-AirbnbT_W_O_S_I.

कम लागत के लाभ

कम लागत के लाभ प्रक्रिया, मात्रा, विशिष्टता, और अंतर्संबंध सहित विभिन्न स्रोतों से प्राप्त होते हैं।

> **प्रक्रिया** – यह लाभ तब मिलता है, जब कोई कम्पनी किसी उत्पाद को वितरित करने का ऐसा सस्ता तरीक़ा बनाती है जिसे आसानी से कोई और नहीं कर सकता। जैसे कि इंडिटेक्स, जीईआईसीओ या साउथवेस्ट एयरलाइंस।
>
> **मात्रा** – यह लाभ तब मिलता है, जब कोई कम्पनी निश्चित लागत को व्यापक आधार में वितरित कर देती है। जैसे कि कॉस्टको और नेब्रास्का फ़र्नीचर मार्ट। अलगाव में किसी आँकड़े की तुलना में बाज़ार में तुलनात्मक आँकड़ा अधिक मायने रखता है।
>
> **विशिष्टता** – यह लाभ पैदा होता है जब कोई कम्पनी कुल पहुँच योग्य बाज़ार की तुलना में उच्च न्यूनतम दक्ष माप के साथ उद्योग पर हावी हो जाती है, जैसे कि वैबटेक कॉर्पोरेशन या स्पाइरैक्स–सारको इंजीनियरिंग।

मौजूदा कारोबार के साथ नई पहल के अंतरसंबंध– कंपनियों को तब लाभ होता है, जब उसकी उत्पाद श्रंखला या कारोबारी विभाग परस्पर संबंधित होते हैं और एक–दूसरे को सुदृढ़ करते हैं (जैसे कि हेस्टर बायोसाइंसेज़ के साथ है)। मर्केल कॉर्पोरेशन के सौरभ मदान इसे ''ऑक्टोपस मॉडल'' कहते हैं। फ़िल फ़िशर ने प्रतिस्पर्धात्मक लाभ के इस स्रोत

के बारे में पूर्व में उल्लेख किया है : ''निवेशकों को आमतौर पर उन कम्पनियों में सर्वोत्तम नतीजे प्राप्त होते हैं जिनकी इंजीनियरिंग या अनुसंधान काफ़ी हद तक ऐसे उत्पादों के लिए समर्पित होता है जिनका पहले से ही कम्पनी की गतिविधियों के दायरे में उत्पादों से कुछ कारोबारी संबंध होता है।''

कम लागत वाले उत्पादक अपने उत्पाद या सेवा को प्रतिस्पर्धियों की तुलना में कम क़ीमत पर बेच सकते हैं और तब भी ग्राहकों की बड़ी संख्या के कारण लाभ बनाए रख सकते हैं। कम लागत वाले उत्पादक का एक अच्छा उदाहरण अमेरिकियों को सीधे ऑटोमोबाइल बीमा बेचने वाली कम्पनी जीईआईसीओ है। जीईआईसीओ की अपने उद्योग में सबसे कम परिचालन लागत है क्योंकि यह बीमा एजेंट रखने की बजाय सीधे ग्राहकों को बीमा बेचता है। बफ़ेट ने अक्सर जीईआईसीओ के कम लागत के लाभ को उसके प्रतिस्पर्धियों के मुक़ाबले में मजबूत दीवार की तरह बताया है : ''दूसरी कम्पनियाँ हमारे मॉडल की नक़ल कर सकती हैं, लेकिन वे हमारी अर्थव्यवस्था को दोहराने में असमर्थ रहेंगी।'' कम लागत वाले उत्पादक से जितने अधिक ग्राहक ख़रीदी करते हैं, समय के साथ लागत का लाभ उतना ही सुदृढ़ होता जाता है। इस तरह से ऐसा चक्र बन जाता है जो कारोबार बढ़ने के साथ और तेज़ होता जाता है।

संस्कृति की प्रतिस्पर्धी ताक़त

हमने प्रतिस्पर्धी लाभ के पारंपरिक स्रोतों पर चर्चा की है, लेकिन संस्कृति एक ऐसा प्रतिस्पर्धी लाभ देती है जो टिकाऊ है और किसी के लिए इसकी नक़ल कर पाना कठिन है। लेकिन इसे बहुत कम मान्यता मिली है। बर्कशायर हैथवे, एमेजॉन, कॉस्टको, कीविट कॉर्पोरेशन, कॉन्स्टेलेशन सॉफ़्टवेयर, और मर्केल कॉर्पोरेशन, जैसी कुछ कंपनियाँ संस्कृति का सर्वोत्तम उदाहरण हैं।

1957 से 1969 तक बफ़ेट ने ''संस्कृति'' शब्द का एक बार भी अपने अपने पत्रों में उल्लेख नहीं किया। 1970 से 2017 तक तीस से अधिक बार इस शब्द का उल्लेख किया। यह किसी संगठन की संस्कृति के अत्यधिक महत्त्व को बताता है। सुदृढ़ संस्कृति वाले कारोबार ग्राहक को बेहतर मूल्य प्रस्ताव प्रदान करने और उसके बारे में सूचना प्रदान करने पर अपने प्रतिस्पर्धियों की तुलना में ज़्यादा ध्यान केंद्रित करते हैं। एक सुदृढ़ मूल्य पेशकश के लिए फर्मों को ग्राहकों से पूछना चाहिए कि वे क्या हासिल करना चाहते हैं और वे कैसे सफलता और विफलता को कैसे मापते हैं। (इसके बजाय, बहुत सी कंपनियाँ अभी भी ग्राहकों से पूछती हैं, वे क्या चाहते हैं। ग्राहक समाधान के विशेषज्ञ नहीं हैं।)

निवेशकों के रूप में हम उन कंपनियों की तलाश करते हैं जो अपने ग्राहकों की भलाई के प्रति बेहद जुनूनी हैं और जो ग्राहकों के प्रति प्रतिस्पर्धियों से भी अधिक समर्पित हैं। दीर्घकालिक निवेशकों के लिए संस्कृति मायने रखती है, क्योंकि इससे कम्पनी के कर्मचारियों को दिन-प्रतिदिन के कार्यों को प्रतिस्पर्धियों के मुक़ाबले बेहतर करने का अधिकार मिलता

है। समय के साथ ये छोटे-छोटे फ़ायदे कई गुना बढ़कर बड़े लाभों में बदल जाते हैं जो परंपरागत बुद्धिमत्ता की उम्मीद से कहीं अधिक समय तक बने रह सकते हैं।

कम्पनी की प्रतिस्पर्धी ताकत का विस्तार किससे होगा?" इस सवाल के जवाब को हमेशा प्रबंधन की रणनति को गति देते रहना चाहिए। एमेज़ॉन के लिए इस सवाल का जवाब है ग्राहकों के अनुभव में सुधार करना। कॉस्टको और नेब्रास्का फ़र्नीचर मार्ट के लिए यह विस्तृत अर्थव्यवस्था को साझा करना है। उबर के लिए प्रशिक्षित ड्राइवरों के साथ वाहनों की उपलब्धता को बढ़ाना है। फ़ेसबुक के लिए यूज़र के साथ जुड़ाव बढ़ाना ज़रूरी है जिससे वह ज़्यादा समय उसके साथ बिताए।

प्रतिस्पर्धा में लगातार आगे बढ़ते जाने वाले कारोबारों में निवेश की शुरुआत में मूल्यांकन के अनुमान में जो कुछ भी नतीजा आया हो, लेकिन समय के साथ यह निवेश बहुत ही सस्ता हो जाता है।

बाज़ार में सिर्फ़ एक बड़ी हिस्सेदारी (जैसे जनरल मोटर्स) यह कोई प्रतिस्पर्धात्मक ताक़त नहीं है। बहुत ही शानदार प्रौद्योगिकी उत्पाद (जैसे गोप्रो) ग्राहकों के लॉक-इन के अभाव में कोई प्रतिस्पर्धात्मक क्षमता नहीं रखता क्योंकि उसका सामान्य हो जाना और कारोबार में रुकावट आना तय है। कोई बहुत चलता हुआ उत्पाद (जैसे क्रॉक्स) छोटी अवधि के लिए उच्च रिटर्न उत्पन्न कर सकता है, लेकिन लगातार अतिरिक्त रिटर्न बना रहना प्रतिस्पर्धियों से बहुत आगे ले जाता है। किसी कारोबार की प्रतिस्पर्धी ताक़त का मूल्यांकन करते समय अपने आप से पूछें कि कितनी जल्दी एक असीमित वित्तीय संसाधनों वाला चतुर प्रतिस्पर्धी इसे दोहरा सकता है। यदि आपके प्रतिस्पर्धी आपकी सफलता का रहस्य जानते हैं और फिर भी उसकी नक़ल नहीं कर सकते तो आपकी प्रतिस्पर्धत्मक क्षमता बहुत मजबूत है।

> किसी व्यवसाय का मूल्यांकन करते समय मैं हमेशा अपने आप से एक प्रश्न पूछता हूँ कि अगर मेरे पास पर्याप्त पूँजी और कुशल अमला हो तो मैं उससे कैसे प्रतिस्पर्धा करना चाहूँगा।
>
> – वॉरेन बफ़ेट

पूँजी आवंटन

पूँजी आवंटन आंतरिक व्यावसायिक मूल्य और शेयर धारक की क़ीमत के बीच का सेतु है। यदि किसी कम्पनी में उच्च रिटर्न का निवेश अवसर है तो उसे भारी मात्रा में पूँजी का पुनर्निवेश करना चाहिए। हालाँकि उम्रदराज़ कम्पनियाँ अक्सर गिरावट या पूँजी पर कम रिटर्न के बावजूद निवेश करना जारी रखती हैं। (उम्र बढ़ना लोगों के साथ कंपनियों के लिए भी कठिन है।) इसके बजाय इन कम्पनियों को लाभांश या अपने शेयरों की पुनर्ख़रीद (बायबैक) के जरिये निवेशकों को पूँजी लौटानी चाहिए। लाभांश ना केवल बेकार पड़ी नक़दी के उपयोग के कारण अहम है बल्कि यह अनुशासन भी लाता है, क्योंकि किसी कम्पनी को

लाभांश का वितरण करना है तो उसका लाभ भी वास्तविक होना चाहिए। लेकिन यह भी गौर करने योग्य है कि यदि लाभांश के लिए ग़लत तरीक़े से धन जुटाया जाए तो इसे अच्छा नहीं कहा जा सकता। (कभी-कभी प्रबंधन सिर्फ़ इसलिए क़र्ज़ लेता है क्योंकि शेयरधारक लाभांश की उम्मीद करते हैं) या यदि बहुत मूल्यवान परियोजनाओं में निवेश के बदले और बहुत बड़े किसी अवसर की क़ीमत पर लाभांश का भुगतान किया जाता है तो वह भी सही नहीं कहा जा सकता।

अपने शेयरों का बायबैक हमेशा आंतरिक मूल्य के सही तरीक़े से मूल्यांकन से प्रेरित होना चाहिए। लेकिन कई बार यह अतिरिक्त शेयर जारी करने का विकल्प देकर मौजूदा शेयरधारकों की हिस्सेदारी को आनुपातिक रूप से कम करने और प्रति शेयर कमाई में जोड़-तोड़ करने के लिए किया जाता है। ध्यान रहे कि बायबैक से मूल्य सृजन नहीं होता। इससे संपत्ति का शेयरधारकों के बीच नए सिरे से वितरण हो जाता है। यदि आंतरिक मूल्य से ज़्यादा पर लेन-देन होता है तो बायबैक से नए जुड़ रहे शेयरधारकों से पिछले शेयरधारकों को संपत्ति चली जाती है और इसका उल्टा भी होता है।

बहुत बड़े साम्राज्य खड़े करने में लिप्त कंपनियाँ अक्सर अत्यधिक विलय और अधिग्रहण के सौदों में मूल्य को ख़त्म करने का काम करती हैं। यह देखने के लिए हमेशा पड़ताल करें कि लाभप्रदता का उल्लेख किए बिना कुल राजस्व से मापा जाने वाला कम्पनी का आकार क्या प्रबंधन के मुआवज़े में कारक के तौर पर शामिल है। पूँजी का ग़लत आवंटन करने के लिए जिन प्रबंधकों को अच्छा वेतन दिया जाता है, वे हमेशा ऐसा करेंगे। प्रोत्साहन का काफ़ी ज़्यादा महत्त्व है।

> मैं एक रहस्य का खुलासा करता हूँ। सौदेबाजी, काम पर भारी पड़ती है। सौदे करना रोमांचक और मज़ेदार है, और काम करना बोझिल है। कुछ भी संचालित करना एक उबाऊ बहुत लम्बा नीरस काम है और उसमें कोई रोमांच नहीं है। सौदे करना काफ़ी रोमांटिक, सेक्सी है। यही वजह है बहुत से सौदे हैं जिनका कोई अर्थ नहीं है।
>
> – पीटर ड्रकर

विलय और अधिग्रहण का सामान्य नियम है कि सौदे का आकार जितना बड़ा होगा और ख़रीदार तथा लक्ष्य के बीच जितनी कम समानता होगी, सौदे के मूल्य को ख़त्म करने की संभावना उतनी ही अधिक होगी। 1982 के विलय और अधिग्रहण के उन्माद के दौरान बफ़ेट ने कहा था कि इनमें से कई सौदों में ''प्रबंधन की गला काट होड़ ने प्रबंधन की विवेकपूर्ण सोच को कुंद कर दिया था। पीछा करने के रोमांच ने पीछा करने वालों को इससे हासिल होने वाले नतीजों को लेकर दृष्टिहीन कर दिया था।'' बहुत बदलाव लाने वाले बताकर ज़ोर-शोर से किए विलय और अधिग्रहणों में सफलता की कम आधार दर होती है जबकि छोटी, समान गतिविधि वाले क्षेत्रों को साझा करने वाले अधिग्रहणों की सफलता की आधार दर अधिक होता है। सामान्य तौर पर विलय और अधिग्रहण में सृजन की अधिक

संभावना तब होती है, जब वे मुख्य रणनीति का हिस्सा होते हैं और जब प्रबंधन का विलय और अधिग्रहण को लेकर पिछल रिकॉर्ड अनुशासित और मूल्य को बढ़ाने वाला होता है। इस श्रेणी की फ़र्में बहुत दुर्लभ हैं। जैसे कुछेक नाम हैं – बर्कशायर हैथवे, फ़ेयरफ़ैक्स फ़ाइनेंशियल, मर्केल कॉर्पोरेशन, और कॉन्स्टेलेशन सॉफ़्टवेयर।

इस सबसे बढ़कर वास्तव में वे पूँजी आवंटनकर्ता उदाहरण होते हैं, जो शेयरधारकों के लिए ट्रस्टी की तरह काम करते हैं। वे तर्कपूर्ण ढंग से और भावनात्मक रूप से लिप्त हुए बिना फ़ैसले करते हैं। जब पूँजी का आवंटन इस तरह से होता है कि वह मूल्य को बढ़ाता है तो शेयरधारकों को आंतरिक कारोबारी मूल्य बढ़ने और मूल्य वृद्धि करने वाले क्रियाकलापों, दोनों तरह से फ़ायदा होता है। शेयरधारकों के लिए चक्रवृद्धि दर से मूल्य में कई गुना बढ़ोतरी होती है। (विलियम थॉर्नडाइक की किताब द *आउटसाइडर्स* में पूँजी आवंटन में हुनरमंद कुछ उल्लेखनीय प्रबंधन टीमों के बारे में विस्तार से जानकारी दी गई है।)

महान पूँजी आवंटनकर्ता अपने पूँजी आवंटन से प्रतिस्पर्धी लाभ की कमी की भरपाई कर सकते हैं (जैसा कि बफ़ेट की कपड़ा मिल के साथ हुआ), और सुदृढ़ प्रतिस्पर्धी लाभ ख़राब पूँजी आवंटन की भरपाई कर सकता है। इसमें मूल्य को नष्ट करने वाले विलय और अधिग्रहण शामिल हैं (जैसे माइक्रोसॉफ़्ट के साथ) हुआ।

कुल मिलाकर संख्यात्मक आंकड़े सामान्य तौर पर मूल्यांकन में शामिल होते हैं। गुणात्मक मात्रा की क़ीमत आमतौर पर होती है। हालाँकि गुणात्मक अंतर्दृष्टि को कम कुशलता के साथ मूल्यांकन में शामिल किया जाता है। स्कूल उसकी शिक्षा नहीं दे सकते जिसका वे मूल्यांकन नहीं कर सकते। इस तरह से वे पहलू जिनकी संख्यात्मक गणना संभव नहीं है या जिनका आसानी से मूल्यांकन आसान नहीं है, वे विशिष्ट अवसर बन गए। मेरी राय में गुणात्मक विश्लेषण, संख्यात्मक विश्लेषण से ज़्यादा महत्त्वपूर्ण है, क्योंकि संख्यात्मक आँकड़े विश्लेषक रिपोर्टों की तरह धीमा संकेतक है। जब तक यह वित्तीय विवरणों में सामने आता है, तब तक बहुत देर हो चुकी होती है। गुणवत्ता का मूल्यांकन करने का समय क़ीमतों में उतार–चढ़ाव का खेल शुरू होने से पहले है, उसके बाद तो देर हो जाती है।

किसी व्यवसाय की सफलता के कारकों की निरंतरता सहित उसकी गुणवत्ता के बारे में सही निर्णय लेना लम्बी अवधि के लिए कारोबार को रखने के लिए उसमें प्रवेश करते समय के मूल्यांकन से ज़्यादा महत्त्वपूर्ण है। बढ़ती हुई फ्रेंचाइज़ी के शानदार कारोबार के लिए ज़्यादा क़ीमत देना चल जाएगा। मूल्यांकन में ग़लती चल सकती है, लेकिन गुणात्मकता में नहीं। संख्यात्मक बनाम गुणात्मक निवेश के विषय पर बफ़ेट के विचारों के साथ इस अध्याय का समापन करना एकदम सही प्रतीत होता है :

> हालाँकि मैं खुद को मुख्य रूप से संख्यात्मक दृष्टि से आकलन करने वालों में से मानता हूँ (और जब मैं यह लिख रहा हूँ, तब तक कोई भी अवकाश से नहीं आया है, तब शायद मैं ही इस श्रेणी में अकेला बचा हूँ)। *लेकिन दिलचस्प है कि इतने वर्षों में वास्तव में जो भी सनसनीखेज आइडिया मेरे दिमाग़ में आए, वे*

सभी गुणात्मक पहलू वाले थे जिसको लेकर मेरे पास "अधिक संभावनाओं को देखने वाली अंतर्दृष्टि" है। इसी के कारण नक़दी भरपूर रहती है। हालाँकि यह बहुत दुर्लभ होता है। जैसा कि अंतर्दृष्टि के साथ होता है। वह कभी–कभार सक्रिय होती है, और, ज़ाहिर है, संख्यात्मक पक्ष के लिए किसी तरह की अंतर्दृष्टि की ज़रूरत नहीं है। *आँकड़ों को सीधे आपके दिमाग़ पर प्रहार करना चाहिए।* इस तरह से *वास्तव में बड़ी दौलत वे निवेशक कमाते हैं जो सटीक गुणात्मक निर्णय करते हैं। लेकिन, कम से कम मेरी राय में, अधिक निश्चित दौलत स्पष्ट तौर पर संख्यात्मक आधार पर कमाई जाती है।*

अध्याय 23

बाज़ार सबसे चतुर है, लेकिन पूरा नहीं, और हमेशा नहीं

निवेश कारोबार को सबसे ज़्यादा कोई गुमराह करता है तो वह है शेयर बाज़ार।

–जॉन बोग्ले

1987 में बर्कशायर हैथवे के शेयरधारकों को वार्षिक पत्र में वॉरेन बफ़ेट ने मिस्टर मार्केट की अवधारणा पर चर्चा की :

> मेरी राय में किसी बहुत गोपनीय, रहस्यमय सूत्र, कंप्यूटर प्रोग्राम या शेयरों और बाज़ारों की क़ीमतों के उतार-चढ़ाव को लेकर कौंधते हुए संकेतों से निवेश में सफलता नहीं मिलेगी। *बल्कि निवेशक को कारोबार पर सही निर्णय के साथ अपने को मजबूत बनाना होगा जिससे बाज़ार के संबंध में व्याप्त संक्रामक भावनाओं से वह अपने विचारों और व्यवहार को बचाकर रख सके।* मैंने इन संक्रामक भावनाओं से खुद को अछूता रखने के प्रयासों में बेन की मिस्टर मार्केट की अवधारणा को बहुत उपयोगी पाया है और इसे दिमाग़ में मजबूती से बनाकर रखा।

बफ़ेट जब ''बाज़ार के संबंध में उड़ने वाली बेहद संक्रामक भावनाओं से विचारों और व्यवहार को सुरक्षित रखने की क्षमता (निवेशक की)।'' का उल्लेख करते हैं तो वह इस पर ज़ोर दे रहे होते हैं कि दृढ़ स्वभाव का कितना ज़्यादा महत्त्व है। बफ़ेट ने सफल निवेश की पूर्व शर्त के रूप में हमेशा स्वभाव को बुद्धि की तुलना में उच्च स्थान दिया है।

> *दुनिया में दुनिया की राय के मुताबिक़ जीना आसान है; एकांत में अपने हिसाब से जीना आसान है; लेकिन महान व्यक्ति तो वह है जो भीड़ के बीच में पूरी शान्ति के साथ एकांत की स्वतंत्रता को बनाकर रखता है।*
>
> – राल्फ़ वाल्डो एमर्सन

बाज़ारों के उन्माद को अपने दिमाग़ पर हावी नहीं होने दें। टूटते हुए बाज़ारों से अपने दिल को ना डूबने दें। मन की चंचलता शेयरों की क़ीमतों की अस्थिरता से अधिक जोख़िम भरी है और निवेश की सफलता के लिए उद्देश्यपूर्ण दिमाग़ होना महत्त्वपूर्ण है। याद रखें कि बाधाएँ बहुत तेज़ रफ़्तार हो सकती हैं। लेकिन मानव स्वभाव और निवेशक मनोविज्ञान में सदियों से कोई बदलाव नहीं आया है। जैसा कि कहा जाता है, ''अतीत को अलग मत कीजिए; हो सकता है कि बरसात वाले किसी दिन उसकी ज़रूरत हो।'' अत्यंत घबराहट के साथ-साथ उन्माद के समय में मानव व्यवहार के इतिहास को पढ़ने वाले जिज्ञासु विद्यार्थी बनें। ऐसे मौक़ों पर यह दृष्टिकोण आपको डटे रहने और नेपोलियन की सैन्य प्रतिभा की परिभाषा को साकार करने में समर्थ बनाएगा जिसके अनुसार : ''वह व्यक्ति जो आसपास सभी लोगों पर पागलपन सवार होने पर भी औसत कार्य कर सकता है।'' एक निवेशक के रूप में आपकी जीवन भर की उपलब्धि मुख्य तौर पर इससे तय होगी कि बाज़ार के किन्हीं मौक़ों पर अतिवादी तरीक़े से बर्ताव करने के दौरान आप कैसा व्यवहार करते हैं।

बेंजामिन ग्राहम ने कहा था, ''बुनियादी तौर पर क़ीमतों में उतार-चढ़ाव के दौर का एक सच्चे निवेशक के लिए केवल एक ही महत्त्वपूर्ण अर्थ है। ये समय उसे क़ीमतों में तेज़ी से गिरावट आने पर समझदारी से ख़रीदारी करने और बाज़ार के बहुत ज़्यादा चढ़ने पर बुद्धिमानी से बेचने का अवसर उपलब्ध कराते हैं। बाक़ी समय में यही बेहतर होगा कि वह शेयर बाज़ार के बारे में भूल जाए और प्राप्त हो रहे लाभांश तथा उन कंपनियों के नतीजों की ओर ध्यान दे जिनके शेयर उसे पास रखे हुए हैं।'' ग्राहम के इन बुद्धिमान बोलों को पढ़ें, दोबारा पढ़ें और इन पर विचार करें। यदि आप अपने पूरे निवेश के दौरान इसका पालन कर सकते हैं तो आप निश्चित रूप से सफल होंगे। इसी सलाह का जिक्र करते हुए बफ़ेट ने शेयर बाज़ार में अमीर बनने का रहस्य साझा किया तो : ''मैं आपको बताऊँगा कि अमीर कैसे बनें। दरवाज़े बंद कर लीजिए। *जब लोग लालची हो रहे हों तो भयभीत रहें। जब दूसरे भयभीत हों तो लालची बनें।*''

मिस्टर मार्केट का मिजाज बाज़ार के सभी वर्गों को प्रभावित करता है

छोटी कंपनियों के मामले में एक अलग ही विरोधाभास देखने को मिलता है : उन पर शोध करना आसान है लेकिन उनपर बहुत कम शोध किया गया है। बड़ी कंपनियों की तुलना में उनका हिसाब-किताब सरल है, प्रबंधन अधिक सुलभ है, और व्यावसायिक क्षेत्र भी कम हैं। बाज़ार अक्सर कम पूँजी (स्मॉल-कैप) कंपनियों की क़ीमतों का सही आकलन नहीं करता है, क्योंकि उनमें नक़दी का प्रवाह कम होता है और अक्सर बड़े प्रतिभागियों द्वारा उनको नज़रअंदाज कर दिया जाता है।

जब ब्लू-चिप कंपनियों के शेयरों की बात आती है, तो कई निवेशकों में एक सामान्य पूर्वाग्रह देखने को मिलता है। इससे मुझे किट्टी जेनोविस हत्या के मामले में देखे गए ''राहगीर असर'' की याद आ जाती है। (अपराध को देखने वाले किसी भी व्यक्ति ने पुलिस को

फ़ोन नहीं किया क्योंकि उन सभी ने सोचा कि कोई और तो कर ही देगा।) कई निवेशक बड़ी पूँजी (लार्ज़ कैप) वाले शेयरों में निवेश से कतराते हैं। उनको ऐसा लगता है कि बाक़ी सभी लोग इनकी ओर भाग रहे हैं। वे मान लेते हैं कि इन शेयर की क़ीमत पर्याप्त बढ़ चुकी है और इसमें अब और बढ़त की गुंजाइश नहीं है।

हालाँकि, हैरान करने वाली वास्तविकता यह है कि अल्पकालिक सोच, धैर्य की कमी पर केन्द्रित लालच और भय की हमेशा मौजूद रहने वाली विशेषताएँ और बाज़ार के भागीदारों में तत्काल संतुष्टि पाने की सहज इच्छा के कारण अक्सर लार्ज-कैप ब्लू-चिप कंपनियों के शेयरों की क़ीमतें भी पटरी से उतरकर अस्थायी रूप से उनके वास्तविक आंतरिक मूल्य (तालिका 23.1) से कम हो जाती हैं।

तालिका 23.1:11 अक्टूबर 2019 को एसऐंडपी 500 में शीर्ष, 10 सबसे बड़ी कम्पनियाँ

कम्पनी	टिकर	मौजूदा बाज़ार पूँजी (अरब में)	52 सप्ताह का निम्नतम	52 सप्ताह का उच्चतम	%बदलाव (उच्च/निम्न)	बाज़ार मूल्य में बदलाव (अरब में)
एपल	AAPL (एएपीएल)	$1,052	142	235	65.5%	$420
मायक्रो-सॉफ़्ट	MSFT (एसएसएफटी)	$1,048	94	142	51.1%	$366
एमेज़ॉन	AMZN (एएमज़ेडएन)	$844	1307	2036	55.8%	$361
गूगल	GOOG (जीओओजी)	$823	970	1289	32.9%	$221
फ़ेसबुक	FB (एफबी)	$511	123	209	69.9%	$245
बर्कशायर हॅथवे	BRK-B (बीआरके-बी)	$510	186	224	20.4%	$93
वीसा	V (वी)	$373	122	187	53.3%	$146
जेपी मोर्गन चेज़	JPM (जेपीएम)	$371	91	120	31.9%	$93
जॉनसन ऐंड जॉनसन	JNJ(जेएनजे)	$342	121	149	23.1%	$74
वॉलमार्ट	WMT (डब्ल्यूएमटी)	$335	86	120	39.5%	$97
	औसत प्रतिशत बदलाव उच्च/निम्न				**44.3%**	
	बाज़ार मूल्य में औसत बदलाव (यूएस डॉलर अरब)					**$212**

Source: John Huber of Saber Capital Management.

इन आँकड़ों में यह उल्लेखनीय है कि बाज़ार में उतार-चढ़ाव सभी समय के न्यूनतम स्तर पर होने पर भी ज़्यादातर इस अवधि में दुनिया की 10 सबसे बड़ी और सबसे ज़्यादा माँग वाली कंपनियों के मेगा-कैप शेयरों की बावन-सप्ताह की ऊँची और नीची क़ीमतों में औसतन 45 प्रतिशत का अंतर देखा गया।

सस्ते में ख़रीदना और महँगा बेचना हमेशा एक अच्छी रणनीति है और मिस्टर मार्केट हमें ऐसा करने के लिए भरपूर अवसर देते रहते हैं। टिकाऊ, स्थापित और व्यापक माँग वाले व्यवसायों में भी ऐसा नहीं है कि मौक़े नहीं बनते हैं। पीटर लिंच इन कंपनियों को ''दिग्गज'' कहते हैं। ये कंपनियाँ हैं जिनमें बहुत ज़्यादा वृद्धि की संभावनाएँ नहीं हैं। हालाँकि कभी-कभी आप ऐसा कर सकते हैं, इन्हें कम क़ीमतों पर ख़रीदें और 30 से 50 प्रतिशत वृद्धि होने पर बेच दें। यह वृद्धि काफ़ी हद तक क़ीमतों के मूल्यांकन गुणक के औसत की ओर लौटने पर होती है ना कि व्यापार मूल्य में वृद्धि के कारण। हमेशा याद रखें : स्टॉक की क़ीमतों में हर दिन दोनों तरफ और कभी-कभी बहुत उन्मादी ढंग से उतार-चढ़ाव होता है, लेकिन व्यावसायिक मूल्य बहुत धीरे-धीरे बदलता है। इसी में अवसर होता है। हलचल की ओर दिमाग़ का दौड़ना इंसान के विकास क्रम के स्वभाव का हिस्सा है। इससे पता चलता है कि बाज़ार के किरदार शेयरों की क़ीमतों पर अधिक ध्यान क्यों देते हैं। क्योंकि उनमें हलचल होती रहती है। व्यावसायिक मूल्य की ओर नहीं देखते जो काफ़ी धीरे-धीरे बदलते हैं।

किसी भी समय पर बाज़ार के हालात पर कैसे विचार करें

तेज़ी का बाज़ार आमतौर पर नक़दी के सस्ती और सुलभ होने से प्रेरित होता है और सामान्यतया ब्याज दरों में तीव्र वृद्धि के साथ इसका अंत हो जाता है। बफ़ेट ने मूल्यांकन पर ब्याज दरों के ज़बरदस्त प्रभाव पर अपने गहन ज्ञान को साझा किया है :

> अर्थशास्त्र में, ब्याज दरें उसी तरह से काम करती हैं जिस तरह से धरती पर गुरुत्वाकर्षण बल काम करता है। हर समय, सभी बाज़ारों में, दुनिया के सभी भागों में दरों में ज़रा सा भी बदलाव प्रत्येक वित्तीय संपत्ति के मूल्य को बदल देता है। इसे बांड की क़ीमतों में उतार-चढ़ाव में स्पष्ट रूप से देखा जा सकता है। लेकिन यह नियम कृषि, तेल भंडारों, शेयरों और हर अन्य वित्तीय संपत्ति पर लागू होता है। और मूल्यों पर प्रभाव बहुत बड़ा हो सकता है।
>
> किसी भी प्रकार के निवेश से निवेशक जोख़िम रहित रिटर्न की दरों की इच्छा रखते हैं जो वे सरकारी प्रतिभूतियों से कमा सकते हैं। ऐसे में अगर सरकारी दर में वृद्धि होती है तो दूसरे अन्य सभी निवेशों की क़ीमतों को उस स्तर तक नीचे जाना होगा जो उनकी रिटर्न की अपेक्षित दर को उनके अनुरूप स्तर पर ले आता है...
>
> अन्य बहुत महत्त्वपूर्ण अस्थिर कारक लगभग हमेशा सक्रिय बने रहते हैं, चाहे वह शेयर हों या रियल एस्टेट या कृषि भूमि या जो भी हो और इसका मतलब है कि ब्याज दर में बदलाव का असर आम तौर पर अस्पष्ट होता है।

फिर भी गुरुत्वाकर्षण के अदृश्य खिंचाव जैसा एक प्रभाव निरंतर वहाँ पर रहता है।

1964–81 के दौरान लम्बी अवधि के सरकारी बाँडों की दरों में ज़बरदस्त वृद्धि हुई। वर्ष 1964 के अंत में 4% से कुछ अधिक से लेकर 1981 के अंत तक 15% से अधिक तक। दरों में वृद्धि का सभी निवेशों के मूल्य पर बहुत निराशाजनक प्रभाव पड़ा। लेकिन हमने निश्चित रूप से शेयरों की क़ीमतों पर गौर किया। इस तरह से तीन गुना ब्याज दरों के गुरुत्वाकर्षण खिंचाव में ही इसका स्पष्टीकरण है कि अर्थव्यवस्था में ज़बरदस्त वृद्धि के बीच में शेयर बाज़ार में कोई भी बढ़त क्यों नहीं हो रही थी।

बफ़ेट हमें याद दिलाते हैं कि डेटा का मूल्यांकन हमेशा उचित संदर्भ में करें : ''शेयरों की क़ीमत ज्यादा है, वह ज़्यादा दिखाई देती है, लेकिन वे इतनी अधिक नहीं हैं, जितनी दिखाई देती हैं।'' उदाहरण के लिए, 1921 में मूल्य-से-आय (पी/ई) अनुपात बहुत ज़्यादा होने से अमेरिकी बाज़ारों को चिंतित नहीं होना चाहिए था, क्योंकि कॉर्पोरेट मुनाफ़ा अत्यधिक निराशाजनक और समय चक्र के निम्न स्तर पर था। 1929 में थोड़ा कम लेकिन फिर भी उच्च पी/ई पर चिंता होना चाहिए थी, क्योंकि यह मार्जिन और कमाई के चरम पर आधारित था।

यदि पिछले वित्तीय संकटों की कहानियों में कोई विषय बार-बार आ रहा है, तो वह है बाज़ार की तरलता को अचानक ही वापस खींच लेना। *बैरंस* के साथ एक साक्षात्कार में 1988 में स्टेनले ड्रकेनमिलर ने तेज़ी के बाज़ार के लिए नक़दी की तरलता के महत्त्व को बताया :

> मुख्य चीज़ जिसे हम देखते हैं वह तरलता है जो पूरी आर्थिक स्थिति का निचोड़ बताती है। इस सदी के सबसे शानदार तेज़ी के बाज़ारों को देखें तो आर्थिक ख़बरों के अख़बारों ने जो कुछ लिखा है *उसके विपरीत शेयरों के लिए सबसे अच्छा माहौल बहुत ही सुस्त, धीमी अर्थव्यवस्था में रहा है जिससे उबरने के लिए अमेरिका का केन्द्रीय बैंक फ़ेडरल रिजर्व संघर्ष करने में जुटा रहा।*

मंदी के बाज़ार के दौरान निवेशक आमतौर पर तनावपूर्ण माहौल के कारण अपने प्रयास बढ़ा देते हैं, और तेज़ी के बाज़ार के दौरान वे आत्मसंतुष्ट हो कर बैठ जाते हैं। इसके बजाय जीवन में जल्दी आर्थिक आज़ादी पाने के लिए तेज़ी के बाज़ार के दौरान बड़े सपने देखें, जोख़िम प्रबंधन करें, और अपने प्रयासों को तेज़ कर दें। आपको जब तेज़ी का बाज़ार देखने की ख़ुशक़िस्मती मिले तो यह सुनिश्चित करें कि यह आपके जीवन में बड़ी बदलाव पैदा करे। तेज़ी के बाज़ार का कमाई के लिए भरपूर इस्तेमाल करें। मंदी के बाज़ार का भरपूर सीख हासिल करने में लाभ लें।

इस समय आप पूछ सकते हैं, ''लेकिन कोई तेज़ी के बाज़ार की पहचान कैसे करता है?

जॉन टेम्पलटन ने तेज़ी के बाज़ार का वर्णन इस प्रकार किया है : ''तेज़ी के बाज़ार निराशावाद में पैदा होते हैं, संदेह के बीच बढ़ते हैं, आशावाद के साथ परिपक्व होते हैं और उत्साह में उनकी मृत्यु हो जाती है।''

हॉवर्ड मार्क्स तेज़ी के बाज़ार के तीन चरणों को इस तरह से परिभाषित करते हैं : ''सौभाग्य से मेरे करियर के सबसे मूल्यवान पाठों में से एक 1970 के दशक की शुरुआत में मुझे सीखने को मिला, जब मैंने तेज़ी के बाज़ार के तीन चरण के बारे में जाना : पहला, जब कुछ दूरदर्शी लोग विश्वास करते हैं कि चीज़ें बेहतर हो जाएँगी, दूसरा जब अधिकांश निवेशकों को अहसास होगा कि सुधार वास्तव में चल रहा है, और तीसरा, जब हर कोई निश्चिंत होगा कि यक़ीनन चीज़ें हमेशा के लिए बेहतर हो जाएँगी।''

इवानहॉफ.कॉम के लेखक इवायलो इवानोव तेजी के बाज़ार के तीन चरणों के बारे में विस्तार से बताते हैं : बाज़ार में तेज़ी का सामान्य रुझान तीन मुख्य भावनात्मक चरणों से होकर गुज़रता है :

1. ''कैसी तेज़ी? बहुत जल्दी बाज़ार गिरने वाला है।''

तेज़ी के रुझान के अधिकांश संकेत पहले से ही मौजूद होते हैं। पूँजी सुरक्षात्मक कंपनियों से निकलकर उच्च वृद्धि वाली कंपनियों की ओर जा रही होती है, बाज़ार में व्यापक सुधार होता रहता है, शेयरों और दूसरी संपत्तियों की क़ीमतों में संबंध और अस्थिरता में काफ़ी गिरावट आ जाती है। इसके बावजूद बहुत से लोग रैली पर विश्वास नहीं करते हैं और ऐसी कंपनियों के शेयरों में बेचवाल होना पसंद करते हैं जिनकी ''अत्यधिक ख़रीदी'' की गई है। लेकिन ख़रीदने की ज़बरदस्त लहर में वे तबाह हो जाते हैं।

क़ीमतों में सबसे ज़्यादा उफान पहले और तीसरे चरण में होता है।

2. स्वीकार करने का चरण

अधिक से अधिक लोग धीरे-धीरे इस विचार से जुड़ते जा रहे हैं कि हम तेज़ी के दौर में हैं और बाज़ार को ''उस समय तक निर्दोष माना जाना चाहिए जब तक दोषी साबित नहीं हो जाए।'' शेयरों के भाव पिछले कुछ समय से ऊपर जा रहे हैं, बीच में मामूली गिरावट बहुत कम समय के लिए होती है। दूसरे और तीसरे चरण के बीच तेज़ गिरावट होती है जो बाज़ार की रैली के लचीलेपन का परीक्षण होता है, कमज़ोर निवेशक को बाहर कर देता है और बाज़ार में नई बुनियाद बनती है। इस तेज़ गिरावट को संस्थान ख़रीदारी के अवसर के रूप में इस्तेमाल करते हैं जो तेज़ी से भाव चढ़ने की रैली की शुरुआत में चूक गए थे। उनकी ख़रीदारी बाज़ार को नई ऊँचाइयों की ओर धकेलती है।

3. सभी शेयर हमेशा के लिए ऊपर चले जाएँगे

पहले चरण के दौरान, अधिकांश लोग संशय में रहते हैं, क्योंकि बाज़ार अभी-अभी शेयरों और दूसरी परिसंपत्तियों के बीच के उच्च सह-संबंध, औसत की ओर क़ीमतों के वापस जाने के माहौल से उबरा है और अधिकांश बाज़ार के चरित्र में आने वाले बदलाव को देखने के लिए तैयार नहीं हैं। दूसरे चरण में, निवेशक धीरे-धीरे बहुत सरल कारणों से बाज़ार को

लेकर तेज़ी की भावना को अपना लेते हैं क्योंकि कुछ समय से क़ीमतें बढ़ रही हैं। विश्लेषक और रणनीतिकार भी अपने करियर के जोख़िम को देखते हुए तेज़ी का रुख़ अपना रहे हैं। तीसरे चरण में, अधिकांश बाज़ार सहभागी ख़ुश हैं, केवल इसलिए नहीं कि क़ीमतें पिछले कुछ समय से बढ़ रही हैं, बल्कि क्योंकि वे व्यक्तिगत रूप से बहुत सारा पैसा कमाने में कामयाब रहे हैं। सब कुछ आसान लगने लगता है, भविष्य उज्ज्वल दिखता है। शोध और अध्ययन की जगह आत्मसंतुष्टि हावी हो जाती है।

आरंभिक सार्वजनिक पेशकश (आईपीओ) बाजार के मूड का एक प्रभावी संकेतक हैं। पहले चरण के दौरान अच्छी कम्पनियाँ सस्ते मूल्यांकन पर आईपीओ लेकर आती हैं। दूसरे चरण के दौरान, अच्छी कम्पनियाँ महँगे मूल्यांकन पर आईपीओ के साथ आती हैं। और तीसरे चरण के दौरान ख़राब कम्पनियाँ (जिनमें से कई की कोई कमाई भी नहीं है) हास्यास्पद मूल्यांकन पर आईपीओ लेकर आती हैं और तब भी खुदरा निवेशक भारी मात्रा में ज़रूरत से ज़्यादा धन उनमें लगाते हैं। बाज़ार में इस तरह की बहुत ज़्यादा कम्पनियों का आना तेज़ी के दौर के अंतिम दौर का संकेत देता है। आईपीओ और शेयर बाज़ारों में मार्जिन पर धन की उपलब्धता का बहुत ज़्यादा स्तर पर पहुँच जाना भी तेज़ी के बाज़ार का दम फूलने के लक्षणों में से है। इस दौरान तेज़ी के दौर के अलग-अलग सेक्टर के अग्रणी स्टॉक जो पहले से बहुत ऊँचे दामों पर थे, उनकी क़ीमतें तेज़ी से और चढ़ते हुए चंद महीनों में ही दोगुनी या तीन गुनी हो गई। क़ीमतें इस हद तक बढ़ गईं कि उनके बेतुके मूल्यांकन को कल्पना के बहुत शानदार इस्तेमाल से भी जायज ठहरा पाना असंभव हो गया। इस बिन्दु के बाद मंदी का बाज़ार दस्तक दे देता है। इस समय के दौरान सामान्य स्टॉक उनके वास्तविक दीर्घकालिक मालिकों के हाथों में लौट आते हैं। यहाँ पर चार्ल्स मैके की कहावत सच हो जाती है : ''यह बिलकुल सही कहा गया है, इंसान झुंड में सोचता है, यह देखने को मिलेगा कि झुंड में उनमें पागलपन सवार हो जाता है, लेकिन होश में वे धीरे-धीरे, केवल एक-एक करके वापस आते हैं।''

निवेशकों के पास रखे हुए शेयर किन कंपनियों के हैं, उनकी गुणवत्ता बाज़ार में व्याप्त मनोविज्ञान का एक और मूल्यवान संकेतक है। जैसे-जैसे तेज़ी का बाज़ार परिपक्व होता है, अनेक निवेशक निरंतर वृद्धि देने वाले और उच्च रिटर्न देने वाले शेयरों को बेचकर उनकी जगह ख़राब प्रबंधन गुणवत्ता और निम्न रिटर्न अनुपात के सस्ते लेकिन ज़्यादा वृद्धि वाले शेयर ख़रीद लेते हैं। इसके बाद वे कमोडिटी आधारित और चक्रीय शेयर ख़रीद लेते हैं। उसके बाद वे ऐसे शेयरों की ख़रीदी करते हैं जिनमें अभी घाटा है लेकिन उनको आगे चलकर ज़बरदस्त बदलाव की संभावना नज़र आती है। फिर वे ऐसी छोटी पूँजी वाली कंपनियों की ओर मुड़ जाते हैं जिनके कामकाज का का सीमित पिछला रिकॉर्ड ही उपलब्ध होता है और अंत में तेज़ राजस्व वृद्धि का अनुमान देने वाली अत्यधिक क़र्ज़ लिए हुए कंपनियों के जाल में वे फँस जाते हैं। लाभ उठाने के लिए तेज़ी से राजस्व वृद्धि के अनुमान वाली कंपनियाँ। यहाँ तक आकर तेज़ी का बाज़ार आम तौर पर अपने चरम पर आ जाता है और उत्साहपूर्ण चरण के अंत में अधिकांश निवेशकों के पोर्टफ़ोलियो में केवल कबाड़ कंपनियों के शेयर ही बचे होते हैं। केवल जब ज्वार निकल जाता है, तभी आपको पता

चलता है कि कौन गति से तैर पा रहा है। उसके बाद मंदी के बाज़ार के दौरान गुणवत्ता वाली और कबाड़ दोनों तरह की कंपनियों के शेयरों में तगड़ी गिरावट आती है। गुणवत्ता कारोबारों के शेयर बाज़ार के सँभलने पर अपनी क़ीमतों की ओर लौट आते हैं। जबकि ख़राब गुणवत्ता वाले कारोबारों के शेयर अगली तेज़ी के आने तक कई साल तक कम क़ीमतों पर ही बने रहते हैं। इस तरह के कुछ दौर से गुज़रने के बाद ही निवेशक गुणवत्तापूर्ण शेयरों को छोड़कर तेज़ी से भागने वाले शेयरों के पीछे दौड़ने की अपनी लालसा को छोड़ पाता है। सबसे बड़ी सीख हमेशा मंदी के बाज़ार से मिलती है, और ये सबक़ पूरे जीवन काम आते हैं। मंदी के बाज़ार को कभी भी बर्बाद नहीं होने दें। यह धोखेबाज प्रबंधन टीमों या कमज़ोर कारोबारी मॉडल के साथ नुक़सान की चक्रवृद्धि के पीछे के गणित की वास्तविकता की सीख देता है। तब हमें एंडी ग्रोव की बात समझ में आती है, ''बुरी कंपनियाँ संकट से नष्ट हो जाती हैं, अच्छी कंपनियाँ उनसे बचकर निकल जाती हैं, महान कंपनियाँ उनसे और बेहतर होकर निकलती हैं।'' और ये बदलाव लाने वाले चरण के लिए उत्प्रेरक है, जब निवेशक बड़े क़दम उठा सकता है और सुदृढ़ उच्च गुणवत्ता वाले कारोबारों को अपने निवेश में शामिल करना शुरू कर सकता है। तो मुख्य बात यह है कि भविष्य में तेज़ी के बाज़ार में लालच के आगे नहीं झुकें ।

आपने देखा होगा कि तेज़ी के बाज़ार की ये सभी परिभाषाएँ तथ्यों पर नहीं बल्कि भावनाओं पर आधारित हैं। परिभाषाओं में ऐसा नहीं कहा गया है कि एक बार कुछ पूर्वनिर्धारित मूल्यांकन लक्ष्य या बाज़ार की भावना के सर्वेक्षण स्तर तक पहुँचने पर तेज़ी का बाज़ार समाप्त हो जाएगा।

सबसे बेहतरीन निवेशक विनम्रतापूर्वक यह स्वीकार करने को तैयार रहते हैं कि बाज़ार चक्र कुछ भी ऐसा प्रदर्शित नहीं करता है जिससे कुछ भी निश्चित तौर पर कहा जा सके या कोई पूर्वानुमान लगाया जा सके। इस विषय पर आपको तथाकथित बाज़ार विशेषज्ञों, तरह-तरह की बातें करने वालों और आर्थिक आँकड़ों पर अनुमान लगाने वालों को पूरी तरह से नज़रअंदाज करना चाहिए। यह जानना असंभव है कि बाज़ार का कोई भी चक्र कब समाप्त हो जाएगा, क्योंकि चक्र किसी भी स्थिति में बहुत दूर तक घूम सकता है। शेयर बाज़ार में जोख़िम प्रबंधन का चुनौतीपूर्ण पहलू यह है कि आप केवल अनुमान पर और गुणात्मक आधार पर जोख़िम की हदों का मूल्यांकन कर सकते हैं लेकिन यह जोख़िम कब सामने आ जाएगा इसका सटीक समय कभी पता नहीं चल सकता है। फ़ेडरल रिजर्व के पूर्व अध्यक्ष एलन ग्रीनस्पैन की बहुत चर्चा में रही टिप्पणी ''तर्कहीन उत्साह'' 1996 में की गई थी, लेकिन टेक कंपनियों के शेयरों का बुलबुला मार्च 2000 में जाकर फूटा। जॉन मेनार्ड कीन्स ने ठीक ही कहा है, ''बाज़ार आपके वित्तीय रूप से सक्षम बने रहने से भी ज़्यादा समय तक बेतुका बना रह सकता है।''

किसी शेयर की क़ीमत उसके वास्तविक मूल्य से ज़्यादा होने या कम होना दिखाने वाले शेयर के स्वामित्व या निवेशक धारणा पर प्रत्येक डेटा के लिए तर्कसंगत जान पड़ने वाली विरोधी दलील मौजूद होती है। जब भी आप शेयर बाज़ार के मौजूदा दौर को परिभाषित करने का प्रयास करने वाले कई तरह के डेटा या कोई एक डेटा भी देखें तो उसके

साथ संदिग्ध की तरह बर्ताव करें। बाज़ार भावनाओं से संचालित होते हैं। और केवल इंसानी दिमाग में अस्तित्व रखने वाली धारणा बिना किसी पूर्व सूचना के कभी भी अचानक बदल सकती है। बाज़ार की विशेषता ही बहुत ज़्यादा अचानक बदलाव है। शेयरों की क़ीमतें ख़बरों पर अचानक मोड़ ले लेती हैं। ख़बरें लोगों के आधार पर अचानक बदल जाती हैं। लोग मूड से अचानक पलटी खा जाते हैं। मूड मानसिकता से बदल जाता है। इस बाज़ार की पूरी प्रक्रिया में खरबों-खरब गतिशील हिस्से शामिल हैं, इसलिए किसी अकेले पहलू या कुछ पहलुओं के आधार पर सटीक रूप से यह बताना असंभव है कि कब अच्छा या बुरा दौर ख़त्म हो जाएगा।

डेटा के साथ तर्कपूर्ण दलील देना आसान है, लेकिन किसी को उसकी भावनाओं को भूलने के लिए समझाना कहीं अधिक कठिन है। यदि निवेशकों को अपने निवेश करिअर के पहले दशक में किसी आर्थिक या शेयर बाज़ार से जुड़ी किसी भयंकर घटना का सामना करना होता है तो जीवन भर के लिए उनके मन में एक दहशत सवार हो जाती है कि कहीं फिर से ऐसा ना हो जाए। 2009 के बाद से हमारे पास बाज़ार के धड़ाम हो कर गिर जाने के संबंध में फ़ोन कॉल की बाढ़ आ गई। (इसमें से अधिकांश ताज़ा घटनाओं का गवाह होने के पूर्वाग्रह के कारण है। क्योंकि हमने पिछले बीस वर्षों में बाज़ार के इतिहास की दो ऐसी गिरावट देखी हैं जिनका सबसे विस्तृत तरीक़े से दस्तावेज़ीकरण किया गया है। कई बौद्धिक दलीलों के द्वारा बताया जाता है कि क्यों तेज़ी के बाज़ार को ख़त्म हो जाना चाहिए था। अब तक इससे कोई फ़र्क़ नहीं पड़ा है। और ना ही कभी पड़ेगा। शेयर बाज़ार हमेशा पूरी तरह अप्रत्याशित रहेगा, क्योंकि यह एक जटिल अनुकूल प्रणाली है। (जॉर्ज सोरोस का संवेदनशीलता सिद्धांत बताता है कि बाज़ार संभवतः भविष्य के संबंध में छूट नहीं दे सकते क्योंकि वे ना केवल भविष्य के संबंध में छूट देते हैं बल्कि इसे आकार देने में मदद भी करते हैं। संवदेनशीलता सिद्धांत वास्तव में दो-तरफ़ा प्रतिक्रिया तंत्र है जिसमें वास्तविकता प्रतिभागियों की सोच को और प्रतिभागियों की सोच वास्तविकता को आकार देती है। यह अंतहीन चक्र है।)

निवेशक यह तय करने में बहुत समय बिताते हैं कि मौजूदा बाज़ार किस साल के बाज़ार से मिलता-जुलता है। क्या यह फिर से 1999 की तरह है? क्या यह बिलकुल 2007 की तरह है? 1987 या उससे भी बेहतर, 1929 के बारे में क्या ख़याल है? (मजेदार तथ्य : यदि आप बाज़ार में ऊपर या नीचे दोनों में किसी भी ओर तेज़ हलचल के समय ट्विटर (अब एक्स) पर जाकर देखेंगे तो पाएँगे कि लोग बाज़ार की मौजूदा स्थिति और पिछली किसी बहुत चरम स्थिति के बीच तुलना करते हुए चित्र या डेटा पोस्ट कर रहे हैं। निवेशकों की गतिविधियाँ उनके नवीनतम अनुभवों से आकार लेती हैं। इस तरह से 2020 बिलकुल 2020 की तरह है। स्थिर यही है कि निवेशकों की भावनाएँ ही बाज़ार के व्यवहार को तय करती हैं। विशेषकर कम समय सीमा में। यही कारण है कि टेम्पलटन, मार्क्स और इवानोव सभी बाज़ार की तेजी को समझाने के लिए बाज़ार मनोविज्ञान का उपयोग करते हैं ना कि दीर्घकालिक, चक्रीय रूप से समायोजित, पी/ई अनुपात का। (चक्रीय रूप से समायोजित पी/ई अनुपात को आमतौर पर सीएपीई अनुपात या शिलर पी/ई के रूप में

जाना जाता है जो ऐसा मूल्यांकन माप है जिसे आमतौर पर एसऐंडपी 500 पर लागू किया जाता है। इसे क़ीमत को महँगाई दर के लिए समायोजित दस वर्षों की कमाई के औसत से भाग देकर हासिल किया जाता है।

बाज़ार चक्रों को सटीक तरीक़े से बताना असंभव है। हम सबसे बेहतर इसकी पहचान कर सकते हैं कि हम बाज़ार के किस चरण में नहीं हैं और उसे हटाते हुए आगे बढ़ सकते हैं। जैसा कि हावर्ड मार्क्स ने ठीक ही कहा है, ''आप भविष्यवाणी नहीं कर सकते। आप तैयारी कर सकते हैं।''

आज की स्थिति के अनुसार, अधिकांश निवेशक निराशावाद और संदेह के दौर से काफ़ी आगे निकल चुके हैं (उन लोगों को छोड़कर जो पूरे समय संपूर्ण रूप से ग़लत रहे हैं)। सुधार हो रहा है। शेयर बाज़ार में बहुत भयंकर नुक़सान नहीं है। घटिया कारोबारों के शेयरों के साथ कोई अच्छे कारोबारों के शेयरों को औने-पौने दामों पर नहीं बेच रहा है। यह लालची होने का समय नहीं है। क्या इन हालात का मतलब यह है कि मार्च 2009 के बाद से हुए भारी लाभ के कारण अब यह आपके सभी शेयरों को स्टॉक बेचने का समय है?

बेचना है या नहीं यह निवेशक की समय सीमा पर निर्भर करता है। समय सीमा ही प्रमुख रूप से जोख़िम को निर्धारित करने वाला प्रमुख कारक है कि जोख़िम को कैसे समझा जाता है और कैसे अनुभव किया जाता है। आपके पास जितना अधिक समय होगा, आपको जोख़िम उतना ही कम होगा। धैर्य वित्तीय बाज़ारों में किसी भी तरह के दौर से निपटने में सबसे बड़ा मददगार है। बाज़ारों में अच्छे कारोबारों को समय देना दौलत बनाता है, ना कि बाज़ार में निवेश का समय देखते रहना। इसी ओर इशारा करते हुए पीटर लिंच ने एक बहुत सटीक बात कही थी : ''शेयरों में पैसे कमाने की असली कुंजी है, उनसे डरना नहीं चाहिए।'' कम और ऋणात्मक रिटर्न वाले वर्ष निवेश के खेल का नियमित हिस्सा हैं। इसमें जीतने के लिए आपको लम्बे समय तक उपस्थित रहना होगा। मुख्य बात यह है कि अविवेकपूर्ण निर्णयों के कारण बीच में बाहर फेंक दिए जाने से बचा जाए। बाज़ार की दिशा या उससे मिलने वाले रिटर्न पर हमारा नियंत्रण नहीं है लेकिन हम निवेश प्रक्रिया के कुछ अनिवार्य पहलुओं पर नियंत्रण कर सकते हैं (चित्र 23.1)।

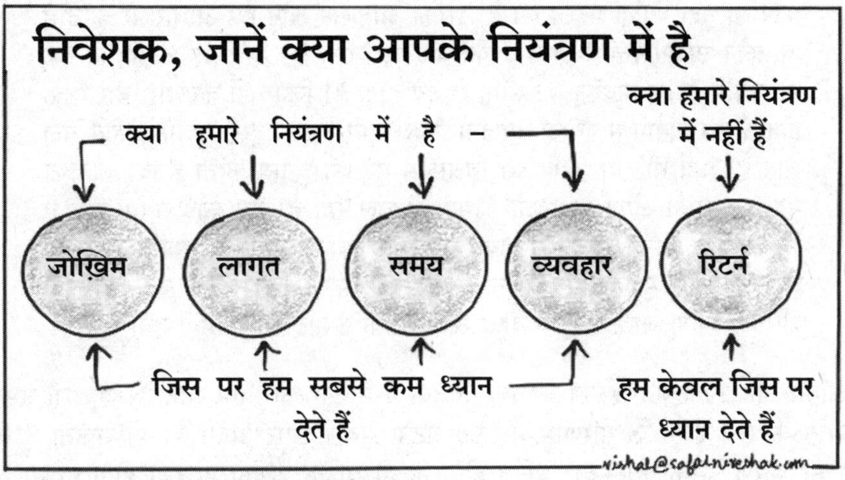

चित्र 23.1. क्या निवेशक के नियंत्रण में है।

Source: "Dealing with Stock Market's Moments of Terror," Safal Niveshak (blog), February 5, 2018, https://www.safalniveshak.com/dealing-stock-markets-moments-terror/.

बाज़ार की तेज़ी अंततः समाप्त हो जाती है। जैसा कि बफ़ेट ने कहा है, ''तेज़ी का बाज़ार गणित के क़ानूनों को कुछ समय के लिए दरकिनार तो कर सकते हैं, लेकिन उनको खत्म नहीं कर सकते।'' स्टॉक तेज़ी से नीचे जाते हैं, और हम बाज़ार में मंदी का अनुभव करते हैं। ये अपेक्षित है। ऐसा कब होता है यह श्रीमान मार्केट पर निर्भर है और किसी पर नहीं। मैं दोहराता हूँ, और किसी पर नहीं। हालाँकि एक घटना जो आमतौर पर सच है होती है, वह है कि पूरी तरह से मंदी का बाज़ार आने से पहले, सामान्यतया बहुत अधिक अनुपात में बाज़ार में उछाल आती है। अन्यथा जो हमें देखने को मिलता है, वह अचानक समय-समय पर बाज़ार में होने वाला करेक्शन होता है। (बाज़ार में करेक्शन के समय में अपनी शोध गतिविधि तेज़ करें क्योंकि आपकी अधिकांश हतोत्साहित प्रतिस्पर्धा केवल ''इंतज़ार करना'' चाहेगी।) एक बड़े मंदी के बाज़ार के पहले पूरी तरह उत्साह की ज़रूरत होती है, एक प्रमुख *अप्रत्याशित* नकारात्मक अव्यवस्था, और फिर नक़दी की तरलता का पूरी तरह सूख जाना। 2008 की बाज़ार की मंदी वित्तीय संस्थानों के दिवालिया होने के कारण आई थी। बाज़ार उत्साहपूर्ण था (भारत का निफ़्टी सूचकांक 2003 और 2007 के बीच 7 गुना ऊपर चला गया था), और नक़दी की तरलता पूरी तरह से सूख गई थी (लेहमैन ब्रदर्स के पतन के बाद क़र्ज़ का बाज़ार ठप हो गया था)।

एक कुशल बाज़ार जिसकी बुनियाद अधिकतम उपयोगिता के व्यवहार, बाज़ार में संतुलन और स्थिर प्राथमिकताओं की मिलीजुली मान्यताओं में निहित है, उसमें बार-बार इतने ज़्यादा उछाल और गिरावट कैसे आ सकती है? इसका जवाब डेनियल काह्नमैन के ''उपलब्धता के अनुमान'' में है (जो सबसे घातक और शक्तिशाली पूर्वाग्रह के रूप में पहचान रखता है):

> कौन सा मुद्दा ज़्यादा महत्त्व का है, इसका आकलन लोग इस आधार पर करते हैं कि कौन सा सरलता के साथ उनको याद आ जाता है– और यह काफ़ी हद तक मीडिया में उसके कवरेज की सीमा से तय होता है। जिन मुद्दों का बार-बार ज़िक्र होता है, वे दिमाग़ में ज़्यादा प्रमुखता से छा जाते हैं और दूसरे मुद्दे गौण होते चले जाते हैं। वहीं मीडिया अपने इस विचार से मुद्दे का चुनाव करता है कि कौन सा मुद्दा इस समय लोगों के दिलो-दिमाग़ में चल रहा है। यह कोई संयोग नहीं है कि निरंकुश शासन स्वतंत्र मीडिया पर पर्याप्त दबाव बनाता है। क्योंकि नाटकीय घटनाओं और मशहूर हस्तियों के द्वारा सबसे आसानी से जनता की दिलचस्पी को पैदा किया जाता है। यह बहुत आम है कि उन्माद को मीडिया हवा देता है।

ग़लतियों की उपलब्धता इंसान के तर्क-वितर्क में मूर्खता का आम स्रोत हैं। जब भी उसके दिमाग़ के सर्च इंजन के परिणाम में कोई घटना सबसे ऊपर आती है। हो सकता है कि उसका कारण उसका बार-बार घटित होना ना हो बल्कि उसका हाल में होना हो या कि वह इतनी भयानक, ख़ास या परेशान करने वाली हो तो लोग उसके दोबारा होने का बहुत ज़्यादा अनुमान लगाने लगते हैं। मीडिया के किसी भी ओर अत्यधिक ज़ोर देने के कारण व्यापक लालच और अधिक लालच को तथा व्यापक भय और ज़्यादा लालच को बल देता है। जब क़ीमतें तेज़ी से ऊपर या नीचे जाती हैं तो उनमें अपने को मजबूत करने का जाल बनाने का रुझान होता है। और इसका नतीजा तेज़ी और मंदी का चक्र होता है जिसमें शेयरों की क़ीमतें पूरी तरह से उनमें निहित कारोबारी मूल्य से हट जाती हैं। ऐसे समय के दौरान निवेशकों को हमेशा बफ़ेट की सलाह पर ध्यान देना चाहिए : ''दूसरे लोग जितनी कम सावधानी से अपना काम करते हैं, उतनी ही अधिक विवेकशीलता रखते हुए आपको अपने काम करना चाहिए। ऐसे डरावने दौर में आपको दो बातें कभी नहीं भूलनी चाहिए : पहली, *एक निवेशक के रूप में व्यापक भय आपका मित्र है,* क्योंकि यह खरीदारी में मोलभाव की छूट देता है। दूसरा, *व्यक्तिगत डर आपका दुश्मन है।''*

बाज़ार अत्यधिक आशावाद और निराशावाद के बीच झूलता है, यही कारण है कि ''दिमाग़ में नक़द प्रवाह में छूट की उल्टी मानसिकता'' का होना उपयोगी होता है। हमेशा उल्टा करके देखें। शेयरों की क़ीमतें कभी-कभी इतने नीचे तक गिर जाती है कि मौजूदा बाज़ार पूँजी के लिए अगले तीन से चार साल की कमाई को जोड़ना पड़ता है। इसके विपरीत, कभी-कभी शेयरों की क़ीमतें इतने ऊँचे स्तर तक चली जाती हैं कि एक दशक तक उच्च आय वृद्धि दर से भी इतनी कमाई नहीं होगी जो भविष्य में इतनी अधिक क़ीमत को उचित मानकर आज प्रतिबद्धता की जा सके। ऐसे समय में शेयरों के मूल्यांकन के लिए नक़द प्रवाह में विपरीत विश्लेषण करने पर निवेशकों को बेहतर फ़ैसले करने में मदद मिलती है।

मुक़ाबले के लिए श्रीमान मार्केट एक शानदार प्रतिद्वंद्वी है, क्योंकि यहाँ तक कि सामान्य बाज़ार स्थितियों में भी वह निवेशकों को उनके पूर्वाग्रहों तथा एक समूह के सभी शेयरों को एक ही तरह से देखने की उसकी लगातार प्रवृत्ति के कारण तय हुई ऊँची-नीची क़ीमतों से धन कमाने का मौक़ा देता है। दूसरे शब्दों में श्रीमान मार्केट अक्सर व्यापक

वर्गीकरण का सहारा लेते हैं, या जिसका कैनेमन ने ''रूढ़िवादी'' होने के कारण गैरज़रूरी नकारात्मक अर्थ के रूप में उल्लेख किया है :

> हमारी संस्कृति में रूढ़िवादी एक बुरा शब्द है, लेकिन मैं इसे तटस्थ के रूप में इस्तेमाल करता हूँ। सिस्टम 1 की बुनियादी विशेषताओं में से एक है कि यह श्रेणियों को मानदंडों और प्रोटोटाइप उदाहरणों के रूप में प्रस्तुत करता है। हम घोड़ों, रेफ्रिजरेटर और न्यू यॉर्क पुलिस के अफ़सरों के बारे में इसी तरह सोचते हैं। हम इन प्रत्येक श्रेणियों के एक या ज़्यादा ''सामान्य'' सदस्यों के प्रतिनिधि को ही यादों में रखते हैं। जब श्रेणियाँ सामाजिक होती हैं तो इन रूपकों को घिसा-पिटा कहा जाता है। कुछ रूढ़िवाद घातक रूप से ग़लत हैं और शत्रुतापूर्ण रूढ़िवाद के भयानक परिणाम हो सकते हैं, लेकिन मनोवैज्ञानिक तथ्यों को टाला नहीं जा सकता : हम श्रेणियों के बारे में रूढ़िवादी तरीक़े से सोचते हैं, यह सही और ग़लत दोनों है।

निम्न उदाहरणों पर विचार करें कि किस तरह पूर्वाग्रह ग्रस्त श्रीमान मार्केट धैर्यवान निवेशकों को कैसे बार-बार मौक़े देते हैं :

1. मालिक की कमाई के बजाय लेखांकन आय पर फ़ोकस कर और लम्बी अवधि की कमाई की शक्ति को सामान्यकीकृत कर प्रतिस्पर्धात्मक लाभ वाले कारोबारों का दीर्घकालिक आधार पर अत्यधिक कम मूल्यांकन करना। इस तरह के मामलों में आर्थिक आमदनी आम तौर पर लेखांकन आय से अधिक होती है, भले ही लेखांकन पी/ई अनुपात अधिक दिखाई देता है।
2. एक ''छिपे हुए चैंपियन'' शेयर को नज़रअंदाज़ करना जो कमोडिटी उद्योग में मूल्य श्रंखला का महत्त्वपूर्ण हिस्सा है और लगातार समय के साथ स्थिर लगातार उच्च सकल मार्जिन प्रदर्शित करता है। यह उस कारोबार की मूल्य निर्धारण शक्ति का सूचक होता है।
3. सीखने को तत्पर उद्यमी को पूरा समर्थन नहीं देना, भले ही उसने अपनी पिछली ग़लतियों को सुधार लिया हो और मूल्य-सृजन संबंधी कई पहलों की कड़ी की शुरुआत की हो।
4. सभी तरह के अधिग्रहण को एक सरीखा मानते हुए अधिग्रहण करने वाले कारोबारों को पूरी तरह से दरकिनार करना भले ही कुछ कंपनियों का सफल मूल्य संचय करने वाले विलय एवं अधिग्रहण के सौदों का दीर्घकालिक ट्रैक रिकॉर्ड साबित हो चुका हो।
5. अक्सर दिए जाने वाले तरह- तरह के कारण बताकर आईपीओ से पूरी तरह परहेज करना, भले ही वे बहुत शानदार कारोबार से जुड़े हों जिसमें उनके शेयर मंदी के बाज़ार में सस्ती क़ीमतों पर मिल रहे हों। आईपीओ से दूर रहने के लिए अक्सर इस तरह के कारण बताए जाते हैं जैसे बिक्री के समय का

विकल्प भीतरी लोगों के हाथ में होना, ख़रीदारों की बड़ी संख्या और कि समय-समय पर बताई जाने वाली विभिन्न बुराइयों का हवाला देता है, बिक्री का विकल्प अंदरूनी सूत्रों के हाथ में होना, उपस्थिति कई खरीददारों की और केवल कुछ मुट्ठी भर विक्रेता होना, और बैंकरों द्वारा आईपीओ का इस तरह से ''प्रबंधन'' कराना जिससे कम से कम शेयर जारी कर अधिकतम धन राशि जुटाई जा सके। इस तरह से भीतरी लोगों के हितों को साधने के लिए बैंकरों को प्रोत्साहित करना। (चेतावनी देने वाले कुछ उल्लेखनीय संकेतों में आईपीओ लाने के ठीक पहले कम्पनी का नाम बदलकर कुछ ऐसा कर देना जो मौजूदा दौर के आकर्षक सेक्टर की झलक देने वाला होगा। उसी वर्ष में या पिछले साल में बिक्री या लाभप्रदता में उछाल और उसके पिछले वर्षों में असंगत वृद्धि; आईपीओ का प्राथमिक उद्देश्य ''कार्यशील पूँजी की ज़रूरत को पूरा करना''; या चरम कमाई के चरम गुणक पर ऐसे समय आईपीओ लाना, जब उस उद्योग का शिखर के क़रीब हो।) यह जरूर है कि ऐसे उभरते व्यवसाय जिनके कोई प्रतिस्पर्धी नहीं हैं या बहुत कम प्रतिस्पर्धी हैं, उनकी क़ीमत अभाव के अतिरिक्त दाम जुड़ने के कारण ज़्यादा हो जाती है।

6. वाज़िब क़ीमत पर उपलब्ध महान कारोबार में केवल इसलिए निवेश करने से हिचकिचाना, क्योंकि उसकी क़ीमत बहुत बड़ी है।

7. संतुष्टि प्राप्त करने में इंतज़ार करने की क्षमता का अभाव और अंत में वर्तमान में बड़े विस्तार कार्यक्रम से गुज़र रही तथा कम क्षमता उपयोग के बीच बड़े शुरुआती परिचालन ख़र्च के कारण कुछ समय के लिए कम आमदनी घोषित कर रहीं कंपनियों के सुदूर भविष्य के नक़द प्रवाह को बहुत कम करके आकलन करना।

8. भारी भरकम वेतन वाले प्रमोटर को रूढ़िवादी तरीक़े से अनैतिक करार देना, जबकि निवेश की स्थिति के ख़ास पहलुओं पर संपूर्णता में विचार करने पर कुछ बौद्धिक उन्मादियों के साथ ना जाने की लागत कहीं ज़्यादा भारी हो सकती है।

9. एक संपूर्ण उद्योग को अछूत बता देना और उसके भीतर कुछ असाधारण प्रदर्शन करने वाले कारोबारों की पूरी तरह अनदेखी करना।

10. जोख़िम और अनिश्चितता के बीच भ्रमित हो जाना जिसका परिणाम कुछ मामलों में बहुत ज़्यादा ग़लत मूल्य निर्धारण के रूप आता है। पूँजी या क्रय शक्ति के पूरी तरह से समाप्त हो जाने की संभावना जोख़िम है, जबकि अनिश्चितता तरह-तरह के संभावित नतीजे हैं जिनका अनुमान नहीं लगाया जा सकता है। इन स्थितियों में अंततः बात क़ीमत पर ही सीमित हो जाती है। सिर्फ़ इसलिए कि किसी कम्पनी का भविष्य अत्यधिक अनिश्चित है या फिलहाल अज्ञात है, इसका मतलब यह नहीं है कि इसमें निवेश करना जोख़िम भरा है। वास्तव में निवेश के कुछ बेहतरीन अवसर अत्यधिक

अनिश्चित होते हैं, लेकिन पूँजी का पूरी तरह से नुक़सान होने की संभावना न्यूनतम है।

11. कुछ ख़राब कारोबारों के साथ अच्छे कारोबारों को भी बेच दिया जाता है। कम्पनी के टूट कर उसमें से नई कम्पनी बनाने और दिवालिया होने के हालात में यह आम तौर पर होता है। वित्तीय बाज़ारों में एकाएक ही मूल्य के ग़लत निर्धारण के अवसर समय-समय पर पैदा होते रहते हैं। हमेशा सतर्क रहें।
12. किसी कम्पनी के बांड को कुछ ''लेबल'' के आधार पर दो श्रेणियों- उच्च जोख़िम और कम जोख़िम में अलग-अलग कर लेना। कभी-कभी किसी कम्पनी के ''जूनियर'' बांड उच्च ब्याज दर पर जारी किए जाते हैं जबकि उसी इकाई के ''सीनियर'' बांड कम क़ीमत की पेशकश कर रहे होते हैं। इस तरह के मामलों में निवेशकों को ग्राहम की अकलमंद नसीहत पर ध्यान देना चाहिए : ''यदि किसी उद्यम का कोई बांड या दायित्व भरोसेमंद निवेश के लिए पात्रता रखता है तो उसके सभी बांड या दायित्वों को भी इसी तरह से निवेश के लिए पात्र होना चाहिए। या इसको इस तरह से भी कह सकते हैं कि यदि किसी कम्पनी के नए बांड सुरक्षित निवेश नहीं हैं तो उससे पहले के ऋण बांड भी भरोसेमंद नहीं हैं। क्योंकि यदि दूसरा ऋण बांड असुरक्षित है, तो कम्पनी स्वयं कमज़ोर है, और सामान्य रूप से कहें तो कमज़ोर उद्यम का कोई भरोसेमंद दायित्व नहीं हो सकता।

इन तरह-तरह के हालात में सफल निवेश यही है जिसमें लोग बाद में आपसे सहमत हों यानी बाद में कहें कि हाँ आपने ठीक किया था। थोड़े समय अवधि में किसी शेयर की क़ीमत और उसमें निहित वास्तविक मूल्य के बीच मनोवैज्ञानिक और तकनीकी कारकों से बहुत ज़्यादा अंतर हो सकता है। जैसा कि ग्राहम ने कहा है, ''अल्पावधि में, बाज़ार वोटिंग की मशीन है, लेकिन लम्बे समय में, यह वज़न मापने वाली मशीन है।'' विडंबना यह है कि सेंसेक्स या निफ़्टी सूचकांकों से ज्यादा रिटर्न प्राप्त करने के लिए निवेशकों को अंततः कुशल बाज़ार की ज़रूरत होती है। बाजार को ज़रूरत होती है यह समझने की कि उसने ग़लती कर दी है और उसे दुरुस्त करना है। अन्यथा, ग़लत मूल्य निर्धारण हमेशा के लिए बना रहेगा और ऐसे बाज़ार में, कोई भी विश्वसनीय रूप से नहीं बेहतर प्रदर्शन नहीं कर सकता।

बाज़ार की कुशलता और भीड़ का विवेक

सूचना कोई ऐसी बड़ी चीज़ नहीं है जो किसी तिजोरी में बंद हो। यह टुकड़ों में पूरी दुनिया भर में बिखरी हुई है। हर किसी के पास संपूर्ण जानकारी का थोड़ा-थोड़ा टुकड़ा उपलब्ध होता है। यदि जानकारी व्यापक रूप से बिखरी और फैली हुई है तो किसी एक व्यक्ति के पास संपूर्ण जानकारी का कोई बहुत छोटा हिस्सा ही होगा। वास्तव में चाहे कोई कितना भी चतुर या जानकार व्यक्ति हो, किसी भी समय पर बाज़ार में उपलब्ध सूचना का केवल एक

अंश ही किसी भी व्यक्ति के पास होता है। बाज़ार का काम उस जानकारी को एकत्र करना, उसका मूल्यांकन करना, और इसे क़ीमतों में शामिल करना है। भीड़ के विवेक और कुशल बाजारों की ताक़त के माध्यम से किसी भी प्रतिभूति की वर्तमान क़ीमत तेज़ी से संभावित, सच दिखाई देने वाली और संभावित भावी घटनाओं की प्रत्याशा के बाज़ार के सामूहिक आकलन को दर्शाती हैं। (जानकारी एकत्र करने की शेयर बाज़ार की अविश्वसनीय क्षमता को समझने और उसकी सराहना करने के लिए माइकल मैलोनी और जे. हेरोल्ड मुलहेरिन के प्रसिद्ध केस विश्लेषण ''द कॉम्प्लेक्सिटी ऑफ़ प्राइस डिस्कवरी इन एन एफ़िशिएंट मार्केट : द स्टॉक मार्केट रिएक्शन टु द चैलेंजर क्रैश'' को पढ़ें) बाज़ारों को अपना नियंत्रण ना दें, हालाँकि जब झुंड की मानसिकता हावी हो जाती है तो सामूहिक संवेदनशीलता का नुक़सान हो सकता है। अनुभव और वित्तीय इतिहास के व्यापक अध्ययन से ही यह समझ, जान और सीख पाते हैं कि बाज़ार तर्कसंगत ढंग से शानदार व्यवहार कर रहा है या हास्यास्पद रूप से तर्कहीन हो रहा है।

बाज़ार में सूचनाओं को संकलित करने की प्रक्रिया का ज्ञान व्यक्ति से समूह तक किसी क्षेत्र विशेष की जानकारी (आंशिक) को स्थानांतरिक करके एक ''सटीक'' उत्तर पैदा करता है। भीड़ के विवेक की इस प्रक्रिया का एक लोकप्रिय उदाहरण 1906 की बैलों के वज़न की स्पर्धा के विश्लेषण का है जिसका उल्लेख सर फ्रांसिस गाल्टन ने ''वोक्स पापुली'' में किया है। बाज़ार दक्षता के तीन प्रमुख सिद्धांत जानकारी से संबंधित हैं, और भीड़ का विवेक उन सिद्धांतों को छह शर्तों के तहत लागू करता है। आगे दी गई इन शर्तों में से प्रत्येक के लिए सभी नहीं, केवल पर्याप्त या निवेशकों की एक निश्चित सीमा की ज़रूरत होती है।

1. **प्रसार :** जानकारी उपलब्ध होनी चाहिए और उसका अवलोकन किया जाना चाहिए।
2. **प्रसंस्करण :** समूह में तथ्यों या विशेषज्ञता के रूप में क्षेत्र विशिष्ट ज्ञान पर्याप्त मात्रा में होना चाहिए, भीड़ विविध होनी चाहिए, और निवेशकों को स्वतंत्र रूप से कार्य करना चाहिए।
3. **जानकारी :** निवेशकों को कारोबार करने में बड़ी बाधाओं का सामना नहीं करना चाहिए; अन्यथा, मूल्य का अनुमान शेयर की क़ीमत में व्यक्त, एकत्र और सम्मिलित नहीं होगा; और व्यक्तियों को वह अनुमान देने के लिए प्रोत्साहन मिलना चाहिए जो कि उनका मानना हो कि वे सच हैं।

जब ये शर्तें पूरी हो जाती हैं, तो भीड़ सटीक उत्तर पैदा करती है और किसी भी व्यक्ति के लिए सामूहिक मूल्यांकन को हरा पाना लगभग असंभव होता है।

जेम्स सुरोविकी की किताब *द विजडम ऑफ़ क्राउड्स* पढ़ने पर अंत में मुझे शेयरों की कारोबारी मात्रा के महत्त्व और उसका गहरा अर्थ समझ में आया। किसी शेयर के भाव में अचानक ऊपर या नीचे की ओर की तेज़ी को लेकर संदेह होने पर शेयरों की कारोबारी मात्रा को देखें। बाज़ार का सामूहिक विवेक अधिकांश समय आपको सही दिशा में मार्गदर्शन

करेगा। समय के साथ ज्ञान बढ़ता जाता है। जैसे हमारे मस्तिष्क में प्रत्यक्ष और परोक्ष दोनों अनुभवों के माध्यम से तंत्रिकाओं के नए संपर्क जुड़ते हैं, वैसे ही मानसिक मॉडलों का जाल भी विकसित होना शुरू हो जाता है। इस जीवंत जाल को लगातार पोषण और ख़ुराक देने के लिए हर दिन सीखते रहें। आप कभी नहीं जानते कि कब आपके जाल में एक बड़ी मछली फँस जाएगी। (ऐसे निष्कर्षों को हमेशा तुरंत नोट करें। हो सकता है कि बाद में आप उनको याद ना कर पाएँ।) इनमें से कोई भी निष्कर्ष आपकी निवेश यात्रा के बीच अचानक भाग्यशाली दौर बनकर अच्छा मुनाफ़ा कमाने में आपकी मदद कर सकता है। ऐसे अवसर पैदा करने के लिए लगातार काम करते रहें कि अकस्मात लाभ आपके जीवन के सबसे अप्रत्याशित समय और स्थानों पर भी अपको खोज निकालें।

अध्याय 24

निवेश पोर्टफ़ोलियो के प्रबंधन का हुनर

अलग-अलग कंपनियों में निवेश यह स्वीकार करने का सबसे अच्छा तरीक़ा है कि आपको इसकी कोई जानकारी नहीं है कि भविष्य में क्या होने वाला है। इस तरह आप भविष्य की संभावनाओं की एक विस्तृत श्रंखला के लिए अपना निवेश पोर्टफ़ोलियो तैयार करते हैं और अपनी निर्भरता को स्वीकार करते हैं।

– बेन कार्लसन

निवेश पर कई लेख, किताबें और दस्तावेज़ निवेश में बहुत ज़्यादा विविधता रखने की सलाह देते हैं। यानी कई तरह के सेक्टर में अलग-अलग कम्पनियों के शेयरों में निवेश करें जिससे जोख़िम कम से कम हो। हालाँकि, वास्तविकता यह है कि आप इस मामले में एक प्रकार के जोख़िम को कम करके दूसरे प्रकार का जोख़िम ले रहे होते हैं। आप कम्पनी-विशिष्ट जोख़िम (गैर व्यवस्थागत जोख़िम) के बदले में बाज़ार जोख़िम (व्यवस्थागत जोख़िम) मोल लेते हैं। हो सकता है कि कम्पनी विशिष्ट जोख़िम, बाज़ार के जोख़िम से कम हो जो इस बात पर निर्भर करता है कि आप किस प्रकार की कम्पनी में निवेश करते हैं। जोख़िम कम नहीं हुआ है, बस एक रूप से दूसरे रूप में बदल गया है। अलग-अलग कम्पनियों में निवेश को जोख़िम और अस्थिरता दोनों को कम करने वाला माना जाता है। हालाँकि विविध निवेश पोर्टफ़ोलियो वास्तव में आपके जोख़िम के समग्र स्तर को तो कम कर सकता है लेकिन इससे आपको होने वाले बंपर लाभ के संभावित स्तर में भी कमी आ सकती है। निवेश पोर्टफ़ोलियो जितना ज़्यादा विविध होगा, उतनी ही अधिक संभावना होगी कि यह अधिक से अधिक बाज़ार के समग्र प्रदर्शन के बराबर का लाभ ही दे पाए। बाज़ार से ज़्यादा लाभ देने की संभावना सीमित होती जाएगी।

निवेशकों का लक्ष्य ज़्यादा से ज़्यादा रिटर्न हासिल करने का होता है, वे बाज़ार-औसत से बेहतर रिटर्न प्राप्त करने का लक्ष्य रखते हैं जिसके लिए यह स्पष्ट समझ होना ज़रूरी है कि निवेश वाले शेयरों में किस तरह से विविधता रखी जाए और किस तरह से किसी कारोबार के ज़्यादा मात्रा में शेयर रखे जाएँ। निवेश शेयरों में कुछ हद तक विविधता पर विचार किया जाना चाहिए लेकिन यही एक मुख्य कारक नहीं होना चाहिए। प्रमुख रूप से ऐसे शेयरों में निवेश पर ध्यान केन्द्रित किया जाना चाहिए, जो किसी व्यक्ति के जीवन के लक्ष्यों और वित्तीय ज़रूरतों को पूरा करने में उपयुक्त हों। निवेशकों को जिस एकमात्र पैमाने की परवाह करनी चाहिए वह है कि जिस लक्ष्य से उन्होंने निवेश का अपना पोर्टफोलियो तैयार किया है, उसके शेयर उसी तरह से आगे बढ़ रहे हैं या नहीं। मैंने इतने वर्षों में जो कुछ पढ़ा-समझा है, उसमें मुझे निवेश में विविधता बनाम बड़ी मात्रा में चुनिंदा कारोबार में निवेश के संबंध में कुछ प्रमुख विचार जानने को मिले हैं।

निवेश में बहुत ज़्यादा विविधता से मिलता है औसत नतीजा...

शिक्षाविदों ने निवेश में विविधता के विचार को महिमामंडित कर बुद्धिमान निवेशकों का बहुत नुक़सान किया है। यह पूरी अवधारणा मुझे वास्तव में पागलपन प्रतीत होती है। इसमें निवेश का नतीजा औसत रिटर्न जैसा ही होने पर भी अच्छा महसूस करने पर ज़ोर दिया गया है।

– चार्ली मंगर

औसत रिटर्न को पीछे छोड़ने के लिए वास्तव में निवेशक के पास चुनिंदा कंपनियों में ज़्यादा मात्रा में गहन निवेश ही एकमात्र मौक़ा होता है।

– फ्रैंक मार्टिन

निश्चित सीमा के बाद निवेश में विविधता के लाभ में कमी आने लगती है

आँकड़ों के विश्लेषण से पता चलता है कि विभिन्न उद्योगों के 14 तक शेयरों में निवेश के बाद उन शेयरों के साथ जुड़े जोख़िम बहुत हद तक उनमें बँट जाते हैं और इससे ज़्यादा अतिरिक्त शेयर से लाभ में कोई वृद्धि नहीं होती है।

– मेसन हॉकिन्स

दो बातें याद रखनी चाहिए। जोख़िम को कम करने के लिए अपने निवेश में विभिन्न उद्योगों के छह या आठ स्टॉक ख़रीदने के बाद और ज़्यादा स्टॉक रखने के लाभ बहुत कम हैं, और निवेश में इससे अधिक स्टॉक जोड़ने से बाज़ार का जोख़िम ख़त्म नहीं होगा।

– जोएल ग्रीनब्लाट

मैंने कुछ सीमित स्टॉक का पोर्टफ़ोलियो रखने का निर्णय लिया। जैसा जोएल ग्रीनब्लाट ने बताया है कि केवल एक स्टॉक रखने का 81 प्रतिशत जोख़िम आठ स्टॉक रखने से समाप्त हो जाता है और बत्तीस स्टॉक रखने में 96 प्रतिशत जोख़िम ख़त्म हो जाता है। यह जानकारी मुझे अविश्वसनीय रूप से महत्त्वपूर्ण जान पड़ी।

– डेविड आइन्हॉर्न

महान विचार दुर्लभ हैं...

मुझे यह विचार अच्छा लगता है कि शानदार निवेश ढूँढना कठिन है, इसलिए कुछ में ध्यान केन्द्रित किया जाए। लेकिन अट्ठानवे प्रतिशत निवेश जगत इस तरह से नहीं सोचता।

– चार्ली मंगर

कई अच्छे स्टॉक भी कुछ चुनिंदा असाधारण स्टॉक के घटिया विकल्प से ज़्यादा नहीं हो सकते।

– फ़िल फ़िशर

इसलिए फ़ोकस करें, अपने सर्वोत्तम विचारों पर ध्यान दें

फ़िल फ़िशर लगभग दस अच्छे निवेशों पर ध्यान केन्द्रित करने में विश्वास करते थे और सीमित संख्या से खुश थे। हम भी यही तरीक़ा अपनाते हैं। और जहाँ वह निवेश करते थे, उसके बारे में वह बहुत कुछ जानकारी हासिल करने में यक़ीन करते थे। हम यह भी करते हैं। और हम ऐसा क्यों करते हैं, क्योंकि हमने काफ़ी कुछ यह उनसे सीखा है।

– चार्ली मंगर

हमारा मानना है कि चुनिंदा शेयरों में निवेश की नीति जोख़िम को कम कर सकती है यदि निवेशक किसी कारोबार के बारे में बहुत गहराई से सोचें और इसके साथ ही उसे ख़रीदने से पहले उसकी आर्थिक ख़ूबियों को लेकर सहज महसूस करने के स्तर को बढ़ाएँ।

– वॉरेन बफ़ेट

निवेश में बहुत ज़्यादा स्टॉक रखने से बचें...

किसी भी निवेशक के व्यक्तिगत तौर पर *बीस* से अधिक स्टॉक को ख़रीदकर रखना वित्तीय अक्षमता का संकेत है।

– फ़िल फ़िशर

जोख़िम यह है कि आप नहीं जानते कि आप क्या कर रहे हैं।

जैसे-जैसे समय बीतता है, मैं इससे और अधिक आश्वस्त होता जाता हूँ कि निवेश का सही तरीक़ा ऐसे उद्यमों में ज़्यादा निवेश पूँजी लगाना है जिनके बारे में हम सोचते हैं कि हम कुछ जानते हैं और जिसके प्रबंधन पर हम पूरी तरह से यक़ीन करते हैं। यह सोचना ग़लत है कि कोई व्यक्ति कई ऐसे कारोबारों में अपनी पूँजी लगाकर अपने जोख़िम को कम करता है जिनके बारे में वह बहुत कम जानता है और उनके संबंध में विशेष विश्वास का कोई कारण नहीं है।

– जॉन मेनार्ड कीन्स

ढेर सारे अलग-अलग स्टॉक ख़रीदकर जोख़िम को कम करने की चाहत के साथ अपने शोध संसाधनों का भी ध्यान रखा जाना चाहिए और उसके नकारात्मक प्रभावों का संतुलन ज़रूर होना चाहिए। कहीं ऐसा ना हो कि कम शोध संसाधन कम होने के कारण किसी कम्पनी या कारोबार के बारे में गहरी समझ हासिल करने का मक़सद ही पूरा ना हो पाए। ऐसे मामलों में विविधता की चाहत ''बदतर'' नतीजे ला सकती है।

– ली आइंस्ली

जब तक आपके पास बहुत दक्षता ना हो तो बफ़ेट और मंगर की तरह सीमित कंपनियों में निवेश से बचें...

यदि आप छह अद्भुत कारोबारों की पहचान कर सकते हैं तो आपको अपने निवेश में बस इतनी ही विविधता लाने की ज़रूरत है और आप ख़ूब पैसा कमाएँगे। मैं गारंटी दे सकता हूँ कि इन 6 में ही और पूँजी लगाने की बजाय किसी और सातवें स्टॉक में धन लगाना बहुत भयंकर ग़लती होगी। बहुत कम लोग अपने सातवें श्रेष्ठ विचार पर अमीर बने हैं।

– वॉरेन बफ़ेट

बहुत अच्छे विविधता भरे निवेश पोर्टफ़ोलियो के लिए केवल चार शेयरों की आवश्यकता होती है।

– चार्ली मंगर

इसके बजाय, सही विविधता का अभ्यास करें...

कोई निवेशक कम से कम दस, संभवतः पन्द्रह और अधिकतम बीस विभिन्न स्टॉक निवेश में रखना चाहता है। बहुत से लोग इसे एक बहुत सीमित निवेश

पोर्टफ़ोलियो मानेंगे। हमारा विचार है कि यदि आप 10 से 15 सर्वश्रेष्ठ कारोबार की तलाश कर सकते हैं और उनमें निवेश कर सकते हैं और यदि आप कम उधार/उच्च गुणवत्ता की कम्पनियों में निवेश करते हैं तो यह काफ़ी हद तक निवेश में उपयुक्त विविधता है।

– बिल एकमैन

संभावित जोख़िमों के संबंध में सघन लेकिन विविध पोर्टफ़ोलियो बनाएँ

अधिकांश निवेशक सोचते हैं कि निवेश में विविधता का मतलब कई कारोबारों में अलग-अलग निवेश करना है। बहुत कम लोग समझते हैं कि निवेश में विविधता तभी प्रभावी है, जब निवेश किए हुए कारोबारों पर बाज़ार में किसी भी माहौल को देखते हुए जवाबी प्रतिक्रिया करने का भरोसा किया जा सकता हो।

– होवर्ड मार्क्स

यदि हमारे निवेश में एक ही तरह के जोख़िम (महँगाई दर बढ़ने से बचाव, ब्याज दर के प्रति संवेदनशील, एक ही बाज़ार या परिसंपत्ति वर्ग) के स्टॉक शामिल होंगे तो वृहद माहौल को लेकर निवेशकों की धारणा बदलने पर हमारा निवेश नाटकीय और अचानक प्रतिकूल बदलाव के जोख़िम से संकट में आ जाएगा। चूँकि हम हम भविष्यवाणी करने में सक्षम नहीं हैं, हम निवेश में इस तरह की सघनता का जोख़िम नहीं उठा सकते।

– सेत क्लारमन

जॉन मेनार्ड कीन्स ने मई 1938 में किंग्स कॉलेज, कैम्ब्रिज़ की एस्टेट्स कमेटी में वितरित एक दस्तावेज़ में अपनी निवेश नीति की रूपरेखा प्रस्तुत की थी :

1. कुछ निवेशों (या कुछ प्रकार के निवेश) का आने वाले वर्षों में उनके संभावित वास्तविक और संभावित आंतरिक मूल्य के संबंध में कम क़ीमत और उस समय वैकल्पिक निवेशों के मुक़ाबले में सावधानीपूर्वक चयन,
2. इन शेयरों को काफ़ी मात्रा में तेज़ी और मंदी के दौर के बीच दृढ़ता के साथ तब तक बनाए रखना, जब तक कि यह लक्ष्य को पूरा ना कर दें या यह स्पष्ट ना हो जाए कि इनको ख़रीदना एक भूल था; और
3. निवेश की संतुलित स्थिति, यानी, कोई एक बड़े निवेश की बजाय विभिन्न प्रकार के जोख़िम और यदि संभव हो तो विपरीत क़िस्म के जोख़िमों का संतुलन।

सितंबर 2006 में हॉवर्ड मार्क्स ने "डेयर टु बी ग्रेट" शीर्षक से एक आलेख में येल विश्वविद्यालय के लम्बे समय तक मुख्य निवेश अधिकारी रहे डेविड स्वेनसेन की किताब

पायोनियरिंग पोर्टफ़ोलियो मैनेजमेंट में दिए एक उद्धरण की तारीफ़ की : ''एक गैर परंपरागत निवेश तरीक़े को बनाना और उसे जारी रखने के लिए असुविधाजनक रूप से बहुत ख़ास तरह के निवेश पोर्टफ़ोलियो को स्वीकार करने की ज़रूरत होती है जो अक्सर पारंपरिक ज्ञान की दृष्टि से सर्वथा अविवेकपूर्ण प्रतीत होता है।'' (जनवरी 1966 में वॉरेन बफ़ेट के साझेदारी संबंधी पत्र में निवेश पोर्टफ़ोलियो प्रबंधन पर आलेख में इस विषय को पूरी दक्षता के साथ उठाया गया है।)

बेब रुथ प्रभाव

दिवंगत प्रबंधन गुरु पीटर ड्रकर के अनुसार, ''चीज़ों को सही ढंग से करना दक्षता है; सही चीज़ें करना प्रभावशीलता है।'' निवेश के मामले में सही चीज़ें करने का तात्पर्य सही स्टॉक चुनना है और सही ढंग से करने का अर्थ उनके लिए पूँजी निवेश का उचित आवंटन करना है। शानदार नतीजे देने वाले शेयर की पहचान कोई भी कर सकता है। लेकिन महान निवेशक की श्रेष्ठता का प्रदर्शन शेयर की मात्रा में होता है। कितनी मात्रा में शेयर को लेना है, उसमें कितनी ज़्यादा पूँजी लगानी है। किसी निवेश आइडिया की औसत सफलता दर 50 प्रतिशत से भी कम है। इसे देखते हुए सर्वोत्तम निवेशकों के लिए भी वास्तव में यह ज़रूरी है कि जब आप निवेश के लिए कोई अच्छ्ज्ञ आइडिया पाते हैं तो आप उसे महत्त्व दें। जब आप कोई बढ़िया विचार ढूँढ़ें तो अपने जीवन में सार्थक बदलाव लाने के लिए पर्याप्त मात्रा में उसकी ख़रीदारी करें। सफल निवेश का मतलब केवल सही होना ही नहीं है– बहुत अलग है। निवेश में सफलता इससे भी ज़्यादा निर्भर करती है कि महान विचारों पर किस तरह से अमल किया जाता है, यानी शुरुआती पूँजी आवंटन किस तरह से किया जाता है और उसके बाद कैसे उसे बढ़ाया जाता है। कितनी बार जीत हुई, यह मायने नहीं रखता है बल्कि कितना मुनाफ़ा प्राप्त हुआ यह अहम होता है। माइकल मौबौसिन इसे ''बेब रुथ प्रभाव'' का नाम देते हैं। जॉर्ज सोरोस इसी का ज़िक्र कुछ इस तरह से करते हैं, ''यह महत्त्वपूर्ण नहीं है कि आप सही हैं या ग़लत, बल्कि यह महत्त्वपूर्ण है कि जब आप सही होते हैं तो आप कितना पैसा कमाते हैं और जब ग़लत होते हैं तो कितना खो देते हैं ।''

हम इस ''अपेक्षित मूल्य'' के सोचने के तरीक़े को अपने निवेश के निर्णय लेने की प्रक्रिया में कैसे विकसित कर सकते हैं?

> कितनी बार नुक़सान होता है, उसकी प्रायिकता से संभावित नुक़सान की मात्रा लें और कितनी बार लाभ होता है, उसकी प्रत्याशा से संभावित लाभ की मात्रा को लें। हम यही करने का प्रयास कर रहे हैं। यह अपूर्ण है, लेकिन जो कुछ भी है, इसी में सब कुछ है।
>
> – वॉरेन बफ़ेट

शेयर बाज़ार भी सट्टेबाजी का ही रूप (पैरी म्युचुअल) है, जहाँ अनेक निवेशक दाँव लगाते हैं और इन्हीं दाँव के आधार पर संभावनाएँ बदलती हैं। इसलिए बाज़ार से लगातार बेहतर

प्रदर्शन करने का एकमात्र तरीक़ा यही है कि बाज़ार के प्रतिभागी किसी शेयर की जो संभावित क़ीमत लगा रहे हैं, उसके संबंध में अन्य निवेशकों से बेहतर मूल्यांकन कर लेना।

सफल निवेश का मंत्र आधारभूत मूल्य (अपेक्षित भावी नतीजों पर आधारित आंतरिक मूल्य) और बाज़ार की अपेक्षाओं (यानी, भविष्य के परिणाम को शामिल करते हुए स्टॉक की वर्तमान क़ीमत) में स्पष्ट अंतर करना है। निवेश अपेक्षाओं का ही खेल है और नतीजे अपेक्षाओं से प्रेरित होते हैं जो शेयर की क़ीमत में बदलाव लाते हैं। इसलिए, बाज़ार की अपेक्षाओं को ठीक से समझने और अपेक्षाओं में बदलाव का अनुमान लगाने की क्षमता बेहतर रिटर्न पाने का रास्ता है। इसमें कामयाबी के लिए ज़रूरी है कि निवेशक की ''कुछ अलग धारणा'' हो यानी उसे सुस्थापित दृष्टिकोण रखना चाहिए जो बाज़ार की आम सहमति से अर्थपूर्ण रूप से भिन्न हो। (निवेश में सबसे संतोषजनक क्षण तब होता है जब आपने किसी कारोबार को तीन या चार साल पहले उस तरह से जान-समझा लिया हो जिस तरह से आज देख पा रहे हो।)

चार्ली मंगर ने 2003 में कैलिफ़ोर्निया विश्वविद्यालय, सांता बारबरा में निवेश और सट्टेबाजी प्रणाली के बीच तुलना करते हुए कहा : हमारे लिए निवेश पैरी-म्यूचुअल सिस्टम के ख़िलाफ़ दाँव लगाने की तरह है। हम एक ऐसे घोड़े की तलाश कर रहे हैं जिसके जीतने के मौक़े दो में से एक हैं और जो आपको एक के मुक़ाबले तीन का भुगतान करता है। आप ऐसा जुआ तलाश रहे हैं जिसकी ग़लत क़ीमत लगाई गई है। यही निवेश है और यह जानने के लिए आपको पर्याप्त जानकारी जुटानी होगी कि जुए की क़ीमत ग़लत है या नहीं। यह मूल्यवान निवेश है।''

पैरी-म्यूचुअल सट्टेबाजी से निवेश का मुख्य सबक़ यही है कि कभी कभार कुछ बड़े दाँव लगाना है। निवेशकों को मंगर की सरल लेकिन गंभीर सलाह पर अमल करना चाहिए : ''बहुत सारे सौदों पर नज़र रखें। लगभग सभी सौदों पर अमल नहीं करना है।''

1994 में ''निवेश प्रबंधन और कारोबार से संबंधित आरंभिक, सांसारिक बुद्धि का सबक़'' शीर्षक से व्याख्यान में मंगर ने कहा :

> इंसानों में ऐसी प्रतिभा किसी को नहीं दी गई है कि उनको हमेशा हर समय सभी के संबंध में सब कुछ जानकारी हो। लेकिन ऐसे इंसान जो कड़ी मेहनत करते हैं, जो ग़लत क़ीमत वाले दाँव की गहन तलाश में जुटे रहते हैं, वे कभी कभार ऐसा कोई दाँव तलाश लेते हैं।
>
> *और जब संसार उनको यह मौक़ा प्रदान करता है तो बुद्धिमान निवेशक उस पर भारी से भारी दाँव लगाते हैं। जब उनको संभावनाएँ दिखाई देती हैं तो वे बड़ा दाँव लगाते हैं। और बाक़ी समय, वे दाँव नहीं लगाते हैं।* यह बहुत सरल है।

लेकिन निवेशक किसी भी एक दाँव पर अधिकतम कहाँ तक दाँव लगाना है, इसका निर्धारण कैसे कर सकते हैं? केली मानदंड से हमें इसका उत्तर मिलता है।

केली मानदंड

जॉन एल. केली द्वारा तैयार किया गया और एड थोर्प की व्यावहारिक सफलता से लोकप्रिय हुआ केली मानदंड कुछ संभावनाओं और अदा की जाने वाली राशि के लिए अधिकतम दाँव यानी कितने शेयर लेने हैं, इसके निर्धारण के लिए इस्तेमाल किया जाता है। हालाँकि सूत्र को कई तरीक़ों से बताया जा सकता है। *हेज फ़ंड मार्केट विजाड्र्स* किताब में थोर्प के इंटरव्यू में केली मानदंड के लिए यह सूत्र दिया गया है :

$$F = P_w - (P_L/[\$W/\$L]),$$

इसमें,

F = किसी सौदे में दाँव लगाने के लिए केली मानदंड के अनुसार पूँजी का अंश है,

P_w = जीतने की संभावना,

P_L = हारने की संभावना,

$\$W$ = जीतने पर मिलने वाली रक़म और

$\$L$ = हारे पर नुक़सान की रक़म है।

यदि कोई व्यक्ति किसी दाँव की संभावनाओं और भुगतान को बहुत सटीक तरीक़े से जानता है तो केली मानदंड के अनुसार दाँव का आकार तय करने से आगे चलकर नतीजे में अधिकतम पूँजी प्राप्त होने की संभावना है। हालाँकि, एक मुख्य कठिनाई यह है कि लोगों को विषम हालात की सटीक जानकारी नहीं मिलती है और केवल दुर्लभ विशेष परिस्थिति में ही उनको भुगतान की उचित तसवीर प्राप्त होती है। केली का उपयोग करते हुए एक और बाधा यह आती है कि लम्बी अवधि का रिटर्न केवल समय पर नहीं बल्कि अनेक घटनाओं पर निर्भर होता है। कभी-कभार दाँव लगाने वाले निवेशक को केली के मानदंड के सूत्र का इस्तेमाल कर लम्बी अवधि का पूरा लाभ प्राप्त करने के लिए समुचित निवेश करने में परेशानी आती है।

केली मानदंड की एक और प्रमुख समस्या यह है कि लोग कभी-कभार होने वाली बहुत ज़्यादा असर डालने वाली घटनाओं जिन्हें तालेब के ब्लैक स्वान (अप्रत्याशित घटना) के नाम से भी जाना जाता है, की भूमिका को कम करके आँकते हैं। केली मानदंड को लागू करते हुए निवेशक नकारात्मक अप्रत्याशित घटनाओं की संभावना और उनके प्रतिकूल प्रभाव पर हो सकता है कि पर्याप्त ध्यान ना देते हों। भावनाओं में दाँव पर लगाया जाने वाले पूँजी के अंश का अधिक अनुमान लगाने की प्रवृत्ति हो सकती है। और इस तरह लगातार अधिक आकलन बर्बादी की ओर ले जाता है। अधिकतम दाँव से ज़्यादा कुछ भी होने पर देर-सबेर पूर्ण हानि की ओर ले जाएगा।

वास्तविक निवेश में व्यावहारिक रूप से केली मानदंड को लागू करने की कठिनाइयों और बाधाओं के बावजूद इसके पीछे जो तर्क हैं, वे यह विचार करने की दृष्टि से महत्त्वपूर्ण

हैं कि किसी विशेष परिस्थिति में निवेश करना है या नहीं, और यदि करना है तो उसमें पूँजी का कितना अनुपात लगाना है।

मैं अपने निवेश में किसी कारोबार के शेयरों में उसमें संभावित जोख़िम के मूल्यांकन के अनुसार पूँजी लगाता हूँ। सबसे ज़्यादा पूँजी ऐसे शेयर में लगाता हूँ जिसमें पूँजी के स्थायी नुक़सान की सबसे कम और औसत से ज़्यादा रिटर्न की अत्यधिक संभावना होती है। मैं किसी भी नए कारोबार में शुरुआत में अपने पोर्टफ़ोलियो का पाँच प्रतिशत ही निवेश करता हूँ। बाद में उसके प्रबंधन के उम्मीद से बढ़कर काम करने पर उस कारोबार में निवेश को बढ़ाता हूँ। किसी एक कारोबार में निवेश कितना तक होना चाहिए, यह ना केवल पूरे निवेश पर असर की दृष्टि से महत्त्वपूर्ण है बल्कि मानसिक शान्ति के लिए भी ज़रूरी है। यदि किसी भी एक कारोबार में निवेश मेरे कुल निवेश मूल्य में इतना ज़्यादा हो जाता है कि मुझे असहज करने लगता है तो ऐसे सुकून छीनने वाले कारोबार को मैं बेच देता हूँ। हमेशा लम्बे समय तक चलने वाले, मजबूत वृद्धि की संभावनाओं वाले और अनुशासित ढंग से पूँजी का प्रबंधन वाले कारोबारों को पोर्टफ़ोलियो में ज़्यादा महत्त्व दें। जैसा कि मे वेस्ट ने कहा है, ''काफ़ी संख्या में अच्छी चीज़ें बहुत शानदार हो सकती हैं।''

निवेशक के रूप में हमारा ध्यान लगातार अपने पोर्टफ़ोलियो के आंतरिक मूल्य को बढ़ाने पर होना चाहिए। बाज़ार को अपने समय के अनुसार लाभ देने देना चाहिए। यदि हम धैर्यवान हैं, तो अंततः हमें इसका लाभ मिलेगा। वित्तीय बाज़ार अंततः औसत दर्जे और ठहरे हुए व्यवसायों से धन को छीनकर बढ़ते हुए, लाभप्रद व्यवसायों की ओर ले जाते हैं। धन कभी सोता नहीं है। हरेक संकट एक अवसर लेकर आता है। हमारे पास दुनिया को देखने और अपने निवेश के बारे में गहराई से सोचने का एक बेहतर तरीक़ा है। यह ग्लास को आधा भरा हुआ देखने का नज़रिया है और यह मिलता है, इस बुनियादी समझ से कि पूँजीवाद कैसे काम करता है। बाज़ार के एक क्षेत्र में प्रत्येक हलचल दूसरे क्षेत्र में उछाल की बुनियाद तैयार कर देता है। हरेक कम्पनी की बढ़ती लागत दूसरी कम्पनी के लिए बढ़ता हुआ राजस्व होता है। हर कम्पनी का घटता राजस्व किसी अन्य कम्पनी की घटती लागत होती है। सबसे अच्छा यह है कि शेयर बाज़ार आमतौर पर इन हालात का लाभ लेने वाले कारोबारों की बहुत अच्छी तरह से पहचान कर लेता है और इन कारोबारों के शेयरों को 52 हफ्ते या एक साल के उच्चतम स्तर तक पहुँचा देता है। धन में ऐसे स्थानों को लेकर एक आध्यात्मिक क़िस्म का आकर्षण होता जहाँ उसका हरसंभव सर्वश्रेष्ठ उपयोग होता है। यह पूँजीवाद की सुधार करने वाली शक्तिशाली ताक़तों में से एक है। इसका लाभ लें।

हमें कम से कम समय में अधिकतम संभावित रिटर्न का लक्ष्य नहीं रखना चाहिए बल्कि बहुत ही कम संभावित जोख़िम के साथ लम्बी अवधि तक औसत से अधिक रिटर्न की तलाश करना चाहिए। जोख़िम प्रबंधन को निवेश प्रक्रिया में उच्च प्राथमिकता दी जानी चाहिए, और कुल रिटर्न से जोख़िम समायोजित रिटर्न प्रदर्शन का कहीं बेहतर संकेतक हैं। विशेष रूप से तेज़ी वाले बाज़ारों के दौरान यह देखा जाता है, जब आक्रामक जोख़िम लेने को अक्सर बुद्धिमत्ता समझ लिया जाता है। फ़ंड मैनेजर या निवेश सलाहकार फ़र्म जो प्रक्रिया अपनाते हैं, और अपने ग्राहक के निवेश पर इस प्रकार के उच्च रिटर्न प्राप्त करने

के लिए जितना जोख़िम लेते हैं, वह अहम है। वह प्रक्रिया ही लम्बी अवधि की स्थिरता की कुंजी है। कहीं एकाध इक्का–दुक्का मामलों में बहुत अधिक रिटर्न प्रदर्शन के आकलन में बहुत कम महत्त्व रखता है।

तेज़ी के बाज़ार में कई ग़लतियाँ छिप जाती हैं। जैसा कि हम्फ्री नील ने कहा है, ''तेज़ी के बाज़ार से चतुराई को लेकर भ्रमित ना हों।'' (उदाहरण के लिए, 2017 जैसे तेज़ी के बाज़ार के दौरान अगर मैंने लासा सुपरजेनेरिक्स ऐंड व्हाइट ऑर्गेनिक जैसे कारोबारों के ग़लत चुनाव से धन कमाया तो क्या इसका मतलब यह है कि मैं चतुर था? नहीं, किसी शेयर में पैसा कमाना सही होना नहीं है।) तेज़ी का बाजार निवेशकों में कई बुरी आदतें पैदा करता है। उसके बाद आने वाले मंदी के दौर में कठिन सबक़ सीखने को मिलते हैं। उदाहरण के लिए, अच्छे प्रबंधन का होना तेज़ी के बाज़ार में महत्त्व खो देता है लेकिन मंदी के दौर में इसका महत्त्व कई गुना बढ़ जाता है जब गुणवत्ता की तलाश का संघर्ष करना पड़ता है। जब किसी सेक्टर या स्टॉक की बहुत माँग होती है तो बहुत थोड़े निवेशक ईमानदार प्रबंधन की क़द्र करते हैं। बाज़ार में गिरावट पर इन निवेशकों को इसकी क़ीमत भी चुकानी पड़ती है। मंदी का बाज़ार आम तौर पर ढेर सारी धोखाधड़ी और घोटालों के साथ समाप्त होता है (जिनके बारे में कभी–कभी पता चलता है कि कुछ पुराने बड़े जाने–माने नाम इनके पीछे थे)।

तेज़ी के बाजार में, कोई भी क़ीमत बहुत अधिक नहीं होती, और ऐसा लगता है कि निवेशकों को अधिक क़ीमतों पर शेयर ख़रीदने में मज़ा आता है। लेकिन अनिश्चित बाज़ार में वे रिटर्न के अनुपात, नक़दी प्रवाह, बैलेंस शीट की गुणवत्ता, प्रबंधन की ईमानदारी और व्यवसाय मॉडल को लेकर चिंता करते हैं। मंदी के दौरान बहुत कम निवेश ही बाज़ार से बेहतर प्रदर्शन के पैमाने पर खरे उतरते हैं जबकि तेज़ी के बाज़ार में सभी स्टॉक स्थिरता दिखाते हैं। तेज़ी के दौर में जब काफ़ी मुनाफ़ा जमा होता है तो यह मान लेना आसान होता है कि हमारी विश्लेषण की क्षमता बहुत ग़ज़ब की हो गई है। हालाँकि बुद्धिमान निवेशक अहंकार के ख़तरे को जानता है और शालीनता से इस मुनाफ़े को अर्जित करने का अधिकांश श्रेय तेज़ी के बाज़ार को देता है। मुझे विनम्रतापूर्वक यह स्वीकार करने में कोई हिचक नहीं है कि 2014 से 2017 तक भारत के शेयर बाज़ारों के मजबूत प्रदर्शन से मेरे व्यक्तिगत पोर्टफ़ोलियो को काफ़ी फ़ायदा हुआ।

यदि हम लम्बी अवधि में औसत से अधिक रिटर्न अर्जित करना जारी रखते हैं और मंदी के दौर में पूँजी के स्थायी नुक़सान से बच जाते हैं तो लम्बी अवधि में निवेश में कई गुना वृद्धि यानी चक्रवृद्धि का जादुई नतीजा ज़रूर हमें देखने को मिलेगा।

एक ठोस प्रक्रिया विकसित करें और अपने सिद्धातों के प्रति वफ़ादार रहें

निवेश सहित संभावनाओं वाले किसी भी क्षेत्र में सर्वोत्तम दीर्घकालिक प्रदर्शन करने वाले हमेशा परिणाम से अधिक प्रक्रिया पर ज़ोर देते हैं। निवेश प्रक्रिया ऐसे दिशानिर्देश हैं जो

निवेशकों के व्यवहार को इस तरह से नियंत्रित करते हैं जिससे वे अपने सिद्धांतों के प्रति वफ़ादार बने रहें। बौद्धिक रूप से सुदृढ़ और सुपरिभाषित निवेश प्रक्रिया निवेशकों को अटल बने रहने में मदद करती है, जब प्रदर्शन ख़राब होता है या जब उन्हें खुद पर संदेह होने लगता है। इस तरह से यह प्रक्रिया बाज़ार के सभी चक्रों में बहुत स्थिरता के साथ विवेकपूर्ण निर्णय लेने की प्रक्रिया में सुधार लाती है।

ठोस प्रक्रिया अपनाकर मिलने वाले अनुकूल परिणाम ही सही मायने में सफलता को बताते हैं। वहीं एक ख़राब प्रक्रिया को अपनाने पर विपरीत नतीजा मिलता है तो सही मायने में इंसाफ़ होता है। कम अवधि में सबसे बड़ा सहारा क़िस्मत का होता है। लेकिन उच्च रिटर्न बनाए रखने के लिए क़िस्मत से अधिक की आवश्यकता होती है। और लम्बी अवधि में हुनर ज़्यादा प्रमुख पहलू बन जाता है। माइकल मौबौसिन के अनुसार,

> मुख्य बात है जिसे हुनर का विरोधाभास कहा जाता है। जैसे-जैसे लोग किसी गतिविधि में बेहतर होते हैं सर्वोत्तम और औसत के बीच तथा सर्वोत्तम और बहुत ख़राब के बीच का अंतर बहुत संकरा होता जाता है। जैसे-जैसे लोग ज़्यादा हुनरमंद होते जाते हैं, क़िस्मत की भूमिका और महत्त्वपूर्ण हो जाती है। बिलकुल यही निवेश की दुनिया में होता है।
>
> भाग्य के इतना महत्त्वपूर्ण होने का कारण यह नहीं है कि निवेश का हुनर प्रासंगिक नहीं है। इसका कारण है कौशल बहुत उच्च और सुसंगत है। यानी कि लम्बी अवधि में कौशल के नतीजे बहुत शानदार होने की बेहतर संभावना होती है।
>
> कम अवधि में आपको अच्छी या बुरी क़िस्मत का अनुभव हो सकता है (और यह कौशल पर भारी पड़ सकता है), लेकिन लम्बी अवधि में क़िस्मत का असर सीमित रह जाता है और हुनर नतीजे तय करता है।

निवेश उद्योग कम अवधि में परिणामों को लेकर जुनूनी है जिस पर किसी का सीधा नियंत्रण नहीं है। जिस तरह से बुरी प्रक्रिया कभी-कभी बेहतर परिणाम (पूरी तरह से भाग्यवश) दे सकती है, उसी तरह से ठोस प्रक्रिया कभी-कभी बुरे नतीजे (ख़राब क़िस्मत) दे सकती है। ख़राब प्रदर्शन के दौर में हमेशा निवेश के तौर-तरीक़ों को बदलने का दबाव पैदा होता है। हालाँकि निवेश का सिद्धांत समय के साथ धीरे-धीरे स्वरूप लेता है। हम रिटर्न को जितना नियंत्रित कर सकते हैं उससे ज़्यादा बाज़ार की हलचल को नियंत्रित नहीं कर सकते। हालाँकि हम एक ठोस प्रक्रिया का पालन करके और अपने निवेश सिद्धांतों पर अटल रहकर काफ़ी बौद्धिक संतुष्टि प्राप्त कर सकते हैं। पैसा कमाने के लिए हमें भाग्य की ज़रूरत होती है। दौलत बनाने के लिए निरंतरता की ज़रूरत होती है। कितनी भी ठोस निवेश रणनीति हो, उसमें भी बीच-बीच में ख़राब प्रदर्शन के दौर आएँगे। इसका समाधान रणनीति बदलते रहना नहीं है बल्कि उस पर क़ायम रहना है। यह समझना होगा कि लम्बी अवधि में शानदार प्रदर्शन की क़ीमत अनुशासित रहकर चुकानी होती है। कई गुना बढ़ोतरी की चक्रवृद्धि पूरे जीवन भर की यात्रा है। किसी व्यक्ति की अपनी निवेश प्रक्रिया के प्रति अधीरता घातक निर्णय की ओर ले जा सकती है और उसकी इस निवेश यात्रा को अचानक ही ख़त्म कर

सकती है। अपने मार्ग पर बने रहें और अपने व्यक्तिगत निवेश दर्शन के और व्यक्तिगत प्रक्रिया के प्रति वफ़ादार रहें। फ़ोकस सफलता की कुंजी है। सफल निवेशक अपने मुक़ाम को पहचानते हैं और उनसे जुड़े रहते हैं। जैसे-जैसे वे सीखते हैं और उसके अनुसार ढलते हैं, वे धीरे-धीरे और विकसित होते जाते हैं। जैसा कि मंगर कहते हैं, ''बुद्धिमान से किया गया निवेश ही मूल्यवान निवेश है।'' और मूल्यवान निवेशक स्टॉक की क़ीमतों में बेतरतीब उतार-चढ़ाव को जोख़िम नहीं मानते हैं। ना ही वे बड़े रिटर्न के लिए बड़ा जोख़िम लेने को सही मानते हैं। इसके बजाय, वे हमेशा बुद्धिमान भरे प्रयास और रिटर्न के बीच सकारात्मक संबंध की सोच रखते हैं। जैसा कि *इंटेलीजेंट इन्वेस्टर* में ग्राहम कहते हैं,

> यह एक पुराना और ठोस सिद्धांत रहा है कि जो लोग निवेश में जोख़िम उठाने की क्षमता नहीं रखते, उनको अपेक्षाकृत कम रिटर्न से संतुष्ट रहना चाहिए। इससे यह आम धारणा बन गई है कि निवेशक को कमोबेश उतने ही रिटर्न का लक्ष्य रखना चाहिए जिस अनुपात में वह जोख़िम लेने को तैयार है। हमारा नजरिया अलग है। *रिटर्न की दर इस पर निर्भर होना चाहिए कि निवेशक अपने निवेश के पीछे कितने बौद्धिक प्रयास करने का इच्छुक है।*

अध्याय 25

पहले पूरा करने के लिए आपको इसे पूर्ण करना होगा

यदि हम किसी संभावित परिणाम को बर्दाश्त नहीं कर सकते, भले ही वे बहुत आगे आने वाले हों, तो हमें उसकी शुरुआत करने से ही बचना चाहिए।

– वॉरेन बफ़ेट

किसी ख़राब स्थिति का अंजाम उसके पूर्वानुमान से कहीं ज़्यादा होता है। यदि बुरा परिदृश्य स्वीकार नहीं हो तब यह विशेष रूप से सच होता है। तब भी उसको बयान करने के लिए किसी शब्दावली किसी तरह की छूट नहीं देती। कोई भी नहीं।

– नासिम निकोलस तालेब

मैं बस इतना जानना चाहता हूँ कि कहाँ पर मुझे नुक़सान होने वाला है। तो मैं वहाँ कभी नहीं जाऊँगा।

–चार्ली मंगर

पुराने निवेशक भी होते हैं, और साहसी निवेशक भी होते हैं, लेकिन कोई पुराने साहसी निवेशक नहीं होते हैं।

–हावर्ड मार्क्स

वॉरेन बफ़ेट ने 2010 में शेयरधारकों को लिखे पत्र के ''लाइफ़ ऐंड डेट'' खंड में तरलता के महत्त्व और उधार के ख़तरे के बारे में लिखा है :

> ऑटो रेसिंग का मूल सिद्धांत यही है कि पहले पूरा करने के लिए आपको पूरा करना होगा। वह कहावत समान रूप से व्यवसाय पर लागू होती है और बर्कशायर में हमारे हर कार्य का मार्गदर्शन करती है।
>
> निस्संदेह, कुछ लोग उधार लिए गए धन से बहुत अमीर हो गए हैं। हालाँकि यह बहुत ग़रीब होने का भी एक तरीक़ा रहा है। जब क़र्ज़ कारगर रहता है तो यह आपके लाभ को बढ़ाता है। आपका जीवनसाथी सोचता है कि आप चतुर हैं, और आपके पड़ोसी ईर्ष्यालु हो जाते हैं। लेकिन यह आदी भी बनाता है। एक बार इसके चमत्कारों का फ़ायदा होने के बाद बहुत कम लोग अधिक रूढ़िवादी प्रथाओं की ओर लौटते हैं। और जैसा कि हम सभी ने तीसरी कक्षा में सीखा–और कुछ ने 2008 में दोबारा सीखा– *कोई भी सकारात्मक संख्या चाहे वह कितनी भी प्रभावशाली क्यों ना हो, एक शून्य से गुणा करते ही उड़नछू हो जाती है। इतिहास हमें बताता है कि उधार अक्सर शून्य उत्पन्न करता है, भले ही वह कितने ही चतुर लोगों के द्वारा लिया और प्रयुक्त किया गया हो।*
>
> निस्संदेह, उधार कारोबारों के लिए भी घातक हो सकता है। *बड़े क़र्ज़ वाली कंपनियाँ अक्सर यह मान लेती हैं कि देनदारी का समय आने पर उनको चुकाने के लिए दोबारा क़र्ज़ लिया जा सकता है।* वह धारणा आमतौर पर स्वीकार की जाती है। हालाँकि, कभी–कभी, या तो कम्पनी–विशिष्ट समस्याओं या विश्वव्यापी ऋण की कमी के कारण परिपक्वताओं का वास्तव में पूरा भुगतान किया जाना चाहिए। उसके लिए तो नक़दी ही चाहिए।
>
> तब उधारकर्ता यह सीख लेते हैं कि *क़र्ज़ ऑक्सीजन की तरह है। दोनों ही जब काफ़ी मात्रा में होते हैं तो उनकी उपस्थिति पर किसी का ध्यान नहीं जाता। लेकिन जब दोनों अनुपस्थित होते हैं तो उनकी कमी तुरंत ही महसूस की जाती है। यहाँ तक कि क़र्ज़ की थोड़ी भी अनुपस्थिति किसी कम्पनी को घुटनों पर ला सकती है...*
>
> ...इसके अलावा, हमारी अर्थव्यवस्था में कभी–कभी वित्तीय अराजकता के विस्फोटों के दौरान हम आर्थिक और भावनात्मक, दोनों रूप से आक्रामक रुख़ अपना सकेंगे जबकि अन्य अपने अस्तित्व की रक्षा के लिए संघर्ष कर रहे होंगे। इसी वजह से हम 2008 में लेहमैन के दिवालिया होने के बाद मची दहशत के दौरान 25 दिनों में 15.6 अरब डॉलर का निवेश कर पाए।

नक़दी अवसर आने पर ख़रीदी करने का विकल्प देती है। पर्याप्त तरल नक़दी होना निवेशकों को सही अवसर आने पर मोलभाव करने का मूल्यवान विकल्प देता है और उन्हें मजबूत बनाता है। नक़दी बहुत कम सराहना प्राप्त परिसंपत्ति है। यह एकमात्र मूल्य–स्थिर संपत्तियाँ मे से है जो साथ ही अत्यधिक मूल्य–लोचदार है : अन्य परिसंपत्तियों की क़ीमतें गिरने

पर नक़दी का मूल्य बढ़ जाता है। संपत्तियों की क़ीमतें जितनी गिरेंगी, नक़दी उतनी ही मूल्यवान होगी।

इसके विपरीत यदि आप कम ख़रीदारों वाले बाज़ार में परिसंपत्तियों की बिक्री करने को मजबूर होते हैं तो आपको अपने ख़रीदी मूल्य पर बड़ा नुक़सान उठाना पड़ सकता है। यह विशेष रूप से उन शेयरों जिनमें नक़दी की कमी होती है, विलासिता सामग्रियों और कला, शराब, इत्यादि अन्य परिसंपत्तियों के लिए विशेष रूप से सच है।

इसे आप अपने साथ होने से कैसे रोक सकते हैं? पर्याप्त तरलता (नक़द जमा) रखें ताकि आपको बाज़ार में उथल-पुथल और तेज़ गिरावट के समय के दौरान संपत्ति बेचने के लिए मजबूर ना होना पड़े। दो साल के जीवन-यापन के लिए ज़रूरी ख़र्च के बराबर आपातकालीन जमा राशि रखें और समय के साथ शेयरों की ख़रीदी में ज़्यादा धन लगाने पर इसे धीरे-धीरे पाँच साल तक बढ़ा दें। यदि आपको पैसे खर्च करने की ज़रूरत है और आप नहीं कर सकते, तो यही जोखिम है। एक निवेशक के लिए इससे बदतर और कुछ नहीं है कि आवश्यक ख़रीदारी के लिए नक़दी प्राप्त करने को उसे किसी संपत्ति को बेहद कम क़ीमत पर बेचना पड़ जाए। यही जो लोग अमीर हो जाते हैं और जो नहीं बन पाते, उनके बीच महत्त्वपूर्ण फ़र्क़ है। अमीर ऐसी परिसंपत्तियों में निवेश करते हैं जो उनके लिए समय-समय पर नक़दी पैदा करती रहती है।

वास्तव में जोख़िम का क्या अर्थ है, इसकी अधिक समग्र समझ प्राप्त करने के लिए, हमें जोख़िम की पारंपरिक परिभाषा (पैसा खोने की संभावना) में समय और भविष्य की अपेक्षित देनदारियों को शामिल करने की ज़रूरत है ।

> जोख़िम और समय एक ही सिक्के के दो पहलू हैं, क्योंकि यदि कल नहीं होता तो कोई जोख़िम भी नहीं होता। समय जोख़िम का रूप बदल देता है, और समय की अवधि से जोख़िम की प्रकृति तय होती है : भविष्य खेल का मैदान है।
>
> – पीटर बर्नस्टीन

जोख़िम की किसी भी परिभाषा में एक समय सीमा शामिल होनी चाहिए। अगर यह नहीं है तो यह परिभाषा अधूरी है। समय सीमा की अवधि जोख़िम के बारे में आप क्या धारणा रखते हैं और उसे कैसे महसूस करते हैं, उसको बदल देता है। आपके पास जितना अधिक समय होगा, आपके लिए जोख़िम उतना ही कम होगा। उदाहरण के लिए एसऐंडपी 500 आम तौर पर एक वर्ष में किसी भी दीर्घकालिक अमेरिकी ट्रेजरी बांड की तुलना में अधिक अस्थिर होता है। लेकिन इतिहास की किसी भी 30 साल की अवधि में एसऐंडपी 500 बहुत कम जोख़िम भरा है। सभी तीस साल की अवधि में जिसका हमारे पास डेटा है, एसऐंडपी 500 ने अमेरिका के दस-वर्षीय ट्रेजरी बांड से बेहतर प्रदर्शन किया है।

निक मैगीउली अपने ब्लॉग में जोख़िम लेने की अपनी क्षमता के संबंध में जानने के लिए एक समीकरण बताते हैं :

जोख़िम लेने की क्षमता = संपत्ति – देनदारियाँ + समय

> *...अधिक संपत्ति, भविष्य की कम देनदारियाँ और अधिक समय होना ये सभी आपकी जोख़िम लेने की क्षमता को बढ़ाते हैं।* आप अपने समय को नियंत्रित नहीं कर सकते; हालाँकि, समय नुक़सान की भरपाई करने का अवसर देता है, इसलिए जितना ज़्यादा हो बेहतर है।

इसी तरह से मॉर्गन हाउसेल लिखते हैं : ''जोख़िम के बारे में सोचते समय पूछे जाने वाला सबसे महत्त्वपूर्ण प्रश्न यह नहीं है कि आप कितनी अस्थिरता या कितनी बढ़त चाह रहे हैं, बल्कि यह है कि *आपकी भावनाओं और लक्ष्य को इस अस्थिरता के माहौल से उबरने के लिए कितने समय की ज़रूरत है।*

यदि आप स्टॉक ख़रीदने के लिए पैसे उधार लेते हैं, या यदि आप बिना कोई समय की सीमा वाले फ़ंड में धन लगाते हैं जिसमें रोज़ाना या साप्ताहिक रूप से धन प्राप्ति का विकल्प है या यदि आपका व्यक्तिगत स्वभाव दीर्घकालिक सोच के अनुकूल नहीं है तो फिर अस्थिरता आपके लिए जोख़िम के बराबर है।

केवल कोरी संभावनाओं पर नहीं, परिणामों पर ध्यान दें

> *जब भी कोई बहुत प्रतिभाशाली व्यक्ति जिसके पास बहुत सारा पैसा हो, टूट जाता है तो उसका कारण उधार है।*
>
> – वॉरेन बफ़ेट

महत्त्वपूर्ण निर्णय लेते समय, हमें उसके नतीजों की आवृत्ति और भयावहता, दोनों की ओर ध्यान देना चाहिए (क्योंकि हमारी प्रवृत्ति ऐसा ना करने की होती है, दुर्लभ और अविश्वसनीय घटनाओं की क़ीमत को अक्सर बहुत ग़लत आँका जाता है।) विवेकपूर्ण व्यक्ति जोख़िम प्रबंधन को ग़लत हो जाने पर संभावित परिणामों से निपटने की प्रक्रिया के रूप में परिभाषित करते हैं। 2007 में, बफ़ेट ने फ़्लोरिडा यूनिवर्सिटी में एमबीए छात्रों के साथ हेज फ़ंड दीर्घकालिक पूँजी प्रबंधन (एलटीसीएम) के पतन के संबंध में विचार साझा किए :

> *जो पैसा उनके पास नहीं था और जिसकी उन्हें ज़रूरत नहीं थी, उसे कमाने के लिए उन्होंने उस पैसे को जोख़िम में डाल दिया* जो उनके पास था और जिसकी उनको ज़रूरत थी। यह पूरी तरह से मूर्खता है। इससे कोई फ़र्क़ नहीं पड़ता कि आप कितने बुद्धिमान हैं। यदि आप गैर महत्त्व की किसी चीज़ के लिए किसी ऐसी चीज़ को जोख़िम में डालते हैं जो आपके लिए महत्त्वपूर्ण है तो इसका कोई अर्थ नहीं है। मुझे इससे कोई मतलब नहीं है कि सफलता की संभावना सौ में से एक है या एक हज़ार में एक। अगर मुझे हज़ार चैंबर वाली, या 10 लाख चैंबर वाली बंदूक दी जाए जिसमें केवल एक गोली है और कहा जाए, ''कनपटी पर रखकर इसे एक बार चलाने के लिए कितना पैसा लोगे?'' मैं बंदूक नहीं चलाऊँगा। *आप*

> *कितना भी पैसा बोलें। अधिक से अधिक कितनी भी रक़म हो और कम रक़म का तो सवाल ही नहीं है* (ठहाका)। इसलिए मुझे इस खेल में कोई दिलचस्पी नहीं है *और फिर भी लोग बिना सोचे-समझे आर्थिक मामलों में ऐसा ही करते हैं।*

जीवन, व्यवसाय और निवेश संभावनाओं के खेल हैं, और लगभग सभी संभावनाएँ 100 प्रतिशत से कम हैं। तो परिस्थितियाँ अनुकूल होने पर भी कभी-कभी आपका ग़लत होना और गँवाना तय है। जैसा कि पीटर बर्नस्टीन कहते हैं, ''आपको बस ग़लत होने और यह समझने के लिए तैयार रहना होगा कि आपका अहंकार सही साबित होने पर निर्भर ना रहे तो बेहतर होगा। ग़लत होना प्रक्रिया का हिस्सा है। बाज़ार में अपने आप को बनाए रखना ही धन कमाने का एकमात्र मार्ग है।''

संभावित गिरावट के प्रति हमेशा सचेत रहें। यदि किसी कार्य का परिणाम हमें स्वीकार्य नहीं है तो चाहे उसकी कितनी ही कम संभावना हो, हमें उस कार्य से बचना चाहिए। यदि दिवालियापन, मृत्यु, या छवि ख़राब होना संभावित नकारात्मक जोख़िमों में से एक है, तो वास्तव में सकारात्मक संभावनाओं का कोई मतलब नहीं रह जाता, क्योंकि वे पूरी तरह से अप्रासंगिक हो जाती हैं। जीवन में कुछ दाँवों से किसी भी बुद्धिमान व्यक्ति को बचना चाहिए, चाहे वे कितने भी विषम और भिन्न दिखाई देते हों। लम्बी अवधि तक अपने अस्तित्व को बनाकर रखने के लिए बदक़िस्मती की संभावनाओं की तैयारी के लिए अपने जीवन की योजना बनाना है। इसके लिए विविधता लाने पर रणनीतिक फ़ोकस, ग़लती करने की गुंजाइश और सब कुछ ठप करने देने वाली ग़लती ख़ासकर बड़े गैर बीमा योग्य जोख़िमों से बचने की ज़रूरत है। छोटे-छोटे निर्णयों पर अपनी सहज बुद्धि पर भरोसा करना ठीक है लेकिन अपने जीवन के बड़े फ़ैसलों में संभावित घातक ग़लतियों से बचने के लिए हमेशा सावधानी से सोचना चाहिए। यही कारण है कि बफ़ेट कहते हैं, ''हमें बाक़ी लोगों की तुलना में अधिक होशियार होने की ज़रूरत नहीं है, हमें बाक़ी लोगों से ज़्यादा अनुशासित रहना होगा।''

हमारी अच्छी सेहत के लिए रात में सुकून की नींद और अस्तित्व का सुनिश्चित होना कहीं अधिक महत्त्वपूर्ण है।

> *चार्ली और मैं नक़दी की कई गैर ज़रूरी सुरक्षा परतों के साथ काम करने में विश्वास करते हैं। हम ऐसे किसी भी दायित्व से बचते हैं जिसमें बड़ी मात्रा में हमारी नक़दी ख़र्च हो। इससे 99 साल तक हमारे रिटर्न में कमी आएगी लेकिन सौवें साल में भी हम अपना अस्तित्व बचाकर रख पाएँगे, जहाँ कई अन्य असफल हो जाते हैं और हमें सभी 100 सालों में अच्छी नींद आएगी।*
>
> – वॉरेन बफ़ेट

एक निवेशक के रूप में आप अपने जीवनकाल में समय-समय पर तय गिरावट और मंदी के दौर में अपना अस्तित्व बनाए रखने के लिए सर्वोत्तम तरीक़े से कैसे तैयार हो सकते हैं? यह सुनिश्चित करें कि आपका निवेश सर्वश्रेष्ठ व्यवसायों में हो, ना कि घटिया स्टॉक में जो

गिरावट में इस तरह से टूट जाते हैं कि फिर संभल नहीं पाते। बाज़ार में बड़ी गिरावट में गुणवत्तापूर्ण और घटिया, दोनों तरह के स्टॉक टूटते हैं। लेकिन अंततः गुणवत्तापूर्ण स्टॉक उबर कर फिर से बढ़ जाते हैं और घटिया स्टॉक कभी भी नहीं उबर पाते। अनेक लोग तेज़ी के बाज़ारों में काग़ज़ों पर बड़ी संपत्ति बनाते हैं लेकिन आख़िर में मंदी के बाज़ार में सब कुछ गँवा देते हैं। तेज़ी के बाज़ार के दौरान काग़ज़ों पर कमाए लाभ से कहीं ज़्यादा महत्त्वपूर्ण है कि मंदी के बाज़ार से उबरने के बाद आप कितनी पूँजी बचाकर रख पाए। इसे बनाए रखना कहीं अधिक महत्त्वपूर्ण है, तेज़ी के बाज़ार के दौरान आप कितना काग़ज़ी मुनाफ़ा कमाते हैं। और दीर्घकालिक संपत्ति बनाए रखने में व्यवसाय की गुणवत्ता सबसे अधिक मायने रखती है।

किसी सर्वोत्तम चीज़ के लिए हमेशा बाज़ार होता है, क्योंकि ऐसा लगता है कि जो लोग गुणवत्ता की सराहना करते हैं उनके पास हमेशा पैसा होता है। (यह जितना स्टॉक और बांड के लिए सच है उतना ही रियल एस्टेट और ऐतिहासिक वस्तुओं के लिए भी।) एक बार वित्तीय स्वतंत्रता प्राप्त कर लेने पर यह महत्त्वपूर्ण है कि अपने निवेश में उच्च गुणवत्ता वाले व्यवसायों की हिस्सेदारी को ज़्यादा बढ़ाया जाए। वित्तीय समृद्धि हासिल करने के बाद सुनिश्चित करें कि दोबारा शुरुआती स्थिति में पहुँच जाने से बचने के लिए सभी आवश्यक क़दम उठाएँ। सफलता प्राप्ति से पहले असफल हो जाने की तुलना में सफलता प्राप्त होने के बाद फिर सब कुछ खो देने का कहीं ज़्यादा भावनात्मक प्रभाव होता है। उत्कृष्ट व्यवसायों के मालिकों को रात में बेहतर नींद आती है। दौलत कमाने और उससे भी महत्त्वपूर्ण मेहनत से कमाई गई दौलत को बरकरार रखने में कारोबार की गुणवत्ता और प्रबंधन की ईमानदारी बहुत अधिक मायने रखती है। यही कारण है कि मुट्ठी भर उच्च गुणवत्ता के बदलाव लाने वाले लगातार बढ़ते कारोबारों को अपने जैसे कारोबारों के सीमित होने का लाभ मिलता है, जो उचित ही है। इस तरह से यह कारोबार लम्बे समय तक ऊँची क़ीमतों पर बने रहते हैं।

मैं निचली कतार के शेयरों को अपने पोर्टफ़ोलियो के 20 प्रतिशत से कम तक सीमित रखता हूँ। मैं एक दशक से अधिक समय से बाज़ारों में हूँ और कई उभरते सितारों को मैंने बिना किसी निशान के ग़ायब होते देखा है। आजमाए-परखे हुए अग्रणी शेयरों का रिटर्न हो सकता है, शानदार नहीं हो लेकिन लम्बी समय अवधि में ज़्यादा स्थिर और विश्वसनीय होते हैं। जीवन में निवेश में सफलता शानदार या जटिल निर्णय करना नहीं बल्कि मूर्खतापूर्ण हरकतें करने से बचना है।

> लोग होशियार बनने की कोशिश कर रहे हैं – मैं बस इतना ही करने की कोशिश कर रहा हूँ कि कुछ मूर्खतापूर्ण ना कर बैठूँ। लेकिन यह अधिकांश लोगों की सोच से कहीं अधिक कठिन है।
>
> – चार्ली मंगर

आपको केवल एक बार अमीर बनना है

> *बड़ी मात्रा में उधार लेना, स्टीयरिंग व्हील पर दिल की ओर खंजर की नोक रखकर कार चलाने जैसा है। यदि आप ऐसा करते हैं तो आप बहुत अच्छे ड्राइवर बनेंगे। दुर्घटनाएँ कम होंगी लेकिन जब होंगी तो बहुत भयानक होंगी।*
>
> – वॉरेन बफ़ेट

फ़्लोरिडा विश्वविद्यालय में बफ़ेट ने लम्बी अवधि के पूँजी प्रबंधन पर भाषण के दौरान बताया कि किस तरह से केवल ''दस्तावेज़ों'' में दर्ज इतिहास पर भरोसे के कारण नासमझी और ''अनदेखी'' में पूरी पूँजी को जोख़िम में डालने की चूक हो जाती है :

> यह चीज़ों पर अत्यधिक निर्भरता से उत्पन्न होता है... वे लोग मुझसे कहेंगे.. बहुत ही असामान्य घटना जिसे वित्तीय क्षेत्र में सिक्स सिग्मा इवेंट कहते हैं, वह भी हमें प्रभावित नहीं करेगी...लेकिन वे ग़लत हैं...इतिहास आपको भविष्य में होने वाली वित्तीय बातों की संभावनाएँ नहीं बताता है.. हममें से किसी के साथ कोई भी चीज़ अलग-अलग तरीक़े से घटित हो सकती है...हमें वास्तव में किसी चीज़ के बारे में कुछ भी नहीं पता है, वह महत्त्वपूर्ण है क्योंकि हमें किसी और चीज़ के बारे में बहुत कुछ पता है... हेनरी कॉफ़मैन एक बार कहा था... ''इन हालात में जो लोग बर्बाद हो रहे हैं, वे दो प्रकार के हैं : वे जो कुछ नहीं जानते थे और जो सब कुछ जानते थे।''

बर्कशायर की 2006 की वार्षिक बैठक में बफेट से जब बर्कशायर के अगले मुख्य निवेश अधिकारी के संबंध में सवाल किया गया तो उन्होंने कहा :

> मैंने वार्षिक रिपोर्ट में उल्लेख किया है कि मेरे बाद अगले निवेश प्रबंधक के लिए हम ऐसे व्यक्ति की तलाश कर रहे हैं जो केवल उन चीज़ों से नहीं सीखता जो हो चुकी हैं बल्कि उन चीज़ों की भी कल्पना कर सकता हो जो कभी घटित नहीं हुईं। बीमा और निवेश में यही हमारा काम है। बहुत से लोग बहुत होशियार होते हैं, *लेकिन उनका दिमाग़ उन चीज़ों के बारे में सोचने की क्षमता नहीं रखता जो पहले नहीं हुईं...*
>
> ...शून्य को किसी से भी गुणा करने पर शून्य ही मिलता है और अगर किसी साल में नतीजा शून्य रहा है तो फिर यह किसी साल में कितना भी अच्छा क्यों ना हो, मेरे लिए इसका कोई मतलब नहीं है। हम किसी ऐसे व्यक्ति की तलाश कर रहे हैं जो उन जोख़िमों को देख पाता हो जो घटित नहीं हुए हैं और उन जोख़िमों के प्रति सचेत रहे जो घटित हुए हैं। चार्ली और मैंने 100 में से 99 फ़ैसले बहुत अच्छे होने के बाद एक ग़लत फ़ैसले के कारण लोगों को बर्बाद होते हुए या बर्बादी के क़रीब देखा है।

रोज़ाना लिए जाने वाले निर्णय तीन श्रेणियों में से एक में आते हैं :

1. **जिनके परिणाम ज्ञात हैं।** इस मामले में परिणामों का दायरा और व्यक्तिगत रूप से परिणाम ज्ञात है। ये निर्णय लेने का सबसे आसान तरीक़ा है।
2. **परिणाम अज्ञात हैं, लेकिन संभावनाएँ ज्ञात हैं।** इस मामले में परिणामों की सीमा ज्ञात है लेकिन व्यक्तिगत परिणाम अज्ञात है। यह जोख़िम है। इसे इसी तरह से मानें जैसे कि वेगास में जुआ खेल रहे हैं जहाँ सभी परिणाम उसी तरह से ज्ञात हैं, जैसे प्रत्येक संभावनाएँ।
3. **परिणाम और संभावनाएँ दोनों अज्ञात हैं।** इस मामले में किसके लिए क्या परिणाम होंगे, उनका वितरण अज्ञात है और इसी तरह से व्यक्तिगत परिणाम भी अज्ञात है। यह अनिश्चितता है। कोई बड़ी अप्रत्याशित घटना इसी के तहत आती है जिसके परिणाम बहुत व्यापक होते हैं।

हम अपने भीतर जड़ें जमाए हुए इस विश्वास के अनुसार ही व्यवहार करते हैं कि हम दूसरे विकल्प के तहत निर्णय ले रहे हैं। हम दूसरे विकल्प के अनुसार की दुनिया के लिए अपने को तैयार किए हुए हैं – ऐसी दुनिया जिसके परिणाम ज्ञात हैं और संभावनाओं का अनुमान लगाया जा सकता है। तब भी हम ऐसी दुनिया में रहते हैं जो तीसरे विकल्प से बिलकुल मिलती-जुलती है।

चरमपंथ की दुनिया में आपका स्वागत है

चरम घटनाओं में बर्बादी होती है। ये भी सच है कि प्रतिभूतियों की क़ीमतों में अत्यधिक बदलाव बहुत अधिक हो सकते हैं जिनका आम तौर पर सामान्य सांख्यिकी के आधार पर अनुमान नहीं लगाया जा सकता।

– एडवर्ड थोर्प

वास्तव में शैतान का वास अवशेषों में ही होता है, जैसा कि हम सभी ने अपने दुखों में जाना है।

– हावर्ड मार्क्स

नसीम निकोलस तालेब के अनुसार दुनिया को दो तरह से विभाजित किया जा सकता है- सुरक्षित और सहज दिखाई देने वाली दुनिया तथा असुरक्षित और असंभव प्रतीत होने वाली दुनिया। सुरक्षित और सहज दिखाई देने वाली दुनिया में कुछ भी बहुत अधिक विस्तार वाला नहीं है, सभी की सीमा है, समय, जैविक भिन्नता की सीमाएँ और घंटों के हिसाब से प्रतिपूर्ति की सीमा। ऐसी बाधाओं और हमारे ज्ञान की सीमाओं के कारण, इस दुनिया में प्राप्ति की भिन्नता इस तरह की है जिसके बारे में कहा नहीं जा सकता। इसे गॉसियन

संभाव्यता मॉडल (यानी, बेल कर्व या मिलती-जुलती पद्धति के अन्य वितरण) द्वारा उपयोगी रूप से समझाया जा सकता है।

चरम दुनिया में दूसरी दुनिया के मुक़ाबले वितरण की भिन्नता में सीमाएँ बहुत कम हैं। यह अपार फैलाव वाली और शक्ति क़ानूनों की दुनिया है। यहाँ घटनाओं को जन्म देने वाले कारक अक्सर बहुत बड़े या छोटे चरम मूल्य उत्पन्न करते हैं। वे चरम मूल्य नमूना वितरण में दिए जाने वाले मूल्यों के योग और ऐसे वितरणों के माध्यमिक मूल्य को प्रभावित करते हैं। चरम मूल्यों के घटित होने की संभावना गॉसियन मॉडल से काफ़ी भिन्न है। वास्तव में, चरम दुनिया में कई प्रदत्त मूल्य किसी भी ज्ञात मॉडल में उपयुक्त नहीं हैं। उदाहरण के तौर पर प्रति लेखक पुस्तकों की बिक्री के वितरण से लेकर व्यक्तियों और कारोबारों में संपत्ति और आय का वितरण।

सेबस्टियन मल्लाबी के अनुसार,

> 1960 के दशक की शुरुआत में, बेनोइट मैंडेलब्रॉट नामक एक मनमौजी गणितज्ञ ने तर्क दिया कि वितरण के ग्राफ़ की पूँछ सामान्य बेल वक्र की धारणा से कहीं ज़्यादा मोटी हो सकती है। और मैंडेलब्रॉट को जानने वाले कुशल-बाज़ार सिद्धांत के जनक यूजीन फामा ने स्टॉक-मूल्य परिवर्तन पर परीक्षण किए जिनमें मैंडेलब्रॉट के दावे की पुष्टि हुई। यदि क़ीमतों में परिवर्तन को सामान्य रूप से वितरित किया गया था तो दैनिक मूल्य डेटा में पाँच मानक विचलन से ज़्यादा की उछाल हर सात हज़ार साल में एक बार दिखाई देनी चाहिए थी। *इसके बजाय यह तो हर तीन से चार साल में सामने आ जाती हैं।*

बेनोइट मैंडेलब्रॉट पोलिश मूल के गणितज्ञ और बहुत विद्वान थे। उन्होंने गणित की एक नई शाखा विकसित की जिसे फ्रैक्टल ज्यामिति कहा जाता है जो अव्यवस्थित प्रतीत होने वाले क्रम में व्यवस्थित को, अनियोजित में नियोजित और अनियमितता में नियमित स्वरूप की पहचान करती है। मैंडेलब्रॉट ने पाया कि प्रकृति में पाए जाने वाले रैंडम पैटर्न में स्पष्ट अंतर्निहित शक्ति क़ानून कई वित्तीय उपकरणों में सकारात्मक और नकारात्मक मूल्य हलचल पर भी लागू होता है। शेयरों की क़ीमतों की घटत-बढ़त शक्ति क़ानून का पालन कर रही थी, ना कि सामान्य वितरण या गॉसियन क़ानून का।

रिचर्ड हडसन के साथ लिखी गई अपनी किताब द *(मिस) बिहेवियर ऑफ़ मार्केट्स* में, मैंडेलब्रॉट ने एकत्र होने की महत्त्वपूर्ण अवधारणा को शामिल किया है:

> *बाज़ार में उथल-पुथल एकत्र होती रहती है।* अनुभवी ट्रेडर के लिए यह कोई आश्चर्य की बात नहीं है ... वे यह भी जानते हैं कि वित्तीय जगत के दुर्लभ लेकिन बार-बार आने वाले इन संकटों के सबसे अराजक क्षणों में शेयर बाज़ार में क़िस्मत का तारा चमकता और डूबता है।
>
> ...*बड़े मूल्य परिवर्तन की अनेक अवधि एक साथ समूह बनाती हैं* जिनके बीच में लम्बी स्मृति और दृढ़ता की कहानी बताते हुए भिन्नता के अधिक शांत अंतराल होते हैं। यह और वृद्धि को दिखाता है.

> ...बड़े मूल्य परिवर्तनों के बाद और बड़े मूल्य परिवर्तन होते हैं जो सकारात्मक या नकारात्मक हो सकते हैं। छोटे परिवर्तनों के बाद और भी छोटे बदलावों का रुझान होता है। अस्थिरता का जमावड़ा होने लगता है।

एकत्रीकरण की अवधारणा पेरेटो सिद्धांत से मिलती–जुलती है। पेरेटो सिद्धांत कहता है कि, कई घटनाओं में 20 प्रतिशत कारण ही मिलकर 80 प्रतिशत प्रभावों को पैदा करते हैं। एकत्रीकरण की प्रक्रिया में निवेशकों के लिए महत्त्वपूर्ण निहितार्थ हैं। एक दायरे में चलते रहने की लम्बी अवधियों के बाद बाज़ार के रिटर्न ज़्यादातर समूहबद्ध होते जाते हैं। अस्थिरता ज़्यादातर निर्णायक बिन्दुओं पर बहुत अधिक होती है और जैसे ही नया रुझान स्थापित होता जाता है, यह ग़ायब हो जाती है। धैर्य अत्यंत महत्त्वपूर्ण है। बड़े पोर्टफ़ोलियो में एक निश्चित बिंदु से आगे चक्रवृद्धि शक्तिशाली हो जाती है। धन कमाने की ज़्यादा संभावनाओं के लिए लम्बे समय तक बाज़ार में बने रहना सुनिश्चित करना ज़रूरी है।

हमारे पोर्टफ़ोलियो में रिटर्न समूहबद्ध होते हैं। अधिकांश रिटर्न कुछ ही शेयरों से प्राप्त होता है। सही स्टॉक में पूँजी आवंटन बेहतर मुनाफ़े के लिए महत्त्वपूर्ण है।

किसी निवेश के संबंध में अध्ययन करते समय हमारे शोध प्रयास समूह में होते हैं। जानकारी और विश्लेषण का एक छोटा सा अंश किसी विचार पर काम को तय करता है।

मूल्यांकन समूहबद्ध होता है। हम ज़्यादातर समय अधिक मूल्यांकन या अवमूल्यन में बिताते हैं। बहुत कम ही हम अत्यधिक मूल्यांकन या कम मूल्यांकन के चरम के बारे में सोचते हैं और उचित मूल्य के संबंध में तो शायद ही कभी सोचते हैं। अच्छी ख़बरें एकत्रित होती रहती हैं और इसी तरह से बुरी ख़बर भी।

किसी भी तेज़ हलचल पर नज़र रखें, चाहे वह मार्ज़िन में हो, अंदरूनी स्वामित्व के बारे में हो, किसी शेयर में कारोबार बढ़ने पर हो, बैलेंस शीट में प्रगति पर चल रहे पूँजीगत कार्य का आँकड़ा हो, या कोई अन्य संबंधित क्षेत्र। इस तरह का एकत्रीकरण कई दिलचस्प आइडिया पैदा करता है। लम्बे समय की परेशानी से बाहर आ रही कंपनियों में प्रदर्शन में सुधार का एकत्रीकरण देखने को मिल सकता है। इसी तरह, लम्बे समय तक मजबूत रहने वाली कंपनियों के प्रदर्शन में गिरावट का एकत्रीकरण का अनुभव हो सकता है। सिक्योरिटी एनालिसिस के शुरुआती संस्करण के अग्रलेख में होरेसज़ आर्स पोएटिका का उद्धरण दिया गया था जो बाज़ार के चक्रों और तेज़ी तथा मंदी के बाज़ारों में अग्रणी और पिछड़ने वाले सेक्टर के सार को बहुत उपयुक्त तरीक़े से प्रस्तुत करता है : ''जो अभी गर्त में हैं, वे शिखर पर होंगे और जो अभी शिखर पर हैं, वे गर्त में चले जाएँगे।''

हर संभव, सोची जा सकने वाली और संभावित घटना के बारे में सोचने के बाद भी जो कुछ बचता है वास्तव में वही जोख़िम है। अप्रत्याशित और अन्य दुर्लभ घटनाओं को पूरी तरह से संभावनाओं के संबंध में अपनी सोच से बाहर रखने की मानव मन की प्रवृत्ति को लेकर ही तालेब ने अपनी किताब द *ब्लैक स्वान* में चेताया है। हमें केवल एक किसी सटीक अनुमान के शोर से बचने की ज़रूरत है। इसके बजाय अपने निवेश का व्यापक परीक्षण करने की ज़रूरत है जिसमें तमाम परिदृश्यों और नतीजों का आकलन किया जाए।

हम जब विनम्रतापूर्वक स्वीकार करते हैं कि अनुमान लगाना कठिन है, विशेषकर भविष्य के बारे में, तब हम एक ऐसी निवेश रणनीति बनाने के इच्छुक होंगे जो अनेक तरह के परिणामों के लिए मजबूत हो। पहले से सतर्क रहना यानी तैयार रहना है। हम जिस दुनिया में रहते हैं, वह बहुत जटिल है।

दूसरे शब्दों में, बहुत कुछ अज्ञात ऐसा है जो हमें ज्ञात नहीं है। दुनिया में कोई भी अकेला नहीं है। किसी भी कार्य का कोई न कोई परिणाम तय है। अराजकता सिद्धांत के अनुसार, गतिशील प्रणालियों में, किसी भी प्रक्रिया का परिणाम उसके शुरुआती बिंदु के प्रति संवेदनशील होता है – या, एक प्रसिद्ध कहावत है कि एमेज़ॉन में तितली के पंखों के फड़फड़ाने से टेक्सास में बवंडर आ सकता है। ऐसी दुनिया में, सुदूर अतीत की घटनाएँ वर्तमान में गूँजती रहती है। या, जैसा कि तालेब कहेंगे, हम मुख्य रूप से चरमपंथी दुनिया में रहते हैं, जिसमें प्रतिक्रियाओं का जाल आपस में जुड़ा हुआ है। सब कुछ एक-दूसरे पर परस्पर निर्भर है और इस प्रकार से अप्रत्याशित घटना के प्रति संवेदशनशील है। तालेब का ब्लैक स्वान सिद्धांत बहुत बड़े पैमाने और परिणाम वाली अप्रत्याशित घटनाओं और इतिहास में इसकी बड़ी भूमिका के संबंध में है। इस तरह की घटनाओं के कारण ही व्लादिमीर लेनिन ने कहा था : ''ऐसे कई दशक गुज़र जाते हैं जब कुछ नहीं होता; और कुछ सप्ताह ऐसे होते हैं जहाँ कि बहुत कुछ हो जाता है।''

आने वाले वर्ष में अप्रत्याशित घटनाओं के जोख़िमों की मेरी विस्तृत सूची इस प्रकार से है :

1.

2.

3.

यह सूची हमेशा ख़ाली रहेगी, क्योंकि आप अप्रत्याशित घटना की भविष्यवाणी नहीं कर सकते। अप्रत्याशित घटना ऐसी होती है जो सभी को चकित कर देती है। यह ऐसा जोख़िम है, जिसकी कोई कल्पना नहीं कर सकता, इसलिए इसका अनुमान नहीं लगाया जा सकता।

पूरी तरह से अनदेखी मानी जाने वाली इस तरह की घटनाएँ सामूहिक रूप से नियमित तौर पर होने वाली घटनाओं की तुलना में व्यापक भूमिका निभाती हैं। हम सब सामान्य तौर पर होने वाली घटनाओं के बारे में विचार करते है और समझ रखते हैं लेकिन वित्तीय इतिहास में जो कुछ भी महत्त्वपूर्ण है वह इन सामान्य घटनाओं से अलग घटित होता है। फिर भी कई समझदार लोग नहीं मानते कि इस प्रकार की दुर्लभ घटनाएँ कहीं से भी मुमकिन हैं। इसके अलावा जटिल गणितीय मॉडल जो कथित तौर पर बड़े संकट का प्रबंधन कर सकते हैं, जोख़िम नियंत्रण का भ्रम पैदा करते हैं। नतीजतन, ये लोग अपनी मान्यताओं पर अपना अति आत्मविश्वास व्यक्त करते हुए अपने पसंदीदा दाँव पर पूरी पूँजी लगा देते हैं और ढेर सारा उधार कर लेते हैं। केवल दर्ज़ इतिहास पर इस तरह से अंधविश्वास तबाही की ओर ले जाता है। असफलता अक्सर असफलता की कल्पना करने में विफलता से आती है।

> इतिहास हमें सिखाता है कि संकट के समाधान के बारे में अगर शान्ति पूर्ण समय में विचार नहीं किया जाए तो वह अक्सर समस्याओं का कारण बनता है... *जब यह अचानक सामने आता है तो गंभीर प्रणालीगत समस्याएँ पैदा कर सकता है।*
>
> – वॉरेन बफ़ेट

कभी भी अपनी पूरी पूँजी किसी एक स्टॉक या सेक्टर पर दाँव पर ना लगाएँ। भले ही आप विभिन्न उद्योगों के स्टॉक रखते हैं, तब भी सोच–समझकर उनमें भिन्नता रखें और यह सुनिश्चित करें कि वे किसी एक ही घटना या किसी एक कारक के व्यापक प्रभाव के प्रति संवेदनशील ना हों। जैसे उन सभी का परिचालन एक ही शहर या राज्य में हो या किसी एक जोख़िम के प्रति दोनों का संवेदनशील होना। सांख्यिकीय रूप से कोई भी निवेश अवसर आकर्षक प्रतीत हो सकता है, लेकिन सांख्यिकी एक समूह पर लागू होती है। सैंपल का आकार जितना बड़ा होगा, उससे मिलने वाले रुझान का सांख्यिकीय महत्त्व उतना ही अधिक होगा। अपना सारा पैसा ''लगभग'' निश्चित दाँव पर लगाने से, हम एक घातक वित्तीय ग़लती कर सकते हैं। हावर्ड मार्क्स ने एक जुआरी के बारे में एक कहानी साझा की जिसने एक ऐसी घुड़दौड़ में सब कुछ दाँव पर लगा दिया जिसमें केवल एक घोड़ा था। वह कैसे हार सकता है? ''ट्रैक के आधे रास्ते में घोड़ा बाड़ फाँद कर कूद गया और भाग गया। निश्चित ही हालात लोगों की उम्मीद से ज़्यादा बदतर हो सकते हैं। शायद 'सबसे बदतर स्थिति' का मतलब है 'सबसे बुरा जो हमने अतीत में देखा है' लेकिन इसका मतलब यह नहीं है कि भविष्य में और बुरा नहीं हो सकता।''

इस कहानी में निवेशकों के लिए एक मूल्यवान सबक़ है। एक ही निवेश में कभी सब कुछ दाँव पर ना लगाएँ, चाहे आप इसके नतीजे के बारे में कितने भी आश्वस्त क्यों ना हों। कभी पता नहीं होता कि कब कोई पागल घोड़ा आपकी क़िस्मत में आ जाए। जोख़िम अक्सर ऐसे स्रोतों से उत्पन्न होता है जिनकी आप कल्पना नहीं कर सकते। एक जगह सब कुछ लगाने के पागलपन से बचें। इसके बजाय, विवेकपूर्ण तरीक़े से विविधता लाएँ। जैसा बफ़ेट कहते हैं,

> यदि किसी एक लेनदेन में बड़ा जोख़िम है, तो एक–दूसरे से स्वतंत्र कई निवेश प्रतिबद्धताएँ करें जिससे संपूर्ण जोख़िम कम हो जाए। इस प्रकार से यदि आपको लगता है कि संभावनाओं के आकलन के आधार पर आपका लाभ आपके नुक़सान से काफ़ी ज़्यादा है और आप इसी तरह के कई परस्पर स्वतंत्र निवेश कर सकते हैं तो आप सचेत रूप से जोख़िम भरा निवेश कर सकते हैं जिसमें वास्तव में हानि या चोट की काफ़ी संभावना है। अधिकांश उद्यम पूँजीपति यही रणनीति अपनाते हैं। अगर आप इस राह पर चलने का फ़ैसला करते हैं तो आपको रौलेट व्हील वाले जुआघर का नज़रिया अपनाना चाहिए जो बहुत सारी हलचल देखना तो चाहेगा, क्योंकि इससे ढेरों संभावनाएँ भी आएँगी। लेकिन वह कोई एक बड़ा दाँव स्वीकार करने से इंकार कर देगा।

सबसे बड़े जोख़िम वे हैं जो ख़बरों में नहीं हैं। लोग उनके लिए तैयारी नहीं करते, क्योंकि वे ख़बरों में नहीं हैं। जोख़िम हमेशा मौजूद रहता है, लेकिन तेज़ी के बाज़ारों में हम इसको देखना नहीं चाहते। लोग भूल जाते हैं कि बाज़ार में जोख़िम कभी ख़त्म नहीं होता; ये तो केवल एक व्यक्ति से दूसरे व्यक्ति को चला जाता है या एक से दूसरा रूप ले लेता है। उथल-पुथल भरे दौर में इतिहास के इसी तरह के दौर के दौरान मानव व्यवहार का अध्ययन करना फ़ायदेमंद होता है।

> इतिहास अधिकतर अभूतपूर्व घटनाओं का अध्ययन है, लेकिन विडंबना है कि इसे भविष्य के मानचित्र के रूप में उपयोग किया जाता है। नए घटनाक्रम विकसित होते हैं, रुचि बदलती है, प्रतिमान बदलते हैं। तो हो सकता है कि अतीत में जो काम करता था वह आज या आने वाले कल में काम नहीं करे। *इतिहास में सबसे मूल्यवान है यह अध्ययन करना कि जब कुछ अभूतपूर्व घटा था तो लोगों ने कैसा व्यवहार किया। समय के साथ यह सबसे सुसंगत है।*
>
> – मॉर्गन हाउसेल

नवीनता के संबंध में पूर्वाग्रह सर्वव्यापी है। हम ताज़ा रुझानों को अनंत तक ले जाने के इच्छुक होते हैं, क्योंकि हम मान लेते हैं कि अब यही नया सामान्य है। तब तक जब तक कि इस बदलती हुई दुनिया में वह भी सामान्य नहीं रह जाता है। (चित्र 25.1ए और 25.1बी)।

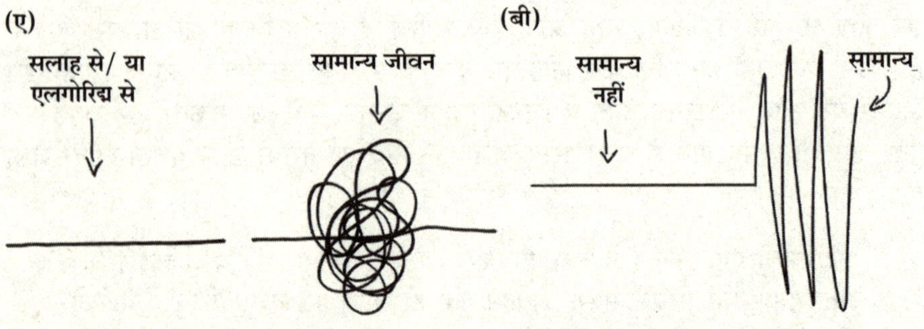

चित्र 25.1 (ए) अचानक अस्थिरता जीवन का मानदंड है, और (बी) वित्तीय बाजार।

Source: Behavior Gap.

यदि संख्यात्मक ट्रेडिंग रणनीति शुरुआती अवधि के लिए लगातार काम करती है तो यह व्यापक होती है। 1998 में मध्यस्थता का सामंजस्य हो रहा था। लम्बी अवधि पूँजी प्रबंधन (एलटीसीएम) ने यह मान लिया कि कुछ परिसंपत्तियों के संबंध में ऐतिहासिक पैटर्न हमेशा के लिए बने रहेंगे और एक पर 25 गुना तक उधार उठा लिया। जब थोड़े समय के लिए पैटर्न बदला तो एलटीसीएम का गुब्बारा फट गया।

2017 में एसऐंडपी 500 में एक बार भी 5 प्रतिशत की गिरावट नहीं हुई और अस्थिरता लगभग ना के बराबर थी। लेकिन जैसा कि अर्थशास्त्री हाइमन मिंस्की ने कहा है, वित्तीय बाज़ारों में, ''अक्सर स्थिरता, अस्थिरता पैदा करती है'' शांत वातावरण हमें पूर्ण आत्मसंतुष्टि की स्थिति में ले जाता है और हमें कुछ अप्रिय लगने वाले आश्चर्यों के लिए तैयार करता है।

5 फ़रवरी, 2018 को सीबीओई वीआईएक्स (अमेरिकी शेयर बाज़ार में इसे ''डर सूचकांक'' के नाम से भी जाना जाता है) द्वारा मापी गई अस्थिरता अचानक एक ही दिन में रिकॉर्ड 118 प्रतिशत से ज्यादा उछलकर लेहमैन ब्रदर्स संकट के बाद के सबसे उच्चतम स्तर पर पहुँच गई। इस घटना के साथ डाउ जोंस में लगभग 1,600 अंक की गिरावट आई जो उसके इतिहास की सबसे बड़ी गिरावट थी। इस घटना में सबसे उल्लेखनीय हादसा क्रेडिट सुइस के वेलोसिटीशेयर डेली इनवर्स वीआईएक्स के साथ हुआ जिसे संक्षेप में एक्सआईवी कहा जाता था। यह एक्सचेंज में कारोबार करने वाला अल्प अवधि नोट (ईटीएन) था।

क्रेडिट सुइस इसका प्रबंधन करता था, जिसकी हिस्सेदारी 32 प्रतिशत थी। बाज़ार की शान्त परिस्थितियों में अस्थिरता को चकमा देते हुए यह यह बढ़ता चला गया। बीते साल में इसकी लोकप्रियता बहुत बढ़ गई। बाज़ार में अस्थिरता भी ऐतिहासिक निम्न स्तर पर पहुँच गई। लेकिन अस्थिरता सूचकांक वीआईएक्स के एकाएक उछलने पर पर एक्सआईवी एक ही दिन में 92 प्रतिशत गिर गया। इसे 11 डॉलर से 144 डॉलर तक जाने में छह साल लगे और लगभग शून्य होने में केवल एक दिन। तिनका-तिनका जमा करने के छह साल और अस्थिरता के बुलडोज़र ने एक दिन में सब कुछ रौंद दिया। एक्सआईवी को विशेष रूप से ''पेशेवर निवेशकों'' को बेचा गया था और यह अपने संलग्न दस्तावेज़ के पेज 197 पर किए गए वादे पर पूरी तरह से ख़रा उतरा। इस वादे के अनुसार : ''आपके ईटीएन का दीर्घकालिक अपेक्षित मूल्य शून्य है। यदि आप अपने ईटीएन को दीर्घकालिक निवेश के रूप में रखते हैं, तो संभावना है कि आप अपना पूरा निवेश या उसका एक बड़ा हिस्सा खो देंगे।''

ऐसा माना जाता है कि इस तरीक़े की बिक्री की नकारात्मक प्रतिक्रिया के कुचक्र ने उस ख़ास दिन बाज़ार की उथल-पुल को और बदतर कर दिया। इस तरह की तबाही लाने वाली घटनाएँ बाज़ार में कभी भी हो सकती हैं और बिना किसी चेतावनी के दोबारा भी घटित होंगी। इस कारोबार में आपको अप्रत्याशित की उम्मीद करनी चाहिए, बहुत ज़्यादा चरम, अति होने को लेकर आशंका करें। इसे किसी सीमा में ना बाँधें कि बाज़ार में क्या हो सकता है। इस व्यवसाय में मुझे एक सबसे बड़ा अनुभव हुआ है कि अप्रत्याशित और असंभव प्रतीत होने वाला कुछ न कुछ घटित होता रहता है। इसलिए इतिहास पढ़ना और दहशत की बीती घटनाओं के दौरान मानव व्यवहार का अध्ययन निवेशक के लिए अहम है। पाँच फ़रवरी से नौ फ़रवरी, 2018 के सप्ताह की घटनाएँ बिलकुल वैसी ही थीं, जैसी जॉन ब्रूक्स की कालातीत किताब *बिज़नेस एडवेंचर्स* में ''मार्केट फ़्लक्चुअशन'' शीर्षक से अध्याय में वर्णित हैं। मार्क ट्वेन ने ठीक ही कहा है, ''इतिहास खुद को दोहराता नहीं है, लेकिन यह अक्सर तुकबंदी करता है।''

अजनबियों की कृपा पर कभी निर्भर नहीं रहें

2008 में शेयरधारकों को पत्र में बफ़ेट ने कहा, ''हम कभी भी आने वाले कल के दायित्वों को पूरा करने के लिए अजनबियों की कृपा पर भरोसा नहीं करना चाहते।'' कुछ व्यवसाय अपने अस्तित्व को बचाए रखने के लिए ''अजनबियों की कृपा'' पर निरंतर निर्भरता के कारण स्वाभाविक रूप से संवेदनशील हैं। उदाहरणों में इक्विटी पर बहुत कम रिटर्न वाला क़र्ज़ देने का कारोबार जिसका कच्चा माल धन है और जिसके लिए बार-बार पूँजी बाज़ार का दोहन करने की ज़रूरत होती है। साथ ही ऐसी अत्यधिक पूँजी-सघन कंपनियाँ जिनके पास मुक्त नक़द प्रवाह नकारात्मक है और जिनको निरंतर बाहर से वित्तीय सहायता की ज़रूरत होती है। पूँजी और विश्वास पर निर्भर उधार लेकर काम कर रही संस्थाएँ हमेशा अटकलों और स्वयं पूर्ण होने वाली भविष्यवाणियों ''सेल्फ़ फुलफ़िलिंग प्रोफेसीज़'' के प्रति संवेदनशील होती हैं। (1948 में प्रसिद्ध समाजशास्त्री रॉबर्ट के. मेर्टन ने ''सेल्फ़ फुलफ़िलिंग प्रोफेसीज़'' की परिभाषा दी : ''स्वयं पूर्ण होने वाली भविष्यवाणी शुरुआत में, स्थिति की एक ग़लत परिभाषा होती है जो नए व्यवहार को जन्म देती है जो मूल मिथ्या धारणा को सच बना देता है।'' दूसरे शब्दों में, ऐसा कहने से ऐसा हो सकता है। कोई सार्वजनिक घोषणा हो सकता है कि दूसरों को इस तरीक़े से कार्य करने के लिए प्रेरित करे कि जिससे वह घोषणा सच हो जाए, भले ही वास्तव में इसका कोई आधार ना हो। वित्तीय बाज़ारों में, ऐसा अक्सर होता है।)

निवेशकों को किसी कारोबार का उचित मूल्यांकन करते समय इन पहलुओं पर विचार करने की आवश्यकता है। उदाहरण के लिए, सुदृढ़ जमा राशि रखने वाले बैंकों के विपरीत माइक्रोफ़ायनेंस कंपनियाँ हमेशा क्रेडिट बाज़ारों से प्राप्त धन पर निर्भर रहती हैं। जैसे ही बाज़ार में कोई प्रतिकूल व्यावसायिक घटना होती है जो उधार की वसूली को प्रभावित करती हो तो यह क्रेडिट बाज़ार पलट जाता है। इसमें वर्तमान राजनीतिक जोख़िम को भी जोड़ें, वे जिसके अधीन हैं और उनके ऋण की असुरक्षित प्रकृति भी इसमें शामिल है। इससे यह स्पष्ट हो जाता है कि क्यों माइक्रोफ़ाइनेंस व्यवसायों बैंकों से कम मूल्यांकन दिया जाना चाहिए जिनके पास उतना ही रिटर्न अनुपात और समान गुणवत्ता की परिसंपत्ति होती है। समान सिद्धांत उन व्यवसायों पर लागू होता है जो एक या दो प्राथमिक ग्राहकों की दया पर निर्भर हैं। यदि ग्राहक जान जाते हैं कि वे कम्पनी के अस्तित्व के लिए महत्त्वपूर्ण हैं तो मूल्य निर्धारण की शक्ति नहीं बचती। बहुत अधिक ग्राहक केन्द्रित व्यवसाय को उच्च मूल्यांकन गुणक प्राप्त आम तौर पर प्राप्त नहीं होता है। (निवेशकों को जानना चाहिए कि आरएस सॉफ़्टवेयर इंडिया का क्या हश्र हुआ जिसको लगभग 85 प्रतिशत राजस्व वीसा कम्पनी से मिलता था।)

जीवन के कई सबसे महत्त्वपूर्ण सबक़ कठिन तरीक़े से सीखे जाते हैं। एक सबक़ तेज़ी के बाज़ार में बहुत ज़्यादा लालच करने और उसके बाद उधार में डूबने के ख़तरे का है। रेमंड डेवो जूनियर ने ठीक ही कहा है : ''बंदूक की नोक पर जितना धन नहीं गँवाया गया, उससे ज़्यादा लाभ हासिल करने का जोख़िम लेने गँवाया गया है।''

बफ़ेट ने अक्सर कहा है कि यदि आप चतुर हैं तो आपको उधार की आवश्यकता नहीं है और यदि आप मूर्ख हैं तो इसके उपयोग से आपका कोई लेना-देना नहीं है। शेयरधारकों को 2017 के पत्र में, उन्होंने उधार के धन से शेयर ख़रीदने के ख़िलाफ़ मजबूती से दलील दी है :

> *थोड़े समय में शेयरों में कितनी गिरावट आ सकती है, इसके बारे में कुछ भी नहीं कहा जा सकता। भले ही आपकी उधारी छोटी हो और गिरते हुए बाज़ार से आपके निवेश की स्थिति पर तुरंत ख़तरा नहीं हो, तब भी डरावने शीर्षकों और हाँफती हुई टिप्पणियों से मन घबरा सकता है। और अस्थिर दिमाग़ अच्छे निर्णय नहीं ले पाएगा।*

बर्बादी के जोख़िम को कम करने के लिए बने रहने की शक्ति विकसित करें

> *कमज़ोरी का सबसे सटीक परीक्षण समय से होता है - इसमें बेतरतीबी की भरपूर ताक़त होती है- और प्रकृति ही एकमात्र ऐसी व्यवस्था है जिसपर समय के द्वारा "मजबूती" की मोहर लगाई गई है... समय मिटाने वाला है, ना कि बनाने वाला, और कमज़ोर को तोड़ने में माहिर- चाहे वह इमारतें हों या विचार।*
>
> – नासिम निकोलस तालेब

शेयरधारकों को 2014 के पत्र में बफ़ेट ने डटे रहने की ताकत वाली कंपनियों की विशेषताएँ साझा कीं:

> वित्तीय स्थिरता की शक्ति के लिए कम्पनी को हर हाल में तीन ताक़तें बनाए रखने की आवश्यकता होती है : (1) कमाई का बड़ा और विश्वसनीय प्रवाह; (2) विशाल तरल संपत्ति और (3) निकट अवधि में महत्त्वपूर्ण नक़दी आवश्यकताएँ ना होना। अंतिम ज़रूरत को नजरअंदाज़ करने के कारण आमतौर पर कंपनियों को अप्रत्याशित समस्याओं का अनुभव करना पड़ता है: अक्सर लाभप्रद कंपनियों के सीईओ को लगता है कि वे परिपक्वता दायित्वों के लिए धन जुटा लेंगे। भले ही कितना भी अधिक देनदारी क्यों ना हो। 2008-2009 में कई प्रबंधनों को पता चला कि यह मानसिकता कितनी ख़तरनाक हो सकती है।

स्थिरता के साथ डटे रहने की शक्ति वाले व्यवसायों के साथ - उत्पाद में स्थिरता की विशेषताएँ होती हैं, मजबूत प्रतिस्पर्धात्मक लाभ होता है, ग्राहक और आपूर्तिकर्ता आधार विस्तृत और विभाजित होता है, पूँजी आवंटन चतुराई से होता है, दीर्घकालिक लाभप्रदता और निरंतरता पर तीव्र फ़ोकस के साथ वृद्धि की सोच होती है, विवेकशील और नपा-तुला

जोख़िम लेने की कॉर्पोरेट संस्कृति होती है। इसके अलावा संकट के समय में पूँजी उपलब्ध कराने वाला नक़दी से समृद्ध प्रमोटर परिवार या मूल कम्पनी होती है, अत्यधिक तरलता वाली बैलेंस शीट होती है तथा अल्पकालिक कमाई की क़ीमत पर लम्बी अवधि के लिए निवेश की पीड़ा को सहने की इच्छा और क्षमता दोनों होती हैं। इस प्रकार इन कंपनियों के पास लम्बी अवधि तक बने रहने, नक़द प्रवाह की लम्बी अवधि और इस प्रकार उच्च आंतरिक मूल्य होता है।

निवेशक के दृष्टिकोण से, टिके रहने की शक्ति निवेश अनुशासन के प्रति प्रबल जुनून; निरंतर सीखने की मानसिकता; निवेश का एक लम्बा शेष जीवन काल; कम या कोई व्यक्तिगत ऋण ना होना; मितव्ययिता; अनुशासन; मानव व्यवहार, बाज़ार के इतिहास, और जाने-पहचाने पूर्वाग्रहों की अच्छी समझ होना; एक धैर्यवान, दीर्घकालिक मानसिकता से मिलती है। इन सभी जितना ही महत्त्वपूर्ण है हमेशा साथ देने वाला परिवार जिसकी अहमियत बाज़ार में समय-समय पर आने वाले संकट के दौरान महसूस होती है।

बर्बादी के जोख़िम से बचने पर बफेट के चिंतनशील शब्दों के साथ इस अध्याय को समाप्त करना उचित प्रतीत होता है : ''प्रतिष्ठा क़ायम करने में बीस साल लगते हैं और इसे बर्बाद करने में पाँच मिनट। यदि आप इसके बारे में सोचेंगे तो आप अलग तरीक़े से काम करेंगे।''

खंड - 5

फ़ैसले करना

अध्याय 26

भविष्यवाणी कम, इतिहास ज़्यादा पढ़ें

अगर मैंने शेयर बाज़ारों में इन 60 वर्षों में दीवार पर कुछ भी लिखा देखा है तो वह यह है कि लोग यह भविष्यवाणी करने में सफल नहीं होते कि शेयर बाज़ार में क्या होने वाला है?

– बेंजामिन ग्राहम

हमारा मानना है कि स्टॉक या बांड की क़ीमतों का अल्पकालिक पूर्वानुमान लगाना बेकार है। पूर्वानुमान आपको भविष्यवक्ता के बारे में बहुत कुछ बता सकते हैं; वे भविष्य के बारे में कुछ नहीं बताते।

– वॉरेन बफ़ेट

कोई भी ब्याज दरों, अर्थव्यवस्था के भविष्य की दिशा, या शेयर बाज़ार की भविष्यवाणी नहीं कर सकता। ऐसे सभी पूर्वानुमानों को ख़ारिज करें और इस पर ध्यान केन्द्रित करें कि जिन कंपनियों में आपने निवेश किया है, उनमें वास्तव में क्या हो रहा है।

– पीटर लिंच

एक व्यवसाय विश्लेषक बनें, बाज़ार, वृहद अर्थशास्त्र या प्रतिभूति विश्लेषक नहीं।

– चार्ली मंगर

हमारे पास भविष्यवक्ताओं के दो वर्ग हैं: वे जो नहीं जानते, और जो नहीं जानते कि वे नहीं जानते।

– जॉन केनेथ गैलब्रेथ

हमारे पास भविष्यवक्ताओं के दो वर्ग हैं : वे जो नहीं जानते, वॉरेन बफ़ेट ने कहा है, ''बाज़ार का पूर्वानुमान लगाने वाले आपके कानों को भविष्यवाणियों से भर देंगे लेकिन आपके बटुए को कभी नहीं भरेंगे।'' ज़रा सोचिए यदि आपने कारोबारी मीडिया के बहुत ज़्यादा जाने-माने स्रोतों के तथाकथित विशेषज्ञों की बात सुनी होती तो 2009 से आपके बटुए को कितना नुक़सान होता (चित्र 26.1)।

अत्यंत आत्मविश्वास से भरे दिखने वाले मीडिया के बड़े-बड़े अधिकारी ज़्यादातर बार ग़लत होने के बावजूद ज़रा भी संदेह से ग्रस्त नहीं होते। क्या आपने कभी सोचा है कि टेलीविज़न एंकर और बाज़ार विशेषज्ञ क्यों दिन-प्रतिदिन इतनी सारी भविष्यवाणियाँ करते हैं? और वे ये भविष्यवाणियाँ करके इतने ख़ुश क्यों होते हैं?

जेसन ज़्विग अपनी किताब *योर मनी ऐंड योर ब्रेन* में इंसान की अनुमान लगाने की तलब के बारे में बताते हैं : ''जैसे प्रकृति शून्यता से घृणा करती है, लोग अचानक कुछ भी घटित होने से नफ़रत करते हैं। अप्रत्याशित के बारे में भविष्यवाणी करने की इंसान की मजबूरी दिमाग़ के तुरंत प्रतिक्रिया करने वाले हिस्से के डोपामाइन केन्द्र में पैदा होती है। मैं इस मानवीय प्रवृत्ति को *'भविष्यवाणी की लत'* कहता हूँ।''

यह प्रवृत्ति हमारे मस्तिष्क में एक आनंददायक रसायन द्वारा संचालित होती है जिसे डोपामाइन कहा जाता है। डोपामाइन हार्मोन निकलने से इंसान को और भविष्यवाणी करने, और करते जाने, करते चले जाने की स्वाभाविक ताक़त मिलती है।

ज़्विग बताते हैं, भविष्यवाणी करने की लत दुनिया की लगभग हर चीज़ का अर्थ निकालने की कोशिश के लिए मजबूर कर देती है। इसमें वह सब कुछ भी शामिल है जिसके बारे में अनुमान लगा पाना असंभव है जैसे कि शेयर की क़ीमतों का अनुमान। (महान निवेश बैंकर जे.पी. मॉर्गन से पूछा गया कि बाज़ार में क्या होने वाला है तो उन्होंने कहा,

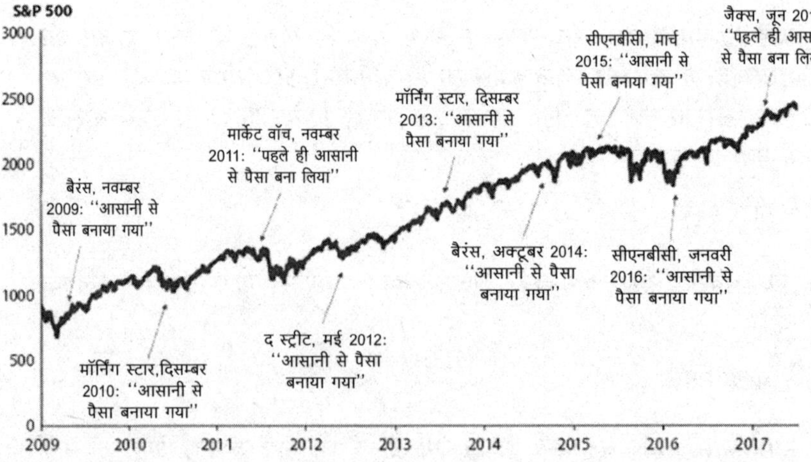

चित्र 26.1 एस ऐंड पी 500, 2009-2017

Source: Morgan Housel (@morganhousel), "Easy money," Twitter, August 28, 2018, https://twitter.com/morganhousel/status/1034447231967887360.

''बाज़ार में उतार-चढ़ाव होगा।'') हममें से कोई भी यहाँ तक कि अपने बारे में भी भविष्यवाणी नहीं कर सकता। फिर भी हम इस भ्रम के शिकार हो जाते हैं कि इस पर हमारा नियंत्रण है और वृहद आँकड़ों, बाज़ारों, मुद्राओं और कमोडिटी की क़ीमतों की भविष्यवाणी करने की कोशिश करते हैं।

निवेश पर लिखने वाले डैन सोलिन ने *हफ़िंगटन पोस्ट* में एक लेख में भविष्यवाणी की लत के बारे में लिखा : ''यह लत विशेष रूप से बुरी है। ना केवल हमारा दिमाग़ इस बात पर विश्वास करने के लिए तैयार है कि हम भविष्यवाणी कर सकते हैं और एकाएक घटित होने वाली घटनाओं के अर्थ निकाल सकते हैं बल्कि इसके लिए यह हमें पुरस्कृत भी करता है। इस तरह की गतिविधि में संलग्न व्यक्ति का मस्तिष्क उसी तरह का आनंद अनुभव करता है जो नशा करने वालों को कोकीन के सेवन में और जुआरी को जुआघर में घुसते समय मिलता है।''

भविष्यवाणी करने के आदी निवेशक के लिए वही होते हैं, जो ड्रग डीलर नशेड़ी के लिए या जुआरी कैसीनो के लिए है।

इस मज़ेदार कवायद को आज़माएँ : किसी बाज़ार विश्लेषक का बाज़ार संबंधी कोई भी विषय पर कुछ वर्षों के पुराने अनुमानों को गूगल पर जाकर देखें। आप उनमें से किसी भी व्यक्ति को फिर कभी भी गंभीरता से नहीं लेंगे। भविष्यवाणियाँ बस ध्यान खींचती हैं और उनसे कुछ हासिल नहीं होता।

अक्सर कहा जाता है कि तेजी के बाज़ार तमाम नकारात्मक ख़बरों के बाद भी चढ़ते चले जाते हैं। मार्च 2009 के बाद से अनेक चिंताजनक सुर्खियों ने कई निवेशकों को दहशत के कारण बिकवाली करने और बाज़ार से पूरी तरह बाहर निकल जाने को प्रेरित किया है।

> *सकारात्मक ख़बरों के मुक़ाबले बुरी ख़बरें दस गुना तेजी से प्रसारित होती हैं।* यह बाज़ार से सही रिटर्न हासिल करने को कठिन बनाने वाले सबसे बड़े कारणों में से एक है। आप सोचेंगे कि यह कुल बाज़ार सूचकांक फ़ंड ख़रीदकर छोड़ देने जितना ही सरल है। लेकिन यह निश्चित रूप से उतना आसान नहीं है, *क्योंकि बुरी ख़बर एक ज़ोरदार थपेड़े के साथ आकर आपके कानों के परदे फाड़ देती है जबकि अच्छी ख़बर मद्धम सुर में पृष्ठभूमि में गुनगुनाती रहती है।*
>
> – माइकल बैटनिक

> प्रगति बहुत धीमी गति से होती है जिस पर ध्यान नहीं जाता; असफलताएँ बहुत तेज होती हैं जिन्हें नजरअंदाज़ नहीं किया जा सकता।
>
> – मॉर्गन हाउसेल

> स्टॉक चुनने के लिए आप चाहे जो भी तरीक़े अपनाएँ, आपकी सफलता इस पर निर्भर करेगी कि आपमें दुनिया की चिंताओं को अनदेखा कर अपने स्टॉक को सफल होने देने के लिए कितना ज़्यादा से ज़्यादा समय देने की क्षमता है। आप कितने भी बुद्धिमान हों, आपका दिमाग़ नहीं बल्कि आपका पेट आपकी क़िस्मत का फ़ैसला करेगा।
>
> – पीटर लिंच

दुर्लभ अपवादों को छोड़कर, मानव जाति के अधिकांश चमत्कार दीर्घकालिक, सुनियोजित घटनाएँ हैं। प्रगति धीरे-धीरे होती है। मानव सभ्यता के आगे बढ़ते जाने का यही मौन चमत्कार है : क़दम दर क़दम, साल दर साल दुनिया में सुधार हो रहा है। किसी एक माप या साल में नहीं, लेकिन एक नियम के रूप में। हालाँकि दुनिया के सामने बड़ी चुनौतियाँ हैं, हमने ज़बरदस्त तरक्की की है। यह तथ्य-आधारित विश्व दृष्टिकोण है। हमने दुनिया भर में अत्यधिक ग़रीबी में रहने वाले लोगों की संख्या पिछले बीस वर्षों में आधी कर दी है। लेकिन ''ग़रीबी दर में लगातार गिरावट'' कभी भी समाचारों की सुर्ख़ियों पर हावी नहीं हुआ। जब कोई प्रवृत्ति धीरे-धीरे होती है, समय के साथ सुधार हो रहा है, समय-समय पर तेज़ गिरावट के साथ, लोगों में इसकी संभावना अधिक होती है। समाचार मीडिया ज्वलंत घटनाओं पर ध्यान केंद्रित करता है – नाटकीय, दुखद -बल्कि दैनिक सुधार और नियमित अच्छाई पर दुनिया। समाचार चैनल हमारा ध्यान अपनी ओर आकर्षित करने के लिए प्रतिस्पर्धा करते हैं। वे असामान्य पर ध्यान केंद्रित करते हैं सामान्य के बजाय, और नए या अस्थायी के बजाय धीरे-धीरे पैटर्न बदल रहा है। मौलिक सुधार जो दुनिया बदलने वाले हैं, लेकिन काफी धीमे, बहुत विभाजित, या बहुत छोटे हैं, शायद ही कभी समाचार के लायक़ समझे जाते हों। जो कहानियाँ सबसे तेज़ी से फैलती हैं उनमें भय या क्रोध का तत्व होता है और यह असहाय होने की भावना पैदा करता है। कोई भी समाचार चैनल लगा लें या सोशल मीडिया पर जाएँ। संभवतः आपको राजनीतिक अस्थिरता, बाज़ार में अशान्ति , प्राकृतिक आपदाओं, हत्या, आत्महत्या, बीमारी का प्रकोप, भू-राजनीतिक तनाव, और ऐसी ही अन्य बुरी ख़बरों की अंतहीन सूची सुनने या पढ़ने को मिलेगी। लोग अक्सर अपने समय को ''बहुत बुरा ज़माना।'' बताते हुए मिल जाएँगे, लेकिन इन व्यक्तियों ने स्पष्ट रूप से कभी इतिहास नहीं पढ़ा है। नकारात्मक स्वभावों का मेल और जो उपलब्ध है उसके प्रति पूर्वाग्रह का परिणाम दुनिया के बारे में व्यापक निराशावाद के रूप में सामने आता है। वास्तविकता यह है कि हम मानव जाति के इतिहास के सबसे आशाजनक समय में से एक में रह रहे हैं। आप किसी भी लम्बे कालखंड को उठाकर देखें तो दुनिया ने कई महत्त्वपूर्ण मापदंडों पर अविश्वसनीय प्रगति देखी है। फर्क इतना है कि बुरी ख़बर एक घटना या सुर्ख़ी है, जबकि अच्छी ख़बर एक प्रक्रिया या आँकड़ा है। और आँकड़ों के विपरीत बुरी ख़बर अधिक जीवंत और ध्यान खींचने वाली कहानी बनती है।

मैंने देखा है कि बड़ा वर्ग उस व्यक्ति की संत के रूप में सराहना करता है, जो अन्य के आशान्वित होने पर निराशा का भाव रखता है, ना कि उस व्यक्ति की प्रशंसा करता है जो दूसरों के निराशा भाव रखने पर आशान्वित रहता है।

– जॉन स्टुअर्ट मिल

याद रखें, निराशावादी चतुर लगता है, लेकिन आशावादी ही धन कमाता है। वाणिज्य सभ्यता की रीढ़ है। जब हम शेयरों में निवेश करते हैं, तो हम वाणिज्य में भाग लेते हैं और इसकी निरंतर प्रगति को समर्थन देते हैं। इस बड़ी तसवीर की ओर ध्यान देने वाले लोग लम्बे कालखंड में तरक्की करते हैं। जो लोग केवल संकट पर ध्यान केंद्रित करते हैं, वे बुरे दौर में घबरा जाते हैं और धन कमाने के आशाजनक अवसर गँवा देते हैं।

विशिष्ट व्यवसायों पर ध्यान केन्द्रित करने और ब्याज दरों में बढ़ोतरी, महँगाई दर में तेज़ उछाल, शेयर बाज़ारों में गिरावट, तेल के झटके, सरकारों का गिरना, मंदी, आर्थिक संकट और यहाँ तक कि युद्ध जैसे तमाम शोर को नज़रअंदाज़ करने के महत्त्व पर बफ़ेट के विचारों से निवेशकों को सबक़ लेना चाहिए।

1994 में शेयरधारकों को लिखे अपने वार्षिक पत्र में उन्होंने कहा :

हम राजनीतिक और आर्थिक पूर्वानुमानों को नज़रअंदाज़ करना जारी रखेंगे, जो कई निवेशकों और कारोबारियों के लिए ऐसा भटकाव है *जो बहुत महँगा* साबित होता है। तीस साल पहले, कोई भी वियतनाम युद्ध के विशाल विस्तार, वेतन और क़ीमत नियंत्रण, कच्चे तेल के दो झटकों, एक राष्ट्रपति का इस्तीफ़ा, सोवियत संघ का विघटन, डाउ में एक दिन में 508 अंक की गिरावट, या सरकार द्वारा अल्पकालिक ज़रूरतों के लिए धन उगाहने को जारी किए जाने वाले ट्रेजरी बिल की प्राप्ति के 2.8 और 17.4 प्रतिशत के बीच झूलने की कोई भी कल्पना नहीं कर सकता था।

लेकिन, आश्चर्य की बात है कि इन बड़ी-बड़ी घटनाओं में से कोई भी बेन ग्राहम के निवेश सिद्धांतों में थोड़ी सी भी सेंध नहीं लगा पाया। *ना ही ये घटनाएँ अच्छे कारोबारों की समझदारी भरी क़ीमतों पर मोल-भाव के साथ ख़रीदी को ग़लत ठहरा सकीं।* कल्पना कीजिए कि अज्ञात के भय के कारण अगर पूँजी लगाने को टाल देते या इसमें बदलाव कर देते तो उसकी हमें कितनी क़ीमत चुकानी होती। *वास्तव में किसी बड़ी आर्थिक घटना को लेकर चिंताओं के चरम पर होने के दौरान हमने जो निवेश ख़रीदी की है, वह सर्वश्रेष्ठ रही है।* सनकियों के लिए डर शत्रु है, लेकिन बुनियादी आधारों पर काम करने वालों का दोस्त।

अगले 30 साल में कुछ अलग प्रकार की बड़ी घटनाओं के झटकों का लगना निश्चित है। हम ना तो इनका पूर्वानुमान लगाने का प्रयास करेंगे और ना ही इनसे लाभ कमाने का प्रयास करेंगे। अगर हम उसी प्रकार के कारोबारों की पहचान कर सकते हैं, जो हमने अतीत में ख़रीदे थे, तो इस तरह की हैरान करने वाली

बाहरी घटनाओं का लम्बी अवधि के हमारे परिणामों पर बहुत मामूली असर होगा।

और शेयरधारकों को 2012 के पत्र में उन्होंने लिखा :

मेरे सीईओ साथियों के लिए विचार साझा कर रहा हूँ : बेशक, तात्कालिक भविष्य अनिश्चित है; 1776 से अमेरिका को अज्ञात का सामना करना पड़ा है। बात सिर्फ़ इतनी है कि कभी-कभी लोग असंख्य अनिश्चितताओं पर ध्यान केन्द्रित करते हैं, जो हमेशा मौजूद रहती हैं जबकि अन्य समय में उन्हें अनदेखा करते हैं (आमतौर पर ऐसा इसलिए, क्योंकि हाल का समय घटनारहित बीता होता है)।

समय के साथ अमेरिकी कारोबार अच्छा चलेगा। और निश्चित रूप से शेयर भी अच्छा करेंगे, क्योंकि उनकी *क़िस्मत व्यवसाय* से जुड़ी हुई है। समय-समय पर झटके भी आएँगे, लेकिन निवेशक और फ़ंड मैनेजर ऐसे खेल में है *जो बहुत ज़्यादा उनके पक्ष में झुका हुआ है।* (अमेरिकी शेयर बाज़ार का सूचकांक डाउ जोन्स इंडस्ट्रियल्स 20 वीं सदी में 66 से 11,497 पर पहुँच गया जो कि 17,320 प्रतिशत की चकित कर देने वाली वृद्धि है। और यह सब चार महँगे युद्धों, एक बहुत बड़ी मंदी और कई मंदियों के बाद भी हुआ। और यह भी नहीं भूलना चाहिए कि शेयरधारकों को पूरी सदी के दौरान पर्याप्त लाभांश भी प्राप्त हुआ।)

चूँकि बुनियादी खेल बहुत अनुकूल है, चार्ली और मेरा मानना है कि टेरो कार्ड के पलटने, ''विशेषज्ञों'' की भविष्यवाणियों या कारोबारी गतिविधियों के उतार-चढ़ाव के आधार पर कुछ भी क़दम उठाना बहुत बड़ी ग़लती है। खेल से बाहर हो जाने का ख़तरा खेल में बने रहने के ख़तरे से बहुत ज़्यादा है।

बफ़ेट लगातार इस बात पर ज़ोर क्यों देते हैं कि निवेशक एक ऐसे खेल में हैं जो ''उनके पक्ष में बहुत ज़्यादा झुका हुआ है?'' चित्र 26.2 को देखिए। अगर दो शताब्दियों से अधिक का डेटा आपको यह विश्वास नहीं दिला सकता कि जो कुछ बफ़ेट ने कहा, वह सच है, तो शायद और कुछ भी यक़ीन नहीं दिला पाएगा।

चित्र 26.2 को देखकर हम स्पष्ट रूप से समझ सकते हैं कि बफ़ेट ने क्यों चेतावनी दी है कि नक़द के समकक्ष होल्डिंग्स और करंसी मूल्यवर्ग के उपकरणों को जोख़िम-मुक्त संपत्ति नहीं मानें। क्योंकि लम्बी अवधि के लिए रखना वास्तव में काफ़ी जोख़िम भरा है। बफ़ेट जोख़िम को ख़रीदने की शक्ति की हानि के रूप में देखते हैं। और व्यापक रूप से जोख़िम-मुक्त पेशकश के रूप में प्रचारित किए जाने वाले बांड की क़ीमत में आज कोई रिटर्न नहीं है, उल्टे मुफ़्त जोख़िम भी है।

अमेरिकी स्टॉक, बांड, बिल, सोना और डॉलर में कुल वास्तविक रिटर्न, 1802-2012

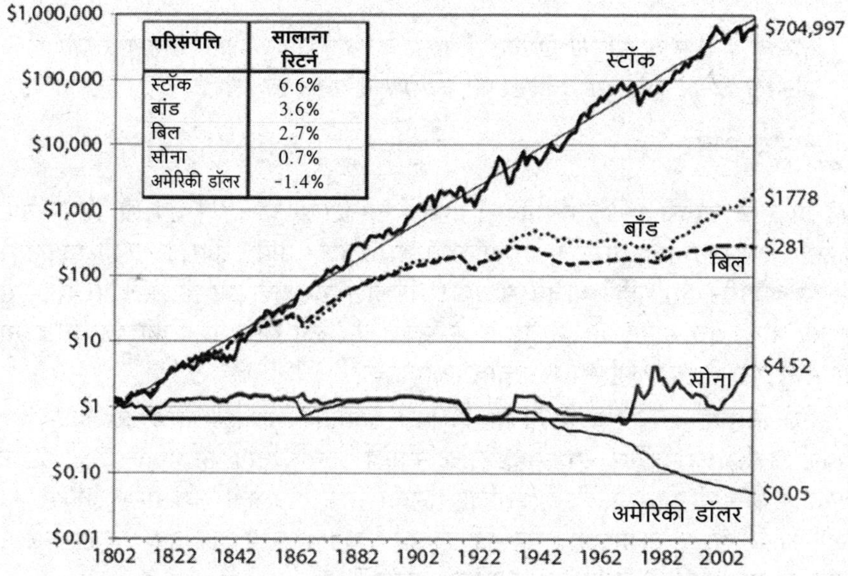

चित्र 26.2: अमेरिकी स्टॉक, बांड, बिल, सोना और डॉलर पर कुल वास्तविक रिटर्न, 1802-2012

Source: Jeremy Siegel, Stocks for the Long Run (New York: McGraw-Hill, 2014).

मानवीय क्रियाकलापों पर ऐतिहासिक साक्ष्यों की प्रभावशाली पकड़ की बजाय भय की पकड़ कहीं अधिक है।

– जेरेमी सीगल

आप लम्बे समय के लिए शेयरों में अपना विश्वास बनाकर रखने की उम्मीद करते हैं? मैं इसके लिए जब भी मौजूदा परिदृश्य को लेकर मीडिया में संदेह, निराशा या भय को देखता हूँ तो मैं जो जानने लायक़ उससे भी बड़ी तसवीर होती है, उस पर ध्यान केन्द्रित करने की कोशिश करता हूँ।

इससे भी बड़ी तसवीर हमें बताती है कि दो शताब्दियों से भी अधिक समय से सभी बड़ी और छोटी आपदाओं और दुनिया का अंत होने की आशंकाओं को लेकर लगातार बताए गए सैकड़ों और हज़ारों कारण के बाद भी शेयर बाज़ार ने शेयरधारकों को सालाना औसतन 6.5 प्रतिशत का फ़ायदा दिया है जो ट्रेजरी बिल, बांड, सोना और दुनिया भर की रिज़र्व करंसी से कहीं अधिक है। इतिहास स्पष्ट रूप से दिखाता है कि शेयर लम्बी अवधि में सबसे ज़्यादा वास्तविक रिटर्न देते हैं। अन्य परिसंपत्ति वर्गों पर वे पूरी तरह से हावी हैं। मंदी और आर्थिक संकट के आने की भविष्यवाणियाँ करते रहने वाले टिप्पणीकारों और

सलाहकार सेवाओं की सलाहों और सुझावों पर प्रतिक्रिया करने की बजाय इस सूचना पर काम करना लम्बी अवधि में कहीं ज़्यादा लाभप्रद होगा।

वास्तव में शेयर बाज़ार की गिरावट में उतना धन नहीं गँवाया जाता जितना उसका अनुमान लगाने और उससे बचाव की कोशिश में बर्बाद हो गया है।

– पीटर लिंच

हॉवर्ड मार्क्स ने फ़रवरी 1993 में ओकट्री ग्राहकों को लिखा था : ''1926 से 1987 तक इक्विटी पर औसत वार्षिक रिटर्न 9.44 प्रतिशत था। लेकिन अगर आप उन 744 महीनों में से सबसे बेहतरीन 50 महीने बाज़ार से नक़दी निकाल कर चूक गए तो आप पूरे रिटर्न से चूक गए होंगे। मेरा मानना है कि बाज़ार में निवेश के लिए सही समय का इंतज़ार करना जोख़िम से भरा है, यह जोख़िम से बचाव नहीं करता।''

तेज़ गिरावट के जवाब में बाजार विशेषज्ञ आमतौर कुछ इस तरह पर कहते हैं : ''निकट अवधि का नज़रिया स्पष्ट नहीं है...दुनिया में अनिश्चितता का माहौल है... स्टॉक की क़ीमतें और भी गिर सकती हैं, इसलिए तसवीर साफ़ होने तक कुछ समय इंतज़ार करें नक़दी की स्थिति में सुधार आने का इंतज़ार करें...चुनाव ख़त्म होने तक इंतज़ार करें... वर्तमान में बहुत अधिक राजनीतिक अनिश्चितता है।''

दूसरे शब्दों में, ''रुको और देखो'' ख़ासकर यह सलाह उन निवेशकों के लिए महँगी साबित होती है, जो तेज़ी के बाज़ार में शेयरों की बढ़ती क़ीमतों का आनंद उठाना चाहते हैं, लेकिन मंदी के बाज़ार में गिरती क़ीमतों के दर्द से बचने के इच्छुक रहते हैं। शेयर बाज़ार के बेहतर रिटर्न एक समान तरीक़े से अर्जित नहीं होते बल्कि मजबूती के एकाएक विस्फोट के कुछ कालखंडों में ये दिखाई देते हैं। इसके अतिरिक्त यह सटीक अनुमान कोई नहीं लगा सकता कि यह समय कब आएगा और कब तक चलेगा। ज़्यादातर रुझान देखा गया है कि तेज़ी के बाज़ार के कुल लाभ का बड़ा हिस्सा बाज़ार के उबरने के शुरुआती दौर में प्राप्त होता है। यदि कोई निवेशक उस समय बाज़ार से बाहर है, तो उसके लाभ के बड़े हिस्से से वंचित रह जाने की संभावना है।

सेजवन इन्वेस्टमेंट एडवाइजर्स द्वारा किए गए एक अध्ययन के अनुसार भले ही भारत में बाजार सूचकांक (सेंसेक्स) 1979 और 2017 के बीच 251 गुना ऊपर गया (15.5 प्रतिशत वार्षिक रिटर्न) हो, तब भी यदि 7 प्रतिशत सर्वोत्तम महीनों और एक प्रतिशत सर्वोत्तम दिनों में आप चूक गए होंगे तो आपका रिटर्न शून्य रहा होगा। निवेशकों को शेयरों से सर्वोत्तम रिर्टन प्राप्त करने की क़ीमत के रूप में समय-समय पर गिरावट के दौर का भी सामना करने की ज़रूरत है। बाज़ार में निवेश का समय निर्धारण नहीं बल्कि बाज़ार में समय देना मायने रखता है। नियमित अंतराल से निवेश करते रहने की क्षमता, अच्छे और बुरे दौर में, उतार-चढ़ाव और तेज़ी तथा मंदी के बाज़ारों में डटे रहना और यह चिंता नहीं करना कि कल, अगले सप्ताह या अगले महीने बाज़ार कहाँ जाने वाला है, यह महत्त्वपूर्ण है। आसान है।

यह आसान है लेकिन सरल नहीं है।

ऐतिहासिक आँकड़ों के आधार पर रणनीति की संभावनाओं के परीक्षण को भावनाओं पर लागू नहीं किया जा सकता; यही कारण है कि सभी पिछले मंदी के बाज़ार और उस समय में शेयरों के सस्ते दाम पीछे मुड़कर देखने पर बहुत ही शानदार मौक़े की तरह दिखाई देते हैं। 1980 में आईपीओ आने के बाद 2012 तक एपल 225 गुना हो गया। इसमें 10,000 डॉलर का निवेश 2.25 मिलियन डॉलर हो गया। लेकिन इस यात्रा के दौरान एक निवेशक को 80 प्रतिशत से अधिक की दो गिरावटों और 40 प्रतिशत से ज़्यादा की कई गिरावटों की पीड़ा से गुज़रना पड़ा होगा। फ़ेयरफ़ैक्स फ़ाइनेंशियल जैसे गुणवत्तापूर्ण व्यवसाय (जिसने सितंबर 2019 तक 33 वर्षों के दौरान 18 प्रतिशत का सालाना चक्रवृद्धि रिटर्न दिया है) के शेयरों को 1999 और 2002 के बीच लगभग 80 प्रतिशत की गिरावट देखनी पड़ी। इन प्रत्येक चार वर्षों में उसने घाटे का रिटर्न दिया। आपको क्या लगता है कि कितने निवेशक होंगे जो चार साल तक 80 प्रतिशत गिरावट में भी शेयर में टिके रहने में कामयाब रहे होंगे? गिरावट के समय की अस्थिरता के प्रति लोगों में सहनशीलता का स्तर अलग-अलग होता है- जब वे बाज़ार में बड़ी गिरावट के बारे में सोचते हैं और जब बाज़ार वास्तव में गिरता है। (सभी निवेशकों को मॉर्गन हाउसेल के ''द एगोनी ऑफ़ हाई रिटर्न्स'' शीर्षक से *मोटली फूल* आलेख का अध्ययन करना चाहिए)। शेयर बाज़ार ही एकमात्र बाज़ार है जहाँ चीज़ों की ज़ोरदार बिक्री होती है और स्टोर में माल ख़त्म हो जाता है। बाज़ार में डर और दहशत के समय में डरावनी भविष्यवाणियों और गुरुओं तथा विशेषज्ञों की नक़दी बाज़ार से निकाल लेने की निरंतर अपील को अनदेखा करें। ख़ासकर तब जब आपको अच्छा ख़ासा लाभ कागज़ों पर दिखाई दे रहा हो, जिसे आपने बाज़ार से निकाला नहीं हो (इसी समय बाज़ार से लाभ लेकर नक़दी निकाल लेने का प्रलोभन चरम पर होगा)।

बाज़ार और वित्तीय जगत की बिरादरी बहुत बुद्धिमान दिखाई देने के लिए शब्दजाल बुनने में माहिर होती है। उदाहरण के लिए अमेरिकी शेयर बाज़ार वॉल स्ट्रीट में एक कहावत है, ''फ़ेड से मत टकराओ।'' (यानी, यदि फ़ेड ब्याज दरों को लेकर सख़्ती के रास्ते पर है, तो लम्बी अवधि के लिए शेयर नहीं रखें - और यदि फ़ेड दरें कम कर रहा है, तो लम्बी अवधि के बारे में सोचें)। यह सहज रूप से सही और तार्किक लगता है? अब यह आगे देखें :

1. 3 जनवरी, 2001 : फ़ेड ने दरों में 50 आधार अंकों की कमी की और एसऐंडपी 500 बंद हुआ 1,347 पर। यहाँ से अक्टूबर 2002 के निचले स्तर तक इसमें 43 प्रतिशत की गिरावट आई जबकि इस पूरी अवधि में फ़ेड ने दरों में कटौती की।
2. 18 सितंबर, 2007 : फ़ेड ने दरों में 50 आधार अंकों की कटौती की और एसऐंडपी 500 बंद हुआ 1,519 पर। यहाँ से मार्च 2009 के निचले स्तर तक इसमें 56 प्रतिशत की गिरावट आई जबकि इस पूरी अवधि में फ़ेड ने दरों में कटौती की।
3. 30 जून, 2004 : फ़ेड ने दरों में 25 आधार अंकों की वृद्धि की और एसऐंडपी 500 बंद हुआ 1,140 पर। यहाँ से सितम्बर 2007 तक यह 33 प्रतिशत बढ़ा जबकि फ़ेड ने 16 बार और दरों में बढ़ोतरी की।

4. 16 दिसंबर, 2015 : फ़ेड ने दरों में 25 आधार अंकों की वृद्धि की और एसऐंडपी 500 बंद हुआ 2,073 पर। यहाँ से सितम्बर 2007 तक यह 45 प्रतिशत बढ़ा जबकि फ़ेड ने 8 बार और दरों में बढ़ोतरी की।

अब कारोबारी मीडिया में आम तौर पर सुनी जाने वाली इन टिप्पणियों पर गौर करें :

1. ''बढ़ती ब्याज दरों के कारण बाज़ार कमज़ोर हो रहा है।''
2. ''ऐतिहासिक रूप से बढ़ती दरों के दौरान स्टॉक अच्छा प्रदर्शन करते हैं।''

आप इसमें से पसंदीदा कथानक चुन सकते हैं (जो संभवतः आपके व्यक्तिगत अनुभवों के कारण पूर्वाग्रहग्रस्त होगा)। ब्याज दरों में बढ़ोतरी के बाद बाज़ार में तेज़ गिरावट के समय के दौरान मीडिया में अधिकांश बुद्धिमान दिखाई देने वाली आवाज़ें संभवतः पहला विकल्प चुनेंगी। बाज़ार जब तक बिलकुल भी प्रतिक्रिया नहीं करता और एक दायरे में दिशाहीन बना रहता है, तब तक सुर्खियों में ब्याज दरों की चिंता नहीं दिखाई देती। वास्तव में ऐसे समय में कुछ विशेषज्ञ दूसरे विकल्प को उचित ठहराने के लिए बढ़ती ब्याज दर के माहौल के दौरान बाज़ारों में आई तेज़ी का उदाहरण देते हुए ऐतिहासिक चार्ट या तालिकाओं का हवाला देते हैं। बाज़ार आगे-आगे चलता है और उसके अनुसार बाद में उसके समर्थन में दलीलों को गढ़ लिया जाता है।

कड़वी हक़ीक़त यह है कि शेयर बाज़ार वही करेगा, जो वह चाहेगा और जब वह चाहेगा। निवेशकों को लगातार मिलते रहने वाले व्यापक आर्थिक संकेतकों को लेकर बहुत ज़्यादा चिंता नहीं करनी चाहिए। उन्हें बस विशिष्ट व्यवसायों और उनके उद्योग विकास पर फ़ोकस करना चाहिए। यही कोई सर्वश्रेष्ठ रूप से कर सकता है। और अधिक कुछ नहीं। हमेशा विनम्र रहें और बौद्धिक रूप से ईमानदार रहें।

निवेशकों की प्रवृत्ति होती है कि वे बाज़ार के अपने सबसे हालिया दर्दनाक क्षणों को बार-बार याद करते हैं। अंततः यह यादें निवेशक के भविष्य के व्यवहार को परिभाषित करती हैं। वित्तीय बाज़ारों में समय-समय पर अराजक हालात के दौरान ज़रूरी फ़ौलादी दिल-दिमाग़ तैयार करने के लिए इतिहास की मजबूत बुनियाद ज़रूरी है। इस अध्याय में साझा किए गए उदाहरण स्पष्ट रूप से यह बताते हैं।

> मैं यूएससी ग्रैजुएट स्कूल में निवेश की पढ़ाई के दौरान चार्ली मंगर से मिला और मुझे उनसे यह महत्त्वपूर्ण प्रश्न पूछने का अवसर मिला, ''अगर अपने आपको एक बेहतर निवेश प्रोफ़ेशनल बनने के लिए मुझे कोई एक चीज़ करना हो, तो वह क्या होगी?'' उन्होंने उत्तर दिया, ''इतिहास पढ़ें! इतिहास पढ़ें! इतिहास पढ़े!'' मुझे अब तक मिली सबसे अच्छी सलाहों में से यह एक है।
>
> –बॉब रोड्रिग्ज़

सर्वप्रथम इतिहास के अध्ययन का उद्देश्य हमें कुछ निश्चित ऐसी संभावनाओं से अवगत कराना है जिन पर हम वैसे विचार नहीं करते। अक्सर हम किसी ऐसी चीज़ से आश्चर्यचकित हो जाते हैं जो हमारे जीवनकाल में कभी नहीं हुई होती लेकिन इसका मतलब यह नहीं है कि ऐसा पहले कभी नहीं हुआ हो। हो सकता है कि वह तथाकथित अभूतपूर्व घटना इतिहास में पहले भी कई बार हो चुकी हो। भविष्यवाणी में उलझने के निरर्थक प्रयासों की बजाय हमें इतिहास से पूरी लगन से हरसंभव सीखने का प्रयास करना चाहिए। इतिहास का अध्ययन करें और प्रासंगिक आधार दरों की जानकारी प्राप्त करें। यानी सामयिक आँकड़ों का लम्बी समय अवधि का ऐतिहासिक डेटा जुटाएँ। दुनिया गोल और वित्तीय चक्र घूमता रहता है और इसकी सर्वव्यापकता के बावजूद लोगों की वित्तीय यादें बहुत सीमित होती हैं। ऐसी दुनिया में यह अभ्यास नवीनता और जीवंतता पूर्वाग्रह से बचने में मदद करता है।

लम्बी अवधि निवेशकों के लिए राजनीति का महत्त्व नहीं

यदि आप इतिहास नहीं जानते तो आप थोड़े समय की सोच रखते हैं। यदि आप इतिहास को जानते हैं तो आप मध्यम और लम्बी अवधि की सोच रखते हैं।

– ली कुआन यू

राष्ट्रपति विलियम मैककिनले की हत्या के बाद 1901 में थियोडोर रूज़वेल्ट (रिपब्लिकन) ने पद की शपथ ली। कुछ दशकों के बाद फ्रेंकलिन डी. रूज़वेल्ट (डेमोक्रेट) राष्ट्रपति बने। रिपब्लिकन रूज़वेल्ट के कार्यकाल की शुरुआत से डेमोक्रेट रूज़वेल्ट के कार्यकाल के अंत तक आर्थिक रूप से प्रतिकूल कई घटनाएँ घटीं। आठ आर्थिक मंदी, एक बड़ी मंदी और 1907 की वित्तीय दहशत और दो निर्मम विश्व युद्ध। हालाँकि इन विपरीत परिस्थितियों के बावजूद अमेरिका का सकल घरेलू उत्पाद (जीडीपी) 1901 में पहले रूज़वेल्ट के पद सँभालते समय 21 अरब डॉलर से बढ़ता हुआ 1945 में दूसरे रूज़वेल्ट की पद पर रहते हुए मृत्यु होने तक लगभग 228 अरब डॉलर हो गया– आश्चर्यजनक रूप से 44 साल में ग्यारह गुना वृद्धि। बीसवीं सदी की शुरुआत से दूसरे विश्व युद्ध के अंत तक चौबीस वर्षों तक व्हाइट हाउस पर रिपब्लिकंस का और 20 साल तक डेमोक्रेट्स् का कब्ज़ा रहा। अमेरिका लगातार आगे बढ़ता रहा, चाहे नेतृत्व रिपब्लिकंस के पास रहा हो या डेमोक्रेट्स के पास।

विश्व युद्धों के बाद के युग में भी राजनीतिक संतुलन इसी तरह का बना रहा। कभी रिपब्लिकंस तो कभी डेमोक्रेट्स। लेकिन अमेरिका आगे बढ़ता रहा है। 1945 से 2016 के अंत तक– बहत्तर साल की अवधि में 36-36 साल रिपब्लिकंस और डेमोक्रेट का राष्ट्रपति पद पर कब्ज़ा रहा है। रिपब्लिकंस और डेमोक्रेट के बहत्तर वर्षों में अमेरिका का सांकेतिक जीडीपी 0.2 ट्रिलियन डॉलर से 18.6 ट्रिलियन डॉलर तक तिरानवे गुना बढ़ा जो 6.4 प्रतिशत की सालाना चक्रवृद्धि दर है। महँगाई के आँकड़ों को शामिल करने पर आकलन और बेहतर हो जाएगा और प्राप्त होने वाली संख्या ज़्यादा उल्लेखनीय है। 1940 के दशक के मध्य में प्रति व्यक्ति वास्तविक सकल घरेलू उत्पाद लगभग 13,000 (आज के डॉलर

में) था। आज यह प्रति व्यक्ति लगभग 56,000 है – केवल ढाई पीढ़ियों में क्रय शक्ति और जीवन स्तर में चार गुना से अधिक की वृद्धि। (आज औसत मध्यवर्गीय अमेरिकी की दैनिक जीवन की जिन सुख–सुविधाओं तक पहुँच है, वह उन सुख सुविधाओं से लाख दर्जा बेहतर हैं जिनका आनंद आज से मात्र सौ साल पहले अमेरिका के सबसे अमीर आदमी जॉन डी. रॉकफ़ेलर ने उठाया था।)

अमेरिका की सफलता का एक बड़ा हिस्सा उसके प्रचुर प्राकृतिक संसाधनों के फ़ायदों और सरकार की प्रणाली के मेल से आया है जिसने अपने नागरिकों को कड़ी मेहनत करने की आज़ादी, नए विचारों को बढ़ाने और वित्तीय लाभ के लिए पूँजी को दाँव पर लगाने की छूट दी है। एडम स्मिथ के ''अदृश्य हाथ'' ने पूँजीवाद की बाज़ार शक्तियों को खुली छूट देने में अहम भूमिका निभाई है। प्रवासी और पूँजी हमेशा क़ानून के शासन वाले देशों के प्रति आकर्षित होते हैं। जहाँ नियम का शासन है वहाँ व्यापारिक संबंधों में भी अधिक विश्वास है।

अमेरिका पूरी दुनिया से सर्वश्रेष्ठ प्रतिभाओं को आकर्षित करना और ग्राहकों को नए उत्पाद तथा सेवाएँ देने वाली दुनिया की कुछ बेहतरीन कंपनियाँ का सृजन करना जारी रखेगा। इस तरह की कंपनियों को इससे ज़ोरदार मुनाफ़ा और कमाई करने की ताक़त मिलेगी तथा इनमें आंशिक हिस्सेदार के रूप में निवेशकों को इन फ़र्मों की बढ़ती समृद्धि से लाभ होगा।

अमेरिका की शासन प्रणाली में अंतर्निहित नियंत्रण और संतुलन व्हाइट हाउस में आने वाले किसी भी राष्ट्रपति की ताक़त को उच्च स्तर पर ले जाती है। इस राष्ट्र का ताना–बाना और इसकी व्यवस्था की नींव किसी भी एक पुरुष या महिला या क़ानून निर्माताओं के किसी विशेष समूह से ज़्यादा सुदृढ़ है। अमेरिका की आर्थिक प्रगति तब भी जारी रहेगी, जब वाशिंगटन में रिपब्लिकन का नियंत्रण है, और तब भी जारी रहेगी जब नियंत्रण डेमोक्रेट के पास होगा। गुणवत्तापूर्ण व्यवसायों के माध्यम से इस महान प्रणाली के एक हिस्से का लम्बी अवधि के लिए मालिक होना जीतने की गारंटी है।

भारत में अक्सर चुनावी वर्षों के दौरान सरकार के गठन को लेकर तमाम शोर और चिंताएँ पैदा हो जाती हैं। गठबंधन सरकार बनने पर बाज़ार के टूटने को लेकर निवेशकों में लगातार डर बना रहता है। लेकिन आँकड़े अक्सर इन परंपरागत मान्यताओं को ध्वस्त कर देते हैं।(तालिका 26.1)।

तालिका 26.1 : राजनीतिक शासन व्यवस्था की परवाह किए बगैर भारत और इसके बाज़ार लगातार आगे बढ़ रहे हैं।

लोकसभा कार्यकाल	सत्ताधारी पार्टी या गठबंधन की सबसे बड़ी पार्टी के संसदीय मंत्री	सरकार का स्वरूप	कार्यकाल के दौरान सेंसेक्स की सालाना चक्रवृद्धि दर	प्रधानमंत्री
1984-1989	414	बहुमत	21.8%	राजीव गाँधी
1989-1991	143	अल्पमत	48.6%	वी पी सिंह, चंद्रशेखर
1991-1996	244	अल्पमत	24.7%	पी वी नरसिंह राव
1996-1998	46	अल्पमत	-5.3%	एच डी देवेगौडा, आई के गुजराल
1998-1999	182	अल्पमत	24.3%	अटलबिहारी वाजपेयी
1999-2004	182	बहुमत	4.0%	अटलबिहारी वाजपेयी
2004-2009	143	अल्पमत	19.0%	मनमोहन सिंह
2009-2014	206	बहुमत	10.0%	मनमोहन सिंह
2014-2019	282	बहुमत	11.5%	नरेंद्र मोदी

जैसा कि कहा जाता है, ''पृथ्वी पर कोई भी ताक़त ऐसे किसी विचार को नहीं रोक सकती जिसका समय आ गया है।'' और भारत का समय आ गया है। भारत को एक ट्रिलियन डॉलर के सकल घरेलू उत्पाद तक पहुँचने में साठ साल लग गए लेकिन दो ट्रिलियन तक पहुँचने में केवल सात साल। अगले ट्रिलियन तक और तेज़ी से पहुँचने की उम्मीद है। भले ही बाज़ार पूँजी से जीडीपी का अनुपात लम्बे समय तक समान रहेगा लेकिन भारत के महान कारोबारों में निवेशकों के लिए धन कमाने के अकूत भंडार की कल्पना की जा सकती है। खरबों डॉलर। बदले में इसका देश की समृद्धि पर कई गुना सकारात्मक प्रभाव होगा।

अस्थिरता के कारण जब भी तेज़ गिरावट होती है तो निवेशक घबरा जाते हैं। राजनीतिक व्यवस्था कोई भी हो, तेज़ी और मंदी, दोनों ही बाज़ारों में समय-समय पर अस्थिरता से गिरावट आना उसी तरह से तय है जैया रात के बाद दिन होना। निम्नलिखित चार्ट भारतीय शेयर बाज़ारों (निफ़्टी) में 1991 से (चित्र 26.3) और अमेरिकी शेयर बाज़ारों (एसऐंडपी 500) में 1920 के अंत के बाद से (तालिका 26.2) अलग-अलग राजनीतिक शासन के दौरान अधिकतम गिरावट को दर्शाते हैं।

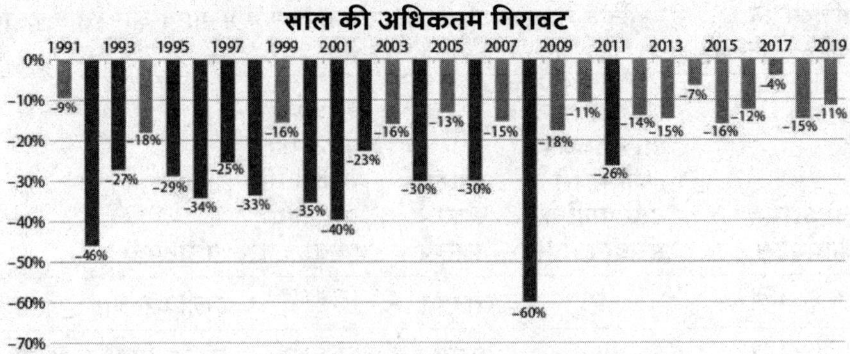

चित्र 26.3 भारतीय शेयर बाज़ार (निफ़्टी) में सबसे बड़ी गिरावट, 1991–2019

Source: Arun Kumar, The Eighty Twenty Investor (blog), October 11, 2019, used by permission of the author

तालिका 26.2 अमेरिकी इक्विटी बाज़ारों (एसऐंडपी 500) में सबसे बड़ी गिरावट, 1929 से–वर्तमान

राष्ट्रपति	कार्यकाल शुरू	कार्यकाल समाप्त	सबसे बड़ी गिरावट
हर्बर्ट हूवर	4 मार्च, 1929	3 मार्च, 1933	– 86.19%
फ़्रैंकलिन रूजवेल्ट	4 मार्च, 1933	19 जनवरी, 1937	–33.93%
	20 जनवरी, 1937	19 जनवरी, 1941	–54.47%
	20 जनवरी, 1941	11 अप्रैल, 1945	–28.79%
हॅरी ट्रुमन	12 अप्रैल, 1945	19 जनवरी,1949	–28.47%
	20 जनवरी, 1949	19 जनवरी,1953	–14.02%
ड्वाईट आइज़नहॉवर	20 जनवरी, 1953	20 जनवरी, 1957	–14.43%
	21 जनवरी, 1957	19 जनवरी, 1961	–20.66%
जॉन एफ़ कैनेडी	20 जनवरी, 1961	19 जनवरी, 1965	–27.97%
लिंडन जॉनसन	20 जनवरी, 1965	19 जनवरी, 1969	–22.18%
रिचर्ड निक्सन	20 जनवरी, 1969	19 जनवरी, 1973	–34.73%
	20 जनवरी, 1973	19 जनवरी, 1977	– 47.32%
जिमी कार्टर	20 जनवरी, 1977	19 जनवरी, 1981	–17.07%
रोनाल्ड रीगन	20 जनवरी, 1981	20 जनवरी, 1985	–25.30%
	21 जनवरी, 1985	19 जनवरी, 1989	–33.51%
जॉर्ज बुश	20 जनवरी, 1989	19 जनवरी, 1993	–19.92%
बिल क्लिंटन	20 जनवरी, 1993	19 जनवरी, 1997	–8.94%

	21 जनवरी, 1997	19 जनवरी, 2001	−19.34%
जॉर्ज डब्ल्यू. बुश	20 जनवरी, 2001	19 जनवरी, 2005	−43.46%
	20 जनवरी, 2005	19 जनवरी, 2009	− 51.93%
बराक ओबामा	20 जनवरी, 2009	19 जनवरी, 2013	−22.60%
	21 जनवरी, 2013	19 जनवरी, 2017	−14.16%
डोनाल्ड ट्रम्प	20 जनवरी, 2017	???	???

* लिंडन जॉनसन ने 22 नवम्बर 1963 को शपथ ली

** गैराल्ड फ़ोर्ड ने 9 अगस्त 1974 को शपथ ली

शेयरों की क़ीमतों में इस अस्थायी उतार-चढ़ाव ने क्या बड़ी दौलत बनाने वाले बड़े कारोबारों की लम्बी अवधि के व्यवसाय में क्या रत्ती भर भी कमी की? नहीं।

समय-समय पर सामान्य तीव्र सुधार और यदा-कदा मंदी के दौरान पॉल हार्वे के शब्दों को ध्यान में रखें : ''ऐसे समय में, यह याद रखना मददगार होता है कि इस तरह का समय हमेशा आता रहा है।''

वित्तीय इतिहास के जिज्ञासु छात्र बनें

आप जिस इतिहास से अनजान हैं, उसके अलावा दुनिया में कुछ भी नया नहीं है।

– हैरी ट्रूमैन

अतीत को दोहराने के लिए उन लोगों की निंदा की जाती है, जो उस अतीत को याद नहीं रख पाते।

– जॉर्ज सैंटायना

प्रत्येक निवेशक के इतिहास के ज्ञान में पिछले उन्मादों और बड़ी गिरावट का अध्ययन शामिल होना चाहिए। यह हमें लोगों के मनोविज्ञान, सरकारों और राष्ट्रों के बारे में जो जानकारी और शिक्षा देता है, वैसी लगभग कोई अन्य विषय नहीं दे सकता है। इससे भी महत्त्वपूर्ण बात यह है कि यह बताता है कि बाज़ारों में शायद ही कोई घटना अभूतपूर्व होती है। वित्त क्षेत्र में एकमात्र नई चीज़ वह इतिहास है जो हमने नहीं पढ़ा है। हमारी कल्पना केवल हमारे इतिहास के ज्ञान तक ही सीमित है। इसलिए पहले जो कुछ भी ग़लत हुआ है, उसकी हरसंभव व्यापक सीमा को जान लेना हमें भविष्य में क्या और ग़लत हो सकता है, उसके लिए बेहतर तरीक़े से तैयार करता है।

फ्रांसीसी विद्वान गुस्ताव ले बॉन ने फ्रांसीसी राजनीति की शेखी बघारते हुए सामाजिक मनोविज्ञान पर प्रभावशाली कृति द *क्राउड* लिखी है। लेकिन इसमें उन्होंने यह भी विस्तार से बताया है कि शेयर बाज़ार में किस तरह से उन्माद उत्पन्न हो जाता है। 1895 में प्रकाशन के बाद भी यह भीड़ के मनोविज्ञान पर व्यापक तौर पर बहुत ही प्रामाणिक किताब मानी जाती है। किताब में समझाया गया है कि कैसे एक भीड़ नियंत्रित तर्क से अनियंत्रित भावनाओं में बहने लगती है जिसके परिणामस्वरूप जाग्रत व्यक्तित्व भी सामूहिक मानसिकता में गुम हो जाते हैं। भीड़ के प्रभाव में, व्यक्ति विचित्र तरीक़े से व्यवहार करने लगता है, जो वह अकेले रहते हुए कभी नहीं करेगा। ले बॉन के काम का मुख्य निष्कर्ष है कि तथ्यों और औचित्य पर नहीं बल्कि जुनून, भावनाओं और प्रवृत्ति में सामूहिक चेतना का जहाँ लोप हो जाता है, उसके सबसे निचले, सबसे बर्बर स्तर पर भीड़ की मानसिकता एक हो जाती है। भीड़ तमाशों, छवियों और मिथकों से प्रभावित होती है। ग़लत सूचना और अतिरंजना संक्रामक हो जाती है। सच्चे आस्तिकों के साथ प्रतिष्ठा जुड़ जाती है जो साझा मान्यताओं की पुष्टि करते हैं। इन परिस्थितियों में भीड़ एक भ्रम का पीछा करती रती है, जब तक कि वह अंततः अनुभव से नष्ट नहीं हो जाता।

जेसी लिवरमोर को यह कहते हुए उद्धृत किया गया है :

> मानवीय कारकों का अध्ययन करने में लाभ है – किस आसानी से इंसान उस पर विश्वास करते हैं जिस पर विश्वास करना उन्हें अच्छा लगता है; और कैसे वे खुद को अपनी कार्यकुशलता या औसत व्यक्ति की लापरवाही की क़ीमत से प्रभावित होने देते हैं या वास्तव में प्रभावित होने का आह्वान करते हैं। *भय और आशा उसी तरह से बनी हुई है। इसलिए सट्टेबाजों के मनोविज्ञान का अध्ययन उतना ही मूल्यवान है जितना यह पहले था।*
>
> *...इतिहास कहीं भी इतनी बार और इतने नियमित रूप से नहीं दोहराता जैसा शेयर बाज़ारों में दोहराता है।* जब आप बाज़ार में बूम या घबराहट के अलग–अलग दौर के बारे में पढ़ेंगे तो आप वास्तव में बहुत ज़्यादा चौंक जाएँगे कि इनमें कितनी समानता है। बीते कल और आज के शेयरों के भावों में सट्टेबाजी या शेयर सट्टेबाज में कितनी कम भिन्नता है। ना खेल बदलता है और ना इंसान की फ़ितरत।

मानव स्वभाव सदियों से वैसा ही है, इसमें कोई बदलाव नहीं आया है। इसी तरह से लालच और भय की भावनाएँ भी शाश्वत बनी हुई हैं जो सुनिश्चित करती हैं कि सट्टेबाजी जैसी मूर्खताएँ चलती रहें और वे तेज़ी और मंदी के अंतहीन चक्र को आगे बढ़ाती रहें। प्रमुख ऐतिहासिक घटनाओं में शामिल हैं – डच ट्यूलिप उन्माद; साउथ सी बबल (एक पौराणिक कम्पनी को "बड़े फ़ायदे का उपक्रम संचालित करने के लिए किराए पर लिया गया, लेकिन किसी को पता नहीं चला यह फ़ायदा क्या है); द रोरिंग ट्वेंटीज़ (फ़्लोरिडा लैंड बबल सहित), इसके बाद 1929 की बड़ी मंदी; 1960 के दशक में "ट्रॉनिक्स बूम।" और 1970 के दशक में निफ़्टी फिफ़्टी। हाल की घटनाओं में 1980 के दशक में अमेरिकी बायोटेक बबल और जापान का एसेट बबल, 1990 के दशक में टेक बबल, 2000 के

दशक में हाउसिंग बबल, और 2017 का क्रिप्टोकरेंसी बबल। इनमें से कई मामलों में निवेशकों का मानना था कि वे एक साहसिक अभियान में भाग ले रहे हैं, जो दुनिया में बड़ा बदलाव लाकर उसे बदल देगा। (निवेश के मामलों में अक्सर तकनीकी क्रांति या एक पूरी तरह से नए उद्योग या आविष्कार का हिस्सा होने की रोमांटिक अपील अक्सर निवेशकों के दिलो-दिमाग़ में लाभ की संभावना को भी पीछे छोड़ देती है।)

बबल की पहचान आम तौर पर किसी बड़ी टेक्नोलॉजी क्रान्ति, नक़दी की सस्ती उपलब्धता, अधिक उधार को छुपाने वाला वित्तीय नवाचार (जॉन केनेथ गैलब्रेथ के शब्दों में, ''वित्त जगत पहिये के आविष्कार का बार-बार जश्न मनाता है, अक्सर हर बार कुछ अधिक अस्थिर संस्करण के साथ''), अंतिम बबल के बारे में भूलने की बीमारी, और प्रतिभूति के मूल्यांकन की समय की कसौटी पर खरे उतरे तरीक़ों को छोड़ देना। उधार नक़दी और मार्जिन पर ख़रीदी, आग को और हवा देती है।

जब ये स्थितियाँ मौजूद हों, तो जॉन टेम्पलटन की चेतावनी को हमेशा याद रखें : ''निवेश में चार सबसे ख़तरनाक शब्द हैं 'इस बार, यह अलग है'।'' वित्तीय इतिहास में हर बुलबुले फूटता है। लेकिन इसका समय हमेशा सभी को हैरान करने वाला रहा है। बाज़ार उन्माद की अवधि के दौरान आपको हो कता है कि साल भर तक कोई भी आइडिया ना सूझे। लेकिन ग़रीब होने से बेहतर है संयम रखना। पैसे कमाने का समय होता है-और पैसे खोने से बचने का समय होता है। बाज़ार सब कुछ बराबर कर देने का सबसे उपयुक्त स्थान है। अचानक भारी गिरावट के बाद सब कुछ साफ़ नज़र आने लगता है। यह आपके अहंकार को कम कर देता है और आपको अपनी कमियों तथा कमज़ोरियों का अहसास होता है। सबसे महत्त्वपूर्ण विशिष्ट व्यवसाय मॉडल के स्थायित्व, कमाई की गुणवत्ता, विवेकपूर्ण विविधता लाने, और प्रबंधन की ईमानदारी पर बुनियादी सबक़ की ओर निवेशकों की वापसी होती है। मंदी का बाज़ार निवेश की मूलभूत सच्चाइयों को फिर से सामने लाते हैं। उन्हें देखने और अपने शेष निवेश जीवन के लिए उन्हें आत्मसात करने में समर्थ बनने के लिए हमें विनम्रता अपनाने और अपनी ग़लतियों को स्वीकार करने के लिए तैयार रहने की ज़रूरत है।

हमेशा विनम्र रहें और याद रखें कि वैश्विक वित्तीय संकट के बाद के दस साल निवेश के ट्रैक रिकॉर्ड और पेशेवर करियर के प्रति बहुत उदार रहे हैं। यदि आपने इस दौरान किसी भी समय अपनी शुरुआत की है तो आभारी रहें-और इतिहास पढ़ने में कंजूसी नहीं करें।

पूर्वानुमान लगाना निरर्थक है। पीटर लिंच के गहरा संदेश देने वाले इस सूक्त वाक्य के साथ इस अध्याय को ख़त्म करना उपयुक्त प्रतीत होता है : ''अमेरिका में 60,000 अर्थशास्त्री हैं जिनमें से कई पूर्णकालिक रोजगार में हैं और मंदी तथा ब्याज दरों का पूर्वानुमान लगाने की कोशिश कर रहे हैं। यदि वे लगातार दो बार सफलतापूर्वक ऐसा कर सकते तो वे सभी अब तक करोड़पति बन चुके होंगे लेकिन जहाँ तक मुझे पता है, उनमें से अधिकांश अभी भी वेतन पर नौकरी कर रहे हैं। इससे हमें कुछ समझना चाहिए।'' इसमें आगे कुछ कहने के लिए मेरे पास कुछ नहीं है।

अध्याय 27

अपनी मान्यताओं को नवीनतम करें

अगर कोई मेरा खंडन कर सकता है तो मुझे बताए कि मैं ग़लती कर रहा हूँ या ग़लत नज़रिए से देख रहा हूँ –मुझे बदलाव लाने में ख़ुशी होगी। मैं सच का अनुसरण कर रहा हूँ और सच ने कभी किसी को नुक़सान नहीं पहुँचाया। अपने आप को धोखे और अज्ञानता में बनाए रखना हमें नुक़सान पहुँचाता है।

– मार्कस ऑरेलियस

21वीं सदी के निरक्षर वे नहीं होंगे जो पढ़ और लिख नहीं सकते, बल्कि वे होंगे जो सीख नहीं सकते, सीखे हुए को भूल नहीं सकते और दोबारा नहीं सीख सकते।

– एल्विन टॉफ़लर

अपना अस्तित्व बचाकर रखने वाली प्रजातियाँ वे नहीं हैं जो सबसे मजबूत हैं या सबसे बुद्धिमान हैं बल्कि वे हैं जो परिवर्तन करने में सबसे तेज़ हैं।

–चार्ल्स डार्विन

जब तथ्य बदलते हैं तो मैं अपना मन बदल लेता हूँ। आप क्या करते हैं, महोदय?

– जॉन मेनार्ड कीन्स

दूसरों के लिए, ग़लत होना शर्म का कारण है; मेरे लिए, अपनी ग़लतियों को पहचानना गर्व का विषय है। एक बार हम यह जान लेते हैं कि अपूर्ण समझ

इंसान मानवीय स्थिति है, तो ग़लत होने में कोई शर्म की बात नहीं है, केवल अपनी ग़लतियाँ सही करने में असफल रहना ही शर्म की बात है।

– जॉर्ज सोरोस

चार्ली और मेरा मानना है कि जब आपको आपकी मौजूदा मान्यताओं के विपरीत कोई जानकारी मिलती है तो इसे देखना और तुरंत देखना आपका दायित्व है।

– वॉरेन बफ़ेट

लोग बड़ी मात्रा में निश्चित निष्कर्ष और दृष्टिकोण दिमाग़ में जमा कर लेते हैं जिनको अक्सर दोबारा जाँचा और बदला नहीं जाता, हालाँकि इसके बहुत सारे ठोस सबूत होते हैं कि वे ग़लत हैं।

– चार्ली मंगर

यदि आप दिशा नहीं बदलते हैं, तो आप वहीं पहुँच सकते हैं, जहाँ आप जा रहे थे।

– लाओ त्ज़ू

अपने विचार बदलने और विचार बदलने की कोई ज़रूरत नहीं साबित करने – इन दोनों विकल्पों के बीच चुनाव की नौबत आने पर लगभग हर कोई सबूत जुटाने में व्यस्त है।

– जॉन केनेथ गैलब्रेथ

पुष्टि का पूर्वाग्रह–आप जिस पर विश्वास करना चाहते हैं, उस पर विश्वास करना और विपरीत जानकारी को नज़रअंदाज़ करना–इसने अनगिनत निवेश पोर्टफ़ोलियो और कारोबारों को समान रूप से तबाह किया है।

– स्कॉट फ़ियरन

यदि हम केवल अपनी मान्यताओं की पुष्टि करना चाहेंगे, तो हम ग़लत होंगे तो यह कभी नहीं जान पाएँगे। आत्म–आलोचना करें और अपने सबसे प्रिय विचारों को भी भूल जाएँ। उन साक्ष्यों की खोज करें जो विचारों और धारणाओं को ख़ारिज करते हैं। वैकल्पिक परिणामों, दृष्टिकोणों और जवाबों पर विचार करें।

– पीटर बेवेलिन

शारीरिक रूप से आधुनिक मानव-हमारी मानव प्रजाति, *होमो सेपियन्स*, ''बुद्धिमान मनुष्य''-जीवाश्म रिकॉर्ड में पहली बार इथियोपिया में लगभग 200,000 साल पहले प्रकट हुआ। हज़ारों-लाखों वर्षों से होमो सेपियन्स ग्रह पर प्रसिद्ध निएंडरथल सहित अन्य प्रजातियों के मनुष्यों, जिनके बारे में विज्ञान को ज़्यादा जानकारी नहीं है और जो अब विलुप्त हो गई हैं, उनके साथ रह रहा था। लेकिन केवल पिछले दो सौ वर्षों में ही हमने अपने जीवन स्तर में सुधार किया है। माइकल रोथ्सचाइल्ड ने अपनी किताब *बायोनॉमिक्स : इकोनॉमिक्स एज़ बिजनेस इकोसिस्टम* में चौंकाने वाली तुलना की है। अगर हम इन 200,000 वर्षों को 24 घंटे मान लें तो इसके पहले 23 घंटे या उसके आसपास, हम सिर्फ़ शिकारी और संग्रहकर्ता थे। रात 11 बजे से 11.58 बजे तक हमारी प्रजाति ने निर्वाह, खेती और कला कौशल कर जीवन यापन किया। रोथ्सचाइल्ड का कहना है कि पूरा आधुनिक औद्योगिक जीवन हमारी मानव प्रजाति के इस 24 घंटे के अंतिम 90 सेकंड में ही सामने आया है। हम बदलावों के लिए नए हैं और बदलाव हमारे लिए नया है।

> दुनिया की सबसे बड़ी टैक्सी कम्पनी उबर के पास कोई वाहन नहीं है। दुनिया का सबसे लोकप्रिय मीडिया फ़ेसबुक कंटेंट का सृजन नहीं करता। सबसे मूल्यवान खुदरा विक्रेता अलीबाबा के पास कोई वस्तु सामग्री नहीं है। और आश्रय देने में दुनिया में सबसे बड़ा एअरबीएनबी किसी अचल संपत्ति का मालिक नहीं है। कुछ दिलचस्प हो रहा है।
>
> – टॉम गुडविन

''हम एक निरंतर बदलती दुनिया में रह रहे हैं।'' यह घिसा-पिटा बयान तो है ही, साथ ही स्थिति बहुत कमज़ोर तरीक़े से बयान करता है। नियम हर समय बदलते रहते हैं, नई टेक्नोलॉजी उभरती हैं, अनोखे व्यवसाय मॉडल विकसित होते हैं, और जीवन के सभी क्षेत्रों में विध्वंसक नवाचार आकार लेते हैं। यह जीवन का रोमांचक समय है। रॉकेट खुद ही लैंड हो रहे हैं, कारें स्वयं चल रही हैं, और धन खुद को नियंत्रित कर रहा है। इसके अलावा ''स्वामित्व के ख़रीदने'' से ''पहुँच के लिए शुल्क भरने'' का जारी बदलाव कई परंपराओं को पार कर गया है। अमेरिकी बाज़ार की पाँच बड़ी कंपनियों (एपल, गूगल, माइक्रोसॉफ़्ट, एमेज़ॉन और फ़ेसबुक) को वास्तव में आगे बढ़ने के लिए किसी पूँजी की ज़रूरत नहीं है। ये सभी व्यवसाय कार्नेगी के इस्पात संयंत्रों या रॉकफ़ेलर के तेल शोधन संयंत्रों की तुलना में बहुत तेज़ी से बढ़े हैं। उन्नीसवीं सदी के अंत और बीसवीं सदी की शुरुआत में पूरे देश में तेल शोधन संयंत्रों का नेटवर्क तैयार करने में दशकों की मेहनत, पसीना और काफ़ी बड़ी पूँजी लगी थी। लेकिन फ़ेसबुक को शून्य से 100 अरब डॉलर मूल्य का कारोबार बनाने में मार्क ज़करबर्ग को सिर्फ आठ साल लगे – और 300 अरब डॉलर तक पहुँचने में 300 अरब डॉलर और।

> बड़ी तसवीर यह है कि पूरी दुनिया सॉफ़्टवेयर पर ही चल रही है– पिछले 150 साल में विकसित हुए कई उत्पाद और सेवाओं को सॉफ़्टवेयर बदल रहे हैं या उनमें

> बाधक बन रहे हैं। इसमें काफ़ी सारे अर्थ छुपे हैं; *सॉफ़्टवेयर की असीमित कॉपी बन सकती हैं और, इंटरनेट के माध्यम से, बिना किसी लागत के इसे वितरित किया जा सकता है। जब व्यवसाय में लगने वाली एक प्रमुख लागत – वितरण लागत – शून्य हो जाती है, तो पूरे उद्योग में उठा-पटक हो जाती है। जब कोई पूरी तरह नए सिरे से नई धारणाओं के साथ बिजनेस मॉडल बना सकता है, वह मौजूदा कारोबारों के लिए इस तरह से ख़तरा उत्पन्न कर सकता है जिससे बचाव करना कठिन है।*
>
> – मार्सेलो लीमा

निवेश मूल्यांकन के पुरातन और कठोर मॉडल तथा पद्धतियाँ ध्वस्त हो रहे हैं और इन पुरानी तकनीकों पर निर्भरता बनी रहने से मूल्य जाल की मूल्य निवेश के रूप में पहचान होने का ख़तरा है। मूल्यवान निवेश ख़त्म नहीं हुआ है (जैसा कि मीडिया में अक्सर कहा जाता है), बल्कि यह महत्त्वपूर्ण हो गया है कि कैसे हम मूल्य को मापते हैं। पिछली शताब्दी के अधिकांश समय में, बही मूल्य या बुक वैल्यू अधिकांश कंपनियों के लिए मूल्यांकन का सबसे प्रासंगिक तरीक़ा था। लेकिन गूगल, एमेज़ॉन या फ़ेसबुक जैसी कंपनियों के लिए बही मूल्य का कोई मतलब नहीं है। जैसे नवाचार का एस- वक्र गहरा हुआ है, उसे अपनाने का चक्र भी तेज़ हो गया है। आज नए कारोबारी मॉडल पैसा कमाते हैं और वे बने रहने वाले हैं। हालाँकि सोशल मीडिया को अपनाने का चक्र रेडियो या बिजली की तुलना में अलग है, तब भी कई निवेशक अतीत से भविष्य का अनुमान लगाते हैं और महान अवसर गँवा देते हैं। निवेश की यात्रा का असली सार मूर्त से अमूर्त तक की यात्रा है।

एक सदी पहले की महान कंपनियाँ मुख्यतः अपने उद्योग तक ही सीमित थीं। रॉकफेलर एक तेल व्यवसायी थे। उन्होंने कभी खुदरा, बैंकिंग, या किसी अन्य उद्योग में जाने के बारे में सोचा भी नहीं होगा। लेकिन एमेजॉन जैसी कंपनियां खुदरा क्षेत्र में शुरुआत करती हैं और फिर व्यवसायों की कई नई श्रंखलाओं में विस्तार के लिए अपनी बुनियाद और उपयोगकर्ता आधार का उपयोग करती हैं।

ऐसे परिदृश्य में आज के युग में सफल होने के लिए जिस प्रमुख कौशल की ज़रूरत है, वह है लचीली सोच। मनोविज्ञान में इसे संज्ञानात्मक लचीलेपन के रूप में जाना जाता है। मनोवैज्ञानिक रचनात्मकता, आलोचनात्मक सोच और संकट समाधान जैसे अन्य हुनर के साथ लचीली सोच को सफलता केलिए जरूरी महत्त्वपूर्ण मानसिक कौशल के रूप में मानते हैं। वॉरेन बफ़ेट के अनुसार हेनरी सिंगलटन का अपने समय में अमेरिकी व्यवसाय में परिचालन और पूँजी को प्रयुक्त करने का सर्वश्रेष्ठ रिकॉर्ड था। सिंगलटन ने *बिज़नेसवीक* के साथ एक साक्षात्कार में कहा, ''मेरी एकमात्र योजना है काम पर आते रहना... मुझे भविष्य में आगे की योजना बनाने की बजाय हर दिन नाव खेना पसंद है।'' सिंगलटन ने लचीली सोच रखते हुए विस्तृत रणनीतिक योजनाओं को छोड़ दिया : ''मैं बहुत से लोगों को जानता हूँ जिनके पास बहुत मजबूत और निश्चित योजनाएँ हैं, उन्होंने सभी तरह की चीज़ों पर काम किया है, लेकिन हम बहुत बड़ी संख्या में बाहरी प्रभावों के अधीन हैं और उनमें से

अधिकांश की भविष्यवाणी नहीं की जा सकती। इसलिए मेरा विचार लचीला बने रहने का है।'' कुछ इसी तरह से चार्ली मंगर कहते हैं बर्कशायर में, ''कभी कोई मास्टर प्लान नहीं रहा।'' जो भी यह करना चाहता था, हमने उसे निकाल दिया, क्योंकि यह योजना अपना एक समय लेती है और नई वास्तविकता को शामिल नहीं करती। हम चाहते हैं कि *लोग नई सूचनाओं को ध्यान में रखें।*

लचीली सोच का मतलब नए तथ्यों या स्थितियों का सामना होने पर दिमाग़ को खुला रखने की क्षमता का होना और अपने पुराने विचारों तथा मान्यताओं से बने नज़रियों को बदलने के प्रति अनुकूल होना है, चाहे वे कितने ही कट्टर क्यों ना हों। बाज़ार के बारे में जो कुछ भी लिखा गया है, उसमें से अधिकांश यही बताता है उसे किस तरह का होना चाहिए। लेकिन सफल निवेशक उस तरीक़े से कठोरता से नहीं चिपके रहते जैसा होना चाहिए। वे सीधे तरीक़े से उस पर चलते हैं जैसा वह है। अच्छे निवेशक ख़ूब पढ़ते हैं और किताबों से मिली सीख का अभ्यास करते हैं, लेकिन सर्वश्रेष्ठ निवेशक जिस बाज़ार में काम कर रहे हैं, उसकी असली ज़मीनी हक़ीक़तों के अनुरूप खुद को ढालने के लिए सोच-समझकर, तर्कपूर्ण और सचेत होकर प्रयास करते हैं।

अपनी किताब *''डेड कम्पनीज़ वॉकिंग''* में स्कॉट फ़ियरन लिखते हैं, ''असफलता लोगों को भयभीत कर देती है। वे इसे कमतर करने, इससे पल्ला झाड़ लेने और इसके अस्तित्व को ही नकार देने के लिए जो भी बन पड़ता है, वे करेंगे। उनकी दुर्दशा की सच्चाई सामने आने के बाद भी ज़्यादातर लम्बे समय तक वे इससे इंकार करते चले जाएँगे।''

फ़ियरन का इशारा ''ख़तरे को देखकर मुँह छुपाने की ओर था।'' शुतुरमुर्ग किसी ख़तरे से डरकर अपना सिर रेत में छिपा लेते हैं। उनको लगता है कि वे ख़तरे को नहीं देखेंगे तो सुरक्षित रहेंगे। मनोवैज्ञानिकों के अनुसार उस जानकारी को अनदेखा करना जो हमारी मदद कर सकती है – यह लक्षण वास्तव में असहज तथ्यों को स्वीकार करने से जुड़ी नकारात्मक भावनाओं से बचने की ज़रूरत से पैदा होता है। मनोवैज्ञानिक रूप से इनकार करना और वास्तविकता को स्वीकार ना करना सामान्य मानवीय दोष को बताता है। मंगर ने इस मानव स्वभाव के बारे में चर्चा करते हुए कहा : ''मुझे लगता है कि व्यक्ति को वास्तविकता को पसंद नहीं करने पर भी इसे स्वीकार करना चाहिए, वास्तव में, *ख़ासकर जब उसे यह पसंद नहीं है।''*

उन्होंने यह भी कहा है,

> जीवन, कुछ हद तक, एक पोकर गेम की तरह है, जिसमें आपको कभी-कभी मनपसंद पत्ते होने पर भी बीच में छोड़ना सीखना होता है। आपको ग़लतियों को संभालना और विषमताओं में बदलाव लाने वाले नए तथ्यों को सीखना चाहिए।
>
> हम सभी हर समय विचारों को सीख रहे हैं, संशोधित कर रहे हैं या नष्ट कर रहे हैं। सही समय आने पर अपने विचारों को तेज़ी से नष्ट कर देना सबसे मूल्यवान गुणों में से है जिसे सीखना चाहिए। आपको स्वयं को दूसरे पक्ष के तर्कों पर विचार करने के लिए बाध्य करना चाहिए। कोई भी ऐसा तरीक़ा नहीं है

> जिससे आप भरपूर जीवन बिना कई सारी ग़लतियाँ किए हुए बिता सकें। वास्तव में अपनी ग़लतियों को सँभालना भी जीवन की एक तरक़ीब है। मनोवैज्ञानिक रूप से इनकार करने की प्रवत्ति को नियंत्रित करने में विफलता के कारण लोगों का बिखरना बहुत आम कारण है।

व्यवसायी और निवेशक इन सलाहों को नजरअंदाज कर देते हैं और अपने पसंदीदा प्रोजेक्ट तथा पसंदीदा शेयरों को कभी नहीं छोड़ते, भले ही उनको जारी रखने का कोई मतलब नहीं रह जाता है। वे ख़राब कारोबारों में पैसा बर्बाद करते रहते हैं या गिरते हुए कारोबार में औसत लागत कम करने के लिए धन लगाते रहते हैं। वे जब तक बर्बाद नहीं हो जाते, तब तक इसी तरीक़े से आगे बढ़ते रहते हैं। दिवालिया होने के सबसे अचूक तरीक़ों में से एक है सिकुड़ते बाज़ार की बढ़ती हुई हिस्सेदारी प्राप्त करते रहना। यह धीमी लेकिन निश्चित मौत है। अचानक नहीं तो यह धीरे-धीरे आ ही जाती है।

केवल अनदेखी करने से अप्रिय तथ्य ख़त्म नहीं हो जाते। वर्ष 2000 में बर्कशायर की वार्षिक बैठक के दौरान बदलती हक़ीक़तों को सही भावना में शालीनता से स्वीकार करने के संबंध में मंगर की टिप्पणियों से सीखना चाहिए : ''मुझे लगता है कि कुछ व्यवसायों की मौत हो जाना स्वाभाविक बनावट ही थी। यह भी स्वाभाविक है कि कुछ मामलों में आपको इससे लड़ना नहीं चाहिए। कुछ मामलों में अपना पैसा बाहर निकालकर कहीं और निवेश करने के सिवाय कोई तार्किक उत्तर नहीं होता है।''

ये शब्द मुझे डेनियल काह्नमैन के एक उद्धरण की याद दिलाते हैं जो बार-बार गौर करने के लायक़ है :

> जब मैं काम करता हूँ तो मेरी कोई डूबत लागत नहीं होती। मुझे अपनी सोच बदलना पसंद है। कुछ लोग इसे पसंद नहीं करते लेकिन मुझे अपनी सोच बदलना बहुत रोमांचित करता है। यह एक संकेत है कि मैं कुछ सीख रहा हूँ। इसलिए इस अर्थ में कोई डूबत लागत नहीं है कि यदि मुझे कोई बेहतर आइडिया मिलता है तो मैं जिस आइडिया पर एक साल से काम कर रहा हूँ उससे हट सकता हूँ। शोधकर्ताओं के लिए यह सही दृष्टिकोण है। युवा शोधकर्ता लागत के डूबने के ही भ्रमजाल में फँस जाते हैं। वे किसी प्रोजेक्ट पर काम करते हैं जो प्रभावी और आशान्वित नहीं करता है लेकिन वे इसे जारी रखते हैं। मुझे लगता है कि बौद्धिक जगत में बहुत अधिक दृढ़ता आपके लिए हानिकारक हो सकती है।

सही और लाभप्रद निवेश अपने आइडिया पर आगे बढ़ते जाने के दृढ़ विश्वास और ग़लती हो जाने पर उसको स्वीकार करन के लचीलेपन के बीच एक ख़ास संतुलन है। आपको कहीं विश्वास करने की ज़रूरत है लेकिन साथ ही यह पहचानने की ज़रूरत है कि आप निवेश करियर के दौरान कई बार काफ़ी हद तक ग़लत होंगे। सभी निवेशकों के लिए यह बात सच है, चाहे वे कितने ही बड़े निवेशक क्यों ना हों। गहन अनुभव और ग़लतियों से आत्मविश्वास और विनम्रता के बीच के संतुलन की गहरी समझ हासिल होती है। हमेशा

सौदे में दूसरे पक्ष का सम्मान करें और अपने आप से सवाल करें कि वह क्यों बेचना या ख़रीदना चाहता है? वह क्या जानता है जो मैं नहीं जानता? आपको हर समय अपने प्रति बौद्धिक रूप से ईमानदार रहना चाहिए। महान निवेशक सत्य की सक्रिय और निरंतर खोज करने वाले रहे हैं। (सभी व्यवसायियों और निवेशकों को बफ़ेट के 1985 के पत्र का अध्ययन करना चाहिए जिसमें उन्होंने बर्कशायर की वस्त्र इकाई को बंद करने के निर्णय के बारे में बताया है। यह तर्कसंगतता और निष्पक्षता की उल्लेखनीय केस स्टडी है।)

दक्षिणी कैलिफ़ोर्निया विश्वविद्यालय के मार्शल स्कूल ऑफ़ बिज़नेस में 1994 में मंगर ने अपने व्याख्यान में बफ़ेट के निर्णय पर विचार साझा किए :

> सूक्ष्म अर्थशास्त्र का सबसे बड़ा सबक़ यह भेद करना है कि टेक्नोलॉजी कब आपकी मदद करने वाली है और कब आपको तबाह करने वाली है। *अधिकांश लोगों को यह सीधे समझ में नहीं आता।* लेकिन बफ़ेट जैसे सहयोगी इसे समझते हैं...
>
> ...वह जानते थे कि कपड़ा *उत्पादन में बेहतर* मशीन को लाने से उत्पादकता में होने वाली ज़ोरदार बढ़ोतरी का फ़ायदा पूरी तरह से ख़रीदारों को मिलने वाला है। कारोबारी को इससे कुछ हासिल नहीं होगा।
>
> यह बहुत स्पष्ट है कि बहुत से अद्भुत नए आविष्कार कारोबार के मालिक को सिवाय धन ख़र्च करने के अवसर को छोड़कर और कुछ नहीं देते। *ख़र्च करने के बाद भी इसमें कमाई नहीं होती और व्यवसाय का पतन होता चला जाता है। इन बहुत बड़े सुधारों का पूरा लाभ ग्राहकों तक ही पहुँचने वाला होता है।*
>
> इसके विपरीत यदि ओशकोश में कोई एकमात्र अख़बार का मालिक है और छपाई में नई टेक्नोलॉजी का उपयोग करने जा रहा है तो पुरानी मशीन से निज़ात पाने और नए कंप्यूटर आदि लगाने के बाद जो भी बचत होगी, वह कारोबार के फ़ायदे में नज़र आएगी।
>
> सभी मामलों में, जो लोग मशीनरी बेचते हैं–और, यहाँ तक कि आपसे उपकरण ख़रीदने का आग्रह कर रहे कारोबार के अधिकारी भी *नई टेक्नोलॉजी से वर्तमान मूल्यों पर धन राशि की होने वाली बचत का अनुमान बताते हैं। हालाँकि वे विश्लेषण के दूसरे चरण की जानकारी नहीं देते हैं जो यह निर्धारित करने का होता है कि कितनी धन राशि व्यवसाय को मिलने वाली है और उसमें से कितनी ग्राहक तक चली जाएगी। मैंने अपने जीवन में कभी भी किसी को यह अनुमान लगाते हुए नहीं देखा है जिसमें इस दूसरे चरण को शामिल किया जाता हो।*

आवश्यक ''दूसरे चरण का विश्लेषण'' किए बिना रियायती नक़दी प्रवाह या शुद्ध वर्तमान मूल्य की कवायद में प्रतिस्पर्धी के अपेक्षित क़दमों (गेम थ्योरी) को नज़रअंदाज़ कर दिया जाता है और इससे वास्तविकता का सही अंदाज़ा नहीं लग पाता जिससे अंतत: निवेशक और कंपनियों का नुक़सान होता है। नीति में अनुकूल बदलाव या उद्योग में प्रतिकूल हालात में प्रतिस्पर्धी दबावों का अर्थ है पूरा या लगभग ज़्यादातर लाभ ग्राहकों के हिस्से में जाने

वाला है। (निवेशित पूँजी पर स्थायी रूप से उच्च रिटर्न किसी तरह के प्रतिस्पर्धात्मक लाभ का संकेत देता है और यह किसी कम्पनी के लिए सबसे अच्छा संकेत है कि वह इस चुनौती से निपट सकती है।)

कई वर्षों तक बफ़ेट ने स्वयं को ''एरोहॉलिक'' (एयरलाइंस के शेयर रखने का आदी होना) कहा और एयरलाइंस के शेयरों को लेकर गंभीर आपत्तियाँ ज़ाहिर कीं। 2016 में बर्कशायर हैथवे ने एक नहीं बल्कि चार एयरलाइंस कंपनियों के शेयरों में निवेश का खुलासा किया। बफ़ेट की सोच में उल्लेखनीय लचीलेपन को देखें। जब एयरलाइन उद्योग में गतिशीलता बदल गई, तो बफ़ेट ने नए घटनाक्रमों पर निष्पक्ष और तटस्थ होकर विचार करने के बाद तुरंत अपना मन बदल लिया नवीन तथ्यों पर निष्पक्षतापूर्वक विचार करना।

> यदि आप तटस्थ हैं, तो आप जीतेंगे– भगवत गीता से मैंने यही सबसे बड़ा सबक़ सीखा है।
>
> – अजय पीरामल

नए साक्ष्यों को हमारी मान्यताओं को पिछली मान्यताओं में बदल देना चाहिए। पूर्व विश्वास जितना मजबूत होगा, उसको बदलना उतना ही अधिक कठिन होगा। (बौद्ध धर्म में एक सिद्धांत है जिसे शुरुआती मन कहा जाता है जो नई चीज़ों को आजमाने, अतीत की पूर्वधारणाओं से मुक्त होकर, नए विचारों का अध्ययन करने की दिशा में सक्रिय खुलापन है।) तब भी यदि हमें मौजूदा स्थिति के बारे में कोई पूर्व ज्ञान नहीं है तो हम उस विशिष्ट प्रकरण के लिए उपलब्ध साक्ष्यों पर पूरी तरह से निर्भर रहेंगे। इस कारण से प्रारंभिक परिकल्पना बनाने के लिए प्रमुख विषयों के बड़े विचारों की बुनियादी न्यूनतम समझ आवश्यक है।

25 आईक्यू डॉट कॉम पर अपने एक ब्लॉग पोस्ट में ट्रेन ग्रिफ़िन रे डेलियो की निर्णय लेने की प्रक्रिया का सार प्रस्तुत करते हैं :

> डैलियो अपने पास मौजूद जानकारी के तर्कसंगत विश्लेषण से शुरुआत करते हैं और उससे वह एक परिकल्पना बुनते हैं। इसके बाद वह इस अवधारणा को ऐसे चिंतन-मनन करने वाले लोगों के बीच रखते हैं जिनके पास वैकल्पिक दृष्टिकोण और विश्लेषण पद्धतियाँ होती हैं और जो उनसे असहमत हो सकते हैं। फिर वह मौलिक रूप से पारदर्शी उत्तेजक चर्चा को बढ़ावा देते हैं। इस प्रक्रिया में वे किसी भी विचारशील विरोधी मतों के पीछे के तर्क को गहराई से समझा चाहते हैं। इन वैकल्पिक दृष्टिकोणों को समझने के बाद ही डैलियो यह मानते हैं कि वे विकल्प को अस्वीकार या स्वीकार करने और निर्णय लेने की स्थिति में हैं।

हमें अपनी धारणाओं को चुनौती देने के लिए हमेशा ऐसे व्यक्ति की ज़रूरत होती है, जो विरोधी दलील लेकर आए। एक शैतान के वकील की आवश्यकता होती है।

प्रोफेसर मिहिर देसाई ने अपनी किताब *द विज़डम ऑफ़ फ़ायनेंस* में नज़रियों में विविधता लाने के सचेत प्रयासों के महत्त्व पर प्रकाश डाला है :

> हमें समृद्ध करने वाले रिश्ते वे होते हैं जो हमारे नज़रिये को सामान्य अनुभवों से ज़्यादा व्यापक बनाते हैं। वित्त के अर्थों में यह रिश्ते ''ऐसी परिसंपत्तियाँ हैं जो पूरी तरह संबद्ध नहीं'' हैं। सीधे शब्दों में कहें तो ऐसी परिसंपत्तियाँ जो हमारे पोर्टफ़ोलियो में सबसे ज़्यादा वृद्धि करती हैं समान विचारों वाले लोगों के साथ रहने की चाहत एक आम सामाजिक प्रवृत्ति है और वित्त क्षेत्र इसके ख़िलाफ़ चेतावनी देता है। समान विचारधारा वाले लोगों के साथ रहना आसान है, लेकिन वित्त क्षेत्र सलाह देता है कि खुद को विरोधों और मतभेदों के सामने उजागर करने की कड़ी मेहनत करें। उनसे बचें नहीं, स्वयं को दूर नहीं करें।

यदि आप हमेशा समान विचारों वाले ऐसे लोगों से घिरे रहेंगे जो कभी आपसे असहमत नहीं होंगे तो आप वास्तव में कुछ भी नया नहीं सीख पाएँगे। अक्सर निवेश में दिलचस्पी रखने वाले साथियों का एक समूह बन जाता है और वे अपने विचार साझा करते हैं। लेकिन यह सावधानी बरती जानी चाहिए कि हम सब एक-दूसरे के विचारों को ही नहीं दोहराएँ। यह निर्णय लेने की प्रक्रिया के लिए हानिकारक होगा। अमय हट्टंगड़ी और स्वानंद केलकर ने मॉर्गन स्टेनली के लिए दिसंबर 2016 में ''कनेक्टिंग द डॉट्स'' शीर्षक से रिपोर्ट में इस विषय को उठाया था : ''हम ऐसे लोगों से घिरे रहते हैं जो हमारे जैसे हैं और दुनिया के बारे में हमारे जैसा नज़रिया रखते हैं। सोशल मीडिया इसे बढ़ावा देता है। वह काट-छाँट कर हमारे विचारों के अनुरूप ही सूचनाएँ और आलेख हमें उपलब्ध कराता है। समान विचारों के इस जाल से निकलने और तटस्थता के साथ ऐसे लोगों से जुड़ने की ज़रूरत है जो हमसे भिन्न विचार रखते हैं। और यह सिर्फ समकालीन विषयों के लिए ही नहीं बल्कि पसंदीदा शेयरों के लिए भी सच है।''

वास्तव में बहुत भिन्न-भिन्न दृष्टिकोणों तक पहुँच का वादा करने वाला इंटरनेट बाज़ार के बबल में हमारे फँसने की गति को तेज़ कर देता है। *लाइवमिंट* अख़बार के लिए एक शुरुआती लेख में हट्टंगड़ी और केलकर लिखते हैं :

> व्यवस्थित रूप से ''सोशल मीडिया'' यह सुनिश्चित करने के तरीक़े खोजता है कि हमें वही सामग्री उपलब्ध कराई जाए जो हमारे मन को भाती है... ''लाइक्स'' के हमारे पिछले इतिहास के आधार पर हमें फ़ेसबुक की सूचनाएँ प्रदान की जाती हैं। एमेज़ॉन हमारे पिछले पैटर्न के आधार पर किताबें ख़रीदने का सुझाव देता है। एक्स (ट्विटर) यह देखकर कि हम किन्हें फ़ॉलो कर रहे हैं, यह सुझाव देता है कि हमें किनके ट्वीट को फ़ॉलो करना चाहिए। ऑनलाइन दुनिया ने प्रतिध्वनि की गूँज के स्तर को बहुत अधिक बढ़ा दिया है।

अपनी निवेश यात्रा के दौरान, हमें कुछ विशेष व्यवसाय देखने को मिल सकते हैं, जो हमें रोमांचित महसूस कराएँ और साथ ही, हमारी पूर्व मान्यताओं और पूर्व धारणाओं को चुनौती

दें, क्योंकि ये व्यवसाय कठिन उद्योगों या कम पसंदीदा भौगोलिक स्थानों पर स्थित हों। ऐसी स्थितियों में इन व्यवसायों के विरुद्ध हम अपने व्यक्तिगत पूर्वाग्रहों पर कैसे क़ाबू पा सकते हैं? नए सबूतों को देखते हुए हम अपने पिछले विचारों को किस तरह से सुधार सकते हैं? इसका उत्तर प्राथमिक गणित की अवधारणा में निहित है, जिसे हम सबने स्कूल में पढ़ा है।

सशर्त संभाव्यता

सशर्त संभाव्यता को बेयस नियम के रूप में भी जाना जाता है। यह एक घटना के होने के बाद किसी घटना की प्रायिकता को मापता है। डैनियल कैनमैन ने अपनी किताब *थिंकिंग, फ़ास्ट ऐंड स्लो* में इस सूत्र को सरल बनाकर प्रस्तुत किया है : ''बेयस नियम का सबसे सरल रूप संभावना के प्रारूप में है, पश्च संभावना = पूर्व संभावना संभावना × अनुपात। इसमें पश्च संभावना दो प्रतिस्पर्धी परिकल्पनाओं की संभावना (संभावनाओं का अनुपात) है। इस समीकरण के अनुसार, किसी की पूर्व मान्यताएँ (पूर्व संभावनाएँ) संभावना अनुपात की सहायता से संशोधन के अधीन हैं। वह अनुपात जितना अधिक होगा, किसी भी हालात के संबंध में किसी के दृष्टिकोण में परिवर्तन उतना ही अधिक होना चाहिए।

हालाँकि पूर्व मान्यताएँ कई स्रोतों से आ सकती हैं। पूर्व मान्यताओं का उत्कृष्ट स्रोत आधार दरें हैं, जो ऐतिहासिक सांख्यिकीय सूचना को दिखाती हैं।

संभावना का अनुपात किसी विशिष्ट प्रकरण के बारे में नई जानकारी को दिखाता है, जो संभावनाओं को बदल देता है। संभावना का अनुपात जितना अधिक होगा पूर्व की संभावनाएँ उतनी अधिक होंगी। कभी-कभी जिस स्थिति का परीक्षण किया जा रहा होता है, उसकी सूचना और विशेषताएँ इतनी स्पष्ट और प्रेरक होती हैं कि हम आधार दरों या औसत ऐतिहासिक अनुभव को नज़रअंदाज़ करने लग जाते हैं। ऐसे मामलों में मंगर की चेतावनी आमतौर पर सच सबित हो जाती है : ''किसी अच्छी चीज़ को आप गंदगी से मिला देते हैं, तो गंदगी बचती है।''

सोच में बेयस के नियम को अपनाएँ

> *यदि यह कुछ-कुछ अस्वाभाविक शुरुआती प्रायिकता का प्राथमिक गणित आपकी सोच में शामिल नहीं है तो आप पुट्ठे पर लात मारने वाले खेल में एक पैर वाले व्यक्ति की तरह लम्बी ज़िंदगी गुजारेंगे। आप अन्य सभी को बहुत बड़ा फ़ायदा दे रहे हैं।*
>
> – चार्ली मंगर

राजनीति विज्ञान के प्रमुख लेखक फ़िलिप टेटलॉक ने कई वर्षों की गहन शोध के द्वारा उन विशेषज्ञों को ख़ारिज किया है जिनकी पूर्वानुमान लगाने की क्षमता बहुत कम है। शोध में

असाधारण रिकॉर्ड धारक श्रेष्ठ पूर्वानुमान लगाने वालों की विशेषताओं को उजागर किया गया है। दिलचस्प है कि इन सभी ने हालाँकि अपने जीवन में बेयस की सोच को एक अभ्यास के रूप में अपनाया है, लेकिन वे हमेशा बहुत आँकड़ों के घने जाले या जटिल गणित में नहीं उलझते। फ़िलिप टेटलॉक और डैन गार्डनर ने अपनी किताब *सुपरफ़ोरकास्टिंग* में लिखा है :

> क्या भविष्यवक्ताओं को वास्तव में कोई बीज गणित का सूत्र समझना, याद रखना और उपयोग करना होता है? नहीं, ऐसा नहीं है। श्रेष्ठ अनुमान लगाने वाला यह समूह संख्याओं पर आधारित है : इनमें से कई बेयस के गणित के सिद्धांत को जानते हैं और वे उसका तब उपयोग करते हैं, जब उनको लगता है कि कोई समस्या इसके इस्तेमाल के लिए उपयुक्त है। लेकिन वे शायद ही कभी इतनी स्पष्टता से संख्याओं का विश्लेषण करते हों। *इन श्रेष्ठ अनुमानकर्ताओं के लिए बेयस के सिद्धांत से ज़्यादा बायेस की मूल सोच ज़्यादा मायने रखती है कि ठोस सबूत मिलने के साथ, उसी अनुपात में अपने आपको लगातार अद्यतन करते हुए धीरे-धीरे सच के नज़दीक जाएँ।*

प्रो. संजय बख़्शी ने अक्टूबर 2015 में ''वर्ल्डली विज़डम इन एन इक्वेशन'' शीर्षक से अपने श्वेत पत्र में बायेस के विचारों की 6 गहन सोच को ध्यान में रखने पर ज़ोर दिया :

1. अस्पष्ट भाषा को संख्यात्मक संभावना में बदलें। बायेस की सोच को मानने वाले संभावनाओं के संदर्भ में विचार करते हुए भाषा को लेकर काफ़ी सावधानी बरतते हैं। टेटलॉक लिखते हैं,

> समस्या के संबंध में संदेहों को लेकर जितना ज़रूरी हो, उतना विचार करें लेकिन उससे ज़्यादा नहीं। कुछ चीज़ें या तो निश्चित हैं या असंभव। और 'शायद' उतनी जानकारी देने वाली नहीं है। इस तरह आपको अनिश्चितता के मापन के लिए तीन से अधिक सेटिंग्स की ज़रूरत है। सूक्ष्मता का अपना महत्त्व है। आप जितनी ज़्यादा अनिश्चितता की पहचान कर सकते हैं, आपके बेहतर भविष्यवक्ता होने की संभावना उतनी ही अधिक होगी। जैसे पोकर के खेल में यदि आप 60/40 के दाँव को 40/60 से या 55/45 को 45/55 से अलग करने में अपने प्रतिस्पर्धी से बेहतर हैं तो आप फ़ायदे में हैं। अस्पष्ट शब्दावली अनुमानों का संख्यात्मक संभावनाओं में अनुवाद करना पहले तो अस्वाभाविक लगता है, लेकिन यह किया जा सकता है। इसके लिए केवल धैर्य और अभ्यास की ज़रूरत है।

सेंट्रल इंटेलिजेंट एजेंसी का प्रकाशन ''वर्ड्स ऑफ़ इस्टीमेटिव प्रोबेबिलिटी'' बायेसियन भाषा के अनुवाद के लिए एक उपयोगी रूपरेखा प्रदान करता है (**तालिका 27.1**)

तालिका 27.1 बायेस की भाषा का अनुवाद

100% निश्चितता		
संभावित का सामान्य क्षेत्र		
93%	क़रीब 6% दें या लें	लगभग निश्चित
75%	क़रीब 12% दें या लें	संभावित
50%	क़रीब 10% दें या लें	बराबर संभावनाएँ
30%	क़रीब 10% दें या लें	संभवतया नहीं
7%	क़रीब 5% दें या लें	लगभग निश्चित नहीं
0% असंभाव्यता		

Source: "Words of Estimative Probability," Central Intelligence Agency, March 19, 2007, https:// www.cia.gov/library/center-for-the-study-of-intelligence/csi-publications/ books-and-monographs /sherman-kent-and-the-board-of-national-estimates-collected-essays/6words.html.

2. आधार दरों को हमेशा ध्यान में रखें। फ़िल फ़िशर ने पूर्व में इसका उल्लेख किया है : ''किसी भी सामान्य स्टॉक को ख़रीदने के बारे में सोचने से भी पहले यह तर्कसंगत लगता है कि पहला क़दम यह देखना है अतीत में सबसे सफलतापूर्वक धन कैसे कमाया गया।'' हालाँकि निवेशकों की प्रवृत्ति होती है कि कोई बहुत लुभावना या रोमांचक मामला आने पर वे आधार दरों को अनदेखा कर देते हैं। आधार दरें बोर करने वाले आँकड़े हैं। वहीं किस्से-कहानियाँ मोहक होती हैं। जेम्स ओ'शॉघनेसी अपनी किताब *वॉट वर्क्स ऑन वॉल स्ट्रीट* पर काम करते हुए लिखते हैं :

> बहुत सारे प्रकरणों (पूर्व संभावनाओं या आधार दरों) के नतीजों को देखते हुए किसी एक प्रकरण (संभावना अनुपात) की विशिष्ट सूचना को छोड़ देना इंसानी स्वभाव के लिए लगभग असंभव होता है। इस स्टॉक और इस कम्पनी में हमारी रुचि है, स्टॉक के इस वर्ग या कम्पनियों के इस वर्ग में नहीं। बड़ी संख्याएँ हमारे लिए कोई मायने नहीं रखतीं। स्टालिन ने डरावने बयान में कहा भी है : *''एक मृत्यु त्रासदी है; एक लाख, एक आँकड़ा।'' निवेश करते समय हम हमेशा एक-एक स्टॉक के आधार पर सोचते हैं, समग्र रणनीति के बारे में शायद ही कभी सोचते हैं। अगर किसी एक स्टॉक के संबंध में हमें कुछ अच्छी संभावना का पता चलता है तो हम उस स्टॉक के पूरे वर्ग की आधार दर को नज़रअंदाज़ करने को तैयार रहते हैं।*

किसी कारोबार के लिए अत्यधिक ऊँचे मूल्य-से-आय (पी/ई) का भुगतान करने से पहले इतनी क़ीमतें चुकाने के ऐतिहासिक औसत अनुभव को समझना चाहिए। इसी तरह बहुत महँगे आईपीओ में धन लगाने से पहले ऐतिहासिक औसत के अनुभव का अध्ययन करना

चाहिए। बहुत अधिक क़र्ज़ या उधार में चल रहे कारोबार या ऐसे कारोबार जिसके प्रबंधन का पुराना रिकॉर्ड ख़राब प्रशासन या पूँजी आवंटन का रहा है, तो ऐसी स्थितियों में निवेश करने के ऐतिहासिक दीर्घकालिक परिणामों पर गौर कर लेना चाहिए।

किसी शेयर के संबंध में कोई बहुत रोमांचक किस्सा सुनने के बाद अति उत्साह पैदा हो सकता है। आधार दरों को ध्यान में रखने पर इस शुरुआती अति उत्साह पर लगाम लगाने में मदद मिलती है। बफ़ेट जब किसी कारोबार में आमूल बदलाव आने पर भी निवेश करने से बचते हैं तो उसका कारण यही है कि वह आधार दरों पर भरोसा करते हैं। उनका मानना है ''बदलाव से शायद ही कुछ बदलता है।'' (यही कारण है कि आमूल बदलाव वाले किसी कारोबार के शेयर को ख़रीदने का सबसे अच्छा समय उस समय होता है जब इसके सबूत ठोस ज़मीन पर देखने को मिल जाते हैं। आपको एकदम नीचे के भाव में वह शेयर ख़रीदने को नहीं मिलेंगे। लेकिन इससे बहुत सारे जोख़िम और अनिश्चितता से बचा जा सकता है।) बफ़ेट तेज़ी से बदलते आधुनिक टेक्नोलॉजी व्यवसायों में निवेश करने से बचते हैं और यह कहकर इसे उचित ठहराते हैं कि ''व्यापक परिवर्तन और असाधारण रिटर्न का आम तौर पर कोई मेल नहीं है। यहाँ भी वह आधार दरों पर भरोसा करते हैं।''

आधार दरों के बारे में सोचने का एक प्रभावी तरीक़ा ''बाह्य दृश्य'' और ''आंतरिक दृश्य'' के संदर्भ में सोचना है। डैनियन कैनमेन यही करते हैं। टेटलॉक लिखते हैं :

> डैनियल कैनमेन के पास आधार दरों के लिए बहुत ज़्यादा दृश्य शब्द है, जो इसे याद रखने में मदद करता है। वह आधार दरों को ''बाहरी दृश्य'' कहते हैं – इसके विपरीत ''आंतरिक दृश्य'' किसी विशिष्ट स्टॉक से संबंधित सूचना होती है
>
> *आंतरिक दृश्य की ओर आकर्षित होना स्वाभाविक है। यह आमतौर पर ठोस और रोचक विवरण होता है जिसे हम किस्से के रूप में कह सकते हैं। बाहर का दृश्य आम तौर पर अमूर्त, रूखा होता है जिससे कोई किस्सा नहीं बनता। इसके कारण चतुर, निपुण लोग भी नियमित रूप से बाहरी दृश्य पर विचार करने में विफल हो जाते हैं।*

3. सुनने में बहुत अच्छी लगने वाली कहानियाँ सच्ची भले न हों लेकिन ऐसा भी नहीं है कि वे सभी बुरी ही होती हों। वास्तव में अच्छी कहानी संभावित अनुपात को बेहतर बनाती है, जो बाद में पीछे मुड़कर देखने पर उच्च संभावनाओं में तब्दील हो जाता है। यह बुनियादी निवेशकों के लिए महत्त्वपूर्ण बिन्दु है, क्योंकि वे विशिष्ट व्यवसायों में नीचे के स्तरों से निवेश करने वाले होते हैं और व्यापक रणनीतियों में निवेश नहीं कर रहे हैं। औसत की ओर दामों के लौटने पर भरोसा करने वाले और आँकड़ों के मोल-भाव में निवेश करने वाले ग्राहम और डोड-शैली के निवेशकों के लिए आधार दरें अत्यंत महत्त्वपूर्ण हैं और शेयर विशेष की कहानियाँ उनके लिए कम मायने रखती हैं। फिशर या मंगर का अनुसरण करने वाले गुणवत्ता पर भरोसा करने वाले निवेशक के लिए किसी ख़ास व्यवसाय के बारे में जितना संभव हो उतना जानना-समझना महत्त्वपूर्ण है। बेशक, ऐसे निवेशक को कभी भी उसके पीछे की आधार दर को नज़रअंदाज़ नहीं करना चाहिए। लेकिन उनको कचरे में से

हीरे की पहचान करने में सक्षम होना चाहिए। इस तरह के मामलों में कोई बहुत ही आकर्षक कारोबार उसे अनोखा बनाता है और वह उस उद्योग में एकदम अलग होता है। आमतौर पर वह किस्सा असाधारण व्यक्तित्व से संबंधित होता है जिसने ऐसे उद्योग और व्यवसाय में मूल्य सृजन की क्षमता को प्रदर्शित किया होता है जहाँ ऐसा कर पाना बेहद कठिन होता है। मंगर ऐसे व्यक्तियों को ''बुद्धिमान उन्मादी'' कहते हैं। हार्वे फ़ायरस्टोन ने अपनी किताब *मैन ऐंड रबर* में ऐसे व्यक्तियों का वर्णन किया है : ''एक व्यवसायी की परीक्षा तेज़ी के एक या दो साल में धन कमाने या इस क्षेत्र में पहले आने के कारण धन कमाने से नहीं हो सकती। बल्कि इससे होती है कि क्या बहुत प्रतिस्पर्धा के क्षेत्र में प्रतिस्पर्धी पर किसी तरह के शुरुआती लाभ के बिना वह पूरी तरह सम्मानजनक तरीक़े से तथा खुद का और बिरादरी का सम्मान बनाए रखते हुए वह उनसे आगे निकल सकता है।''

बुद्धिमान उन्मादी अपने काम से ना कि क़रिश्मे से अपने को साबित करके दिखाते हैं। उनके काम से उनका मूल्यांकन करें ना कि लोगों द्वारा उनके बारे में इस्तेमाल किए जा रहे विशेषणों और अतिशयोक्ति भरी तारीफ़ों से प्रभावित होकर (जो आमतौर पर अनुनय-विनय की तकनीक से अधिक और कुछ नहीं है)।

4. संकेत और शोर के बीच अंतर करें। संकेत सच्चाई है। शोर हमें इस सच्चाई को देखने से भटकाता है। नैट सिल्वर अपनी किताब *सिग्नल ऐंड द नॉइज़* में लिखते हैं, ''इंटरनेट या प्रिंटिंग प्रेस के पहले दुनिया में जो सच था, उससे ज़्यादा कुछ भी नहीं है। अधिकांश डेटा केवल शोर है,जिस तरह से अधिकांश ब्रह्मांड ख़ालीपन से भरा हुआ है।'' यदि हम संकेत से शोर का अनुपात बढ़ाना चाहते हैं, तो हमें सबसे पहले आसपास के सभी शोर को ख़त्म करना होगा। जैसा कि जेम्स ग्लीक कहते हैं, ''जब सूचना सस्ती हो, तो ध्यान देना महँगा हो जाता है।''

अधिक डेटा का परिणाम अधिक अंतर्दृष्टि प्राप्त कर लेना नहीं होता है। अक्सर, वे बुरे निर्णय की ओर ही ले जाते हैं। सफल निवेशकों के लिए सबसे दुर्लभ संसाधन पैसा नहीं है बल्कि ध्यान केन्द्रित करना है कि किस तरह से समय और तार्किकता के बीच संतुलन का प्रबंधन करें जिससे श्रेष्ठ प्रभाव हो। निवेश का हुनर सब कुछ जानने में नहीं है बल्कि उपयुक्त बौद्धिक अनदेखी करने में है : बुद्धिमानी के साथ यह फ़ैसला करना कि क्या नज़रअंदाज़ करना है। शोर-शराबे वाली ख़बरों से मूल्यवान संकेत निकालना है। पहले अपने दिमाग़ को शांत करें बौर उसके बाद हो रहे धीरे-धीरे हो रहे बदलाव पर गौर करें। इसका तरीक़ा है दीर्घकालिक बदलाव पर ध्यान केन्द्रित करना है (तिमाही, मासिक या दैनिक परिवर्तन पर नहीं)। इस तरह के बदलावों में बैलेंस शीट, आय विवरण या नक़द प्रवाह विवरण में गुणात्मक बदलाव शामिल है। वे बदलाव कारणों के ठोस गुणात्मक विश्लेषण से जुड़े होने चाहिए। इस तरह का शांत, नपा-तुला और विचारशील गुणात्मक विश्लेषण अंततः हमें वहाँ पहुँचाता है जिसे वैल्यू इन्वेस्टर पॉल लाउंटज़िस ''भिन्न अंतर्दृष्टि'' कहते हैं।

विश्लेषकों के अनुसंधान की परंपराओं में दीर्घकालिक मूल्य को अक्सर कम महत्त्व दिया जाता है। उदाहरण के लिए ज़्यादातर शोध एक या दो साल के अनुमान पर फ़ोकस

करते हैं जिससे ऐसी कम्पनियाँ जिनका अधिकांश मूल्य इस दायरे से बाहर होता है, उनका मूल्यांकन कम हो सकता है।

5. डार्विन के सोचने के सुनहरे नियम का पालन करें। डार्विन की विशेषता थी कि वे सहज ज्ञान के विपरीत सोचते थे। वह इस तरह की सोच में बहुत अच्छे थे, क्योंकि उनमें विचार करने की सरल लेकिन बहुत ज़्यादा अस्वाभाविक आदत थी। वह उन तथ्यों को एकत्रित करने पर विशेष ध्यान दिया करते थे, जो उनकी पूर्व धारणाओं से मेल नहीं खाते थे। डार्विन ने इसे स्वर्णिम नियम कहा :

> मैंने भी कई वर्ष तक तक एक स्वर्णिम नियम का पालन किया था। जब भी मेरे नतीजों के विपरीत मुझे कोई सूचना पढ़ने को मिलती, मेरे सामने कोई नई जानकारी या ज़ेहन में कोई नया विचार आता तो मैं बिना चूक किए उसे नोट कर लेता था और तुरंत। क्योंकि मेरा अनुभव था कि ऐसे तथ्य और विचारों के भूल जाने की संभावना ज़्यादा होती है, बनिस्वत के अनुकूल तथ्यों और विचारों के जो हमारे ज़ेहन में ज़्यादा चिपके होते हैं। इस आदत के कारण मेरे विचारों पर बहुत कम आपत्तियाँ उठाई गईं, जिन पर मैंने ना तो ज़्यादा ध्यान दिया और ना ही उत्तर देने का प्रयास किया।

डार्विन की महान सफलता उनकी देखने, गौर करने और उनके विचारों पर आपत्तियों से सीख लेने की क्षमता से प्रेरित थी। उनकी किताब द *ओरिज़िन ऑफ़ स्पीशिज़* लिखे जाने के बाद के 159 वर्षों तक जैविक विज्ञान के शोध के बावजूद भी क़ायम बनी हुई है, जो बताता है कि डार्विन यह सुनिश्चित करने को लेकर कितने सजग थे कि उनके सिद्धांत लगभग पूरी तरह अकाट्य बने रहे। बाद में वैज्ञानिकों ने किताब को मामूली ''अधूरा'' ज़रूर पाया, लेकिन उसे ग़लत करार नहीं दिया जा सका।

किसी भी मत के संबंध में ज़रूरी कार्य पर मंगर का सुझाव संभवतया डार्विन से प्रभावित है : किसी भी पक्ष की विरोधी दलील को इतना अच्छी तरह से समझ लेना चाहिए, जितना कि उस दलील से संबंधित व्यक्ति भी नहीं समझता हो। आपकी राय अधिक विश्वसनीय तब होती है, जब आप विपरीत दृष्टिकोण को भी स्पष्ट कर सकते हों। लेकिन हमारी आनुवंशिक संरचना को देखते हुए सोच का यह तरीक़ा अस्वाभाविक है। आम तौर पर हमारी प्रतिक्रिया कुछ इस तरह की होती है कि हम अपने मत की पुष्टि के लिए ज़्यादा से ज़्यादा सबूत जुटाने में लग जाते हैं। लेकिन उचित भावना से अमल किया जाए तो यह निष्पक्ष और पूर्वाग्रहरहित सोच में आड़े आने वाली ख़ामियों को दूर करने का सशक्त तरीक़ा है।

पूर्णता, परिश्रम, सटीकता और आदतन निष्पक्षता की डार्विन की आदतें अंततः उन्हें सर्वश्रेष्ठ कर दिखाने की ओर ले गईं। उनकी प्रक्रिया बेहद कठिन थी। किसी तरह की दैवीय अंतरदृष्टि ने कोई उनके भीतर चिंगारी नहीं पैदा की जिससे उन्होंने ज्ञान की रोशनी को जगमग किया। उन्होंने सही बुनियादी विचारों से शुरुआत की और लम्बे समय तक और

अत्यधिक फ़ोकस और निष्पक्षता के साथ, हमेशा वास्तविकता पर नज़र रखते हुए काम किया। डार्विन के सोच के सुनहरे नियम के साथ बुनियादी पक्ष-विपक्ष की सूची भी उपयोगी है जिसका बेंजामिन फ्रैंकलिन ने 1772 में जोसेफ़ प्रीस्टली को लिखे पत्र में ''नैतिक या विवेकपूर्ण बीजगणित'' के रूप में उल्लेख किया था।

6. शेयर बाज़ार को एक तरह की सट्टेबाजी की तरह समझें जिसमें एक निवेशक दूसरे निवेशक के विरुद्ध दाँव लगाता है और दूसरे निवेशकों का बर्ताव संभावनाओं में फेरबदल कर देता है। बख़्शी लिखते हैं :

> उदाहरण के लिए जब कमोडिटी उद्योग में कहीं छुपे हुए बेहतर प्रबंधन वाले किसी शानदार कारोबार का बाज़ार द्वारा कमोडिटी कारोबार के रूप में मूल्यांकन किया जाता है तो यह एक अवसर होता है। वहीं, विचारशील बायेस के सिद्धांत पर चलने वाला निवेशक इस तथ्य को नज़रअंदाज़ ना करने की सावधानी बरतता है कि यह व्यवसाय कमोडिटी उद्योग (कम पूर्व संभावना वाला) का है, वह इसमें उस ख़ास व्यवसाय से संबंधित मुख्य सबूत को भी शामिल करता है जो इसे असाधारण बनाता है जिसका नतीजा उच्च संभावना अनुपात होता है।

इसलिए, इस निवेशक के लिए, पूर्व संभावनाएं शेयर बाज़ार द्वारा व्यवसाय के मूल्यांकन से कहीं बेहतर हैं। और यह फ़ायदा उठाने के लायक़ पूर्वाग्रह है।

बायेस की सोच हमें अपने पूर्वाग्रहों और व्यक्तिगत पूर्वाग्रहों से उबरने में मदद करती है। भारतीय बाज़ारों में कई निवेशक हैदराबाद स्थित कंपनियों, छोटी पूँजी वाले शेयरों, आमूल बदलाव की स्थितियों, बड़े समूहों, बहुत ज़्यादा उधार वाली कम्पनियों, कमोडिटी शेयरों और होल्डिंग कम्पनियों के प्रति पूर्वाग्रह से ग्रस्त हैं। वह पूर्वाग्रह (आधारभूत जानकारी) सस्ते मूल्यांकन में परिलक्षित होता है। बख़्शी का कहना है, ''इसके साथ ही आपको इस संभावना को समझना चाहिए कि यह विशेष व्यवसाय जिसका आप मूल्यांकन कर रहे हैं, वह उस सांख्यिकीय वर्ग से *भिन्न* हो सकता है जिससे वह संबंधित है।'' (उदाहरण के लिए, क़र्ज़ के कारण संकटग्रस्त कारोबारों के हालात का अध्ययन उधारकर्ताओं द्वारा औपचारिक ऋण-पुनर्गठन व्यवस्था शुरू करने के बाद ही मैं आरंभ करता हूँ।)

जब तथ्य बदल जाएँ तो अपना मन बदल लें

> *यदि तथ्य बदलते हैं तो हम अपना मन बदलने में सक्षम हैं। हमने ऐसा कई बार किया है, लेकिन मुझे कहना होगा कि यह कठिन है।*
>
> – चार्ली मंगर

मार्टिन ज़्विग ने अपनी किताब *विनिंग ऑन वॉल स्ट्रीट* में लिखा है कि फ़रवरी और मार्च 1980 में बिकवाली के दौरान वह बाज़ार में मंदी आने के बारे में सोच रहे थे : ''मैं बैठकर

स्थितियों को देख रहा था और मेरे विचारों में गहरी मंदी के ही रह-रह कर विचार आ रहे थे। *लेकिन बाज़ार पलट गया था। फ़ेड के ब्याज दरों में कमी और क़र्ज़ नियंत्रण में ढील देते ही हालात बदलने लग गए। मैं पहले सोच रहा था कि हम किसी प्रकार की आपदा की ओर बढ़ रहे हैं लेकिन बदलती परिस्थितियों के अनुसार मैंने क़दम उठाए।*'' वह अंत में लिखते हैं, ''बाज़ार में अधिकांश लोगों के साथ समस्या है कि वे लचीले नहीं हैं...बाज़ार में सफल होने के लिए आपके पास अनुशासन, लचीलापन और धैर्य होना चाहिए।''

लम्बी अवधि के निवेशक कई साल के लिए रखने के विचार से शेयर ख़रीदते हैं। फिर भी उनको अपनी निवेश की मूल सोच की वैधता का लगातार सत्यापन करते रहने की ज़रूरत होती है। जब भी रुझान ऊपर या नीचे की ओर पलटता है तो लोगों को इसे पहचानने में समय लगता है। लेकिन जब आपको किसी स्टॉक में निवेश किए हुए कुछ समय हो जाता है तो धीरे-धीरे कारोबार और उद्योग की गतिशीलता की एक समझ विकसित हो जाती है। आप यह जान जाते हैं कि कब स्थायी विकास दर हमेशा के लिए धीमी हो गई है या कब आपकी निवेश की मूल सोच में दरारें दिखाई देने लग गई हैं। यह आगे पी/ई अनुपात की नीचे की ओर रेटिंग होने की अवधि से पहले शेयर को बेच कर निकल जाने में मदद करता है। पी/ई अनुपात की नीचे की ओर रेटिंग का अनुभव विशेष रूप से दर्दनाक है (और नए निवेशकों को हैरान करने वाला) जब कम्पनी की कमाई तो बढ़ती है लेकिन उच्च क़ीमतों में मूल रूप से शामिल होने के कारण धीमी गति से। चूँकि वह पहले ही शेयर की अधिक क़ीमतों में शामिल थी। समय पर शेयरों को बेच देने की कला बाज़ार में वास्तविक अनुभव से और समय के साथ विभिन्न उद्योगों की बारीकियों और उनके मूल्यांकन के विकासक्रम की बढ़ती समझ के साथ धीरे-धीरे विकसित होती है।

कोई बढ़िया कारोबार यदि अस्थायी तौर पर ज़्यादा क़ीमत (और यदि उस कारोबार का शेयर तेज़ी के बाज़ार में उसके सेक्टर में अग्रणी है तो निवेशक में उसे तेज़ी के पूरे दौर में अपने पास बनाए रखने का साहस होना चाहिए) का हो जाता है तो उसे जल्दबाजी में बेचना नहीं चाहिए। महान कारोबारों में बार-बार अच्छी ख़बरें हैरान करती रहती हैं और उनके शेयर अंतत: जितना हमने शुरुआत में सोचा था, उससे कहीं ज़्यादा बेहतर प्रदर्शन करते हैं (जैसे कि बजाज फ़ायनेंस)। जब आपको सोने के अंडे देने वाली मुर्गी मिल जाती है तो मुर्गी को नहीं बेचें। इतने वर्षों में मैंने जो एक बड़ा सबक़ सीखा है कि महँगी क़ीमत पर बाज़ार में उपलब्ध किसी महान व्यवसाय के शेयर को बेचना नहीं है। ख़ासकर जब नक़दी का विकल्प हो। बेचना तभी बेहतर है जब कोई उससे भी बहुत शानदार मौक़ा मिल रहा हो या शेयर की क़ीमत बेतुके ढंग से आसमान छूने लगी हो। जब हम यह मानने लगते हैं कि किसी महान कम्पनी के शेयर का तात्कालिक, अल्प अवधि का उचित मूल्यांकन हो गया है, अक्सर तब भी वे लम्बी अवधि के आधार पर बहुत ज़्यादा कम क़ीमत पर होते हैं। फ़िशर ने अपनी किताब *कॉमन स्टॉक्स ऐंड अनकॉमन प्रॉफ़िट्स*'' में लिखा है :

> क्या कोई थोड़ा भी सटीक तरीक़े से कह सकता है कि असामान्य रूप से तेज़ वृद्धि कर रही उत्कृष्ट कम्पनी के लिए कितनी क़ीमत अधिक है? मान लीजिए कि कमाई की 25 गुना की बजाय उसकी क़ीमत कमाई की पैंतीस गुना हो गई।

जैसा कि आम तौर पर होता है। शायद निकट भविष्य में नए उत्पाद आने वाले हों जिसका वास्तविक आर्थिक महत्त्व वित्तीय समुदाय अभी तक समझ नहीं पाया हो। *शायद किसी कारोबार में कोई इस तरह का नया उत्पाद नहीं आ रहा हो। यदि वृद्धि दर इतनी अच्छी है तो अगले दस वर्षों में कम्पनी चार गुना बढ़ सकती है। जब क्या वास्तव में यह इतनी बड़ी चिंता का विषय है कि फ़िलहाल उसका शेयर 35 प्रतिशत ज़्यादा क़ीमत पर मिल रहा है? अपने निवेश की ऐसी ख़रीद को ना बेचें जो बाद में बहुत बड़ा लाभ देने वाली है।*

...किसी सामान्य शेयर की ख़रीदी के समय यदि सही ढंग से कार्य संपादित किया जाता है तो उसे बेचने का समय लगभग कभी भी नहीं आता है।

लम्बी अवधि में शेयरों को अधिकांश अन्य परिसंपत्तियों से बेहतर प्रदर्शन करना चाहिए और लगभग निश्चित रूप से नक़दी की तुलना में अधिक रिटर्न अर्जित करना चाहिए। किन्हीं अवसरों पर नक़दी रखना हमेशा मूल्यवान साबित होगा। नक़दी रखने से कभी-कभार की गिरावट आने पर लाभ उठाने का अवसर भुनाया जा सकता है लेकिन बीस से तीस वर्षों की अवधि में पोर्टफ़ोलियो के प्रदर्शन पर इसका असर कहीं बहुत ज़्यादा होता है। ''निवेश कब करें'' के संबंध में जॉन टेम्पलटन का उद्धरण मुझे बेहद पसंद है : ''निवेश करने का सबसे अच्छा समय है, जब भी आपके पास पैसा हो। ऐसा इसलिए क्योंकि इतिहास बताता है कि महत्त्व इसका नहीं है कि निवेश किस किया समय, महत्त्वपूर्ण है कि कितने समय के लिए किया।''

उच्च गुणवत्ता और बढ़ते हुए कारोबारों को उचित मूल्यों पर ख़रीदना और फिर लम्बे समय के लिए उनमें निवेशित बने रहना ही दौलत कमाने का मूलमंत्र है। यदि लम्बे समय तक ऊँची दरों पर अपनी पूँजी को कई गुना करने वाले कोई भी सौ सफल निवेशकों को आप लें तो आप इसमें समानता पाएँगे कि लगभग सभी ने कुछ बेहतरीन व्यवसाय ख़रीदे होंगे और फिर लम्बे समय तक उनमें निवेशित बने रहे होंगे। जैसा कि मंगर कहते हैं, ''बड़ा धन ख़रीदने और बेचने में नहीं है, परन्तु प्रतीक्षा में है।

अधिकांश लोगों के लिए, कुछ भी नहीं करना असहनीय होता है। वे कुछ न कुछ एक्शन चाहते हैं और उन्हें रोज़ाना के बाज़ार से मुनाफ़ा गँवाने का डर बना रहता है। परिणामस्वरूप वे एक स्टॉक से दूसरे स्टॉक में कूदते रहते हैं और इस प्रक्रिया में अप्रत्याशित ग़लतियों की संभावना अत्यधिक बढ़ जाती है। ब्लेज़ पास्कल ने ठीक ही कहा है, ''मनुष्य के सभी दुख शान्त कमरे में अकेले ना बैठ पाने के कारण उत्पन्न होते हैं।''

निवेशकों के रूप में, हम लगातार आने वाली असंख्य जानकारी को खपा रहे हैं। खुले दिमाग़ से भौतिक तथ्यों का आकलन करना और तथ्यों में बदलाव (अच्छे या बुरे) होने पर विचारों को बदलना बहुत मूल्यवान हुनर है जो निवेश की सफलता की संभावनाओं को बढ़ाता है। कभी-कभी, ऐसा हो सकता है कि हमारे पोर्टफ़ोलियो के लम्बी अवधि में बदलाव के साथ ख़ासी वृद्धि करने वाले शेयर (अल्प अवधि कमोडिटी-चक्र-विशेष स्थिति वाला शेयर नहीं जिसमें पहला फ़ोकस ग़लत मूल्यांकन और क़ीमत की औसत की ओर

वापसी पर होता है, ना कि कारोबार और प्रबंधन की गुणवत्ता पर) हमारे पेट में उथल-पुथल शुरू कर देते हैं। इनको ख़रीदने के बाद हो सकता है कि हमें कॉर्पोरेट प्रशासन या प्रबंधन की ईमानदारी से जुड़े कुछ मसलों का पता चला हो जिसके कारण हम इन शेयरों में निवेशित बने रहने में सहज महसूस ना कर रहे हों। भले ही मैं उम्मीद करता हूँ कि वह कम्पनी अगले कुछ वर्षों में उच्च आय वृद्धि दर्ज करेगी और अंतरिम अवधि में उसका स्टॉक काफ़ी बढ़ सकता है, तब भी मैं इन शेयरों को बेचकर इनसे बाहर निकलना ही पसंद करूँगा। मैं कुछ अतिरिक्त प्रतिशत अंक रिटर्न के बदले रात की सुकून की नींद का सौदा नहीं करना चाहता। जैसा कि वाल्टर श्लॉस कहते थे, ''निवेश मज़ेदार और चुनौतीपूर्ण होना चाहिए, तनावपूर्ण और चिंताजनक नहीं।'' एक साक्षात्कार में, श्लॉस के बेटे एडविन ने कहा कि उनके पिता की लम्बी उम्र और उनके निवेश के दर्शन संभवतः आपस में जुड़े हुए थे : ''आज बहुत से धन प्रबंधक कमाई की तिमाही तुलना के बारे में चिंता करते रहते हैं। वे सुबह पाँच बजे तक अपने नाख़ून चबाते रहते हैं। मेरे पिताजी कभी भी तिमाही नतीजों की तुलना के बारे में चिंतित नहीं रहते थे। वह अच्छी नींद सोते थे।''

जीवन की गुणवत्ता जीत और हार को मापने का एक बेहतर तरीक़ा है। यह भली भाँति स्थापित तथ्य है कि तनाव मृत्यु का कारण बनता है। निवेशक अक्सर रिटर्न में जोख़िम समायोजन की चर्चा करते हैं लेकिन तनाव-समायोजित रिटर्न के बारे में शायद ही कभी बात करते हैं जबकि मुझे लगता है कि यह अधिक मायने रखता है। अच्छा खाने से ज़्यादा ज़रूरी है अच्छी नींद। शेयरों की शॉर्ट सेलिंग से बचें यानी बिना ख़रीदी किए इस अनुमान में कि क़ीमतें गिरेंगी पहले बेचकर बाद में ख़रीदी करने की नहीं सोचें। शेयरों की ख़रीदी के लिए क़र्ज़ लेने से बचें। प्रबंधन टीमों के साथ दीर्घकालिक साझेदारी करने से बचें जो आपके पेट में खलबली पैदा कर सकती है। (जैसा कि बेंजामिन ग्राहम कहते हैं, ''आप बेईमान प्रबंधन की छूट के लिए मात्रा संबंधी कटौती नहीं कर सकते; ऐसे हालात से निपटने का एकमात्र तरीक़ा ऐसी स्थितियों से बचना है।'')

एक निवेशक को अपनी सोच में लचीला होना चाहिए और शेयर बेचने जैसे कठिन निर्णय लेना चाहिए, भले ही इसके लिए बड़ा या छोटा नुक़सान उठाना पड़े। परिणामों से भावनात्मक रूप से अलग रहें और तथ्यात्मक डेटा के निष्पक्ष विश्लेषण के आधार पर निर्णय लें। नुक़सान को समभाव से लें और सीखे गए सबक़ पर ध्यान दें। आशावाद अच्छा है, लेकिन आत्म-भ्रम अच्छा नहीं है। जैसा कि पीटर लिंच कहते हैं, ''किसी शेयर में पैसा खोने में कोई शर्म की बात नहीं है। हर कोई पैसा गँवाता है। शर्मनाक है जब किसी शेयर के बुनियादी आँकड़े पतन की ओर हों तो भी उससे चिपके रहना और उससे भी बदतर है, उस शेयर को और अधिक ख़रीदना।'' जब किसी शेयर के आँकड़ों से उसके पतन के संकेत मिल रहे हों तो केवल इस उम्मीद से उससे चिपके नहीं रहें कि किसी तरह हालात बेहतर हो जाएँगे। हमेशा वास्तविकता जो भी है उसे स्वीकार करें और अपनाएँ और ऐसा नहीं करें जिसे मंगर ''अँगूठा चूसना'' कहते हैं। अगर संदेहों को दूर करने के सर्वोत्तम प्रयासों के बाद भी आप किसी शेयर के बारे में अनिश्चित हैं तो बिलकुल रुकें नहीं, और बाहर निकल जाएँ। अन्यथा, आप बाज़ार में अगली तीव्र गिरावट के दौरान घबराहट में बहुत कम क़ीमत

पर बेचने को मजबूर हो जाएँगे। हारने पर आपको भौतिक रूप से अपने को अनुकूल करने और जीतने पर वफ़ादार रहने की आवश्यकता है। यदि आपके पास सिर्फ़ ये दो चीज़ें करने का अनुशासन है, तो आप एक निवेशक के रूप में सफल होंगे।

संभावित मुनाफ़े को प्रभावित करने वाले नए सबूत सामने आने पर बायेस के तर्क का प्रयोग करें और संभावनाओं तरोताज़ा करें। सबूतों की तलाश के बिन्दु : अत्यधिक मूल्यांकन, कॉर्पोरेट प्रशासन संबंधी चिंताएँ, वृद्धि दरों में तीव्र मंदी, प्रतिस्पर्धा करने की ताक़त में कमी जो घटती बाज़ार हिस्सेदारी और गिरते मार्जिन में दिखाई देती है और ग्राहकों या आपूर्तिकर्ताओं के साथ सौदेबाजी की शक्ति में कमी जो कार्यशील पूँजी की स्थिति में गिरावट में नज़र आती है। ग़लत होना बिलकुल ठीक है, पर ग़लत बने रहना ठीक नहीं है। मैंने अपने जीवन और निवेश करियर के दौरान सबसे बड़ा सबक़ यही सीखा है : यदि आप बाकियों से बेहतर जीत चाहते हैं तो आपको बाकियों से बेहतर हारना सीखना होगा। मुझे ख़ुशी है कि मैंने प्राचीन विचारक कन्फ़्यूशियस को पढ़ा है और उससे सीख ली है जो कहते हैं : ''एक व्यक्ति ग़लती करने के बाद उसमें सुधार नहीं करता है, वह एक और ग़लती कर रहा है।''

अध्याय 28

अवसरों की लागत से मिलकर बना है जीवन

यदि मैनकीव के अर्थशास्त्र के सर्वश्रेष्ठ पाठों को देखें तो वे कहते हैं, बुद्धिमान लोग अवसरों की लागतों के आधार पर निर्णय लेते हैं –दूसरे शब्दों में, यह महत्त्वपूर्ण है कि आप क्या चुनते हैं। इसी तरह हम अपने सभी निर्णय लेते हैं।

– चार्ली मंगर

निवेशकों के रूप में हम बुद्धिमानी से पूँजी के आवंटन के व्यवसाय में हैं। सीमित पूँजी और कई विकल्प अवसर लागत की अहम धारणा को सामने लाते हैं। अवसर लागत को दूसरे सबसे अच्छे अवसर के मूल्य के रूप में परिभाषित किया गया, जो हम चुनाव करने के बाद छोड़ देते हैं। एक ऐसी दुनिया में जिसमें परस्पर विशिष्ट विकल्प हैं और हमें बी की बजाय ए का या ए की बजाय बी का चुनाव करना होगा। ऐसे में यदि हम ए का चुनाव करते हैं तो हमारी अवसर लागत बी का संभावित लाभ होगा। और इसी तरह से इसके विपरीत होगा।

चार्ली मंगर ने कहा है :

> जब किसी ने वॉरेन बफ़ेट को उभरते बाज़ार में कम्पनी के बारे में प्रस्तुति दी तो वॉरेन ने कहा, ''मैं इसमें इसे ख़रीदने में उतना ज़्यादा सहज महसूस नहीं करता जितना मैं वेल्स फ़ारगो में अपनी ख़रीदी को और बढ़ाने में करता हूँ।'' वह कम्पनी और उसके प्रबंधकों और वे जिस स्थिति में थे, उसके संबंध में बहुत उच्च विचार रखते, वे इसे अपनी अवसर लागत के रूप में इस्तेमाल कर रहे थे। वह कहते थे, ''जब तक कि कोई और अधिक वेल्स फ़ार्गो ख़रीदने से बेहतर ना हो, तब तक किसी के भी बारे में बात मत करो।'' वॉरेन के लिए यह मायने नहीं रखता है कि अवसर कहाँ है। उनके मन में इस बारे में कोई भी पूर्व धारणा नहीं है कि बर्कशायर का पैसा इस कम्पनी में होना चाहिए या उस कम्पनी में होना चाहिए।

> वह जितनी ज़्यादा से ज़्यादा अवसर लागत मिल सकती है, उसे पाने की कोशिश में दुनिया को खँगाल रहे हैं जिससे उनके व्यक्तिगत निर्णय उतने ही बेहतर होंगे।

मंगर के शब्दों में निवेशकों के लिए महत्त्वपूर्ण अर्थ छुपे हुए हैं। अगर आप एक शेयर में बहुत ऊँचे स्तर का रिटर्न हासिल करने की उम्मीद करते हैं जो आप दूसरे शेयरों से नहीं करते हैं तो फिर आपको दूसरे शेयरों में पूँजी आवंटन क्यों जारी रखना चाहिए? जब तक कोई बेहतर लाभ देने वाला अवसर सामने नहीं आता, तब तक क्या पूरी तरह उसी में निवेशित रहना ज़्यादा समझदारी नहीं होगी? अक्सर, निवेशक "कुछ करना है" की प्रवृत्ति के आगे झुक जाते हैं और हर समय दृढ़ता से कठिन अवरोधक बनाए रखने की बजाय आने वाले निवेश प्रस्ताव के लिए अपने मानकों को ढीला कर देते हैं। बिलकुल ज़िद्दी बन जाएँ।

> जीवन की यह अजीब बात है; यदि आप सर्वश्रेष्ठ के अलावा किसी भी चीज़ को स्वीकार करने से इनकार करते हैं तो अक्सर आप इसे प्राप्त कर लेते हैं।
>
> – डब्ल्यू. समरसेट मौघम

पूँजी सीमित है और उसके साथ हमेशा एक अवसर लागत होती है। यही अगले सर्वोत्तम विकल्प के साथ भी है। यदि आपका अगला सर्वश्रेष्ठ विकल्प 1 प्रतिशत है तो आपकी अवसर लागत 1 प्रतिशत है, और यदि वह 10 प्रतिशत है तो अवसर लागत 10 प्रतिशत है। शिक्षा जगत का बनाया सूत्र चाहे जो कहता हो। हमेशा याद रखें : पूँजी का सर्वोच्च और सर्वोत्तम उपयोग हमेशा अगले सर्वोत्तम संभव उपयोग से मापा जाना चाहिए। अगर मुझे पता है कि मेरे पास कुछ ऐसा है

> जो निश्चित रूप से 8 प्रतिशत का प्रतिफल देता है, और कुछ और 7 प्रतिशत की दर से देने वाला उत्पाद मेरे सामने आता है तो मैं इसे तुरंत अस्वीकार कर दूँगा। सब कुछ अवसर लागत का ही कार्य है।
>
> – वॉरेन बफ़ेट

यदि कोई व्यवसाय वह रिटर्न अर्जित नहीं करता है जो निवेशक कहीं और से कमा सकता है तो फिर एक निवेशक के दृष्टिकोण से सभी व्यावहारिक उद्देश्यों के लिए यह व्यवसाय मूल्य को नष्ट कर देता है। दूसरे तरीक़े से कहें तो अगर पूँजी पर रिटर्न पूँजी की लागत के बराबर या उससे बेहतर नहीं है (जो निवेशक कहीं और से कमा सकते हैं), तो व्यवसाय वास्तव में शेयरधारकों के लिए मूल्य नष्ट कर रहा है।

चूक स्वीकार करना और उनका लेखा-जोखा करना

निवेश के लिए किसी बहुत उम्मीद जगाने वाले कारोबार की पहचान करना लेकिन ऐन मौके पर चूक जाना। इस तरह की चूकों की हमने पहचान की है। इसका कारण है हम

समझदारी से काम लेते हैं लेकिन मूर्खतापूर्ण व्यवहार कर देते हैं। छोटी-छोटी रक़म को लेकर सावधानी बरतते हैं लेकिन बड़े ख़र्च में लापरवाह हो जाते हैं। हमारी निष्क्रियता की बड़ी निवेश लागत चुकानी पड़ती है। लम्बे समय में अवसर लागत वास्तव में बहुत मायने रख सकती है। चूक कभी-कभी ग़लतियों से कहीं ज़्यादा भारी पड़ जाती है। ग़लतियों के अंजाम की सीमा 100 प्रतिशत पर सीमित है लेकिन चूक के अंजाम की कोई सीमा नहीं है। लागत के बारे में सोचते हुए लोग अवसर लागत के संदर्भ में नहीं सोचते हैं। अधिकांश लोगों के लिए, स्पष्ट रूप से अपनी जेब से जाने वाली लागत अवसर लागत से अधिक अर्थ रखती है और क्योंकि छोड़ी गई अवसर लागत जेब से बाहर नहीं होती है, लोग उन्हें कम आँकते हैं। लम्बी अवधि के निवेशकों को उच्च-गुणवत्ता वाले व्यवसायों में भुगतान में झिझकने की अक्सर बड़ी अवसर लागत चुकानी पड़ती है। लाभ-और-हानि विवरण में यह लागत दिखाई नहीं देती हैं, क्योंकि लाभ- हानि विवरण में यह शामिल नहीं होता कि वे क्या कर सकते थे लेकिन उन्होंने ऐसा किया ही नहीं।

निवेशकों को किसी शेयर से मौजूदा बाज़ार मूल्य के आधार पर संभावित लम्बी अवधि के रिटर्न के अनुमान की नियमित समीक्षा करने की ज़रूरत है। यदि यह मौजूदा फ़िक्स्ड डिपॉज़िट जैसे निष्क्रिय आय के साधनों पर उपलब्ध रिटर्न से कम है तो उस शेयर की जगह किसी बेहतर शेयर में निवेश करने का समय आ गया है। कई निवेशकों को उनके निवेश पोर्टफ़ोलियो में मौजूद शेयरों से मोहब्बत हो जाती है (ख़ासकर अगर उन्होंने बहुत मेहनत के बाद उनकी पहचान की होती है) और उसके बाद वे आलसी होकर विचारमग्न हो जाते हैं तथा नियमित रूप से गहन अवसर लागत विश्लेषण नहीं करते। हर एक डॉलर अहम होता है और निवेश किए गए डॉलर की पाई-पाई से ज़्यादा से ज़्यादा रिटर्न हासिल करने के लिए निवेशक को प्रयास करना चाहिए। किसी भी संभावित निवेश लागत का आकलन करते हुए बहुत ही कठोर अवरोधक नियमों को लागू करें। बहुत हठधर्मी बन जाएँ।

अक्सर निवेशकों को तर्कहीन बातें करते हुए सुना जाता है जैसे, ''मैंने इस शेयर को बहुत सस्ते दामों पर लिया है और इसे बेचने वाला नहीं हूँ।'' भले ही मौजूदा क़ीमत से आगे चलकर लम्बी अवधि में बहुत बढ़त की संभावना कम हो। एक जगह बंधकर रह जाने का पूर्वाग्रह शक्तिशाली है, और यह अवचेतन में स्वत: होता है। इस पूर्वाग्रह का मुक़ाबला करने का एक प्रभावी तरीक़ा है कि हर ट्रेडिंग वाले दिन की शुरुआत से पहले ऐसा सोच लें कि पोर्टफ़ोलियो के सभी शेयरों को आपने बेच कर नक़दी जुटा ली है। अब अपने आप से सरल प्रश्न पूछें : ''अपने शेयरों के कारोबारों के बारे में सभी वर्तमान और अद्यतन सूचनाओं को देखते हुए क्या अब भी मैं इन्हें मौजूदा क़ीमत पर ख़रीदूँगा?'' यदि आप यह निष्कर्ष निकालते हैं कि आप शेयर नहीं ख़रीदेंगे लेकिन आप इसे बेच नहीं पा रहे हैं तो इसका कारण है कि आप दान-पुण्य के पूर्वाग्रह से ग्रस्त हैं ना कि आप किसी तार्किक सोच के कारण निवेश को बनाए रख रहे हैं। बेच दीजिए। भविष्य में संतोषजनक रिटर्न नहीं मिलने की संभावना के बाद भी शेयरों से चिपके रहना महँगा सौदा है, जो निवेशक की दीर्घकालिक निवल संपत्ति पर उल्टा असर डालता है।

अवसर लागत के मानसिक मॉडल का उपयोग सक्षमता सिद्धांत के दायरे के साथ किया जाना चाहिए। यानी उन्हीं को अवसर माना जाना चाहिए जो आपकी सक्षमता के दायरे में हैं। कुछ ऐसी बातें जिन्हें आप समझने में असमर्थ हैं, उन्हें ऐसे अवसरों में शामिल नहीं किया जाना चाहिए जिनसे अवसर लागत निर्धारित करते हैं।

अगर मुझे अपनी सक्षमता के दायरे में निवेश का कोई शानदार अवसर मिलता है तो मैं अपने पोर्टफ़ोलियो में यदि कुछ कमज़ोर शेयर होंगे तो उन्हें बिना तुरंत बेच दूँगा। ज़रूरत हुई बिना किसी हिचकिचाहट के घाटे में भी। हमारे पास कुछ ऐसे शेयर होते हैं, जो हमारे ''सबसे कम पसंदीदा'' होते हैं। वे जरूरी नहीं हैं कि हमेशा ख़राब स्टॉक हों। हमारे अवचेतन मन में कहीं न कहीं यह रहता है कि वे अन्य शेयरों की तुलना में कमज़ोर हैं (लेकिन हम फिर भी हम उन्हें पकड़कर रखते हैं!) ज़रूरत पड़ने पर भविष्य में हमें उन्हें बेचने में कोई आपत्ति नहीं होनी चाहिए। आपके सामने जब निवेश का कोई ऐसा विचार आता है जिसे आप पूरे विश्वास के साथ बहुत ही अच्छा मानते हैं तो अपने पास मौजूद सभी शेयरों के संबंध में गहन शोध कर ऐसे सबूत खोजने की कोशिश करें जो उनमें निवेश के ख़िलाफ़ हो। ज़्यादातर मामलों में आप पाएँगे कि जो शेयर पोर्टफ़ोलियो में सबसे कम होंगे, वही बेचे जाते हैं। इसका कारण है क्योंकि उनमें आपका यक़ीन कम था और धीरे-धीरे ख़रीदी की शुरुआत की थी। (जैसा कि पोर्टफ़ोलियो में उनके कम प्रतिशत से संकेत मिलता है)।

जब अनिश्चितता से बहुत ज़्यादा संभावित रिटर्न मिलने की उम्मीद नहीं हो तो निश्चितता के साथ जाना हमेशा बेहतर होता है। एक निवेशक के रूप में ख़रीदी के नए शेयरों को देखते समय मेरा एक सरल नियम है। अगर मैं कुछ नए शेयर ख़रीदने जा रहा हूँ तो इनको मेरे पास पहले से मौजूद शेयरों से ''काफ़ी बेहतर'' होना चाहिए। ख़रीदी के नए विचारों के संबंध में ज़रूरी मानदंडों को लेकर जब हम वास्तव में अनुशासित होते हैं और मानदंडों को बहुत ऊँचा रखते हैं तो किसी भी समय ख़रीदने के लिए सबसे अच्छा स्टॉक आमतौर पर पहले ही हमारे पोर्टफ़ोलियो में मौजूद रहता है। केवल नाम की ख़ातिर विविधता लाने की ज़रूरत नहीं है। अपने जीवन, अपने निवेश पोर्टफ़ोलियो या अपने कारोबार में ऐसा कुछ भी जोड़ने से बचें, जो उन्हें बेहतर नहीं बनाता हो।

अवसर लागत हमारी ज़िंदगी के सभी पहलुओं पर लागू

अवसर लागत संतुलन की सबसे बुनियादी आर्थिक अवधारणा से संबंधित है। यदि आप कोई विकल्प चुनते हैं, तो आप कम से कम फ़िलहाल के लिए अन्य सभी विकल्प छोड़ देते हैं। कभी-कभी जो विकल्प नहीं चुना होता है, वही सबसे बुद्धिमान विकल्प साबित होता है। यही कारण है कि अवसर लागत का पीछे पलट कर देखने से ही सबसे अच्छे तरीक़े से आकलन किया जा सकता है। बहुत बदलाव लाने वाले व्यक्तियों ने अगर कोई दूसरा मार्ग चुन लिया होता तो दुनिया क्या- कुछ से वंचित रह जाती। इससे अवसर लागत को बहुत अच्छे से समझा जा सकता है।

क्या होता अगर सैम वाल्टन ने 44 साल की उम्र में वॉलमार्ट स्टोर शुरू करने का फ़ैसला नहीं किया होता?

क्या होता यदि थॉमस एडिसन ने पहले कुछ हज़ार बार असफल होने के बाद रोशनी देने वाले बल्ब पर काम करना बंद कर दिया होता?

क्या होता अगर स्टीव जॉब्स एपल के पुनरुत्थान का नेतृत्व करने के लिए कभी वापस नहीं आते जो वास्तव में उपभोक्ता टेक्नोलॉजी के भविष्य को नया आकार दे रहा है?

हम इन प्रसिद्ध व्यक्तियों से अलग नहीं हैं। हम भी रोज़ाना निर्णय करते हैं कि हम अपना समय, पैसा, दिमाग़ी शक्ति और ऊर्जा कैसे– कहाँ ख़र्च करेंगे और हरेक फ़ैसले के साथ विकल्प होते हैं जो हम नहीं चुनते हैं। और यह विकल्प जो हमारा निर्णय नहीं बना, वही हमारी अवसर लागत को दिखाता है। सभी अस्वीकृत विकल्प भी संभावित भविष्य की ओर जाने वाले मार्ग हो सकते हैं जिनमें चीज़ें बेहतर या बदतर हो सकती हैं। प्रत्येक निर्णय हमें किसी न किसी कार्य के लिए प्रतिबद्ध करता है जो अन्य विकल्पों पर काम बंद कर देता है। जब भी हम चुनाव करते हैं तो उसकी एक अवसर लागत होती है।

कैसा रहा यदि *गेम ऑफ़ थ्रोन्स* देखने के बजाय आपने कोई नया कौशल सीखा जिससे आपको पदोन्नति मिल गई?

कैसा होता अगर आपने कॉलेज की पढ़ाई के लिए बड़ा क़र्ज़ लेने की बजाय कोई नौकरी की होती?

कैसा होता अगर आप जंक फ़ूड खाने की बजाय कसरत के शौकीन बन गए होते?

संक्षेप में, आप विकल्प चुनते हैं और यही विकल्प आपको और आपके व्यक्तित्व को बनाते हैं। हर विकल्प, चाहे वह कितना ही मामूली क्यों ना हो, आपके जीवन के पथ को बदल देता है। प्रत्येक विकल्प के बढ़ते हुए प्रभाव हर समय क्रियाशील रहते हैं। आपका आज का जीवन आपके पिछले विकल्पों का परिणाम है। कठिन विकल्प, आसान ज़िंदगी। आसान विकल्प, कठिन जीवन।

बेंजामिन फ्रेंकलिन कहते हैं ''छोटे ख़र्चों से सावधान रहें; एक छोटा सा रिसाव भी बड़े जहाज को डुबा देता है।'' अधिकांश लोग उनकी बात के गहरे अर्थ को समझने में विफल रहते हैं। मान लीजिए कि आप रोज़ाना सुबह अपने लिए स्टारबक्स से 4 डॉलर की कॉफ़ी मँगाते हैं। हर दिन जो कॉफ़ी आप घर में कुछ चंद पैसों में तैयार कर सकते हैं उसके लिए आप 4 डॉलर ख़र्च कर देते हैं। यदि आपने साल में 200 डॉलर की पचास कॉफ़ी ख़रीदीं (प्रति सप्ताह लगभग एक) तो समझ लीजिए कि आपने आज से 50 साल बाद 23,500 डॉलर (माना कि अगर आपने यही रक़म 10 प्रतिशत के सालाना रिटर्न वाले कम-लागत इंडेक्स फ़ंड में निवेश की होती) की संपत्ति से हाथ धो लिया। निवेश भविष्य में आगे चलकर बेहतर और अधिक उपभोग के लिए आज की संतुष्टि को टालने के अलावा और कुछ नहीं है। निवेश के केन्द्र में अवसर लागत ही होती है।

यहाँ कहने का मतलब यह नहीं है कि आप जो कुछ भी पसंद करते हैं उसे छोड़ दें, बल्कि आप जो दैनिक निर्णय लेते हैं, उनकी अवसर लागत पर ज़ोर देना है। पूरे साल कॉफ़ी

के आनंद से दूर रहने से ज़्यादा सार्थक तरीक़ा अपनी आमदनी बढ़ाने का है। अतिरिक्त एक हज़ार डॉलर कमाने के रास्ते तलाशना ज़्यादा आसान है। ख़र्च कम करने से वित्तीय आज़ादी में लगने वाला समय कम हो जाता है। हालाँकि ख़र्चे कम करने की एक सीमा है लेकिन आपकी कमाई की कोई सीमा नहीं है। आप कितना भी कमा सकते हैं। सबसे अच्छा निवेश जो आप कर सकते हैं, वह है अपने आप में निवेश।

सोच प्रक्रिया में अवसर लागत को शामिल करने के लिए उसे तराशें

हमारा दिमाग़ वही देखता है जो हमारे सामने होता है। इसे उपलब्धता पूर्वाग्रह कहा जाता है। हम अन्य अवसरों से अनभिज्ञ होते हैं और ज़्यादातर मामलों में हम उन्हें नज़रअंदाज़ कर देते हैं। डैनियल कैनमेन ने इस समस्या को WYSIATI (वॉट यू सी इज़ ऑल देयर इज़) का संक्षिप्त नाम दिया है। यानी जो आप देखते हैं वही सब कुछ है। इस चुनौती पर क़ाबू पाने के लिए अपनी चेकलिस्ट बनाए और उसमें अवसर लागत को जोड़ें। जीवन में कोई भी बड़ा निर्णय लेने से पहले चेकलिस्ट देखें। इससे यह सुनिश्चित होगा कि आप हमेशा अन्य विकल्पों पर विचार करें।

क्या कोई ऐसा तरीक़ा है जिससे हम जटिल समस्या का सामना होने पर उपलब्धता संबंधी पूर्वाग्रह से उबर सकें?

पता चला है कि वास्तव में इसे करने का एक सरल तरीक़ा है।

यह सरल है लेकिन आसान नहीं है।

इसके लिए हमें अपने दिमाग़ को एक निश्चित तरीके से सोचने के लिए प्रशिक्षित करने की आवश्यकता है।

संजय बख़्शी के अनुसार :

> चार्ली ने हमें पहले ही सिखाया कि यह कैसे करना है; हम बस जो वे बोल रहे हैं, उसका अनुसरण करते हैं। हम एक समस्या को अनेक दृष्टिकोण से देखने का प्रयास करते हैं। मुझे लगता है, ऐसा करने का यही सही तरीक़ा है। जब आप किसी चीज़ का मूल्यांकन करने का प्रयास करते हैं, तब आप प्रश्न पूछने का प्रयास करते हैं कि क्यों? ऐसा क्यों हुआ? और जब आप इस पर विचार करते हैं, तो आप पाते हैं कि उत्तर कभी-कभी कई अलग-अलग क्षेत्रों से आता है, और आप उसकी गहराई में जाकर उसका पता लगाने की कोशिश करते हैं। इस तरह से करना बहुत आनंददायक होता है। मेरे लिए यह प्रक्रिया हमेशा प्रश्न पूछने की रही है कि क्यों? और प्रतीक्षा करें। क्योंकि दिमाग़ एक निश्चित उत्तर तक पहुँचने को उतावला होगा *लेकिन वह एकमात्र उत्तर नहीं है।*
>
> तो जब भी कोई जटिल मसला होता है तो मैं जवाब देने की कोशिश करता हूँ। शुरुआत मैं इस तरह से करता हूँ – *इसके कारणों में से एक है* – *जिसका अर्थ है कि और भी कारण होने चाहिए। मैं विचार मंथन करना चाहता हूँ कि और क्या*

कारण हो सकते हैं। ज़रूरी नहीं है कि कोई 10–20 कारण हों, तीन या चार भी हों तो वे एक से बेहतर हैं। इस तरह से सवाल पूछने से मुझे मदद मिलती है। प्रश्न पूछें, क्यों? और फिर उत्तर खोजें।

जब कोई चीज़ हमारे विचारों में सबसे आगे होती है, तो हम उसे सही मान लेते हैं। कभी-कभी यह काम कर जाता है। कभी-कभी ऐसा नहीं होता, और आमतौर पर दूसरे या तीसरे स्तर की सोच के परिणाम शामिल होते हैं। रे डेलियो ने अपनी किताब *प्रिंसिपल्स* में इस बारे में विस्तार से लिखा है। इसी तरह, होवर्ड मार्क्स ने अक्सर सोच के दूसरे स्तर को अपनाने की वकालत की है। सोच का दूसरा स्तर (और उससे भी आगे) निर्णय लेने की प्रक्रिया के हर चरण में यह पूछना है, ''और फिर क्या?'' साथ ही विनम्रतापूर्वक स्वीकार करना है कि ''इसका आंशिक कारण यह है,'' ''और फिर क्या?'' के चश्मे से चीज़ों को देखना आपको जीवन में जल्दबाजी में भावनाओं के आधार पर निर्णय लेने से बचने में मदद कर सकता है। चाहे आप किसी व्यवसाय में निवेश करना चाह रहे हों या किसी रिश्ते, करिअर के संबंध में निर्णय ले रहें हों, कभी यह पूछना ना भूलें, ''और फिर क्या?''

यह जीवनरक्षक साबित हो सकता है।

अध्याय 29

पैटर्न की पहचान

चार्ली और मैंने देखा है – हम इस मामले में बिलकुल भी निपुण नहीं हैं – लेकिन हमने पैटर्न देखे हैं। मनुष्यों और व्यवसायों के मूल्यांकन में पैटर्न की पहचान बहुत अहम हो जाती है। और पैटर्न की पहचान में कुछ भी 100 प्रतिशत जैसा नहीं है और कोई भी पैटर्न हूबहू दोहराते हैं, लेकिन कारोबार और प्रतिभूति बाज़ारों में कुछ जो चीज़ें हमने बार–बार देखी हैं।

– वॉरेन बफ़ेट

मूल्य निर्धारण शक्ति का दोहन

ग्रोथ शेयर मॉडल के दायरे में ही वास्तव में ऐसे कारोबार हैं जो आपको जीवन में बहुत कम देखने को मिलेंगे जहाँ कोई प्रबंधक ही कीमतों को बढ़ाकर रिटर्न में वृद्धि कर सकता है – और तब भी उन्होंने यह किया नहीं है। इस तरह से उनके पास विशाल अप्रयुक्त मूल्य निर्धारण शक्ति है जिसका वे उपयोग नहीं कर रहे हैं। इसमें ज़्यादा सोच–विचार की ज़रूरत ही नहीं है।

– चार्ली मंगर

नाममात्र मूल्य निर्धारण शक्ति को आम तौर पर महँगाई दर के ख़िलाफ़ बचाव में सर्वोत्तम माना जाता है। लेकिन यह महान कारोबारों की पहचान के लिए केवल आवश्यक शर्त है, पर्याप्त नहीं है। कारोबार के मालिक के लिए अपनी बाज़ार हिस्सेदारी या इकाई मात्रा को प्रभावित किए बिना अपने उत्पाद या सेवाओं के दाम महँगाई दर से भी ज़्यादा बढ़ाने की क्षमता एक सपने जैसा है। यह वास्तविक मूल्य निर्धारण शक्ति कारोबार के शेयरधारक निवेशकों के लिए बहुत अधिक मूल्य सृजन कर सकती है। देखें कि कैसे

सीज़ कैंडीज़ हर साल 26 दिसम्बर को आसानी से अपनी क़ीमतें बढ़ाती है। यह स्वामित्व के लिए एक दुर्लभ और आकर्षक व्यवसाय है। ऐसा कारोबार जो महँगाई दर को समाहित करने के लिए क़ीमतें बढ़ा सकता है, वह अच्छा तो है लेकिन असाधारण नहीं है। यद्यपि ऐसे व्यवसाय की पहचान करना अच्छा है जिसने निरंतर अपनी क़ीमतें बढ़ाई हैं। लेकिन वास्तव में ऐसा व्यवसाय खोजना और बेहतर हो सकता है जिसने लम्बे समय से किसी न किसी कारण से अपनी क़ीमतें नहीं बढ़ाई हैं। इस प्रकार उसने अपने उत्पाद या सेवा को ग्राहकों के लिए कम क़ीमत कम मूल्यांकन का बनाकर रखा है। यह स्थिति एक प्रकार की दबी हुई मूल्य निर्धारण शक्ति का निर्माण करती है जिसे एक निश्चित अवधि के लिए भविष्य में वास्तविक मूल्य वृद्धि के रूप में जारी किया जा सकता है।

वास्तविक मूल्य निर्धारण शक्ति एक अकुशल क़ीमत वाले उत्पाद या सेवा का संकेत देती है। जब कोई कारोबार अपने उत्पाद या सेवा का मूल्य निर्धारण ज़्यादा कुशलता से करना शुरू करता है यानी क़ीमतें बढ़ाना शुरू करता है तब यह कम मूल्यांकन संभावित शानदार मूल्य का स्रोत होता है। उदाहरण के लिए हेस्टर बायोसाइंसेज ने अपनी वैक्सीन *पेस्ट डेस पेटिट्स रुमिनेंट्स* (पीपीआर) तीन सेंट प्रति खुराक बेचने की योजना बनाई जबकि उसके वैश्विक प्रतिस्पर्धियों की योजना प्रति खुराक लगभग दस सेंट में बेचने की थी। हेस्टर का शुद्ध लाभ मार्जिन पहले से ही 25 प्रतिशत के क़रीब पहुँच रहा है। बावजूद इसके कि पीपीआर वैक्सीन बनाने वाला नेपाल का संयंत्र घाटे में चल रहा है, क्योंकि अक्टूबर 2019 तक वैक्सीन की बिक्री शुरू नहीं हो सकी थी। हेस्टर नेपाल के संयंत्र के धीरे-धीरे अपनी क्षमता बढ़ाने के बाद भविष्य में जब भी हेस्टर पीपीआर वैक्सीन की क़ीमतें थोड़ी भी बढ़ाने का फ़ैसला करता है तो मार्जिन और आमदनी में उल्लेखनीय वृद्धि हो सकती है। कोई आश्चर्य नहीं कि कम लागत वाले निर्माता बफ़ेट के हमेशा पसंदीदा रहे हैं। ज़्यादातर मामलों में वे समाज के अनुकूल कारोबार होते हैं और सभी हितधारकों के लिए सकारात्मक बराबर फ़ायदे में शामिल होते हैं। ऐसी कंपनियाँ तर्कसंगत लाभप्रदता पर वृद्धि के सिद्धांत का पालन करती हैं।

जिस तरह हम कम मूल्य वाले स्टॉक या ऐसे स्टॉक की तलाश करते हैं जिनकी सही क़ीमत नहीं लगाई गई है, उसी तरह से कम मूल्य वाले या पूरा मूल्य धारण ना करने वाले उत्पादों और सेवाओं की तलाश करना चाहिए जिनके पास अप्रयुक्त मूल्य निर्धारण शक्ति है। दोनों ही स्थितियाँ अंततः सुधार की ओर अग्रसर होती हैं। इन हालात में मालिकों के लिए समय के साथ काफ़ी मूल्य बनता है। विशेषकर जब व्यवसाय वर्तमान में कम मार्जिन पर संचालित हो रहा हो, क्योंकि इस तरह के मामलों में लाभप्रदता का प्रतिशत अधिक है। निवेश में हमेशा डेल्टा पर ध्यान केन्द्रित करें, यानी आय वृद्धि में परिवर्तन की दर और उसमें छुपी हुई गुणवत्ता।

महत्त्वाकांक्षी फिर भी किफ़ायती ब्रांड, मुख्य रूप से दिमाग़ी खेल

जैसे जानवर ख़ास जगहों में पनपते हैं, वैसे ही किसी विशिष्ट क्षेत्र में माहिर लोग बहुत अच्छा कर सकते हैं।

– चार्ली मंगर

किसी विशिष्ट क्षेत्र में अग्रणी कारोबार एक बहुत उम्मीद भरा निवेश है। विशेष रूप से यदि उनकी पहचान कम बाज़ार पूँजी के चरण में की जाती है। उनके उत्पाद आमतौर पर प्रीमियम मूल्य निर्धारण का आनंद लेते हैं और ब्रांड उस उत्पाद का पर्यायवाची बन जाता है। आयशर मोटर्स की रोमांचक मोटरबाइक को याद करें। एयर कूलर में सिम्फ़नी, या अंडरवियर में पेज इंडस्ट्रीज (जॉकी इंडिया)। प्रतिस्पर्धा में इससे बड़ा लाभ और क्या है कि ग्राहकों के मन में कोई प्रतिस्पर्धी नहीं है। ब्रांड की छाप दिमाग़ में इतनी तगड़ी होनी चाहिए कि दूसरे निकटतम प्रतिस्पर्धी का नाम भी याद नहीं आना चाहिए। इन कारोबारों में ग्राहकों और आपूर्तिकर्ताओं के साथ सौदेबाजी की मज़बूत शक्ति होती है और ये ऋणात्मक कार्यशील पूँजी पर काम करते हैं, यानी दूसरे लोगों के पैसे से। एक वार्षिक रिपोर्ट में एक नई शब्दावली पढ़ने को मिली ''ग्राहकों से अग्रिम'' यह मूल्य का एक भारमुक्त स्रोत है क्योंकि इसमें अमानत, भुगतान की तारीख़ों या ब्याज आदि की कोई झंझट नहीं होती है।

हिसाब-किताब ज़्यादा, सोच-विचार कम

शेयर क़ीमतों में उतार-चढ़ाव, मात्रा संबंधी पड़ताल करने वाले टूल्स, और घोषित मूल्यांकन अनुपात कुछ प्रकरणों में ग़लत नतीजे निकाल सकते हैं। कंप्यूटर और आर्टिफ़िशियल इंटेलिजेंस निवेश संबंधी कुछ संवेदनशील पहलुओं को नहीं समझ सकते। इसके कुछ उदाहरण हैं।

1. अक्टूबर 2019 तक हेस्टर बायोसाइंसेज को अपनी अंतरराष्ट्रीय पीपीआर वैक्सीन कारोबार से सार्थक राजस्व प्राप्ति शुरू नहीं हुई थी। इस वैक्सीन के व्यवसाय में आगे काफ़ी उम्मीदें थीं और इसका मतलब था कि इसकी वृद्धि में अगले कई वर्षों के लिए ज़ोरदार संभावनाएँ हैं। फिर भी कई निवेशक पिछली कमाई पर आधारित मूल्यांकन के कारण हेस्टर के शेयर को महँगा बताकर इससे परहेज़ करते आ रहे थे। वे इस तथ्य को नज़रअंदाज़ कर रहे थे कि पिछली कमाई पर आधारित उच्च मूल्य-से-आय (पी/ई) अनुपात हेस्टर की वास्तविक आमदनी की ताक़त को सही रूप से नहीं दिखा रहा है, क्योंकि अंतरराष्ट्रीय ऑर्डर अभी शुरू नहीं हुए हैं। मल्टी कमोडिटी एक्सचेंज ऑफ़ इंडिया मात्रा के बजाय लेन-देन के मूल्य के आधार पर शुल्क लेता है। कुछ साल पहले कई निवेशक इसके उच्च पी/ई अनुपात को इसके

शेयर से दूर रहने का कारण बता रहे थे। लेकिन यह अनुपात उस समय कमोडिटी के प्रचलित दामों पर दबाव पर आधारित था। निवेशकों को हमेशा सामान्य आय शक्ति के आधार पर लम्बी अवधि के अपने आइडिया का मूल्यांकन करना चाहिए। इसी तरह की स्थिति उस समय बनती है, जब किसी कम्पनी की वर्तमान आमदनी विस्तार कार्यों पर ख़र्च के कारण कम होती है जिसके परिणामस्वरूप पी/ई अनुपात अधिक दिखाई देता है। वे निवेशक जो आइडिया के लिए मुख्य रूप से स्क्रीनिंग टूल पर भरोसा करते हैं, वे अंततः ऐसे अवसरों को गँवा देते हैं।

2. किसी प्रतिस्पर्धी से प्रशंसा प्राप्त करना हमेशा किसी फ़र्म के लिए सकारात्मक संकेत होता है। लेकिन ये ऐसे पहलू हैं जिन्हें क्वांट्स, एक्सेल स्प्रेडशीट्स, या स्क्रीनर्स जैसे टूल नहीं भाँप सकते।

3. वित्त वर्ष 2018 की पहली तिमाही के नतीजे जारी होने से पहले किसी तरह की ख़बर नहीं होने के कारण अवंती फ़ीड्स का शेयर उस दिन अचानक 10 प्रतिशत गिर गया। हालाँकि, उसी दिन उसके प्रतिस्पर्धी वॉटरबेस का शेयर नतीजे जारी होने के बाद ऊपर जा रहा था, और इसी क्षेत्र की एक अन्य कम्पनी आईएफ़बी एग्रो का शेयर भी ऊपर था। इससे संकेत मिला बड़े पैमाने पर उद्योग से संबंधित कोई नकारात्मक ख़बर नहीं थी। (आम तौर पर किसी सेक्टर में जब अग्रणी कम्पनी का शेयर तेज़ी से गिरता है तो उसके कमतर कम्पनियों के शेयर दहशत और सहानुभूति में उसी तरह से व्यवहार करते हुए गिर जाते हैं।) अवंती फ़ीड्स ने अगले दिन नतीजों में मेरी उम्मीद के मुताबिक़ मजबूत आमदनी घोषित की और उसके बाद स्टॉक में ख़ासी बढ़त हुई। समझ और भावनाओं को विकसित करते हुए बाज़ार को महसूस करें। (उदाहरण के लिए, सुदृढ़ आमदनी घोषित करने के बाद भी यदि किसी सेक्टर के प्रमुख शेयरों में तेज़ी से गिरावट आ रही हो या ख़राब कमाई के बाद भी शेयर बढ़ रहे हों तो बाज़ार आपको कुछ महत्त्वपूर्ण संकेत देने का प्रयास कर रहा है।)

4. आमदनी के नतीजे जारी होने (या रात में कोई महत्त्वपूर्ण दिखाई देने वाली घटना होने) के बाद शेयर किस भाव पर बंद होता है। यह ज़्यादा महत्त्वपूर्ण है, बनिस्वत कि शुरुआती प्रतिक्रिया क्या थी या बाज़ार खुलते समय शेयर किस दाम पर खुला था।

5. कई निवेशक उत्पादों से परिचित होने के कारण उपभोक्ता कारोबार में निवेश करने में अधिक आत्मविश्वास महसूस करते हैं। लेकिन उपभोक्ताओं की प्राथमिकताएँ तेज़ी से और अप्रत्याशित रूप से बदल सकती हैं। कई बिज़नेस-टु-बिज़नेस (बी-2-बी) कम्पनियाँ (हालाँकि सभी नहीं) ग्राहकों की प्राथमिकताओं में बहुत धीमी गति से बदलाव देखती हैं जिससे वित्तीय मॉडलिंग आसान हो जाती है।

6. कभी-कभी विश्लेषक कारोबार के मौसमी चक्र पर ध्यान दिए बिना और

बगैर सोचे-समझे तिमाही या अर्ध वार्षिक नतीजों को ''वार्षिक'' की तरह देखते हैं। (नवीनतम तिमाही परिणामों की घोषणा के बाद किसी कारोबार के तिमाही आधार पर नतीजों पर गौर करते हुए हमेशा मौसमी चक्र को ध्यान में रखें।) उदाहरण के लिए फ़रवरी 2018 में एचजी इंफ्रा इंजीनियरिंग के आईपीओ संबंधी कुछ रिपोर्टों में सालाना आँकड़ों के आधार पर वित्त वर्ष 2018 की पहली छमाही के लिए मूल्यांकन अनुमान दिए गए थे जबकि सड़क निर्माण कम्पनियाँ अपनी वार्षिक आमदनी का क़रीब 65 से 70 प्रतिशत वित्त वर्ष के अंत के छह महीनों (अक्टूबर से मार्च) में प्राप्त करती हैं।

7. अक्सर समेकित तिमाही नतीजों से प्रभावित होकर शेयरों की क़ीमतें प्रतिक्रिया नहीं करती हैं। बल्कि, बाज़ार सहभागियों की मुख्य रुचि केवल एक या दो विशिष्ट व्यावसायिक क्षेत्रों के प्रदर्शन में होती है और केवल उन खंडों के परिचालन परिणाम शेयर की क़ीमत पर प्रभाव डालते हैं।

8. पिछली आमदनी पर आधारित महँगा दिखाई देने वाला मूल्यांकन कच्चे माल की क़ीमतों में तेज़ी से गिरावट आते ही सस्ता हो सकता है। इसी तरह से पिछली आमदनी पर सस्ते दिखाई दे रहे मूल्यांकन कच्चे माल की क़ीमतों में तेज़ वृद्धि से जल्दी ही महँगे हो सकते हैं।

9. केवल उच्च परिचालन मार्जिन से निष्कर्ष निकालने में सावधानी बरतें। व्यवसाय में दक्षता के कारण अगर ऐसा है तो वह अच्छा है। लेकिन लालच, हितधारकों को पूरा लाभ ना देने और अल्पकालिक आय तथा शेयर की क़ीमत में बढ़ोतरी की ख़ातिर लम्बी अवधि के मूल्य सृजन की उपेक्षा करने के कारण अगर ऐसा हो रहा है तो वे ग़लत कारण हैं।

10. स्पष्ट दृष्टि से विसंगतियों को देखें। एक अच्छे जासूस और एक अच्छे निवेशक के काम में कई साम्यताएँ हैं। शर्लक होम्स की बहुत लोकप्रिय लघु कथाओं में से एक ''सिल्वर ब्लेज़'' में एक कुत्ते के साथ हुए वाकये को बताया गया है जो भौंकता नहीं था :

तालिका 29.1 भागों के मूल्यांकन का योग

व्यवसाय विभाग	मूल्य/शेयर (रुपये)	मूल्यांकन पद्धति
मौजूदा बिजली व्यवसाय	956	1X FY2019 बुक वैल्यू
चंद्रपुर पावर प्लांट	61	निवेशित इक्विटी पर 15% छूट
हल्दिया पावर प्लांट	86	इक्विटी पर निवेश किया गया
सीईएससी संपत्ति	19	निवेशित इक्विटी पर
स्पेंसर और अन्य	**(58)**	**घाटे में चल रहे खुदरा व्यापार के लिए छूट**

ग्रेगरी (स्कॉटलैंड यार्ड जासूस) : क्या ऐसा कोई बिन्दु है जिसकी ओर आप मेरा ध्यान आकर्षित करना चाहेंगे?

होम्स : रात में कुत्ते की विचित्र घटना की ओर।

ग्रेगरी : कुत्ते ने रात के समय कुछ नहीं किया।

होम्स : यही विचित्र घटना थी।

2018 की शुरुआत में कलकत्ता इलेक्ट्रिक सप्लाई कॉरपोरेशन (सीईएससी) के विघटन से जुड़ी दिलचस्प घटना पर नजर डालें। कुछ विश्लेषक उस समय सीईएससी के लिए पूरी तरह से अतार्किक हिस्सों के योग के मूल्यांकन की क़वायद में जुटे हुए थे। (तालिका 29.1) (बड़े समूह के लिए हिस्सों के योग का विश्लेषण करने वाले विश्लेषकों को यह समझना चाहिए कि यदि उसके एक कारोबार से मिल रही नक़दी दूसरे कारोबार को वित्तपोषित कर रही है तो भागों के योग विश्लेषण का कोई मतलब नहीं है। प्रबंधन यदि आगे भी अपने विभिन्न व्यवसायों में एक से दूसरे को वित्तीय संसाधन देना जारी रखना चाहता है तो वह इकाइयों को अलग क्यों करेगा।) विभाजन के बाद बाज़ार में अलग सूचीबद्ध इकाई के रूप में स्पेंसर्स ज़ाहिर है कि अपना बाज़ार मूल्य गिरा नहीं सकती। इसमें कोई आश्चर्य नहीं कि चार्ली मंगर ने कहा है, ''लोग हिसाब बहुत ज़्यादा करते हैं और सोचते बहुत कम हैं।''

11. आधुनिक डिजिटल दुनिया में वित्तीय विवरणों में घोषित आय विश्लेषण मक़सद से कम उपयोगी होती जा रही है। हेलर हाउस फ़ंड के ग्राहकों को 2018 की दूसरी तिमाही में लिखे पत्र में मार्सेलो लीमा ने लिखा :

मूल्य के प्रतिनिधि के तौर पर ''सस्ता'' का उल्लेख ख़राब लगता है : नया व्यवसाय मॉडल... विशेष रूप से एसएएएस (सेवा के रूप में सॉफ़्टवेयर) के लिए पारंपरिक जीएएपी (आम तौर पर स्वीकृत लेखांकन सिद्धांत) उपयुक्त नहीं हैं, क्योंकि : यदि वितरण लागत शून्य है तो रणनीति अपने सॉफ़्टवेयर उत्पाद के लिए जल्दी से जल्दी अधिक से अधिक ग्राहक हासिल करना होती है। डिजिटल व्यवसायों में विस्तार के फ़ायदे बढ़ रहे हैं और इनमें से कई कंपनियाँ इसी तरह से काम कर रही हैं, जहाँ विजेता कम्पनी के पास पूरा या ज़्यादातर बाज़ार है। इस खेल का नाम है निर्माण करें, विकास करें, फिर उससे धन अर्जित करें। अक्सर, इसमें विक्रय और मार्केटिंग में बहुत सारा पैसा ख़र्च करना होता है जो आमदनी में गिरावट दिखाता है।

इस प्रकार एसएएएस कम्पनियाँ ग्राहक प्राप्त करने के लिए पहले ख़र्च करती हैं और उन ग्राहकों से आगे कई साल तक राजस्व को मान्य करती हैं। इससे आय विवरण बोझिल हो जाता है। सास की देनिया के कई सबसे सफल और उच्चतम प्रदर्शन करने वाले शेयर लेखांकन में सार्थक मुनाफ़ा नहीं होने के बावजूद कई साल तक बढ़ते रहे हैं। इकाई अर्थशास्त्र के संदर्भ में वे बहुत लाभ में हैं और एक बार जब वे पुनर्निवेश बंद करते हैं तो प्रत्येक डॉलर वृद्धि को और आगे ले

जाता है। इस परिदृश्य में कम पी/ई शेयरों की खोजबीन का पारंपरिक तरीक़ा उपयुक्त नहीं है।

इन एसएएएस कम्पनियों के लिए वृद्धिशील इकाई के अर्थशास्त्र का अध्ययन करें यानी प्रत्येक ग्राहक को प्राप्त करने में कितनी लागत आती है और वे एक समयावधि में कितना मूल्य प्रदान करते हैं–और फिर निवेश के दौर के धीमे होने की स्थिति में व्यवसाय मार्जिन और नक़दी प्रवाह का विश्लेषण करें। फिर उस नक़द प्रवाह को मौज़ूदा मूल्यांकन में शामिल करें।

कोलंबिया और *डार्टमाउथ बिज़नेस* स्कूलों के तीन प्रोफ़ेसर विजय गोविंदराजन, शिवराम राजगोपाल और अनूप श्रीवास्तव ने अमूर्त निवेशों के लेखांकन पर किए गए अपने कार्य का निचोड़ *हार्वर्ड बिजनेस रिव्यू* के फ़रवरी 2018 के अंक में अपने आलेख में पेश किया। बारूक लेव और फेंग गु की किताब *द एंड ऑफ़ अकाउंटिंग* के विश्लेषण को आधार बनाते हुए तीनों प्रोफ़ेसरों का प्रमुख निष्कर्ष था, "डिजिटल कंपनियों के लिए लेखांकन आदमी व्यावहारिक रूप से अप्रासंगिक है।" इसी तरह से गोविंदराजन, राजगोपाल और श्रीवास्तव ने पाया कि नई कम्पनियों के ख़र्च की भिन्न प्रकृति के कारण पुरानी कम्पनियों की तुलना में युवा कम्पनियों के लिए घोषित आमदनी का बहुत ज़्यादा अर्थ नहीं है। वास्तव में, उन्होंने पाया कि "21वीं सदी की कम्पनी के लिए शेयरों के रिटर्न में आमदनी केवल 2.4 प्रतिशत अंतर को ही स्पष्ट करती है यानी कम्पनियों के शेयरों के वार्षिक रिटर्न में 98 प्रतिशत का अंतर उनकी सालाना आमदनी से स्पष्ट नहीं होता है।" ये दावे लेव और गु की किताब (चित्र 29.1) में प्रकाशित दावों से काफ़ी जुड़े हुए हैं। लेखकों ने पाया कि आमदनी और बुक वैल्यू जैसे वित्तीय मापदंड 1950 और 1959 के बीच सार्वजनिक हुई कम्पनियों के शेयरों की क़ीमतों में अंतर को 90 प्रतिशत स्पष्ट कर देते हैं। जबकि 2000 के बाद से सार्वजनिक हुई कंपनियों के शेयरों में 20 प्रतिशत अंतर को ही ये मापदंड स्पष्ट कर पाते हैं।

युवा कम्पनियाँ पुरानी कंपनियों के मुक़ाबले कम मूर्त–पूँजी गहन और अधिक अमूर्त–पूँजी गहन होती हैं। यह प्रवृत्ति वित्तीय विश्लेषकों के लिए बड़ी समस्या पैदा कर देती है, क्योंकि लेखांकन नियम स्पष्ट रूप से मूर्त और अमूर्त पूँजी निवेश से अलग–अलग तरह से व्यवहार करते हैं। जब कोई फ़र्म अनुसंधान एवं विकास, विज्ञापन, सॉफ़्टवेयर विकास, या कर्मचारी प्रशिक्षण पर काम कर रही होती है तो उसे इन लम्बी अवधि के मूल्य–सृजन ख़र्च को उसी तरह से हिसाब में लेना चाहिए जिस तरह से वह दफ़्तर के किराये जैसे नियमित सामान्य व्यय को हिसाब में लेती है। अर्थात्, वे सभी उत्पादक निवेश (चित्र 29.1 में ऊपर की ओर जाती हुई तिरछी रेखा) को व्यय के रूप में माना जाता है और वर्तमान अवधि की कमाई में ही उसे समायोजित किया जाता है जिससे नववाचार पर बड़ा ख़र्च कर रही अत्यधिक नवाचारी कम्पनियों का घोषित मुनाफ़ा बहुत कम हो जाता है।

यही वजह परिसंपत्तियों को कृत्रिम तरीक़े से बहुत कम करके बैलेंस शीट को विकृत कर देती है। क्योंकि अगर कोई चीज़ ख़र्च हो जाती है, तो वह कभी भी अपना रास्ता परिसंपत्ति के रूप में बैलेंस शीट में नहीं बना पाती।

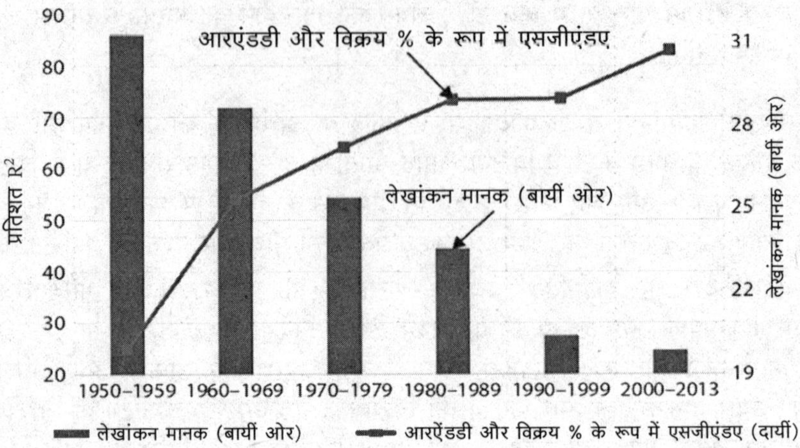

तालिका 29.1 1950–2013 के क्रमिक दशकों में सार्वजनिक बाज़ार में प्रवेश करने वाली कम्पनियों की आय और बही मूल्यों पर बाज़ार मूल्यों के R^2 का प्रतिगमन

Source: Baruch Lev and Feng Gu, The End of Accounting (New York: Wiley, 2016).

गोविंदराजन, राजगोपाल और श्रीवास्तव ने अपने अध्ययन में पाया है कि ''अमेरिकी कंपनियों के लिए पूँजी सृजन के मुख्य तरीक़े के रूप में अमूर्त निवेश ने संपत्ति, संयंत्र और उपकरण को पीछे छोड़ दिया है।'' फिर भी ये सभी अमूर्त संपत्तियाँ बैलेंस शीट से ग़ायब हैं, और इस प्रकार विश्लेषक फ़र्मों की कमाई की क्षमता के बारे में सटीक राय नहीं बना सकते। लेव ने कई साल पहले जानकारी की इस कमी को बाज़ार की विसंगति का स्रोत के रूप में पहचाना था जिसके कारण बहुत अधिक नवाचारी कम्पनियाँ व्यवस्थित रूप से कम नवाचारी कम्पनियों को प्रदर्शन के मामले में पीछे छोड़ देती हैं।

साइडकार निवेश

दूसरे विश्व युद्ध की पूर्व संध्या पर कम दाम वाले पेनी स्टॉक ख़रीदकर क़िस्मत चमकाने वाले जॉन टेम्पलटन से लेकर सुपर कैट बीमा बेचने वाले वॉरेन बफ़ेट तक सफल निवेशकों ने अज्ञात और ना जाने जा सकने वाले माध्यम से असाधारण मुनाफ़ा कमाया है और तर्कपूर्ण, गणना के आधार पर यह कर दिखाया है। ''अज्ञात और ना जाने जा सकने वाले'' का तात्पर्य है ऐसी स्थिति से है जिसमें दुनिया की भावी संभावित अवस्थाएँ और उनकी प्रायिकताएँ दोनों अज्ञात और जानी जा सकने वाली नहीं हैं।

रिचर्ड ज़ेकहाउसर द्वारा अपने प्रसिद्ध निबंध, ''इन्वेस्टिंग इन द अननोन ऐंड अननोएबल'' में ''साइडकार निवेश'' शब्दावली का उल्लेख किया गया था। इस निबंध को सभी निवेशकों को अवश्य पढ़ना चाहिए। इसमें ज़ेकहाउसर ने कई महत्त्वपूर्ण जानकारियाँ साझा की हैं।

सर्वप्रथम अधिकांश निवेशक जोख़िम और अनिश्चितता के बीच अंतर करने में विफल रहते हैं। उनका सामना अनिश्चितता से होता है, तो वे इसे जोख़िम समझ लेते हैं और इससे जुड़े शेयर से दूर हो जाते हैं। लेकिन वैल्यू इन्वेस्टर के लिए यह ख़रीदी का बढ़िया मौक़ा बन जाता है जो जोख़िम (पूँजी की स्थायी हानि) से बचते हैं लेकिन अत्यधिक अनुकूल शर्तों (सुरक्षा के बड़े मार्जिन) पर अनिश्चितता की मंशा रखते हैं।

दूसरा, जानी ना जा सकने कुछ स्थितियाँ अत्यधिक लाभदायक परिणामों से जुड़ी हुई हैं और हम व्यवस्थित रूप से इनके बारे में सोच सकते हैं। लोग ऐसी स्थितियों में जोख़िम (नाप-तौल कर निश्चित मात्रा में) लेना बहुत पसंद करते हैं जिनमें वे विशिष्ट बाधाओं के बारे में जानते हैं बजाय ऐसी स्थितियों के जिनमें वे बाधाएँ पूरी तरह से अस्पष्ट होती हैं। वे जीत की अज्ञात संभावना पर जीत की ज्ञात संभावना को तरज़ीह देते हैं, भले ही किसी ज्ञात को चुनना पसंद करते हैं, किसी अज्ञात पर जीतने की संभावना, जीतने की संभावना, भले ही ज्ञात संभावना में जीत की संभावना कम हो और अज्ञात संभावना में जीत की गारंटी हो। (निर्णय सिद्धांत में यह विरोधाभास जिसमें लोगों की पसंद व्यक्तिपरक अपेक्षित उपयोगिता के सिद्धांतों का उल्लंघन करती है, इसे एल्सबर्ग विरोधाभास के रूप में जाना जाता है।) अज्ञात का डर सबसे प्रबल प्रकार के डरों में से है, और डर से यथासंभव दूर रहने की स्वाभाविक प्रतिक्रिया होती है। अज्ञात अनजान हममें से अधिकांश को खेल से पीछे कर देता है। हालाँकि, ये ऐसी परिस्थितियाँ भी हैं जिनमें असाधारण रिटर्न संभव है। (पाठकों को मानव जाति के इतिहास में अब तक के सबसे सफल निवेश के मामले का अध्ययन करना चाहिए - मासायोशी सोन का 1999 में अलीबाबा में निवेश जिसने 6,500 गुना रिटर्न दिया।) भाग्य बहादुरों का साथ देता है, और बाज़ार की क़ीमतें तथा मूल्यांकन हमारी अनिश्चितता से बचने की सहज प्रवृत्ति को प्रतिबिंबित करते हैं। अनजानी स्थितियों के बारे में सोचने का एक तरीक़ा उनके द्वारा प्रदान किए जाने वाले अत्यधिक अनाप-शनाप भुगतान को पहचानना है। यदि आपके पास अपनी रक़म को दस से बीस गुना बढ़ाने का मौक़ा है और इस मौक़े के साथ पूरी रक़म डूबने का ख़तरा भी है तो यह आजमाने के लिए अच्छा दाँव है। बशर्ते कि आपने अलग-अलग जगहों पर निवेश किया है। यह बेशुमार भुगतान में दाँव लगाने का तरीक़ा है। यह बेब रूथ प्रभाव है। कम संभावनाओं वाले परिणाम के लिए धन का प्रावधान करें। उच्च संभावना के नतीजों के लिए जोख़िम लें। ये वैल्यू इन्वेस्टर और कॉर्पोरेट पूँजी आवंटनकर्ताओं, दोनों पर लागू होता है।

तीसरा, अकूत दौलत वही बना सकते है जो दोनों तरह का कौशल रखते हैं। ये लोग अपने साथ कुछ ऐसी पेशकश लेकर आते हैं जो सामान्य व्यक्ति नहीं ला सकता। उन्हें ऐसे सौदे मिलते हैं जो हमें नहीं मिल सकते। तब भी जिन व्यक्तियों में इस तरह का हुनर नहीं है, वे इस तरह का हुनर रखने वाले व्यक्तियों के साथ साझेदारी करके आगे बढ़ सकते हैं। 1980 के दशक में बर्कशायर हैथवे में शेयर ख़रीदने के बारे में सोचें। सोचें कि वॉरेन बफ़ेट के साथ गाड़ी में यात्रा की और विशेषाधिकार के तौर पर इसके लिए उनको कुछ भी भुगतान नहीं किया। गोल्डमैन साक्स से वॉरेन बफ़ेट को मिली एक डील उदाहरण के तौर पर याद आती है। उन्होंने 2008 के वित्तीय संकट के दौरान अनुकूल शर्तों पर निवेश बैंक

के वरीयता स्टॉक को ख़रीदा था : गोल्डमैन साक्स के वरीयता स्टॉक और सामान्य स्टॉक वारंट में 5 अरब डॉलर का निवेश जिसमें वरीयता स्टॉक पर 10 प्रतिशत लाभांश और वारंट को शेयरों में बदलने के लिए आकर्षक विशेषाधिकार था।

ज़ेकहाउसर का कहना है कि कुछ लोगों को अद्भुत सौदे मिल सकते हैं और उनमें लेनदेन के लिए स्रोत खोज निकालने की क्षमता है। उनके पास कुछ निश्चित विशेषताएँ हैं जो ऐसे सौदों को उनकी ओर आकर्षित करती हैं। शायद उनके पास पूँजी हो, संपर्क, प्रतिष्ठा, या कुछ जन्मजात जो सामान्य सार्वजनिक बाज़ार निवेशक के पास नहीं है। यह उसी तरह से है जैसे हुनरमंद व्यक्ति द्वारा चलाई जा रही शक्तिशाली मोटरसाइकल से जुड़ी साइडकार में कोई निवेशक सवार हो। ज़ेकहाउसर कहते हैं, निवेशक ड्राइवर की सत्यनिष्ठा और उसकी मोटरसाइकिल चलाने की क्षमताओं में विश्वास रखने के लिए जितना विशिष्ट रूप से तैनात होगा, निवेश भी उतना ही आकर्षक होगा। ज़ेकहाउसर सलाह देते हैं कि अगर ऐसे हुनरमंद व्यक्तियों के साथ अनुकूल शर्तों पर साइडकार निवेश करने का अवसर मिलता है, तो हमें चूकना नहीं चाहिए।

साइड कार निवेश का मौक़ा कई तरह से मिल सकता है। जैसे किसी उद्योग के संस्थापक का मन उचाट हो जाता है और वह अपने विरासती कारोबार को जो उसके जीवन का अभिन्न हिस्सा रहा है, अल्पसंख्यक शेयरधारकों के सर्वोत्तम हित में निष्पक्षता से बेच रहा हो। इसके साथ शेयर बाज़ार में सूचीबद्ध नई इकाई के ज़रिये उद्यमिता की एक नई यात्रा शुरू होती है। इसी तरह सुदृढ़ क्रियान्वयन की शानदार पृष्ठभूमि वाले एक प्रमोटर समूह की कम्पनी के पेशेवर द्वारा समूह की निष्क्रिय इकाई में नया उद्यम शुरू करने पर भी साइडकार निवेश का मौक़ा मिल सकता है जिसमें वह वरीयता आवंटन के माध्यम से निजी पूँजी डाल रहा है।

हुनरमंद व्यक्ति के साथ साइडकार निवेश करने का एक और अवसर तब मिल सकता है, जब वह व्यक्ति सामान्य सूचीबद्ध कम्पनी में शामिल होता है और उसमें बहुमत या महत्त्वपूर्ण अल्पमत हिस्सेदारी ख़रीदता है जिससे उसके हित कम्पनी के साथ जुड़ जाते हैं।

अनुकूल माहौल वाले कारोबारों में निवेश

> *एक मॉडल है जिसे मैं "सर्फ़िंग" कहता हूँ – जब एक सर्फ़र लहर पर सवार हो जाता है और उस पर बना रहता तो वह बहुत दूर तक, लम्बे समय तक जा सकता है।*
>
> – चार्ली मंगर

> *आपके प्रबंधन ने जो सबक़ सीखा है – और, दुर्भाग्य से, कभी-कभी दोबारा सीखा है – वह ऐसे व्यवसायों में निवेश करने का महत्त्व है, जहाँ विपरीत परिस्थितियों की बजाय अनुकूल हालात होते हैं।*
>
> – वॉरेन बफ़ेट

न्यूटन के गति के पहले नियम में कहा गया है कि जो वस्तु गतिमान रहती है, वह गति में बनी रहती है। गतिमान वस्तुओं में जड़ता होती है। शेयर बाज़ार की भी एकरूप बने रहने की विशेषता है, जब तक कि बदलाव लाने वाला कुछ घटित ना हो, तब तक जो भी रुझान है, वह चलता चला जाता है। दूसरे शब्दों में रुझान आपका मित्र है।

बड़ी तसवीर को सही ढंग से पहचानना भी उतना ही अहमियत रखता है जितना किसी एक विशिष्ट व्यवसाय की संभावनाओं की पहचान करना। मॉर्गन स्टेनली के पूर्व अमेरिकी इक्विटी रणनीतिकार एडम पार्कर के अनुसार किसी विशिष्ट स्टॉक के वार्षिक रिटर्न के प्रदर्शन में सेक्टर–विशिष्ट कारकों के प्रभाव का आधे से अधिक का योगदान होता है। पिछले कुछ वर्षों के अपने व्यक्तिगत निवेश अनुभवों से मैंने पाया है कि महान सेक्टर की बुरी कम्पनी ख़रीदने से महान सेक्टर की अच्छी कम्पनी ख़रीदना बेहतर है। करियर और निवेश दोनों में सही ट्रेन का चुनाव मदद करता है।

यानी ऐसे क्षेत्र का चुनाव करना जिसमें लम्बी अवधि तक वृद्धि होने वाली हो। दीर्घकालिक के साथ एक क्षेत्र चुनने के लिए। 2005 में टक बिज़नेस स्कूल में छात्रों के साथ बातचीत में बफ़ेट ने कहा, ''हम अपनी दूसरी सिफ़ारिश पर आते हैं, जो कि सही ट्रेन पर चढ़ना है; यानि सही दिशा में आगे बढ़ना। बिज़नेस स्कूल में 'गेटिंग ऑन द राइट ट्रेन' नाम का कोई कोर्स नहीं है लेकिन यह वास्तव में महत्त्वपूर्ण है। आप एक औसत यात्री हो सकते हैं लेकिन यदि आप सही ट्रेन में चढ़ेंगे तो यह आपको बहुत दूर तक ले जाएगी।''

निवेश में बहादुरी के लिए कोई पुरस्कार नहीं दिया जाता। तो रुझान से नहीं लड़ें, विशेष रूप से दीर्घकालिक, और जो अपरिहार्य हैं। वास्तविकता को अपने मन के भीतर से नकारने देने के कारण लोग टूट जाते हैं। दूसरे शब्दों में, ऐसी कम्पनियों में निवेश करें माहौल जिनके अनुकूल हो, ना कि विपरीत माहौल का सामना कर रही कम्पनियों में। मैं अपने निवेश किए हुए शेयरों के माध्यम से इस महत्त्वपूर्ण निवेश सिद्धांत को स्पष्ट कर देता हूँ :

1. भारतीय फ़र्मास्युटिकल, ऑटोमोबाइल, कपूर और क्वार्टज, सरफ़ेस इंडस्ट्रीज का पुनरुद्धार : अलेम्बिक फ़र्मा, लाउरस लैब्स, सुवेन फ़र्मा, अनुह फ़र्मा, स्ट्राइड्स फ़र्मा, सोलरा एक्टिव फ़र्मा, ग्रेनुअल्स इंडिया, शिल्पा मेडिकेयर, डॉक्टर रेड्डी'ज, अजन्ता फ़र्मा, आरती ड्रग्स, मेडिकामेन बायोटेक, राजरतन ग्लोबल वायर, नोसिल, मंगलम ऑर्गेनिक्स, पोकरना।
2. रसायन विनिर्माण का धीरे–धीरे चीन से दूर जाना और भारत की ओर बढ़ना : दाइ–इची करकरिया, वेलियंट ऑर्गेनिक्स।
3. पशु स्वास्थ्य उद्योग का सेक्युलर विकास, डिजिटल को अपनाना, और क्लाउड कम्प्यूटिंग। सेक्वेंट साइंटिफ़िक, हेस्टर बायोसाइंसेज, इंडियामार्ट, जेल्पमॉक डिजाइन, मस्टेक।
4. भारत में आयात प्रतिस्थापन : एलुफ़्लराइड, मयूर यूनिक्योटर्स, डायनेमिक प्रॉडक्ट्स, फ्रंटियर स्प्रिंग्स।

5. आकांक्षी भारत की विवेकाधीन खपत में निरंतर वृद्धि : बजाज फ़ाइनेंस, डिक्सन टेक्नोलॉजीज, एसबीआई कार्ड।
6. कोविड 19 टेस्टिंग में तीव्र बढ़त : किल्पेस्ट इंडिया, टाइटन बायोटेक।

इसके साथ हमारे समर्थन में पूँजीवाद का अनुकूल माहौल है जिसमें कंपनियाँ अपनी कमाई को अपने पास रखती है और उस कमाई पर और ज़्यादा कमाई करती हैं जो शेयर बाज़ार को लम्बे समय के लिए सकारात्मक बनाता है। लोग दुनिया की समस्याओं को लेकर परेशान रहते हैं और मानव नस्ल की वर्तमान अवस्था को सुधारने की निरंतर, सहज इच्छा की, जो सतत और प्रबल लम्बी अवधि से चली आ रही संघटना को कम करके आँकते हैं।

जिनकी वृद्धि की कोई स्पष्ट सीमा नज़र नहीं आती है, ऐसे उच्च-गुणवत्ता कारोबारों की ख़रीदारी करने का सबसे बड़ा लाभ यह है कि जब हम ऐसा करते हैं, तो हम खुद को अप्रत्याशित और बेहिसाब लाभ उठाने का मौक़ा देते हैं। साल-दर-साल, मानव जाति असंभव को हासिल करती है, लेकिन वह जो हासिल कर सकती है और जो भविष्य में हासिल करेगी, उसे कम आँकती है।

बड़ा विस्तार पूरा कर रहे व्यवसायों में निवेश

जहाँ विस्तार होने वाला हो, उन स्थितियों को लेकर अकारण ही संदेह लेकर चलें। मौजूदा संयंत्र की क्षमता के विस्तार (ब्राउनफ़ील्ड प्रोजेक्ट) की छोटी योजनाओं के पूरा हो जाने से ही संतुष्ट ना हो जाएँ। इसके बजाय ऐसे व्यवसायों की तलाश करें, जो पूरी तरह से नई बड़ी परियोजना (ग्रीनफ़ील्ड प्रोजेक्ट) पर पूँजीगत ख़र्च कर रहे हों। कोई भी व्यवसाय जब तक कि उसे अपने उत्पाद की भविष्य में अच्छी माँग को लेकर दृढ़ विश्वास ना हो, तब तक क्षमता में बड़ा विस्तार नहीं करता है। इस तरह की किसी परियोजना के पूरा होने की तारीख़ से तीन से छह महीने पहले उस कारोबार के शेयरों की ख़रीदी करें। ऐसी कम्पनियों की तलाश करें, जिनकी बैलेंस शीट में चल रहे पूँजीगत कार्यों पर हाल में बड़ी वृद्धि दिखाई देती हो।

ब्रूस ग्रीनवाल्ड की किताब *कॉम्पिटिशन डीमिस्टीफ़ाइड* से मुझे ''बड़ी स्थानीय अर्थव्यवस्थाओं'' का एक बड़ा आइडिया मिला। इसे उन्होंने नेब्रास्का फ़र्नीचर मार्ट के केस के अध्ययन के माध्यम से दर्शाया है। विनिर्माण कारोबार में निवेश का निर्णय करते समय मैं अक्सर एक जगह पर स्थित बड़ी इकाई के मानदंड पर गौर करता हूँ। उदाहरण के लिए हेस्टर बायोसाइंसेज एक स्थान पर स्थित एशिया की सबसे बड़ी पशु जैविक विनिर्माण इकाई का संचालन करती है। संपूर्ण विनिर्माण एक ही स्थान पर होने से परिवहन आदि लॉजिस्टिक की लागत कम हो जाती है। निश्चित लागत संरचना वाला व्यवसाय जब अपने परिचालन को बढ़ाता है तो प्रति-यूनिट लागत कम हो जाती है, परिचालन क़र्ज़ नियंत्रित होता है और शुद्ध लाभ तेज़ी से बढ़ता है। प्रति यूनिट निश्चित लागत छोटे स्तर के प्रतिस्पर्धियों की तुलना में कम हो जाती है। किसी भी नए खिलाड़ी के लिए लम्बे समय तक नुक़सान झेले बिना पहले से मौजूद कम लागत वाले कारोबार से क़ीमत के मामले में प्रतिस्पर्धा करना असंभव है।

वृद्धि के लिए बड़ी पूँजी जुटाने वाले ऋण कारोबार को वैसे ही देखा जाना चाहिए, जैसे बड़ी क्षमता का विस्तार पूरा करने वाले विनिर्माण कारोबार को। वास्तव में इक्विटी पर उच्च रिटर्न वाले अत्यधिक मूल्यवान और बेहतर प्रबंधन वाले फ़ाइनेंसरों के मामले में ज़्यादा शेयर जारी कर इक्विटी आधार बढ़ाना बुरा नहीं है। क्योंकि उनका मूल्यांकन मूल्य–बही आधार पर किया जाता है। परिणामस्वरूप राइट्स इश्यू, एक और सार्वजनिक निर्गम या योग्य संस्थागत बिक्री के ज़रिये शेयर जारी करने के बाद आंतरिक मूल्य वास्तव में बुक वैल्यू के साथ बढ़ता है। यह इस तरह के क़र्ज़ देने वाले कारोबार में औसत को बढ़ाने का अच्छा मौक़ा प्रदान करता है। ख़ासकर अच्छी या बेहतर परिसंपत्ति गुणवत्ता वाले व्यवसाय में (जैसे, उधार देने वाले ऐसे व्यवसाय जिनकी गैर–निष्पादित आस्तियों एनपीए में गिरावट आ रही हो, इक्विटी पर रिटर्न बढ़ रहा हो और बेहतर हो रहा प्रावधान कवरेज अनुपात मूल्यांकन पुनर्रेटिंग की ओर बढ़ रहा हो। बढ़ता मूल्य–बही अनुपात ऐसे कारोबारों के लिए अच्छे चक्र का निर्माण करता है जो भविष्य में कम इक्विटी विस्तार के साथ पूँजी जुटा सकते हैं।)

उधार देने के व्यवसाय में वृद्धि कभी भी कोई मुद्दा नहीं होता है; कई लोग आपसे उधार लेना चाहते हैं। बहुत ज़्यादा उधार के कारोबार में जोख़िम प्रबंधन के तौर–तरीक़े और परिसंपत्ति की गुणवत्ता महत्त्वपूर्ण होती है। संपत्ति की गुणवत्ता का आकलन करते समय निवेशकों को क़र्ज़ चूक में हुए नुक़सान पर बहुत सावधानी से ध्यान देना चाहिए जो जोख़िम नापने में गैर निष्पादक आस्ति से ज़्यादा व्यापक और उचित है। इन सभी पर विचार के बाद मैं ऋण देने वाली ऐसी संस्था में निवेश करना पसंद करूँगा, जो पिछली किसी मंदी को झेलकर अपना अस्तित्व बनाने मे में कामयाब रही बजाय कि किसी नई संस्था में जिसने कभी चुनौती भरे दौर का सामना नहीं किया हो। जैसा कि कहा जाता है, ''जिसमें आप जीवित बच जाते हैं, वही आपको मजबूत बनाता है।''

बफ़ेट ने 1990 के अपने पत्र में वेल्स फ़ार्गो में निवेश के संबंध में औचित्य को स्पष्ट किया :

> बैंकिंग व्यवसाय हमें पसंद नहीं है। जब परिसंपत्ति इक्विटी का 20 गुना हो जो इस उद्योग में एक सामान्य अनुपात है तो परिसंपत्ति के छोटे से हिस्से से जुड़ी ग़लती इक्विटी के बड़े हिस्से को नष्ट कर सकती है। और किसी भी बड़े बैंक में ग़लतियाँ अपवाद के बजाय नियम रही हैं... क्योंकि 20:1 इतना ज़्यादा अंतर प्रबंधन की शक्तियों और कमज़ोरियों के प्रभाव को बढ़ाता है। ''सस्ते'' दामों पर ख़राब प्रबंधन वाले बैंक के शेयर ख़रीदने में हमारी कोई रुचि नहीं है। इसके बजाय हमारी दिलचस्पी केवल उचित मूल्य पर अच्छे प्रबंधन वाले बैंकों में ख़रीदारी करने में है।

बफ़ेट के शब्दों को ध्यान से नोट करें : ''परिसंपत्ति से इक्विटी का इतना ज़्यादा अनुपात... प्रबंधन की ताक़तों और कमज़ोरियों के प्रभाव को बढ़ाता है।'' इसका मतलब है कि जब भी लीवरेज़ ज़्यादा होता है, प्रबंधन कारक अत्यंत महत्त्वपूर्ण हो जाता है।

धीमे, क्रमिक परिवर्तनों पर सावधानीपूर्वक ध्यान दें

छोटे बदलावों जो विरोधाभासी नहीं हों, उनसे गुमराह होने पर अक्सर ऐसे रुझान का संज्ञान चूक जाएगा जो नियति है।

– चार्ली मंगर

मनुष्य को माहौल में अचानक होने वाले परिवर्तनों पर प्रतिक्रिया करने के लिए तैयार किया जाता है, धीमे, क्रमिक बदलाव पर नहीं। लेकिन सुधार और पतन, दोनों ही दिशा में धीमी गति से परिवर्तन, समय के साथ बड़े हो जाते हैं। हालाँकि अल्प अवधि में मुश्किल से उनकी ओर ध्यान जाता है। तकनीकी व्यवधान के क्षेत्र में यह विशेष रूप से सच है, जो अंततः व्यापक स्तर पर बड़ी उथल-पुथल की ओर ले जाता है।

हाल ही में, वैज्ञानिक और लोकप्रिय मीडिया मध्यम अवधि में मूर के नियम के ख़त्म होने की संभावना पर चर्चा कर रहे हैं। सिलिकॉन चिप्स पर अधिक से अधिक संख्या में ट्रांजिस्टर लगाने की भौतिकी को अंततः भौतिक सीमाओं का सामना करना होगा। वैज्ञानिकों का मानना है कि एक समय पर पारंपरिक चिप प्रौद्योगिकी के लिए मूर के नियम द्वारा निर्धारित गति को क़ायम रख पाना अत्यंत कठिन हो जाएगा और महँगा होने के कारण इस्तेमाल लायक़ नहीं रहेगा। कुछ विश्लेषकों का मानना है कि मूर के नियम का अंत कम्प्यूटिंग में कई गुना वृद्धि के अंत का संकेत होगा। लेकिन रे कुर्ज़वील का मानना है कि टेक्नोलॉजी का विकास कम्प्यूटिंग के नए प्रतिमान को शुरू करेगा, जो इस प्रवृत्ति को जारी रखेगा या तेज़ करेगा। अपनी किताब द *सिंगुलैरिटी इज़ नियर* में कुर्ज़वील लिखते हैं : ''भविष्य काल अवधि में तकनीकी रूप से जो संभव है, उसके अधिकांश दीर्घकालिक पूर्वानुमान भावी विकास को नाटकीय रूप से कम आँकते हैं, क्योंकि वे इतिहास के जिसे मैं 'सहज रैखिक ज्ञान' दृष्टिकोण कहता हूँ, उस पर आधारित हैं, ना कि 'ऐतिहासिक बहुल' दृष्टिकोण पर।''

चहुँओर विस्तृत दुनिया में हम सभी रैखिक रूप से सोचते हैं। प्रवर्तक, प्रबंधन, निवेशक, विश्लेषक।

लेकिन मंगर किसी आकर्षक प्रभाव की तलाश में हैं। जॉर्ज सोरोस अपनी ही मान्यताओं पर सवाल कर लाभ उठाना चाहते हैं। नसीम तालेब किसी चरम घटना की उपस्थिति पर ज़ोर देते हैं। पीटर थिएल शक्ति क़ानूनों के बारे में बात करते हैं। वे सभी हम जिसमें विकसित हुए हैं, उस रैखिक वातावरण और हमने जो निर्मित किया है, उस अरैखिक वातावरण के बीच मध्यस्थता की तलाश में हैं।

> किसी व्यवसाय को लगातार नए रूप में सामने आती हुई फ़िल्म के रूप में देखा जाना चाहिए, ना कि स्थिर तसवीर की तरह।
>
> –वॉरेन बफ़ेट

> वित्तीय समुदाय आमतौर पर मूल रूप से बदली हुई स्थिति को पहचानने में धीमा रहता है, जब तक कि कोई बड़ा नाम या कोई रंगारंग घटना सार्वजनिक रूप से उस परिवर्तन से जुड़ी हुई न हो।
>
> –फ़िलिप फ़िशर

निवेशकों को धीमे और क्रमिक वृहत परिवर्तनों के साथ-साथ सूक्ष्म स्तर पर छोटे-छोटे बदलावों के प्रति भी सचेत रहना चाहिए। छोटे बदलावों के प्रति सजग रहें, जैसे पहले लाभांश की घोषणा; कोई बड़ा ऑर्डर या ऐतिहासिक अनुबंध प्राप्त होना; चार बड़े ऑडिटर में से किसी की नियुक्ति; सालाना रिपोर्ट में व्यवसाय की संभावनाओं या भावी योजनाओं के बारे ज़्यादा या पहली बार खुलासा या चर्चा, प्रस्तुति या प्रेस नोट जारी होना; किसी सूचीबद्ध कम्पनी के अध्यक्ष या मुख्य कार्यकारी द्वारा पहली बार व्यावसायिक टिप्पणी; अत्यधिक आशाजनक लेकिन तरलता रहित माइक्रो-कैप या स्मॉल-कैप स्टॉक के अचानक बाज़ार में तीव्र सुधार के दौर में अचानक ख़रीदी के लिए उपलब्ध हो जाना, जबकि इससे पहले तक स्टॉक एक्सचेंज की वार्षिक मूल्य सीमाओं में अटका हुआ; किसी कम्पनी द्वारा पहली बार या लम्बे समय के बाद विश्लेषक या निवेशक सम्मेलन बुलाना; रेटिंग एजेंसियों के द्वारा किसी कम्पनी के ऋण उपकरणों का दर्जा बढ़ाना (हमेशा क्रेडिट

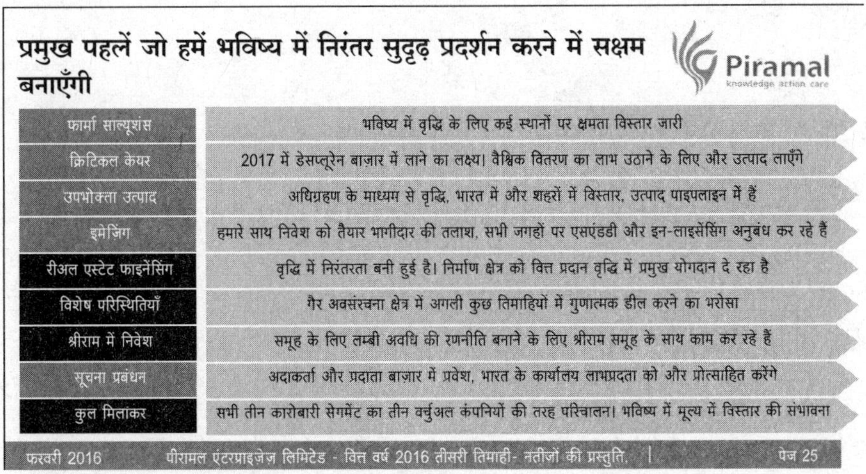

चित्र 29.2 पीरामल एंटरप्राइज़ेज़ द्वारा कारोबारों को अलग-अलग करने की संभावना का उल्लेख

Source: Piramal Enterprises third quarter FY2016 results presentation, February 2016.

रिपोर्ट पढ़ें); कम्पनी के बांडों के बाज़ार मूल्य में एकाएक वृद्धि (कम्पनी की आर्थिक क़िस्मत में बदलाव के प्रति शेयरों की तुलना में बांड ज़्यादा संवेदनशील होते हैं); या कार्यशील पूँजी के चक्र में गौरतलब सुधार या पतन (आमदनी की गुणवत्ता की ''दिशा'' पर हमेशा नज़र रखें।)

इस तरह की विस्तृत और व्यापक कवायद के लिए निवेशक के पूर्ण समर्पण की आवश्यकता होती है लेकिन यह बहुत फ़ायदेमंद है। मेरे निवेश अनुभव का एक उदाहरण इस तथ्य को दर्शाता है। पहली बार फ़रवरी 2016 में पीरामल एंटरप्राइज़ेज़ ने भविष्य में अपने विभिन्न कारोबार के अलग-अलग होने की संभावना का बहुत हल्का सा उल्लेख (वित्त वर्ष 2016 की तीसरी तिमाही के नतीजों की प्रस्तुति के दौरान एक स्लाइड में) किया था। (चित्र 29.2)

मैं कई महीनों से पीरामल पर क़रीब से नजर रख रहा था। कम्पनी द्वारा एक्सचेंज को दी जानकारी में मुझे एक जगह छोटे से उल्लेख में अहम सूचना नज़र आई जिसने मुझे कम्पनी के शेयर में निवेश के लिए प्रेरित किया जो उस समय आकर्षक क़ीमत पर उपलब्ध था। बाद में मुझे इस निवेश में अच्छा मुनाफ़ा हुआ।

लुई पाश्चर ने ठीक ही कहा है, ''जो लोग तैयार रहते हैं, अवसर भी उनका ही पक्ष लेता है।'' परिश्रम का कोई विकल्प नहीं है।

अध्याय 30

क़िस्मत, मौक़ा, आकस्मिकता और अनियमितता की भूमिका

हम यह भूल जाते हैं कि सिर्फ़ जीवित रहना ही ख़ुशक़िस्मती का असाधारण हिस्सा, बहुत अधिक अकल्पनीय, कभी ना सोची गई घटना है। पृथ्वी से अरबों गुना बड़े ग्रह के पास धूल के कण की कल्पना करिए और तब अपने जन्म के बारे में सोचिए कि आप कितने सौभाग्यवान हैं; विशाल ग्रह इसके प्रतिकूल होगा। इसलिए छोटी-छोटी बातों पर परेशान ना हों... याद रखें आप खुद एक अप्रत्याशित घटना हैं।

– नासिम निकोलस तालेब

जीवन के जिन मार्गों का हम चुनाव करते हैं, हममें से प्रत्येक में उसका सामूहिक प्रभाव है। आप जीवन में हर फ़ैसला इस संभावना की अपनी समझ के आधार पर करते हैं कि वह आपको वहाँ ले जाएगा, जहाँ आप जाना चाहते हैं। लेकिन आप, नहीं केवल संभावनाएँ परिणाम का निर्धारण करती हैं। प्रत्येक मार्ग और अधिक विकल्पों की ओर ले जाता है : आपका नियंत्रण रास्ता चुनने तक है, यहाँ आपकी सीमा है- इसके परे आपका नियंत्रण नहीं है। आप चुनते हैं और फिर ज़िंदगी पांसा फेकती है।

– आर्थर डी वेनी

सबसे बड़ी महाशक्ति भाग्य है।

– स्टेन ली

भाग्य : सफलता या विफलता स्पष्ट रूप से संयोग से आती है, अपने स्वयं के कार्यों के माध्यम से नहीं।

सबसे सफल लोगों का रहस्य क्या है? *सक्सेस, फ़ोर्ब्स* और *एंटरप्रेन्योर* जैसी पत्रिकाओं की लोकप्रियता को देखते हुए इन सवालों में बहुत ज़्यादा दिलचस्पी है। हम मानते हैं कि हम सफल लोगों से सीख सकते हैं, क्योंकि उनमें कुछ व्यक्तिगत विशेषताएँ होती हैं–जैसे प्रतिभा, कौशल, कड़ी मेहनत, दृढ़ता, आशावाद, विकास मानसिकता और भावनात्मक बुद्धिमत्ता–जिसने उन्हें वहाँ तक पहुँचाया, जहाँ पर वे आज हैं। लेकिन क्या यह धारणा सही है?

उत्कृष्ट सफलता का ही प्रचार–प्रसार होता है जिससे भाग्य की भूमिका छिपी रह जाती है। विफलता चारों ओर है, लेकिन अप्रकाशित और अनदेखी है। जेनिफ़र एनिस्टन और सैंड्रा बुलॉक हॉलीवुड फ़िल्मों का सितारा बनने से पहले होटल में वेटर के रूप में काम करती थीं। लॉस एंजिल्स के बाक़ी हज़ारों वेटर को शायद कभी भी फ़िल्मों में काम करने के लिए किसी ने कॉल नहीं किया। मार्क जकरबर्ग की तरह हज़ारों टेक उद्यमी और कर्मचारी दशकों से काम करते आ रहे हैं लेकिन उनके पास दिखाने को कुछ नहीं है।

मैक्स गुंथर ने अपनी किताब *हाउ टु गेट लकी* में भाग्य, संयोग, आकस्मिकता और अचानकता पर बहुत ही अच्छा लिखा है :

> सिर्फ़ अच्छा होना ही काफ़ी नहीं है। आपको भाग्यशाली भी होना होगा...
>
> ...सौभाग्य सफलता का आवश्यक बुनियादी घटक है, इससे कोई फ़र्क़ नहीं पड़ता कि ''सफलता'' की आपकी व्यक्तिगत परिभाषा क्या है...
>
> भाग्य। यह हमारे जीवन के भीतर और बाहर गड़बड़ी करता है, बिना रोक-टोक, अप्रत्याशित, कभी-कभी स्वागत योग्य और कभी-कभी नहीं। यह हमारे सभी मामलों में एक भूमिका अदा करता है, जो अक्सर नियंत्रणकारी होती है। इससे कोई फ़र्क़ नहीं पड़ता कि आप कितनी सावधानी से अपने जीवन की बनावट करते हैं, लेकिन आप यह नहीं जान सकते कि कैसे एकाएक घटनाओं से वह बनावट बदल जाएगी। आप केवल यह जान सकते हैं कि घटनाएँ घटित होंगी। आप केवल उनका इंतज़ार ही कर सकते हैं और आशा कर सकते हैं कि वे आपके पक्ष में होंगी।
>
> भाग्य मानवीय तर्कशीलता का सबसे बड़ा अपमान है। *आप इसकी अनदेखी नहीं कर सकते।* तब भी आप इसकी योजना नहीं बना सकते। बदकिस्मती की मार से इंसान की सबसे भव्य और बेहद सावधानी से बनाई गई योजना भी नाकाम हो जाएगी, लेकिन ख़ुशक़िस्मती से सबसे मूर्खतापूर्ण उद्यम भी सफल होंगे...
>
> सौभाग्य और दुर्भाग्य, मानव जीवन को आकार देने वाली मुख्य शक्तियाँ हैं। *यदि आपको विश्वास है कि आपका अपने जीवन पर पूरा नियंत्रण है तो आप अपने आप से मज़ाक़ कर रहे हैं...*
>
> लोग भाग्य की भूमिका से इनकार क्यों करते हैं? हम यह सोचना ही नहीं चाहते कि हमारा जीवन आकस्मिक घटनाओं की दया पर निर्भर हैं। *हम इस भ्रम में घिरे रहना पसंद करते हैं अपनी नियति को हम नियंत्रित करते हैं।*

> जीवन तब ज़्यादा सुरक्षित प्रतीत होता है, जब मैं अपने आप से कह सकता हूँ, ''भविष्य वैसा होगा जैसी मैं योजना बनाता हूँ।'' निस्संदेह, ऐसा नहीं होगा। अंदर ही अंदर, हम सबको पता है ऐसा नहीं होगा। लेकिन सच्चाई इतनी डरावनी है कि बिना किसी भ्रम के इस पर विचार करना भी मुश्किल है...
>
> हम सांस्कृतिक रूप से भाग्य की भूमिका को नकारने के लिए बाध्य हैं...
>
> ...भाग्य बहुत ज़्यादा ''सार्थक'' नहीं है। हम जीवन को सार्थक बनाने के लिए तरसते हैं। जब तक भाग्य की भूमिका को स्वीकार करते हैं, तब तक उसका आधा अर्थ ख़त्म हो गया होता है।
>
> यदि मैं ग़लत करता हूँ और मेरी अपनी दुष्टता या कमज़ोरी के फलस्वरूप इसके प्रत्यक्ष परिणाम के रूप में मेरा बुरा अंत होता है तो माना जाता है कि इस घटना ने मुझे और दूसरों को एक सबक़ सिखाया है। लेकिन अगर मैं शान्ति पूर्वक सड़क पर चल रहा हूँ और किसी ट्रक की चपेट में आ जाता हूँ तो कोई कुछ नहीं सीखता।
>
> *जीवन बहुत कुछ समय की तरह ही है : पूरी तरह से आकस्मिक और अर्थहीन।* ना केवल कॉलेज के अंग्रेज़ी प्रोफ़ेसर बल्कि हममें से बाक़ी सभी लोग इस तथ्य से असहज रहते हैं। लेकिन यदि अपनी क़िस्मत बनाने जा रहे हैं तो इस सच्चाई का सामना करने को तैयार रहना चाहिए।
>
> अपनी किस्मत को बेहतर बनाने की दिशा में पहला क़दम यही है कि आप यह *स्वीकार* करें कि क़िस्मत का अस्तित्व होता है।

मैं तो क़िस्मत में भरोसा करता हूँ और मैं स्वीकार करता चाहता हूँ कि मेरे निवेश की यात्रा में क़िस्मत ने बड़ी भूमिका निभाई है। भारत में 2014 के तेज़ी के दौर में मेरी कई बड़ी सफलताओं के पीछे क़िस्मत रही है। उस समय मेरे पास निवेश की शायद ही कोई विशेषज्ञता थी लेकिन फिर भी मेरे पोर्टफ़ोलियो में अवंती फ़ीड्स 500 से बढ़कर 2,410 रुपये (382 प्रतिशत), गति 60 से बढ़कर 275 रुपये (359 प्रतिशत), सिम्फ़नी 700 से 1,200 रुपये (71 प्रतिशत), वीएसटी टिलर्स 800 से 1,740 रुपये (118 प्रतिशत), अजंता फार्मा 650 से 1,350 रुपये (108 प्रतिशत), मयूर यूनिकोटर्स 230 से 440 रुपये (91 प्रतिशत), एस्ट्रल पॉली टेक्निक 250 से 400 रुपये (60 प्रतिशत), और अतुल ऑटो 350 से 600 रुपये हो गया (71 प्रतिशत) हो गया।

गति को छोड़कर, ये सभी स्टॉक भारत में एक जाने-माने ब्लॉग वैल्यूपिकर में बौद्धिक प्रतीत होने वाली चर्चा से उपजे विश्वास से प्रेरित होकर ख़रीदे गए थे। इन सभी शेयरों की ख़रीदी का मूल कारण मेरी निजी राय थी कि क्योंकि इन शेयरों ने कठिन आर्थिक परिस्थितियों के दौरान पिछले पाँच वर्षों में (मैंने इसे फ़ैक्टसेट डेटाबेस में जाँचा था) शानदार रिटर्न दिया है तो तार्किक रूप से इन शेयरों को अब आर्थिक बहाली के दौरान और भी बेहतर रिटर्न देना चाहिए। जहाँ तक गति का सवाल है, मैंने नौसिखिया दिमाग से यह मान लिया कि यदि भारत में ई-कॉमर्स तेज़ी से बढ़ता है तो गति का

कूरियर व्यवसाय काफ़ी अच्छा करेगा। मैंने कम्पनी की आमदनी की गुणवत्ता की जाँच भी नहीं की।

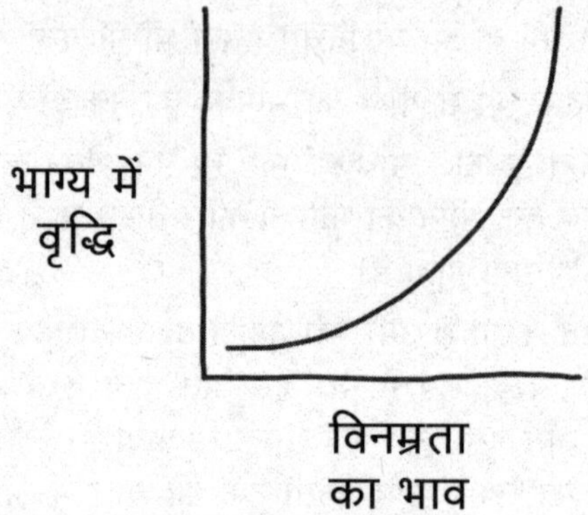

चित्र 30.1 और 30.2 सफलता को बनाए रखने में विनम्रता की भूमिका को दर्शाते हैं।

Source: Behavior Gap

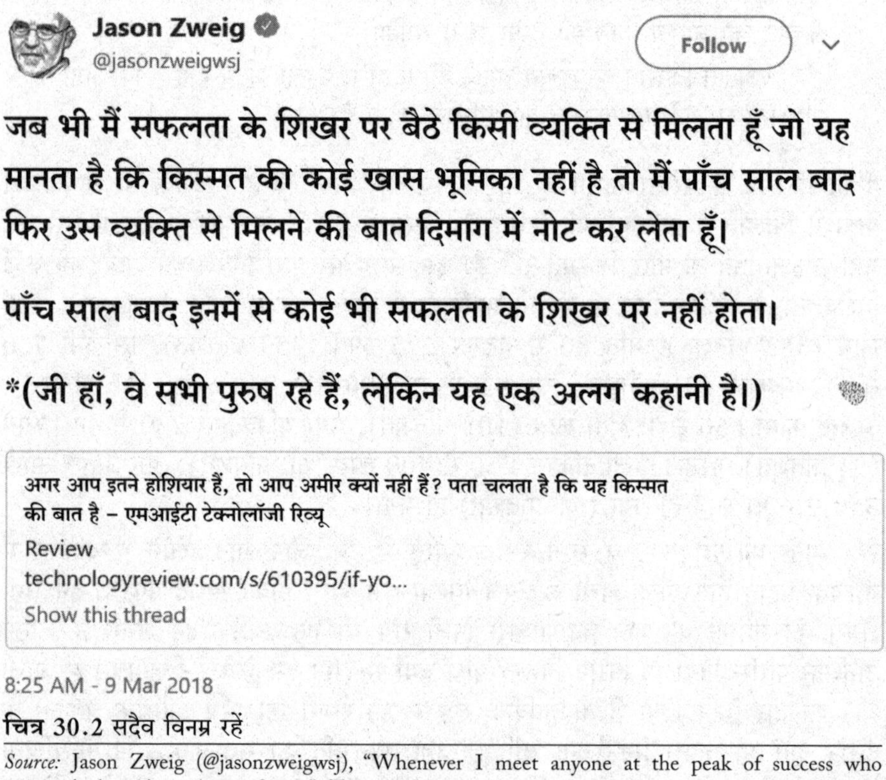

Jason Zweig
@jasonzweigwsj
Follow

जब भी मैं सफलता के शिखर पर बैठे किसी व्यक्ति से मिलता हूँ जो यह मानता है कि किस्मत की कोई खास भूमिका नहीं है तो मैं पाँच साल बाद फिर उस व्यक्ति से मिलने की बात दिमाग में नोट कर लेता हूँ।

पाँच साल बाद इनमें से कोई भी सफलता के शिखर पर नहीं होता।

***(जी हाँ, वे सभी पुरुष रहे हैं, लेकिन यह एक अलग कहानी है।)**

अगर आप इतने होशियार हैं, तो आप अमीर क्यों नहीं हैं? पता चलता है कि यह किस्मत की बात है – एमआईटी टेक्नोलॉजी रिव्यू
Review
technologyreview.com/s/610395/if-yo...
Show this thread

8:25 AM - 9 Mar 2018

चित्र 30.2 सदैव विनम्र रहें

Source: Jason Zweig (@jasonzweigwsj), "Whenever I meet anyone at the peak of success who insists luck isn't a huge factor," Twitter, March 9, 2018, https://twitter.com/jasonzweigwsj/status/972131380460163074.

ठीक वैसे ही जैसे मुझे इन शेयरों को ख़रीदते समय अपने फ़ैसले पर कोई निजी विश्वास या उनके संबंध में कोई बेहतर जानकारी नहीं थी, वैसे ही बेचते समय भी कोई बहुत गहरी जानकारी नहीं थी। यह सच है। 2007 से शेयर बाज़ार में होने के बाद भी निवेशक के रूप में यह मेरी दयनीय हालत थी। मैंने 2013 में मूल्य निवेश पर अपने को शिक्षित करना शुरू किया और चक्रवृद्धि की शक्ति का ज्ञान अब तक मेरे भीतर नहीं आया था।

मेरे कई दोस्तों, पुराने अनुभवी निवेशकों और साथियों ने ये स्टॉक और भी कम क़ीमतों पर ख़रीदे हैं और बड़ा मल्टीबैगर रिटर्न प्राप्त किया। हालाँकि वे सभी सफलता के पात्र थे, मैं केवल ऐसा था जिसने तेज़ी के बाज़ार के कारण क़िस्मत का फ़ायदा उठाया था। यहाँ तक कि अगले तीन वर्षों के दौरान भी, मेरे पोर्टफ़ोलियो रिटर्न का बड़ा हिस्सा मुख्य रूप से भारत में कई स्मॉल-कैप और मिड-कैप शेयरों के मूल्यांकन में चल रहे बदलाव का नतीजा था। इसे मैं केवल क़िस्मत ही मानता हूँ कि 2013 के अंत में जब भारत में कई वर्षों की तेजी शुरू हो रही थी, उस समय मैंने बड़ी पूँजी शेयर बाज़ार में लगा दी थी। उससे पहले तक मैंने बहुत कम पूँजी का ही निवेश किया था।

बच्चों की तरह जिज्ञासु बनें

सीखने का सबसे अच्छा तरीक़ा बच्चों जैसी जिज्ञासा रखना है। हम सब बचपन में ढेर सारी जिज्ञासा लेकर दुनिया में आए थे। स्वाभाविक रूप से जिज्ञासु और आनंददायक खोजों में लगातार संलग्न रहते थे। किसी भी स्पष्टीकरण से पहले जड़ों की गहराई तक जाकर खोजबीन करते थे। हालाँकि, जैसे-जैसे हम बड़े हुए, मूर्ख दिखने का डर पैदा हुआ और यह जिज्ञासा कम हो गई। इसे निकाल कर फेंक दीजिए। ''एबीसी (आलवेज़ बी क्युरिअस) : हमेशा जिज्ञासु रहें'' - इसे अपना ध्येय वाक्य बना लें। (जैसा कि चार्ली मंगर अक्सर कहते हैं, यदि हम अधिक स्मार्ट बनना चाहते हैं तो हमें यह प्रश्न पूछते रहने की आवश्यकता है ''क्यों, क्यों, क्यों?'') प्रश्न करने वाली मानसिकता, जानने वाली मानसिकता से कहीं अधिक मूल्यवान है। विचारों और समाधानों के नियंत्रण के संबंध में आदेश की तुलना में प्रश्न अधिक उत्पादक और उपयोगी होते हैं। हालाँकि कोई भी रचनात्मक विचार जबरन पैदा नहीं हो सकता लेकिन सवाल पूछने के साथ आप कल्पनाशील प्रक्रिया शुरू करने के लिए अपने दिमाग़ को तैयार और प्रेरित कर सकते हैं। जिज्ञासु होना रोमांचक है, क्योंकि इसका मतलब है कि आप हमेशा कुछ दिलचस्प खोज रहे हैं। प्रेरणा अक्सर पूरी तरह से अप्रत्याशित स्रोतों से मिलती है और यही कारण है कि जिज्ञासु मन बहुत फ़ायदेमंद होता है। अल्बर्ट आइंस्टीन ने एक बार एक मित्र को लिखा था, ''मेरे पास विशेष प्रतिभा नहीं है। मुझे केवल जुनून की हद तक उत्सुकता है।'' यहाँ तक कि लियोनार्दो द विंची की विशिष्ट और सबसे प्रेरणादायक विशेषता उनकी प्रखर जिज्ञासा थी।

हमारी अपनी ज़िंदगी की कहानी में लगातार कुछ न कुछ घटित हो रहा है, जो ब्रह्मांड के विस्तार के साथ-साथ सामने आता रहता है। ब्रह्मांड के बारे में भी अभी बहुत कुछ जानना बाक़ी है।

> यह मत सोचिए कि आप सवाल क्यों करते हैं, बस सवाल करना बंद मत करिए। आप जिस बात का उत्तर नहीं दे सकते, उसके बारे में चिंता ना करें, और जो आप नहीं जानते उसे समझाने का प्रयास नहीं करें। जिज्ञासा अपने आप में कारण है। जब आप शाश्वतता, जीवन के पीछे की अद्भुत संरचना की वास्तविकता के संबंध में विचार करते हैं तो क्या चकित नहीं रह जाते हैं? और यह मानव मस्तिष्क का चमत्कार है - मनुष्य जो देखता है, महसूस करता है और स्पर्श करता है उसे समझाने के लिए अपनी संरचनाओं, अवधारणाओं और सूत्रों को उपकरण के रूप में उपयोग करना। प्रत्येक दिन थोड़ा और समझने का प्रयास करें। पवित्र जिज्ञासा रखें।
>
> – अल्बर्ट आइंस्टीन

मैं बचपन से ही बहुत जिज्ञासु रहा हूँ। मैं हमेशा अपने आसपास की दुनिया के बारे में निरंतर पूछताछ में लगा रहता हूँ। इसी ख़ूबी के कारण मेरे जीवन में अकस्मात ही लगातार नए-नए अवसर आते रहे हैं। नवंबर 2013 में यूबीएस रिपोर्ट को पढ़ते समय अकस्मात ही मुझे आयशर मोटर्स के बारे में गहराई से जानने का विचार जागा। एकाएक ही एक सुबह मुझे सीएनबीसी पर उदयन मुखर्जी को देखने की इच्छा हुई। उस समय वह एसकेएस माइक्रोफ़ाइनेंस (जिसे अब भारत फ़ाइनेंशियल के नाम से जाना जाता है) की हालत पटरी पर आने के संबंध में चर्चा कर रहे थे। आगे चलकर मार्च 2017 में मुझे बीमा और परिसंपत्ति प्रबंधन उद्योग में लम्बी अवधि की विकास संभावनाओं की समझ विकसित हुई। मुखर्जी को इसके लिए धन्यवाद देता हूँ। मैंने अचानक ही एक यूट्यूब वीडियो देखा जिसमें वे देश में बचत के वित्तीय ढाँचे में शामिल होने की लम्बी अवधि के रुझान के संबंध में बात कर रहे थे। इसी तरह से जीवन में निवेश की यात्रा के दौरान मुझे कई गुना रिटर्न देने वाले निवेश आइडिया इसी तरह से अकस्मात मिले। सभी ऐसी खोजें हैं जो पूरी तरह से आकस्मिक घटनाओं से प्रेरित थीं या रोज़ाना की यूँ ही एकाएक हुई चर्चाओं से निकली थी। मैं कह सकता हूँ कि आज तक शेयरों में किए गए मेरे निवेश में भाग्य, क़िस्मत अवसर और आकस्मिकता ने बहुत बड़ी भूमिका निभाई है और संभवतः हमेशा ऐसा होता रहेगा।

वास्तव में, भाग्य ही एकमात्र कारण है कि मैं आज जीवित हूँ और अपनी कहानी लिख पाने में सक्षम हूँ। मैं तीन जानलेवा हादसों से बच चुका हूँ। एक बार, मैं बचपन में जिस इमारत में रहता था, उसकी सीढ़ियों से गिर गया था और सर्जरी हुई थी; एक बार, थाईलैंड में ऑल-टेरेन वाहन की सवारी करते हुए हादसे में चमत्कारिक ढंग से मैं बच गया और मुझे मामूली चोटें आईं; और, तीसरी बार, मैं अहमदाबाद में एमबीए करने के दौरान बाइक हादसे में बुरी तरह घायल हो गया। इतनी ख़ुशक़िस्मती के लिए मैं जीवन की छोटी से छोटी चीज़ के लिए बेहद शुक्रगुज़ार हूँ। हर नया दिन मेरे लिए ईश्वर की देन है। मैं सचमुच अपने को धन्य मानता हूँ।

भाग्य को बेहतर बनाने के लिए उसकी उपस्थिति को स्वीकार करने की विनम्रता की ज़रूरत होती है

सफल निवेशक भाग्य की भूमिका को स्वीकार करते हैं। वे बौद्धिक रूप से ईमानदार हैं और अपने जीवन की मूक घटनाओं के प्रति सचेत हैं जो उनका एक अलग इतिहास रच सकती थीं। ये वे घटनाएँ हैं, जो हो सकती थीं लेकिन नहीं हुई। हमारे जीवन के इस महत्त्वपूर्ण लेकिन बहुत कम स्वीकार किए गए इस पहलू को स्पष्ट करने के लिए मैं एक व्यक्तिगत उदाहरण साझा करूँगा।

बॉम्बे स्टॉक एक्सचेंज ने 28 मार्च 2016 को क्यूपिड लिमिटेड के शेयरों में तीन दिन बाद 31 मार्च से ट्रेडिंग रोक दी। शेयरों में मेरे कुल निवेश का लगभग 20 प्रतिशत हिस्सा क्यूपिड के शेयरों का था। घोषणा के अगले दिन मुझे इन शेयरों की बिक्री कर बाहर निकलने का मौक़ा मिलता, उससे पहले स्टॉक तुरंत निचले सर्किट पर आ गया जिसके कारण ट्रेडिंग बंद हो गई। 31 मार्च तक इसी तरह निचला सर्किट लगता रहा। उसके बाद घोषणा के अनुसार अनिश्चितकाल के लिए कारोबार बंद हो गया। अगले कुछ सप्ताह क्यूपिड के निवेशकों के लिए बेहद तनावपूर्ण थे और वे अनिश्चितताओं में घिरे हुए थे। आख़िरकार कम्पनी को क्लीन चिट मिल गई। इसके शेयरों में कारोबार 20 अप्रैल को फिर से शुरू हुआ और मैं इस निवेश से लगभग ख़रीदी मूल्य के क़रीब ही बाहर आने में सक्षम हो गया।

लेकिन अगर मुझे बाहर निकलने का मौक़ा नहीं दिया गया तो क्या होगा?

वॉरेन बफ़ेट अपनी सफलता का बड़ा श्रेय अमेरिका जैसे देश में पैदा होने को देते हैं, जहाँ पूँजी के आवंटन के उनके कौशल से उन्होंने अरबों डॉलर की कमाई की। इसी प्रकार मैं भी अपने को सौभाग्यशाली मानता हूँ कि भारत में मेरा जन्म और पालन-पोषण हुआ, जो समृद्ध, विविध संस्कृति वाला जीवंत लोकतंत्र है और जहाँ उच्च वृद्धि निवेश के प्रचुर अवसरों से भरा शेयर बाज़ार है जिसमें भविष्य में खरबों डॉलर की संपत्ति सृजित होने की उम्मीद है।

एक बार हम क़िस्मत की उपस्थिति को स्वीकार कर लें तो क्या इसे बेहतर बनाने का कोई तरीक़ा है? जैसा कि गुंथर बताते हैं, ऐसा वास्तव में हो सकता है :

> ऐसा सामने आया है कि भाग्यशाली लोग अपने जीवन को विशेष रूप से इस तरह से व्यवस्थित करते हैं कि उनका सामना ख़ुशक़िस्मती से हो और बदक़िस्मती से बच सकें...
>
> सौभाग्यशाली दृष्टिकोण के लिए अपने आप से कहें, "मैं इस जोख़िम भरी स्थिति में कूदने जा रहा हूँ - यह जुआ है, कोई म्युचूअल फ़ंड निवेश है। लेकिन मैं कोई ऐसा मुग़ालता नहीं पाल रहा हूँ कि मेरी योजना के अनुसार ही सब कुछ होगा। मुझे इसमें काफ़ी अवसर नज़र आ रहे हैं। लेकिन मैं सतर्क रहूँगा कि अपने आप को ज़्यादा आश्वस्त और बेपरवाह नहीं होने दूँ। मैं तेज़ी से बदलाव की उम्मीद करूँगा। मैं कोई बड़े-बड़े ऐसे वादे नहीं करूँगा जिनसे पीछे ना हटा जा

> सके। मैं तैयार रहूँगा कि जिस क्षण भी मुझे कोई ऐसा बदलाव देखने को मिलता है जो मुझे पसंद नहीं होगा, तो मैं तुरंत उस स्थिति से बाहर निकल जाऊँ।''
>
> इस खेल में सौभाग्यशाली होने के लिए जब भी बदनसीबी आपका दामन थामने की कोशिश करे तो आपको उससे पल्ला झाड़ना होगा...
>
> सबसे पहले, आप पहचान लेंगे कि चीज़ें उतनी ही बुरी हैं जितनी वे दिखाई देती हैं। वास्तव में, अक्सर वे बदतर होती हैं। आप अपने आप से कहेंगे, ''मैं आशावादी होना चाहता हूँ, लेकिन इसके लिए मुझे कारण बताया जाए।'' और फिर आप हालात का अध्ययन करेंगे। क्या समस्याओं के दूर होने की कुछ संभावना है? या क्या आपके पास उन्हें ठीक करने की कोई यथार्थवादी आशा है? यदि हाँ, तो जहाज पर बने रहें। यदि नहीं, तो बाहर निकलें और बेहतर भाग्य की तलाश में अन्यत्र निकल पड़ें...
>
> बहुत बार जो ग़लत होने लगता है वह ग़लत ही रहता है-या और भी ज़्यादा ग़लत होता जाता है। अगर कोई बहुत ही ठोस कारण ना हो कि बेहतर होने वाला है तो बुरी स्थिति में आपके लिए यही उपयुक्त है कि आप अपना नुक़सान कम करें और उस स्थिति से निकल जाएँ। पीछे मुड़कर देखने पर तुम होने पर भी आप सही हैं।

अंत में गुंथर ने जो कहा, वह मुझे कठिन व्यवसायों के अनुभवों के बारे में बफ़ेट के वक्तव्य की याद दिलाता है : ''रसोई में केवल एक कॉकरोच नहीं होता है।'' (यानी कि कोई एक समस्या नहीं होती है। एक के पीछे एक अनेक समस्याएँ चली आती हैं।)

आप उपयुक्त क़दम उठाते हुए सौभाग्यशाली होने के लिए अपने अवसरों को बढ़ा सकते हैं। बहुत से लोग सोचते हैं कि सफल लोग जन्म से ही सौभाग्यशाली पैदा होते हैं। गुंथर हमें बताते हैं कि कैसे कुछ लोग अपने जीवन को कुछ विशिष्ट पैटर्न में व्यवस्थित करके दूसरों की तुलना में ज़्यादा सौभाग्यशाली बनते हैं। वे स्वयं को भाग्योदय की राह पर ले जाते हैं। वे वहाँ पहुँचते हैं जहाँ घटनाक्रम तेज़ी से घटित होता है और जहाँ क़िस्मत से उनके टकराने के ज़्यादा मौक़े बनते हैं। वे ऐसे कई उद्यमों में हाथ आजमाते हैं जिनमें जोख़िम कम और भुगतान ज़्यादा होने की संभावना होती है। वे होशियार और समझदार लोगों की संगत करते हैं। अपने लक्ष्य का पीछा करते समय, वे हमेशा आकस्मिकता के लिए गुंजाइश बना कर रखते हैं। वे पार्टियों, बैठकों, सम्मेलनों, और आकस्मिक घटनाओं के महत्त्व को समझते हैं कि इनमें अचानक ही कोई नया विचार मिल सकता है और सभी संभावनाओं के लिए दरवाज़े खुले रखते हैं। वे नपे-तुले जोख़िम लेते हैं। वे अपने शुरुआती विश्वास पर अटल रहते हैं लेकिन तभी तक जब तक कि कोई उम्मीद दिखाई देती है। सभी उम्मीद ख़त्म होते ही वे सोच को इसमें तुरंत बदलाव कर लेते हैं। वे इस कथन में विश्वास करते हैं कि सुदृढ़ विश्वासों को भी नरमी से पकड़ कर रखें। संक्षेप में वे जीवन के साथ आगे बढ़ते हैं, उसके विपरीत नहीं। परिणामत: सौभाग्यशाली लोग बुरे प्रभावों वाले घटनाक्रमों के असर को न्यूनतम करते हुए जीवन में सफलता के शानदार मौक़ों का फ़ायदा उठाने में समर्थ होते हैं।

किन्हीं आने वाले अवसरों और परिस्थितियों में पढ़े या पढ़ाए गए निर्णयों के बजाय स्वाभाविक प्रतिक्रियाएँ मुझे उन मार्गों पर लाई हैं जिनपर मैं चल रहा हूँ।

–हर्बर्ट साइमन

हम सभी के पास ''सौभाग्यशाली'' होने का अवसर है। सेहत और जीवन निर्वाह के लिए ज़रूरी रोटी, कपड़ा और मकान के बाद सौभाग्य आपके अपने विकल्पों तक सीमित हो जाता है। यदि आप एक स्वतंत्र समाज में रहते हैं, तो आप भाग्यशाली हैं। आप पहचानें या नहीं। हर दिन भाग्य आपके आसपास से गुज़रता है। आपके पास लगातार भाग्यशाली चीज़ें घटित होती रहती हैं।

वे सभी भाग्यशाली लोग हैं जो स्वीकार करते हैं कि वे कितने भाग्यशाली हैं और उनके पास जो कुछ है उसके लिए आभारी महसूस करते हैं। यदि आप अमीर महसूस करना चाहते हैं, तो बस अपने पास मौजूद सभी उपहारों को गिनें जिन्हें पैसों से नहीं ख़रीदा जा सकता। मेरे विचार से भाग्यशाली होने की दिशा में आत्म–बोध सबसे महत्त्वपूर्ण क़दम है। हो सकता है कि आप अपनी नौकरी या अपने निवेश में अच्छा प्रदर्शन नहीं कर रहे हों, लेकिन यदि आपका प्यारा सा परिवार है और सभी सेहतमंद हैं तो इससे ज़्यादा ख़ुशनसीबी की और क्या बात हो सकती है कि आपके पास पहले से ही जीवन की कुछ सबसे बेशक़ीमती चीज़ें हैं। निक मैगीउली लिखते हैं :

> अपनी बारे में एक कहानी खुद को सुनाने की कल्पना करें। जितना भी जीवन आपने बिताया है और जहाँ–जहाँ भी आप रहे हैं, उनमें क़िस्मत की क्या भूमिका रही है। क्या आपको उससे ज़्यादा मिला हैं जितना आपके हिस्से में था? बहुत से लोग जितना संघर्ष करते हैं, क्या आपको उससे ज़्यादा संघर्ष करना पड़ा है? *मैं आपसे यह सवाल इसलिए पूछ रहा हूँ क्योंकि भाग्य को अपने जीवन को तय करने वाला सबसे बड़ा कारण स्वीकार कर लेना दुनिया के प्रति नज़रिये को सबसे ज़्यादा मुक्त करने वाला रास्ता है। क्यों? क्योंकि जब आपको अहसास होता है कि संयोग और घटनाओं की आकस्मिकता कितनी विशाल है तो आप नतीजों के आधार पर अपना आकलन बंद कर सकते हैं और कोशिशों पर ध्यान केन्द्रित करना शुरू करते हैं। यही एकमात्र चीज़ है जो आप नियंत्रित कर सकते हैं।*

भविष्यवाणियों का भ्रमजाल

किसी बात का अनुमान नहीं लगा पाने के कारण जब आप कोई ग़लती करते हैं तो आपको यह सीख लेना चाहिए कि दुनिया का अनुमान लगाना कठिन है। आश्चर्य से सीखने का यही सही सबक़ है कि दुनिया अचंभित करने वाली है.

– डैनियल कैनमेन

क्योंकि तर्क कारण और प्रभाव पर फलता-फूलता है जिससे विश्लेषण करने वाले विचारक अक्सर भ्रमित होकर संयोग को प्रभाव पैदा करने वाला कारण और सहसंबंध को प्रभाव का कारण समझने की ग़लती कर देते हैं।

शेयर बाज़ार के दिन भर के कामकाज पर बाज़ार के पंडितों और विशेषज्ञों की चर्चा में इसे देखा जा सकता है, जब वे बाज़ार में जो कुछ घटित होता है, उसके प्रभाव के लिए कारण तलाश करने की जद्दोज़हद करते हैं।

हक़ीक़त में, बाजार के किसी भी दिन ऊपर या नीचे जाने के पीछे आपस में संबंधित बहुत सारे कारक ज़िम्मेदार होते हैं जो बहुत जटिल, बिखरे हुए और अमूर्त क़िस्म के होते हैं, जिनकी पहचान नहीं की जा सकती।

मैक्स गुंथर ने अपनी किताब *''द ज्यूरिख़ एक्सिओम्स'* में बेहद ख़ूबी से शेयर बाज़ार का वर्णन करते हुए बताया है कि किस तरह से शेयर बाज़ार जैसी अनुकूलता वाली प्रणाली मनमाना व्यवहार करती है, क्योंकि इंसान का बर्ताव अप्रत्याशित है :

> *सच तो यह है कि किसी को भी इसका ज़रा भी अंदाज़ नहीं है कि अगले वर्ष, अगले सप्ताह, या कल भी क्या होने वाला है...* अत्यंत महत्त्वपूर्ण बात यह है कि आप कभी भी अर्थशास्त्रियों, बाज़ार सलाहकारों, या अन्य वित्तीय भविष्यवक्ताओं को गंभीरता से नहीं लेते हैं।
>
> निस्संदेह, वे कभी-कभी सही होते हैं, और यही उन्हें ख़तरनाक बनाता है। भविष्यवक्ता के व्यवसाय में कुछ साल बिताने के बाद उनमें से हर कोई बहुत गर्व के साथ सही साबित होने वाली कुछ भविष्यवाणियों का उल्लेख कर सकता है। हर कोई इसे ''अद्भुत!'' *मानता है। भविष्यवक्ता के प्रचार विज्ञापन में कभी यह उल्लेख नहीं होता कि कितनी बार उसकी भविष्यवाणी ग़लत निकली।*
>
> प्रसिद्ध अर्थशास्त्री डॉ. थियोडोर लेविट ने एक बार *बिज़नेस वीक* से बातचीत में कहा, ''भविष्यवक्ता बनना आसान है। आप पच्चीस भविष्यवाणियाँ करते हैं और आप उन्हीं की चर्चा करते हैं जो सही साबित होती हैं।'' बहुत से संत इतने बेबाक नहीं हैं लेकिन निजी बातचीत में सभी डॉ. लेविट के फ़ॉर्मूले से इससे सहमत होंगे। अर्थशास्त्री, बाज़ार सलाहकार, राजनीतिक वक्ता, और सभी दिव्यदृष्टि रखने वाले दिल से इस बुनियादी नियम को जानते हैं : *यदि आप सही पूर्वानुमान नहीं लगा सकते तो अक्सर पूर्वानुमान लगाते रहिए...*
>
> भविष्यवक्ता अर्थशास्त्रियों की तरह वार्षिक पूर्वानुमानों की समीक्षा तो नहीं कर सकते लेकिन वे बुनियादी नियम का पालन करते हुए लगातार पूर्वानुमान लगाते रहते हैं और आशा करते हैं कि कोई भी परिणामों की बहुत सावधानी से जाँच नहीं करे...
>
> किसी भविष्यवक्ता की सफल भविष्यवाणियों से चकित हो जाना आसान है, *क्योंकि भविष्य को देखने की कथित क्षमता के प्रति बहुत ज़्यादा आकर्षण है। धन-दौलत की दुनिया में यह विशेष रूप से सच है। ऐसे भविष्यवक्ता जिसकी*

कुछ भविष्यवाणी लगातार सच हो रही हों, उसके भक्तों की तादाद बहुत ज़्यादा हो सकती है...

धन-संसार के भविष्यवक्ता जिन जालों में फँसते हैं उनमें से एक यह है कि वे भूल जाते हैं कि उनका सामना *मानवीय व्यवहार* से हो रहा है। वे इस तरह से बात करते हैं जैसे महँगाई दर या डाउ के उतार-चढ़ाव जैसी घटनाएँ किसी प्रकार की भौतिक घटनाएँ हैं। *इस तरह की घटनाओं को भौतिक घटना के रूप में देखने से भविष्यवक्ता स्वाभाविक रूप से इस भ्रम में पड़ सकता है कि इसके बारे में पूर्वानुमान लगाया जा सकता है। जबकि निस्संदेह, तथ्य यह है कि धन से संबंधित घटनाएँ मानव व्यवहार की अभिव्यक्तियाँ होती हैं...*

...एक भविष्यवक्ता अपनी भविष्यवाणी ग़लत साबित होने की सफ़ाई के तौर पर हमेशा ही ''अप्रत्याशित घटनाओं'' का रोना रो सकता है। *लेकिन यही परेशानी है। हर पूर्वानुमान के साथ भविष्य में अप्रत्याशित घटनाओं की संभावना होती है। इंसान के व्यवहार के बारे में कोई भी भविष्यवाणी कभी भी भविष्य में होने वाली 100 प्रतिशत घटनाओं को समेट नहीं सकती। प्रत्येक भविष्यवाणी भी संयोग ही होती है। किसी पर भी कभी भरोसा नहीं किया जा सकता...*

...सभी पूर्वानुमानों को नज़रअंदाज़ करें। इंसानी बर्ताव से बनी पैसे की दुनिया में किसी को इसका रत्ती भर भी पता नहीं है कि भविष्य में क्या होगा। इस पर गौर करें। किसी को भी नहीं...

...धन तार्किक विश्लेषण और गड़बड़ी के लिए अनुकूल और तर्कसंगत लगता है। यदि आप अमीर बनना चाहते हैं, तो ऐसा ऐसा प्रतीत होगा कि आपको केवल एक ठोस तर्कसंगत दृष्टिकोण ढूँढ़ने की ज़रूरत है। एक फ़ॉर्मूला। हर कोई इस फ़ॉर्मूले की तलाश में है। लेकिन दुर्भाग्य से ऐसा कोई फ़ॉर्मूला नहीं है।

सच तो यह है कि पैसे की दुनिया में किसी तरह का कोई पैटर्न नहीं है, अव्यवस्था है, पूर्ण अराजकता। कभी-कभी पैटर्न उभर कर आते हैं। उसी तरह से जैसे बादलों से भरे आकाश में या समुद्र के किनारे झाग की तरह। लेकिन वे क्षणभंगुर हैं। वे ये कोई ठोस आधार नहीं हैं जिनको कोई योजनाओं की नींव बना सके।

...इतने अधिक चतुर और होशियार लोगों को जुए के भ्रमजाल में फँसते हुए देखकर बहुत हैरानी होती है...लगातार सिक्का उछालने पर देर-सबेर ऐसा होगा कि बार-बार ही हेड्स आता जाएगा। लेकिन इसके पीछे कोई व्यवस्थित क्रम नहीं है। आप पहले से नहीं जानते कि यह कब शुरू होगा। और जब यह शुरू हो जाता है तब आप यह नहीं जान सकते कि यह कब तक जारी रहेगा। और कैसिनो गेम्स, घुड़दौड़, कलाकृतियों के बाज़ार या जुए के किसी भी अन्य गेम के जोख़िम में पैसा लगाने पर यही होता है। यदि आप लम्बे समय तक खेलते हैं तो जीत के मौक़े भी आएँगे जिनमें शायद कुछ बहुत यादगार होंगे... *लेकिन जुए के इन खेलों में पैसा कमाते चले जाने का कोई व्यवस्थित तरीक़ा नहीं है। आप लगातार धन*

> *आते हुए नहीं देख सकते, और आप उनकी अवधि का अनुमान नहीं लगा सकते। एक अराजकता के तहत ही धन आपके पास आया है...*
>
> ...अनगिनत सट्टेबाज और जुआरी बहुत धन कमाने के बाद भी खेल छोड़कर ना हटने के कारण दिवालिया हो गए। जुआरी का भ्रम जीत के चरम पर होने के दौरान उसे पीछे नहीं हटने देने के लिए उकसाता है। *वह इस भ्रम में रहता है कि वह अपराजेय हो गया है। यह एक ख़तरनाक अहसास है। कोई भी अजेय नहीं है,* यहाँ तक कि आधे सेकंड के लिए भी नहीं... वास्तव में, अपराजेय होने के क्षणिक अनुभव के बाद पूरी तरह से तर्कसंगत बने रहना सचमुच में बहुत कठिन हो सकता है।

वर्ष 2000 के शेयरधारकों के पत्र में बफ़ेट ने बिलकुल इसी का जिक्र करते हुए लिखा है, ''निवेश और सट्टेबाजी को अलग करने वाली रेखा कभी भी बहुत चमकीली और स्पष्ट नहीं होती। तब तो यह और भी धुँधला जाती है, जब इसके बाज़ार के किरदारों ने हाल ही में बहुत ज़्यादा धन कमाने की जीत का आनंद लिया हो। सहजता से हासिल की गई मोटी रक़म आपकी बुद्धि की सोचने-समझने की ताक़त को ख़त्म कर देती है।''

वित्त की दुनिया में सबसे शक्तिशाली ताक़तों में से एक को पहचानने में नाकाम रहने के कारण निवेशक ऐसी मूर्खता का शिकार हो जाते हैं।

क़ीमतों की औसत की ओर वापसी

औसत की ओर वापसी की प्रवृत्ति का सिद्धांत कहता है कि ऐसी कोई भी घटना होती है, जो औसत नहीं है तो उसके बाद, औसत के क़रीब ले जाने वाली घटना भी होती है। ऐसी गतिविधियों या स्थितियों में यह सिद्धांत बहुत महत्त्वपूर्ण है जिनमें अचानक कुछ भी हो जाता है। किसी भी गतिविधि में इस 'औसत वापसी' की तीव्रता उस गतिविधि में नतीजों को नियंत्रित करने वाली क़िस्मत के अनुपात में होती है। यानी क़िस्मत का खेल जितना ज़्यादा होगा, औसत वापसी का रुझान भी उतना ही तीव्र होगा। व्यक्तिगत खेलकूद जैसे दौड़ना, तैरना या शतरंज ऐसी गतिविधियाँ हैं जिनमें भाग्य की भूमिका अपेक्षाकृत छोटी है। उनमें कौशल का बोलबाला है, जिसके परिणामस्वरूप उसके अनुरूप और पूर्वानुमानित परिणाम मिलते हैं।

शेयर बाज़ार के निवेश में भाग्य की भूमिका महत्त्वपूर्ण है। अब गौर करें कि खुदरा निवेशक निवेश की किस तरह की प्रक्रिया अपनाते हैं। वे किसी फ़ंड मैनेजर के सबसे हालिया वर्षों का प्रदर्शन देखते हैं और अगर वह बेहतरीन रहा है तो उसमें अपनी पूँजी का निवेश कर देते हैं। उसके बाद उनका फ़ंड अगले कुछ साल तक सूचकांक से कमतर प्रदर्शन करना शुरू कर देता है। निराश होकर ये निवेशक पैसा निकाल लेते हैं और हाल के कुछ वर्षों में बेहतर प्रदर्शन के समान मानदंडों में दूसरा फ़ंड प्रबंधक ढूँढ़ कर उसके पास निवेश करते हैं। फिर वही किस्सा दोहराया जाता है। निवेशक पूरी तरह से हैरान हो जाते हैं कि जैसे ही वे अपनी पूँजी लगाते हैं तो उनके चुने हुए फ़ंड का ख़राब दौर क्यों शुरू हो जाता है।

यही औसत की ओर वापसी का सिद्धांत है।

> अधिकांश फ़ंड ख़रीदार पहले पिछले प्रदर्शन को देखते हैं, फिर फ़ंड प्रबंधक की प्रतिष्ठा, फिर फ़ंड के जोख़िम और अंततः (यदि देख लिया तो) फ़ंड के ख़र्च। बुद्धिमान निवेशक यही सब देखते हैं, लेकिन उल्टे क्रम में।
>
> – जेसन ज़्विग

शेयर बाज़ार में आमतौर पर औसत से अधिक रिटर्न की अवधि के बाद औसत से कम रिटर्न का दौर वापस आता है और इसी तरह से क्रम चलता रहता है। निवेशक अपनी भावनाओं के वशीभूत हो जाते हैं और बाज़ार के उन्माद में आकर निवेश करते जाते हैं या जब ख़रीदने का वक़्त होता है तो बिकवाली करने लगते हैं। व्यवहार संबंधी शोध फ़र्म डालबर के अनुसार एसऐंडपी 500 ने 2018 तक 20-वर्ष की अवधि में प्रति वर्ष 5.6 प्रतिशत का रिटर्न दिया जबकि सभी अमेरिकी इक्विटी फ़ंडों में निवेशकों को प्रति वर्ष केवल 1.9 प्रतिशत औसत रिटर्न मिला – 20 वर्ष तक प्रति वर्ष 3.7 प्रतिशत का कम रिटर्न तुलनात्मक रूप से बहुत कमज़ोर है। यह पूरी तरह से निवेशकों के अपने हानिकारक व्यवहार और बाज़ार में ख़रीदी-बिकवाली का समय तय करने के निरर्थक प्रयासों के कारण हुआ (इसे ''व्यवहार अंतर'' के नाम से भी जाना जाता है)।

बफ़ेट जब कहते हैं, ''जब लोग लालची हो रहे हों तो भयभीत रहें और जब लोग भयभीत हों तो लालची बनें।'' यह और कुछ नहीं, औसत की ओर क़ीमतों की वापसी की ओर ही इशारा है। यही कारण है कि किसी को परिणामों से प्रभावित नहीं होना चाहिए, यानी हाल के कुछ वर्षों में किसी फ़ंड प्रबंधक या निवेश सलाहकार ने बहुत ज़्यादा रिटर्न दे दिया हो तो उससे हमें फ़ैसले नहीं करने चाहिए।

यदि ऐसा है, तो हम निवेश के पिछले रिकॉर्ड का मूल्यांकन करते समय भाग्य, अवसर और तुक्केबाज़ी को कैसे अलग करेंगे? भगवान कृष्ण हमें इसका उत्तर देते हैं।

भगवद गीता से बड़ा निवेश सबक़

> *कर्मण्येवाधिकारस्ते मा फलेषु कदाचन।*
> *मा कर्मफलहेतुर्भूर्मा ते सङ्गोऽस्त्वकर्मणि।।*
>
> – भगवद् गीता

भगवद् गीता के इस श्लोक में महाभारत के युद्ध में उतरने के अनिच्छुक अर्जुन को भगवान कृष्ण समझाते हैं कि अर्जुन आपको अपने कर्तव्यों का पालन करना होगा। श्लोक का अर्थ है :

> आपके अधिकार में अपना कर्म करना ही है, कर्मों के फल पर आपका अधिकार नहीं है। परिणाम की कामना किए बिना कर्म करते रहो।

कृष्ण ने अर्जुन से परिणाम का मोह किए बिना कर्म करते रहने को कहा है। उनकी शिक्षा कर्म योग, या ''कार्य के अनुशासन'' के विचार में समाहित है। ''कर्म'' शब्द की उत्पत्ति संस्कृत धातु कृ से हुई है, जिसका अर्थ है ''करना।''

यह सभी निवेशकों के लिए बड़ा सबक़ है। ''कर्म'' पर ध्यान दें - प्रक्रिया और कार्रवाई–ना कि परिणाम पर।

कई शोध अध्ययनों ने संभावनाओं की गतिविधि वाले क्षेत्र में सफल पेशेवरों में एक सामान्य लक्षण की पहचान की है : वे सभी परिणाम से अधिक प्रक्रिया पर ज़ोर देते हैं।

> भविष्य चाहे जो भी हो, हम अपनी प्रक्रिया पर क़ायम रहेंगे। हम जो चाहते हैं वह हर समय प्राप्त होने की गारंटी नहीं है, लेकिन इससे बिलकुल अलग होकर हमारा मानना है कि समय के साथ हम जो पाना चाहते हैं, उसके लिए यह सर्वश्रेष्ठ आधार है।
>
> – चक एकरे

हालाँकि रिटर्न (परिणाम) सभी के सामने स्पष्ट हो सकता है लेकिन निवेशक शायद ही कभी अपने आपसे सवाल करते हैं कि वह परिणाम उनके हुनर का परिणाम था (एक ठोस निवेश प्रक्रिया) या केवल तुक्केबाज़ी का। अगर आप सिर्फ़ परिणाम पर फ़ोकस करते हैं तो इसे हासिल करने की संभावना कम होती जाती है। इसके बजाय, यदि आप ठोस प्रक्रिया का पालन करने पर ध्यान केन्द्रित करते हैं तो लम्बी अवधि में परिणाम अपने आप ठीक हो जाएगा। हालाँकि हालांकि अल्पकालिक परिणाम लगभग हमेशा भाग्य से प्रेरित हो सकते हैं। लम्बे समय के लिए निरंतर तरीक़े से मनमाफ़िक नतीजे प्राप्त करने और ज़्यादा भरोसेमंद परिणामों के लिए ठोस प्रक्रिया से ही उम्मीद की जा सकती है।

पूर्व अमेरिकी ट्रेजरी सचिव रॉबर्ट रुबिन ने इसको सबसे अच्छे तरीक़े से समझाया है : ''कोई निर्णय बहुत बुरी प्रक्रिया के तहत लिया गया होने के बाद भी सफल नतीजे दे सकता है या बहुत अच्छी प्रक्रिया के तहत लिए जाने के बाद भी परिणाम नाकामी के रूप में सामने आ सकता है। क्योंकि विफलता एक वास्तविक संभावना है। लेकिन समय के साथ अधिक विचारशील निर्णय लेने से बेहतर समग्र परिणाम हासिल होंगे। और परिणामों की बजाय निर्णय प्रक्रिया का मूल्यांकन कर अधिक विचारशील निर्णय लेने की प्रक्रिया को प्रोत्साहित किया जा सकता है।''

अध्याय 31

वैल्यू इन्वेस्टर की शिक्षा

मुझे वे लोग पसंद हैं जो यह स्वीकार करते हैं कि वे पूरी तरह मूर्ख हैं। मैं जानता हूँ कि अगर मैं अपनी ग़लती के लिए नाक रगड़ूँगा तो आगे से मैं बेहतर प्रदर्शन करूँगा। यह सीखने की एक अद्भुत युक्ति है।

– चार्ली मंगर

मूर्ख और बुद्धिमान व्यक्ति के बीच मुख्य अंतर यही है कि बुद्धिमान व्यक्ति अपनी ग़लतियों से सीखता है, जबकि मूर्ख कभी ग़लतियों से नहीं सीखता है।

– फ़िल फ़िशर

प्राधिकार के अत्यधिक प्रभाव का पूर्वाग्रह

कॉपी-पेस्ट को अक्सर सम्मानपूर्वक नक़ल करना या क्लोनिंग करना या अनुकरण करना कहा जाता है। कुछ लोग इसे ''प्रेरित होकर काम'' करना भी कहते हैं। बेशक, दूसरों से प्रेरित होना हमेशा अच्छा होता है। लेकिन समस्या तब होती है जब हम दूसरों को अपनी ओर से सोचने का मौक़ा देते हैं और जब हम दूसरों ने जो किया है या कर रहे हैं, या जो कहा है या कह रहे हैं, उसकी आँख मूँद कर नक़ल/क्लोन/अनुकरण करते हैं। यह इंसान का स्वाभाविक पूर्वाग्रह है। ख़ासकर जब हम किसी प्राधिकारी या ऐसे व्यक्ति के प्रभाव के अधीन काम कर रहे हों जिसने अतीत में सफलता प्राप्त की थी।

– विशाल खंडेलवाल

2016 के दौरान मैंने अपने एक सहकर्मी की दलीलों के आधार पर एक स्टॉक ख़रीदा। मैं उनके निवेश के हुनर का क़द्रदान था और उनसे सलाह- मशविरा करता रहता था। कुछ

सप्ताह बाद, कमज़ोर तिमाही आय के बाद स्टॉक में तेज़ी से गिरावट आई। मैंने 14 प्रतिशत का नुक़सान उठा कर स्टॉक को बेच दिया, क्योंकि मुझमें उसको बनाकर रखने के विश्वास की कमी थी। उसके बाद जैसे किसी ने मेरे घाव पर नमक छिड़क दिया हो। वह स्टॉक दस महीने से भी कम समय में दोगुना हो गया। ओह।

आप किसी का विचार उधार ले सकते हैं, लेकिन उसका दृढ़ विश्वास कभी उधार नहीं ले पाएँगे। कड़ी मेहनत का कोई विकल्प नहीं है। कई लोगों ने मुझे लम्बे समय में शानदार रिटर्न का दावा करते हुए कुछ शेयरों को ख़रीदने की सलाह दी। फिर उन्होंने इसे अगले ही सप्ताह या महीने में बेच दिया। अगर मैं उनकी सिफ़ारिश पर किसी ख़रीद पर अपना पैसा गँवा देता हूँ तो मुझे उन्हें दोष देने का कोई अधिकार नहीं है। हम अपने निर्णयों के लिए व्यक्तिगत रूप से ज़िम्मेदार हैं। हर किसी के सर्वोत्तम गुणों से सीखें, लेकिन अपने नुक़सान के लिए उन्हें कभी दोष नहीं दें। जिम रोहन ने ठीक ही कहा है, ''जिस दिन आप अपने जीवन की पूरी ज़िम्मेदारी ले लेते हैं, उस दिन आप बचपन की अवस्था से वयस्क अवस्था में पहुँच जाते हैं। हम जिन निवेशकों की सराहना और सम्मान करते हैं, उनके निवेश के फ़ैसलों से अवगत होने में कोई बुराई नहीं है लेकिन हमें अपनी ओर से भी ज़रूरी शोध और अध्ययन करना चाहिए तथा किसी भी शेयर की ख़रीदी, तभी करनी चाहिए जब वह हमारी योग्यता के दायरे में हों और पर्याप्त सुरक्षा मार्ज़िन देता हो।

निजी तौर पर कहूँ तो निवेश का असली आनंद और रोमांच उसके पीछे के शोध और खोज प्रक्रिया में मिलता है। जब आप खुद कोई मेहनत किए बिना किसी दूसरे के बताए हुए शेयर को ख़रीदते हैं तो आप मूल्य निवेश से मिलने वाले बौद्धिक संतोष के पहलू को भुला देते हैं। विशाल खंडेलवाल कहते हैं :

> जब आप अपने ही आइडिया में निवेश करेंगे, तब भी आप ग़लतियाँ करेंगे, लेकिन कम से कम वे ग़लतियाँ आपकी अपनी होंगी और हो सकता है कि उनसे आपको सार्थक सबक़ मिले। लेकिन जब आपकी ग़लती का कारण किसी और के नक़ल किए आइडिया की ग़लती होती है तो आप किसको दोष देंगे? *और आप क्या सबक़ सीखते हैं?...*
>
> ...समय के साथ, जिन पाँच लोगों के सबसे क़रीब होते हैं, उनके 20-20 प्रतिशत हिस्से से मिलकर आपका व्यक्तित्व तैयार होता है। ये जीने के लिए अच्छा तरीक़ा है, लेकिन केवल तभी जब आप क़रीब से जुड़ने के लिए सही लोगों को चुनते हैं।
>
> निवेश के मामले में भी यह सच है। *सही लोगों को चुनें, फिर उनके व्यवहार, सोच, प्रक्रिया और सीखने की ललक का अनुकरण करें- और कभी भी उनके विचारों का आँख मूँदकर अनुसरण ना करें- और समय के साथ आप उनके जैसे बन जाएँगे।*

हम सभी ने अपने जीवन में कभी न कभी किसी व्यक्ति की आज्ञा का पालन किया है -चाहे वह माता-पिता हों, शिक्षक, पुलिसकर्मी या कोई अन्य प्रभाव या अधिकार रखने

वाला। उन स्थितियों में जहाँ हमें मार्गदर्शन की ज़रूरत होती है, वहाँ प्रभुत्वशाली के आदेश का पालन करने के कई फ़ायदे हैं। लेकिन आँख बंद करके आज्ञा पालन करने से गंभीर समस्याएँ उत्पन्न हो सकती हैं (आज्ञा मानने से संबंधित प्रसिद्ध मनोवैज्ञानिक अध्ययनों में से एक : मिलग्राम प्रयोग में इसका सबसे सटीक उदाहरण दिया गया है)।

2013 में मैंने बिज़नेस टेलीविज़न पर प्रसिद्ध बाज़ार विशेषज्ञ की सिफ़ारिश के आधार पर सुबेक्स के शेयर ख़रीदे । मेरी ख़रीदी के कुछ ही महीनों में शेयर 50 प्रतिशत से अधिक गिर गया और बड़े नुक़सान के साथ मैंने इसे बेच दिया। काश, इससे पहले मैंने बेंजामिन फ्रैंकलिन के शब्द पढ़े होते : ''सत्ता से सवाल करना हर नागरिक का पहला कर्तव्य है।''

अंत में, पीछे मुड़कर देखने पर मुझे यह एक मूल्यवान अनुभव मिला था। मैंने फिर कभी विशेषज्ञों की सिफ़ारिशों के आधार पर निवेश नहीं किया। वित्त जगत के मीडिया में हम जिन लोगों को देखते हैं या पढ़ते हैं, वे हमारे दिमाग़ में प्रभुत्व का पूर्वाग्रह और आभामंडल निर्मित करते हैं। वे अच्छे कपड़े पहनते हैं, धाराप्रवाह अंग्रेज़ी बोलते हैं और जटिल शब्दजाल बुनते हैं- यह सभी नाटक के तत्व हैं। नाटकीयता हमेशा बिकती है। इनमें से अनेक विशेषज्ञों के पास कोई विश्वसनीय दीर्घकालिक ट्रैक रिकॉर्ड नहीं है। फिर भी वे अपनी ''100 प्रतिशत पक्की'' सिफ़ारिशों का प्रचार करने में कभी नहीं हिचकिचाते। दूसरे शब्दों में, वे वही करते हैं जिसे चार्ली मंगर ''गप्पें हाँकने की प्रवृत्ति'' कहते हैं और केवल सतही ज्ञान रखते हैं। ये सुनने, पढ़ने और देखने वाले समूहों के लिए गंभीर समस्याओं का कारण बन जाता है, क्योंकि तथाकथित विशेषज्ञ या प्राधिकारी का आँकड़ा अक्सर पूरी तरह ग़लत निकलता है। कभी-कभी, हितों का टकराव शामिल होता है और विशेषज्ञ जानबूझकर अनैतिक तरीक़े से काम कर रहे होते हैं।

विशेषज्ञ या प्रभुता संपन्न से प्रश्न पूछना इस समस्या का प्रभावी उपाय है, जैसा कि रॉबर्ट सियाल्डिनी ने अपनी किताब *इन्फ़्लुएंस* में दिखाया है। विशेषज्ञ से सहमत होने की स्थिति का सामना होने पर, कुछ देर रुकें और फिर दो सवाल करें :

1. क्या यह प्रभुतासंपन्न विशेषज्ञ वास्तव में एक विशेषज्ञ है? यह प्रश्न विशेषज्ञ की विश्वसनीयता को प्रमाणित करने में मदद करता है।
2. हम इस विशेषज्ञ से कितनी सच्चाई की उम्मीद कर सकते हैं? इस प्रश्न से हमें विशेषज्ञ की सलाह को किसी तरह का महत्त्व देने से पहले उसे मिलने वाले प्रोत्साहन और हितों के संभावित टकराव आदि को समझने में मदद मिलनी चाहिए।

हालाँकि व्यवसाय में कोई सर्वश्रेष्ठ है तो उससे सीखना अच्छा है, लेकिन कभी भी बिना पर्याप्त पूछताछ, तर्क और उचित परिश्रम के किसी की भी सिफ़ारिश का आँख बंद कर पालन नहीं करें - चाहे वह कितना भी प्रसिद्ध विशेषज्ञ क्यों ना हो। बाज़ार की चतुराई का शुक्र है, जहाँ विशेषज्ञ टिप्पणी सुबह मूर्खता भरी और दोपहर तक और ज़्यादा मूर्खतापूर्ण दिखाई देने लगती है।

पिछली सूचना पर केन्द्रित रहना – एंकरिंग पूर्वाग्रह

जैसे ही हमारा सहज ज्ञान किसी एक संख्या पर केन्द्रित हो जाता है– और वह कोई भी संख्या हो सकती है–वह हमारे दिमाग़ में चिपकी रहती है। निर्णय लेने में हमारी अधिकांश ग़लतियाँ मानसिक शॉर्टकट के कारण होती हैं जो एक सामान्य बात है और हमारे सोचने के तरीक़े का हिस्सा है। मस्तिष्क सूचना प्रसंस्करण के अत्यंत जटिल कार्यों को सरल बनाने और निर्णय लेने के लिए मानसिक शॉर्टकट का उपयोग करता है। मानसिक शॉर्टकट को मनोविज्ञान में एंकरिंग पूर्वाग्रह के नाम से जाना जाता है जहाँ दिमाग़ पुरानी सूचना पर निर्भर रहता है। मस्तिष्क जटिल समस्याओं के समाधान के लिए प्रारंभिक संदर्भ बिन्दु (एंकर) का चयन करता है और अतिरिक्त जानकारी मिलने और उसे प्रोसेस करके मामूली बदलाव करता है।

– विशाल खंडेलवाल

2013 में मैंने केवल इसी वजह से कोर एजुकेशन और वॉकहार्ट के शेयर ख़रीदे, क्योंकि इनकी क़ीमतों में बहुत ही कम समय में 50 प्रतिशत से अधिक की भारी गिरावट आई थी। वॉकहार्ट में गिरावट में तीन महीने से भी कम समय लगा था, जबकि कोर एजुकेशन में पतन एक ही दिन में हो गया था। मैंने इनके आंतरिक मूल्य को गहराई से जाने बिना इन दोनों कंपनियों के शेयरों की जोश–ख़रोश के साथ ख़रीदी की। मेरी ख़रीदी के बाद दोनों की क़ीमतें तुरंत 50 प्रतिशत और नीचे आ गईं। मैंने दोनों शेयरों को साल के लगभग सबसे निचले स्तरों पर बेच कर तौबा किया। मैं फ़िल फ़िशर की उक्ति का जीता–जागता उदाहरण था कि शेयर बाज़ार ऐसे व्यक्तियों से भरा पड़ा है ''जो हर चीज़ की क़ीमत जानते हैं और किसी भी चीज़ का मूल्य नहीं जानते।'' मुझे ध्यान देना चाहिए था कि जो स्टॉक 95 प्रतिशत नीचे है, वह पहले 90 प्रतिशत गिरता है और फिर 50 प्रतिशत और अधिक नीचे चला जाता है। (कोई शेयर कम मूल्य पर मिल रहा है, इसकी पहचान करने के सबसे खराब तरीक़ों में से एक यह देखना है कि 52 सप्ताह के उच्चतम स्तर से उसकी क़ीमत कितनी अधिक नीचे है। लेकिन यह सबसे आसान है और इसलिए निवेशकों के बीच सबसे अधिक इस्तेमाल बार होने वाले तरीक़ों में से एक भी है।)

निवेशक अक्सर खुद को ना केवल शेयर की क़ीमत पर केन्द्रित कर देते हैं बल्कि प्रमोटर के पिछले रिकॉर्ड पर भी अटक जाते हैं। भले ही प्रमोटर ने तब से सुधार कर लिया हो और नुक़सान दे रही इकाई को बंद करने, निवेशकों के साथ संवाद सुधारने या निदेशक मंडल को पेशेवर बनाने जैसे सुधार के क़दम उठा लिए हों। प्रमोटर के प्रति सहानुभूति पैदा करना सीखें। जैसा कि ऑस्कर वाइल्ड ने कहा है, ''हर संत का एक अतीत होता है, हर पापी का एक भविष्य है।'' कभी–कभी भले ही किसी कारोबार के पीछे के व्यवसाय मॉडल में महत्त्वपूर्ण सकारात्मक परिवर्तन आ गया हो, लेकिन निवेशक व्यवसाय के पिछले इतिहास में ही अटके रहते हैं।

2016 तक मणप्पुरम फ़ाइनेंस कम्पनी का इतिहास सोने पर क़र्ज़ देने वाले अस्थिर व्यवसाय का था। लेकिन प्रबंधन ने इसे अल्पावधि स्वर्ण ऋण देने के व्यवसाय मॉडल में बदल दिया जिसने अंतर्निहित व्यावसायिक अस्थिरता को बेहद कम कर दिया। कई निवेशकों ने इस महत्त्वपूर्ण बदलाव को नज़रअंदाज़ कर दिया और जब यह सकारात्मक बदलाव क़ीमत में शामिल हो गए और क़ीमतें बढ़ गईं, उसके बाद ही उसे ख़रीदा।

हम ऐसी दुनिया में रहते हैं जो प्रक्रियाओं से गुज़रता रहता है और यह हर क्षण लगातार बदलती रहती है। कुछ भी एक जैसा नहीं रहता। थॉमस रूसो इसकी तुलना जापान के सात सौ साल पुराने मंदिर से करते हैं। मंदिर लकड़ी का बना है, और कोई भी लकड़ी सात सौ वर्ष पुरानी नहीं है, क्योंकि इसमें बीच के टुकड़े कई बार बदले जा चुके हैं। लेकिन हम आज भी मंदिर के बारे में ऐसे बात करते हैं जैसे वह सात सौ वर्ष पुराना हो। शेयर बाज़ारों में भी हमें इसी तरह बदलाव का असर देखने को मिलता है। एसऐंडपी 500 के बारे में बात करें जिस बाज़ार सूचकांक का बार-बार उल्लेख किया जाता है। पिछले पचास वर्षों में औसतन प्रत्येक वर्ष बीस से ज़्यादा कम्पनियों की अदला-बदली की जाती है। फिर भी निवेशक एसऐंडपी 500 के साथ ऐसे व्यवहार करते हैं जैसे कि यह एक अखंड, अपरिवर्तनीय हो। जो कि यह स्पष्ट रूप से नहीं है। 2020 में एसऐंडपी 500 में जो कम्पनियाँ हैं, वे 2000 से पूरी तरह अलग हैं। तब भी हमारे बोलने का अंदाज़ इसी तरह का रहता है, ''एसऐंडपी 500 दस साल के औसत से प्रीमियम/कम पर कारोबार कर रहा है।''

पहली बार जब हमारा परिचय किसी निवेश आइडिया से होता है तो हम उसके लम्बी अवधि के मूल्य चार्ट पर गौर करते हैं। पिछले दस साल में लगातार गिरावट देखने पर हमारे मन में उस शेयर के बारे में यही धारणा बनती है कि यह कमज़ोर प्रदर्शन वाला शेयर है। इसके बाद उसके व्यवसाय के प्रति भी हमारा नज़रिया कोई अच्छा नहीं बन पाता है, जबकि हो सकता है कि उस कारोबार के भीतर के हालात पूरी तरह से बेहतर हो रहे हों। हो सकता है कि पूरी तरह से शानदार कम्पनियों को बिना किसी ठोस कारण के नज़रअंदाज़ किया जा रहा हो। जब भी आप अतीत के किसी शानदार कारोबार का अध्ययन करें तो मानसिक रूप से उसके क़रीब अनुभव करें। आप दिलचस्प परिणाम देखेंगे। कई निवेशकों ने 2016 में बदले हुए मणप्पुरम में निवेश के विचार का मज़ाक़ उड़ाया, क्योंकि 2013 का मणप्पुरम उनके दिमाग़ में समाया हुआ था। जिस भी कारोबार के बारे में अध्ययन करें, उससे नज़दीकी क़ायम करें और आज जो इस वक़्त वह है, उसकी आज की वास्तविकता को स्वीकार करें।

निवेशक हमेशा पूर्णांक (गोल संख्याएँ एंकर बन जाती हैं) क़ीमतों में शेयर ख़रीदने की कोशिश करने का अतार्किक पूर्वाग्रह रखते हैं। ऐसे लेन-देन के बाद कुछ नक़दी बच सकती है। इस तरह की बाक़ी छोटी रक़म की अवसर लागत को नज़रअंदाज़ नहीं करें। चक्रवृद्धि करते हुए यह समय के साथ एक बड़ी राशि में तब्दील हो सकती है।

निवेशकों में एक और आम और अत्यधिक तर्कहीन एंकरिंग पूर्वाग्रह होता है। वे कोई ऐसा शेयर ख़रीदने का लक्ष्य रखते हैं जिसके बारे में उनको उम्मीद होती है कि यह दो गुना, तीन गुना या उससे भी ज़्यादा होगा। उसकी ख़रीद के लिए वे एक अपनी क़ीमत दिमाग़ में तय कर लेते हैं जो बाज़ार की क़ीमत से कुछ ही कम होती है। लेकिन उनका दिमाग़ उसी

क़ीमत पर अटक जाता है और आख़िर में वह उसे ख़रीद नहीं पाते और लाभ से वंचित रह जाते हैं। यह उसी तरह से है कि चवन्नी बचाने के चक्कर में रुपये का नुक़सान कर लिया। इसकी भारी क़ीमत चुकानी पड़ती है। (यह उसी तरह से है जैसे कुछ निवेशक किसी शेयर की सही समय पर बिकवाली को इसलिए टाल देते हैं कि उसे लम्बी अवधि का निवेश बनाकर उस पर अल्प अवधि का पूँजीगत लाभ कर की बचत कर लेंगे)।

> लेन-देन के बहुत से मामलों में क़ीमत में दशमलव का बहुत मामूली अंतर को लेकर ज़िद्दी रवैया बेहद महँगा साबित हो सकता है।
>
> – फ़िलिप फ़िशर

एक और पूर्वाग्रह जिस पर आकर निवेशक का दिमाग़ अटक जाता है, वह है किसी शेयर की मूल ख़रीदी क़ीमत। इसके कारण निवेशक इस उम्मीद में कि एक बार शेयर की क़ीमत ख़रीदी की क़ीमत पर लौट आए जिससे वह बिना लाभ-हानि के उसे बेच कर बाहर निकल जाए, वह अपना नुक़सान बढ़ाता चला जाता है। ये निवेशक फ़िल फ़िशर की चेतावनी को नज़रअंदाज़ करते हुए इस पूर्वाग्रह की भारी क़ीमत चुकाते हैं :

> किसी भी अन्य एक कारण से निवेशकों को इतना ज़्यादा नुक़सान नहीं उठाना पड़ता, जितना ख़रीदी क़ीमत पर शेयर के वापस आ जाने के इंतज़ार में निवेशकों के उन शेयरों को बनाए रखने से हुआ है जो वे वास्तव में बेच देना चाहते थे। इस नुक़सान में अगर इस ग़लती का अहसास होते ही इसे दुरुस्त कर इस धन का दोबारा उपयुक्त निवेश करने से होने वाले फ़ायदे को जोड़ दिया जाता है तो आत्म तुष्टि की ज़बरदस्त क़ीमत का आनंद प्राप्त हो सकता है।

अधिकांश निवेशक जो बचा है, उसे बरकरार रखने के बजाय जो चला गया है, उसे वापस पाने का इंतज़ार करते हैं। वे यह नहीं समझते कि ज़रूरी नहीं है कि नुक़सान की भरपाई उसी शेयर से की जाए जिसमें घाटा हो रहा है। यदि कोई फ़ैसला ग़लत हो गया है तो बस नुक़सान उठा लें और बेहतर अवसर के लिए आगे बढ़ें। इस लम्बी अवधि के खेल में चक्रवृद्धि की निरंतरता ही सफलता की कुंजी है। स्टॉक ख़रीदने के बाद, भूल जाएँ कि आपने कितना, क्या भुगतान किया है, या यह जानकारी आपके निर्णय को सदैव प्रभावित करती रहेगी।

पिछली सूचना पर अटकने वाले एंकरिंग पूर्वाग्रह का एक और नमूना है शेयर की पिछली क़ीमत है – जब एक निवेशक ने मूल रूप से इसे खरीदने पर विचार किया लेकिन वास्तविक ख़रीदी करने में असफल रहा। इसके बाद शेयर की क़ीमत काफ़ी बढ़ गईं। जल्दी अवसर चूकने से पछतावा होता है। शुरुआती अवसर चूकने का पछतावा अक्सर होता है। पछतावा करना बेकार है, क्योंकि उत्कृष्ट व्यवसाय के शेयर ख़रीदने के लिए कई अवसर आते हैं। परिभाषा के अनुसार 100 गुना यानी दस गुना का दो गुना है। किसी ने दस गुना होने के बाद भी अगर शेयर को ख़रीदा है तो भी वह 10 गुना और बढ़ गया। यह बताता है कि किसी कम्पनी के शेयर बेचने के बाद भी उसके घटनाक्रम से निरंतर जुड़े रहना महत्त्वपूर्ण

है। निवेश की निरंतरता को कभी टूटने नहीं दें, इसे लगातार एक सिलसिले के रूप में देखें जहाँ नए मोड़ और नए पेंच आते रहते हैं और बार-बार मूल्यांकन करते रहने की ज़रूरत आती है। जब तक कोई कम्पनी दिवालिया ही ना हो जाए, तब तक उसकी कहानी कभी ख़त्म नहीं होती।

निवेश में एक और आइडिया शेयरों की क़ीमतों के बढ़ते जाने की स्थिति देखकर और ख़रीदी करते जाना है जिसे पिरामिडिंग के रूप में भी जाना जाता है। यदि हम एक महान व्यवसाय में निवेश करते हैं जिसका मूल्य मध्यम से लम्बी अवधि में वर्तमान बाज़ार पूँजी (समय के साथ, एक निवेशक का दिमाग़ विकसित होता है और वह शेयर क़ीमत के बजाय उसकी बाज़ार पूँजी के संदर्भ में सोचने लगता है) का कई गुना होगा तो हमें उसके शेयर की मूल ख़रीदी लागत से ज़्यादा क़ीमत (कभी-कभी बहुत अधिक) पर भी और शेयर जोड़ने में संकोच नहीं करना चाहिए। हमारा मुख्य ध्यान मौजूदा क़ीमत के आधार पर मिलने वाले अपेक्षित रिटर्न पर होना चाहिए।

यही बात बेचने पर भी लागू होती है। बड़ा मुनाफ़ा देने वाले शेयर को अपने निवेश से निकालकर उसे बेच देना आसान नहीं होता। जिस शेयर ने हमें बेशुमार धन दिया होता है, उससे हमारा भावनात्मक लगाव स्वाभाविक भी है। लेकिन एक स्टॉक को यह नहीं पता होता है कि हम उसके मालिक हैं। जैसे हम पुरानी मान्यताओं से चिपके रहते हैं, उसी तरह हम बहुत कम ख़रीदी लागत के निरर्थक पूर्वाग्रह के कारण इन शेयरों से चिपके रहते हैं। लेकिन आज के निवेशक को बीते कल की वृद्धि से कोई लाभ नहीं होता है।

एंकरिंग पूर्वाग्रह विश्लेषकों को भी प्रभावित करता है। निवेश की दुनिया में एंकरिंग का पूर्वाग्रह बताता है कि क्यों आम तौर पर कुछ पूर्व के आश्चर्यों के बाद आमदनी हैरान करती है। इसका कारण है कि विश्लेषक आय के आँकड़ों को कम्पनी के अपने मूल्यांकन मॉडल में धीरे-धीरे समायोजित करते हैं। कोई भी इसे स्वीकार करना पसंद नहीं करता कि वे ग़लत थे। ख़ासकर जब उनको पूरी तरह से अपनी पिछली बात को पलटने की ज़रूरत हो। परिणामस्वरूप परिवर्तन क्रमिक समायोजन की एक धीमी प्रक्रिया होती है। आश्चर्य पर आश्चर्य।

ईर्ष्या और अहंकार

यह लालच नहीं है, बल्कि ईर्ष्या है जो दुनिया को चलाती है।

– वॉरेन बफ़ेट

एक बार जब आपको कुछ ऐसा मिल जाए जिससे आपका जीवन अच्छा चल रहा हो तो लगातार दूसरे के ज़्यादा धन कमाने की चिंता करते रहना मुझे पागलपन लगता है।

– चार्ली मंगर

एक जटिल कारक है जो निवेश संबंधी ग़लतियों को सुधारने को और कठिन बनाता है। यह है अहंकार जो हम सबमें है।

– फ़िल फ़िशर

दूसरे लोगों के निवेश किए हुए शेयरों की क़ीमतों में तेज़ बढ़ोतरी से उनको अमीर होते हुए देखने से आने वाले लालच को अनदेखा करना और उससे पल्ला झाड़ना ज़रूरी है। ऐसा करने में नाकाम रहने और फ़ायदे से वंचित होने के डर के झाँसे में आ जाने से जो भी आपका धन-पूँजी है, उसके भी ख़त्म हो जाने का ख़तरा है। यहाँ तक कि महान आइजैक न्यूटन भी 1720 के साउथ सी बबल (चित्र 31.1) के दौरान इस पूर्वाग्रह का शिकार हो गए थे। उन्होंने साउथ सी के शेयर में ज़बरदस्त उछाल से पहले निवेश किया था और कुछ ही महीनों में 100 प्रतिशत से अधिक के शानदार लाभ के साथ उसे बेचकर बाहर आ गए थे। लेकिन न्यूटन के दोस्त के पास वे शेयर रखे हुए थे और वे ज़्यादा लाभ कमाते जा रहे थे। साक्षात, जीता-जागता सबूत देखकर न्यूटन लालच में आ गए और जब शेयर के भाव शिखर पर थे, तो दोबारा ख़रीदी कर ली। आप सोच सकते हैं कि उसके बाद क्या हुआ होगा।

काश मुझे यह कहानी पहले पता होती। 2015 के अंत में मैंने कैपिटल ट्रस्ट के शेयर ख़रीदे थे। मेरी ख़रीद का प्रेरक था मेरे एक क़रीबी दोस्त के अनुभव पर जिसने हाल ही में एक वर्ष से भी कम समय में इस पर 150 प्रतिशत से अधिक का मुनाफ़ा बनाया था। चार्ल्स किंडलबर्गर कहते हैं, "दोस्त को अमीर होते देखने से ज़्यादा किसी की सेहत के लिए

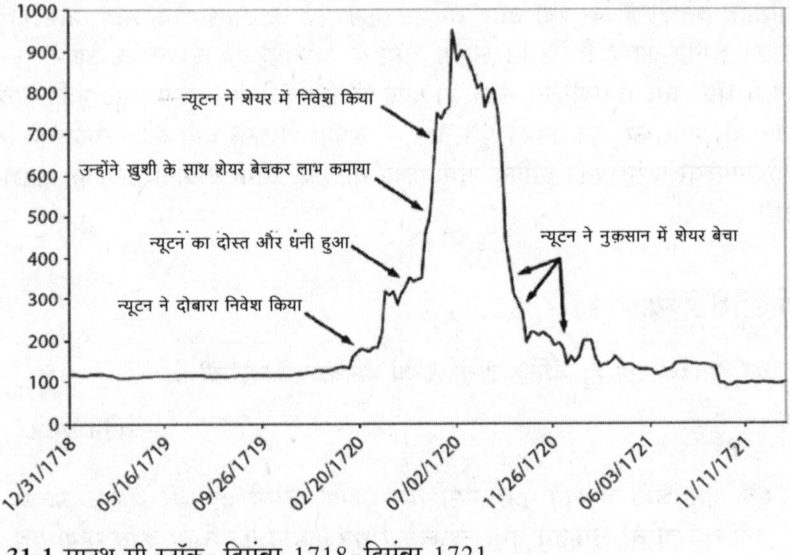

चित्र 31.1 साउथ सी स्टॉक, दिसंबर 1718-दिसंबर 1721

Source: "Isaac Newton's Nightmare During the South Sea Stock Bubble (Dec 1718 – Dec 1721)," Bamboo Innovator (blog), https://bambooinnovator.com/2013/04/04/isaac-newtons-nightmare-during-the-south -sea-stock-bubble-dec-1718-dec-1721/.

ज़्यादा परेशान करने वाली कोई और बात नहीं है।'' मैं अपने क़रीबी दोस्त के साथ इस प्रतिस्पर्धी दौड़ में पीछे नहीं छूटना चाहता था, इसलिए मैंने कैपिटल ट्रस्ट का शेयर ख़रीदा। मुझे इस कम्पनी के कारोबार के बारे में कोई भी मालूमात नहीं थे। मेरे ख़रीदने के दो महीने के भीतर, शेयर की क़ीमत में लगभग 30 प्रतिशत की गिरावट आई और मैं घबराहट में इससे बाहर निकल गया। इससे ज्यादा दर्द तो उस समय हुआ, जब आठ महीने से भी कम समय में शेयर तीन गुना बढ़ गया। आउच।

ईर्ष्या सात घातक पापों में से एकमात्र ऐसा पाप है जो कुछ भी भला नहीं करता। ईर्ष्यालु लोग हमेशा दुखी रहते हैं, क्योंकि ईर्ष्या के केवल नकारात्मक जोख़िम हैं और ईर्ष्या कोई प्रतिफल नहीं देती। हम बेवजह ही लोगों को देखकर प्रभावित होते हैं, जबकि वे किसी और खेल में होते हैं और हम कुछ और खेल रहे होते हैं। अपनी तुलना दूसरों से नहीं करें। आपको खुद को बेहतर करने की ज़रूरत है, जैसे आप कल थे, आज उससे बेहतर बनने की। दूसरों के साथ प्रतिस्पर्धा करना आपको कड़वा बनाता है। अपने आप से प्रतिस्पर्धा करना आपको बेहतर बनाता है। अर्नेस्ट हेमिंग्वे ने बहुत सीख देने वाली बात कही है : ''किसी दूसरे से श्रेष्ठ होने में कुछ भी महान नहीं है; जो आप कल थे, उससे श्रेष्ठ होना ही सच्ची कुलीनता है।''

कभी-कभी हमारा अहंकार हमें किसी शेयर को केवल दरकिनार करने को मजबूर कर देता है, क्योंकि हमारे किसी साथी ने इसे उसकी सबसे कम क़ीमत पर या पिछले वर्ष या पिछले महीने की सबसे कम क़ीमत पर ख़रीदा था। हम इसी ख़रीदी क़ीमत से खुद को बाँध लेते हैं और शेयर की वर्तमान क़ीमत पर उसकी संभावनाओं का आकलन करना नहीं चाहते। इसके अलावा किसी भी व्यक्तिगत कारण से किसी सहकर्मी निवेशक के साथ अहंकार के टकराव में हम ईर्ष्या, बौद्धिक अहंकार और कभी-कभी क्रोध और घृणा की वजह से हम किसी शेयर को लेकर उनकी सार्वजनिक रूप से उपलब्ध ठोस सिफ़ारिशों को भी नज़रअंदाज़ कर देते हैं।

यह अत्यंत मूर्खतापूर्ण व्यवहार है। स्टॉक को नहीं पता होता कि कौन इसका मालिक है। किसी के बारे में व्यक्तिगत भावनाओं और राय को अपने निवेश के फ़ैसलों पर थोपने से बचना चाहिए। इससे केवल लाभ से ही वंचित होंगे, अवसर खोएँगे और लम्बी अवधि में यह प्रवृत्ति संपत्ति का नुक़सान करेगी। मैंने अतीत में कभी न कभी ये सभी पाप किए हैं और इसके कारण आर्थिक तथा भावनात्मक दोनों तरह से काफ़ी कुछ सहा है। आपको ऐसा नहीं करना चाहिए. जैसा कि मंगर कहते हैं, ''आपको यह सीखने के लिए कि बिजली के तार पर पेशाब नहीं करना चाहिए, ऐसा करने की ज़रूरत नहीं है।''

सफल निवेश वह निवेश है जो आपको रात में चैन की नींद सोने देता है। सफलता यह नहीं है कि कौन ज़्यादा रिटर्न प्राप्त करता है या कौन सबसे ज़्यादा पैसा कमाता है। सफलता न्यूनतम संभावित जोख़िम के साथ समयबद्ध तरीक़े से अपने वित्तीय लक्ष्यों को प्राप्त करना है।

वास्तव में ईमानदारी और गंभीरता के साथ मूल्यवान निवेश करने पर ना केवल अपार धन की प्राप्ति होती है, बल्कि यह हमें बेहतर भी बनाता है। समय बीतने के साथ

हम यह जान जाते हैं कि मूल्यवान निवेश केवल स्टॉक और कारोबारी बुनियाद के बारे में नहीं है।

यह जीवन को अनुशासित करता है।

पसंद, नापसंद करने की प्रवृत्ति

जब हम संदेश देने वाले व्यक्ति के बारे में नकारात्मक राय रखते हैं तो हम संदेश की ओर ध्यान नहीं देते हैं और इसकी वजह से सीखने के बहुत सारे अवसर गँवा देते हैं। इसी तरह, जब हम संदेशवाहक के बारे में सकारात्मक राय रखते हैं तो हम बिना अधिक जाँच पड़ताल के संदेश को स्वीकार कर लेते हैं। दोनों ही सही नहीं है।

– एनी ड्यूक

सियालडिनी ने अपनी किताब *इन्फ़्लुएंस* में एक बहुत ही हल्के लेकिन अत्यधिक छल करने वाले कपटी पूर्वाग्रह का वर्णन किया है : पसंद करने की प्रवृत्ति। हम उन लोगों को पसंद करते हैं जो शारीरिक रूप से आकर्षक हों, लोकप्रिय, या सहयोगी हों, या जिन लोगों से हमारा जुड़ाव सकारात्मक होता है, और उन लोगों को भी जिनकी पृष्ठभूमि, राय, जीवनशैली, रुचि, दृष्टिकोण, रंग-रूप, मूल्य, या विश्वास हमारी तरह हो। हम जो कुछ भी परिचित होता है, उसको पसंद करते हैं और उस पर भरोसा करते हैं। हममें से ज़्यादातर लोग जिन्हें जानते हैं और पसंद करते हैं, उनके अनुरोधों को स्वीकर करते हैं। उनकी ग़लतियों को नज़रअंदाज़ करना स्वाभाविक है जिन्हें हम पसंद करते हैं, वहीं जिन्हें हम पसंद नहीं करते, उनकी ग़लतियों को लेकर हम सख्त हो जाते हैं।

मंगर के अनुसार, ''पसंद/प्यार करने की प्रवृत्ति...अनुकूल और अनुरूप बनाने में प्रेरक बनती है जिससे पसंद करने वाला या प्रेमी :

1. अपनी पसंद या जिससे वह प्रेम करता है, उसके दोषों को नज़रअंदाज़ करता है और उसकी इच्छाओं को स्वीकार करता है;
2. अपनी पसंद के साथ जुड़े लोगों, उत्पादों और उनके कार्यों का पक्ष लेता है...; और
3. प्यार को बढ़ावा देने के लिए अन्य तथ्यों को बिगाड़ता है।''

इसके विपरीत नापसंद करने के पूर्वाग्रह के मामले में हम नापसंदगी की विषयवस्तु के गुणों को नज़रअंदाज़ करने और अपना नकारात्मक रुख़ बनाए रखने के लिए तथ्यों को विकृत करने की मंशा से काम करते हैं।

निवेश करते समय हमेशा स्टॉक को सोच-समझकर कम्पनी के शीर्ष पर बैठे व्यक्ति के व्यक्तित्व से अलग रखें । उस व्यवसाय में छुपे हुए गुणों और अर्थशास्त्र पर ध्यान केन्द्रित

करें। वस्तुनिष्ठ रूप से तथ्यों पर गौर करें और स्थिति का आकलन करें। इससे आप कई ऐसी ग़लतियों से बच जाएँगे, जो बहुत महँगी साबित हो सकती है। काश 2016 में विराट क्रेन इंडस्ट्रीज में निवेश करने से पहले मैंने सियालडिनी की किताब पढ़ी होती। इस फ़र्म के संस्थापक ग्रांधी सुब्बा राव के कठिन जीवन, संघर्ष और दृढ़ता की कहानी जानने के बाद मैं उनके प्रति भावनात्मक लगाव महसूस करने लगा था। प्रमोटर के प्रति मेरी पसंद का पूर्वाग्रह आगे बढ़कर पुष्टि पूर्वाग्रह बन गया और इस फ़र्म के शेयरों की ख़रीद के पक्ष में मैं केवल सकारात्मक पक्षों को ही देख रहा था। जानते हुए भी मैंने कम मार्जिन और संबंधित पक्षों से लेन-देन जैसे नकारात्मक पक्षों को नज़रअंदाज़ कर दिया।

इसके विपरीत टेलीविज़न पर एक फ़र्म के प्रमोटर का असभ्य और रूखा लहजा मुझे बेहद नागवार गुज़रा और मैं उसे नापसंद करने लगा। नापसंद के पूर्वाग्रह के कारण मैंने उसके शानदार कारोबार के शेयर ख़रीदने में देर कर दी। यह पूरी तरह से अतार्किक व्यवहार था। कारोबार का अर्थशास्त्र अच्छा था और उस प्रमोटर कॉर्पोरेट का गवर्नेंस का ट्रैक रिकॉर्ड साफ़-सुथरा था।

एक अत्यधिक सक्षम सीईओ घमंडी, तेज़तर्रार, ठसक वाला और सिगार पीने वाला हो सकता है। जबकि दूसरा सीईओ विनम्र, अंतर्मुखी और उच्च नैतिक चरित्र का आत्म-अनुशासित व्यक्ति हो सकता है। हमारा झुकाव उन लोगों की तरह होता है जो हमारी तरह होते हैं या वे ख़ूबियाँ प्रदर्शित करते हैं जिन्हें हम पसंद करते हैं। लेकिन ज़रूरी नहीं है कि जिन लोगों को हम पसंद करते हैं, ये वही लोग हों जिनमें काम को अंजाम देने की और परिणाम देने की क्षमता भी हो। भावनाएँ और खर्च एक निवेशक के दो सबसे बड़े दुश्मन हैं। निवेश के करियर के दौरान कई मामलों में मुझे किसी कम्पनी के शीर्ष पर बैठे व्यक्ति के बारे में अत्यधिक भावुक होने और अपनी व्यक्तिपरक राय पर काम करने की क़ीमत चुकानी पड़ी है। उन सभी मामलों में, मैंने स्टॉक से कोई पैसा नहीं कमाया और इनमें निवेश बनाए रखने के कारण अवसरों के रूप में बड़ी लागत गँवा दी। मैंने जान-बूझकर उन तमाम प्रतिकूल परिस्थितियों को नज़रअंदाज़ कर दिया, जिनका सामना वे सभी व्यवसाय कर रहे थे और मैंने जानबूझकर उनकी समस्याओं की ओर से आँखें मूँद लीं, जबकि मुझे अपने मूल्यांकन में वस्तुनिष्ठ और निष्पक्ष होना चाहिए था। हमेशा किसी स्थिति के तथ्यों को मानव मनोविज्ञान के तत्वों से अलग करने का प्रयास करें।

तनाव के प्रभाव, पहचान में विसंगति

> तनाव (संज्ञा) : प्रतिकूल या बहुत कठिन परिस्थितियों के परिणामस्वरूप मानसिक या भावनात्मक दबाव की स्थिति।

शेयर बाज़ार की तेज़ हलचल वाली दुनिया में शरीर में बनने वाले एड्रेनालाइन हार्मोंस की प्रवृत्ति तेज़ और अधिक तीव्र प्रतिक्रियाएँ उत्पन्न करने की प्रवृत्ति होती है। कुछ तनाव से हो सकता है प्रदर्शन में सुधार हो, लेकिन भारी तनाव अक्सर हमारे संज्ञान करने वाले तंत्र की शिथिलता का कारण बनता है।

तनाव का एक रूप संज्ञान की असंगति है। इस प्रकार के तनाव का ही नतीजा होता है कि हम एक साथ दो विरोधाभासी विचार, विश्वास, राय, या दृष्टिकोण को पकड़ कर रखते हैं। यह असंगति अक्सर अतार्किक और बेतुके कार्यों की ओर ले जाती है। मेरी निवेश यात्रा के एक अनुभव में इसका उदाहरण मिलता है।

नवंबर 2016 में मैंने एसकेएस माइक्रोफ़ाइनेंस (अब भारत फ़ाइनेंशियल) में अपनी पूरी हिस्सेदारी बेच दी थी, क्योंकि मेरा मानना था कि भारत सरकार की नोटबंदी की घोषणा का इसके माइक्रोफ़ाइनेंस व्यवसाय (जो नक़दी संग्रह पर बहुत अधिक निर्भर था) पर प्रतिकूल प्रभाव पड़ेगा और इसके परिणामस्वरूप इसकी गैर-निष्पादित आस्तियों (एनपीए) में बढ़ोतरी होगी। एसकेएस के शेयर की क़ीमतें तेज़ी से गिर रही थीं और मैं बहुत ज़्यादा मानसिक तनाव अनुभव कर रहा था। लेकिन एसकेएस के शेयरों को बेचने के बाद मैंने जो कुछ किया, वह असंगत व्यवहार का एक अनुपम उदाहरण है। मैंने एसकेएस के शेयर बेचने से जो पैसा आया उससे मणप्पुरम फ़ायनेंस के शेयर ख़रीद लिए। मैं इसके शेयरों पर बीते कई महीनों से नज़र रखे हुए था और उसकी तेज़ी से बढ़ती सहायक इकाई की संभावनाओं को लेकर आश्वस्त था। सौभाग्य से मुझे तुरंत अपनी मूर्खता का अहसास हुआ और मामूली नुकसान पर मैं उसे बेचकर बाहर आ गया।

तनाव प्रभावित प्रवृत्ति का समाधान है, उस समय तक निर्णय को टाल दें, जब तक आप तनाव कम होता महसूस नहीं करें। अपने आप को तनावमुक्त होने का वक़्त दें। शांत तथा सहज महसूस करने तक किसी गतिविधियों से दूर रहें। और फिर शान्ति से फ़ैसले पर विचार करें। यदि निर्णय महत्त्वपूर्ण है तो आप अपनी चेकलिस्ट देखना सुनिश्चित करें।

नुक़सान से बचाव

पिछले मौक़े पर मैंने गोवा कार्बन के नतीजों की सुबह नुक़सान को कम करने के लिए स्टॉप-लॉस का ऑर्डर लगाया था। मैं गोवा कार्बन के शेयर की ख़रीदी के महज़ कुछ ही महीनों में अर्जित 50 प्रतिशत का अपना मुनाफ़ा बचाए रखना चाहता था। शेयर बाज़ार नीलामी से संचालित प्रणाली है। शेयरों की क़ीमतों का अक्सर दोनों दिशाओं में तेज़ी से उतार-चढ़ाव होता है। कई बार यूँ ही बेतरतीब ढंग से। मेरे स्टॉप लॉस ऑर्डर लगाने के चंद मिनटों में ही बिना किसी ठोस कारण के भाव नीचे आए और स्टॉप लॉस क़ीमत पर मेरे

शेयरों की बिक्री हो गई। गोवा कार्बन ने उसके एक घंटे बाद शानदार नतीजों की सूचना दी और दोपहर के कारोबारी सत्र में शयेर के भाव में तेज़ी आई और क़ीमतें फिर बढ़ती चली गईं। उस दिन के बाद कुछ ही महीनों के भीतर शेयर की क़ीमतें 100 प्रतिशत से अधिक उछल गईं। आउच।

एचईजी पर स्टॉप-लॉस ऑर्डर का कारण (जिसकी किताब में पहले चर्चा की गई है) जायज था, क्योंकि मैं संभावित निर्यात शुल्क लगाने के इस पर होने वाले प्रभाव को लेकर अनिश्चित था। लेकिन गोवा कार्बन के मामले में मेरी हरकत पूरी तरह से तर्कहीन

थी। क्योंकि इसके शेयर बेचने के एक सप्ताह पहले ही मुझे कम्पनी की बेहतर संभावनाओं के बारे में पता चल गया था (चित्र 31.2)।

Darshan Mehta
@darshanvmehta1
Follow

डीलरों के अनुसार सीपीसी की कीमतों में पिछले दस दिनों में 3000 रु. की बढ़ोतरी से रेन इंडस्ट्रीज़ पर फ़ोकस

9:00 PM - 8 Oct 2017

चित्र 31.2 गोवा कार्बन के उत्पाद मूल्यों में वृद्धि से इसकी संभावनाओं में सुधार।

Source: Darshan Mehta (@darshanvmehta1), "Rain industries in focus on CPC prices are up 3000," Twitter, October 8, 2017, https://twitter.com/darshanvmehta1/status/917238376863895552.

लम्बी अवधि के हमारे दीर्घकालिक निवेश वाले शेयरों पर स्टॉप-लॉस ऑर्डर लगाने का कोई मतलब नहीं है। लेकिन अनिश्चितता की अवधि के दौरान कमोडिटी से जुड़े कम अवधि वाले शेयरों के लिए स्टॉप लॉस का इस्तेमाल करने में कोई बुराई नहीं है। ख़ासकर यदि हम बड़े मुनाफ़े पर बैठे हों। हालाँकि, दोनों ही मामलों में एक ही मौलिक सिद्धांत लागू होता है। स्टॉक की क़ीमतों को हमेशा भावी संभावनाएँ नियंत्रित करती हैं ना कि पिछली कमाई। हाल में गोवा कार्बन के उत्पाद सीपीसी (कैलसाइंड पेट्रोलियम कोक) की क़ीमतों में उछाल के कारण आने वाली तिमाहियों में इसकी बेहतर संभावनाओं को मैं जानता था। इस वजह से कम्पनी के पिछली तिमाही के नतीजों की घोषणा के ठीक पहले स्टॉप लॉस आर्डर लगाने का सोचना भी पूरी तरह से विरोधाभासी व्यवहार था।

इस अतार्किक व्यवहार के पीछे क्या कारण था? ऐसा क्या था जिसने मुझे स्टॉप-लॉस लगाकर शेयर पर अपने मौजूदा मुनाफ़े को बचाकर रखने की मेरे भीतर चाहत जगाई? इसका उत्तर इंसान के भीतर रची-बसी एक ख़ूबी में है और उस व्यापक सिद्धांत में निहित है जो वित्त क्षेत्र के व्यवहार में अधिकांश पूर्वाग्रहों के लिए आधार का काम करता है।

नुक़सान से बचना

इंसान प्राप्त होने से ज़्यादा उतनी ही मात्रा में खो देने के विचार से ज़्यादा आंदोलित होता है। यह अनिश्चितता की स्थितियों में विशेष रूप से सच है। संभावित नुक़सान के ख़तरे की हमारे निर्णय लेने में महत्त्वपूर्ण भूमिका है, और हमारे भीतर हानि से बचने की स्वाभाविक प्रवृत्ति होती है।

या, मंगर के शब्दों में, ''किसी व्यक्ति की 10 डॉलर प्राप्त होने की ख़ुशी, और 10 डॉलर गँवा देने की निराशा का कोई मेल नहीं है।'' यह डैनियल कैनमेन और अमोस वर्सकी के संभावना सिद्धांत का मूलभूत सिद्धांत है (चित्र 31.3)।

समस्या को लाभ के नज़रिये से नुक़सान के नज़रिये में डालने पर हम निश्चित लाभ के (रूढ़िवादी) विकल्प से जोख़िम भरे विकल्प – जुए– की ओर बढ़ते हैं। हानि से बचने की प्रवृत्ति हमें जोख़िम लेने की प्रवृत्ति वाले लोगों में बदल देती है। सकारात्मक नज़रिये प्रस्तुत

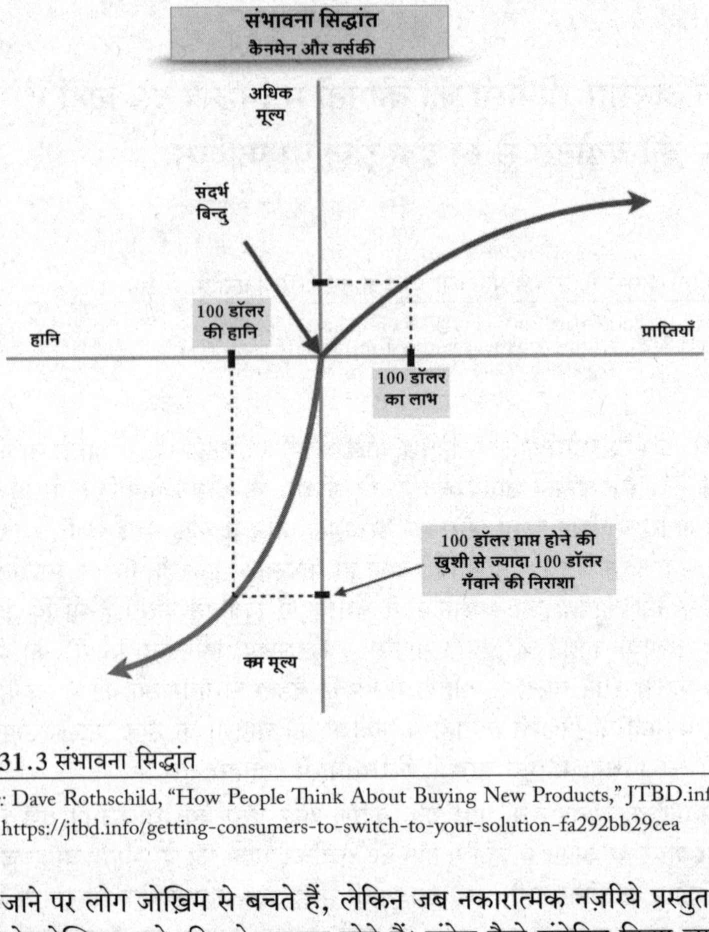

चित्र 31.3 संभावना सिद्धांत

Source: Dave Rothschild, "How People Think About Buying New Products," JTBD.info, August 21, 2015, https://jtbd.info/getting-consumers-to-switch-to-your-solution-fa292bb29cea

किए जाने पर लोग जोख़िम से बचते हैं, लेकिन जब नकारात्मक नज़रिये प्रस्तुत किया जाता है तो वे जोख़िम उठाने की ओर उन्मुख होते हैं। संदेश कैसे संप्रेषित किया जाता है, उससे उसके प्राप्त होने के तरीक़े पर प्रभाव पड़ता है; इसलिए, जब व्यवहार की बात आती है तो नज़रिये का प्रभाव महत्त्वपूर्ण हो जाता है। खाद्य उत्पाद पर ''99 प्रतिशत वसा रहित'' का लेबल लोगों को आकर्षित लगता है लेकिन यदि लेबल में लिखा हो कि ''इसमें 1 प्रतिशत वसा है,'' तो इससे अलग प्रतिक्रिया होगी। इसी प्रकार 1,000 डॉलर जीतने और फिर उसमें से 900 डॉलर खो देने, बनाम 1,000 डॉलर खो देने और 900 डॉलर वापस जीत लेने का उदाहरण लें – हमें ''केवल'' 100 डॉलर जीतने के मुक़ाबले ''केवल'' 100 डॉलर गँवाने की ज़्यादा ख़ुशी होगी।

इस तरह का नज़रिया नुक़सान को नापसंद करने का परिणाम है। विकास क्रम ने हमारे मस्तिष्क की बनावट को लाभ बढ़ाने के बजाय हानि को कम करने के लिए बनाया है। निवेश में किसी दी गई स्थिति में बाहर निकलने में हमारी असमर्थता हमारा संकीर्ण नजरिया है। हम हारने से अधिक जीतना चाहते हैं। हम अपने पास रखे प्रत्येक शेयर के लिए अपने दिमाग़ में उसके अलग-अलग आँकड़ों को रखते हैं। हम भविष्य की प्रत्येक बिक्री के लेन-देन का समापन केवल लाभ के साथ करना चाहते हैं। हम अपने समग्र पोर्टफ़ोलियो के लाभ के प्रदर्शन को देखने के बजाय प्रत्येक शेयर से लाभ हासिल करना चाहते हैं। इस संकीर्ण नज़रिये को प्रवृत्ति के प्रभाव के रूप में जाना जाता है, और इसका परिणाम होता है कि मुनाफ़ा दे रहे शेयरों को बेच देते हैं और नुक़सान वाले शेयरों से चिपके रहते हैं। पीटर लिंच कहते हैं कि यह ''फूलों को काटने और खरपतवार को पानी देने'' की तरह है।

रिचर्ड थेलर और कैस सनस्टीन नुक़सान से बचाव के विचार को और एक क़दम आगे ले जाते हैं। वे बताते हैं कि निवेशक नुक़सान से बचाव के निकट दृष्टि दोष से भी पीड़ित होते हैं। जितनी अधिक बार हम अपने पोर्टफ़ोलियो का मूल्यांकन करते हैं, उतनी ही अधिक संभावना है कि हमें नुक़सान देखने को मिलेगा। और जितनी बार हम नुक़सान देखते हैं, उतनी ही अधिक बार हम नुक़सान से बचने का अनुभव करते हैं, जो एक दुष्चक्र बन जाता है। (वित्तीय घाटे की हलचल दिमाग़ के उसी क्षेत्र में होती है जो मृत्यु के ख़तरे पर प्रतिक्रिया करता है।)

निवेशकों को बफ़ेट की बीमा की हामीदारी प्रथाओं से सबक़ सीखना चाहिए : हमेशा अपेक्षित मूल्य के संदर्भ में सोचें। जोख़िम से दूर रहें लेकिन नुक़सान से नहीं बचने की कोशिश ना करें। यानी नपे-तुले जोख़िम लेने से नहीं डरें। निवेश करना कोई ऐसा व्यवसाय नहीं है जिसमें हर निवेश लाभदायक हो। अधिकांश निवेशक इसे निर्णायक रूप से सत्य लेकिन स्वीकार करने में कठिन मानते हैं। यदि आप हरेक शेयर की लाभ-हानि के बारे में चिंतित हैं तो आप अंततः दुखी ही रहेंगे, भले ही आपका समग्र पोर्टफ़ोलियो अच्छा प्रदर्शन कर रहा हो। कभी-कभी हार खेल का हिस्सा होती है इसलिए पोर्टफ़ोलियो में कुशलता से विविधता सुनिश्चित करें जिससे किसी भी एक शेयर में नुक़सान से पोर्टफ़ोलियो में प्रतिशत की दृष्टि से कोई बड़ा नुक़सान नहीं हो और बर्बाद होने का ख़तरा ना हो। हमेशा कुल संपत्ति में प्रतिशत बदलाव के संदर्भ में सोचें, ना कि एक-एक शेयर के आँकड़े में बदलाव को देखें। याद रखें हो सकता है कि कुछ दिनों के लिए आप पोर्टफ़ोलियो को देखकर डर जाएँ लेकिन दशकों तक ऐसा नहीं हो सकता।

लालच और डर

अक्टूबर। शेयरों में सट्टा लगाने के लिए यह विशेष रूप से ख़तरनाक महीनों में से एक है। जुलाई, जनवरी, सितंबर, अप्रैल, नवंबर, मई, मार्च, जून, दिसंबर, अगस्त, और फ़रवरी अन्य ख़तरनाक महीने हैं।

– मार्क ट्वेन

किसी व्यक्ति में भावनाओं का अनुपात उसके तथ्यों के ज्ञान से उलट होता है। आप जितना कम जानते हैं, उतना ही ज़्यादा उग्र होते हैं।

– बर्ट्रेंड रसेल

कोई सजीव घटना हमारे तर्कपूर्ण सवाल–जवाब में बाधा पैदा करती है, क्योंकि हमारी प्रवृत्ति है कि हम सजीव घटना को ज़्यादा महत्त्व देते हैं और दैनिक आधार पर हो रहे ऐसे धीमे बदलावों को कमतर आँकते हैं जो बहुत सुस्पष्ट नहीं होते। (उदाहरण के लिए अधिकांश लोगों को ये जानकर बेहद हैरानी होगी कि पिछले सौ साल में शार्क ने कुल जितने लोगों को नहीं मारा, उससे ज़्यादा मौतें 2016 में मच्छरों के काटने से प्रति दिन औसतन हुई हैं।) यदि कथित घटना हाल ही की है और आसानी से याद की जा सकती है तो उसके कारण संभव है कि कुछ तेज़ और हड़बड़ी में निर्णय लिए जाएँ। किसी घटना के बढ़ा–चढ़ा कर नाटकीय मीडिया कवरेज के दौर में इस तरह की घटनाएँ होती रहती हैं जब निवेशक एड्रेनैलिन हार्मोन के तीव्र प्रवाह का अनुभव करते हैं और अपनी चेकलिस्ट को दरकिनार कर निर्णय लेने में जल्दबाजी कर देते हैं।

जून 2016 में ब्रेक्सिट (यूरोपियन यूनियन से ब्रिटेन के अलग होना) फ़ैसले के तुरंत बाद मैंने यस बैंक का पुट ऑप्शन ख़रीदने के लिए आयशर मोटर्स की पाँच प्रतिशत हिस्सेदारी बेच दी थी। यस बैंक की निकट अवधि में शेयरों की बिक्री के जरिये एक अरब डॉलर की राशि जुटाने की योजना थी। टेलीविज़न पर कई विशेषज्ञ ब्रेक्सिट को ''दूसरे विश्व युद्ध के बाद की सबसे बड़ी राजनीतिक घटना'' बता रहे थे, जिससे मेरा अनुमान था कि दुनिया के बाज़ार टूट जाएँगे। (यदि कोई घटना समाचारों में बहुत अधिक है तो उसका प्रभाव क़ीमतों में पहले ही समाहित हो जाता है।) इससे मैं घबरा गया, लेकिन मैंने डर से फ़ायदा कमाने और तेज़ कमाई करने का निर्णय लिया। मैंने सोचा कि एक बार यस बैंक पर मेरे पुट ऑप्शन का मूल्य बढ़ गया, तो मैं उन्हें बेच दूँगा और आयशर मोटर्स के जितने शेयर अस्थायी रूप से बेचे थे, उससे ज़्यादा ख़रीद लूँगा। मैंने सभी कुछ सोच- विचार कर तर्कपूर्ण ढंग से योजना तैयार की थी। मैं हार कैसे सकता था?

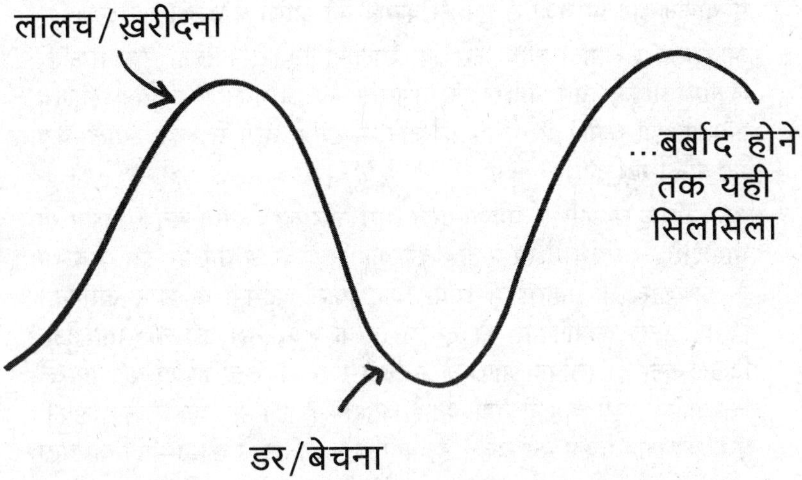

चित्र 31.4 लालच और भय।

Source: Behavior Gap.

अगले ही सप्ताह दुनिया के शेयर बाज़ारों में इतनी ज़बरदस्त बढ़त हुई जो पिछले कई साल में नहीं हुई थी। सभी डर फैलाने वाले विशेषज्ञ स्पष्ट रूप से मीडिया से ग़ायब नज़र आ रहे थे। बिज़नेस टेलीविज़न पर उनकी जगह जोश-ख़रोश से भरे तेज़ी के पक्षधर विश्लेषकों ने ले ली थी। आयशर मोटर्स के शेयर की क़ीमतें उछल गईं और यस बैंक में मेरे पुट ऑप्शन का मूल्य धड़ाम से गिरकर शून्य हो गया। आउच।

मैं जानता हूँ कि इन भावनाओं (चित्र 31.4) में किस तरह का अहसास होता है, क्योंकि मैंने अपने निवेश के शुरुआती वर्षों में कई अत्याचार किए :

1. ''बहुचर्चित'' सार्वजनिक प्रारंभिक निर्गम (आईपीओ) के सूचीबद्ध होने के दिन ही ''तेज़ी से'' लाभ कमाने के एकमात्र मक़सद से ब्रोकर से क़र्ज़ लेकर उसमें शेयरों के लिए आवेदन करना।
2. नतीजों के तुरंत बाद शीघ्रता से लाभ कमाकर बेचने के एकमात्र मक़सद से ब्रोकर को ब्याज चुका कर मार्जिन धन राशि पर शेयर ख़रीदना। ये वे शेयर होते थे जिनके अगले दिन या अगले सप्ताह नतीजे जारी होने वाले होते थे और मुझे ऐसी उम्मीद होती थी कि नतीजे मजबूत होने वाले हैं।
3. किसी बहुत ज़्यादा देखे जाने वाले ब्लॉग में किसी शेयर के कई गुना होने की सलाह के आधार पर शेयर की ख़रीदी करना। मक़सद मामूली लेकिन तेज़ वृद्धि के बाद उसे बेचकर लाभ कमाना।
4. किसी सेक्टर में अग्रणी कम्पनी के थोड़े समय में आने वाले बहुप्रतीक्षित

आईपीओ से उसी सेक्टर की कम्पनी के शेयरों की क़ीमतों का दोबारा मूल्यांकन होने पर तेज़ी से मुनाफ़ा कमाने की आशा में उनको ख़रीदना।

5. आवश्यक शुरुआती शोध जैसे कि सालाना रिपोर्ट, पिछला ट्रैक रिकॉर्ड, वित्तीय आँकड़े और प्रबंधन की गुणवत्ता का अध्ययन किए बिना लालच और मुनाफ़ा कमाने से वंचित रह जाने के डर से तेज़ी से बढ़ते स्मॉल-कैप स्टॉक को ख़रीदना।
6. बड़ी वैश्विक कम्पनी से चमक-दमक भरा और बहुप्रचारित संयुक्त उद्यम या भागीदारी के संबंध में तरह-तरह की कहानियों के आधार पर उस व्यवस्था के अर्थशास्त्र की गहराई में झाँके बिना किसी कम्पनी के शेयर ख़रीदना। किसी अच्छे कहानीकार की दम पर हरेक शेयर तेज़ उछालें भरता हुआ दिखाई देता है। (अपने आप को सुरक्षित रखने के लिए हमेशा यह मान लें कि आपको पूरी कहानी नहीं बताई जा रही है।) महान कहानीकार अपनी पूँजी की लागत कम कर सकते हैं, क्योंकि वे निवेशकों की उम्मीदों को बढ़ा सकते हैं और अंतत: ये निवेशक बेंजामिन ग्राहम (''लाभ के लिए संचालन आशावाद पर नहीं बल्कि अंकगणित पर आधारित होना चाहिए'') और लुई ब्रैंडिस (''याद रखें, अंकगणित विज्ञान में सर्वप्रथम है और सुरक्षा की जननी है'') दोनों के चेतावनी भरे शब्दों को नज़रअंदाज़ कर देते हैं।

डोपामाइन हार्मोन का प्रवाह वास्तव में महँगा पड़ता है। हमारी गतिविधियों से ब्रोकर पैसा बनाते हैं। हमें निष्क्रियता को अपनाना चाहिए और चक्रवृद्धि की प्रक्रिया को बाधित करने से बचना चाहिए (चित्र 31.5)।

वित्त विषय के प्रोफ़ेसर ब्रैड बार्बर और टेरेंस ओडियन ने ''वाय डू इन्वेस्टर्स ट्रेड टू मच?'' शीर्षक से अपने शोध पत्र में एक बड़े डिस्काउंट ब्रोकरेज के साथ खुदरा निवेशकों द्वारा 1987 से 1993 तक किए गए क़रीब 100,000 सौदों का अध्ययन किया। औसतन उन्होंने पाया कि इन निवेशकों ने जो शेयर ख़रीदे, उनका प्रदर्शन अगले वर्ष में बाज़ार से 2.7 प्रतिशत कमज़ोर रहा जबकि जो शेयर उन्होंने बेचे उनका प्रदर्शन अगले साल बाज़ार से 0.5 अंक बेहतर रहा। इसी प्रकार, ब्रुकिंग्स इंस्टीट्यूशन द्वारा प्रकाशित शोध पत्र में अर्थशास्त्री जोसेफ़ लैकोनिशोक, आंद्रेई श्लीफ़र और रॉबर्ट विश्नी ने बताया कि पेंशन फ़ंड प्रबंधकों द्वारा शेयरों की ख़रीदफ़रोख़्त के कारण जो रिटर्न मिला, वह पोर्टफ़ोलियो को स्थिर रखने पर मिलने वाले रिटर्न से 0.78 प्रतिशत कम था।

शेयरों की जब हम ज़्यादा ख़रीदफ़रोख़्त करते हैं तो केवल दलाल, ब्रोकर ही अमीर बनते हैं। अपनी आँखे खोलने के लिए इस चौंकाने वाली गणना पर विचार करें। मान लें कि आप और दलाल दोनों प्रति वर्ष 8 प्रतिशत कमा सकते हैं। लेकिन आपको हर वर्ष अपने पोर्टफ़ोलियो का चार प्रतिशत लागत पर ख़र्च करना पड़ता है। इस दौरान दलाल अपना कमीशन 8 प्रतिशत पर निवेश करते हैं। भले ही उन्होंने शून्य पूँजी से शुरुआत की थी, लेकिन सत्रह वर्षों के बाद उन्होंने आपसे अधिक धन संचय कर लिया होगा; अट्ठाईस

वर्षों के बाद, उनके पास आपसे दोगुनी दौलत होगी। आपके छोटे-छोटे ख़र्चों से वे अमीर हो गए।

अल्बर्ट आइंस्टीन ने कहा था, ''चक्रवृद्धि ब्याज दुनिया का आठवाँ आश्चर्य है। जो इसे समझता है, वह इसे अर्जित करता है। जो नहीं करता, वह इसका भुगतान करता है।'' मैंने अतीत में अपना उचित हिस्सा चुकाया है। समय के साथ और अनुभव से मुझे ग्राहम के बोलों के पीछे का गहन अर्थ समझ में आया है : ''निवेशक की मुख्य समस्या-और यहाँ तक कि उसका सबसे बड़ा दुश्मन भी- संभवतः वह स्वयं ही है।''

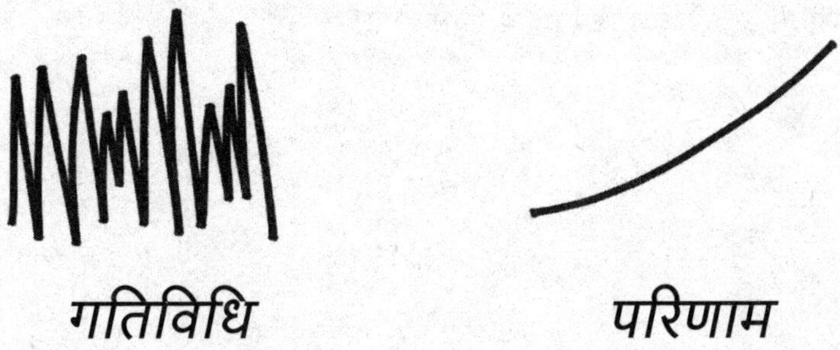

चित्र 31.5 गतिविधि बनाम नतीजे

Source: Behavior Gap.

> *आपको क्या नहीं करना है, इसकी शिक्षा के लिए आपके पास दुनिया में जो कुछ भी है, उसे खोने जैसा कुछ नहीं है। और जब आप जान जाते हैं कि पैसा ना खोने देने के लिए क्या नहीं करना है तो आप सीखना शुरू कर देते हैं कि जीतने के लिए क्या करना है।*
>
> – जेसी लिवरमोर

मैंने अपनी निवेश यात्रा की ग़लतियाँ साझा कीं क्योंकि मैं मानता हूँ कि वे मेरी सबसे बड़ी शिक्षक रही हैं और मैंने उनसे जो सबक़ सीखे हैं, उनसे पिछले कुछ वर्षों में मुझे काफ़ी सुधार करने में मदद मिली। मैंने हरेक नुक़सान से मिले मूल्यवान अनुभव और ज्ञान को गंभीरता से समझा है। जीवन में ग़लतियाँ नहीं होतीं, केवल सबक़ होते हैं। जब आप सकारात्मक मानसिकता अपनाते हैं, आप कभी नहीं हारते। या तो आप जीतते हैं या आप सीखते हैं। अनुभव होने पर अच्छे फ़ैसले लिए जाते हैं और अनुभव बुरे फ़ैसलों से मिलता है। (मेरे पास काफ़ी अनुभव है।)

निवेश ऐसा खेल नहीं है जहाँ कोई संपूर्णता हो। यह निरंतर सुधार करने का खेल है। शुरुआत में ही किसी भाग्यशाली सौदे की बदौलत जल्दी पैसा कमा लेना कोई अच्छी जीत नहीं है। यह बुरी आदत को बढ़ावा देता है जो अक्सर ताउम्र नुक़सान की ओर ले जाती है। निवेश के क्षेत्र में शुरुआती सफलता शुरुआती अभिशाप बन जाती है। प्रारंभिक (और

संभाली जाने लायक़) विफलता आशीर्वाद की तरह है। जब आप युवा हैं और आपके पास काफ़ी मानव पूँजी है, इस दौरान अपनी अधिकांश निवेश संबंधी ग़लतियों को दूर कर लें, लेकिन वित्तीय पूँजी के रास्ते में बहुत कम गलतियाँ करें।

ओट्टो वॉन बिस्मार्क के अनुसार, ''केवल एक मूर्ख ही अपनी ग़लतियों से सीखता है। बुद्धिमान व्यक्ति दूसरों की ग़लतियों से सीखता है।'' मंगर भी इससे सहमत हैं : ''जितने ज़्यादा कठिन सबक़ आप स्वयं भयानक अनुभव की बजाय अप्रत्यक्ष रूप से सीख सकते हैं, यह आपके लिए उतना ही बेहतर होता है।''

मुझे आशा है कि मेरी ग़लतियों से मिली अप्रत्यक्ष सीख से इस किताब के पाठकों को उनके जीवन और निवेश करिअर में लाभ होगा।

निष्कर्ष : चक्रवृद्धि के मूल सार की समझ

जीवन बर्फ़ के गोले की तरह है। गीली बर्फ़ और सचमुच एक बहुत लम्बी पहाड़ी को खोजना महत्त्वपूर्ण है।

– वॉरेन बफ़ेट

चक्रवृद्धि ब्याज और इसे पाने की कठिनाई दोनों की शक्ति को समझना बहुत सारी चीज़ों को समझने का मूल हृदय और आत्मा है।

– चार्ली मंगर

मुझे यह अहसास हो गया है कि वॉरेन बफ़ेट से सीखने के लिए जो सर्वश्रेष्ठ है, उसका निवेश से कोई लेना-देना नहीं है। उनके इस कथन को पढ़ें, दोबारा पढ़ें, और गहन विचार करें :

> आपको केवल एक मन और एक तन मिलता है। और इसे पूरा जीवन लम्बे समय तक चलते जाना है। उन्हें कई वर्षों तक सवारी करने देना बहुत आसान है। लेकिन अगर आप उस मन और तन का ख़याल नहीं रखेंगे, तो चालीस साल बाद उनकी हालत ख़स्ता हो जाएगी...
>
> जो आप अभी, आज करते हैं, वही निर्धारित करता है कि अब से दस, बीस और तीस साल तक आपका मन और तन कैसे काम करेगा।

जीवन में अनुसरण के लिए यह महान शिक्षा है। जीवन पर गहरा प्रभाव डालने वाले दैनिक निर्णयों के संदर्भ में इस तरह की लम्बी सोच का इससे बेहतर दूसरा कोई उदाहरण मुझे अभी तक नहीं मिला है। अब जब आपने इसे पढ़ लिया है, तो मैं चाहता हूँ कि आप एक पल के लिए सोचें।

क्या आप ऐसी आदतें बना रहे हैं और ऐसे काम कर रहे हैं जो आपके शेष जीवन में आपके तन-मन के लिए सहायक होंगे? क्या आप ऐसी व्यवस्था बना रहे हैं कि आप उन चीज़ों को अधिक समय दे सकें जो वास्तव में जीवन में आपके लिए मायने रखती हैं?

हममें से बहुत से लोग सफल होने की आकांक्षा रखते हैं लेकिन उनके पास इसके लिए ख़ाका नहीं होता। सफल होने का मतलब धन जमा कर लेना नहीं है। स्वास्थ्य के बिना पैसा व्यर्थ है। अच्छे रिश्तों के बिना पैसा आपका अकेलापन दूर नहीं कर पाएगा। हम वित्तीय पूँजी की चक्रवृद्धि की ओर ध्यान देने में बहुत समय लगाते हैं, लेकिन हम इस तथ्य को नज़रअंदाज़ कर देते हैं कि सामाजिक और बौद्धिक पूँजी में भी इसी तरह से समय के साथ कई गुना वृद्धि होती है। अपने आप में, अपने नाते-रिश्तों में और दुनिया के बारे में अपनी समझ पर किया गया निवेश समय के साथ बहुत बड़ा लाभांश अदा करता है। समझें कि आपके लिए वास्तव में क्या महत्त्वपूर्ण है और सैद्धांतिक रूप से पूरे समर्पण के साथ अपने सपनों को पूरा करने के लिए बढ़ें। आप जो कुछ भी खोज रहे हैं वह आपकी सोच से कहीं अधिक क़रीब है, लेकिन कभी-कभी आपको इसे खोजने के लिए यात्रा करनी पड़ती है। और इस यात्रा में चक्रवृद्धि की ताक़त आपको वह हासिल करने में मदद करेगी जिसके लिए आप प्रयास कर रहे हैं : अधिक ख़ुश, स्वस्थ, बेहतर, धनवान, होशियार, और अधिक सम्मान पाने वाला।

सकारात्मक विचारों की चक्रवृद्धि

मनुष्य का मन जो भी सोच सकता है और विश्वास कर सकता है, वह प्राप्त कर सकता है। विचार तो चीज़ें हैं! और उस पर शक्तिशाली चीज़ें, जब उद्देश्य की निश्चितता और ज्वलंत इच्छा के साथ जुड़ जाती हैं तो उनको धन में परिवर्तित किया जा सकता है।

– नेपोलियन हिल

सकारात्मक विचार लम्बी अवधि के लक्ष्यों को हासिल करने के लिए ज़रूरी सतत ऊर्जा उत्पन्न करते हैं। हम जिस तरह की सूचनाओं को हज़म करते हैं, हमारा मस्तिष्क खुद-ब-खुद उसी से संबंधित विचार पैदा करता है। भले ही हम नकारात्मकता से बचने में माहिर हों और हमने खुद को निरंतर सकारात्मक बने रहने के लिए प्रशिक्षित भी किया हो तो भी कुछ सनसनीखेज सामने आने पर हमारा मानवीय स्वभाव उसमें बहने लगता है। मीडिया वाले इसे समझते हैं। वे आपके स्वभाव को आपसे कई मायनों में बेहतर जानते हैं। मीडिया ने हमेशा ध्यान आकर्षित करने के लिए सनसनीखेज और सकते में डालने वाली सुर्ख़ियों को पेश किया है। आपका मन एक ख़ाली ग्लास है; आप इसमें जो कुछ भी डालेंगे, वह इसमें समा जाएगा। सनसनीखेज़ ख़बरें, नकारात्मक सुर्ख़ियाँ, टॉक-शो की शेख़ी जाने का मतलब इसमें गंदा पानी जा रहा है। यदि आपके भीतर अंधकार, निराशा, चिंता तो आपके

दिमाग़ में जो कुछ भी आप सोचते हैं, वह इसी छन्नी से गुज़र कर जाएगा, क्योंकि आप इसी के बारे में सोच रहे होंगे। सचेत होकर सूचनाओं को ग्रहण कीजिए।

> आपके जीवन में पहले से ही जो अच्छाई है, उसे स्वीकार करना है ही समस्त प्रचुरता का आधार।
>
> – एकहार्ट टॉले

काइज़ेन व्यवहार को बदलने या उसे विकसित करने की रणनीति के साथ ही जीवन दर्शन और मूल्य प्रणाली भी है। यह हमें अपने स्वास्थ्य के प्रति, परिवार और दोस्तों के साथ बिताए पलों के प्रति और हमारी अगली साँस के लिए आभारी होने को प्रोत्साहित करती है। जब आप अपने पास जो भी पहले से है, उसके लिए कृतज्ञता का भाव रखते हैं तो दुनिया आपको अलग दिखती है, अलग ढंग से कार्य और प्रतिक्रिया करती है। जो आपके पास नहीं है, उसके बारे में चिंतन करते रहने की बजाय जब आप जो कुछ आपके पास है, उसके लिए आभार मानते हैं, उसको अपने अनुकूल बनाते हैं, और उसका लाभ लेते हैं तब आपके पास अपनी परिस्थितियों को बदलने की शक्ति होती है। आशीर्वाद को अपनी साँसों में समाएँ। कृतज्ञता ज्ञापित करें। कृतज्ञता सबसे प्रभावी मार्ग है संतुष्टि पाने का।

यदि अपने बच्चों के लिए आपको जल्दी जागना होता है, तो आपको आभारी होना चाहिए कि आपके बच्चे हैं जिन्हें आप प्यार दे सकते हैं। अगर आपको अपने घर की सफ़ाई करनी है या अपने घर की मरम्मत करनी है तो आपको रहने की जगह होने के लिए धन्यवाद देना चाहिए। यदि आपको कपड़े धोने का काम करना है, तो आपको आभारी महसूस करना चाहिए कि आपके पास पहनने के लिए कपड़े हैं। यदि आपके पास साफ़ करने को बर्तन हैं, तो आपको भोजन के लिए शुक्र मनाना चाहिए। यदि आप बिस्तर पर थकान महसूस करते हैं, तो आपको इस ख़ूबसूरत दुनिया में जीवित रहने के लिए आभारी महसूस करना चाहिए। प्रसिद्ध अमेरिकी गीतकार वॉरेन ज़ेवॉन कैन्सर की अंतिम अवस्था से जूझ रहे थे। डेविड लेटरमैन ने उनसे पूछा कि बीमारी से उनको क्या ज्ञान मिला है तो ज़ेवॉन का उत्तर काइज़ेन का उदाहरण था : ''हर सैंडविच का आनंद लीजिए।''

> मन ही सब कुछ है। आप जो सोचते हैं, वही बन जाते हैं।
>
> – गौतम बुद्ध

हमारा नज़रिया, तय करता है कि जीवन में हम कितनी ऊँचाई पाएँगे। ईमानदार ग़लतियाँ पूरी तरह स्वीकार्य हैं। जैसा कि चार्ली मंगर कहते हैं, ''उस समय यह अच्छा विचार प्रतीत हो रहा था।'' लेकिन अपनी ग़लतियों से सीखने में असफल होना स्वीकार्य नहीं है। विजेताओं और हारने वालों के बीच यही अंतर है। विजेता अपनी ग़लतियों की ज़िम्मेदारी लेते हैं और परिणामस्वरूप, वे उनसे सीखते हैं और जीवन में प्रगति करते हैं। ग़लतियों को बिना किसी बहाने के स्वीकार करना और सुधार के लिए ज़रूरी बदलाव लाना ही उनसे सीख लेने का तरीक़ा है। यदि आप अपनी ग़लतियाँ स्वीकार नहीं कर सकते, तो आप आगे नहीं

बढ़ेंगे। नकारात्मक भावनाओं के सक्रिय होने पर दिमाग़ सचेत करता है कि आप जिस रास्ते पर चल रहे हैं, उसमें गड़बड़ है। आपको मार्ग बदलने की ज़रूरत है। ज़्यादातर लोग इस चेतावनी को नज़रअंदाज़ कर देते हैं।

आप अपनी परिस्थितियों की उपज नहीं हैं। आप जो कुछ हैं, अपनी सोच से बने हैं। ख़ुशी आपके अच्छे विचारों पर निर्भर करती है जो आप अपने दिमाग़ में रखते हैं, इसलिए सुनिश्चित करें कि आप उसमें अच्छे विचार लेकर आएँ। आपके विचार आपके बोल और कार्यों को प्रभावित करते हैं। यदि आप बेहतर व्यक्ति बनना चाहते हैं तो आपको अपने मन को अनुशासित करने की ज़रूरत है। जब आप भीतर से बदलना शुरू करते हैं तो आपके आसपास की दुनिया भी उसी तरह से जवाब देती है। जब आपकी चेतना या मानसिक दृष्टिकोण सही दिशा की ओर जाता है तो बहुत कुछ उल्लेखनीय होने लगता है। सोने से पहले कुछ ऐसा पढ़ने या देखने का प्रयास करें जो सकारात्मक या प्रेरणादायी हो। सोने से पहले हम जो भी अंतिम सूचना या जानकारी हम ग्रहण करते हैं, भीतर ही भीतर मन उस पर मनन करता रहता है। तब आप आप अपने लक्ष्यों और महत्त्वाकांक्षाओं को लेकर प्रगति करने के लिए कुछ रचनात्मक और उपयोगी करने पर ध्यान केन्द्रित करना चाहते हैं। यह सुनिश्चित करता है कि हर दिन आप और मजबूत बनें।

सबसे पहले आपको स्वयं को जानना है। जो लोग स्वयं को जानते हैं, वे अपने आप से बाहर आकर स्वयं की प्रतिक्रिया को देख सकते हैं। आत्म जागरूकता आपको जीवन का दो बार अनुभव करने का मौक़ा देती है – पहला खुद से अलग दृष्टिकोण से और दूसरा, विचारों और भावनाओं में रची-बसी सामान्य अनुभूतियों के माध्यम से। आपकी चेतना के भीतर आपके अनुभवों के दो संस्करण एक साथ रह रहे हैं। एक संस्करण आपको संपूर्ण जीवन देता है, और दूसरे संस्करण से पछतावे से भरा जीवन। आप जिस संस्करण पर ध्यान देंगे वह आगे बढ़ेगा, इसलिए किस संस्करण पर ध्यान देना है, इसका चुनाव बुद्धिमानी से करें।

इस ब्रह्माण्ड की मूल प्रकृति ही असुरक्षित, अनित्य, और अंततः क्षणभंगुर होने वाली है। इसलिए, सुरक्षा, स्थायित्व या बहुत अधिक समय की चाह नहीं रखें। इसकी बजाय इस महान प्रक्रिया में आप जहाँ हैं, उसमें सुकून प्राप्त करें। ब्रह्मांड निरंतर विस्तार कर रहा है, उत्पादन कर रहा है। विकसित हो रहा है। पुराने की जगह नया आ रहा है। इंसान के शरीर में कोशिकाओं के स्तर पर यही हो रहा है। यह त्याग और खुद को दूर करने का सबक़ देता है। हमारा शरीर लगभग 37 लाख करोड़ कोशिकाओं से बना है। हर दिन हमारा शरीर और मन अनगिनत परिवर्तनों से गुज़रता है। फिर भी, यदि हम वास्तव में ध्यान दें, तो हम अपने भीतर एक, स्पष्ट और प्रामाणिक आवाज़ खोजने के लिए बाध्य हैं। यह हमारा सच्चा स्वरूप है, और सभी अर्थों का स्रोत है। ध्यान के माध्यम से शान्ति और गहरी एकाग्रता की ज़ेन अवधारणा इस क्षमता को विकसित करने में मदद करती है। मैं इस पर और ज़ोर नहीं दे सकता : ध्यान करना सीखें। जब आप अपने दिमाग़ को साँस जैसी सरल चीज़ पर ध्यान केन्द्रित करने के लिए प्रशिक्षित करते हैं तो यह आपको बहुत बड़ी चीज़ों पर ध्यान केन्द्रित करने और वास्तव में क्या महत्त्वपूर्ण है तथा और बाक़ी सभी कुछ बताने के लिए अनुशासित करता है।

> जीवन में असफल होने वाले बहुत से लोग ऐसे होते हैं जिन्हें इसका अहसास ही नहीं होता कि जब उन्होंने हार मान ली थी, तो वे सफलता के कितने क़रीब थे।
>
> – थॉमस एडिसन

सफलता का मार्ग भी वही है जो असफलता का मार्ग है; उसी मार्ग पर सफलता थोड़ी आगे होती है। मेहनत के साथ जुटे रहें, आप नहीं जानते कि कब आपका अगला क़दम आसमान में छेद कर देगा। कड़ी मेहनत और प्रयास करने के बाद कभी हार ना मानें, क्योंकि चक्रवृद्धि आप पर लाभ वर्षा करने के लिए कुछ लम्बा समय लेती है। इससे पहले वह आपके धैर्य और दृढ़ विश्वास की पूरी परीक्षा लेती है। यह ना केवल व्यापार और निवेश में बल्कि जीवन और रिश्तों में भी सच है।

बहुत से लोग अपने जीवन में दिलचस्पी पैदा करते हैं, लेकिन कुछ ही लोग इसे वास्तविक प्रतिबद्धता बना पाते हैं। दिलचस्पी और प्रतिबद्धता के बीच अंतर है - हार नहीं मानूँगा। जब आप वास्तव में किसी चीज़ के लिए प्रतिबद्ध होते हैं, तो आपके पास सफलता के अलावा कोई विकल्प नहीं होता। दिलचस्पी से आप शुरुआत तो कर देंगे, लेकिन प्रतिबद्धता आपको काम पूरा करने तक लेकर जाएगी।

जब आपने तैयारी की है, अभ्यास किया है, कड़ी मेहनत की है और लगातार ज़रूरी प्रयास किए हैं तो देर-सबेर आपके जीवन में सच्चाई का आपका पल आपके सामने आ जाएगा। आपको प्रस्तुत किया जाएगा, आपके जीवन में सच्चाई का क्षण। उस पल में, आप परिभाषित करेंगे कि आप कौन हैं और आप क्या बन रहे हैं। केवल उस ऊँचाई तक पहुँच जाना ही मक़सद नहीं है। असली क्षण तो अब आया है। यहाँ पहुँचने के बाद अब आप क्या करने वाले हैं। ये सफलता और प्रगति को परिभषित करने वाले क्षण हैं। इसी मौक़े पर विकास और सुधार होता है जहाँ हम या तो आगे जाते हैं या पीछे हटते हैं। हर बार जब आप किसी मानसिक या शारीरिक प्रतिरोध का सामना करते हैं तो पीछे हट जाने के बजाय अपने आप को बताएँ कि आपके प्रतिस्पर्धी समान चुनौतियों का सामना कर रहे हैं। इस क्षण यदि आप दृढ़ रहे और चलते रहे, तो आप मीलों आगे चले जाएँगे। यह ''थोड़ा ज़्यादा'' आपकी सीमाओं को व्यापक विस्तार देता है। यह आपके प्रयासों और क़दमों की चक्रवृद्धि है। और क्योंकि यह शक्ति से लबरेज़ है तो थोड़ा अतिरिक्त प्रयास परिणामों को कई गुना कर देते हैं।

> दुनिया में कोई भी चीज़ दृढ़ता की जगह नहीं ले सकती। प्रतिभा भी उसकी जगह नहीं लेगी; नाकाम प्रतिभाशाली व्यक्ति से ज़्यादा आम और कुछ नहीं है। बुद्धिमान भी दृढ़ता की जगह नहीं ले पाएगा; प्रोत्साहन से वंचित बुद्धिमान तो एक कहावत ही बन गई है। शिक्षा भी नहीं ले पाएगी; दुनिया त्यागे गए शिक्षितों से भरी हुई है। केवल दृढ़ता और दृढ़ संकल्प ही सर्वशक्तिमान हैं।
>
> – केल्विन कूलिज

ज्ञान से अधिक महत्त्वपूर्ण है दृढ़ता। यदि आप सफल होना चाहते हैं तो आपको दृढ़ रहना होगा। अध्ययन और अभ्यास के माध्यम से ज्ञान और कौशल प्राप्त किया जा सकता है लेकिन जो पीछे हट जाते हैं, लक्ष्य को छोड़ देते हैं, उन्हें कुछ भी बड़ा हासिल नहीं होता है। रुडयार्ड किपलिंग ने जीत और आपदा को बहुरूपिया बताया है। उनके साथ भी वैसा ही व्यवहार करें और फिर कुछ भी हो जाए, आप अपनी राह पर चलते चले जाएँगे। प्रत्येक सफलता विनम्रता प्रदर्शित करने का एक अवसर है। प्रत्येक सदमा लचीलापन प्रदर्शित करने और चरित्र निर्माण करने का अवसर है।

मंगर का मानना है कि प्रतिकूल हालात में कुछ लोग अपने आप को पीड़ित मान लेते हैं :

> अगर कोई सोचता है कि परिस्थिति या कोई व्यक्ति आपका जीवन बर्बाद कर रहा है तो ऐसा नहीं है। वास्तव में कोई व्यक्ति खुद ही अपना जीवन बर्बाद करता है। यह एक बहुत सीधी सी बात है। पीड़ित की तरह महसूस करना अपने जीवन को बर्बाद करने का तरीक़ा है। अगर आप यह रवैया अपना लें कि कुछ भी, कितना भी बुरा क्यों ना हुआ हो, हमेशा अपनी ग़लती मान लें और जितना उसे दुरुस्त कर सकते हैं, करने की कोशिश करें तो यह आपके लिए अच्छा है।

जोशुआ केनोन ने अपने ब्लॉग में मंगर के जीवन में कई मुसीबतों से गुज़रने के दर्दनाक अनुभवों को साझा किया है :

> 1953 में, जब चार्ली 29 वर्ष के थे, तभी उनका पत्नी से तलाक़ हो गया। 21 साल की उम्र में उनकी शादी हो गई थी। चार्ली ने तलाक़ में सब कुछ गँवा दिया। परिवार का साउथ पासाडेना का घर पत्नी के हिस्से में आ गया। मंगर यूनिवर्सिटी क्लब की ''भयावह'' स्थितियों में रहने चले गए और बहुत अजीब सी पीली पोंटियाक कार इस्तेमाल करने लगे थे...
>
> तलाक़ के कुछ समय बाद चार्ली को पता चला कि उनके बेटे टेडी को ल्यूकेमिया था। उन दिनों स्वास्थ्य बीमा जैसा कुछ भी नहीं था। इलाज का पूरा ख़र्च जेब से चुकाना होता था और इस बीमारी में मृत्यु दर 100 प्रतिशत के क़रीब थी, क्योंकि उसमें डॉक्टर कुछ भी नहीं कर सकते थे। चार्ली के दोस्त रिक गुएरिन ने बताया, मंगर अस्पताल जाते थे, अपने छोटे बेटे को गोद में लेते थे और फिर पासाडेना की सड़कों पर रोते हुए घूमते थे।
>
> कैन्सर का पता चलने के एक साल बाद, 1955 में, टेडी मंगर की मृत्यु हो गई। तलाक़शुदा चार्ली 31 वर्ष के थे, टूट चुके थे और अपने 9 साल के बच्चे को दफ़ना रहे थे। बाद में उनकी आँख में समस्या हो गई और बड़ा ऑपरेशन किया गया। असहनीय दर्द के बाद उस एक आँख को निकालना पड़ा।
>
> शर्तिया तौर पर दूसरे लोगों की समस्याओं के सामने आपकी परेशानियाँ छोटी साबित हो जाएँगी।

जो कुछ भी है, उससे उबर जाएँ। शुरू करें। उन्होंने तमाम परेशानियों के बाद आरंभ किया। आप भी कर सकते हैं। जब मैंने पहली बार ब्लॉग में उनकी तकलीफ़ों के बारे में पढ़ा तो मेरी आँखें नम हो गईं। मुझे तुरंत ही केनेथ मार्शल की किताब *गुड स्टॉक्स चीप* की प्रस्तावना के दिल को छू लेने वाले शब्द याद आ गए : ''मूल्यवान निवेश की खोज करने वाले दो माध्यमों से ऐसा करने की ओर बढ़ते हैं : सदमा या जानकारी का खुलासा। अफ़सोस, सदमा कहीं ज़्यादा आम है।''

चिंतन के माध्यम से हम जानते हैं कि प्रतिकूल हालात जीवन का एक स्वाभाविक हिस्सा हैं। प्रतिकूल हालात अपरिहार्य हैं, सभी को इनका सामना करना पड़ता है और यह कभी भी, कहीं भी मनमाने तरीक़े से आ टपकते हैं। अच्छे लोगों को भी बुरे हालात का सामना करना पड़ता है। उनके साथ भी बुरा हो सकता है। लेकिन जब भी जीवन में हमारी परीक्षा की घड़ी आती है तो हमारे भीतर छुपी अदम्य शक्ति उभर कर सामने आती है और हमें उबार लेती है। जब तक कि मजबूत होने के सिवाय आपके पास कोई विकल्प नहीं होता, तब तक आपको ही पता नहीं होता कि आप इतने मजबूत हैं।

अंत में, हमें इसी से पहचाना जाता है कि जीवन में विफलताओं और सदमों के हालात में हम किस तरह की प्रतिक्रिया करते हैं। जो कुछ आपके वश में नहीं है, उसके प्रति उदासीनता का भाव अटल अनुशासन का सार है और यह जीवन के सबसे मुक्तिदायक अहसासों में से है।

> भगवान, मुझे उन चीज़ों को स्वीकार करने का धीरज प्रदान करें जिन्हें मैं बदल नहीं सकता, जो मैं बदल सकता हूँ, उसको बदलने का साहस प्रदान करें, और इनके बीच के अंतर को समझने के लिए विवेक प्रदान करें।
>
> – ''शान्ति प्रार्थना''

जो कुछ भी हमारे वश में नहीं है, उसके प्रति उदासीनता विकसित कर हम सभी शान्ति प्राप्त कर सकते है। स्वीकार करना व्यावहारिक नज़रिया है। जो कुछ हो चुका है, उसे हम बदल नहीं सकते, लेकिन हम अपनी प्रतिक्रिया नियंत्रित कर सकते हैं। विक्टर फ्रैंकल ने अपने संस्मरण *मैन्स सर्च फ़ॉर मीनिंग* में हम सबके भीतर रचे–बसे इस गुण के बारे में लिखा है : ''एक व्यक्ति से एक चीज़ को छोड़कर बाक़ी सब कुछ लिया जा सकता है : मानवीय स्वतंत्रताओं में से अंतिम स्वतंत्रता– *किसी भी परिस्थिति में अपना रवैया चुनना, अपना खुद का तरीक़ा चुनना।''* महान फ्रांसीसी दार्शनिक मोंटेग्रे ने इस कथन को अपने जीवन के ध्येय वाक्य के रूप में अपनाया : ''आदमी जो घटित होता है उससे उतना आहत नहीं होता, जितना कि जो कुछ हुआ है उसके बारे में अपनी राय से होता है।'' और जो होता है, उसके बारे में हमारी राय पूरी तरह हम पर निर्भर है। हमारे जीवन में जो कुछ भी घटित होता है, उसपर अपनी प्रतिक्रिया चुनने की क्षमता हमारी शाश्वत है और उसे हमसे छीना नहीं जा सकता। इस क्षमता से हम बहुत ताकत हासिल कर सकते हैं। यातना शिविर की कैद में भी फ्रेंकल ने कई बंदियों के भीतर इस अद्भुत क्षमता को देखा जो दूसरे क़ैदियों को ढाँढ़स बँधा रहे थे। कुछ ने तो भूखे रहकर अपना भोजन दूसरे को दे दिया। जब हम यह

मान लेते हैं कि लोग स्वाभाविक रूप से अच्छे हैं तो दुनिया के प्रति हमारा दृष्टिकोण पूरी तरह से बदला जा सकता है।

हम जब हर किसी का मानवीय पक्ष देखते हैं, तो हम एक-दूसरे को स्वीकार करना सीखते हैं। जब हम हर किसी में अच्छाई देखते हैं तो हमारे भीतर भी करुणा और हमारा विकास होना शुरू हो जाता है करुणा और समझ विकसित होना शुरू होती है। और, ऐसा करते हुए, हम दूसरों के साथ उसी तरह का व्यवहार करना शुरू कर देते हैं, जैसा हम दूसरों से अपने लिए अपेक्षा करते हैं : सम्मान, गरिमा, आदर, सहानुभूति और मानवता से भरा हुआ बर्ताव। जब हम हरेक इंसान में छोटी से छोटी सकारात्मक ख़ूबी देखना सीख जाते हैं तो हम जिससे भी मिलते हैं उसको सम्मान देना आरंभ कर देते हैं। उनकी परवाह करने लगते हैं। और बदले में वह प्यार, दोस्ती और विश्वास हम सभी में से सर्वोत्तम गुण को उभार कर सामने लाता है। जब हम दूसरों से उसी तरह का व्यवहार करते हैं जैसा हम अपने लिए चाहते हैं तो हर कोई खुश और प्रसन्नचित्त हो जाता है तथा पूरी मानव सभ्यता में सकारात्मकता का विस्तार होता है।

यह सकारात्मक विचारों का चक्रवृद्धि प्रसार है।

> हमारा जीवन वैसा ही होता है जैसा हमारे विचार उसे बनाते हैं।
>
> – मार्कस ऑरेलियस

जब आप चीज़ों को देखने का अपना तरीक़ा बदलते हैं, तो आप जिन चीज़ों को देखते हैं वे बदल जाती हैं। यदि आप अच्छाई खोजने की आदत बना लें तो आप उसे आस-पास की छोटी-छोटी चीज़ों में पा लेंगे और आपका मन ख़ुशी से भर जाएगा। ताक़त का सबसे शुद्धतम रूप होती है ख़ुशी, जो सफलता की कुंजी है। एक बार आप सफलतापूर्वक कुछ लक्ष्य हासिल कर लेते हैं तो आप विश्वास करना शुरू कर देते हैं कि आप कोई अन्य लक्ष्य भी हासिल कर सकते हैं यानी आपके मन में सकारात्मक विचार आने लगते हैं। इसीलिए प्रत्येक सफलता और अधिक सफलताएँ लाती है।

चार्ल्स फिलमोर की किताब *प्रॉस्पेरिटी* से ये विचार सीधे ह्रदय को छूते हैं, जो इंसान के रूप में हमें सबसे बड़ी शक्ति प्रदान करते हैं :

> आप अपने मन के विचारों से कुछ भी कर सकते हैं। वे आपके हैं और आपके नियंत्रण में हैं। आप उन्हें निर्देशित कर सकते हैं, मजबूर कर सकते हैं, उन्हें चुप करा सकते हैं, या उन्हें कुचल सकते हैं। आप एक विचार को ख़त्म कर सकते हैं और उसके स्थान पर दूसरे विचार को आगे कर सकते हैं। संसार में और कोई जगह नहीं है जहाँ आपकी इस तरह से हुकूमत चलती हो। दैवीय अधिकार के रूप में आपको दिया गया यह प्रभुत्व केवल आपके विचारों के ऊपर है। जब आप इसे पूरी तरह से समझ लेते हैं और इस अधिकार का इस्तेमाल करना शुरू कर देते हैं तो आपको ईश्वर तक पहुँचने का रास्ता मिलना शुरू हो जाता है। ईश्वर का एकमात्र द्वार, मन और विचार का द्वार।

अच्छी सेहत की चक्रवृद्धि

शरीर को स्वस्थ रखना एक कर्तव्य है, अन्यथा हम अपने मन को मजबूत और साफ़ नहीं रख पाएँगे।

– गौतम बुद्ध

अपने शरीर की देखभाल करें। यह एकमात्र स्थान है जहाँ आपको रहना है।

– जिम रोहन

आपको मृत्यु के बारे में चिंतित नहीं होना चाहिए। आपको पुरानी बीमारियों की चिंता करनी चाहिए। सेहत के संबंध में सही निर्णय नहीं लेने पर मृत्यु की आशंका चिंता की बात नहीं है बल्कि कहना चाहिए कि यह तो वास्तव में कोई चिंता की बात ही नहीं है। असली चिंता तो वृद्धावस्था में कई वर्षों नहीं बल्कि दशकों तक पुरानी बीमारियों की पीड़ा को झेलने की होना चाहिए। घातक बीमारियों से मौतें तो कम हो गई हैं लेकिन लम्बी बामारियों ने लोगों को जकड़ कर रखा है। आज बड़ी संख्या में कामकाजी पेशेवरों की दिल की बीमारियों, स्ट्रोक, मधुमेह, और फेफड़ों की बीमारी से मृत्यु हो जाती है। हमारी कारें, इंटरनेट कनेक्शन और जीवन तेज़ हो गए हैं, लेकिन हमारी शारीरिक गतिविधियाँ धीमी हो गई हैं।

कसरत करने का मक़सद मांसपेशियों में सिकुड़न लाना है। शोध से पता चला है कि बैठे रहना, या सामान्य निष्क्रियता जिसके कारण मांसपेशियों में संकुचन की कमी होती है, यह जीवनशैली से जुड़ी बीमारियों के विकास का एक पूरी तरह से अलग कारण है। बैठना धूम्रपान का एक नया तरीक़ा है। पुरानी बीमारियाँ और उनके प्रभाव वर्षों या दशकों तक रह सकते हैं। इसीलिए उन्हें क्रोनिक कहा जाता है – वे लगातार चलती रहती हैं जिसके परिणामस्वरूप धीमी लेकिन दर्दनाक मौत होती है।

अपने स्वास्थ्य के प्रति आपकी परवाह के पीछे लम्बी उम्र तक जीने की कामना नहीं होनी चाहिए बल्कि सोच यह होना चाहिए कि आपका बुढ़ापा कितनी अच्छी तरह से गुज़रता है। उदाहरण के लिए 60 साल की उम्र तक पहुँचने वाले अमेरिकी से आगे औसतन 20 वर्ष और जीने की उम्मीद की जाती है। आपको उस दौरान अपने जीवन की गुणवत्ता को लेकर चिंतित होने की ज़रूरत है। आपको लम्बे समय तक जीने के लिए नहीं, बल्कि सत्तर, अस्सी और उससे आगे की उम्र में बेहतर जीवन जीने के लिए जीवन की शुरुआत में ही अपनी जीवनशैली बदलने की ज़रूरत है। आपको अपने शरीर की देखभाल ऐसे करनी चाहिए जैसे कि उसे सौ वर्षों तक आपकी सेवा करनी है। आपने जवानी में जो किया, वह बुढ़ापे में आपके सामने आएगा। जैसा कि जेम्स क्लियर ने ठीक ही कहा है, ''आपकी अच्छी आदतों की क़ीमत वर्तमान में है। आपकी बुरी आदतों की क़ीमत भविष्य में चुकानी पड़ेगी।'' अगर आप युवा हैं तो अपने शरीर का ख़याल रखें, समय-समय पर पूर्ण चिकित्सा जाँच करवाएँ (भले ही आप अच्छा महसूस कर रहे हों), और अपनी सेहत अच्छी बनाकर रखें। पुरानी बीमारियाँ काफ़ी हद तक रोकी जा सकती हैं। विश्व स्वास्थ्य

संगठन का कहना है कि पुरानी बीमारी मुख्य रूप से सामान्य, बदले जा सकने वाले जोख़िम कारकों के कारण होती है, जिनमें तीन बड़े कारण ख़राब आहार, शारीरिक निष्क्रियता और तंबाकू का उपयोग हैं।

आप जो खाते हैं वह या तो दवा का सबसे शक्तिशाली रूप हो सकता है या ज़हर का सबसे धीमा रूप। जब खाने की बात आती है तो हमेशा पोषक तत्वों के बारे में सोचें, कैलोरी के बारे में नहीं। आहार में विटामिन, खनिज, प्रोटीन, कार्बोहाइड्रेट और वसा सभी कुछ होना चाहिए। फलों को खाएँ, पीएँ नहीं। पीने के लिए फलों को काटे जाने से उनके पोषक तत्व हवा के संपर्क में आ जाते हैं और हम विटामिन और खनिजों से वंचित हो जाते हैं। विटामिन और खनिज सप्लीमेंट्स स्वस्थ आहार की भरपाई नहीं कर सकते। नियमित व्यायाम, और, सबसे महत्त्वपूर्ण, सकारात्मक नज़रिया। तनाव कुशल पाचन तंत्र और वसा जलने की प्रक्रिया का सबसे बड़ा दुश्मन है, क्योंकि तनाव के कारण शरीर में कोर्टिसोल का स्राव होता है। कोर्टिसोल का कार्य फ़ैट को जलने से रोकने और भोजन को फ़ैट में परिवर्तित करने के लिए हमारे पाचन तंत्र को धीमा करना है। सूखा, अकाल, बाढ़ और पर्यावरण से जुड़ी अन्य आपदाओं के कारण पैदा होने वाले अभाव से निपटने के तरीक़े के रूप में शरीर ने इस तरह से प्रतिक्रिया करना सीखा है। (इसी विकास क्रम से गुज़रकर और अस्तित्व बचाकर मानव प्रजाति गुफाओं से निकलकर आज के मौजूदा स्वरूप में आई।) हम अनुशासित जीवनशैली, नियमित व्यायाम और सकारात्मक सोच के माध्यम से कोर्टिसोल उत्पादन को कम कर सकते हैं। वास्तव में अध्ययनों से पता चला है कि अवसाद निरोधक इलाज से ज़्यादा प्रभावी कसरत होती है। कसरत करने से इंसान बेहतर भी दिखाई देने लगता है जो इसका दुष्प्रभाव समझ लीजिए।

आपकी ऊर्जा का स्तर केवल तभी कम होता है जब आप इसमें मजबूत नींव का निवेश करने में विफल होते हैं। कसरत, वज़न उठाकर और ध्यान के साथ धीरे-धीरे अपने शरीर का पसीना बहाएँ और पर्याप्त नींद, पानी और पोषण से उसको मजबूत बनाएँ। आपके पास यही एक ठिकाना है। आपका आपका शरीर आपके विचारों की प्रकृति को निर्धारित करता है। यदि आप शारीरिक रूप से चुस्त-दुरुस्त हैं तो जिम में ट्रेड मिल पर दौड़ते हुए यह विचार आ ही नहीं सकते, ''ओह, यह तो कठिन है, यह मुझसे नहीं होगा।'' आप यही सोचेंगे ''निश्चित ही मैं और अधिक कर सकता हूँ।''

शारीरिक रूप से कमज़ोर, ढीले-ढाले, अक्षमता के इस दुष्चक्र से बाहर निकलना इसलिए महत्त्वपूर्ण है। ख़राब स्वास्थ्य नकारात्मक भावनाओं, विचारों और भावनाओं को जन्म देता है जो आपके प्रदर्शन में बाधा डालते हैं और आपको अपनी क्षमता हासिल करने से रोकता है। यदि आप अपने छोर को नहीं छुएँगे, जो अभ्यास करने की एक पूर्व शर्त है, तो आपमें सुधार नहीं होगा और आप बेहतर नहीं बनेंगे। कभी बेमन से जो कसरत होती थी, वही पर्याप्त समर्पण और अनुशासन से एक ऐसी नियमित दिनचर्या बन जाएगी कि जिस दिन भी आप उसे नहीं करेंगे तो आपको पूरा दिन अच्छा महसूस नहीं होगा। जिन लोगों ने स्वास्थ्य में सुधार के लिए अपनी दिनचर्या में इस तरह के बड़े बदलाव किए हैं, वे यह महसूस करते हैं कि सोच में स्पष्टता और भावनाओं में स्थिरता के साथ शरीर की

स्थिति का कितना नज़दीकी संबंध है। यह सामाजिक वार्तालाप और संवाद को प्रभावित करता है।

उच्च स्तर के प्रदर्शन के पीछे अक्सर उबाऊ समाधान और कम इस्तेमाल की जाने वाली बुनियादी अंतरदृष्टि छिपी होती है। बुनियादी चीज़ें अच्छी या सेक्सी नहीं होती हैं। वे कारगर होती हैं। सबसे अच्छी स्वास्थ्य आदतों में से एक है हर हफ़्ते तीन से चार बार एक घंटा व्यायाम करना और लम्बे समय तक निष्क्रिय बने रहने से बचना। दूसरी अच्छी स्वास्थ्य आदत है रात में आठ घंटे की भरपूर नींद लेना। तीसरा है अधिक पानी पीना और कम चीनी तथा जंक फूड का सेवन करना। ये तीनों स्पष्ट हैं, लेकिन अक्सर इन्हें नज़रअंदाज़ कर दिया जाता है। मानसिक और शारीरिक स्वास्थ्य पर इसका प्रभाव उत्पादकता के 99 प्रतिशत नुस्ख़ों से ज़्यादा सार्थक और तत्काल होता है। कोई प्रक्रिया या व्यवस्था, लक्ष्यों से ज़्यादा बेहतर होती है, क्योंकि एक बार जब आप लक्ष्य तक पहुँच जाते हैं (उदाहरण के लिए, बीस पाउंड वज़न कम करने का) तो आप वही काम करना बंद कर देते हैं जिससे उस लक्ष्य को प्राप्त करना संभव हुआ और पुराने ढर्रे पर लौट जाते हैं।

अत्यधिक आहार लेने से बचें। वज़न कम करने के लिए जब आप न्यूनतम आहार लेने लगते हैं तो सिवाय फ़ैट को छोड़कर बाक़ी शरीर का वज़न कम हो जाता है, आपके फैट का वज़न ज्यों का त्यों बना रहता है (और कभी-कभी वास्तव में बढ़ जाता है)। फ़ैट के अलावा बाक़ी शरीर में हड्डी, मांसपेशियाँ, अवयव, ख़ून और त्वचा आती है। शरीर के इन हिस्सों की मात्रा जितनी अधिक होगी, आपकी फ़ैट को जलाने की क्षमता उतनी ही अधिक होगी। कुल वज़न या समग्र बॉडी मास इंडेक्स का आँकड़े का कोई मतलब नहीं हैं आपके स्वास्थ्य या फ़िटनेस स्तर का संकेतक फ़ैट का प्रतिशत है। आदर्श रूप से, पुरुषों के लिए यह प्रतिशत 20 प्रतिशत से कम होना चाहिए और महिलाओं के लिए 25 प्रतिशत से कम।

उचित खाएँ और सही समय पर खाएँ। अच्छे स्वास्थ्य का सूत्र तीन शब्दों में निहित है : संयम, स्थिरता, और निरंतरता। इन्हें अपने दैनिक जीवन का हिस्सा बनाएँ और आप अच्छे स्वास्थ्य की चक्रवृद्धि का अनुभव करेंगे।

अच्छी आदतों की चक्रवृद्धि

आप जिस तरह से रहते आए हैं, वही आप आज हैं। आगे आप उसी तरह से होंगे जो आप इस समय कर रहे हैं।

– गौतम बुद्ध

चक्रवृद्धि का प्रभाव हमेशा सक्रिय रहता है। यह केवल पैसे पर लागू नहीं होता है। बौद्धिक और शारीरिक योग्यताएँ एक समान रूप से व्यवहार करती हैं। जो व्यक्ति दस वर्षों तक निरंतर प्रयास करता है वह एक सप्ताह में ही लक्ष्य प्राप्त कर सकता है। वहीं जिसने छह महीने पहले ही प्रयास शुरू किए हैं, उसे वही लक्ष्य प्राप्त करने में पूरा साल भी लग सकता

है। एक लक्ष्य को ध्यान में रखना और उसे ध्यान में रखते हुए काम करते जाने के लिए निरंतर इच्छाशक्ति की ज़रूरत होती है। आदत निर्माण पर अपनी मौलिक किताब *द पावर ऑफ़ हैबिट*'' में चार्ल्स डुहिग लिखते हैं, ''इच्छाशक्ति सिर्फ़ हुनर नहीं है। यह आपकी बाँहों या पैरों की मांसपेशियों की तरह एक मांसपेशी है, और जब यह अधिक मेहनत करती है तो थक जाती है और इसमें अन्य चीज़ों के लिए कम शक्ति बचती है।'' हमारे जीवन के जब दूसरे हिस्से इच्छाशक्ति की हमारी आपूर्ति को ख़त्म कर देते हैं तो हो सकता है कि हम अपने लक्ष्यों को उपेक्षित छोड़ दें।

लक्ष्य बाहरी प्रेरणा पर निर्भर करते हैं। लेकिन आदतें, एक बार बन जाने के बाद अपने आप ही संचालित होती हैं। आदतें हमारे दिमाग़ को ऑटोपायलट मोड में डाल देती हैं। एक बार हम एक आदत विकसित कर लेते हैं तो हमारा दिमाग़ वास्तव में उसको पूरा करना आसान बनाने के लिए अपने को बदल लेता है। किन्हीं ख़ास लक्ष्यों को हासिल करने से अपना ध्यान हटाकर सकारात्मक लम्बे समय की आदतें बनाकर हम जीवन जीने के तरीक़े में निरंतर सुधार कर सकते हैं। कई सफल लोगों की आदतों से यह स्पष्ट हो जाता है। उदाहरण के लिए, बफ़ेट और मंगर की हर दिन घंटों पढ़ने की आदत है। डुहिग के शोध के अनुसार जब हम जागे हुए होते हैं तो हमारा 40 प्रतिशत हिस्सा आदतों पर ही ख़र्च होता है। यही कार्य और क्रियाएँ जुड़ती जाती हैं और हमें वह बनाती हैं जो हम हैं। और चक्रवृद्धि से इन क्रियाओं का प्रभाव कई गुना होता चला जाता है। हमारे विचारों और भावनाओं की हरेक अभिव्यक्ति वर्षों से जुड़ती जा रही आदतों का प्रत्यक्ष परिणाम हैं। जैसा कि कहा जाता है, ''पहले हम अपनी आदतें बनाते हैं, फिर हमारी आदतें हमें बनाती हैं।''

जब आप अचानक कोई बुरी आदत छोड़ देते हैं या बदल देते हैं, तो कुछ समय के लिए तकलीफ़देह या कम से कम काफ़ी असुविधाजनक महसूस हो सकता है। लेकिन जिस प्रकार शरीर बदलते परिवेश के साथ तालमेल बिठाने के लिए एक प्रक्रिया से होकर गुज़रता है, उसी तरह से यथास्थिति से बाहर आकर नए अनजाने व्यवहार से तालमेल में हमें भी वक्त लगता है। हम आम तौर पर शारीरिक और मनोवैज्ञानिक नियंत्रण से खुद को जल्द ही नए हालात के लिए अनुकूल बना सकते हैं। कुछ लम्बे समय से चली आ रही गहरी जड़ें जमाने वाली आदतों को छोड़ने के लिए छोटे-छोटे क़दम उठाना अधिक प्रभावी हो सकता है और इससे आसानी होगी। कई आदतों को दोहराते हुए, मजबूत बनाने में कई दशकों का समय लगा हो सकता है। उनसे मुक्त होने के लिए थोड़ा समय देना चाहिए। एक समय में एक क़दम।

जब भी किसी नई आदत को बनाने में परेशानी हो, तो उसे स्वाभाविक आदत बनने तक कोशिश करें कि उसके छोटे रूप से शुरुआत करें। आप जितना करने में सक्षम हैं, उससे कम करें लेकिन लगातार करें। यही चक्रवृद्धि का फ़ॉर्मूला है। आपको इस तरह से कार्यक्रम बनाना होगा जिसे आप हफ़्तों, महीनों नहीं बल्कि दशकों तक कर सकें। यह बहुत आसान है और शुरू करने तथा इसे नियमित गति से करते जाने में बहुत कम शक्ति की ज़रूरत होती है। (भले ही यह दूसरों की तुलना में धीमी हो)। सबसे आसान चीज़ों से शुरुआत करें ताकि आपको बाद में अधिक कठिन चीज़ों से निपटने के लिए गति और

आत्मविश्वास प्राप्त हो। छोटी–छोटी, लगातार बढ़ती हुई जीत हासिल करें। एक छोटी, ठोस जीत गति पैदा करती है और हमारी आगे की सफलता में हमारे विश्वास की पुष्टि करती है। आत्मविश्वास एक मांसपेशी की तरह है। जितना अधिक आप इसका उपयोग करेंगे, यह उतनी ही मजबूत होती जाएगी।

बदलाव का सबसे अच्छा तरीक़ा मानसिक व्यायाम करना है। आप जो आदतें बनाना चाहते हैं, उनके लिए डुहिग के तीन चरणों के ''आदत चक्र'' को अपना सकते हैं। आदतों के व्यवहार को प्रोत्साहन से जोड़ें, मस्तिष्क को सीखने और लाभकारी बदलाव की ओर आकर्षित करने के लिए तैयार करें। डुहिग के अनुसार, पहला क़दम एक संकेत है, एक तरह का बटन जो आपके मस्तिष्क को स्वचालित मोड में जाने को कहता है और यह बताता है कि कौन सी आदत का निर्माण करना है। दूसरा कदम दिनचर्या है, ''जो शारीरिक या मानसिक या भावनात्मक हो सकती है।'' अंत में, इनाम है, जो आपके मस्तिष्क को यह जानने में मदद करता है कि जो कुछ किया गया है, वह ''भविष्य में याद रखने योग्य'' है। (यह प्रत्याशा और लालसा इसके संचालन को अनुकूल बनाने के लिए महत्त्वपूर्ण है।) जब तक कि समय के साथ व्यवहार आदत नहीं बन जाए तब तक उसे दोहराते रहना इस आदत चक्र को मजबूत करता रहता है। आदत चक्र का सम्मान करना आदत के निर्माण का सबसे अच्छा तरीक़ा है। डुहिग कहते हैं, ''किसी आदत को बदलने के लिए, आपको पुराने संकेत को बनाए रखना होगा, और पुराने इनाम देने होंगे, लेकिन नई दिनचर्या विकसित करनी होगी।''

उत्तेजना शरीर में डोपामाइन हार्मोन पैदा करती है। हम उत्तेजना के कारण को बदलने का प्रयत्न कर सकते हैं। हमारे दिमाग़ की बनावट इस तरह की है कि वह हमारे बारे में नई–नई सकारात्मक छवि प्राप्त करना चाहता है। हम अपनी दिनचर्या को इस तरह से दुरुस्त करने का काम कर सकते हैं जो हमें अच्छी अनुभूति दे। हम स्वयं को वास्तविक श्रेय देने वाला, ग़लती को स्वीकार करने वाला, अच्छे परिणामों में भी ईमानदारी से ग़लतियों को खोज निकालने वाला और एक उत्सुक शिक्षार्थी बनने पर काम कर सकते हैं। इससे अच्छा महसूस करने पर हम खुद को इनाम दे सकते हैं। यही आदत चक्र है।

आदतें उत्पादकता की बुनियाद तैयार करती हैं। जितना अधिक आप स्वचालित तरीक़े से करेंगे, उतना ही अधिक आप करने के लिए स्वतंत्रता अनुभव करने लगते हैं। यह प्रभाव कई गुना बढ़ता है। अपने आभासी और भौतिक, दोनों परिवेशों पर ध्यान दें, क्योंकि यह आपके अवचेतन को ठेलता रहता है और आपकी आदतों को प्रभावित करता है। अपने परिवेश पर विजय पाने के लिए इच्छाशक्ति पर निर्भर रहने के बजाय ऐसा वातावरण बनाना ज़्यादा प्रभावी है जिसमें इच्छाशक्ति की ज़रूरत ही ना हो। ऐसा वातावरण तैयार करें, जो आपकी शक्तियों के अनुरूप हो और आपकी कमज़ोरियों को कम करे। कमज़ोरियों को स्वीकार करना उनके आगे समर्पण कर देना नहीं है, बल्कि उनसे उबरने की दिशा में पहला क़दम है।

बुरी आदतों को सही ठहराने के लिए कई बार बहुत से अच्छे कारण गिनाए जा सकते हैं। हमारे आज तक मिले अनुभवों ने हमें कुछ हद बदलाव के प्रति कठोर बना दिया है और उम्र बढ़ने के साथ यह और ज़्यादा बढ़ता जाता है। बफ़ेट अक्सर कहते हैं,

''आदतों की जंज़ीर तभी भारी महसूस होती है, जब हम उसे तोड़ने की कोशिश करते हैं, उससे पहले तक तो यह हमें महसूस ही नहीं होती।'' हम सब आदतों के गुलाम हैं। एक बार आदत हमारे भीतर समा जाती है तो यह पूरी उम्र हमारे साथ रह सकती है, इसलिए ज़रूरी है कि अच्छी आदत बनाई जाएँ। अधिकांश बुरी आदतें धीमे से आती हैं। छोटे-मोटे समझौते करने से सावधान रहें। इस तरह के काम का प्रतिकूल (यद्यपि सूक्ष्म) प्रभाव समय के साथ बढ़ता जाता है। एक ज़रा सी आदत जो उस समय में बहुत मामूली दिखाई देती है, हो सकता है कि अंत में आपको लक्ष्यों और जो जीवन आप चाहते हैं, उससे मीलों दूर ले जाकर आपको पटक दे।

असली सवाल यह नहीं है कि ''मैं कौन हूँ?'' असली सवाल यह है कि ''मैं कौन बन रहा हूँ?'' हम लगातार विकसित हो रहे हैं, लेकिन अगले पाँच से दस साल में आप किस तरह के व्यक्ति होंगे, यह आदतों पर और आज लिए गए फ़ैसलों पर निर्भर करता है।

हमारे निर्णय हमारे भावी पथ को निर्धारित करते हैं, लेकिन हमारी आदतें यह तय करती हैं कि हम उस मार्ग पर कितनी दूर तक यात्रा कर पाते हैं। जेम्स क्लियर की व्याख्या के अनुसार ''हमें जो भी परिणाम मिलते हैं, वे हमारी आदतों का फल होते हैं। हमारी निवल संपत्ति हमारी वित्तीय आदतों का नतीजा है। हमारा ज्ञान हमारी सीखने की आदतों का नतीजा है। हमारा स्वास्थ्य हमारी खान-पान की आदतों को परिलक्षित करता है। हमारी ऊर्जा हमारी नींद की आदतों के बारे में बताती है। फ़िटनेस हमारी व्यायाम की आदतों का माप है।'' हमें वही मिलता है जो हम बार-बार दोहराते हैं। इसलिए हमारा वर्तमान प्रक्षेप पथ हमसे मौजूदा नतीजे से अधिक मायने रखता है। हर दिन थोड़ा-थोड़ा करते हुए सफलता अर्जित की जाती है।

महान बनने के लिए रोज़ाना, लगातार अच्छे कार्य करते रहना होता है। जिम कोलिन्स अपनी किताब *गुड टु ग्रेट* में बताते हैं कि अच्छे से महान बनने की यात्रा धीरे-धीरे शुरू होती है। निरंतर, छोटे-छोटे कार्यों से गति बढ़ती जाती है। अधिकांश लोग तेज़, बहुत तेज़, और तेज़ और थक जाते हैं। इसकी बजाय मैं धीरे, और धीरे लेकिन बिना रुके आगे बढ़ना पसंद करूँगा। कभी ना रुकना। धीरे लेकिन लगातार करने से आपकी कल्पना से कहीं अधिक तेज़ी से लाभ बढ़ता है। छोटे, सकारात्मक परिवर्तन समय के साथ बड़े पैमाने पर सुधार लाते हैं (चित्र 32.1)। यदि हम हर साल 5 प्रतिशत बेहतर हो सकें, तो हम पन्द्रह साल से भी कम समय में आज से दोगुना अच्छे हो जाएँगे। तीस से भी कम में वर्षों में, हमारी वृद्धि चार गुणा होगी। इस तरह से औसत बुद्धि वाले कहीं अधिक बुद्धिमान लोगों से आगे निकल जाते हैं। यही कारण है कि पीटर कॉफ़मैन कहते हैं, ''सबसे ताक़तवर शक्ति है बहुत लम्बे समय तक लगातार बढ़ती प्रगति जिसका दोहन किया जा सकता है।''

जीवन के विभिन्न अहम क्षेत्रों के भीतर सही दिशा में लगातार बढ़ते प्रयास लगातार नई ऊँचाइयों की ओर ले जाते हैं, जहाँ अस्थिरता कम होती जाती है। छोटी-छोटी चीज़ें जल्दी ही जुड़ सकती हैं। कभी इसका कमतर आकलन नहीं करना चाहिए कि लम्बी अवधि में क्या कुछ हासिल किया जा सकता है। उदाहरण के लिए, यदि आपको अपने सामाजिक होने का भरोसा नहीं है तो सप्ताह में एक बार बाहर जाना शुरू करें और एक नए व्यक्ति

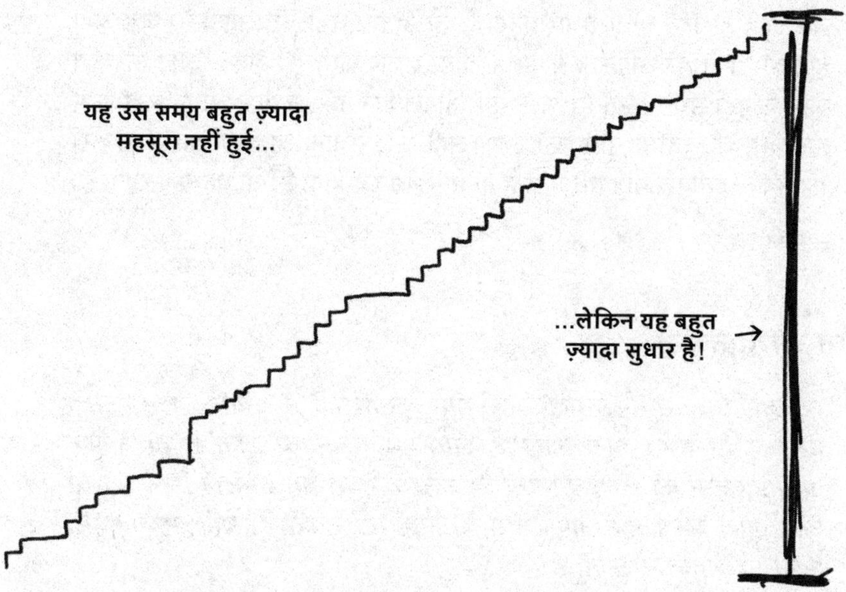

चित्र 32.1 अच्छी आदतों की चक्रवृद्धि

Source: Behavior Gap.

से मिलें। दो साल बाद आपके सौ से ज़्यादा नए संपर्क होंगे। सामाजिक आत्म विश्वास आदतों से निर्मित होता है।

समय, चक्रवृद्धि का सबसे क़रीबी साथी है। यह उन लोगों को कई गुना शक्ति प्रदान करता है जो लम्बी अवधि के हिसाब से सोचते और काम करते हैं। चक्रवृद्धि ब्याज के समीकरण में केवल अंग्रेज़ी का अक्षर एन (प) ही एकमात्र तत्व है जो घातांक में मौजूद है और वह संख्या है जिसकी शक्ति पर संपूर्ण अभिव्यक्ति है। लम्बे समय तक अपने प्रयत्नों में दृढ़ निरंतरता बनाए रखें और आप सभी उम्मीदों से आगे निकल जाएँगे। ब्रह्मांड, सभ्यता या व्यक्तिगत जीवन किसी के भी पैमाने पर समय रूपांतरण की ऐसी मशीन है जो लगातार डाले जा रहे प्रयासों को परिणामों में बदलती जा रही है। ''रातोंरात सफलता'' लम्बी अवधि तक अनेक मिलेजुले प्रयासों का परिणाम है। ऐसा कोई सूत्र नहीं था जो इनको आपस में जोड़ सकता था। जीवन में सफलता के लिए जादू की गोली मौजूद नहीं है – केवल सही दिशा में प्रयासों को बढ़ाते जाना और कुछ ख़ुशक़िस्मती।

मेरा मानना है कि बफ़ेट निवेश के शानदार प्रदर्शन या उदारता के साथ किए गए परोपरकारी काम के कारण महान नहीं है। मानवता के लिए उनका सबसे बड़ा उपहार दस्तावेज़ी प्रमाण के साथ उनका जीवन है जिसमें उन्होंने अपने उदाहरण से हम सबको दिखाया है कि कैसे सत्यनिष्ठा, ईमानदारी, नैतिकता, कड़ी मेहनत, स्वतंत्र सोच, जुनून के साथ लक्ष्य का पीछा करने और आजीवन सीखने से बड़ी सफलता हासिल हो सकती है। ये महान आदतें और गुण जीवन में उतारने के लायक़ हैं।

जब आप हर दिन थोड़ा सुधार करते हैं, तो अंततः बड़ी चीज़ें होती हैं। जब आप हर दिन अपने को अनुकूल बनाने में थोड़ा सुधार करते हैं, अंततः आप अनुकूल करने में बड़ा सुधार करते हैं। कल नहीं, अगले दिन नहीं, लेकिन अंततः बड़ा लाभ होता है। बड़े, त्वरित सुधार की आशा नहीं करें। रोज़ाना थोड़ा-थोड़ा सुधार करें। यह केवल इसी एकमात्र तरीक़े से होता है-और जब होता है, तो वह बना रहता है।

– जॉन वुडन

संपत्ति की चक्रवृद्धि

अच्छा निवेश सबसे ज़्यादा रिटर्न प्राप्त करना नहीं है क्योंकि बहुत ज़्यादा रिटर्न कभी-कभार मिल जाता है और जब वह ख़त्म होता है तो आपके आत्मविश्वास को ख़त्म कर देता है। अच्छा निवेश वह शानदार रिटर्न है जिसे आप लम्बे समय तक अपने पास बरकरार रख सकते हैं। यहीं पर चक्रवृद्धि अपने पूरे शबाब पर होती है।

– मॉर्गन हाउसेल

*समझने वाली पहली बात है कि इसमें लम्बा समय लगता है। मैंने जब शुरू किया उस समय मेरी उम्र 11 साल की थी। पैसा जमा करना कुछ-कुछ ऐसा है जैसे स्नोबॉल घाटी में नीचे की ओर लुढ़कती जा रही हो; घाटी का बहुत लम्बा होना ज़रूरी है। मेरे पास छप्पन साल की घाटी है। महत्त्वपूर्ण है कि चिपकने वाली बर्फ़ हो और शुरुआत के लिए आपको एक छोटी सी स्नोबॉल की ज़रूरत है, जो मुझे वास्तव में पोस्ट (*वशिंगटन पोस्ट *अख़बार) वितरित करने से प्राप्त हुई। बेहतर होगा यदि आप बहुत जल्दबाजी में ना हों और ठोस काम करते चले जाएँ।*

–वॉरेन बफ़ेट

बफ़ेट ने हमेशा दीर्घकालिक खेल को सर्वश्रेष्ठ खेल माना है। यह वापस घूम-फिर कर चक्रवृद्धि ब्याज के प्रति उनके लगाव की ओर ले जाता है। उनकी पत्नी सूसी चेरिटी को दान देना चाहती थीं। लेकिन बफ़ेट को चक्रवृद्धि ब्याज से इस क़दर लगाव था कि वह सूसी को वर्षों तक दान करने से रोकते रहे। बफ़ेट ने प्रतीक्षा करने पर ज़ोर दिया था, ताकि अंततः एक बड़ी दान राशि देना संभव हो सके। वे एक ऐसे व्यक्ति हैं जो वास्तव में लम्बी अवधि के बारे में सोचते हैं, दस साल या यहाँ तक कि बीस साल तक की वृद्धि का वह अंदाज़ लगा लेते हैं। वह आज एक डॉलर भी बर्बाद नहीं करते, क्योंकि वे जानते हैं कि चक्रवृद्धि ब्याज कैसे इस डॉलर को भविष्य में और कई गुना बना देगा। बहुत अधिक। इंसान का दिमाग़ स्वाभाविक रूप से चक्रवृद्धि की कई गुना करने की अविश्वसनीय ताक़त को नहीं समझ पाता।

मानव जाति की सबसे बड़ी कमी घातीय फलन को समझने की हमारी असमर्थता है।

– अल बार्टलेट

बहत्तर के नियम (स्थिर सालाना ब्याज दर पर किसी निवेश को दोगुना होने में लगने वाले समय की गणना) के अनुसार 26 प्रतिशत चक्रवृद्धि दर से हम अपनी पूँजी को हर तीन साल में दोगुना करते हैं, दस वर्षों में दस गुना, और बीस वर्षों में सौ गुना। जिस दिन मुझे पुनर्निवेशित लाभ और चक्रवृद्धि ब्याज की गतिशीलता समझ में आई थी, मैं तुरंत जान गया था कि मैं अपने जीवनकाल में अमीर बनने जा रहा हूँ। केवल आरंभ करने की आवश्यकता थी। मैं हर दिन को सीखने और सुधार करने के नए अवसर के रूप में देखने लगा। ख़ुशी, आनंद, विकास, बौद्धिक संतुष्टि, और अंततः शान्ति निवेश का लक्ष्य होना चाहिए। आजीवन सीखते जाने के दौरान धन और वित्तीय समृद्धि स्वाभाविक रूप से ही उत्पन्न होते हैं।

आप अक्सर कई मूल्य निवेशकों के बीच एक सामान्य विशेषता देखेंगे: जिस दिन हमें अंततः चक्रवृद्धि ब्याज की शक्ति का अहसास होता है, वह हमारे लिए परिवर्तनकारी क्षण होता है, और जीवन में मितव्ययिता और सादगी को अपनाते हैं। (मितव्ययिता का मतलब ख़र्च से बचना नहीं है, बल्कि केवल उन चीज़ों पर पैसा ख़र्च करना है जो जीवन में कुछ मूल्य जोड़ती हैं।) निवेश में धन संपदा बनाने में समय सबसे प्रमुख है और जीवन की शुरुआत में ही अच्छी बचत की आदत नहीं अपनाने से अवसर को खाने की भारी क़ीमत चुकानी पड़ सकती है। आइए हम दो व्यक्तियों का उदाहरण देखें जिन्होंने एक को छोड़कर बाक़ी सभी कुछ समान रूप से किया। केवल समय के उपयोग में भिन्नता रही।

पॉल अठारह साल का है। स्कूल की शिक्षा के बाद वह नौकरी करता है और एक स्कीम में हर साल 5,000 डॉलर की बचत करता है। वह सत्तर वर्ष की उम्र तक यह बचत जारी रखता है। वह एक अनभिज्ञ निवेशक है, सस्ते, कम लागत वाले इंडेक्स फ़ंड, डॉलर-लागत औसत में निवेश करता है, अपने लाभांश का पुनर्निवेश करता है, और समान नाममात्र रिटर्न अर्जित करता है जितना बाज़ार ने पिछली शताब्दी में (लगभग 10 प्रतिशत) दिया है। अंत में उसकी जमा पूँजी 7 मिलियन डॉलर से कुछ अधिक तक पहुँचती है।

पीटर भी अठारह साल का है। वह भी स्कूल पूरा करने के बाद नौकरी करता है। लेकिन वह बचत नहीं करता। वह जवानी के दिन मौज़-मज़े से बिताना चाहता है। वह खाने-पीने में पैसे उड़ा देता है। तीस वर्ष की उम्र होने पर वह सेवानिवृत्ति के दिनों के लिए ख़ाता खोलता है और इसमें प्रति वर्ष 5,000 डॉलर जमा करता है। और फिर वही सब करता है जो पॉल ने किया था। पीटर ने 12 साल बाद पाँच हज़ार डॉलर जमा करने शुरू किए यानी कि वह कुल योगदान में पॉल से केवल 60,000 डॉलर पीछे है और सत्तर साल का होने से पहले उसके पास अभी भी चालीस साल बाक़ी हैं। उसने अंदाज़ लगाया कि इतना अंतर कोई बुरा नहीं है। हालाँकि सेवानिवृत्ति के समय उसकी जमा पूँजी केवल 2.2 मिलियन डॉलर होती है।

पॉल और पीटर के निवेश में केवल 60,000 डॉलर का अंतर उनकी जमा पूँजी में 4.8 मिलियन डॉलर के अंतर में बदल गया। यह उदाहरण अंकगणित के जादू को बताता है जिसे जॉन बोग्ले ''विनम्र अंकगणित का अथक नियम'' नाम देते हैं।

निवेश में समय ही शक्ति है। इसे बेंजामिन फ्रैंकलिन के चक्रवृद्धि ब्याज के साथ प्रयोग की कालजयी कहानी ने सबसे अच्छे ढंग से चित्रित किया है जो अपने नए बने देश के प्रति उनके प्रबल आशावाद से प्रेरित थी :

> 1790 में फ्रैंकलिन की मृत्यु हुई। उन्होंने अपने दो पसंदीदा शहरों बोस्टन और फ़िलाडेल्फ़िया के लिए 5,000–5000 डॉलर की राशि उपहार में दी। उन्होंने शर्त रखी कि इस राशि का निवेश किया जाएगा और उपहार की तारीख़ से 100 साल बाद और 200 साल बाद दो बार में इस निवेश का भुगतान किया जाएगा। 100 वर्षों के बाद प्रत्येक शहर को सार्वजनिक निर्माण परियोजनाओं के लिए 500,000 डॉलर निकालने की अनुमति दी गई। आगे 200 वर्ष बाद 1991 में उन्हें शेष राशि प्राप्त हुई – *प्रत्येक शहर के लिए यह राशि लगभग 20 मिलियन डॉलर थी।* फ्रैंकलिन का उदाहरण नाटकीय तरीक़े से हम सभी को चक्रवृद्धि की शक्ति की सीख देता है। फ्रैंकलिन चक्रवृद्धि के लाभ इस तरह से बताते थे, *''धन, धन पैदा करता है। और धन जिस धन को पैदा करता है, वह धन पैदा करता है।''*

यदि आप धन की चक्रवृद्धि में समय की सर्वशक्तिमान भूमिका को लेकर आश्वस्त नहीं हैं तो इस पर विचार करें : यदि वॉरेन बफ़ेट ने निवेश की शुरुआत तीस साल की उम्र में की होती तो उसकी क़ीमत आज ''केवल'' लगभग 2 अरब डॉलर होती। इसके बजाय उन्होंने तीसरी कक्षा से शुरुआत की और 30 साल की उम्र तक 10 लाख डॉलर जमा कर लिए और आज उनके पास लगभग 81 अरब डॉलर हैं – अतिरिक्त 79 अरब डॉलर और बफ़ेट की कुल संपत्ति का 99 प्रतिशत से अधिक हिस्सा उनके पचासवें जन्मदिन के बाद जमा हुआ है। इससे मिलने वाले मुख्य सबक़ हैं : चक्रवृद्धि की ताक़त बाद के समय में तेज़ी से बढ़ती है। नियम संख्या 1 : कभी भी पैसा ना खोएँ। नियम संख्या 2 : लम्बा और स्वस्थ जीवन जिएँ।

संपत्ति की सफलतापूर्वक चक्रवृद्धि के लिए गणितीय समीकरण :

+ हर महीने बचत में जोड़ें;

– पक्षपात, लालच और फ़िज़ूल ख़र्चों को ख़त्म करें;

× अपने समय के विस्तार का गुणा करें;

÷ जीवन के अलग-अलग चरणों और निजी हालात के हिसाब से बचत को विभिन्न परिसंपत्ति वर्गों में विभाजित करें;

^ चक्रवृद्धि की गुणन शक्ति को प्राप्त करें।

इस समीकरण में ''फ़िज़ूल ख़र्चों'' में बार-बार निवेश को बदलने के कारण अत्यधिक पूँजी लाभ कर और दलाली कमीशन जैसी लागतें और वैधानिक शुल्क शामिल हैं।

> कर-भुगतान करने वाले निवेशकों को आंतरिक रूप से दी हुई दर पर चक्रवृद्धि करने वाले एक ही निवेश से बहुत अधिक राशि प्राप्त होगी जो समान दर से चक्रवृद्धि करने वाले अनेक निवेशों से ज़्यादा होगी।
>
> – वॉरेन बफ़ेट

शेयरधारकों को 1989 के पत्र में बफ़ेट ने पोर्टफोलियो में बार-बार बदलाव नहीं करने के महत्त्व के बारे में विस्तार से बताया था :

> कल्पना कीजिए कि बर्कशायर के पास केवल 1 डॉलर था जिसे हमने प्रतिभूति में निवेशित कर दिया जो साल के अंत तक दोगुनी हो गई और फिर बेच दी गई। और कल्पना करें कि अगले प्रत्येक 19 वर्ष तक हमने कर भुगतान के बाद के राजस्व को इसी प्रक्रिया को दोहराने में इस्तेमाल किया और हर बार राशि दोगुनी करते गए। 20 वर्षों के अंत में हरेक बिक्री से होने वाले लाभ पर 34 प्रतिशत की दर से सरकार को भुगतान किया गया पूँजी लाभ कर लगभग 13,000 डॉलर होता है और इस तरह से हमारे पास लगभग 25,250 बचेंगे। इतना बुरा नहीं है। तब भी यदि हम एक शानदार निवेश कर दें जो 20 वर्ष में अपने आप 20 गुना हो जाए तो हमारा डॉलर 1,048,576 हो जाएगा। यदि हमें नक़दी निकालना हो तो हम 34 प्रतिशत कर भुगतान करेंगे जो करीब 356,500 डॉलर होता है और हमारे हाथ में 692,000 डॉलर आएँगे।
>
> परिणामों में इस आश्चर्यजनक अंतर का एकमात्र कारण कर भुगतान का समय होगा। दिलचस्प बात यह है कि सरकार को दूसरी स्थिति में बिलकुल हमारी तरह 27:1 अनुपात में लाभ होगा। उसे 13,000 डॉलर के मुक़ाबले 356,500 डॉलर मिलेंगे – हालाँकि उसे इस कर राशि के लिए इंतज़ार करना होगा।

दोनों ही मामलों में, निवेश सालाना दोगुना हो जाता है। लेकिन अंत में दो स्थितियों में आश्चर्यजनक रूप से सत्ताइस गुना का अंतर है। कोई आश्चर्य नहीं मंगर कहते हैं, ''चक्रवृद्धि का पहला नियम : इसे कभी अनावश्यक रूप से बाधित नहीं करें।'' उपयुक्त ख़रीदी और उसे लम्बे समय तक बनाकर रखना ही दौलत की ओर ले जाने वाला रास्ता है। इससे निवेशक काग़ज़ी कार्रवाई, लेनदेन लागत और पूँजीगत लाभ कर को न्यूनतम कर देता है। वास्तविक दौलत जोड़ने के लिए निवेशक को लम्बी अवधि के कारोबारों में निवेश करने तथा उस जमा पूँजी को चक्रवृद्धि और कर मुक्त वृद्धि करने देने की ज़रूरत है। पुराने लम्बे समय से चली आ रही, शानदार तरीक़े से बढ़ती हुई कम्पनी में बनाकर रखे हुए निवेश से बेहतर कर रियायत और सुरक्षित ठिकाना कहीं भी अस्तित्व में नहीं है। धैर्य के साथ चक्रवृद्धि का मेल समय के साथ अविश्वसनीय शक्ति बनता है।

बहुत बड़ी रक़म करों के भुगतान में जाया होने के अलावा ब्रोकरेज जैसी छोटी–छोटी लागतों के लम्बे समय में आपकी नेटवर्थ पर पड़ने वाले व्यापक प्रभाव के प्रति भी सचेत रहें। एक छोटा सा छेद भारी–भरकम जहाज को डुबो सकता है।

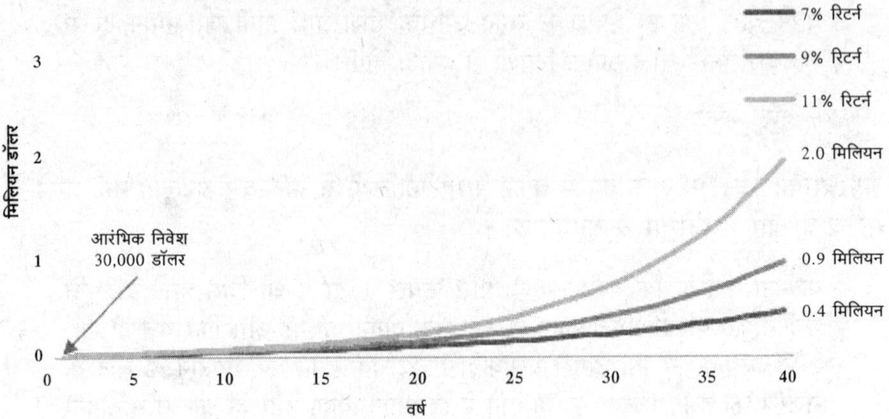

चित्र 32.2 संपत्ति में चक्रवृद्धि हो रही है।

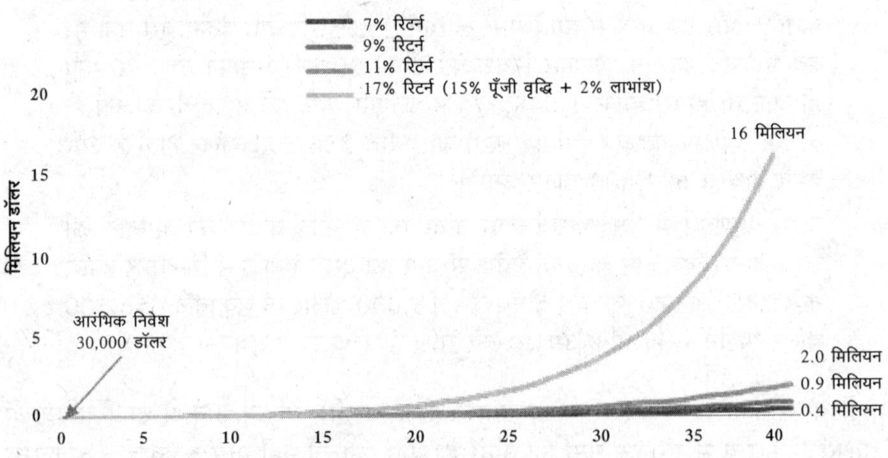

चित्र 32.3 संपत्ति में चक्रवृद्धि हो रही है।

आम तौर पर दैनिक जीवन में हम 2 प्रतिशत शुल्क को छोटी राशि मानते हैं। हालाँकि निवेश की दुनिया में 2 प्रतिशत बहुत बड़ी बात है। यह आपके जीवन को पूरी तरह से बदलने की क्षमता रखता है। लम्बी अवधि के दौरान वृद्धिशील रिटर्न में ज़रा भी अंतर कुल संचित दौलत में बहुत बड़ा फ़र्क़ ला सकता है। चक्रवृद्धि के प्रभाव नज़रअंदाज़ करने के लिए बहुत विशाल होने तक गौर करने के लिए बहुत सूक्ष्म होते हैं।

ब्रोकरेज जैसी लेन-देन लागतों में दो प्रतिशत की छोटी बचत लम्बे समय में बड़ी बचत बन सकती है। उदाहरण के तौर पर मान लीजिए कि आप आज क्रमशः 7 प्रतिशत, 9 प्रतिशत, और 11 प्रतिशत ब्याज देने वाली तीन सावधि जमा योजनाओं में 30,000 डॉलर का निवेश करते हैं। चित्र 32.2 दर्शाता है कि यह निवेश चालीस साल बाद कैसा दिखाई देगा।

अब इक्विटी की बारी है – लम्बी अवधि में सबसे ज़्यादा धन सृजित करने वाला परिसंपत्ति वर्ग। चित्र 32.3 दर्शाता है कि क्या होता यदि आप यही धन राशि उच्च गुणवत्ता वाले शेयरों के पोर्टफ़ोलियो में निवेश कर देते जिनकी औसत वार्षिक आय वृद्धि 15 प्रतिशत और लाभांश 2 प्रतिशत सहित कुल 17 प्रतिशत रिटर्न है।

लाभांश को "मुफ़्त पैसा" मानने और मानसिक हिसाब-किताब में लिप्त होने के बजाय निवेशकों को तत्काल संतुष्टि ना लेते हुए हमेशा अपने लाभांश का तुरंत पुनर्निवेश करना चाहिए। लाभांश पुनर्निवेश योजना (डीआरआईपी) के माध्यम से लाभांश को दोबारा निवेश कर देना लम्बी अवधि की चक्रवृद्धि की ताक़त का अधिकतम फ़ायदा उठाने का शानदार तरीक़ा है। डीआरआईपी लाभांश को पोर्टफ़ोलियो में पहले से रखे हुए शेयरों की मात्रा को और बढ़ाने के लिए इस्तेमाल कर लेती है। आप अपनी ब्रोकरेज फ़र्म के माध्यम से अपने सभी स्टॉक डीआरआईपी में दर्ज करा सकते हैं। इसमें कोई शुल्क नहीं है या न्यूनतम निवेश की शर्त होती है तथा इससे डॉलर लागत को औसत करने का अतिरिक्त लाभ प्राप्त हो जाता है। काफ़ी वर्षों के बाद उच्च लाभांश बड़े लाभ के रूप में संचित हो जाता है, जो मूल निवेश का कई गुना हो सकता है।

यह चक्रवृद्धि ब्याज की शक्ति है। आपके निवेश पर रिटर्न की कमाई के अलावा समय के साथ उस रिटर्न पर रिटर्न प्राप्त होने लगता है। यह चक्रवृद्धि आपकी दौलत को समय के साथ बर्फ़ के गोले में बदल देती है जो बड़ा होता चला जाता है।

जब हम लाभांश का पुनर्निवेश करते हैं, तो हम चक्रवृद्धि की दोगुनी शक्ति का आनंद लेते हैं।

यह लम्बी अवधि में शेयरों की धन-सृजन की अविश्वसनीय क्षमता को दिखाता है। हमारे उदाहरण में मान लिया गया है कि आपने नौकरी करते हुए अपनी कमाई में से एक भी अतिरिक्त योगदान नहीं किया है। जरा कल्पना करें कि यदि आप उसमें नियमित योगदान करते तो चक्रवृद्धि का इंजन किस तरह से सातवें आसमान को छूने लगता। तब तो अंतिम आँकड़ा देखकर सचमुच आँखें चौंधिया जातीं।

ज्ञान की चक्रवृद्धि

जब हमने सीज़ कैंडी ख़रीदी, तो हमें एक आला दर्जे के ब्रांड की ताक़त का अंदाज़ नहीं था। समय के साथ, हमें पता चला कि हम प्रति वर्ष 10 प्रतिशत क़ीमतें बढ़ा सकते थे और किसी ने कोई परवाह नहीं की। इस सीख ने बर्कशायर को बदल दिया। यह सचमुच महत्त्वपूर्ण था। आपको यह जानने के

> *लिए आजीवन सीखते रहना होगा। हम इसे नैतिक कर्तव्य की तरह देखते हैं।* बौद्धिक रूप से बेहतर होना और ज़्यादा से ज़्यादा सुधार करना नैतिक दायित्व है। उम्र या अनुभव कुछ भी हो।
>
> – चार्ली मंगर

बफ़ेट ने 1991 में नोट्रे डेम विश्वविद्यालय में अपने व्याख्यान में निरंतर सीखने के प्रति अपने उत्साह को व्यक्त किया :

> मैं सभी प्रकार के व्यावसायिक प्रकाशन पढ़ता हूँ। मैंने बहुत सारे उद्योगों के प्रकाशन को पढ़ा है... जो कुछ भी सुबह आएगा, मैं वो सब पढ़ूँगा। *अमेरिकन बैंकर* हर दिन आता है, इसलिए मैं उसे पढ़ूँगा। मैं *वॉल स्ट्रीट जर्नल* पढ़ूँगा। ज़ाहिर तौर से। मैं *एडिटर ऐंड पब्लिशर* पढ़ूँगा। ब्रॉडकास्टिंग, *प्रॉपर्टी कैजुअल्टी रिव्यू* पढ़ूँगा, जेफ़री मेयर की *बेवरेज डाइजेस्ट* पढ़ूँगा। जितना कुछ होगा मैं सब पढ़ूँगा। मेरे दिमाग़ में जो नाम आते हैं, उन सभी स्टॉक के मेरे पास सौ-सौ शेयर हैं। उन सभी की रिपोर्ट मेरे पास आएगी। इसके अलावा और भी बहुत सारी पढ़ने लायक़ सामग्री मेरे पास होती है।

इसी तरह 2001 में बर्कशायर वार्षिक बैठक के दौरान, बफ़ेट ने कहा, ''जब मैंने शुरुआत की, तो मैन्युअल के एक-एक पेज़ को गौर से पढ़ा। मैंने मूडीज़ के औद्योगिक, परिवहन, बैंक और वित्त मैन्युअल के 20,000 पेज पढ़े। एक बार नहीं बल्कि दो बार। और वास्तव में हरेक व्यवसाय के बारे में पढ़ा। मैंने कुछ को ज़रूर बहुत ध्यान से नहीं देखा।''

मंगर मानते हैं कि उनके पास जो ज्ञान भंडार है, वह प्राकृतिक और प्रखर बुद्धि का नतीजा नहीं है बल्कि इसे उन्होंने अध्ययन से अर्जित किया है : ''वॉरेन और मैं दोनों ही इतने बुद्धिमान नहीं हैं कि सोचने के लिए समय लिए बिना तुरंत निर्णय ले सकें। निर्णय लेने की बात आती है तो हम बहुत तेज़ी से लेते हैं, लेकिन ऐसा इसलिए है क्योंकि हमने चुपचाप बैठकर, अध्ययन और सोच-विचार कर खुद को तैयार करने में बहुत समय दिया है।''

समय के साथ मानसिक डेटा बेस तैयार करने की ख़ूबी पर बफ़ेट से जुड़ा मेरा एक पसंदीदा किस्सा 1993 में जॉर्ज गुडमैन को दिए उनके साक्षात्कार से जुड़ा है। जॉर्ज गुडमैन को आम तौर पर ''एडम स्मिथ'' उपनाम से जाना जाता है :

> *एडम स्मिथ:* यदि युवा वॉरेन बफेट आज निवेश के क्षेत्र में आ रहे होते तो आप उन्हें कौन से क्षेत्रों की ओर ध्यान देने के लिए कहेंगे?
>
> बफ़ेट : अगर वह ऐसा कर रहा होता – अगर वह छोटी पूँजी के साथ काम कर रहा है तो मैं उसे वही करने को कहूँगा जो मैंने 40 साल पहले किया था। यानी अमेरिका में जितनी भी कंपनियों के शेयरों के सार्वजनिक सौदे हो रहे हैं, उनके बारे में अध्ययन करें, जानें। ज्ञान का यह भंडार आगे चलकर उनको बहुत ज़्यादा फ़ायदा देगा।

स्मिथ : लेकिन 27,000 सार्वजनिक कम्पनियाँ हैं।

बफ़ेट : ठीक है, ए से शुरू करें।

बफ़ेट ने हर साल सैकड़ों सालाना रिपोर्ट पढ़कर और दशकों तक कारोबार चलाकर कई मानसिक मॉडल हासिल किए हैं। उन्होंने इन मॉडल को और अधिक व्यवसायों के विश्लेषण में प्रयुक्त किया है और संचित ज्ञान का आगे निवेश में उपयोग किया। 1997 में कैलिफ़ोर्निया इंस्टीट्यूट ऑफ़ टेक्नोलॉजी में बफ़ेट ने अपने भाषण में इसी पहलू को पुरज़ोर तरीक़े से उठाया :

> 1972 में हमने सीज़ कैंडीज़ को खरीदा था और इसके स्वामित्व से मैंने ब्रांड के मूल्य और उनसे क्या कुछ किया जा सकता है, इसके बारे में मुझे बहुत कुछ सीखा है। इसलिए जब कोका कोला 1988 में आया तो मैं उसे बेहतर ढंग से समझ पाया जो अगर मैंने सीज़ को नहीं ख़रीदा होता तो मैं उतना नहीं समझ पाता। कोक में क़रीब 10 अरब डॉलर का मुनाफ़ा हुआ। इसके बड़े हिस्से का श्रेय इस तथ्य को जाता है कि हमने सीज़ कैंडीज़ को 1972 में 25 मिलियन डॉलर में ख़रीदा था।
>
> निवेश के बारे में अच्छी बात यह है कि ज्ञान आपके पास जमा होता जाता है और यदि आप एक व्यवसाय या उद्योग को एक बार समझ जाते हैं तो आप उसे अगले 50 वर्षों तक समझ लेते हैं।

वास्तव में, व्यवसायों और उद्योगों का धीरे-धीरे विस्तृत मानसिक डेटाबेस निर्मित करना बहुत लाभकारी होता है क्योंकि ज्ञान पिछली नींव पर बनता है और समय के साथ बढ़ता है, ठीक वैसे ही जैसे चक्रवृद्धि ब्याज।

और यह पैटर्न पहचान की ओर ले जाता है।

ब्रूस ग्रीनवाल्ड की किताब *कॉम्पिटिशन डिमिस्टिफ़ाइड* में बड़ी स्थानीय अर्थव्यवस्थाओं की अवधारणा के बारे में मिली सीख ने मुझे हेस्टर बायोसाइंसेज को पहचानने में मदद की। एडवर्ड चांसलर की किताब *कैपिटल रिटर्न्स* में पूँजी चक्र सिद्धांत के बारे में सीखने से मुझे एचईजी की पहचान करने में मदद मिली। एचडीएफ़सी बैंक के संबंध में तमल बंद्योपाध्याय की किताब से बैंकिंग उद्योग के बारे में सीखने के कारण ही मैं बंधन बैंक, एयू स्मॉल फ़ायनेंस बैंक और उज्जीवन स्मॉल फ़ाइनेंस बैंक की पहचान कर पाया। दिलीप बिल्डकॉन से परियोजना निष्पादन क्षमताओं का महत्त्व जानने से मुझे पीएसपी प्रोजेक्ट्स की पहचान करने में मदद मिली। कैन फ़िन होम्स से आवास वित्त के बारे में सीखना मुझे आवास फ़ाइनेंसर्स तक लेकर गया। भारत फ़ाइनेंशियल से माइक्रोफ़ाइनेंस उद्योग के बारे में मिली सीख ने मुझे क्रेडिटएक्सेस ग्रामीण से मिलाया।

यहाँ ज्ञान की चक्रवृद्धि काम कर रही है।

जब हम ज्ञान की चक्रवृद्धि करते हैं तो हम ना केवल खुद को आगे बढ़ाते हैं बल्कि दुनिया को भी आगे ले जाते हैं। सीखने की क्रान्ति की शुरुआत के लिए छोटा सा व्यक्तिगत क़दम उठाने की ज़रूरत होती है। कन्फ़्यूशियस ने *हायर एजुकेशन* में यही लिखा है :

जब गहराई से खोज होती है, तो ज्ञान का विस्तार होता है।
जब ज्ञान का विस्तार होता है तो इच्छा दृढ़ हो जाती है।
जब इच्छा दृढ़ होती है, तो मन अच्छा हो जाता है।
जब मन अच्छा होता है, तो निजी जीवन पल्लवित होता है।
जब व्यक्तिगत जीवन पल्लवित होता है, परिवार सामंजस्यपूर्ण बनते हैं।
जब परिवार सामंजस्यपूर्ण होते हैं, सरकार व्यवस्थित हो जाती है.
और जब सरकार व्यवस्थित हो, तो विश्व में शान्ति होगी।

ली लू ने चीन में गुआंगहुआ स्कूल ऑफ़ मैनेजमेंट में छात्रों से अक्टूबर 2015 में कहा :

जब दो लोग ज्ञान का आदान-प्रदान करते हैं, तो दूसरा जो सोचता है वे उससे कहीं अधिक सीखते हैं; उनकी मुलाक़ात भी नए विचारों की चिंगारी को जन्म देगी। ज्ञान साझा करने के लिए कुछ आदान-प्रदान करने की ज़रूरत नहीं होती है जैसे एक चीनी देगा और दूसरा नमक। लेकिन जब ज्ञान का मेल होता है तो आपको बड़ी वृद्धि के साथ विकास दिखाई देना शुरू होता है। इसके पीछे चक्रवृद्धि के लाभ ही हैं। केवल जब इस तरह का हरेक विनिमय बड़े वृद्धिशील लाभ पैदा करता है तभी हमारा समाज तेज़ी से दौलत बनाने में सक्षम होगा।

इस प्रकार के निरंतर पारस्परिक आदान-प्रदान अरबों बार कई गुना होने पर आधुनिक मुक्त बाज़ार अर्थव्यवस्था का निर्माण हुआ। और यह सभ्यता 3.0 है। सतत, टिकाऊ आर्थिक विकास इस प्रकार के आदान-प्रदान से ही संभव है। इस तरह की आर्थिक व्यवस्था ही मानव जाति की ऊर्जा को पूरी तरह मुक्त करने और सच्ची प्रेरणा पैदा करने का एकमात्र तरीक़ा है। यह प्रणाली संभवतः है मानव जाति के इतिहास में सबसे बड़ा नवाचार है।

जब हम लगातार सीखने में जुटते हैं तो कन्फ़्यूशियस और ली लू हमें दुनिया पर हमारे प्रभाव से अवगत कराते हैं। लेकिन मेरे विचार में चक्रवृद्धि का ज्ञान इतना शक्तिशाली है कि इसका प्रभाव हमारी दुनिया तक ही सीमित नहीं है।

इसकी गूँज पूरे ब्रह्मांड में महसूस की जाती है।

रे डेलियो ने अपनी किताब *"प्रिंसिपल्स"* में इसकी व्याख्या की है:

यह वास्तविकता है कि हममें से हर कोई हमारी सात अरब जीवित प्रजातियों में से केवल एक है। और हमारी प्रजाति हमारे ग्रह पर मौजूद लगभग एक करोड़ प्रजातियों में से अकेली है। पृथ्वी हमारी आकाशगंगा के लगभग 100 अरब ग्रहों में से एक है। हमारी आकाशगंगा ब्रह्मांड में दो लाख करोड़ आकाशगंगाओं में से एक है। और हमारा जीवनकाल मानवता के अस्तित्व का केवल 3,000 वाँ भाग है। मानवता का अस्तित्व स्वयं पृथ्वी के अस्तित्व का केवल 20,000

वां भाग है। सार-संक्षेप में हम अविश्वसनीय रूप से छोटे और अल्पकालिक हैं और हम कुछ भी हासिल कर लें, उसका प्रभाव नगण्य होगा। इसके साथ ही हम स्वभाववश अपना महत्त्व कायम करना चाहते हैं और विकसित होना चाहते हैं, और हम आंशिक महत्त्व बना सकते हैं -और यह वे सभी छोटे अंश ब्रह्मांड के विकासक्रम को आगे बढ़ाने के लिए जुड़ते जाते हैं।

अथाह, अगाध.

सद्भावना की चक्रवृद्धि

आपके पास आने वाला हर व्यक्ति जाते समय और बेहतर और ज़्यादा ख़ुश होकर जाए।

– मदर टेरेसा

मार्च 2015 में मोहनीश पबराई और गाइ स्पियर ने स्टैनफ़ोर्ड ग्रैजुएट स्कूल ऑफ़ बिज़नेस में बिना किसी अपेक्षा के देने की अवधारणा के संबंध में व्याख्यान दिया : देने वाला बनना, लेने वाला नहीं। गाइ ने देने वाला होने पर सद्भावना की चक्रवृद्धि की असाधारण शक्ति के बारे में बात की। प्रारंभिक वर्षों में हमारे सद्भावना ख़ाते में कोई हलचल होती हुई दिखाई नहीं देती है। लेकिन आगे चलकर कुछ वर्षों में सद्भावना बर्फ़ के गोले की तरह तेज़ी से बढ़ने लगती है (चित्र 32.4)। बफ़ेट का सद्भावना ख़ाता अपने शिखर पर है और उनके जीवनकाल के बाद भी उसका शानदार गति से बढ़ते जाना तय है।

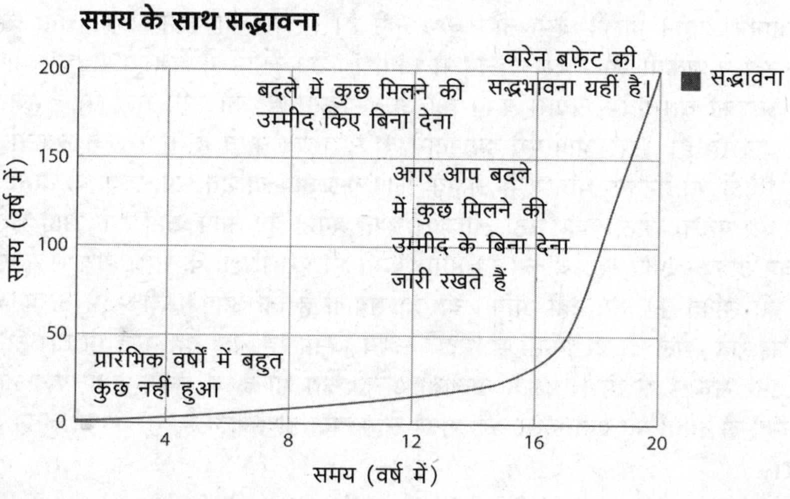

चित्र 32.4 समय के साथ सद्भावना

Source: Jana Vembunarayanan (blog), https://janav.wordpress.com/2015/07/18/think-longterm/

> जब आप मेरी उम्र तक पहुँचेंगे, तो आप वास्तव में अपनी सफलता इस तरह से ही आँकेंगे कि जिन लोगों को आप चाहते थे कि वे आपसे प्यार करें, उनमें से कितनों ने आपसे वास्तव में प्यार किया... जितना अधिक आप प्यार बाँटेंगे, उतना ही अधिक प्यार आपको मिलता है।
>
> – वॉरेन बफ़ेट

प्राप्त करना नहीं बल्कि बाँटना हमें अमीर बनाता है। बिना किसी शर्त के मदद करना बहुत बड़ा गुण है। मैं इसे अपने जीवन के एक उदाहरण से बताना चाहता हूँ जो मेरे दिल के क़रीब है।

एक निवेशक के रूप में अपने शुरुआती वर्षों के संघर्ष के दौरान मैं प्रेरणा हासिल करने के लिए माइक्रोकैपक्लब के इयान कैसल के ब्लॉग देखता था। वह नियमित रूप से उसमें प्रेरक सामग्री पोस्ट करते थे। उनके सकारात्मक प्रभाव के प्रति आभार के तौर पर मैंने लिंक्डिन के माध्यम से उनको ऐसी सामग्री भेजना शुरू की, जो मुझे लगा कि उनके लिए मददगार हो सकती थी। जैसा चक्रवृद्धि के साथ हमेशा होता है, वही हुआ। प्रतीत हुआ कि कुछ भी नहीं हो रहा है। और उसके बाद फिर यह हुआ (चित्र 32.5)।

> नए रिश्ते बनाने में समय व्यतीत करें। बहुत से लोग स्कूल के बाद, या शादी के बाद रिश्ते बनाना बंद कर देते हैं और फिर आप अपने आप को उलझन में पाते हैं और आपके वही रिश्ते बच जाते हैं जो आप कभी हुआ करते थे, ना कि जहाँ आप जाना चाहते हैं।
>
> – इयान कैसल

रूबरू, आमने-सामने मिलने जैसा और कुछ नहीं है। ई-मेल या फ़ोन से बातचीत वह अहसास नहीं दे सकती जो रूबरू मिलने से होता है। उन लोगों से मजबूत संबंध बनाने के लिए आपको वास्तविक प्रयास करने की आवश्यकता है, जो उसी मार्ग पर हैं जिस पर आप चल रहे हैं। अगर आप पूरी ईमानदारी के साथ यह करते हैं तो आपके चक्रवृद्धि करते हुए रिश्तों का नेटवर्क भविष्य में आपके लिए कई अप्रत्याशित, आनंददायक दरवाज़े खोलेगा। बस पहला छोटा क़दम उठा लीजिए। रिश्ते बनाते हुए आप कहाँ तक आगे चले जाएँगे, यह देखकर आप खुद चकित रह होंगे। कभी भी पूरी शिद्दत के साथ हाथ से लिखे हुए नोट की शक्ति को कम नहीं आँकें। यह हो सकता है कि आपके जीवन में अचानक ही कोई नई राह खोल दे। हर किसी से मिलते समय विनम्र रहें चाहे वह कोई भी हो। और दिल से और सच्चाई से मिलें। इसके अलावा उचित श्रेय भी दें जो उसके लिए पात्र हों। अगर किन्हीं दो लोगों को एक-दूसरे को जानने से फ़ायदा हो सकता है, तो उनको जुड़ने में मदद करें।

इस अध्याय में दिए गए दर्शन-चिंतन से दीर्घकालिक सोचने और कार्य करने – वास्तव में लम्बी अवधि – का सबक़ मिलता है। कुछ अन्य प्रमुख सीखने की बातें हैं :

Ian Cassel
@iancassel
Following

आख़िरकार Gautam Baid को ट्विटर (अब एक्स) पर देखकर बहुत बढ़िया लगा। वे काफी समय से मुझे सूचनाएँ, आलेख भेजते रहे हैं।

3:29 AM - 14 Dec 2016

Ian Cassel
@iancassel
Following

अंतत: Gautam Baid से आज बात करके बहुत अच्छा महसूस हुआ। उनमें अद्भुत दृढ़ता है और अभी उन्होंने शुरुआत ही की है।

11:52 AM - 8 Mar 2017

Ian Cassel
@iancassel
Following

A great interview with @Gautam__Baid
gurufocus.com/news/495551/19...

Strong brands with "share of mind" which confer pricing power, network effects, high switching costs, patents, favorable access to a strategic raw material resource or proprietary technology and government regulation which prevents easy entry – these can confer a strong competitive advantage which in turn enables high returns on invested capital for long periods of time (also known as the competitive advantage period or CAP). Growing firms with longer CAPs are more valuable in terms of net present value. One of the most highly underappreciated sources of a sustainable and difficult to replicate competitive advantage is "culture," best epitomized by Berkshire Hathaway. To illustrate the critical importance of culture just consider this: Between 1957 to 1969, Buffett did not mention the word "culture" even once in his annual letters. From 1970 to 2016, he has mentioned the word 30 times! Some of my favorite books on competitive advantage are "The Little Book

7:53 PM - 28 Mar 2017

Ian Cassel
@iancassel
Following

Great dinner with @BrentBeshore @morganhousel @farnamstreet @iddings_sean @Gautam__Baid @MikeDDKing @jtkoster

8:25 PM - 20 Sep 2017

चित्र 32.5 सद्भावना की चक्रवृद्धि

Source : https://twitter.com/iancasse/status/808982314449600512;, https://twitter.com/iancasse/status/839549332609241090;, https://twitter.com/iancasse/status/846903205439037440;, https://twitter.com/iancasse/status/910691321031077888.

- जो कुछ भी मूल्यवान होता है, उसे बनाने में बहुत समय लगता है।
- थोड़े समय में कोई परिणाम मिले बिना भी हर दिन कड़ी मेहनत करें।

- बिना हार माने लम्बे समय तक लगातार करते रहें।
- प्रक्रिया का आनंद लें और आंतरिक मूल्यांकन के अनुसार जीवन जिएँ।
- अपनी तुलना दूसरों से नहीं करें। इसके बजाय, हमेशा आप जो कल थे, उससे बेहतर बनने की कोशिश करें।

जो भी ये सब कर रहा है, उसके जीवन के अपने लक्ष्य को हासिल करने में सफल होने की बहुत ज़्यादा उम्मीद है। बफ़ेट के इस कथन का भी अर्थ यही है, ''खेल में वे खिलाड़ी जीतते हैं जो खेल में ध्यान केन्द्रित करते हैं, स्कोरबोर्ड देखने वाले नहीं।''

महात्मा गाँधी ने चक्रवृद्धि की महिमा का बहुत अच्छे से वर्णन किया है। वे कहते हैं : ''आपके विश्वास आपके विचार बन जाते हैं। आपके विचार आपके शब्द बन जाते हैं। आपके शब्द आपके कार्य बन जाते हैं। आपके कार्य आपकी आदतें बन जाते हैं। आपकी आदतें आपके मूल्य बन जाती हैं। आपके मूल्य आपकी नियति बन जाते हैं।''

यह सब एक छोटे विश्वास, एक छोटे विचार, एक छोटे शब्द, एक छोटे से कार्य, एक छोटी सी आदत, एक छोटा से मूल्य से आरंभ होता है। और यही एक बड़ी नियति बनाता है।

सुखी, स्वस्थ और सफल जीवन उसी मार्ग का अनुसरण करता है।

एक एक समय में छोटा क़दम।

ध्यान रखें, और सीखते रहें।

परिशिष्ट अ

धीमा नृत्य

डेविड एल वेदरफ़ोर्ड

कभी बच्चों को हिंडोले पर झूलते देखा है,
या बारिश को ज़मीन पर थपथपाते हुए सुना है?
कभी आज़ादी से हवा में तैरती तितली का पीछा किया
या ढलते हुए सूरज को रात में घुलते हुए देखा है?

तो बेहतर है आप थम जाएँ, जीवन के नृत्य का आनंद लें,
समय थोड़ा है, यह संगीत कुछ ही समय का है।

क्या आप हर दिन यूँ ही भागते रहते हैं,
जब आप पूछते हैं "आप कैसे हैं?"
क्या जवाब सुनने के लिए आप थमते हैं?
दिन पूरा होने पर बिस्तर पर लेटते ही,
क्या ढेर सारे काम आपके दिमाग़ में दौड़ते रहते हैं?

तो बेहतर है आप थम जाएँ, जीवन के नृत्य का आनंद लें,
समय थोड़ा है, यह संगीत कुछ ही समय का है।

कभी अपने बच्चे से यह कहा हो, इसे हम कल करेंगे,
और उसकी पीड़ा को जल्दबाजी में अनदेखा कर दिया हो?
संपर्क टूट गया, दोस्ती को भी दम तोड़ने दिया,
क्योंकि आपके पास कॉल करने
और कैसे हो, कहने का समय नहीं था?

तो बेहतर है आप थम जाएँ, जीवन के नृत्य का आनंद लें,
समय थोड़ा है, यह संगीत कुछ ही समय का है।

जब आप मंज़िल पर पहुँचने के लिए बहुत तेज़ दौड़ते हैं,
आप सफ़र के आनंद को छोड़ देते हैं।
जब आप हड़बड़ी और चिंता में अपना दिन बिताते हैं
ख़ूबसूरत तोहफ़े को कभी देख नहीं पाते हैं

ज़िंदगी कोई दौड़ नहीं है, आनंद के साथ जीएँ,
गीत ख़त्म हो, उससे पहले, संगीत का पूरा मज़ा तो लें।

परिशिष्ट ब

अगर–

रुडयार्ड किपलिंग

अगर तुम तब भी अपने को संयत रख सकते हो
जब सभी आपा खोकर तुम पर दोष मढ़ रहे हों
अगर तुम खुद पर विश्वास कर सकते हो
जब सभी तुम पर संदेह कर रहे हों
लेकिन उनके संदेह को भी जगह दे सकते हो
अगर तुम प्रतीक्षा कर सकते हो, बिना थके, अनवरत
या झूठ का सामना करने पर भी, झूठ की राह पर नहीं चलते हो
या नफ़रत किए जाने पर भी, नफ़रत का दामन नहीं थामते
और तब भी बहुत सुंदर नहीं दिखाई दो, ना ही बहुत बुद्धिमानी भरे बोल बोलो

अगर तुम सपने देख सकते हो, उनको अपना मालिक बनाए बिना
अगर तुम सोच सकते हो – और विचारों को लक्ष्य नहीं बनाते
अगर तुम विजय और विनाश का सामना कर सकते हो
और दोनों ही ढोंगियों को एक ही नज़र से देख सकते हो
अगर तुम अपने बोले सच को
धोखेबाजों द्वारा मूर्खों को फँसाने के लिए तोड़े–मरोड़े जाने को सहन कर सकते हो
या जिन चीज़ों को बनाने में तुमने पूरा जीवन लगा दिया
उनको बिखरा हुआ देख सकते हो
और फिर सब कुछ दोबारा समेट कर
टूटे– फूटे औज़ारों से नए सिरे से बना सकते हो

अगर अपनी पूरे जीवन की कमाई को
एक ही दाँव में खोने का जोख़िम उठा सकते हो
और सब कुछ हार कर, फिर से शुरुआत कर सकते हो
और कभी अपनी हार का अफ़सोस नहीं करते हो
अगर तुम अपने दिल, नसों और शिराओं को
उनके चुक जाने के बाद भी और चलते रहने को बाध्य कर सकते हो
और डटे रह सकते हो जब तुम्हारे भीतर कुछ भी ना हो
सिवाय इस इच्छाशक्ति के जो उनसे कहती हो ''डटे रहो!''

अगर तुम भीड़ से बात करते हुए भी गुणों पर टिके रह सकते हो
या राजाओं के साथ चलते हुए भी सामान्य बने रह सकते हो
अगर ना शत्रु, ना ही दोस्त तुमको आहत कर सकते हों
अगर सभी की तुम्हारे साथ अहमियत है, लेकिन किसी की भी बहुत ज़्यादा नहीं
अगर तुम कठिनाई से भरे एक मिनट को
साठ सेकंड की दौड़ के बराबर ऊर्जा से भर सकते हो
तो ये सारी पृथ्वी और उसमें जो कुछ भी है वह सब तुम्हारा है,
और इस सबसे अधिक, तुम एक इंसान बनोगे। मेरे बेटे।

आभार

मैंने जो सबसे अच्छी बात की थी, वह यह कि मैंने सही नायकों का चुनाव किया था।

– वॉरेन बफ़ेट

हमारे व्यक्तिगत विचार और चिंतन, काफ़ी कुछ हम जो अभ्यास करते हैं और हम जिनका अपने आदर्श और शिक्षक के रूप में अनुसरण करते हैं, उसका परिणाम होते हैं। मुझे कुछ सचमुच महान शख़्सियतों से सीखने का सौभाग्य मिला है।

वॉरेन बफ़ेट और एडम स्मिथ से मुझे अपने आंतरिक स्कोरकार्ड यानी अपने खुद के मूल्यों और विश्वास के अनुसार जीवन जीने के गुणों की शिक्षा मिली है।

चार्ली मंगर ने मुझे आजीवन सीखते जाने के पथ पर चलने के लिए प्रेरित किया और मुझे अलग-अलग स्थितियों में प्रोत्साहन की शक्ति से अवगत कराया।

बेंजामिन ग्राहम ने मुझे निवेश में अपने आप को संयत बनाए रखने के व्यवहार, किसी कारोबार के शेयरों को रखना मतलब उस कारोबार में हिस्सेदारी होने के महत्व की शिक्षा दी। साथ ही मिस्टर मार्केट की मूर्खताओं से लाभ कमाने और हर समय सुरक्षा के मार्जिन पर ज़ोर देने का ज्ञान दिया

बेंजामिन फ्रैंकलिन ने मुझे अच्छे व्यक्तित्व के गुण सिखाए और पूरी निष्ठा के साथ अपनी रोज़ाना गतिविधियों पर ध्यान केन्द्रित करने के बारे में बताया।

नेपोलियन हिल, डेविड श्वार्ट्ज और इयान कैसल ने मुझे सिखाया कि सही मानसिकता से ही सभी तरह की समृद्धि की शुरुआत होती है।

ज्योफ़ कॉल्विन, डेनियल कोयल, कैल न्यूपोर्ट, और एंडर्स एरिक्सन मुझे किसी भी हुनर के विकास के पीछे के विज्ञान के बारे में जागरूक किया।

चार्ल्स डुहिग और जेम्स क्लियर ने सकारात्मक आदतों के विकास के पीछे का विज्ञान बताया।

रॉबर्ट मौरर और डैरेन हार्डी ने मुझे लम्बे समय तक छोटे, सुसंगत, सकारात्मक कार्यों के एकत्र होते जाने और कई गुना चक्रवृद्धि प्रभाव पैदा करने की अविश्वसनीय शक्ति की शिक्षा दी।

गिलियन ज़ो सीगल और स्कॉट एडम्स ने मुझे दिखाया कि कोई कैसे बार-बार असफल हो सकता है और फिर भी बड़ी जीत दर्ज कर सकता है।

गाइ स्पियर, विशाल खंडेलवाल और मॉर्गन हाउसेल ने मुझे एक बेहतर इंसान बनने के लिए प्रेरित किया।

रॉबर्ट कियोसाकी ने मुझे सिखाया कि किस तरह से धन से अपनी परिसंपत्ति खड़ी की जाए जिससे आपको अपना समय लगाए बिना आमदनी की प्राप्ति हो।

जॉर्ज क्लैसन ने मुझे संपत्ति खड़ी करने का बुनियादी पहला नियम सिखाया : पहले स्वयं भुगतान करें।

थॉमस स्टेनली, विलियम डैंको, डेविड बाख़ और हार्व एकर ने मुझे मितव्ययिता के गुण सिखाए।

शेन पैरिश और प्रोफ़ेसर संजय बख़्शी ने मुझे सिखाया कि जब हम उदारतापूर्वक अपने ज्ञान को साझा करते हैं तो किस तरह से सद्भावना में चक्रवृद्धि होती है।

मोहनीश पबराई ने निवेश करने के मानकों में बहुत अधिक अवरोधक रखते हुए ज़िद्दी रवैया अख़्तियार करने के महत्व की सीख दी।

बसंत माहेश्वरी ने मुझे शेयर बाज़ार में बड़े सपने देखने के लिए प्रेरित किया।

नसीम निकोलस तालेब, मैक्स गुंथर, और लियोनार्ड म्लोडिनोव ने मुझे भाग्य, संयोग, आकस्मिकता की भूमिका को समझने में मदद की।

तालेब ने यह भी बताया कि दुनिया में बहुत ज़्यादा प्रभाव डालने वाली अप्रत्याशित घटनाएँ होती रहती हैं। केनेथ पॉस्नर ने उनके प्रतिकूल प्रभाव से निपटने के लिए बेहतर ढंग से तैयार होने का नज़रिया साझा किया।

सन त्ज़ू, माइकल पोर्टर, डब्ल्यू. चैन किम, यंगमे मून, और ब्रूस ग्रीनवाल्ड ने मुझे प्रतिस्पर्धी रणनीति का पाठ पढ़ाया।

पीटर बर्नस्टीन, हॉवर्ड मार्क्स और सेत क्लारमैन ने मुझे जोख़िम और जोख़िम प्रबंधन की भूमिका को समझने की बुद्धिमत्ता प्रदान की।

पीटर थिएल ने मुझे एकाधिकार, शक्ति नियमों और अत्यधिक नवोन्वेषी कंपनियों के महत्व से अवगत कराया।

क्लेटन क्रिस्टेंसन ने नवाचारों से हो रही उथल-पुथल और पुराने कारोबारों के विध्वंस के लगातार ख़तरों से परिचित कराया।

पीटर बेवेलिन ने मुझे अलग-अलग कई विषयों की सोच और उल्टी दिशा से सोचने के अपने शानदार कार्यों की शिक्षा दी।

थॉर्नटन ओग्लोव, हॉवर्ड शिलिट और चार्ल्स मलफ़ोर्ड ने मुझे सिखाया कि घोषित आमदनी की गुणवत्ता का आकलन कैसे किया जाए।

स्टीफ़न पेनमैन और बारुच लेव ने मुझे व्यापार विश्लेषक और एक मूल्य निवेशक की दृष्टि से लेखांकन जानकारी की बारीकी से व्याख्या करने की शिक्षा दी ।

डैनियल कैनमेन, अमोस वर्सकी, रिचर्ड थेलर, डैन एरीली, और जेम्स मोंटियर ने मुझे विभिन्न पूर्वाग्रहों के संज्ञान के बारे में शिक्षित किया।

हर्बर्ट साइमन ने मुझे तर्कशक्ति की सीमाओं यानी हमारे दिमाग़ की पहचान करने की सीमाओं के बारे में बताया।

फ्रेड श्वेड ने मुझे निवेश उद्योग में हितों के अंतर्निहित टकराव से अवगत कराया।

रॉबर्ट सियाल्डिनी ने नियम पालन के लिए पेशेवरों द्वारा अपनाई जाने वाली विभिन्न मनोवैज्ञानिक रणनीतियों की जानकारी दी।

नाटे सिल्वर और फ़िलिप टेटलॉक ने पूर्वानुमानों की मूर्खताओं के बारे में मुझे पाठ पढ़ाया और बताया कि संभावना आधारित सोच, बायेसियन विश्वास को उन्नत कर और प्रासंगिक आधार दरों का इस्तेमाल कर हम अनुमान लगाने के अपने हुनर को कैसे सुधार सकते हैं।

जॉन एलन पॉलोस, बारबरा ओकले, और जाना वेम्बुनारायणन ने मुझे बौद्धिक गणितीय सोच में पारंगत किया।

डेरेल हफ और चार्ल्स व्हीलन ने मुझे सांख्यिकी की और ज्यादा विश्लेषण के साथ व्याख्या करना सिखाया।

अतुल गवांडे और माइकल शर्न्स ने मुझे बेहतर निर्णय लेने में चेकलिस्ट की महत्वपूर्ण भूमिका का सबक़ दिया।

फ़िल रोसेनज़वेग, इलियट एरोनसन और डंकन वॉट्स ने मुझे पीछे की ओर सोचने के पूर्वाग्रह के बारे में बताया जो बहुत आम तौर पर पाया जाता है।

माइकल मौबौसिन और एनी ड्यूक ने मुझे भाग्य और कौशल में अंतर करने के बारे में शिक्षित किया। मौबौसिन ने मुझे किसी कम्पनी के बुनियादी आँकड़ों की समझ और शेयर की क़ीमत में परिलक्षित बाज़ार की उम्मीदों के बीच अंतर करने का ज्ञान दिया।

जेसन ज़्विग और गैरी बेल्स्की ने मुझे बताया कि कैसे न्यूरोइकोनॉमिक्स धन संबंधी ग़लतियों से बचने में मदद करता है।

जॉन बर विलियम्स, अल्फ्रेड रैपापोर्ट, भरत शाह और उत्पल शेठ ने मुझे मूल्य निर्माण के मूलभूत सिद्धांत सिखाए।

चार्ल्स मैके, चार्ल्स किंडलबर्गर, जॉन गैलब्रेथ, जॉन ब्रूक्स, एडवर्ड चांसलर, रॉबर्ट शिलर, और मैगी मेहर ने मुझे बाज़ार चक्रों, सट्टे के उन्माद और उसके बाद फटने वाले गुब्बारे के इतिहास का परिचय दिया।

पीटर सेन्गे और डोनेला मीडोज़ ने मुझे प्रणालीगत सोच और दुनिया के अधिक परस्पर जुड़े हुए दृष्टिकोण से अवगत कराया।

जॉर्ज सोरोस, बेनोइट मैंडेलब्रॉट और रिचर्ड बुकस्टैबर ने बाज़ारों और सामजिक व्यवस्था में मौजूद जटिल और अत्यधिक गतिशील फ़ीडबैक लूप से मेरा परिचय करवाया।

जॉन मेनार्ड कीन्स ने मुझे बाज़ारों और अर्थव्यवस्थाओं में धारणाओं के महत्व तथा सरकार के समय पर हस्तक्षेप की अहम भूमिका की समझ प्रदान की।

बर्टन मैल्किएल, चार्ल्स एलिस और जॉन बोग्ले ने मुझे लागत कम करने और अपने मार्ग पर स्थिर बने रहने के महत्व की सीख दी।

फ़िल फ़िशर, पीटर लिंच, राल्फ़ वेंगर, पैट डोर्सी, टॉम गेनर, टेरी स्मिथ, चक एकरे, पीटर कुंडिल, विलियम ओ'नील, जेसी स्टाइन, और निकोलस डार्वस ने मुझे सिखाया कि अपने पार्टफ़ोलियो के लिए कोई शेयर का चुनाव किस तरह से करें।

जेसी लिवरमोर से मुझे शिक्षा मिली कि किसी स्टॉक को अपने पोर्टफ़ोलियो में किस तरह से बनाकर रखना है और बाज़ार की सामूहिक बुद्धिमत्ता का सम्मान करना है।

थॉमस फ़ेल्प्स और थॉमस रूसो ने निवेश में सब्र रखने का सबक़ दिया।

अनुराग शर्मा ने मुझे सिखाया कि कैसे सक्रियता के साथ किसी धारणा को ख़ारिज करने के लिए प्रमाण की तलाश की जा सकती है।

गुस्ताव ले बॉन ने मुझे भीड़ के मनोविज्ञान की सामाजिक गतिशीलता के बारे में शिक्षित किया।

प्रोफ़ेसर अश्वथ दामोदरन ने निवेश में अंतर करना सिखाया कि क्या संभव है, क्या प्रशंसनीय और क्या संभावित है।

सैम ज़ेल ने मुझे माँग और आपूर्ति के बुनियादी आर्थिक सिद्धांतों की बारीकियों के बारे में बताया।

मौरिस शिलर, जोएल ग्रीनब्लाट और मार्टिन व्हिटमैन ने सिखाया कि किस तरह से निवेश में विशेष परिस्थितियों का विश्लेषण किया जाए।

लॉरा रिटनहाउस ने मुझे हितधारकों को सूचना देने में बेबाकी के महत्व की जानकारी दी।

रोजर वॉन ओच से मैंने सीखा कि खुद को किस तरह से रचनात्मक सोच से जोड़ा जा सकता है।

रिचर्ड फ़ेनमैन से मैंने यह सीख हासिल की है कि किसी चीज़ का नाम जानने और किसी चीज़ को जानने में क्या फ़र्क़ होता है।

सेनेका, ऑरेलियस, एपिक्टेटस और रयान हॉलिडे ने मुझे निर्लिप्तता के गुण की खूबी बताई और सिखाया कि जीवन में किसी भी घटना में अपनी प्रतिक्रिया पर किस तरह से नियंत्रण बनाकर रखा जा सकता है।

विल ड्यूरेंट, एरियल ड्यूरेंट और युवाल नोआ हरारी ने मुझे मानव सभ्यता के इतिहास का ज्ञान प्रदान किया।

स्टीवन पिंकर और हेंस रोसलिंग ने हमारी दुनिया में प्रतिदिन निरंतर, चल रहे सुधारों को लेकर मेरे भीतर बहुत उम्मीद भरी।

मेरा जीवन वास्तव में आइजैक न्यूटन की इस कहावत का प्रतीक है: यदि मैंने आगे देखा है, तो यह महान लोगों के कंधों पर सवार होकर देखा है।

द जॉयज़ ऑफ़ कम्पाउंडिंग उन सभी शिक्षकों को मेरी हार्दिक श्रद्धांजलि है जिन्होंने मुझे वित्तीय स्वतंत्रता हासिल करने, बेहतर और समझदार व्यक्ति बनने, और एक परिपूर्ण तथा सार्थक जीवन की ओर बढ़ने में मेरी मदद की। इन तमाम वर्षों में मैंने अप्रत्यक्ष रूप से दूसरों के लेख और व्याख्यानों से शिक्षा ली है। पाठकों ने कई महान चिंतकों और विचारकों के प्रभाव को महसूस किया है जिनके ज्ञान को किताब में कई जगह पर साझा किया गया है। उनका उपयुक्त संदर्भ दिया गया है। अनजाने में कहीं चूक हो सकती है। जो भी ग़लतियाँ हैं, उनके लिए मैं ही ज़िम्मेदार हूँ।

एक मूल्य निवेशक होने के नाते, मेरे मन में हमेशा से एक सपना बसता आया था कि मैं किसी दिन कोलंबिया यूनिवर्सिटी प्रेस के साथ किसी किताब पर काम करूँ। अद्भुत माइल्स थॉम्पसन और उनकी शानदार टीम के साथ काम करना मेरा सौभाग्य है।

मैं जॉन माइह्लजेविक, विशाल खंडेलवाल, जॉन ह्यूबर और सीन इडिंग्स का शुक्रगुज़ार हूँ कि उन्होंने पांडुलिपि की समीक्षा करने, उस पर अपने क़ीमती सुझाव और प्रतिक्रिया देने का समय निकाला।

मैं हैरिमन हाउस के क्रेग पियर्स का भी आभारी हूँ जिन्होंने मैक्स गुंथर के विस्तृत उद्धरणों को इस किताब में साझा करने के लिए उदारतापूर्वक अपनी सहमति दी।

प्रस्तावना लिखने के लिए गाइ स्पियर को ख़ास तौर पर धन्यवाद देना चाहता हूँ।

वॉरेन बफ़ेट द्वारा शेयरधारकों को लिखे उनके पत्रों का उद्धरण देने की कृपापूर्वक स्वीकृति से ही यह किताब संभव हुई है। वॉरेन बफ़ेट और उनकी सहायक डेबी बोसानेक के प्रति धन्यवाद करने के लिए मेरे पास शब्द नहीं हैं।

परिवार और दोस्तों को इतने वर्षों तक प्यार और समर्थन देने और मेरी प्रेरणा बने रहने के लिए बहुत-बहुत धन्यवाद।

अंतिम लेकिन बेहद महत्वपूर्ण, मैं आपका और सभी पाठकों का बेहद कृतज्ञ हूँ।

आप सभी को धन्यवाद।

लेखक के बारे में

गौतम बैद, सीएफ़ए, एक क्रान्तिकारी लर्निंग प्लेटफ़ॉर्म चैप्टर के संस्थापक क्रिएटर हैं। पहले वे एसईसी में रजिस्टर उटा, साल्ट लेक स्थित निवेश सलाहकार फर्म समिट ग्लोबल इन्वेस्टमेंटस में पोर्टफ़ोलियो मैनेजर के रूप में काम कर रहे थे। उसके पूर्व वे सिटीग्रुप और दाइचे बैंक के हेल्थकेयर निवेश बैंकिंग टीम के सीनियर एनालिस्ट के रूप में मुम्बई, लंदन और हाँगकाँग दफ़्तरों में सेवाएँ दे रहे थे। गौतम सीएफ़ए चार्टरहोल्डर और सीएफ़ए इंस्टीट्यूट, यूएसए के सदस्य हैं। निरमा यूनिवर्सिटी, भारत से फ़ायनेंस में एमबीए और आईसीएफ़एआई यूनिवर्सिटी, भारत से फ़ायनेंस में एमएस हैं। कम्पाउंडिंग, अच्छे कर्म और ताउम्र सीखने में उनका दृढ़ विश्वास है।

गौतम के विचार और उनकी राय प्रिंट, डिजिटल और सोशल मीडिया के विभिन्न मंचों पर प्रकाशित, प्रसारित होती रही है। 2018 और 2019 में उनको मॉर्निंग स्टार के *लर्न फ़्रॉम द मास्टर्स सीरीज़* में चुना गया था। और ज्यादा जानने के लिए www.TheJoysOfCompounding.com पर जाएँ और Twitter @Gautam_Baid पर गौतम से जुड़ें।